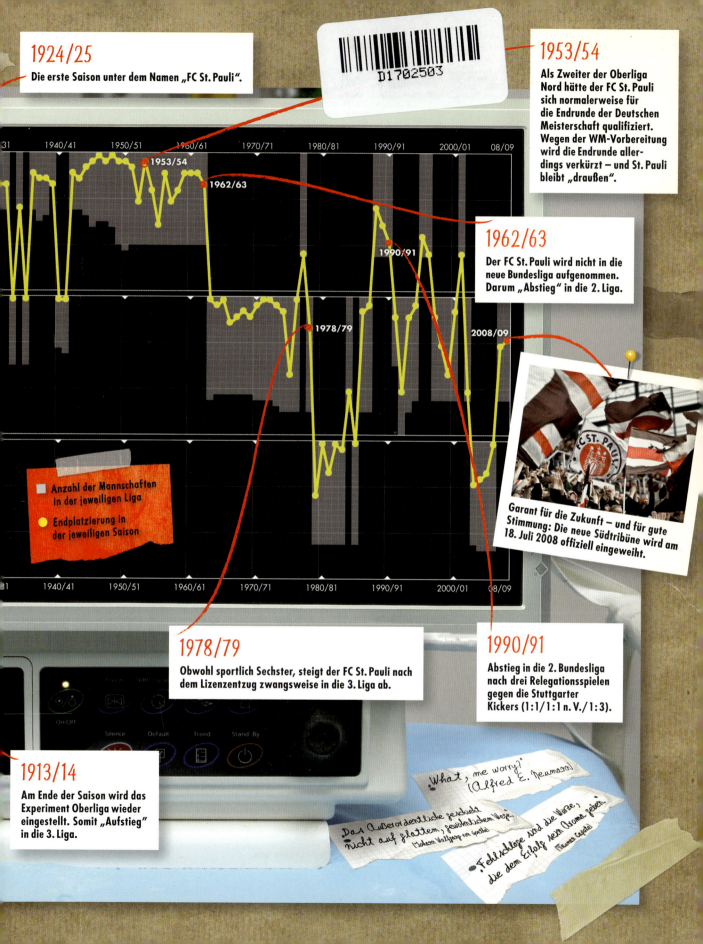

FC ST. PAULI. DAS BUCH.
Der Verein und sein Viertel

Christoph Nagel und Michael Pahl

Unter Mitarbeit von Jörn Kreuzer und Janine Schemmer

Herausgegeben vom
FC St. Pauli von 1910 e.V.

| Hoffmann und Campe |

Vorwort

Liebe Leser(innen),

als wir Brian Baker von der Punkrockband „Bad Religion" für dieses Buch interviewten, riet er uns: „Macht es einfach wie die US-Geschichtsbücher – kehrt alle Niederlagen unter den Teppich und glorifiziert die Siege!"

Verlockende Idee. Allerdings wäre das Buch dann doch etwas dünn geworden. Also haben wir die Pleiten drin gelassen. Die Geschichte des FC St. Pauli bietet trotzdem spannenden Stoff. Oder gerade deswegen. Dieser Verein hat erreicht, was die meisten Menschen sich wünschen: Nicht wegen seiner Erfolge geliebt zu werden. Sondern um seiner selbst willen. Dieses „Selbst" hat viel mit den Fans des FC St. Pauli zu tun. Und mit seinem Umfeld.

In zwei arbeitsreichen Jahren haben wir die Geschichte des Vereins gründlich neu recherchiert, Geheimnisse gelüftet und Bildschätze gehoben. Doch um die Geschichte des FC St. Pauli zu verstehen, muss man auch die Geschichte der ehemaligen Vorstadt St. Pauli kennen. Auch sie erzählen wir in diesem Buch. Schließlich wird dieser Verein wie kaum ein anderer mit seinem Stadtteil identifiziert, und sein Stadtteil mit ihm.

Und weil die Fans des FC St. Pauli, und mit ihnen der Verein, gern auch reflektieren, was außer Fußball noch passiert in der Welt, läuft parallel zur Vereinsgeschichte stets eine Chronik mit. Sie erinnert daran, was in Sport, Kultur und Politik geschah, während der FC St. Pauli zwischen himmelhoch jauchzend und zu Tode betrübt durch die Ligen lavierte – wie er es schon immer tat. Denn langweilig war dieser Verein noch nie.

Die Arbeit an diesem Buch war das umfassendste und schönste Projekt unseres Lebens. Allen, die dabei geholfen haben, danken wir sehr. Ihre Namen sind am Ende des Buches verzeichnet. Und natürlich danken wir allen, die dieses Buch gekauft haben. Wir hoffen, dass es packenden Lesestoff und zahlreiche „Aha-Erlebnisse" beschert. Wir wünschen viel Spaß beim (Wieder-)Entdecken der bewegten Geschichte eines einzigartigen Vereins!

Christoph Nagel und Michael Pahl

Grußworte 4

1686–1896

Das erste Kapitel, in dem St. Pauli zweimal zerstört und wieder aufgebaut wird 6

Gefährlich frei 8

Das Mutterschiff 15

1896–1932

Das zweite Kapitel, in dem Turner zu „Fußlümmeln" werden und das Viertel sich prächtig amüsiert 16

Metropole des Vergnügens 22

Fußlümmel im Kiezgetümmel 28

Panorama-Karte 36

1933–1945

Das dritte Kapitel, in dem das „Führerprinzip" beim FC St. Pauli Einzug hält und der Stadtteil „gereinigt" werden soll 58

Die Ära der „Sozialhygiene" 64

St. Pauli unterm Hakenkreuz 70

Panorama-Karte 82

1945–1951

Das vierte Kapitel, in dem St. Paulis „Wunderelf" kräftig sächselt, Koteletts Spielergehälter ersetzen und der Schwarzhandel blüht 96

Die Rückkehr der Vergnügungssucht 102

Die Fleischlegionäre auf dem Weg zur Meisterschaft 106

Panorama-Karte 122

1951-1959

Das fünfte Kapitel, in dem die weite Welt den Stadtteil verwandelt, während der FC St. Pauli vor einer ungewissen Zukunft steht 130

Als das Hafenquartier zur „sündigen Meile" wurde 132

Wunder gibt es nimmer wieder 136

1959-1969

Das sechste Kapitel, in dem der Fortschritt regiert, im Verein wie im Viertel. Der Rock'n'Roll hält Einzug, und das nagelneue Millerntor-Stadion versinkt im Schlamm 148

Beat, Nepp und Beton-Visionen 154

Ganz dicht am „Star-Club" 160

Panorama-Karte 164

1969-1979

Das siebte Kapitel, in dem es nackt wird in Deutschland, während der FC St. Pauli Ernst macht mit dem „Abenteuer Bundesliga" 184

Rotlicht statt Rock'n'Roll 190

Gute Zeiten, Ernste Zeiten 196

1979-1985

Das achte Kapitel, in dem die Bundeswehr den Kuckuck vom Millerntor vertreibt und der Punk ins Viertel zieht. Der Kiez dämmert unterdessen still vor sich hin ... 218

Unruhiger Dornröschenschlaf 224

Dem Tod von der Schippe 228

1985-1991

Das neunte Kapitel, in dem das Gesicht des FC St. Pauli skelettiert, Volker die Signale hört und der kriselnde Kiez wieder zum Leben erwacht 242

Rebellion und Musicals 248

Totenköpfe im Schnauzbartland 254

1991-2003

Das zehnte Kapitel, in dem die Fahrt im Ligafahrstuhl einen Stock tiefer endet, als sie begonnen hat. Derweil verändern Sprengstoff und Improvisation den Stadtteil 284

Die Zeit der Kontraste 290

Rock'n'Roll im Fahrstuhl 296

2003-2007

Das elfte Kapitel, in dem die Finanzkrise eines Drittligisten eine europaweite Knappheit brauner T-Shirts auslöst. Dann rollen Bagger, und eine neue Liga bringt ein neues Leben 328

Von Wünschen und Räumen 334

Shirt sei Dank! 338

2007-2009

Das zwölfte Kapitel, in dem sich Fans und Viertelbewohner aus den unterschiedlichsten Gründen fragen: „Ist das noch mein St. Pauli?" 364

Das Gentrification-Gespenst 368

Das Millerntor-Gefühl 372

Das Leben der Anderen

U23 und Herrenmannschaften 388
Frauenfußball 389
Blindenfußball 390
Torball 391
Altliga 391
Alter Stamm 391
Rugby 392
American Football 393
Tischtennis 393
Handball 394
Schach 395
Radsport 396
Triathlon 397
Boxen 397
Bowling 398
Kegeln 398
Schiedsrichter 399
Abteilung Fördernde Mitglieder 399

Zehn Mannschaften des Jahrzehnts 400

Bildnachweis 413

Danksagungen 414

Impressum 416

Sieben Grüße, sieben Köpfe

Liebe Leserin, lieber Leser, unser FC St. Pauli wird 100 Jahre alt, und dieses Buch ist ein wirklich wunderbares Geburtstagsgeschenk. Das Andere liegt uns St. Paulianern gewissermaßen im Blut. Mitte des 19. Jahrhunderts war St. Pauli das Niemandsland zwischen zwei Städten: dem dänischen Altona am einen und der Hansestadt Hamburg am anderen Ende. Das änderte sich erst um die Jahrhundertwende, die abendliche Torsperre war aufgehoben, und St. Pauli wurde zu einem Ort auch des bürgerlichen Vergnügens. Volkstheater, Varietés, Operettenhaus und viele Vergnügungslokale verhalfen St. Pauli zu ungeahnter Blüte. Und trotzdem — das Andere ist immer geblieben. Kein Zufall also, dass in den 1980er Jahren der Häuserkampf auf St. Pauli in der Hafenstraße seinen Anfang nahm. Und ganz sicher auch kein Zufall, dass hier und nur hier der Mythos FC St. Pauli geboren wurde. Ja, wir St. Paulianer sind heute noch anders. Und darauf sind wir stolz.

Den Autoren, allen Zeitzeugen und dem Verlag einen herzlichen Glückwunsch zu diesem Buch. Und Ihnen und Euch viel Spaß beim Lesen.

Herzlichst, **Corny Littmann (Präsident)**

Wenn es stimmt, dass Bilder mehr sagen als Worte, dann ist das Bild auf Seite 123 für mich der eloquenteste Zeitzeuge: Als nach dem Zweiten Weltkrieg viele Häuser noch in Trümmern lagen, stand das Millerntor-Stadion bereits wieder. Die St. Paulianer hatten es als eine der ersten Handlungen hin zur Normalität kurz nach Kriegsende wiedererrichtet. Ein beeindruckendes Beispiel für die Einmaligkeit des Vereins, seiner Mitglieder und Anhänger und die Synergie zwischen Verein und Stadtteil.

Thomas Wegmann (Prokurist, Projektleitung Jubiläumsbuch)

Der FC St. Pauli ist mit seiner Sportartenvielfalt nicht nur mehr als ein reiner Fußball-Club, er ist vor allem auch ein Lebensgefühl. Müssen sich andere Vereine auf sportliche Aspekte reduzieren lassen, so steht der FC St. Pauli für eine unkonventionelle Geisteshaltung voller Kreativität, Verantwortung, Toleranz und Weltoffenheit. Die Wechselwirkung von Verein und Stadtteil sowie ein Hang zur Rebellion ließen einen Verein entstehen, der einzigartig ist. Seine Prägung ist dabei auch sein Fundament, denn weder durch die Geschicke Einzelner noch durch den Umstand Zufall wurde er das, was er ist — sondern durch das nachhaltige Engagement seiner Anhänger, Mitglieder, Mannschaften und Mitarbeiter. Auf die nächsten 100!

Michael Meeske (Geschäftsführer)

In erster Linie ist der FC St. Pauli das, was schon im Namen steckt: ein Fußballverein. Wie jeder Konkurrent ist er bemüht, Spiele zu gewinnen, sich von einer Saison zur nächsten zu steigern. Auch sollte unser Streben nach Fortschritt ohne finanzielle Drahtseilakte eigentlich der Norm entsprechen. Der qualitative Unterschied zu allen anderen deutschen Profclubs liegt darin, dass der FC St. Pauli eine ungewöhnlich hohe gesellschaftliche und kulturelle Strahlkraft besitzt. Dieses Spezifikum, das zu einem erheblichen Teil den Fans zu verdanken ist, entstand erst in den letzten 25 Jahren. Es hat uns über die Stadt-, ja über Staatsgrenzen hinaus berühmt gemacht. Diese Einzigartigkeit wollen wir erhalten und fördern. Mehr Tore als der Gegner schießen zu wollen, das ist am Millerntor nicht alles.

Helmut Schulte (Sportdirektor)

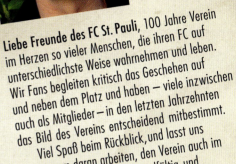

Liebe Freunde des FC St. Pauli, 100 Jahre Verein im Herzen so vieler Menschen, die ihren FC auf unterschiedlichste Weise wahrnehmen und leben. Wir Fans begleiten kritisch das Geschehen auf und neben dem Platz und haben – viele inzwischen auch als Mitglieder – in den letzten Jahrzehnten das Bild des Vereins entscheidend mitbestimmt. Viel Spaß beim Rückblick, und lasst uns gemeinsam daran arbeiten, den Verein auch im zweiten Vereinsjahrhundert vielfältig und lebendig zu gestalten.

Karsten Meincke
für den Fanclubsprecherrat des FC St. Pauli

Seit 1930 bin ich dem FC St. Pauli erst als aktiver Fußballer, seit 1952 dann als passives Mitglied treu. Wenn man damals von St. Pauli sprach, dachte man vor allem an das Vergnügungsviertel und nicht an den Fußballverein. Heute ist es genau umgekehrt. Dass der FC St. Pauli einer der beliebtesten Fußballvereine in Deutschland geworden ist, berührt mich sehr. Viel hat sich verändert, aber der FC St. Pauli ist immer noch Familie, eine zweite Heimat für viele Menschen. Hier darf man sich wohlfühlen und so sein, wie man ist.

Günter Peine
(Rekord- und Ehrenratsmitglied)

„Überschuldung"/„Überschüsse" – zwei Schlagworte aus den Wirtschaftsprüferberichten im letzten Jahrzehnt beschreiben gut die wechselvolle Finanzlage des FC St. Pauli. Zum Glück war sie in den 100 Jahren nicht immer so turbulent, aber oft aufregend genug. Es gab dabei auch Fehlentscheidungen, doch: Darin liegt auch stets eine Chance. Denn jeder Fehler, aus dem man lernt, ist ein Erfolg. Aktuelle Projekte wie die Rekonstruktion des Stadions und des Trainingsgeländes sind einmalig und wertvoll. Die Risiken, die unser Verein dabei eingeht, müssen überschaubar und kalkulierbar sein. Gleichzeitig müssen wir immer die richtige Mischung aus Kompromiss und Identität finden. Auf dass der FC St. Pauli in Zukunft niemals mehr etwas müssen, aber immer etwas wollen kann!

Michael Burmester
(Aufsichtsratsvorsitzender)

1686-1896

DAS ERSTE KAPITEL, in dem St. Pauli zweimal zerstört und wieder aufgebaut w

Um 1600 war das heutige St. Pauli ein Vorstadt-Idyll vor Hamburgs Wallanlagen – und das Millerntor noch lange kein Stadion, sondern ein Stadttor. Weil der Weg hindurch so lang und dunkel war, hieß es im Volksmund auch „Düsterntor"

nn aber bricht die Vergnügungssucht aus, und die Reeper verlassen ihre Bahn.

Der Stadtteil St. Pauli 1686-1896

St. Paulis zweite Zerstörung: 1814 setzten napoleonische Truppen die Vorstadtkirche in Brand – und über tausend Häuser und Hütten

Gefährlich frei

Die Geschichte St. Paulis begann im Niemandsland zwischen Hamburg und Altona

Es ist 1686, und Hamburg steht unter Beschuss. Die Vorstadt zwischen Millerntor und Altona wimmelt von Soldaten. Denn Altona ist dänisch, und Hamburg soll es werden. 20000 Mann hat Dänemarks König Christian V. geschickt, um die Stadt einzunehmen. Sie greifen auf dem Landweg an, weil Elbe und Alster blockiert sind durch Sperren und Schiffe der Hamburger und ihrer Verbündeten.

Die Dänen versuchen, die Verteidigungsanlagen der Stadt so zu schwächen, dass sie ihren Einmarsch nicht mehr aufhalten können. Mauerwerk birst unter der Wucht der Kanonenkugeln und Sprenggranaten. Doch die Wälle halten stand. Sie sind fast zehn Meter dick, erbaut aus Sand und Lehm vom „Hamburger Berg" – dem Gebiet, in dem jetzt der Krieg tobt. Vor sechzig Jahren, im Dreißigjährigen Krieg, ließen Hamburgs Ratsherren neue Befestigungen bauen. Seitdem hat der abgebaute „Berg" nur noch wenige Hügel: Die Wälle wurden stärker, das Gelände flacher und übersichtlicher.

Und das ist den Stadtvätern wichtig. Denn für sie ist der Hamburger Berg nicht nur der Ort, der aufnimmt, was in den Mauern der Stadt keinen Platz hat oder stört: ein Trockenhaus für geteerte Schiffstaue, die Ölmühle, den „Pesthof" für ansteckend Kranke. Er ist auch der Ort, an dem das Böse sich verbirgt, ehe es sich gegen Hamburg richtet – ungeschützt und gefährlich frei. Ein Sammelplatz für Gegner. Wie jetzt, da die Armee Christians V. die Vorstadt beherrscht.

Bauern und Arbeiter aus Holstein und Altona hasten durch den Kugelhagel und suchen Schutz hinter gefällten Alleebäumen. Der König hat sie hierher befohlen, um Schützengräben auszuheben. Sie schaufeln Erde und Asche. Denn der Hamburger Berg brannte schon, bevor die Dänen

Der Stadtteil St. Pauli 1686-1896

kamen. Jeder, der hier etwas aufbaut, verpflichtet sich, Haus und Hof im Kriegsfall sofort zu verlassen, damit die Stadt Hamburg es zerstören kann. Für ein freies Schussfeld. Und um dem Feind keine Verstecke zu bieten. Darum gräbt er sich ein.

Kampfstern Hammonia

Schon reichen die dänischen Gräben von der Elbe quer über die Reeperbahn, wo sonst Handwerker lange Hanffäden zu immer dickeren Tauen verdrehen. Die Reepschläger sind erst seit sechzig Jahren hier: Als die neuen Wallanlagen gebaut wurden, war in der Stadt kein Platz mehr für sie. Nun brennen Pechkränze neben ihren verwaisten Hütten und Werkstätten. Sie markieren den geplanten Verlauf der Schützengräben für die Arbeiter, die sie vorantreiben: vorbei an Heiligengeistfeld und Neuem Pferdemarkt, heran bis an die Sternschanze, die neueste und mächtigste Festung Hammonias (so der neulateinische Name der Stadt).

Seit Tagen ist sie das Ziel der heftigsten Angriffe. Denn die erhöht gelegene Schanze, geformt wie ein vierzackiger Stern, ist Bollwerk und Achillesferse zugleich: Wer sie einnimmt, kontrolliert das Umland. Und hat beste Aussichten, bald auch Hamburg zu besitzen. Die Sternschanze wehrt sich nach Kräften. Augenzeugen sagen, sie habe Feuer gespien wie ein Vulkan. Doch am Morgen des 25. August, zerrissen von über 70 Treffern, gleicht sie einer Ruine.

Die Stadt Hamburg setzt alles auf eine Karte und befiehlt einen Ausfall ihrer Truppen. Auf den Wallanlagen am Dammtor sammeln sich Hunderte von Schaulustigen und beobachten das Geschehen, bei dem es um ihr Leben geht: das Reitergefecht, das unbemerkte Anschleichen der Hamburger Fußsoldaten, deren Handgranaten „in den engen, mit verwirrten Dänen vollgestopften Gräben einen greulichen Spektakel" anrichten, so der Historiker Alfred Dreyer. Und den schnellen Hamburger Rückzug, verfolgt von dänischen Truppen. In der hellen Nachmittagssonne geben sie leichte Ziele für die Besatzung der Sternschanze ab.

Die Wirkung des Hamburger Angriffs ist durchschlagend: In der Nacht zum 26. August räumen die Dänen ihre Stellungen nahe der Sternschanze. Nach einigen Tagen Waffenstillstand ist die Belagerung zu Ende. Doch als die 2000 Einwohner des Hamburger Bergs zurückkehren, stehen sie vor einer trostlosen Szenerie. Die Erde ist wie umgepflügt. Wege und Straßen sind zerschnitten. Ihre Häuser liegen in Trümmern, und wie viele Tote in den frisch zugeschütteten Schützengräben ruhen, wissen sie nicht.

Kugeln auf die Kirche

Den vielleicht traurigsten Anblick bietet die kleine Fachwerkkirche St. Pauli am Pinnasberg, die erste der Vorstadt. Vier Jahre vor der dänischen Belagerung hatte die Gemeinde sie eingeweiht, mit Festgottesdienst und gleich zehn Liedern. Nun ist wenig von ihr übrig.

„Teilweise gleich einem Sieb durchlöchert" steht die Kirche da, berichtet ein Zeitzeuge. Und das, obwohl sie zwischen Schützengräben und Altona steht – jenseits der Schusslinie der Dänen. Es waren Hamburger Kugeln, die das Gotteshaus durchlöcherten. „Kollateralschaden" hieße das heute: St. Pauli war im Weg.

Unbeirrt bauten die Einwohner des Hamburger Bergs ihre Kirche wieder auf. Mit neuem Altar, aber ohne aufwendige Dekorationen, und wie zuvor ohne Kirchturm. Schließlich konnte jederzeit ein neuer Krieg kommen. Und außerdem hatten sich viele Vorstädter für ein Leben hier entschieden, weil das Wohnen innerhalb der Stadtmauern zu teuer für sie war: kleine Handwerker und Händler, Tagelöhner und Lastenträger. Viele siedelten ihre Häuser und Buden bei der Kirche an, trotz der stinkenden Dünste der nahen Tranbrennereien, die Walspeck-Stücke zu Lampenöl zerkochten. Hier, dichter an Altona, schien das Leben sicherer als vor den Geschützen Hamburgs.

„Der Bebauung nach" sei der Hamburger Berg eher „eine Vorstadt von Altona geworden", schrieb der „Hamburgische Korrespondent" später. Fast ein Stück Ausland also, und in manchen Dingen behandelte >

1820 erhielt die frühere Fachwerkkirche St. Pauli ein Schiff aus Stein, aber noch immer keinen Turm

Zollmarke vom Millerntor: Für Hamburgs Behörden kamen Vorstadtwaren aus dem „Ausland"

Der Stadtteil St. Pauli 1686-1896

> Hamburg seine Vorstadt entsprechend: Wenn hiesige Handwerker und Händler ihre Waren in der Hansestadt anbieten wollten, mussten sie sie verzollen. Schon weil vor der Stadt Gewerbefreiheit herrschte, während das Hamburger Handwerk in Zünften organisiert war. Die Zölle halfen, Preiskämpfe mit Konkurrenten von außen zu verhindern, die gern als „Pfuscher" oder „Bönhasen" verunglimpft wurden.

Nicht immer ging es bei den Kontrollen gerecht zu: „Kleinigkeiten werden angehalten", klagte ein Anwohner, „aber ganze Mobiliare, ganze Ladungen Schlafröcke und andere Dinge kommen hier an, ohne dass man nur wagt, die Hand daran zu legen." Damit kritisierte er besonders die Wächter des Millerntors an der direkten Verbindung vom Hamburger Berg in die Innenstadt.

Die Nonne und das „Freudenhaus"

Schon 1246 wurde das Millerntor erstmals urkundlich erwähnt: als „porta mildradus". Ein Hinweis auf die heiliggesprochene angelsächsische Prinzessin „Milrade", sagen manche Autoren. Als Schutzpatronin soll sie die Außenseite des Tores geziert haben. Tatsächlich starb 734 eine Königstochter und Äbtissin namens „heilige Mildred" in einem Kloster der englischen Grafschaft Kent. Ist diese Nonne die Namensgeberin des „Freudenhauses der Liga", des Stadions am Millerntor? Es wäre eine schöne Geschichte. Beweisen lässt sie sich nicht.

Vielleicht ist des Rätsels Lösung einfacher: Im Laufe der Zeit erfuhr das Tor immer neue Namensvarianten wie „Milderdor" oder „Middele-Thor". Namen, die gut dazu passen, dass das Millerntor anfangs das mittlere Stadttor von dreien war. Zu dieser Zeit stand es einige hundert Meter östlich vom heutigen Millerntorplatz. Im Zusammenhang mit dem Aus- und Umbau der Festungsanlagen entstanden 1499 und 1663 neue Torgebäude, jeweils etwas weiter westlich als die vorhergehenden.

Das Gelände vor dem Tor glich einer ländlichen Idylle: Wo sich heute dreimal im Jahr die Karussells des „Hamburger Doms" drehen, lagen Gärten, Weiden und Ackerflächen. Viele gehörten dem „Hospital zum Heiligen Geist" im Westen Hamburgs. 1497 wurde sein Name erstmals offiziell zur Bezeichnung des Heiligengeistfeldes verwendet. Das Hospital nutzte sein Land zur Versorgung der Kranken; einen Teil verpachtete es auch. Im Laufe der Jahrhunderte gingen diese Grundstücke allmählich an ihre Pächter und auch an die Stadt über.

Die wiederum verpachtete 1711 einen Teil jenes Feldes, auf dem die Spieler des FC St. Pauli später die Blutgrätsche zur Kunstform erhoben, passenderweise an die Zunft der „Knochenhauer". Die Metzger ließen darauf ihr Schlachtvieh weiden.

Ganz in der Nähe, schräg gegenüber der heutigen Südtribüne des Millerntor-Stadions, lag seit 1604 der „Pesthof", Hamburgs Quarantäne-

Bier gegen Cholera
1892 kam der Tod aus Hamburgs Trinkwasser

Schon lange hatten Spottgedichte kursiert: „Vom Tier in Hamburgs Wasserrohr, da kommen 16 Arten vor." Trotzdem investierte die Stadt nicht in neue Filter. Das rächte sich: Als 1892 in Asien die Cholera ausbrach, war Hamburg als einzige Stadt Westeuropas betroffen. Wahrscheinlich gelangten die Erreger über Abwässer von Schiffen oder Auswandererlagern am Hafen ins Trinkwasser, das damals noch aus der Elbe kam. Hohe Wohndichte und schlechte Hygienebedingungen, zum Beispiel in den Gängevierteln der Neustadt und Teilen St. Paulis, begünstigten die Ausbreitung der Seuche. Am 15. August erkrankte der erste Hamburger. Am 27. August wurden die Särge knapp. Findige Geschäftsleute boten „electric-magnetische Leibbinden" gegen Cholera. „Desinfiziere Dich von Innen", rieten andere und empfahlen Rum, Wein oder „Bier aus gutem Quellwasser". „Man hatte wohl noch nie so viele Betrunkene in Hamburg gesehen", so ein Zeitzeuge. Als die Epidemie abklang, hatte sie fast 9000 Tote gefordert. Die Stadt beschloss die Sanierung ihrer „Elendsquartiere" – und investierte endlich in einwandfreie Wasserfilter und -leitungen.

Schutz vor der Seuche: Trinkwasser vom Fass

Der Stadtteil St. Pauli 1686-1896

Als auf dem Heiligengeistfeld noch das Schlachtvieh der Knochenhauer graste: das Millerntor zu Beginn des 19. Jahrhunderts

Um Feinden keine Verstecke zu bieten, ließ Napoleon den „Hamburger Berg" niederbrennen. Viele Einwohner flohen nach Altona

Krankenhaus. Wie viele Pestopfer dort wirklich gepflegt wurden, ist nicht mehr zu ermitteln. Wahrscheinlich war ihre Zahl nicht hoch, denn in Pestzeiten blieb keine Zeit für Krankentransporte. Für andere körperlich und psychisch Kranke war der Pesthof jedoch zeitweilig die wichtigste Einrichtung der Hansestadt. Manche Menschen kauften sich sogar freiwillig hier ein, um einen behüteten Lebensabend zu verbringen. Die Kapelle des Krankenhauses wurde bis zum Bau der St. Pauli-Kirche auch von den Anwohnern des Hamburger Bergs genutzt.

Das Ende des Pesthofs kam an Silvester 1813. An diesem Tag flohen die Insassen des Krankenhauses Richtung Norden – gerade noch rechtzeitig, bevor es in Flammen aufging. „Wer nur irgend gehen konnte, der mußte den Weg [vom Hamburger Berg] nach Eppendorf zu Fuß machen", berichtet die Kaufmannstochter Marianne Prell, deren Vater den Zug organisiert hatte: „Zu diesen letzteren gehörten besonders die Wahnsinnigen; dieselben machten am 31. Dezember den Schluß des ganzen Transportes. ... Es ist eine gänzliche Fabel, wenn mitunter erzählt wird, die Wahnsinnigen seien alle verbrannt worden."

Die zweite Zerstörung St. Paulis

Mit dem Krankenhaus brannte der gesamte Hamburger Berg. Die Ursache des Feuers war Brandstiftung, und den Befehl dazu gab Napoleon persönlich. Was den Dänen 1686 nicht gelungen war, hatten seine Truppen 1806 nahezu kampflos erreicht: die Besetzung Hamburgs. Für die Einwohner der Vorstadt begann damit eine schwierige Zeit, denn die Franzosen hatten Schiffbau und Elbschifffahrt verboten.

Als einige Jahre später Napoleons Schlachtenglück schwand, ordnete er an, Hamburg auf eine lange Belagerung vorzubereiten. Wer nicht in der Lage war, Proviant für sechs Monate im Voraus zurückzulegen, musste die Stadt verlassen. Wer vor der Stadt wohnte, wurde obdachlos. Denn auch Napoleon sah in der Vorstadt ein mögliches Versteck für Feinde.

Darum ließ er Ende 1813 ankündigen, dass sie niedergebrannt würde. Die Einwohner verließen ihre Häuser in Hast. Es kam zu Plünderungen. „Was in den unglücklichen Tagen vom 31. Dezember bis zum 3. Januar für Diebereien vorgefallen sind, glaubt kein Mensch, der nicht selbst Augenzeuge davon gewesen", vermerkt die Kirchenchronik St. Paulis.

Die Kirche selbst blieb nicht verschont: Am 3. Januar betete ein französischer Leutnant eine Weile still vor ihrem Altar. Dann schleuderte er einen Brandsatz. St. Pauli war ein zweites Mal zerstört, zusammen mit über tausend Häusern und Hütten.

Bald darauf halfen russische Truppen, die Franzosen zu vertreiben, und für die Vorstadt begann eine neue Zeit. Das Kirchenschiff St. Paulis erhielt seine heutige Form, und die wuchtigen Wallanlagen >

Der Stadtteil St. Pauli 1686–1896

Das Millerntor zur Zeit der Torsperre. Nachts galt: kein Durchkommen ohne Strafgebühr

Grassierende „Vergnügungssucht": buntes Treiben auf dem Spielbudenplatz um 1865

wurden eingeebnet. Das Millerntor jedoch blieb. 1820 ersetzten fünf steinerne Pfeiler das alte Bauwerk. Vor den Torflügeln spielten sich jeden Abend turbulente Szenen ab. Denn mit Einsetzen der Dunkelheit schloss die Stadt ihre Tore, und bis zum Morgen kam niemand mehr hinein oder heraus.

Erst 1836 zeigte Hamburg Mitleid mit Zuspätkommern – gegen Zahlung einer Strafgebühr von 4 bis 12 Schilling, je nach Uhrzeit. Ein Schilling war gerade so viel, wie zwei Schuss an einem Schießstand am Spielbudenplatz kosteten. Und doch hetzten regelmäßig gesetzte Herren mit hochrotem Gesicht durch die Vorstadtstraßen, um nach geselligem Abend die verhasste Torgebühr zu vermeiden. Für Arbeiter, die in der Stadt zu tun hatten, war die Torsperre ein weit ernsteres Problem, konnte sie doch gerade in den Wintermonaten leicht den Verlust mehrerer Stundenlöhne bedeuten.

Entsprechend groß war die Freude, als die Torsperre in der Silvesternacht 1860/61 endgültig aufgehoben wurde. Mehrere tausend Menschen hatten sich am Millerntor versammelt, um den zwölften Glockenschlag des Michels zu erwarten – und anschließend nach Lust und Laune hin- und herzuflanieren über die offene Grenze zwischen Innenstadt und Vorstadt.

St. Pauli wird St. Pauli

Letztere war nach ihrer zweiten Zerstörung dramatisch gewachsen, und die Seefahrt spielte eine wichtige Rolle: Als 1816 das erste Dampfschiff Kurs auf Hamburg nahm, befanden die Stadtväter, dass dessen Funkenflug eine Gefahr für die Segelschiffe im Hamburger Hafen darstelle. Die „Lady of the Lake" solle lieber weiter draußen festmachen, etwa in Höhe der heutigen Landungsbrücken. Die Besatzungen der „Lady" und ihrer Nachfolger veränderten die Vorstadt: Kneipen und Bordelle entstanden, und zwanzig Jahre später gab es hier mehr Tanzlokale als in der Innenstadt. Die Straßen erhielten Namen, die Häuser Nummern, und an den Hauptverkehrswegen leuchteten neue Öllaternen.

1831 wurden die Vorstädter den Hamburger Bürgern rechtlich gleichgestellt, und zwei Jahre später erhielt der Hamburger Berg offiziell den Namen „Vorstadt St. Pauli" – nach jener Kirche, die zweimal zerstört und zweimal wieder aufgebaut worden war (einen Turm bekam sie allerdings erst 1864).

1838 hatte St. Pauli 11000 Einwohner, und in seinen 51 Straßen lebten unter anderem Schiffbauer und Kapitäne, Lotsen und Segelma-

Der Stadtteil St. Pauli 1686-1896

cher, Bäcker, Fisch- und Fettwarenhändler, Gemüsehöker, Hutmacher und Tischler.

Flammen und Vergnügungssucht

Auch der große Brand der Hamburger Altstadt (1842) trug zum Wachstum St. Paulis bei, denn in der Innenstadt wurde Wohnraum knapp. Im Norden der Vorstadt entstanden zahlreiche Miethäuser. Kleingewerbe zog in die Hinterhöfe, und das Holstentor brachte 1859 eine neue Verbindung in die Stadt und damit einen weiteren Wachstumsschub. Die neuen Vieh- und Schweinemärkte und später der „Central-Schlachthof" gaben vielen St. Paulianern Lohn und Brot.

Der Süden des Stadtteils profitierte vom Zeitgeist: „Die Vergnügungssucht nahm reissend zu", klagte Dr. Carl Mönckeberg, Prediger zu St. Nicolai. Die Gastronomen reagierten. Ab 1840 ersetzten steinerne Singspielhäuser und Biersäle die hölzernen Verschläge am Spielbudenplatz. Der Senat erteilte ein Sonderrecht zum Betreiben von Vergnügungsstätten. Damit die Lage nicht außer Kontrolle geriet, erhielt St. Pauli seine erste Polizeistation. 1848 zog sie an die Stelle der heutigen Davidwache.

Das beeindruckendste neue Bauwerk war der „Circus Gymnasticus", St. Paulis erster Prachtbau (1841). Wo heute das Operettenhaus Musicals zeigt, bewunderten bis zu 3000 Zuschauer Kunstreiter und Artisten. Auf dem Weg zu seinen Plätzen schritt das Publikum durch ein säulenverziertes Portal.

Zwanzig Jahre später war das Renommier-Unternehmen pleite, und die „Central-Halle" spielte stattdessen ein Revue-Programm mit Tanz und Musik. Bis sie 1876 abbrannte: Anders als unscheinbarere Häuser bestand der ehemalige „Circus" aus Holz.

Kaum hundert Meter entfernt, in der Davidstraße, befand sich „eine Gegend, welche Dinge birgt, vor denen mancher eine Gänsehaut bekommen könnte", warnte ein Stadtführer 1861. Wer die „öffentlichen Häuser" dort dennoch betreten wolle, solle dies „mit Vorsicht und einer gewissen ernsten Entschiedenheit tun. ... Am besten ist, mit einem Hamburger durch diese ohne Frage interessanten Lokale zu gehen und die Getränke, welche man etwa kauft, nicht selbst zu trinken: Es gibt dafür Hospitanten genug."

Das meistbesuchte Tanzbordell befand sich an der Ecke zur Erichstraße: „Die vier Löwen". Vor den Türen warteten die Mädchen. Ein kleiner Zaun trennte sie von der Straße. Wer mitging, betrat einen „mit blaugrauem Duft von Staub und Tabakrauch" erfüllten Saal, beschreibt der Soziologe Georg Walter: „Es drängt, treibt, flößt und reibt sich die wilde, verworrene Masse keuchend und fluchend durcheinander."

Viele der Damen hätten farbenfrohe Kostüme getragen, lässt der Schriftsteller C. Reinhardt seinen fiktiven Reisenden Müller staunen: „Lauter Spanierinnen, Tirolerinnen und Türkinnen. Ick globe hier is'n

Rebell ohne Gesicht
Klaus Störtebeker, der „Urvater der Freibeuter"

Karte ohne Klaus: Saisonticket 2001/02

Wäre er nicht fast 500 Jahre zu früh gestorben: Kuntz von der Rosen hätte sicher gestaunt über die Erstliga-Dauerkarte des FC St. Pauli für 2001/02. Schließlich prangte darauf sein Porträt – als „Klaus Störtebeker". Es war nicht das erste Mal, dass der Hofnarr Kaiser Maximilians I. für den berühmten Seeräuberhauptmann gehalten wurde. Vom echten Störtebeker ist wenig bekannt, auch nicht sein Gesicht. Immerhin: Ende des 14. Jahrhunderts setzte er als Anführer der „Vitalienbrüder" den reichen Hansekaufleuten aus Hamburg und anderen Städten so stark zu, dass sie keine Kosten und Mühen scheuten, um ihn zu fangen. 1400 wurde Störtebeker auf dem Grasbrook bei Hamburg hingerichtet, auf dem Gebiet der heutigen Speicherstadt – und ist heute berühmter, als er es zu Lebzeiten je war. 1985 stürzten Unbekannte das Denkmal des angeblichen Störtebeker-Fängers Simon von Utrecht von seinem Sockel an der Hamburger Kersten-Miles-Brücke. „Die Piraterie hat eine große Zukunft", sprühten sie darauf. Ob sie dabei die „Freibeuter der Liga" im Sinn hatten?

Der Stadtteil St. Pauli 1686-1896

Wildes Treiben in der Davidstraße: Reiseführer warnten vor dem Gasthaus „Die vier Löwen"

Über 250 Jahre lang stellten die Reeper auf langen Bahnen neben dem Spielbudenplatz Schiffstaue her. Dann enteignete sie die Stadt Hamburg – und ihre Bahnen verschwanden

> Harem!" Einem Tanz mit den exotischen Schönheiten folgte oft der Gang in eine der Kammern im Obergeschoss. Besonders an Sonntagnachmittagen habe der Wirt das Geld „in Eimern hinaustragen" können, meint der Historiker Heckscher.

Tomaten auf Bühnenbösewichte

Doch auch „sittsamere" Formen der Unterhaltung hatten Erfolg, etwa das heutige St. Pauli-Theater neben der Davidwache (1841). Besonders beliebt waren Stücke mit aktuellen und lokalen Bezügen wie dem Streik der Reepschläger, die 1865 für eine Verkürzung ihres 12-Stunden-Tages kämpften. Auf den schmalen Holzbänken des zweiten Ranges ließen sich gern Hafenarbeiter nach der Schicht nieder. Proviant, Bier und Kautabak brachten sie mit, und nicht selten bewarfen sie Bühnenbösewichte mit Äpfeln oder Tomaten. Das Carl-Schultze-Theater nahe der Altonaer Grenze wagte sich auch an politische Satiren: Der Einakter „Wilhelm König und Fritze Fischmarkt auf der Reise zur internationalen Ausstellung in Hamburg" bot anlässlich einer Landwirtschaftsschau derbe Seitenhiebe auf Preußens Monarchen und dessen Ministerpräsidenten Bismarck. Das Stück war vier Wochen lang ausverkauft, bis es verboten wurde.

Wenig später, nach Ausbruch des deutsch-französischen Krieges, wurde Bismarck auf St. Pauli frenetisch bejubelt. Manche Singspielhallen entwickelten sich zu regelrechten Wallfahrtsorten des nationalen Taumels: „Sieg auf Sieg verkündete man vom Podium her", schreibt der Hamburgensien-Sammler Carl Thinius: „Das Publikum jubelte und schrie hurra." In den anschließenden „Gründerjahren" des Deutschen Reiches entstanden immer neue Theater, Gaststätten und Varietés. Auch das Handwerk profitierte vom regen Baubetrieb. Als 1888 die Zollgrenze zwischen Hamburg und St. Pauli fiel und die letzten Wachleute das Millerntor verließen, musste die Straße dort um sieben Meter verbreitert werden, „um dem stets zur Freude aller Einwohner wachsenden Verkehr neue Wege zu öffnen und ihn in neue Bahnen zu leiten" („Hamburger Tageblatt").

Doch es gab auch Verlierer des Booms: Über 250 Jahre lang hatten die Reepschläger in der Vorstadt ihre Taue hergestellt, nur einen Steinwurf entfernt vom Trubel des Spielbudenplatzes. Nun war ihr Arbeitsgelände zu wertvoll geworden. Am 31. März 1883 enteignete die Stadt Hamburg St. Paulis Reeper. Ihre Bahnen wurden zu Bauland. ■

Das „Mutterschiff"

Der älteste Vorläufer des FC St. Pauli entstand schon 1860

Als die Bürger der rasch wachsenden Vorstadt St. Pauli 1860 ihren ersten Sportverein gründeten, hatten sie mit Fußball nichts im Sinn: Der „Turnverein in St. Pauli und vor dem Dammthore" widmete sich ganz der Leibeserziehung im Sinne „Turnvater" Jahns. Und doch ist dieser Verein der älteste Vorläufer des FC St. Pauli. Kurz nach der Vereinsgründung entschieden sich St. Paulis Turner, mit dem „Hamburger Männer-Turnverein" von 1852 zu fusionieren, um gemeinsam eine Sportstätte nutzen zu können — eine Überlegung, die erst mit Aufhebung der Torsperre zwischen Vorstadt und Innenstadt (1. Januar 1861) sinnvoll umzusetzen war. Die Namensfindung für den gemeinsamen Verein gestaltete sich schwierig. Nach monatelangen Redeschlachten wurde am 1. April 1862 der „Hamburg-St. Pauli-Turnverein" aus der Taufe gehoben, in dessen „Spielabteilung" einige Jahrzehnte später die ersten „Kiezkicker" nach dem runden Leder jagten (s. S. 29). Noch heute tragen ihre Nachfolger ein Logo auf der Brust, das wie seine „Urform" aus dem 19. Jahrhundert den damals gefundenen Namenskompromiss widerspiegelt: Das Wappen Hamburgs, umrandet vom Schriftzug „St. Pauli".

Am 7. September 1862 weihte der Verein seine erste Turnhalle an der Feldstraße ein. Die Turnerstraße im Karolinenviertel erinnert noch heute an ihren Standort. Der Turnverein wuchs rasch, und Ende des 19. Jahrhunderts plante er eine größere Halle auf dem Heiligengeistfeld. Am 12. Januar 1902 wurde sie an der Ecke Glacischaussee und Budapester Straße eingeweiht — „ein Denkmal für turnerischen Opfermut und Opfersinn", so die Festschrift zum 100. Vereinsjubiläum, denn den größten Teil der Baukosten von 175 000 Mark hatten die 500 Mitglieder selbst aufgebracht. Die zentrale Lage sorgte für weiteren Zulauf und Freude unter den Aktiven: „Turnen bringt Schweiß und darum auch viel Durst", schrieb einer der Sportler, „und uns auf St. Pauli mangelte es ja nicht an Tankstellen."

Auch nach der Abspaltung seiner Fußballer als FC St. Pauli (s. S. 47) blieb der „Hamburg-St. Pauli-Turnverein" bestehen. Heute hat er rund 300 Mitglieder. Sein bislang erfolgreichster Sportler ist Albert Zürner. 1908 gewann er bei den Olympischen Spielen in London die Goldmedaille im Kunstspringen vom Dreimeterbrett. ■

Turner des Hamburg-St. Pauli-Turnvereins vor der alten Turnhalle. Links eine historische Vereinsnadel mit dem Turnerzeichen

„Turnkarte" eines Mitglieds der „Männer-Abtheilung"

DAS ZWEITE KAPITEL, in dem Turnerehre auf Gründergeist trifft,

1896-1932

lte Testament" des FC St. Pauli entsteht und der Prophet Mohammed die ...

1903 war die Turnerwelt auf dem Heiligengeistfeld noch in Ordnung: kaum ein „Fußlümmel" weit und breit. Eine Riege des St. Pauli-Turnvereins zeigt, was man mit Fahnen und Fahrrädern so alles anstellen kann

1896-1932

... braun-weißen Vereinsfarben doch nicht erfindet. Jungfräulicher Rasen u

In den 30er Jahren ist St. Pauli längst erstklassig. Im Stadion Hoheluft besiegen die Braun-Weißen den SC Victoria mit 3:0 (19.10.1930, Tor durch Klages)

dorbenes Zuchtvieh gehen eine unglückliche Beziehung ein, während das ...

1896-1932

...aufblühende St. Pauli sich prächtig amüsiert. Unterdessen finden emanzipie

„Der Dom war nichts für Altona!", titelte eine Zeitung – mit den heimischen Rummelattraktionen im Rücken fuhr St. Pauli mit seinen Gegnern Achterbahn (2:0 gg. Altona 93, 2.12.1930)

Blümmel" vom Kiez im „Hamburger Dom" einen ungeahnten Verbündeten.

Der Stadtteil St. Pauli 1896-1932

Show trifft Kommerz in den 20er Jahren: Dieses „lebende Bild" im Varieté „Trichter" war zugleich eine Zigarettenreklame

Metropole des Vergnügens

St. Pauli 1896-1932: Prachtbauten und Kellerlöcher, Kraftmenschen und Ausdruckstanz

Es ist 1896, und der Kiez blüht. Abend für Abend strömen Menschenmassen am ehemaligen Wachhäuschen des Millerntors vorbei. Es ist fast 40 Jahre her, seit das Tor zuletzt geschlossen wurde. Und doch markiert es noch immer eine Grenze – zwischen innen und außen, Alltag und Ausnahme, zwischen der Hansestadt Hamburg und der „Metropole des Vergnügens", wie ein Reiseführer die „unvergleichliche Vorstadt St. Pauli" getauft hat. Er ist erst 1891 erschienen und schon veraltet: Seit 1894 ist die Vorstadt ein Stadtteil. St. Pauli hat doppelt so viele Einwohner wie heute, über 70000. Auf den Straßen drängen sich Anwohner und Gäste, Bürger und Prostituierte, Arbeiter und Künstler, Kaufleute, Seemänner und Tagelöhner. Werktags wie sonntags zeigt die Reeperbahn „immer das gleiche Bild nervös aufgeregten Verkehrs", beschreibt der Schriftsteller August Trinius: „Dampf- und elektrische Bahnen, Omnibusse und Droschken, das bunte Gewimmel von tausenderlei Fuhrwerken, dem Handel und Verkehr dienend, fluthen hier unter Läuten, Pfeifen, Peitschengeknall, Dampfen und Stampfen in langen Zügen auf und ab, während über die Granitplatten der Seitensteige dunkle Schlangenlinien von Menschen sich entlang schieben."

An manchen Tagen, wenn der Wind vom Hafen weht, mischt der Straßenlärm sich mit dem Hämmern der Nieter auf den Werften und dem dröhnenden Nachhall der Metallplatten, die sie miteinander verbinden. Immer gigantischere Dampfschiffe entstehen. Die Stapelläufe der Ozeanriesen sind Feste für Patrioten. Seit Gründung des Deutschen Reiches (1871) bestimmen sie den Zeitgeist. Demonstratives

Der Stadtteil St. Pauli 1896–1932

Selbstbewusstsein und Optimismus regieren, und entsprechend wird gefeiert. Oft auf St. Pauli. „Lustig geht es hier zu", sagt Trinius: „So lustig vielleicht, wie nirgends wieder in der Welt, wenigstens nicht in solcher Massenlustigkeit." Wo hundert Jahre später das ehemalige „Astra"-Bowlingcenter seinem Abriss entgegengammelt, markiert ein strahlendes elektrisches Licht den Beginn der Reeperbahn. Es leuchtet vom Aussichtsturm des „Trichters". Der imposante Gebäudekomplex ist nach der Form seiner sechseckigen Kuppel benannt. Die „bessere Gesellschaft" lässt sich gern vom hellen Schein anlocken. Sie genießt „Monster-Konzerte" mit großer Besetzung und dem „Schlachtenpotpourri" des Königlich Preußischen Musikdirektors Saro ebenso wie Feuerwerk und Sommernachtsbälle – einschließlich Sternbeobachtung im Garten, beliebt bei jungen Paaren.

Die Lustigkeit der Massen

Das „Concerthaus Ludwig" gegenüber versucht, den „Trichter" zu überbieten, mit prunkvoller Fassade, Speisesaal, Hochzeitssaal, Kegelbahnen und vor allem dem prächtigen Wintergarten. Dessen Glanzpunkt: „der Wasserfall, der von der Spitze des Gebäudes durch drei Etagen herabfällt", berichtet die Hamburger Zeitung „Reform". „Wie über die Via Mala führt über diesen Wasserfall eine geschmackvolle Brücke, an der sogar das Muttergottes-Bild nicht fehlt. Magisch wird der Anblick, wenn der gesamte Wintergarten wie mit einem Zauberschlag bis in die innersten Grotten durch etwa 500 Glühlampen in den verschiedenen Farben beleuchtet wird."

Die Prachtbauten der Gründerzeit setzten die Inhaber kleinerer Etablissements unter Druck: „Das Publikum, von der Neuheit dieser Schöpfungen angezogen, ließ die älteren und kleineren Gesangshallen, welche sich wie Zwerge gegen die neuerbauten ausnahmen, links liegen", schrieb die Wirtin Emma Thiele-Lundershausen in ihren Memoiren, „und auch die Künstler und Künstlerinnen folgten diesem Strome nur allzu gern, da ihnen dort bessere Gagen und viele andere Annehmlichkeiten geboten wurden."

Althergebrachte Jahrmarktsattraktionen wie „der größte Mensch der Welt", „die Dame ohne Unterleib" oder „die echte Meerjungfrau Oceana" wurden allmählich vom Spielbudenplatz auf den „Hamburger Dom" verdrängt, der seit der Jahrhundertwende ausschließlich auf dem Heiligengeistfeld stattfand. Der Erfolg des „Kolossalmenschen" Emil Naucke knüpfte an ihre Tradition an: Die „Dampfwalze von St. Pauli" wog über 250 Kilo, jonglierte mit 70 Pfund schweren Kugeln und trat auch als Seiltänzer und als groteske „Pauline vom Ballett" auf. Damit war Naucke so erfolgreich, dass er 1896 sein eigenes Theater eröffnete: „Nauckes Varieté" am Spielbudenplatz. Bei seiner Beerdigung vier Jahre später sollen Hunderttausende Spalier gestanden haben.

Ähnlich populär war nur Hein Köllisch, der ein Jahr nach Naucke starb. Vielen galt der Volkshumorist und -sänger sogar als „St. Paulis beliebtester Mann". Und das, obwohl Köllischs Auftritte im Vergleich zu den Revuen der Varietés fast puristisch wirkten: Er trat in Frack und Zylinder vor sein Publikum und trug – gesungen oder gesprochen – plattdeutsche Verse vor. Parodien auf Schillers „Bürgschaft" ebenso wie seinen größten Erfolg „De Pingsttour", die launige Beschreibung eines Pfingstausfluges, der in einem Regenguss endet. Für damalige Bürger ein urkomisches Vergnügen.

Mondbahnfahrten ins Jahr 2000

Typisch für den Zeitgeist der Jahrhundertwende waren auch Stücke wie „Hamburg im Jahre 2000 oder ein Zukunftstraum", das im Sommer 1896 Premiere feierte. Mit Gesang und „electrischen Beleuchtungs-Effecten" malte es eine Zukunft aus, in der jede Viertelstunde eine „Mond-Bahn" >

Die „Roaring Twenties", aus sicherer Distanz betrachtet: Reisegruppe auf St. Pauli um 1926

Ein Star der Jahrhundertwende: „Kolossalmensch" Emil Naucke

Der Stadtteil St. Pauli 1896–1932

Wahrzeichen der Reeperbahn: Die mächtige Kuppel gab dem „Trichter" seinen Namen. In den 20ern wurde der „Concertgarten" zum Varieté

„Öffentliche Mädchen" in der Erichstraße (um 1920). 1921 sollten Hamburgs Bordelle geschlossen werden

fährt. Ausverkaufte Fußballstadien mit singenden Fans dagegen hatten in der Vorstellungswelt der Zeit keinen Platz, nicht einmal als Vision.

Stattdessen gab es Zirkus in steinernen Arenen. Das prächtig verzierte Gebäude des „Circus Renz", der 1898 zum „Circus Busch" wurde, war technisch auf dem neuesten Stand: feuerfest, mit breiten Treppenhäusern und elektrischer Lichtanlage. 1904 wurde die Halle am Zirkusweg, der heute noch vom Millerntorplatz abzweigt, umgebaut. Neben Tierdressuren sowie Luft- und Bodenakrobatik konnten nun auch „Wasserpantomimen" in einem riesigen Becken aufgeführt werden.

Ähnlich dem „Trichter" war der Zirkus nachts hell erleuchtet. „Wie armselige Bettlerlichtchen nehmen sich dagegen die Petroleumlampe und Stocklaternen aus", schreibt August Trinius. „Und wo der bunte Lichterglanz nur ganz spärlich hingleitet, da taucht allmählich unheimliches Gesindel auf, geschminkte Dirnen mit ihren Beschützern, die hier etwas abseits dem lauten, lichtfreudigen Treiben gleich gefräßigen Harpyen ihre Opfer an sich reißen." Um der „öffentlichen Mädchen" Herr zu werden, hatte Hamburg Anfang des 19. Jahrhunderts eine Registrierungspflicht für Prostituierte eingeführt. Trotzdem war ihre Zahl gestiegen. Schließlich veranlasste die Stadt 1900, die Herbertstraße (damals noch „Heinrichstraße") als „Wohnanlage für Liebesdienerinnen" auszuweisen, um wenigstens die Straßenprostitution auf der Davidstraße zu unterbinden. Ziel sei die „Scheidung zwischen den Prostituierten und dem anständigen Teil der Bevölkerung". Aus dem freilich kamen ihre Kunden.

Jugend im Sinnenrausch

1897 definierte der Historiker Gustav Schönfeldt vier Hauptzielgruppen der „Gewerblichen". Die erste seien junge Leute, „bei denen die sinnlichen Regungen sich erstmalig und mit ursprünglicher Gewalt geltend machen". Als wollte sie diesen Punkt beweisen, sorgte eine Schar national gesinnter Studenten für „die höchste Besucherzahl, welche die hamburgischen Freudenhäuser aufzuweisen hatten", schreibt der Soziologe Georg Walter in seiner „Hamburger Sittengeschichte" von 1931.

Die jungen Männer waren nach Hamburg gekommen, um den 80. Geburtstag des Fürsten Bismarck (1895) mit einem Fackelzug zu feiern – und nutzten die Gelegenheit zu einem Bummel über den Kiez: „Die Missionare der Kirchengemeinschaften hatten sich an den Zugängen zu den Bordellstraßen postiert, um die Studenten von dem Besuch zurückzuhalten", berichtet Walter, „aber der Einfluß der Dirnen war doch mächtiger. ... [E]in großer Teil der studierenden deutschen Jugend [stand] Kette um einen kurzen Sinnenrausch." Zwar sei der „Rot-Front-Kämpfertag" einige Zeit später ebenfalls ein gutes Geschäft für St. Paulis Prostituierte gewesen, doch müsse man hier „entschuldigend erwähnen ... daß viele der Teilnehmer in den Bordellstraßen einquartiert waren und so die Verführung näher lag".

Der Stadtteil St. Pauli 1896-1932

Auch die sinnenfrohen Arbeiter passen in Gustav Schönfeldts Einteilung, nennt er doch als zweite Zielgruppe „diejenigen mit geringem Verdienst und ledige Männer, denen es nicht möglich ist, auf sittlichem Wege ihre physiologischen Bedürfnisse zu befriedigen. Drittens Durchreisende und Schiffer." Die „wohl zahlreichste" Klientel jedoch seien „einheimische Vornehme und Reiche, meistens Ehemänner".

Doppelmoral und Internationalität

Dass es trotz des Antiprostitutions-Paragraphen 181 des Strafgesetzbuches noch Bordelle gab und dass die Stadt Hamburg diese bewusst duldete, beschäftigte am 14. März 1900 sogar den Deutschen Reichstag. Dort argumentierte der SPD-Abgeordnete Bebel, dass die Autorität der Polizei leide, wenn sie an der Reglementierung eines ungesetzlichen Zustandes mitwirken müsse. Einige Kommentatoren rügten die „Doppelmoral" der Stadt, andere lobten ihren Pragmatismus: „Hamburg ist die verkehrsreichste Stadt des Kontinents", konstatierte Georg Walter. „Wie würden unsere Straßenzustände sein, wenn in diesem Gewühl von Fremden und Seeleuten, die nach langer Ozeanfahrt zum ersten Male wieder den Gelegenheiten großstädtischen Lebens gegenüberstehen, die Prostitution nicht lokalisiert und kaserniert wäre!"

1921 beschloss Hamburgs Bürgerschaft die Schließung der Bordelle. Doch, so Walter: „Mit der Schließung ... war selbstverständlich die Prostitution nicht beseitigt, es blühte die Zeit der Absteigerquartiere und Stundenhotels." Der Schriftsteller Ludwig Jürgens sah das 1930 gelassen: „Wer von Sünde spricht, der hat sie selbst gesucht." Viel wichtiger sei doch das „internationale, bunte Gepräge", das der Stadtteil den Seeleuten verdanke: „Niemand ist hier heimatlos, niemand braucht umzulernen. ... [Es gibt] englische, skandinavische, holländische, deutsche, italienische Gaststätten, aber auch Araber, Inder, Malaien und Chinesen finden ihre Bleibe."

Besonders St. Paulis „Chinatown" in und um die Schmuckstraße war berühmt, obwohl nur einige hundert Chinesen hier lebten – weit weniger als in San Francisco oder New York. „Jedes Kellerloch hat über oder neben dem Eingang seine seltsamen Schriftzeichen", beschreibt Jürgens: „Die Fenster sind dicht verhängt, über schmale Lichtritzen huschen Schatten, kein Laut dringt nach außen. Alles trägt den Schleier eines großen Geheimnisses."

Heroin im Grabstein

Die meisten Chinesen St. Paulis hatten auf englischen und deutschen Dampfschiffen Kohlen geschaufelt, ehe sie sich hier sesshaft machten, in der Hoffnung auf ein besseres Leben als Wäscher oder Einzelhändler, Restaurantbetreiber oder Hafenarbeiter. In den Augen der Bevölkerung aber wurden einfache Restaurants zu Opiumhöhlen und billige Kellerwohnungen zu Eingängen in unterirdische Tunnelsysteme – „regelrechte Unterwelt-Labyrinthe", hieß es. Als eines Morgens in den

---

„Ungeheuerliche Verelendung"
Um 1910 herrschte drangvolle Enge im Stadtteil

Kinder spielen Schule in der Neustadt

Kurz nach der Jahrhundertwende waren zwei Drittel aller Grundstücke in St. Pauli-Süd ähnlich dicht bebaut wie die „Gängeviertel" der nahen Neustadt – bis in die Innenhöfe hinein. Den Rest belegten Plätze, Straßen und Wege. Grün war selten. St. Pauli-Nord, das heutige Schanzenviertel, bot mehr Freiflächen, holte aber rasch auf. Obwohl viele Wohnungen nur ein oder zwei Zimmer hatten, wohnten in jeder davon durchschnittlich vier Personen, oft sogar fünf bis acht. Mit der Wirtschaftskrise Ende der 20er Jahre spitzte sich die Lage zu: Viele einst Besserverdienende mussten ihre lichten, stuckverzierten Vorderhauswohnungen verlassen. Stattdessen verstärkte sich der Ansturm auf billige Hof- und Gangwohnungen. Selbst „für unbewohnbar erklärte Kellerlöcher" wurden in Beschlag genommen, klagte die Stadtteildelegiertenkonferenz 1932 und konstatierte „eine ungeheuerliche Verelendung der Bewohner unseres Stadtteils. Ein großer Prozentsatz der kleinen Geschäftsleute ... ist heute eingereiht in die Reihen der Wohlfahrtsempfänger."

Der Stadtteil St. Pauli 1896-1932

20er Jahren „die Ascheimer viel Sand und Steine enthielten" („Hamburger Nachrichten"), sahen viele darin einen Beweis für „chinesische Kaninchenarbeit". Die Polizei fand jedoch keinen Hinweis darauf.

Im Sommer 1926 half ein aufmerksamer Hafenarbeiter, einen der größten Drogenfunde der Zeit sicherzustellen. In Sandsteinblöcken waren über zweieinviertel Zentner Heroin versteckt. Deklaration: „Grabsteine für Shanghai". Drahtzieher war ein Amerikaner, doch die Nachricht erinnerte an Razzien fünf Jahre zuvor: In den Hinterzimmern eines Gemüseladens und einer Wäscherei hatte die Polizei über fünfzig Süchtige aus ihren Opiumträumen gerissen. War St. Paulis „Chinatown" eine Drogenhochburg? „Sicher ist: Chinesische Seeleute und Migranten haben in St. Pauli Opium geraucht und auch Schmuggelgeschäfte betrieben", schreibt der Historiker Lars Amenda. „Für einen nicht genauer zu bestimmenden Teil war Opiumrauchen nach entbehrungsreicher Arbeit eine Erholungsmaßnahme, ebenso wie der Alkoholkonsum europäischer Seeleute." Doch auch Deutsche hätten ihre Heuer mit Schmuggelgeschäften aufgebessert. „Insgesamt war es keineswegs so, dass die wenigen chinesischen Männer in St. Pauli den großstädtischen illegalen Drogenhandel in Hamburg kontrolliert hätten." Der hatte bereits in den 20er Jahren beträchtliche Ausmaße angenommen. Mehr als Opium liebte manch amüsierwilliger Hamburger das Kokain.

Die Nächte nämlich waren lang im St. Pauli der „Roaring Twenties". Dem Beispiel Berlins folgend, hatte ein wahres Tanzfieber Hamburg erfasst. In krassem Kontrast zur sittsamen Geselligkeit der Vorkriegszeit mit ihren Strohhüten, Ausflügen und „Pingsttouren" übte die urbane Boheme wilde Modetänze wie Shimmy und Charleston.

„Tänze der Erotik und Ekstase"

Wer nicht selbst tanzen wollte, besuchte eine der vielen Revuen. Der „Trichter" und das „Alkazar", ebenfalls an der Reeperbahn gelegen, begeisterten mit Ausstattungstheater und Ausdruckstanz. „Visionen von Liebe, Schönheit, Grauen" versprach das Programm der Yvonne Molène, und Anita Berber lockte mit „Tänzen der Erotik und Ekstase". Regelmäßig überschritt die „wildeste Frau der Weimarer Republik" („Frankfurter Allgemeine Sonntagszeitung") die Grenzen bürgerlicher Tabus. Ein Polizeibericht beanstandete „sinnlich aufreizende Posen" sowie „Reiben und Streichen an ihren nackten Brustwarzen". Zu dieser Zeit duldeten deutsche Behörden bloße Brüste allenfalls in „lebenden Bildern",

Handgranaten auf Arbeiter
Die Unruhen nach dem Ersten Weltkrieg

Revolutionäre vor Hamburgs Rathaus – die Revolution hatte im Hafen begonnen

Als kriegsmüde Kieler Matrosen am 3. November 1918 den Aufstand probten, schlossen sich die Hamburger Werftarbeiter an und traten am 5. November in den Sympathiestreik. Einen Tag später besetzten Revolutionäre den Elbtunnel und auch den Hauptbahnhof. Wenige Stunden danach demonstrierten 40 000 Menschen auf dem Heiligengeistfeld, und ein Arbeiter- und Soldatenrat verkündete seine Machtübernahme. Nach einer Woche wehte die rote Fahne auf dem Hamburger Rathaus. Der „Große Arbeiterrat" behielt die Macht bis kurz nach den ersten demokratischen Wahlen im März 1919. Zwei Jahre später kam es erneut zu dramatischen Unruhen: Mehrere hundert erwerbslose Arbeiter zogen durch den Elbtunnel, um bei Blohm & Voss und anderen Werften ihre Einstellung zu verlangen. Viele dort angestellte Kollegen gingen solidarisch in den Streik, der durch die Sicherheitspolizei blutig beendet wurde, wie der KPD-Abgeordnete Ernst Thälmann in der Hamburger Bürgschaft beklagte: „Als die Arbeiter in der Kaffeehalle bei Blohm & Voss saßen, sind die Sipoleute rücksichtslos vorgegangen und haben unter die wehrlosen Arbeiter Handgranaten geworfen."

Der Stadtteil St. Pauli 1896-1932

Im „Alkazar" an der Reeperbahn bot die wilde „Göttin der Nacht" Anita Berber (rechts vorn) St. Paulis erste Nackttänze

unbewegten Bühnenarrangements also. Auch auf St. Pauli markierten sie die Grenze des Möglichen – bis zu einem „Alkazar"-Auftritt im Jahre 1921: „Aus dem dunklen Hintergrund kam Anita Berber", beschreibt ein damals anwesender Fotografenlehrling, „mit einem zarten, etwas durchsichtigen blauen Schleier bedeckt und schönen rhythmischen Schritten. Vor uns stehend nahm sie mit beiden Händen den Schleier nach oben [und] stand vollständig nackt vor uns." Die Berber war jedoch mehr als Deutschlands erste Stripperin: Wenn Zuschauer ihren Ausdruckstanz störten, konnte die künstlerisch ambitionierte Diva handgreiflich werden.

Die Sensationsprogramme von Kabaretts und Varietés waren auch dann noch gut besucht, als der wachsende Erfolg der Kinos und die Wirtschaftskrise in den Innenstadt-Theatern für leere Sitzreihen sorgten. Ende der 20er Jahre stiegen die Arbeitslosenzahlen stark an. Allein Hamburgs Großwerft Blohm & Voss verkleinerte ihre Belegschaft von über 6000 auf 2000. Die Auseinandersetzungen zwischen Kommunisten und Nationalsozialisten nahmen zu und gipfelten 1932 im „Altonaer Blutsonntag": Ein NSDAP-Marsch durch ein Arbeiterviertel endete in einer Schießerei.

St. Pauli galt als „roter Stadtteil". Bei den Reichstagswahlen 1928 wählten hier 30 Prozent die KPD; in ganz Hamburg waren es nur 17 Prozent. Trotzdem fand rechtes Gedankengut seinen Weg auf die Bühnen. Schon während des Ersten Weltkriegs hatte das Schiller-Theater, ein früherer Zirkus im heutigen Schanzenviertel, gern patriotische Dramen gespielt – mit echten Soldaten als Statisten. „Da war ein Akt: ‚Lagerleben hinter der Front'", erzählt einer der damaligen Laienschauspieler, „und weil sie am Theater keine Kräfte mehr hatten, da holten sie sich welche von der Verwundetenkompanie."

1927 brachte das Schiller-Theater ein Stück auf die Bühne, das „Mängel der sozialen Ordnung" in der Weimarer Republik „mit grausamer Schärfe" und „in den bewußten und gewollten Farbtönen des äußersten Extrems" angriff, so eine zeitgenössische Kritik. „Degeneration und verantwortungsloses Ausleben in falsch verstandener Freiheit" kontrastierte der Einakter „Der Wanderer" mit der „Idee nationaler Gesundheit", und zwar mit ungehemmtem Pathos. „Man darf und kann an ein solches Werk nicht den Maßstab rein künstlerischer Kritik legen", meinte der wohlwollende Rezensent. Schließlich spräche der Autor aus tiefer Überzeugung und sei „groß in seiner Liebe zu Volk und Land". Sein Name: Joseph Goebbels.

Einige Zeit später war Goebbels selbst in Hamburg. „Kurze Fahrt an den Hafen", notierte er am 18. Juni 1929 in sein Tagebuch. „Immer wieder grandios, die Summe an Arbeit und Leistung." Weniger gefiel ihm seine anschließende Tour durch St. Pauli. Was Ludwig Jürgens zu seitenlangen Schwärmereien über „Sehnsucht nach Rausch, Freiheit, Weite, Lebensfreude" veranlasste, war Goebbels nur ein einziges Wort wert: „Untermenschentum", so der spätere NS-Propagandaminister: „Was soll damit gemacht werden?" ■

1896-1932

Die alte Turnhalle
an der Feldstraße
wurde 1862
erbaut und 1903
abgerissen

Fußlümmel im Kiezgetümmel

Während an Reeperbahn und Spielbudenplatz Prachtbauten für die leichten Musen entstanden, mussten sich die Fußballer des späteren FC St. Pauli ihren eigenen Verein gegen viele Widerstände hart erarbeiten

Als Hamburg den Fußball entdeckte, war es noch nicht braun-weiß: Der erste Club der Stadt, dessen Mitglieder regelmäßig Fußball spielten, war der „Hamburger Fußballclub". Schüler des Wilhelm-Gymnasiums hatten den Verein am 1. Juni 1888 gegründet – ungefähr zur gleichen Zeit, als Kaiser Wilhelm II. den Thron bestieg.

Sechs Jahre später, am 20. Oktober 1894, riefen vier Vereine den „Hamburg-Altonaer Fußballbund" ins Leben: der eben erwähnte Fußballclub von 1888, der Altonaer Fußballclub von 1893, der FC Association von 1893 und der Borgfelder Fußballclub von 1894. Die erste Hamburger Meisterschaft fand ein Jahr später statt. Der SC Germania nahm als fünfter Verein ergänzend teil und errang prompt den Titel.

Einen Fußballverein gab es zu dieser Zeit auf St. Pauli noch nicht. Es gab jedoch den Hamburg-St. Pauli-Turnverein von 1862 – und in diesem entstand nur wenige Jahre später eine kleine, aber besondere Spielabteilung: die Keimzelle des späteren FC St. Pauli.

Spielkinder ohne Zulauf Bisherige Vereinschroniken berichten übereinstimmend, die Spielabteilung des Hamburg-St. Pauli-Turnvereins – jene Abteilung also, aus der die Fußballer hervorgingen – habe sich 1899 gegründet. Jetzt entdeckte Vereinsprotokolle (s. S. 32) belegen jedoch, dass die Spielabteilung bereits drei Jahre früher aus der Taufe gehoben wurde. Gründungsväter der Abteilung waren am 14. April 1896 Hermann Wulff (Vorsitzender), Turnlehrer Semmelhaack (Spielleiter), Carl Scharpff (Ordnungswart) und Franz Reese (Schriftwart).

Vor allem Faust-, Schlag- und Schleuderball hatten es den spielfreudigen Turnern angetan. Ob 1896 bereits Fußball gespielt wurde, lässt sich nicht eindeutig nachweisen: Zwar forderte Hermann Wulff im April, „Fußball mehr in Aufnahme zu bringen", doch in der „Statistik des Spiels 1896" taucht diese Sportart nicht auf. Großer Zulauf war der Spielabteilung nicht beschieden: „Freitag, den 18. September 1896 wurde auf dem Turnplatze bekannt gemacht, dass

CHRONIK
1907

» **7. Mai:** Im preußischen Stellingen bei Hamburg eröffnet Carl **Hagenbeck** seinen Tierpark.
» **6. Juni:** Der **Produktionsstart für Persil** macht 1907 zum „Jahr des Zeugwarts": Das erste „selbsttätige" Waschmittel verspricht saubere Trikots ohne Schrubben.

Kaiser Wilhelm II. (3. v. l.) besucht den neu eingeweihten Tierpark Hagenbeck

» **10. Juni:** In Frankreich veröffentlichen die Brüder Lumière **die ersten Farbfotos**.
» **22. September:** Eröffnung des Hamburger Fußballstadions Hoheluft.
Deutscher Fußballmeister: Freiburger FC

Das sieht doch schon nach Fußball aus: So wirbt der Hamburg-St. Pauli-Turnverein im Dezember 1908 in der Vereinszeitung für seine Spielabteilung

das Spielen zu geringer Beteiligung wegen eingestellt ist", so ein Protokoll. Drei Jahre später sollte es dann endlich so weit sein: Als sich die Spielabteilung 1899 neu formierte, begann die Geschichte des Ballzaubers auf St. Pauli.

St. Pauli: Zauberfußball seit 1899

Auch hier bergen die alten Protokolle eine Überraschung: Bisher galt 1907 als das Jahr, in dem im Vorgängerverein des FC St. Pauli erstmals gekickt wurde. Das ist insofern richtig, als in diesem Jahr die ersten „Wettspiele" gegen andere Mannschaften stattfanden. Gegen den Ball getreten (sprich: trainiert) wurde im Hamburg-St. Pauli-Turnverein jedoch nachweislich schon vor der Jahrhundertwende. Eine auf den 25. August 1899 datierte Statistik der Spielabteilung des Hamburg-St. Pauli-Turnvereins weist nämlich aus, dass in jenem Jahr insgesamt elfmal Fußball gespielt wurde. Noch waren andere Sportarten wie Faustball und Schlagball populärer – aber der Beginn dessen, was einmal der FC St. Pauli werden sollte, war gemacht.

1. FC St. Pauli?

Schon 1900 stand jedoch fest, dass es nicht der „1. FC St. Pauli" sein würde – auch wenn manch einer die Kiezkicker versehentlich schon so bezeichnet hat, von der „Süddeutschen Zeitung" bis zu Carlo von Tiedemann (einst Stadionsprecher des HSV). Wenn überhaupt, müssten die Braun-Weißen „2. FC St. Pauli" heißen. Der erste Fußballclub dieses Namens gründete sich nämlich schon zur Jahrhundertwende. Der „FC St. Pauli von 1900" hatte mit dem heutigen „FC St. Pauli von 1910" nichts zu tun und war Mitglied im unabhängigen „Verband Hamburg-Altonaer Fußballclubs". Dieser trug im Sommer 1902 eine eigene Meisterschaft mit drei Vereinen aus. Es blieb die einzige. Zwei Niederlagen und ein Sieg des „FC St. Pauli von 1900" sind überliefert. Wie lange der Verein bestand, ist nicht bekannt.

Großer Sport auf dem Heiligengeistfeld

Obwohl der Fußball somit auf St. Pauli Einzug gehalten hatte, wurde er zunächst noch stiefmütterlich behandelt. Andernorts war man schon weiter: Direkt vor der Haustür des St. Pauli-Turnvereins fand am 4. Juni 1899 das erste innerdeutsche Fußball-Städtespiel auf dem Heiligengeistfeld statt. Hamburg besiegte Berlin mit 6:1. In der Hamburger Auswahl standen Spieler von Altona 93, Victoria und Germania.

Eine sportliche Großveranstaltung war diese Begegnung noch nicht. Das erste „Mega-Event" des Sports auf dem Heiligengeistfeld blieb den Turnern vorbehalten: Im Juli 1898 zog das neunte Deutsche Turnfest rund 10000 Teilnehmer an.

Gute Spieler, schlechte Spieler

Nicht ganz so groß, aber immer noch erfreulich war der wachsende Zulauf der Spielabteilung des St. Pauli-Turnvereins. Deren damaliger Schriftführer, Franz Reese, sah sich >

1908

>> 5. April: In Basel verliert die deutsche Fußball-Nationalmannschaft ihr **erstes offizielles Länderspiel** 3:5 gegen die Schweiz. Aus Hamburg dabei: Hans Weymar (SC Victoria).

>> 15. Mai: Frauen dürfen Parteien und Gewerkschaften beitreten. Wählen dürfen sie erst zehn Jahre später.

>> 8. Juli: Für Kaffee-Fan Holger Stanislawski ist dieses Datum fast ein zweiter Geburtstag: Melitta Bentz patentiert ihr revolutionäres **Kaffeefiltriersystem**.
DM: Viktoria Berlin

1909

Kronprinzenpokal: Hier siegt Berlin gegen Norddeutschland (1918)

>> Der erste deutschlandweite Fußball-Cup: Mitteldeutschland gewinnt das Endspiel des „**Kronprinzenpokals**" gegen Brandenburg mit 3:1.

>> Die ersten Überseeschiffe legen an den neuen „**St. Pauli-Landungsbrücken**" an.
DM: Phönix Karlsruhe

>>>

1896-1932

Die neue Turnhalle des St. Pauli-Turnvereins, eingeweiht 1902, von der Budapester Straße aus gesehen (1911)

> veranlasst, den erfahreneren Spielern nahezulegen, sie sollten sich „befleißigen, auf Anfänger und ungeschickte Spieler mehr Rücksicht zu nehmen". Dass seine Bitte begründet war, zeigen die Klagen eines anderen Mitglieds, welches sich beschwerte, „dass die Neueingetretenen, wenn die einen Fehler gemacht haben, gleich angeschnauzt werden, dass sie auf den Rücken fallen und somit nicht wieder erscheinen". Der Vorsitzende der Spielabteilung beschwichtigte und versicherte, dass „Schmeichelnamen und unparlamentarische Ausdrücke" in Zukunft nicht mehr fallen würden.

Ja, wo spielen sie denn?

Da der Fußball auf St. Pauli noch in den Kinderschuhen steckte, verwundert es nicht, dass der spätere „magische FC" nicht zu den Gründungsmitgliedern des Deutschen Fußballbundes (DFB) gehörte. Beim entsprechenden Festakt am 28. Januar 1900 in Leipzig vertraten acht andere Vereine den Hamburg-Altonaer Fußballbund, darunter Altona 93, St. Georg, Germania und Victoria.

Die St. Paulianer hingegen hatten zu dieser Zeit noch nicht einmal einen richtigen Platz. Die Heimat des Turnvereins lag damals an der Feldstraße, wo dessen 1862 erbaute Turnhalle stand. Vor dieser wiederum befand sich ein kleiner Platz, der zum Turnen und Spielen diente. Ansonsten nutzte man eine direkt gegenüberliegende Spielfläche auf dem Heiligengeistfeld. Die dortigen Passanten nahmen allerdings wenig Rücksicht auf die Freunde des runden Leders und spazierten munter direkt durch die Spielfelder. Ein Glück für sie, dass das Wort „Stadionverbot" damals noch nicht erfunden war.

Eine neue Heimat

Einen immens wichtigen Schritt für die Geschichte des FC St. Pauli unternahm der Hamburg St. Pauli-Turnverein am 5. Mai 1900: Er mietete das „Grundstück Nr. 490" auf dem Heiligengeistfeld von der Stadt Hamburg. Dieses Grundstück grenzte an Glacischaussee und Budapester Straße (damals Eimsbütteler Straße) und war 12 670 Quadratmeter groß: genug Platz, um eine neue Turnhalle zu bauen. Diese wurde 1902 als größte Turnhalle Norddeutschlands eingeweiht und die alte Halle an der Feldstraße abgerissen.

Neben der neuen Turnhalle befand sich eine große freie Fläche – Platz, um im Freien zu turnen und zu spielen. Hier tobten sich auch die Fußballer aus. Am südöstlichen Rand des Grundstücks, zur Glacischaussee hin, sollte viele Jahre später das erste Stadion des FC St. Pauli entstehen.

Augen auf beim Vertragsabschluss

Hätten die St. Paulianer bei Vertragsabschluss doch bloß auf das Kleingedruckte geachtet! Der Mietvertrag mit der Stadt Hamburg enthielt nämlich eine verhängnisvolle Klausel, die Offiziellen und Mitgliedern des Öfteren arge Kopfschmerzen bereiten sollte: In Paragraph 5 >

1910

>> Hamburg hat **1 014 664 Einwohner** laut reichsweiter Volkszählung.
>> Der **Wasserturm** an der Hamburger Sternschanze wird in Betrieb genommen. Rund 100 Jahre später entsteht in seinem Innern, von Protestdemonstrationen begleitet, ein Hotel.

>> Ein Jahr „**Astra**": Seit etwa 1909 trägt die Hamburger Biermarke (vormals „Bavaria") ihren heutigen Namen. Prost!
DM: Karlsruher FV

So alt wie der FC: die Biermarke „Astra"

Jäger des verlorenen Datums
Das Rätsel um den Gründungstag des FC St. Pauli

Als die Fußballer des St. Pauli-Turnvereins sich 1924 selbstständig machten und den FC St. Pauli gründeten, legten sie 1910 als ihr offizielles Gründungsjahr fest. Am exakten Gründungsdatum jedoch scheiden sich die Geister.

Genannt werden unter anderem der 22. April, der 1. Mai, der 5. Mai und der 15. Mai. Letzterer ist seit der Jahreshauptversammlung vom 22. November 2008 als offizieller Gründungstag festgeschrieben, nachdem in der Satzung des FC St. Pauli lange Zeit der 5. Mai genannt worden war. Verschiedene Publikationen nennen ebenfalls den 15. Mai, weil sich an diesem Tag eine Fußballabteilung im Turnverein gegründet habe. Das lässt sich allerdings weder durch Quellen belegen, noch ist es für die Suche nach dem Gründungsdatum relevant – denn sämtliche Vereinschroniken definieren einhellig den Beitritt zum Norddeutschen Fußballverband (NFV) als Gründungsakt. Doch wann genau fand dieser Beitritt statt?

Ein Beitritt zum NFV erfolgte damals schriftlich. Woraus sich ein weiteres Dilemma ergibt: Welches Datum will man als Gründungsdatum definieren – den Tag der Antragstellung oder den Tag der Bewilligung durch den Verband?

Zumindest der 15. Mai kann nach heutigem Stand als Beitrittsdatum ausgeschlossen werden. Denn in einem Vereinsprotokoll vom 11. Mai 1910 (also vier Tage zuvor) wird bereits vermerkt, dass sich die Spielabteilung (zu der die Fußballer gehörten) „nunmehr den Vereinigten Sportvereinen des Norddeutschen Fußballverbandes angeschlossen hat". Ein genaues Datum wird allerdings nicht genannt.

In den vorherigen Protokollen vom 2. Mai und 28. April wird der Beitritt noch nicht erwähnt. Das legt die Vermutung nahe, dass der Beitritt zwischen Ende April und dem 11. Mai erfolgt sein muss. Auch der 22. April wäre damit als Beitrittsdatum ausgeschlossen. Alte Vereinschroniken geben vage Hinweise auf den April als Beitrittsmonat, ohne allerdings genauer zu werden. Auch hier: keine handfesten Beweise.

Also doch der 5. Mai, den der Verein lange nannte? Es spricht nichts dagegen – aber auch nichts dafür. Denn der 5. Mai 1910 wird in keiner einzigen Quelle, keinem Protokoll und keiner Chronik je erwähnt. Woher der Verein dieses Datum für seine alte Satzung nahm, bleibt rätselhaft. In noch älteren Satzungen taucht dieses Datum ebenfalls nicht auf. Die Gründungsversammlung des „FC St. Pauli von 1910 e.V." im Jahre 1924 dagegen fand genau an einem 5. Mai statt. Entstand das ehemalige offizielle Gründungsdatum also einfach aufgrund einer Vermischung der Jahreszahlen? Vorerst muss das Geheimnis des verlorenen Datums leider ungelüftet bleiben.

Übrigens: Ein weiterer 5. Mai spielt in der Geschichte des FC St. Pauli eine große Rolle. Am 5. Mai 1900 mietete der St. Pauli-Turnverein von der Stadt Hamburg das Gelände auf dem Heiligengeistfeld, auf dem er seine Turnhalle und Spielplätze errichtete. Genau hier entstand später das erste Stadion des FC St. Pauli. ■

Das Jahrbuch des Norddeutschen Fußballverbandes, herausgegeben im Sommer 1910, in dem der Hamburg-St. Pauli-Turnverein bereits als Mitglied aufgeführt ist

Ur-Schriften des Fußballs
Was die „Qumran-Rollen vom Kiez" verraten

1947 findet ein Hirtenjunge auf der Suche nach seiner entlaufenen Ziege in den Höhlen von Qumran (heutiges Westjordanland) Schriftrollen aus der Zeit um Christi Geburt – die wahrscheinlich ältesten erhaltenen Handschriften mit Texten aus dem Alten Testament und damit eine archäologische Sensation.

60 Jahre später. Dieses Mal ist es ein alter Spind in einem dunklen Gymnastikraum in der Nähe des Großneumarktes in Hamburg, der sein Geheimnis preisgibt: die vergilbten Protokolle des Spielausschusses des St. Pauli-Turnvereins. Diese handschriftlichen Aufzeichnungen sind die ältesten erhaltenen Quellen vom Beginn des Fußballspiels auf St. Pauli. Was die Qumran-Rollen für den Bibelforscher, sind diese Protokolle für den Fan des „magischen FC".

So vernehmet denn die frohe Botschaft dieser heiligen Schriften!

1. Selig sind, die Fußball lieben, denn ihnen soll die Zukunft gehören Eintrag vom 28. April 1896: „Herm[ann] wünscht Fußball mehr in Aufnahme zu bringen." Gott habe den braven Hermann Wulff selig! Der Vorsitzende der am 14. April 1896 gegründeten Spielabteilung hatte die Zeichen der Zeit erkannt. Der schlichte Satz im Protokoll ist der erste und älteste Hinweis darauf, dass der Fußball seinen Siegeszug auch auf dem Heiligengeistfeld angetreten hatte. Ob tatsächlich schon gegen den Ball getreten wurde, bleibt jedoch unklar: Das kleine Wörtchen „mehr" deutet zwar darauf hin, aber in der „Statistik des Spiels 1896" taucht der Fußball (noch) nicht auf.

2. Selig sind, die Fußball spielen, denn sie sollen erwähnt werden Eintrag vom 25. August 1899: „F[ranz] Reese verliest die Statistik über den Spielbesuch des Jahres 1899 bis zum 25. August. Dernach spielten bei 48 Spielgelegenheiten: 644 Spieler, durchschnittlich: 13 ½. Es wurde gespielt: 7 x Barlauf [ein „deutsches" Lauf- und Fangspiel], 41 x Faustball, 11 x Fußball, 16 x Schlagball, 16 x Schleuderball, 5 x Kreisball, 3 x Tamburinball und 1 x Dritten abschlagen."

Was auf den ersten Blick aussieht, als könne es höchstens eingefleischte Statistikliebhaber in Ekstase versetzen, soll in Wirklichkeit die Sportwelt für immer aus den Angeln heben – denn hierbei handelt es sich um die älteste noch erhaltene Erwähnung des Fußballspiels auf St. Pauli überhaupt! Auch wenn Fußball seinerzeit nur unwesentlich beliebter war als „Tamburinball" und „Dritten abschlagen" und die Mannschaftsaufteilung bei durchschnittlich 13,416 Spielern eine echte Herausforderung gewesen sein muss.

3. Selig sind, die den Wettkampf lieben, denn sie sollen sich in ihm messen und Kapitäne wählen Eintrag vom 15. Dezember 1907: „Zu Beginn der Sitzung gibt der Spielwart einen Bericht über Wettspiele der Fußballmannschaft und zeigt, dass für dieselbe notwendig ein Spielführer gewählt werden müsse. L[eopold] Peters wird vorgeschlagen und gewählt." Diese schlichten zwei Sätze weisen auf die ersten Spiele der Fußballer St. Paulis gegen andere Mannschaften im Jahre 1907 hin (s. S. 38). Außerdem kennen wir jetzt den ersten Mannschaftskapitän in der langen Geschichte des FC St. Pauli. Posthumen Glückwunsch an Leopold Peters!

4. Selig sind, die Geld haben, denn sie sollen bekleidet werden Eintrag vom 2. Februar 1908: „Zur Anschaffung von Hosen für die Fußballmannschaft wird beschlossen, solche anzuschaffen, und zwar wird die Kasse der Abteilung bis zu M 20,— beisteuern." So dicke hatten es die St. Paulianer allerdings schon damals nicht, denn „in diesem Jahre [stehen] der Abteilung nicht dieselben Mittel zur Verfügung ... wie im vorigen Jahre. Es muß deshalb versucht werden, möglichst zu sparen." The song remains the same...

5. Selig sind, die handwerkliche Fähigkeiten besitzen, denn sie sollen Torstangen ernten Eintrag vom 25. April 1908: Es wird berichtet „über die Anschaffung von Torstangen für die Fußballmannschaft, deren Herstellung Köster übernommen hat, und zwar unter Zuschuß von M 20,— aus der Kasse der Abteilung". Die Tore waren damals nicht fest installiert. Die Fußballer mussten die Stangen für jedes Spiel zum Platz transportieren und die Tore eigenhändig auf- und abbauen.

6. Selig sind, die Schnee lieben, denn sie sollen Wintersport treiben Eintrag vom 3. Januar 1909: Der Spielausschuss hält es „für wünschenswert, dass neben dem Fußballspiel auch ein anderer Wintersport aufgenommen wird, und zwar das Hockey-Spiel". Tatsächlich war Fußball damals per definitionem ein Wintersport.

1896-1932

Ein Protokoll vom 31. März 1910 liefert die Begründung: „Das Fußballspiel soll im Sommer aus gesundheitlichen Rücksichten nicht gespielt werden." Was im Umkehrschluss dann wohl heißt, dass man es der Gesundheit der Spieler zuliebe besser im Winter spielen sollte. Wenn das Klaus Allofs wüsste! In der warmen Jahreszeit wurde vielmehr den damals beliebteren (und heute fast vergessenen) Sportarten Schlagball oder Faustball nachgegangen.

Fußball als Wintersport auf St. Pauli: Vielleicht ist es dieser Tradition zu verdanken, dass die Braun-Weißen auf Schnee immer gut aussahen.

7. Selig sind, die sich streiten, denn sie sollen sich emanzipieren Eintrag vom 19. Januar 1910: „Am Schluß der Sitzung legt Bitterauf sein Amt als Schriftwart nieder, da der Turnrat den Spielausschuß in keiner Weise anerkennt und ihm in jeder Weise die größten Schwierigkeiten bereitet." Turner und Fußballer waren sich oft nicht grün. 1924 gipfelte dieser Zwist in der Abspaltung der Fußballabteilung vom St. Pauli-Turnverein – und führte damit zur Gründung des FC St. Pauli.

8. Selig sind, die reisen, denn sie sollen nach Dänemark fahren Eintrag vom 24. März 1910: „Nielsen bittet nochmals um regere Beteiligung an der Osterfahrt nach Svendborg um einen Überschuß bei der Reise herauszuschlagen." St. Pauli spielt das erste Mal international!

9. Selig sind, die ihren Platz pfleglich behandeln, denn sie sollen nicht vertrieben werden Eintrag vom 24. März 1910: „Pramann schlägt vor, unseren Spielplatz zum Fußballspielen überhaupt nicht wieder freizugeben, da der Platz zu sehr darunter leidet und zu anderen Spielen unbrauchbar wird." Schon damals muss das kampfbetonte Spiel auf St. Pauli populär gewesen sein – und hinterließ seine Spuren.

10. Selig sind, die sich zu benehmen wissen, denn sie werden nicht den Schiri bepöbeln Eintrag vom 28. April 1910: Es wird berichtet vom Spiel Victoria III – St. Pauli I, „bei welchem unser Spieler A. Meyer wegen mehrfachen Opponierens gegen den Schiedsrichter das Spielfeld verlassen musste und Buchheister ziemlich zum Schluß das Spielfeld freiwillig verließ, infolge Streitigkeiten mit den Mitgliedern. Rechtern setzt den Herren in längerer Ausführung die Meinung des Spielausschusses auseinander und ersucht sie, sich in Zukunft etwas mannhafter zu benehmen, was die Spieler auch befleißigen wollen." Schiedsrichter – schon damals ein undankbarer Job auf St. Pauli! ∎

Die Protokollbücher der Spielabteilung des St. Pauli-Turnvereins bergen manche Überraschung

1896–1932

verpflichtete sich der Verein, der Stadt „den Platz nebst der Halle unweigerlich zur Verfügung zu stellen, ohne dafür irgendwelche Entschädigung zu erhalten" – und zwar „jederzeit und so oft und solange derselbe für Ausstellungen, Versammlungen und dergleichen in Anspruch genommen wird". Später wurde dieser Paragraph explizit auf den Heiligengeistfeld-Jahrmarkt, den „Dom", ausgeweitet. Wann immer die Stadt es somit für nötig hielt, das Gelände zu nutzen, und immer, wenn „Dom" war, blieb den St. Paulianern nichts anderes übrig, als ihre Spiele auf fremdem Platz auszutragen. Die Vereinszeitung berichtet, auch die Turnhalle würde „von den vielen Buden und sonstigen Schaustellungen fast erdrückt".

Zudem hatte das eigene Spielfeld seine Tücken: Ein Protokoll von 1904 berichtet von zwei Spielern, die sich beim Hinfallen durch Steine, Nägel und Glas verletzt hätten, also „müsse baldigst etwas für den Platz getan werden". Der geniale Einfall, „das Gras durch irgend eine Säure zu vertilgen und die Steine mittelst einer Kehrmaschine zu entfernen" (was 40 Mark gekostet hätte), fand dann aber doch keine Zustimmung.

So nah und doch so fern ... Während die Fußballer von St. Pauli noch an keinem geregelten Spielbetrieb teilnahmen, ja nicht einmal ein einziges Wettspiel bestritten hatten, fand 1903 nur wenige Straßenzüge entfernt bereits das erste Endspiel um die Deutsche Meisterschaft statt. Am 31. Mai des Jahres trafen der VfB Leipzig und der DFC Prag auf der Exerzierweide im preußischen Altona aufeinander. Die Partie wurde geleitet von Schiedsrichter Franz Behr, gleichzeitig Spieler bei Altona 93 (er war vorher im Halbfinale mit seiner Mannschaft an Leipzig gescheitert). Die Leipziger reisten im Nachtzug 3. Klasse an, schliefen in Gepäcknetzen und waren „not amused". Schon gar nicht darüber, dass Schiedsrichter Behr Ball und Luftpumpe vergessen hatte. Zuschauer besorgten eine Ersatzpille von Altona 93, die mit dem Mund aufgeblasen werden musste. Das Spiel begann mit 30 Minuten Verspätung. 2000 Zuschauer waren Zeuge, wie die übermüdeten Leipziger die Prager mit 7:2 schlugen und erster Deutscher Fußballmeister wurden.

Seifenoper mit Happy End Auch wenn der Pflichtspielbetrieb noch nicht begonnen hatte: Die ersten Skandale wurden schon vorbereitet. Immer wieder ist in den Chroniken und Protokollen des Vereins von Streitigkeiten zwischen Turnern und Fußballern die Rede (s. rechts). Einen skurrilen Höhepunkt erreichte der Zwist 1904, als der gerade neu gewählte Vorsitzende der Spielabteilung (Robert Havelberg) auf einer Sitzung kurzerhand den Tagesordnungspunkt „Auflösung der Spielabteilung" ansetzte. Die Aufregung war natürlich groß, und es fielen Ausdrücke, die laut Protokoll „ins Persönliche übergingen". Havelberg versuchte sich mehr schlecht als recht zu verteidigen und >

1911

Bis zum heutigen Tage in Betrieb: Der „Alte Elbtunnel"

>> **7. September:** Einweihung des ersten Elbtunnels in Hamburg.
>> **30. September:** „Auf der Reeperbahn nachts um halb eins" wird erstmals öffentlich gesungen.
>> **29. Oktober:** Erstes Länderspiel in HH: Deutschland–Schweden 1:3.
DM: Viktoria Berlin

„Auf der Reeperbahn..." – Hans Albers machte dieses Lied später berühmt

Turner gegen „Fußlümmel" – der Fußball emanzipiert sich

Ernste Warnungen vor dem „Fußball-Wahn"

„Müsst ihr denn immer und überall die gehorsamen Affen des Auslands bleiben?", fragte 1898 der Turnlehrer Karl Planck seine deutschen Landsmänner. Seine drohenden Worte galten dem Fußballspiel. Aus England kommend, wurde es in Deutschland immer populärer. Plancks Broschüre „Fusslümmelei. Über Stauchballspiel und die englische Krankheit" war damals ein ernstgemeinter Versuch, gegen den „englischen" Fußball und für das „deutsche" Turnen zu plädieren.

Was aus England kam, konnte nicht gut sein – darüber waren sich in Deutschland viele einig. England war größter Konkurrent in Handel und Industrie und direkter Gegner beim Erwerb von Kolonien. Die dortige Fußballeuphorie (1857: Gründung des ersten Fußballclubs der Welt in Sheffield, 1863: Gründung der Football Association FA) fand zunächst in Deutschland kein breites Echo.

Ihr Gegenstück, die Turnerbewegung, vertrat Werte wie Haltung, Ordnung und Disziplin. Das war für sie „deutsch" – und das genaue Gegenteil von unkoordiniert wirkenden Bewegungsabläufe im Fußball. Die Verächter des Fußballs fühlten sich stark. 1900, als der DFB gegründet wurde, gab es über 600 000 organisierte Turner in 6500 Vereinen. Im DFB organisierten sich 1904 gerade 194 Vereine und 9137 Mitglieder.

Fußball erniedrige den Menschen zum Tier, und fußballerische Verrenkungen seien einer aufrecht gehenden Gattung unwürdig, warnten Turn-Fundamentalisten. „Wegen der vorgebeugten, erbärmlichen Haltung, in welcher hier die Spieler dem Ball entgegen und nacheilen, verabscheue ich das Fußballspiel. Es sollte auf keinem deutschen Turnplatz Eingang finden", schrieb der Pädagoge Otto Jäger 1895. Drei Jahre später schlug Karl Planck in die gleiche Kerbe: „Das Einsinken des Standbeins ins Knie, die Wölbung des Schnitzbuckels, das tierische Vorstrecken des Kinns erniedrigt den Menschen zum Affen." Sogar der Dichter Joachim Ringelnatz (1883-1934) ergriff Partei und reimte 1919 ironisch: „Ich warne euch, ihr Brüder Jahns, vor dem Gebrauch des Fußball-Wahns!"

Auch beim Hamburg-St. Pauli-Turnverein hatten die Fußballer von Anfang an mit Seitenhieben der Turner zu kämpfen. So beschwerte sich 1904 der Vorsitzende des Turnvereins, Prof. Dr. Hermann Hahn, dass „überhaupt keine Ordnung beim Spielen herrsche". Die derart angegriffene Spielabteilung rief in ihrer Not sogar den Vorsitzenden der Deutschen Turnerschaft an und bat um Stellungnahme. Dr. Ferdinand Goetz war offenbar liberaler eingestellt als viele seiner Turnkameraden und erklärte, jegliche Leibesübung, die nicht zu einem Spezialistentum, sondern zu einer Erweiterung des Turnbetriebs führe, sei im Sinne Jahns zu begrüßen.

Fußballgott sei Dank gab es in Deutschland nicht nur Gegner des neuen Sports. Zudem war Deutschland für Engländer ein billiges Land, das Studenten und Handelsreisende anzog. So kam es, dass in Städten, wo sich Engländerkolonien gebildet hatten, Fußball gespielt wurde. Zu diesen Städten gehörte auch Hamburg.

Als der Fußball allmählich populärer wurde, waren es häufig ausgerechnet die Turnvereine, die der „Fußlümmelei" ihr organisatorisches Know-how zur Verfügung stellten. So auch auf St. Pauli. Was nicht heißen soll, dass die Turner den Fußballern fortan wohlgesonnen waren. Immer wieder gab es Streitigkeiten. 1924 gipfelten diese in der Ausgliederung der Fußballabteilung – und der Gründung des FC St. Pauli. ∎

In Reih und Glied: Turner des Hamburg-St. Pauli-Turnvereins auf dem Heiligengeistfeld (um 1920)

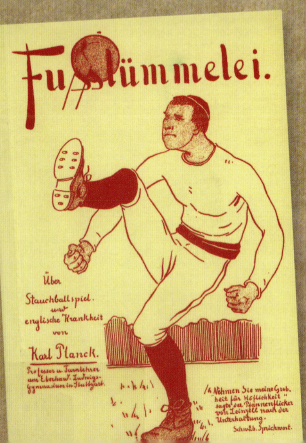

„Fusslümmelei": Der Turnlehrer Karl Planck ließ in seiner Broschüre kein gutes Haar am Fußball

Das Heiligengeistfeld um 1910
Wo alles begann: Auf der größten Freifläche Hamburgs wurde der spätere FC St. Pauli geboren

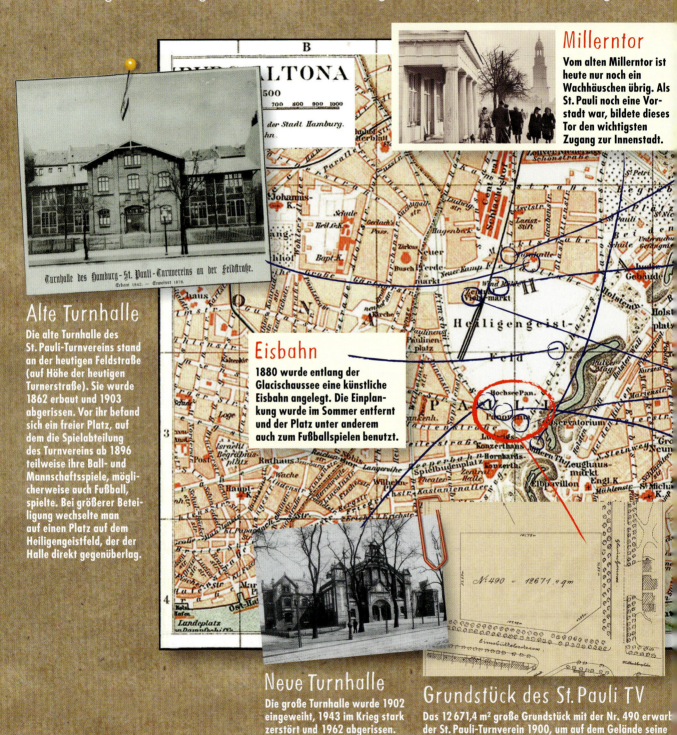

Millerntor
Vom alten Millerntor ist heute nur noch ein Wachhäuschen übrig. Als St. Pauli noch eine Vorstadt war, bildete dieses Tor den wichtigsten Zugang zur Innenstadt.

Alte Turnhalle
Die alte Turnhalle des St. Pauli-Turnvereins stand an der heutigen Feldstraße (auf Höhe der heutigen Turnerstraße). Sie wurde 1862 erbaut und 1903 abgerissen. Vor ihr befand sich ein freier Platz, auf dem die Spielabteilung des Turnvereins ab 1896 teilweise ihre Ball- und Mannschaftsspiele, möglicherweise auch Fußball, spielte. Bei größerer Beteiligung wechselte man auf einen Platz auf dem Heiligengeistfeld, der der Halle direkt gegenüberlag.

Eisbahn
1880 wurde entlang der Glacischaussee eine künstliche Eisbahn angelegt. Die Einplankung wurde im Sommer entfernt und der Platz unter anderem auch zum Fußballspielen benutzt.

Neue Turnhalle
Die große Turnhalle wurde 1902 eingeweiht, 1943 im Krieg stark zerstört und 1962 abgerissen. Sie war einst die größte Turnhalle in Norddeutschland. Ihr Eingang lag ungefähr gegenüber der heutigen „Domschänke".

Grundstück des St. Pauli TV
Das 12 671,4 m² große Grundstück mit der Nr. 490 erwarb der St. Pauli-Turnverein 1900, um auf dem Gelände seine neue, große Turnhalle zu bauen. Das Grundstück befand sich an der Ecke Budapester Straße (damals: Eimsbütteler Stra und Glacischaussee. An der „angeschnittenen Ecke" im Südosten befindet sich heute der U-Bahn-Eingang „St. Pau

1896–1932

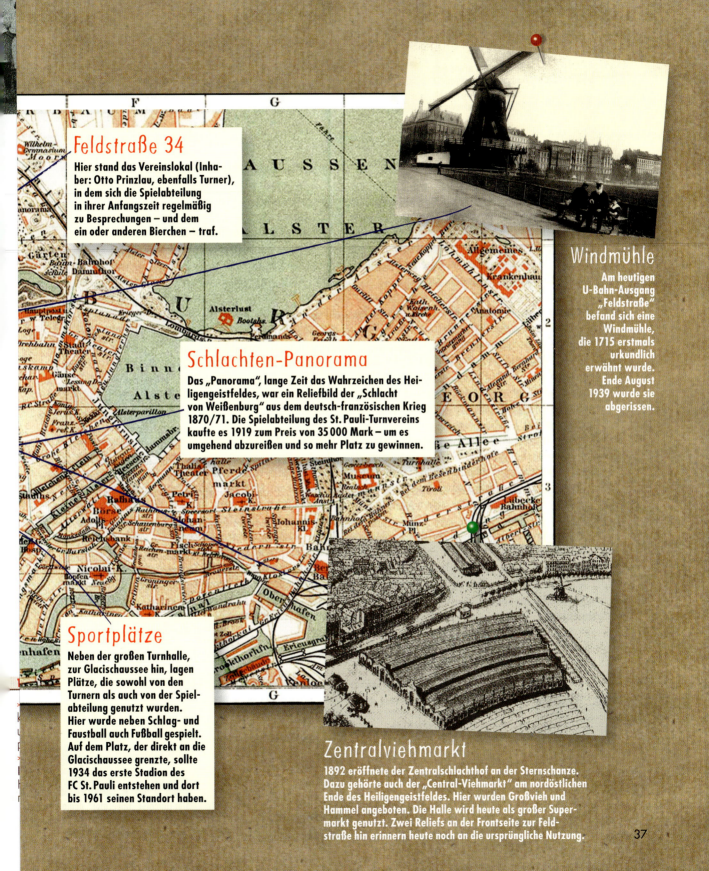

Feldstraße 34

Hier stand das Vereinslokal (Inhaber: Otto Prinzlau, ebenfalls Turner), in dem sich die Spielabteilung in ihrer Anfangszeit regelmäßig zu Besprechungen – und dem ein oder anderen Bierchen – traf.

Schlachten-Panorama

Das „Panorama", lange Zeit das Wahrzeichen des Heiligengeistfeldes, war ein Reliefbild der „Schlacht von Weißenburg" aus dem deutsch-französischen Krieg 1870/71. Die Spielabteilung des St. Pauli-Turnvereins kaufte es 1919 zum Preis von 35 000 Mark – um es umgehend abzureißen und so mehr Platz zu gewinnen.

Sportplätze

Neben der großen Turnhalle, zur Glacischaussee hin, lagen Plätze, die sowohl von den Turnern als auch von der Spielabteilung genutzt wurden. Hier wurde neben Schlag- und Faustball auch Fußball gespielt. Auf dem Platz, der direkt an die Glacischaussee grenzte, sollte 1934 das erste Stadion des FC St. Pauli entstehen und dort bis 1961 seinen Standort haben.

Windmühle

Am heutigen U-Bahn-Ausgang „Feldstraße" befand sich eine Windmühle, die 1715 erstmals urkundlich erwähnt wurde. Ende August 1939 wurde sie abgerissen.

Zentralviehmarkt

1892 eröffnete der Zentralschlachthof an der Sternschanze. Dazu gehörte auch der „Central-Viehmarkt" am nordöstlichen Ende des Heiligengeistfeldes. Hier wurden Großvieh und Hammel angeboten. Die Halle wird heute als großer Supermarkt genutzt. Zwei Reliefs an der Frontseite zur Feldstraße hin erinnern heute noch an die ursprüngliche Nutzung.

> „Mohammed war ein Prophet,
> der von Farben viel versteht,
> und aus all der Farbenpracht
> hat er sich das Braun und Weiße ausgedacht.
> Braun und Weiß, wie lieb ich dich!
> Braun und Weiß ist meine Hoffnung und Zuversicht.
> Alle Mädchen hübsch und fein
> müssen braun und weiß gekleidet sein."
>
> Aus dem Volksmund

Wie kam die Farbe ins Spiel?
Eine ungewöhnliche Wahl: das Geheimnis der Vereinsfarben Braun und Weiß

Wer einen älteren St. Paulianer fragt, woher die braun-weißen Vereinsfarben stammen, bekommt vielleicht die obigen, leicht holprigen Verse zu hören.

Doch ohne einer Weltreligion zu nahe treten zu wollen: Der Prophet, der den Fußballern von St. Pauli die Farben Braun-Weiß gab, hieß nicht Mohammed, sondern Amandus Vierth. Der war einer der Gründer der Fußballabteilung im Hamburg-St. Pauli-Turnverein und lange Zeit selbst aktiver Kicker. Am 21. Mai 1909 wurde sein Antrag auf einheitliche Sportkleidung der Fußballer angenommen: dunkelbrauner Jersey mit weißen Aufschlägen und weiße Hosen. Die Erfindung der Vereinsfarben des FC St. Pauli erfolgte damit sogar ein Jahr vor der offiziellen Gründung des Vereins selbst.

Ein Vereinsprotokoll vom 21. April 1909 (also einen Monat vor der epochalen Entscheidung) zeigt, dass Braun-Weiß nicht konkurrenzlos war: Die Kleiderfrage der Fußballspieler solle „mit den 2 bekannten Vorschlägen der Versammlung nochmals vorgelegt werden, bevor Definitives an den Bund [Deutscher Turnerbund, die Autoren] gemeldet wird." Schade, dass der zweite „bekannte" Vorschlag nicht überliefert ist. Wer weiß, welch gewagte Farbkombination dem FC St. Pauli durch die Lappen ging. Eine andere Frage bewegt manchen St. Paulianer noch heute: Standen Amandus Vierth und die Befürworter seines braun-weißen Antrags etwa dem „braunen" Nationalsozialismus nahe? Nach allem, was wir wissen, ist diese Sorge unbegründet. Zunächst darf nicht vergessen werden, dass die gewählten Farben Braun *und* Weiß waren.

Weiterhin finden sich keine Hinweise darauf, dass Braun in Hamburg im Jahre 1909 — neun Jahre vor dem Ende des Kaiserreiches, elf Jahre vor der Gründung der NSDAP in München — eine „rechte" politische Bedeutung hatte. Auch war der Stadtteil St. Pauli zu jener Zeit alles andere als eine Hochburg rechten Gedankengutes. Ein weiteres wichtiges Indiz: Fast zur gleichen Zeit (1907) gründete sich in Hamburg ein Arbeitersportverein, der ebenfalls Braun-Weiß zu „seinen" Farben machte: Komet Blankenese. Die Arbeitersportvereine standen politisch klar links, und Blankenese hätte diese Farben mit Sicherheit nicht gewählt, wenn sie „politisch anrüchig" gewesen wären. Als die Farbe Braun in Deutschland dann ihre eindeutig politische Konnotation bekam und die SA mit Liedern wie „Wir sind des Führers braune Haufen" noch ganz andere Assoziationen weckte, hatte der Verein zeitweilig doch ein „Braun-Problem". Kritik kam von den Arbeitersportvereinen in der Zeit der Weltwirtschaftskrise Anfang der 30er Jahre. Die Vereinschronik von 1935 berichtet: „Unsere braun-weißen Farben erregen des öfteren Anstoß." Der FC St. Pauli definiert sich in der gleichen Jubiläumsschrift als „bürgerlich".

1896-1932

Der Erfinder der Vereinsfarben: Amandus Vierth im Porträt und als „Aktiver" (obere Reihe, Zweiter von rechts)

Warum aber gerade Braun-Weiß? Leider geben die Quellen darauf keine Antwort. Auf jeden Fall war Braun für die damalige Zeit eine außergewöhnliche Farbwahl, denn Braun ist keine klassische Farbe der Heraldik (Wappenlehre). Eine Chronik neueren Datums vermutet, dass Braun-Weiß nur eine „Verlegenheitslösung" war, weil alle anderen Farbkombinationen schon vergeben waren. Oder gaben praktische Gründe den Ausschlag, und brauner Stoff war leicht und günstig zu bekommen? Vielleicht war alles auch einfach nur eine Frage des (guten) Geschmacks. Weiß hingegen ist die klassische Farbe der Turner (und war im St. Pauli-Turnverein tatsächlich für alle Nicht-Kicker vorgeschrieben). Möglicherweise wollten sich die Fußballer durch die Wahl dieser Farbe demonstrativ zu „ihrem" Turnverein bekennen, vielleicht auch in der Hoffnung, in Zukunft von den Turnern weniger kritisch beäugt zu werden.

In der heutigen Farbpsychologie heißt es übrigens, dass der Träger brauner Kleidung seine Mitmenschen ermutige, sich ihm gegenüber „zu öffnen und freier zu kommunizieren". Vielleicht geht es ja deswegen am Millerntor oft kommunikativer zu als anderswo? ■

Geschmackssichere Sportler: Auch diese Vereine spielen in Braun-Weiß

Club Atletico Platense (Argentinien) | RKS Garbarnia Kraków (Polen) | FTSV Komet Blankenese von 1907 e.V. (Hamburg) | FK Ørn-Horten (Norwegen) | SV Billstedt-Horn e.V. von 1891 (Hamburg) | Brown Bears (Providence, RI, USA)

1896-1932

Die erste Fußballmannschaft 1910: stehend v.l.n.r. Schmelzkopf, Peters, Meyer, Rehder, Knoop, Meier, Schwalbe, Czechura; liegend: Minulla, Zabel, Hänninger

> 1910 gegen die 3. Mannschaft des SC Germania 1887 (einem Vorläuferverein des HSV) endete mit einem 2:0 für St. Pauli, obwohl dessen Mannschaft nur mit neun Spielern antrat. Dass sie an diesem Tag überhaupt spielte, war keine Selbstverständlichkeit: Ende 1909 hatte der Turnrat wieder einmal beschlossen, die Spielabteilung aufzulösen. Das hatten die Fußballer gerade noch abwenden können.

1910: Der Beitritt Im Frühling 1910 war es dann so weit: Nach langen Verhandlungen wurde die gesamte Spielabteilung des Hamburg-St. Pauli-Turnvereins Mitglied des NFV – weshalb man das Jahr 1910 später zum offiziellen Gründungsjahr des FC St. Pauli erklärte. An welchem Tag der Beitritt allerdings vollzogen wurde, bleibt eines der großen ungelösten Rätsel der Menschheit (s. S. 31).

Datum hin oder her: Ab sofort nahmen die Fußballer aus St. Pauli am geregelten Spielbetrieb teil. Für die Saison 1910/11 wurde die 1. Mannschaft der 1C-Klasse zugeteilt, die aus zwei Staffeln bestand und in der sich keine Reservemannschaften befanden. Somit begann für die St. Paulianer eine neue Zeitrechnung, nämlich die für alle Fußballer und Fußballfans typische: Die bestimmende Zeiteinheit war nicht mehr das Kalenderjahr, sondern die Saison, beginnend mit 1910/11. Fortan war der Schrägstrich fester Bestandteil des Denkens aller braun-weißen Fußballfreunde – oder, wie Nick Hornby es 80 Jahre später ausdrückte, das „einzige Zugeständnis an den Kalender, der sonst in der westlichen Welt verwendet wird".

St. Pauli spielt international! Noch etwas Bemerkenswertes fand 1910 statt: die erste Auswärtsfahrt! Und die führte die Kiezkicker gleich über die Reichsgrenze nach Dänemark. Schade, dass es seinerzeit noch keinen Fanladen gab, träumen dessen Mitarbeiter doch seit Jahren davon, nur ein einziges Mal eine Tour zu einem internationalen Spiel des FC St. Pauli organisieren zu dürfen. Ob sie es allerdings geschafft hätten, eine Fahrt mit Bahn und Dampfer für nur 15 Mark anzubieten, wie es der Turnverein tat?

So traten die St. Paulianer zu Ostern 1910 für zwei Spiele in Svendborg an, „um sich daselbst mit den dänischen Spielern zu messen. Wenn auch die unsrigen nicht siegreich heimkehrten, so haben sie doch viel gelernt", resümierte später die Schrift zum 20-jährigen Vereinsjubiläum.

Auch das erste innerdeutsche Auswärtsspiel brachte keinen Erfolg. Die Reise führte an die Elbmündung nach Cuxhaven – damals wie heute keine Fußballmetropole. Gegen eine Matrosenmannschaft blamierten sich die St. Paulianer vor 500 Zuschauern auf einem Kasernenhof mit 0:5.

Nach der Pleite kam das Wachstum Trotz derartiger Pleiten ging es vorwärts: 1911/12 behauptete sich die 1. Mannschaft in der 1C-Klasse (3. Liga)

1915

» **13. Juni:** Wegen des Krieges ist auf deutschen Nordseeinseln und an der Nordseeküste bis auf weiteres das **Baden verboten**.

» **18. November:** Der Hamburger Kaffeeröster Darboven meldet den Markennamen „**Idee-Kaffee**" zum Schutz an.

Über 90 Jahre alt: Darbovens „Idee Kaffee"

» **Winter:** Im Hamburger Hafen werden die **ersten Arbeiterinnen eingestellt**. Wegen kriegsbedingten Personalmangels halten Frauen auch in anderen „**Männerberufen**" Einzug.
DM: nicht ausgespielt

1916

» **29. Februar:** Der US-Amerikaner Arthur Hale patentiert das **Autobahnkreuz in Kleeblattform**. Kampferprobte Auswärtsfahrer wissen, was sie daran haben.

» **30. April:** Deutschland führt die **Sommerzeit** ein – Weltpremiere.

Die 1. Mannschaft des Hamburg-St. Pauli-Turnvereins, vermutlich 1914, mit „Nete" Schmelzkopf (ganz links) und „Heini" Schwalbe (rechts neben dem Torwart) (s. S. 48)

gegen Vereine wie Holsatia, Hermania und Eintracht Rothenburgsort. Es gab mittlerweile fünf Fußballmannschaften, im Jahr darauf schon sechs, und auch eine Schülerabteilung war im Entstehen begriffen.

Die Spiel- und Sportabteilung gründete sich zum 1. Januar 1911 als offizielle Abteilung des Turnvereins. Für die notwendige Satzung holten sich die St. Paulianer unter anderem Anregungen vom „Münchener Turnverein von 1860", dem heutigen TSV 1860 München.

Die Abteilung hatte zu diesem Zeitpunkt 150 Mitglieder. Und nicht nur bei St. Pauli erfuhr der Fußball einen Aufschwung: Zum Jahresende 1912 hatte der Fußballbezirk Hamburg-Altona 10 243 Mitglieder. Damit war er mit Abstand der mitgliederstärkste Bezirk im Norddeutschen Fußball-Verband.

Jetzt wird Eintritt erhoben! Zu dieser Zeit ging der St. Pauli-Turnverein dazu über, Eintrittsgelder für die Fußballspiele zu erheben. Um zahlungsunwillige Zaungäste fernzuhalten, umspannten die St. Paulianer ihren Platz kurzerhand mit Leinwand.

Im März 1911 wurden anlässlich zweier Wettspiele gleich 3000 Meter Segeltuch angeschafft. Das kostete 325 Mark, die erforderlichen Eisenstäbe zur Aufhängung noch einmal 125. Bei einem Eintrittspreis zwischen 15 und 75 Pfennig betrug die Einnahme aus beiden Spielen 75,45 Mark. Ein stolzer Verlust, der jeder späteren Misswirtschaft alle Ehre machte.

Erste Liga? Ohne uns! Der seit 1910 angestrebte Aufstieg in die höchste Spielklasse wollte den St. Paulianern nicht gelingen. Im Gegenteil, die Leistungen stagnierten, und ein Abwärtstrend setzte ein. Gute Spieler verließen den Verein und schlossen sich anderen Clubs an.

1913 führte der NFV eine Norddeutsche Verbandsliga mit zehn Mannschaften ein, die damals höchste Spielklasse. Am Ende der Saison wurde Altona 93 Norddeutscher Meister. Die Fußballer vom St. Pauli-Turnverein waren nicht in dieser Liga dabei. Sie spielten in der C-Klasse (3. Liga) und rutschten durch Einführung der Verbandsliga sogar in die Viertklassigkeit ab. Dennoch: „Der Sportplatz am Millerntor hat sein Stammpublikum", so die Vereinschronik.

Die erste Dauerkarte Offenbar genau für dieses Stammpublikum riefen die Fußballer im August 1913 die erste Dauerkarte ins Leben: Es sollten „Vorverkaufskarten für sämtliche Fußballwettspiele zum Preise von M 2,– ausgegeben werden".

Wenig später beschlossen die St. Paulianer gar, Amandus Vierth, der Erfinder der braun-weißen Vereinsfarben und „Funktionär", solle „in Zukunft kein Eintrittsgeld für Spiele die auf unserem Platz stattfinden zahlen". Die lebenslange Dauerkarte war erfunden! Und das über 90 Jahre, bevor der FC St. Pauli (dieses Mal aus Geldnot) von dieser Möglichkeit erneut Gebrauch machte (s. S. 344).

1917

>> **20. Mai:** Eine **Kriegsausstellung** am Hamburger Dammtorbahnhof präsentiert Waffen und nachgebaute Schützengräben. Währenddessen tobt im französischen Verdun eine zehnmonatige Schlacht. 700 000 Soldaten sterben oder werden verwundet.
DM: nicht ausgespielt

>> **23. Februar:** Hungerunruhen in Barmbek, Winterhude und weiteren Hamburger Stadtteilen.
>> **6. April:** Die Vereinigten Staaten erklären Deutschland den **Krieg.**
>> **7. November:** Im russischen Oktober kommt es zur **Revolution.**
DM: nicht ausgespielt

Russische Rotgardisten vor dem Smolny-Institut, Sitz der Bolschewisten in Petrograd

1896-1932

Links: Festschrift zum 50-jährigen Bestehen des Hamburg-St.-Pauli-Turnvereins (1912)
Rechts: Im gleichen Jahr gehen St. Paulis Fußballspieler auf Pfingsttour

Vom Fußball- aufs Schlachtfeld Die beiden auffälligsten Spieler St. Paulis zu dieser Zeit hießen „Heini" Schwalbe und „Nete" Schmelzkopf. Sie überzeugten nicht nur auf, sondern auch neben dem Platz durch ihre Qualitäten (s. S. 48). Am 15. März 1914 absolvierte Schwalbe bereits sein 100., Schmelzkopf sogar sein 150. Spiel für St. Pauli.

Als Deutschland kurze Zeit später in den Ersten Weltkrieg zog, hatte das auch Folgen für den Fußball: 71 Mitglieder der Spiel- und Sportabteilung wurden eingezogen, unter ihnen Schwalbe und Schmelzkopf. Der Spielbetrieb erlitt einen Einbruch – von Trauer aber zunächst keine Spur, im Gegenteil. Den damaligen Zeitgeist fängt vielleicht am besten ein Zitat des Vereinsmitglieds Rudi Prinzlau ein: „Wenige Wochen später waren wir in alle Winde verstreut und jeder stellte seinen durch Sport gestählten Geist und Körper dem Vaterlande zur Verfügung."

In nackten Zahlen: Fast die Hälfte der eingezogenen Mitglieder der Spielabteilung, nämlich 30, kamen im Krieg um – darunter auch „Heini" Schwalbe und „Nete" Schmelzkopf, die ersten braun-weißen Fußballstars.

Der Krieg und der St.-Pauli-Turnverein In Hamburg trug der St.-Pauli-Turnverein seinen Teil zur „Wehrertüchtigung" bei. Gepäckmärsche mit Gewehr und 15 Kilo Gepäck waren während des Krieges ein beliebter Sport. Der St.-Pauli-Turnverein wurde „Jugendwehr Nr. 7". Der Staat stellte Offiziere ab, um für den notwendigen militärischen Schliff zu sorgen. Mit wenig Erfolg, wenn man dem späteren Präsidenten Wilhelm Koch glauben darf. Er erinnert sich in der Jubiläumsschrift von 1930: „Exerzierübungen fanden keine Gegenliebe und Geländeübungen konnten nicht stattfinden, da die Sonntage fußballerisch und leichtathletisch voll ausgenutzt wurden." Außerdem berichtet Koch von allerhand Streichen, die die aufmüpfigen St. Paulianer den Männern des Militärs spielten. So marschierten die St. Paulianer bei einer Parade in Sonntagskluft auf – mit Strohhüten und Spazierstöcken.

Aufstieg durch Cordi verhindert Auch wenn der Spielbetrieb nur mit Mühe aufrechterhalten werden konnte: Sportlich hatte der Krieg auch Vorteile für den St.-Pauli-Turnverein. Andere Clubs mussten sich von den Meisterschaftsspielen ganz zurückziehen, weil ihnen schlichtweg die Spieler ausgegangen waren (denn die befanden sich an der Front). Dadurch konnten die St. Paulianer in die zweite Spielklasse aufrücken und errangen 1915/16 die Meisterschaft ihrer Staffel.

Für die Teilnahme an der Relegationsrunde um den Aufstieg in die erste Spielklasse wurde für den 7. Mai 1916 ein Entscheidungsspiel auf dem Victoria-Sportplatz „Hoheluft" gegen den SC Concordia angesetzt. Die Concorden hatten die Meisterschaft in ›

1918

Entlassene deutsche Kriegsgefangene bei ihrer Ankunft in Kiew

›› **November:** Rückkehr der deutschen **Truppen** nach der Kapitulation.
›› **12. November:** Hamburg unter der **roten Fahne.** Ein Arbeiter- und Soldatenrat übernimmt das Rathaus.
DM: nicht ausgespielt

1919

›› **15. Januar:** Ermordung **Rosa Luxemburgs** und **Karl Liebknechts.**
›› **23. Juni:** Die „**Sülze-Unruhen**" erschüttern Hamburg und enden im Kugelhagel der Reichswehr. Auslöser: das Gerücht, eine Barmbeker Fleischfabrik habe verdorbenes Fleisch verarbeitet.

›› **11. August:** Die Weimarer Nationalversammlung beschließt eine **demokratische Verfassung.**
DM: nicht ausgespielt

Kriegsausgabe der Vereinszeitung des St. Pauli-Turnvereins (März 1915)

Leiden mit Stil
Das erfolgreiche St. Pauli am anderen Ende der Welt

1910 gründet sich ein Fußballverein in Sankt Pauli. Das klingt so weit vertraut. Interessant wird es, wenn das Ganze in Brasilien stattfindet. Gut 10 100 Kilometer südwestlich von Hamburg liegt das größte Sankt Pauli der Welt: São Paulo hat heute geschätzte 20 Millionen Einwohner. Am 1. September 1910 wurde dort der „Sport Club Corinthians Paulista" gegründet. Damals war Fußball in Brasilien ein elitärer Sport, der hauptsächlich von britischen Einwanderern und ihren Nachkommen oder von Angestellten britischer Unternehmen gespielt wurde. Corinthians hingegen sollte ein Verein für alle Fußballbegeisterten sein.

Der brasilianische Zwillingsbruder ist ungleich erfolgreicher als sein deutscher Gegenpart. Corinthians wurde viermal brasilianischer Meister und gewann zweimal die Copa do Brasil. Den bisher größten Erfolg feierte der Verein im Jahr 2000 mit dem Gewinn der Club-Weltmeisterschaft; im Finale wurde der CR Vasco da Gama im Elfmeterschießen besiegt. Trotz der gefüllten Pokalvitrine besteht offenbar eine Gemeinsamkeit mit dem FC St. Pauli: Die Fans von Corinthians werden auch „sofredores" („die Leidenden") genannt – und zugleich „die Treuen" („a fiel"). Leidensfähigkeit und Treue: Das kennt man auch auf dem Kiez.

St. Pauli ist Club-Weltmeister? Als SC Corinthians schon!

1920
>> Walther Bensemann gründet den „Kicker". Später muss Bensemann wegen seines jüdischen Glaubens in die Schweiz emigrieren.
>> **10. Januar:** Der **Versailler Vertrag** tritt in Kraft.
DM: 1. FC Nürnberg

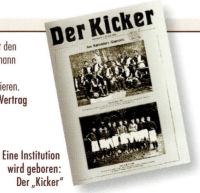
Eine Institution wird geboren: Der „Kicker"

1921
>> **4. Januar:** Neuer Flugpostdienst des „Deutschen Luft-Lloyds" zwischen Hamburg, Magdeburg und Breslau.
>> **22. September:** Im „Achsenplan" zur Hamburger Stadtentwicklung fordert der Senat u. a. die **Eingliederung Altonas**.

1896-1932

Ein Vereinsfaktotum bei der Arbeit: Richard „Käppen" Rudolph

ihrer Staffel in überlegener Manier gewonnen. Zur Pause führten die St. Paulianer überraschend mit 1:0, mussten sich am Ende aber mit 1:4 beugen.

Jugendabteilung wächst mit „Käppen" an Bord Weil viele Männer im Krieg waren, rückte notgedrungen die Jugend in den Fokus. Richard Sump, zu jener Zeit Torwart, später Vizepräsident und Mäzen des FC St. Pauli, erinnerte sich später: „Im und nach dem Ersten Weltkrieg kamen wir Jüngeren schon früh in die erste Mannschaft, einige schon mit 15 und 16 Jahren." Die Schülerabteilung bekam jetzt einen eigenen Trainer. 150 Mark wurden der Jugend zur Verfügung gestellt, um Fußballstiefel und Kleidung zu kaufen.

Besonders folgenreich für die Jugendarbeit war 1915 der Beitritt einer ganzen Straßenmannschaft zum Verein. Denn der Spielführer dieser „wilden Knaben-Mannschaft" war Richard „Käppen" Rudolph, ein Mann, der in den folgenden Jahren zum Vereinsfaktotum werden sollte. Er übernahm den Posten des Jugendleiters und trug dazu bei, dass die Jugendabteilung enorme Ausmaße annahm.

Zu viel Feuchtigkeit ... Sportlich gesehen bot die Kriegszeit wegen der verzerrten Konkurrenzbedingungen wenig Relevantes. Erwähnenswert aber ist ein Spiel am Neujahrsmorgen (!) 1917 gegen Blücher – allerdings nicht wegen des sportlichen Aspektes. Die „Turnen, Spiel und Sport" schreibt: „Das den wenigen Zuschauern gebotene Spiel war nicht gerade ein besonders schönes; das war aber in Anbetracht der vielen Feuchtigkeit, die Platz und Spieler (!) in letzter Zeit hatten zu sich nehmen müssen, kein Wunder; denn auch hier heißt es: alltoveel is ungesund..."

Kriegsende Viele Vereine verkrafteten die Verluste an Menschenleben und die Abwesenheit vieler Mitglieder nicht. Sie gaben auf. Andere schlossen sich zu „Kriegsgemeinschaften" zusammen, um weiter zu existieren. Trotzdem war Hamburg wohl der einzige Bezirk, der seine Punktspiele in allen Kriegsjahren komplett durchführen konnte. Nach Kriegsende im November 1918 bestand nur noch knapp ein Sechstel der ehemals über 60 Fußballvereine in Hamburg. Die Gesamtzahl der Mitglieder war von 8000 auf etwa 1400 gesunken.

Per Fußball-Boom in die erste Klasse Am 5. Februar 1919 fand die erste Nachkriegsversammlung der Spiel- und Sportabteilung des St. Pauli-Turnvereins statt. Hatten bis dato turnerische Spiele wie Schlagball und Faustball im Vordergrund gestanden, war jetzt „König Fußball" auf dem Vormarsch. Das war nicht nur auf St. Pauli so: Fußballerisch waren die Jahre der Weimarer Republik eine Epoche des Aufschwungs, allen sozialen und politischen Spannungen zum Trotz. Fußball wurde zum Massensport und zu einer gesellschaftlichen Institution. Schon bald war

1922

>> **8. Dezember:** Der Anzeigen-Slogan „One Look Is Worth A Thousand Words" erscheint erstmals in der Fachzeitschrift Printers' Ink und wird später zum „geflügelten Wort": „Ein Bild sagt mehr als tausend Worte".
DM: 1. FC Nürnberg

>> Nach zwei abgebrochenen **Marathon-Endspielen gegen Nürnberg** (das längste dauert über drei Stunden) wird der HSV zum Deutschen Fußballmeister erklärt, verzichtet aber auf den Titel.
>> **3. April:** Josef Stalin wird Generalsekretär der KPdSU.

Szene aus dem „endlosen Endspiel" zwischen dem HSV und Nürnberg

>> **24. Juni:** Reichsaußenminister Walther Rathenau wird von Rechtsextremisten ermordet.
>> **4. November:** Howard Carter entdeckt das Grab des Tutanchamun.
DM: HSV lehnt Titel ab

Links: 1925 wird der Verein „FC St. Pauli von 1910" offiziell ins Vereinsregister eingetragen
Rechts: Bereits fünf Jahre früher bekommen die braun-weißen Fußballer einen neuen Dress

Fußball neben Boxen die populärste Sportart des Landes, 1920 hatte der DFB bereits beeindruckende 756000 Mitglieder.

Dafür gab es mehrere Gründe: Der Acht-Stunden-Arbeitstag wurde eingeführt, was die Trainingsbedingungen verbesserte. Es gab freie Nachmittage in der Woche. Schülern ab einem Alter von zehn Jahren wurde die Teilnahme an öffentlichen Sportveranstaltungen gestattet. Zudem wurde die Körperschaftssteuer für Sportorganisationen 1920 und die Vergnügungssteuer für Sportveranstaltungen 1921 abgeschafft. St. Pauli schwamm mit auf dieser Welle der Fußball-Euphorie: Im Sommer 1919 stieg die 1. Mannschaft erstmals in die damals höchste Spielklasse (Norddeutsche Liga Hamburg/Altona) auf. Torwart der Aufstiegsmannschaft war der spätere Präsident Wilhelm Koch.

Nach einer einzigen desolaten Saison (letzter Tabellenplatz mit 5:31 Punkten und 12:64 Toren) stieg sie jedoch flugs wieder ab. Von nun an erarbeitete sich der FC St. Pauli redlich den Titel einer „Fahrstuhlmannschaft" und pendelte beständig zwischen erster und zweiter Spielklasse hin und her.

Kaufen und abreißen Viel Geld für etwas ausgeben, um es umgehend zu zerstören, wem sonst würde man so etwas eher zutrauen als den Männern von St. Pauli? 1919 investierten sie die damals riesige Summe von 35000 Mark, um das Wahrzeichen des Heiligengeistfeldes zu kaufen: Das sogenannte „Panorama" war ein Reliefbild der „Schlacht von Weißenburg" aus dem deutsch-französischen Krieg 1870/71. Bezahlt wurde der Kauf von den Mitgliedern des Vereins. Direkt nach dem Kauf „sprengte man den alten Kasten in die Luft" („Kicker"). Allerdings nicht aus pazifistischen Motiven, sondern aus ganz praktischen: Das „Panorama" stand mitten auf dem Grundstück des Turnvereins, und durch den Abriss vergrößerten die St. Paulianer auf teure Weise ihren Platz.

Neue Trikots für die nächsten 30 Jahre Vor Erfindung der Sportvermarktung, als noch keine kaufwütigen Fans Schlange standen, konnte es schon einmal ein paar Jährchen dauern, bis ein Verein sich bequemte, sein Outfit zu ändern. Die 1909 von Amandus Vierth definierte Spielkleidung (s. S. 40) änderte sich darum erst 1920: Die Hemden wurden weiß, die Hosen braun. Dieses Outfit sollte für die nächsten 30 Jahre Bestand haben.

Der FC St. Pauli wird geboren 1924 war das Jahr, in dem der FC St. Pauli „wirklich" gegründet wurde. Und das nicht ohne Anlass: Die Deutsche Turnerschaft hatte allen Mitgliedern ihrer Vereine untersagt, sich an Wettkämpfen der Spiel- und Sportorganisation, also zum Beispiel der Fußballverbände, zu beteiligen. Das betraf auch die Fußballer des Hamburg St. Pauli-Turnvereins. Wenn sie weiter am Spielbetrieb >

1923

>> **11. Januar:** Französische und belgische Truppen besetzen das Ruhrgebiet.
>> **28. April:** Eröffnung des Londoner Wembley-Stadions: Cup-Finale vor 126 047 Zuschauern.
>> **23. Oktober:** KPD-Aufstand in Hamburg und Schleswig-Holstein.
>> **29. Oktober:** Offizieller Start des deutschen Rundfunks.
>> **9. November:** Durch einen Putsch in München versucht Hitler, die Macht zu erlangen.
DM: Hamburger SV

Geburt des deutschen Rundfunks: Nachrichtensprecher bei der Arbeit

„Heini" Schwalbe (3.v.l.) und „Nete" Schmelzkopf (4.v.l.): die ersten Fußballhelden auf St. Pauli

„Heini" Schwalbe in voller Montur auf dem Heiligengeistfeld

Schwalbe und Schmelzkopf – die ersten „Stars"

Ein ungleiches Duo setzt Maßstäbe im Fußball – und im Feiern

Heinrich „Heini" Schwalbe und Christian „Nete" Schmelzkopf waren Fußballpioniere. Sie gehörten zu den ersten, die am Millerntor gegen das runde Leder traten. Heini Schwalbe wurde 1909 zudem in den ersten Fußballausschuss des St. Pauli-Turnvereins gewählt. Ob es an ihren Fußballkünsten lag oder daran, dass sich ihre Nachnamen für allerlei alberne Wortspiele eigneten – beide müssen sehr beliebt gewesen sein. Und wahre Hallodris obendrein. Am 15. März 1914 absolvierte Schwalbe sein 100., Schmelzkopf sein 150. Spiel für St. Pauli. Zu diesem Anlass – beide Spieler bekamen eine Medaille und einen Lorbeerkranz überreicht – brachte Heini Schwalbe eine handgeschriebene „Commers-Zeitung" heraus (Commers=Trinkgelage). Das vielversprechende Motto: „Es wird, so wir's hoffen, auch heute wie sonst gesoffen." In dem vierseitigen Heftchen karikiert Schwalbe nicht nur gekonnt sich selbst, seinen Mit-Jubilar Schmelzkopf und andere Spieler, sondern macht sich auch in fiktiven „Anzeigen" über seine Vereinskameraden lustig (Beispiel: „Zu kaufen gesucht wird ein gutgehender Wecker, der mich endlich einmal rechtzeitig zur Ausschusssitzung schickt – Friedrich Hans"). Da tat es der Beliebtheit auch keinen Abbruch, dass Heini Schwalbe sich mit seiner Position auf dem Spielfeld

1896-1932

„Auch heute wie sonst gesoffen": „Commers-Zeitung" der St. Pauli-Fußballer

offenbar nicht so recht anfreunden konnte. Die Vereinszeitung vom Februar 1910 schreibt: „Lieber Heini! Wenn du nur so vernünftig wärst und einsiehst, daß du in der Verteidigung und nicht in der Stürmerreihe spielen musst. Dadurch würden dem Fußballausschuss viele graue Haare erspart bleiben."

Auf einem Foto von 1912 sieht man das ungleiche Pärchen nebeneinanderstehen: links Heini Schwalbe, Typ „Ausputzer" mit Schrankstatur (er war gleichzeitig Ringer), rechts der um einen Kopf kleinere, drahtige Schmelzkopf, Marke „Dribbelkünstler".

Die offiziellen Vereinschroniken sind voll des Lobes für „unsere unvergesslichen Heinrich Schwalbe und Nete Schmelzkopf". Schwalbe wird gewürdigt als „Turm in der Schlacht", als „echter Fullback", „den so leicht niemand umspielte". Nete Schmelzkopf hingegen sei „der größte Techniker" gewesen, „wieselflink" und „trickreich". Der gute „Nete" litt allerdings auch an akuter Ballverliebtheit. Die Zeitschrift „Der Rasensport" kritisiert anlässlich eines Freundschaftsspiels: „Schmelzkopf hielt es manchmal für besser, viel zu dribbeln anstatt hübsch zu kombinieren", und gibt dem verhinderten Fummelkünstler einen guten Ratschlag mit auf den Weg: „Beim Fußball aber ist die Parole: Wer gut kombiniert, der nicht verliert!" Die Vereinszeitung tröstet: „Nur immer Platz halten und den Ball rechtzeitig abgeben, dann bist du auch bald erstklassig, Nete!"

Ein halbes Jahr nach ihrem denkwürdigen Jubiläumsspiel und -besäufnis zog Deutschland in den Ersten Weltkrieg, und beide wurden zum Militär einberufen. Die Vereinszeitung des St. Pauli-Turnvereins vom März 1915 listet die Namen von insgesamt 282 Mitgliedern auf, die „im Felde" standen — darunter auch Schwalbe und Schmelzkopf. In der gleichen Zeitung ist ein Brief abgedruckt, den Schwalbe seinen Vereinskameraden von der Front in Russland schickte und in dem er sich für eine ihm zugesandte Kiste mit Nahrungsmitteln bedankt. Weitere Lebenszeichen von Heini Schwalbe und Nete Schmelzkopf sind nicht erhalten. Ihre Namen finden sich erst in der Jubiläumsschrift von 1930 wieder — in einer Gedenkliste für die Gefallenen des Ersten Weltkrieges. ■

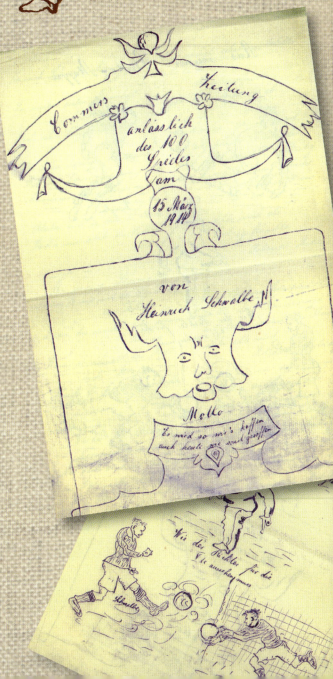

1896-1932

Kaum war der Verein „richtig" gegründet, feierte er schon sein 15-jähriges Bestehen mit einem Tanzabend

> des Norddeutschen Fußballverbandes teilnehmen wollten, blieb ihnen nichts anderes übrig, als sich von ihrem Stammverein zu lösen und einen eigenen Verein zu gründen. In ganz Deutschland verlor die Deutsche Turnerschaft durch diese sogenannte „reinliche Scheidung" rund 25 000 fußballspielende Mitglieder.

So fand am 5. Mai 1924 im „Hotel Mau" am Holstenwall die Gründungsversammlung des FC St. Pauli statt. Als Gründungsjahr legte man 1910 fest: das Jahr des Beitritts zum Norddeutschen Fußballverband. Erster Präsident des FC St. Pauli wurde Henry Rehder.

Ein gutes Jahr später, am 28. Mai 1925, wurde der „FC St. Pauli von 1910 e.V." offiziell in das Vereinsregister eingetragen. Die Trennung vom Turnverein war damit endgültig vollzogen. Und hier ist sie – die erste Fußballmannschaft, die in der Saison 1924/25 als FC St. Pauli antrat: Sump, Bergemann, Hadlich, Spreckelsen, Röbe, Ralf, Nack, Soltwedel, Otto Schmidt, Schreiner und Jordan kickten für die Braun-Weißen in der Norddeutschen Liga (höchste Spielklasse). Den ersten Platz belegte am Ende der HSV, St. Pauli wurde Sechster (von acht Mannschaften).

Should I stay or should I go? Der FC St. Pauli war endlich eigenständig – doch wo sollte er in Zukunft spielen? Schließlich gehörte das Grundstück auf dem Heiligengeistfeld mitsamt der dort vorhandenen Fußballplätze dem Hamburg St. Pauli-Turnverein, von dem man sich gerade hatte „scheiden" lassen. Und wie das so ist, wenn eine Ehe in die Brüche geht – der Streit um die Gütertrennung (sprich die Spielplätze) ließ nicht lange auf sich warten und zog sich jahrelang hin. Noch im Dezember 1930 drohte die Vereinszeitung den turnenden Nachbarn: „In aller Form möchten wir dem Turnverein empfehlen, das Gebiet sachlicher Kritik nicht zu verlassen. Er kann sich sonst furchtbar einmal danebensetzen." Die Turner ließen sich durch diese Schelte keinesfalls einschüchtern und verkündeten: „Der sogenannte Turnplatz darf von Mitgliedern des FC nicht benutzt werden. Es ist streng verboten, diesen Platz bei Turnbetrieb zu überqueren. Der Platz ist tunlichst zu umschreiten. Zusehen beim Turnbetrieb hat vom Rande aus zu erfolgen."

Sollte man überhaupt auf dem Heiligengeistfeld bleiben? Schließlich hatte sich der Platz in den Jahren vorher immer wieder als Sorgenkind entpuppt. Der regelmäßig stattfindende „Hamburger Dom" und diverse Ausstellungen hatten es immer wieder mit sich gebracht, dass die St. Paulianer ohne Spielfeld waren und andernorts Gastrechte in Anspruch nehmen mussten.

Doch die Braun-Weißen entschieden sich, für ihre Heimat am Millerntor zu kämpfen, und riefen Justitia an. Die entschied zugunsten der Braun-Weißen: Platz I stand dem FC St. Pauli ab sofort zur

---

1924

Die Außenfassade des Chilehauses

>> **12. Februar:** Das Staatsunternehmen **Deutsche Reichsbahn** entsteht, bietet aber noch keine Sonderzüge zu Auswärtsspielen an.
>> **1. April:** Ein „Schiff aus Stein" wird eingeweiht: Große Teile des Hamburger Gängeviertels mussten dem gewaltigen **Chilehaus** weichen.

>> **1. April:** Der Hitler-Prozess endet mit einem Quasi-Freispruch. Ein Jahr später veröffentlicht Hitler „Mein Kampf".
>> **19. Dezember:** In Hannover wird **Fritz Haarmann** wegen 24-fachen Mordes zum Tode verurteilt.
DM: 1. FC Nürnberg

1925

>> **Erste Fußball-Reportage** im Radio: Preußen Münster gegen Arminia Bielefeld.
>> Österreich führt die erste **Profifußballliga** Kontinentaleuropas ein.

Links: Der „Deutsche Kampfplatz" auf dem Heiligengeistfeld blieb ein Luftschloss
Rechts: Der FC St. Pauli weiht seinen Rasenplatz gegen Eimsbüttel ein (23.8.1925)

alleinigen Benutzung zur Verfügung, die Plätze II und III wurden abwechselnd mit dem Turnverein genutzt. So blieb das Heiligengeistfeld die Heimat des FC St. Pauli. Es hätte auch anders kommen können.

Rasenplatz kommt, „Kampfplatz" nicht Mit der Gewissheit um den gesicherten Standort investierte der FC St. Pauli umgehend in die Verbesserung der Platzanlage: Ein grünes Geläuf sollte her, denn bis dahin spielten die St. Paulianer auf Grand. So ersetzten sie für 6000 Mark den zweiten Platz durch einen neuen Rasenplatz, den sie am 23. August 1925 ohne größere Zeremonien mit einem Punktspiel gegen Eimsbüttel einweihten.

„Das neue Gewand steht dem ehemaligen ‚Grandacker' prächtig", freute sich die Presse: „Das leere Gerede von dem Sandplatz, womit mancher seine Niederlage am Millerntor zu bemänteln suchte, gehört der Vergangenheit an." Stattdessen: ein Untergrund, der sich „wie ein Teppich von dem Grau des Heiligengeistfeldes" abhob, wie geschaffen für Freunde der filigranen Technik und feinen Spielkultur! Kein Wunder, dass der FC St. Pauli das Einweihungsspiel mit 0:3 verlor ...

Das Spielfeld war zu diesem Zeitpunkt lediglich von einem Geländer umgeben. Stehtraversen gab es nicht, ungefähr 2000 Menschen konnten einem Fußballspiel am Millerntor zuschauen (und davon auch mehr oder weniger etwas sehen). Ein Stadionbau war damals noch kein Thema – doch kurz darauf, schon 1926, nahm die endlos scheinende Reihe unverwirklichter Stadionprojekte auf dem Heiligengeistfeld ihren Anfang. Der zweifelhafte Ruhm des ersten gescheiterten Vorhabens dieser Art gebührt dem Architekten Max Bach. Er veröffentlichte in jenem Jahr seine ambitionierten Vorschläge für eine großräumige Bebauung des Heiligengeistfeldes mit einer riesigen Sportanlage.

Unter dem Namen „Deutscher Kampfplatz in Hamburg" sollten ein Stadion für 80.000 Zuschauer sowie weitere Sportanlagen entstehen. Der Clou: ein Dach, das durch Maschinenkraft geöffnet und geschlossen werden konnte – wichtig bei „Witterungseinflüssen, die besonders in Hamburg eine Rolle spielten". Die „Arena auf Schalke" lässt 75 Jahre später grüßen.

Die zentrale Lage, niedrige Eintrittspreise sowie schnelle und preiswerte Erreichbarkeit mit öffentlichen Verkehrsmitteln sollten zum Erfolg des Projektes beitragen. Trotz des nationalistisch wirkenden Namens: Politisch war Bach dem (linken) Arbeitersport verbunden.

Letztendlich scheiterte sein Plan – wer hätte das gedacht – an der Finanzierung. Wäre der „Deutsche Kampfplatz in Hamburg" tatsächlich zur Spielstätte der Kiezkicker geworden – die Fans des FC St. Pauli wären heute wahrscheinlich flammende Fürsprecher für den Verkauf von Stadionnamen.

1926 >>>

>> **28. Januar:** Im Hamburger Stadttheater reißt eine „**unkeusche Nonne**" Christus den Lendenschurz herunter. Der Bühnenskandal löst eine empörte Bürgerschaftsdebatte aus.
>> **25. April:** Paul von Hindenburg wird zum **Reichspräsidenten** gewählt.
DM: 1. FC Nürnberg

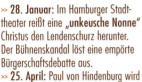

Schmissiger Modetanz der wilden 20er Jahre: der „Charleston"

>> **3. Januar:** Über London und Paris erreicht der wilde „**Charleston**" Berlin und löst einen Tanzboom aus.
>> **28. Februar:** Adolf Hitler hält seine erste Rede in Hamburg.
>> **8. September:** Aufnahme Deutschlands in den **Völkerbund**.

Sportplatz Millerntor
Sonntag, 27. Januar, 14¼ Uhr:
Bezirksspiel
St. Pauli – Uhlenh.=Herta
Liga   Liga

Spielankündigung in der „Turnen, Spiel und Sport" (1929)

> **Abstieg, Aufstieg und „Abzocke"** Bei Zuschauerzahlen im unteren vierstelligen Bereich hätte der FC St. Pauli das Riesenstadion zu jener Zeit allerdings wohl kaum gefüllt. Die Braun-Weißen neigten schon damals zum Pendeln zwischen den Ligen. 1925/26 stiegen sie in die zweite Spielklasse ab, ein Jahr später wieder auf. Nach dem Aufstieg kassierten sie gleich zwei herbe „Klatschen" durch den HSV (1:8, 0:7) und schlossen die Saison 1927/28 als siebter von neun Vereinen ab. Gleichzeitig erhob der FC St. Pauli höhere Eintrittspreise. Da es noch keine sichtversperrenden Tribünen gab, begnügten sich zahlungsunwillige Zuschauer gern mit einem Dasein als Zaungast: „So betrug der Zuschauerstamm außerhalb des Drahtgitters wenigstens 50 Prozent derjenigen, die an den Barrieren das große Ereignis am Millerntor erleben durften", berichtete eine Sportzeitung 1927. Trotz dieser Einnahmeverluste kam der FC St. Pauli seinen Mitgliedern mit einer noblen Geste entgegen: Er berechtigte sie dazu, „einen Stuhlplatz kostenlos in Anspruch zu nehmen", und bat sogar explizit darum, „davon ausgiebigen Gebrauch zu machen". Da es nach wie vor keine Stehtraversen gab, sondern nur ebenerdige Bänke, dürfte der Ansturm darauf groß gewesen sein. Weshalb der Verein im selben Atemzug den ersten „VIP-Bereich" einrichtete: „Die einzelne Bank an der Westseite des Rasenplatzes" sei „lediglich für Vorstandsmitglieder etc. vorgesehen", stellte die Vereinszeitung klar.

Revolte ohne St. Pauli In der Saison 1928/29 kam es zu einer „Revolte" im Hamburger Fußball. Größere Vereine (zu denen der FC St. Pauli damals nicht gehörte) hatten die häufigen Partien gegen zu schwache Gegner satt. Nicht unähnlich den späteren Gedankengängen eines Uli Hoeneß schwebte ihnen darum eine Art „Eliteliga" vor: mehr Duelle zwischen „attraktiven" Vereinen, mehr Zuschauer.

Schließlich boykottierten zehn Vereine die angesetzten Punktspiele: der HSV, Union 03, Eimsbütteler TV, Altona 93, St. Pauli Sport, Spvgg. Polizei, St. Georg, Ottensen 07, SC Victoria und Holstein Kiel. Stattdessen organisierten sie ihre eigene „Runde der Zehn", die der HSV ungeschlagen gewann. Die Öffentlichkeit reagierte jedoch anders, als die großen Vereine es erhofft hatten: Die Zuschauerzahlen gingen stark zurück. Der reguläre Spielbetrieb der „offiziellen" Ligen kam während der „Fußball-Revolte" zum Erliegen. Zum Jahresende 1928 wurde er ganz eingestellt. Die Presse ereiferte sich über die „törichte und geistesarme Revolution" der „Abtrünnigen", die mit ihrem „Kadavergehorsam" „von allen guten Geistern verlassen" seien: „Nicht aus Idealismus, sondern um unter sich einen gewinnbringenden Meisterschaftsbetrieb zu organisieren, hat man das wohl durchdachte Spielsystem des Verbandes zertrümmert", klagte die „Turnen, Spiel und Sport". Fußball als Geschäft – das entsprach nicht den damals herrschenden Moralvorstellungen und traf auf breiten Widerstand. „Ein Verein muss sich aus Mitglie-

1927

>> **2. Oktober:** Deutsche Kinos zeigen erstmals Sergej Eisensteins wegweisenden Revolutions-Stummfilm „**Panzerkreuzer Potemkin**".
>> **10. Dezember:** Außenminister Gustav Stresemann erhält in Oslo den **Friedensnobelpreis**.
DM: SpVgg Fürth

>> **10. Januar:** Uraufführung des Fritz-Lang-Films „**Metropolis**" (Berlin).
>> **20. Mai: Charles Lindbergh** überquert als erster Alleinflieger den Atlantik. Erste Atlantik-Überquerung des FC St. Pauli: 2005 (Trainingslager Kuba).

>> **10. Juli:** Im Hamburger Hoheluft-Stadion spielt der Arbeiter-Turn-und-Sport-Bund gegen die **Sowjetunion**. 25 000 sehen zu.
>> **16. Juli:** Der Deutsche Reichstag führt die **Arbeitslosenversicherung** ein.
DM: 1. FC Nürnberg

Luftfahrtpionier Charles Lindbergh

1896-1932

Diese Mannschaft stieg 1930 in die Oberliga (höchste Spielklasse) auf

derbeiträgen finanzieren", schrieb ein erboster Leser derselben Zeitung, „weitaus die meisten müssen und können es auch."

Als der NFV Ende 1928 einen außerordentlichen Bezirkstag veranstaltete, um über ein neues Spielsystem zu entscheiden, sahen die Zeitungen „Hamburgs Fußball vom völligen Verfall bedroht". Den zehn „Revoluzzer-Vereinen" gelang es, ihre Vorstellungen in einem Kompromiss weitgehend zu verwirklichen: Der NFV führte für ganz Norddeutschland sechs Oberligen ein, davon eine in „Groß-Hamburg" mit vierzehn Mannschaften. Hinzu kamen zwei Hamburger Unterligen mit jeweils acht Mannschaften. „Hamburg hat 30 Ligavereine!", zählte die „Turnen, Spiel und Sport": „Das ist ungeheuerlich, aber viel schlimmer ist noch, dass es ein beträchtlicher Teil nicht durch Leistung, sondern durch Cliquenwirtschaft geworden ist." Für den FC St. Pauli war die neue Regelung kein Vorteil: Sein 7. Platz aus der Saison 1927/28 genügte nicht, um sich für die neue oberste Spielklasse zu qualifizieren.

Von Bauern und Gästen „Kniet nieder, ihr Bauern, St. Pauli ist zu Gast!" – diesen peinlichen Auswärtsschlachtruf hört man aus dem Mund von St. Pauli-Fans zum Glück nur selten. Vor 80 Jahren hätte es noch andersherum heißen können: „Knie nieder, St. Pauli, die Bauern sind zu Gast!" Unglaublich, aber wahr: Im März 1929 mussten die Braun-Weißen ihren Platz für eine landwirtschaftliche Ausstellung räumen. Davon erfuhren sie allerdings erst, als sie vor ihrem vernagelten Platz standen. Während sich die Bauern samt Vieh und Gerät fröhlich auf dem Fußballfeld tummelten, blieb den Kickern nichts anderes übrig, als fast zehn Wochen lang auf andere Plätze in der Umgebung auszuweichen. Dann ging die Ausstellung pleite. Als die St. Paulianer ihren Platz wieder in Beschlag nehmen wollten, fanden sie beschädigte Wasserleitungen vor. Schlecht für den Platz, denn der konnte nicht mehr bewässert werden. Das Gras war zum größten Teil verbrannt. In ihrer Not baten die Braun-Weißen sogar die örtliche Feuerwehr zwecks professioneller Befeuchtung des Platzes um Hilfe. Leider erfolglos. So blieb ihnen nur Wehklagen über das „Trauerspiel, auf einem solchen Platz inmitten von Staubwolken Fußball spielen zu müssen". Damit hatte der nur wenige Jahre vorher angelegte Rasenplatz unfreiwillig ausgedient, und der alte Status quo der Spielfeldqualität war wiederhergestellt.

Aufstieg in Schönheit Nach der 1929 erfolgten Herabstufung in die zweite Spielklasse holte sich der FC St. Pauli dort den Meistertitel (durch ein 2:0 im Endspiel gegen St. Georg) und stieg umgehend wieder auf. In der Meistermannschaft von 1929/30 spielte unter anderem die spätere NS-Größe Otto Wolff, der im Aufstiegsjahr der NSDAP beitrat (s. S. 90). Die Meisterschaft war frühzeitig gesichert, und „in den nächsten Spielen sagten verschiedene Spieler >

1928

» **7. Januar:** Walt Disney erfindet **Mickey Mouse**.
» **11. April:** Fritz von Opel fährt das erste Auto mit **Raketenantrieb**.
» **31. August:** Uraufführung der „**Dreigroschenoper**" von Brecht/Weill (Berlin).
» **September:** Alexander Fleming entdeckt **Penicillin**, das erste Antibiotikum.
» **1. Oktober:** In Hamburg und ganz Norddeutschland beginnt ein 14-wöchiger **Werftarbeiterstreik**.
» **20. November:** Erste **Bildfunkübertragung** der deutschen Reichspost.
DM: Hamburger SV

Zeitloser Comicstar: Mickey Mouse

1896-1932

Der FC St. Pauli
schlägt Altona 93
(Karikatur von 1929)

„Der kann ja nicht festgestanden haben, daß ich ihn so leicht umwerfen konnte."

begreiflicherweise ab, teils auch, um privaten Interessen nachzukommen", so die Vereinszeitung. Der Aufsteiger wurde mit Lob überschüttet. Laut Vereinschronik spielte die Mannschaft damals „wohl den technisch schönsten Fußball in Hamburg". Auch Adolf Jäger, Hamburger Fußball-Legende und ehemaliger Nationalspieler von Altona 93, sah die St. Paulianer spielen und ließ durchblicken, „dass er diese Elf trainieren und betreuen möchte". Die Braun-Weißen erhörten das Werben Jägers jedoch nicht. Sie bestätigten die Vorschusslorbeeren auch ohne ihn und machten als frecher Aufsteiger in der Oberliga von sich reden.

Siege gegen den HSV und fünfter Platz Für besondere Furore sorgten die Spiele gegen den HSV. Der FC St. Pauli war der erste Verein, dem es gelang, den zu diesem Zeitpunkt bereits mehrfachen Deutschen Meister gleich zweimal in einer Saison zu schlagen (1:0 und 2:1) – obwohl auch das als Heimspiel vorgesehene Rückspiel zu einem Auswärtsspiel mutierte: „Da für den zu erwartenden Massenbesuch unsere Platzverhältnisse völlig unzulänglich sind, hat der HSV uns liebenswürdigerweise seinen Platz kostenlos zur Verfügung gestellt, wofür wir ihm hiermit danken", schrieb die Vereinszeitung. Auf dem Platz hatte der Dank der St. Paulianer dann allerdings ein Ende. Die Presse ging nicht gerade zimperlich mit den unglücklichen Verlierern vom HSV um: „Ganz und gar unmöglich der Linksaußen, er konnte nicht einmal Ecken treten und richtig einwerfen. Man sieht doch, wohin es führt, wenn die Elf am rechten Mannschaftsgeist krankt. Eine imponierende Leistung der St. Paulianer, den Altmeister zweimal einwandfrei und verdient auf dessen Platz zur Strecke gebracht zu haben!" Am Ende der Saison 1930/31 stand ein 5. Platz – hervorragend für einen Aufsteiger. Der FC St. Pauli qualifizierte sich damit sogar für die Spiele um die Norddeutsche Meisterschaft, schied aber im Viertelfinale mit 1:7 gegen Phoenix Lübeck aus.

Moderne Trainingsmethoden Bereits 75 Jahre vor Jürgen Klinsmann und dem Nationalmannschafts-"Sommermärchen" hatte der FC St. Pauli erkannt, dass es beim Fußball auch auf Körperbeherrschung ankommt, „und um dieses Ziel zu erreichen, heißt es Leichtathletik und Gymnastik zu betreiben". Folgerichtig engagierte der Vorstand deshalb einen Sportlehrer, der allen interessierten Mitgliedern Nachhilfe in „Gymnastik und leichtathletischen Übungen" erteilen sollte. Ob er die Kicker schon damals mit Gummibändern zwischen den Beinen über das Heiligengeistfeld scheuchte, ist freilich nicht bekannt.

20 Jahre, 20 Jahre ... Zu seinem offiziellen 20-jährigen Bestehen brachte der Verein im Aufstiegsjahr 1930 eine Festschrift heraus – und demonstrierte nebenbei, dass er schon früh einiges von Vermark- >

1929

>> **23. Januar:** Die „Schauburg am Millerntor" zeigt den **ersten deutschen Tonfilm** „Ich küsse Ihre Hand, Madame".
>> **29. Januar:** Remarques Roman „Im Westen nichts Neues" erscheint – ein sofortiger Bestseller.
>> **20. April:** Der „Deutsche Ring" (Versicherung) entsteht.

>> **24. Oktober:** Börsencrash in New York, Beginn der **Weltwirtschaftskrise**.
>> **10. Dezember:** In Deutschland tritt das **Opiumgesetz** in Kraft. Seitdem ist Cannabis verboten.
DM: SpVgg Fürth

Das berühmte Anti-Kriegsbuch von Erich Maria Remarque

Zuckerwatte statt Zuckerpässe

Der „Dom" – die Geheimwaffe des FC St. Pauli

Immer wenn das Hamburger Volksfest „Dom" seine Zelte auf dem Heiligengeistfeld aufschlägt, bietet sich Besuchern eines Heimspiels des FC St. Pauli ein einmaliges Bild. Hinter der Gegengerade des Millerntor-Stadions erhebt sich majestätisch ein Riesenrad (nach eigenen Angaben das „größte mobile der Welt"). Die Achterbahn zeichnet das sportliche Auf und Ab des FC St. Pauli nach. Es leuchtet und blinkt überall.

Vor mehr als 70 Jahren war das „Dom"-Erlebnis bei St. Pauli-Spielen noch unmittelbarer: Es gab noch keine Tribünen, die das Spielfeld vom Jahrmarkt abgrenzten. Und das machte den „Dom" zur Geheimwaffe des FC St. Pauli, wenn man zeitgenössischen Spielberichten glauben darf. Für den Gegner hieß es dann: Gebrannte Mandeln statt gepflegtes Spiel! Achterbahn statt Viererkette! Zuckerwatte statt Zuckerpässe!

„Der HSV wird heilfroh sein, sein Spiel gegen den FC St. Pauli auf dem Millerntorplatz mitten im Trubel des Domes hinter sich zu haben", berichtete eine Zeitung im Dezember 1925: „Das Spiel und höchstwahrscheinlich der sich anschließende Dombummel hatte eine sehr stattliche Zuschauerzahl angelockt. Dazu bekam das Spiel ein ganz eigenartiges Niveau durch die äußere Umgebung. Die klare Winterluft war erfüllt von den mehr oder minder reizvollen Düften der Waffel- und Wurstbuden ringsum, dazu der sinnverwirrende Lärm der Dommusik. Es ging schon an die Nerven!" Die HSVer hatten offenbar ihre liebe Mühe, sich zu konzentrieren: „Unter den Klängen des Dollarprinzessin-Walzers spielte sich der Sturm der Rothosen eine böse Naht zusammen." Am Ende siegte der HSV dennoch mit 6:2.

Schlechter erging es Altona 93 im Winter 1930. „Der Dom war nichts für Altona 93!", schrieb eine Tageszeitung: „Bei Bratwurst- und Schmalzkuchengeruch unterhielt ein Lautsprecher, der Hamburger Döntjes zum Besten gab, die Massen." Offenbar zu viel für die entnervten Altonaer, die sich mit 1:2 geschlagen gaben. „Ein lustiges Feuerwerk der beliebtesten Gassenhauer prasselte von den Dom-Attraktionen her auf die Spieler und das Publikum herab, dass einem mehr nach Tanzen als nach Spielen oder Betrachten und Kritisieren zu Mute war", resümierte die Presse.

Bedauernswert auch die Kicker des Vereins „Wacker", die im Dezember 1929 von St. Pauli „bei Dommusik 5:1 erschossen und beerdigt" wurden, so die Zeitschrift „Turnen, Spiel und Sport". Und beim Spiel gegen Hamburg-Eimsbüttel (Dezember 1933) hatten auch die Zuschauer zu leiden, denn ihnen wurde „die Sicht durch die aus den Dombuden herüberwehenden Dämpfe sehr erschwert".

Auch wenn heute der Lärm und die Gerüche des Millerntor-Stadions die des „Doms" übertreffen: Noch immer meinen viele, dass der FC St. Pauli besonders erfolgreich spielt, wenn sich das Riesenrad auf dem Heiligengeistfeld dreht. ■

Altona unterlag im „Dom"-Trubel mit 1:2 (12.2.1930)

Vor dem Tor geht's rund – und dahinter auch: Achterbahnfahren mit Fußballbeigabe (FC St. Pauli–Eimsbüttel 2:0, 11.7.1932)

1896-1932

Die offizielle Festschrift zum 20-jährigen Vereinsjubiläum

Spielszene am Millerntor aus den 30er Jahren

> tung verstand: 12 der 44 Seiten bestanden aus Werbung. „Wir bitten höflichst, die folgenden Anzeigen einer geneigten Durchsicht zu unterziehen und unsere Inserenten bei Einkäufen, Besuchen usw. zu bevorzugen!", bat der Verein.

Die „Berliner Fußball-Woche" feierte die Mannschaft des FC St. Pauli anlässlich des Jubeljahres als „vielversprechend und eine der Hoffnungen Hamburgs". Immerhin neun Mitglieder der 1. Fußballmannschaft waren aus der eigenen Jugend hervorgegangen. Weniger erfreulich liest sich aus heutiger Sicht hingegen das Vorwort der Festschrift: Der Herausgeber der „Hanseatischen Sportzeitung", Paul Duysen, spricht darin vom „Dienst am Volke und Treue zum Vaterland" als Antrieb des Handelns. Jeder Einzelne, so Duysen, sei gegenüber der Gesamtheit zur Überwindung von „Leiden und Übel" und der herrschenden wirtschaftlichen Misere verpflichtet. Daneben äußert er einige Ansichten über die segensreichen Nebenwirkungen des Sports, die aus heutiger Sicht archaisch anmuten: „Jeder Knabe, der Leibesübung zugeführt, ist den Gefahren der Tuberkulose und der Seuchen entzogen."

„Wenn dann, in hoffentlich nicht allzu fernen Jahren", schließt Duysens Vorwort, „das ganze deutsche Volk einig ist in seinen Stämmen, deutsch in seinem Wesen, wiedergegeben seiner kulturellen Bestimmung, zu den schöpferisch lebendigsten Völkern des Erdballs zu gehören, dann hat auch der Sport, also auch der FC St. Pauli an seinem Ort und in seiner Gemeinschaft, sein gehörig Teil Gut und Blut zu diesem Wiederanstieg beigetragen." Aus heutiger Sicht klingen Duysens Worte, geschrieben drei Jahre vor der „Machtübernahme", wie die Vorboten einer Denkweise und Ideologie, die auch die Nationalsozialisten so oder ähnlich vertraten. Allerdings propagierten die Nationalsozialisten diese Denkweise in der damaligen Zeit durchaus nicht als Einzige. Die Wahl gerade dieses Vorwort-Autors für die Vereins-Festschrift ist dennoch ein Beleg dafür, dass sich der FC St. Pauli keineswegs als linker Arbeiterverein verstand.

Die „Ära Koch" beginnt 1931 zog der bisherige Präsident Henry Rehder aus beruflichen Gründen nach Berlin und legte sein Vereinsamt nieder. Der Vorstand hatte eigentlich Hans Friedrichsen als neuen Vorsitzenden vorgesehen; der Kaufmann Wilhelm Koch sollte den Jugendausschuss übernehmen. Mehrere Fürsprecher setzten sich auf der Vereinsversammlung nachdrücklich für Friedrichsen ein – die Mitglieder wählten jedoch überraschend Wilhelm Koch mit 53 zu 37 Stimmen. Er sollte dem Verein bis zu seinem Tod im Jahre 1969 fast ununterbrochen vorstehen (s. S. 86).

Die erste Herausforderung für das neue Präsidium war die immer noch unbefriedigende Platzsituation. Umgehend legte die neue Vereinsführung der Stadt Hamburg neue Pläne zur Ausgestaltung ihres Sportplatzes am Millerntor vor – mit vorerst bescheidenem

---

1930

» 12. März: Mahatma Gandhi protestiert mit einem Marsch gegen das britische Salzmonopol.
» 25. März: Der Bremer Schnelldampfer „Europa" (gebaut bei Blohm & Voss) gewinnt das „Blaue Band" für die schnellste Atlantik-Überquerung.

Erstes WM-Finale in Montevideo: Uruguay besiegt Argentinien mit 4:2

» 30. Juli: Erste Fußball-WM. Gastgeber Uruguay gewinnt das Finale gegen Argentinien.
» Juli: Schalke 04 wird wegen Zahlung von Handgeldern an Spieler aus dem Westdt. Spielverband ausgeschlossen.
DM: Hertha BSC Berlin

1931

» 8. Januar: Das Funkhaus an der Rothenbaumchaussee in Hamburg wird eingeweiht.
» 21. Juni: Ein „Schienenzeppelin" der Deutschen Reichsbahn fährt in anderthalb Stunden von Hamburg nach Berlin.
DM: Hertha BSC Berlin

Die Weimarer Republik geht unter, St. Pauli auch (1:8 bei Victoria, 29.1.1933)

Victoria-Sportplatz, Hoheluft
Sonntag, den 29. Januar, 14 Uhr 30:
Um die Punkte
Victoria — FC. St. Pauli

Erfolg: „Einstweilen wird nur der Bau des neuen Eingangs bewilligt, und mit einem Kostenaufwand von RM 3800,– wird der schöne Eingang gebaut", berichtet die Vereinschronik von 1935.

Mittagsspeisung für erwerbslose Mitglieder

Ob das Geld zu dieser Zeit für mehr als ein Eingangstor gereicht hätte? „Die wirtschaftliche Not im deutschen Vaterland wird groß und größer", schrieb die Vereinschronik in der Krisenzeit der ausgehenden Weimarer Republik: „Den erwerblosen Mitgliedern wird der Beitrag auf ein Minimum gesenkt." Nur noch in „dringenden Fällen" wurde die Vereinszeitung an Mitglieder zugestellt. Alle anderen mussten sie persönlich abholen. Im Januar 1932 hieß es: „Niemals war die Zukunft so ungewiss, die Aussichten so verschwommen und undurchsichtig. Mit Sorge betrachten die Klügsten und Erfahrensten die augenblickliche Lage." Im Februar 1932 richtete der FC St. Pauli sogar eine kostenlose Mittagsspeisung für arbeitslose Vereinsmitglieder ein.

Sportlich gab es zu dieser Zeit keine Spur von Krise: Nach seinem Aufstieg in die Oberliga (1930) hatte der FC St. Pauli sich dort etabliert und respektable Platzierungen vorzuweisen. Trotz der schlechten wirtschaftlichen Lage konnte der Verein den Spielbetrieb aufrechterhalten – angesichts der stolzen Zahl von 28 Fußballmannschaften, über die der Verein seinerzeit verfügte, eine beachtliche Leistung.

Schlechte Zeiten – schlechte Schiris?

Wie sehr sich der Schatten der wirtschaftlichen und politischen Situation in Deutschland auf das gesamte öffentliche Leben legte, lässt ein Spielbericht vom 22. Januar 1933 erahnen. Nachdem der St. Paulianer Stamer bei einer Begegnung gegen Altona 93 zu Unrecht des Feldes verwiesen worden war, suchte eine Sportzeitung den wahren Grund für die Fehlleistung des Unparteiischen außerhalb des Spielfeldes: „Ein hoher Grad von Unsicherheit hat fast alle bekannten Schiedsrichter des Bezirk 3 erfasst. Jeder hat sein Kreuz zu tragen, und weshalb sollen gerade Fußballschiedsrichter von der allgemeinen Nervosität verschont bleiben. Ich könnte mir jedenfalls denken, dass auch der Schiedsrichter in diesen scheußlichen Zeiten nicht so frank und frei übers Feld daher rennt, wie vor Jahren und Monaten."

„I Don't Like Mondays…"

Das letzte Spiel vor der „Machtübernahme" bestritten die St. Paulianer eine Woche später: Am 29. Januar 1933 gingen sie beim SC Victoria im Stadion Hoheluft mit 1:8 unter. Erwin Seeler (Vater von HSV-Legende Uwe) erzielte sechs Tore für die Blau-Gelben.

Dieser graue Hamburger Wintersonntag war zugleich der letzte Tag der Weimarer Republik. Am Montag, dem 30. Januar 1933, ernannte Reichspräsident Paul von Hindenburg Adolf Hitler zum deutschen Reichskanzler. ■

1932

Die letzten Fässer gab es gratis: Berlin kurz vor dem „Bierstreik"

>> **15. Januar:** Über 6 Millionen Menschen in Deutschland sind **arbeitslos**.
>> **12. Februar:** „**Bierstreik**" Berliner und Hamburger Wirte aus Protest gegen die hohe Biersteuer.
>> **17. Juli:** „**Altonaer Blutsonntag**": 18 Menschen sterben bei einer Schießerei zwischen Kommunisten, Polizei und SA in Hamburg-Altona.
>> **31. Juli:** Die **NSDAP** stellt nach der Reichstagswahl erstmals die stärkste Fraktion.
DM: Bayern München

1933-1945

DAS DRITTE KAPITEL, in dem das „Führerprinzip" beim FC St. Pauli Einzug h

Theo Quest, Stammtorwart der 30er Jahre, wirft sich vergeblich nach einem Ball (Aufstiegsspiel gegen Victoria, 1.7.1934, 1:3). Theo Quest starb an der Westfront – „für Führer, Volk und Vaterland", wie ein Feldpostbrief des FC St. Pauli im November 1944 verkündete

... dem Heiligengeistfeld wird die „Erzeugerschlacht" ausgerufen – sie ruiniert ...

... prompt den neuen Platz, während Gleichschaltung und „Arierparagraph"

1933-1945

...zung und den Verein verändern. Sein Stadtteil soll unterdessen mit den Waffen...

„Einer für alle, alle für einen":
Im Propagandafilm „Das große
Spiel" von 1942 wurden auch
Karl Miller (FC St. Pauli, damals
Gastspieler beim Dresdner SC)
und Hans Appel (damals
Berliner SV, später FC St. Pauli)
als Statisten eingesetzt

... der Wissenschaft vom „Untermenschentum" gereinigt werden. Doch am Ende li

Pauli in Trümmern — und mit ihm der Weltherrschaftsanspruch der Machthaber.

„Stunde null" am Millerntor: Der Platz des FC St. Pauli ist bei Kriegsende vollkommen zerstört, genauso wie die Turnhalle des St. Pauli-Turnvereins

Der Stadtteil St. Pauli 1933-1945

Die Ära der „Sozialhygiene"

„Elb-Manhattan" und „KdF"-Zentrum: Nazi-Visionen für ein neues St. Pauli

Es ist 1933, und St. Pauli soll gereinigt werden. Nicht von Papiermüll oder Bierflaschen. Sondern von der „falschen" Art von Menschen: von Prostituierten und Kommunisten, „chronisch Erfolglosen" und Kleinkriminellen; von jenem „Untermenschentum", das Joseph Goebbels 1929 im Stadtteil entdeckt haben wollte (s.S.27).

An der Universität Hamburg wittert ein 44-jähriger Soziologe die Chance seines Lebens: Seit Jahren forscht Andreas Walther an einem „Sozialatlas", der statt Straßen, Parks und Sehenswürdigkeiten ein „Strukturbild der Gesellschaft" zeigt, besonders der städtischen „Kümmergebiete", in denen Arme und Arbeiter wohnen. Doch sein Projekt stagniert: Das Geld fehlt. Das wird sich ändern, glaubt Walther. Denn mit der „Machtergreifung" der NSDAP soll eine Ära der „Sozialhygiene" anbrechen. Und welcher Schlachtplan könnte besser geeignet sein für den Kampf gegen „politische, sittliche und moralische Verseuchung" (Adolf Hitler) als seine Sozialkartographie?

Am 5. Mai 1933 wird Andreas Walther Mitglied der NSDAP. Ein Jahr später verfügt er über eine Blankovollmacht, die ihm die Unterstützung sämtlicher Über- und Mittelbehörden der Stadt sichert. Und er leitet ein sechsköpfiges Forschungsteam, das rasch auf zwölf Köpfe anwächst. Das Ziel: „eine eingehende Untersuchung gemeinschädlicher Regionen ... um auch an der Gesundung unseres Volkslebens in der Großstadt mitzuarbeiten." Walthers Leute verschaffen sich vor Ort „Eindrücke"

„Hitler-Gruß" auf dem Heiligengeistfeld, wahrscheinlich bei der Eröffnung der „Reichsnährstands-Ausstellung" von 1935 (s.S.76)

Der Stadtteil St. Pauli 1933-1945

und sprechen mit Polizisten, Pastoren und Sozialpflegern. Doch vor allem arbeiten sie am Schreibtisch und erfassen das Leben der „Untermenschen" mit Akten und Statistiken: Wahlergebnisse, Daten über Wohlfahrtsempfänger, Aufzeichnungen der „Alkoholikerfürsorge" und Meldebücher der Polizeiwachen.

„Moralkrüppel" mit Heimatgefühl

Als Walthers „Notarbeit 51" im Oktober 1935 abgeschlossen ist – ihren Namen trägt sie wegen der Finanzierung über die „Notgemeinschaft" genannte Akademikerhilfe – hat sein Team über 130 000 Polizeimeldungen gesichtet. Walthers Ergebnisbericht zählt St. Pauli „als Verfallsgebiet mit zu den linksradikalsten Teilen Hamburgs. Hier haben die minderwertigsten ,Geistes- und Moralkrüppel' von jeher festen Fuß gefaßt." Bedenklich sei die hohe Zahl an Linken und Kommunisten, die eine „stille Feindschaft gegenüber der Regierung" beweise. Darüber hinaus sei „aber noch zu bedenken, daß St. Pauli eine große Anzahl jener Elemente wie Verbrecher, Zuhälter und Prostituierte enthält, die grundsätzlich Feinde jeder staatlichen Ordnung sind".

Und doch sei der Stadtteil nicht „dem moralischen und wirtschaftlichen Untergang geweiht": Auch auf St. Pauli gebe es „einen Kern unverbrauchter und gesunder Menschen, die inmitten schlechter Umgebung unbeirrt ihren Weg gehen. ... Wenn man 40–50 % der Bevölkerung als asozial bezeichnen will, so ist diese Zahl vielleicht schon zu hoch gegriffen." Gerade die ärmsten St. Paulianer zeichne zudem eine „rührende Anhänglichkeit an ihre Vorstadt" aus: „Nirgends sonst in Hamburg außer in der Neustadt gibt es dieses starke Heimatgefühl."

Zur „Säuberung" des Stadtteils schlägt Walther einen abgestuften Maßnahmenkatalog vor: „...die trotz asozialer Umwelt gesund Gebliebenen, also gegen großstädtische Verderbung in besonderem Maße Immunen, fördern zu erfolgreichem Fortkommen in der Stadt; die für Rand- und ländliche Siedlungen Geeigneten, die ebenfalls nicht fehlen, zum Ziel ihrer Wünsche führen; die nur Angestellten in gesunde Lebenskreise verpflanzen; die nicht Besserungsfähigen unter Kontrolle nehmen; das Erbgut der biologisch hoffnungslos Defekten ausmerzen."

Wo die „Untermenschen" wohnen

Andreas Walthers „Notarbeit 51" fasste die Sicht der NS-Behörden auf St. Pauli eindrucksvoll zusammen. Ressentiments, die Teile der Hamburger Bevölkerung schon vor der „Machtergreifung" gehegt hatten, waren zur offiziellen „Wahrheit" geworden, untermauert mit den Werkzeugen der Wissenschaft. „Ich hab nie sagen mögen, dass ich auf St. Pauli wohne. Da habe ich mich geschämt", berichtet die St. Paulianerin Henny Franke, die 1927 als Fünfjährige mit ihren Eltern in die Jägerpassage gezogen war, nahe der Grenze zu Altona: „Wenn Sie sagten, dass Sie auf St. Pauli wohnen, dann waren Sie Abschaum. Egal wo und wie Sie gelebt haben, Sie waren von der leichten Sorte."

Die Wohnterrassen der Jägerpassage zählten zu den Gebieten, in denen laut Walther „gemeinschädliche Wirkungen gehäuft auftraten". Der Anteil von KPD-Wählern blieb bis 1933 hoch. „Nur einer im Hof war

1934 wehten am Spielbudenplatz Hakenkreuzfahnen. Doch viele St. Paulianer wählten bis 1933 die KPD

„Untermenschen"? Henny Franke (rechts, im weißen Kleid) mit Klassenkameraden in der Jägerpassage

ein Nazi durch und durch – immer in Uniform", erzählt Franke. „Den haben alle gehasst, auch wir Kinder. Aber nach der offiziellen Wahl hingen auch bei uns im Hof Hakenkreuzfahnen."

Viele der Bewohner waren arbeitslos, über mehrere Jahre auch Henny Frankes Vater. „Ich war ein glückliches Kind – aber ich wuchs in ziemlich viel Armut auf", erinnert sie sich: „Jahrelang hatte ich im Winter keinen Mantel. Viele Kinder liefen barfuß. Die meisten Händler in den Kellergeschäften der Jägerstraße lebten in ihren Lagern, direkt hinter den Verkaufsräumen. Und die Böden der Wohnungen waren so   >

Der Stadtteil St. Pauli 1933–1945

250-Meter-Koloss nahe der Elbe: Modell des geplanten „Gau-Hochhauses" mit „Aufmarschplatz" und einer „Volkshalle" (links) für 50 000 Personen

Das Elbufer mit St. Pauli-Kirche um 1940. Statt dieser Häuser sollte ein gewaltiges „Elb-Manhattan" entstehen

morsch, dass Nachbarn von uns durch den Fußboden gebrochen sind, ins Schlafzimmer darunter. Zum Glück lag die Mieterin gerade nicht im Bett." Trotz einiger tatsächlicher Missstände und der Empfehlungen Andreas Walthers: Eine „Radikalsanierung" erfuhr St. Pauli während des „Dritten Reiches" nicht, anders als das ebenfalls „linke" Gängeviertel der Neustadt, das 1934 dem Erdboden gleichgemacht wurde. Die Jägerpassage blieb St. Pauli erhalten und wurde erst 1982 teilweise abgerissen.

Führerträume vom „Elb-Manhattan"

Die Nazis hatten dennoch große Pläne mit dem Stadtteil. 1937 rückte St. Pauli vom Stadtrand ins Zentrum Hamburgs: Das am 1. April in Kraft getretene „Gesetz über Groß-Hamburg und andere Gebietsbereinigungen", kurz „Groß-Hamburg-Gesetz", hatte die Fläche von Hitlers „Mustergau" fast auf das Doppelte erweitert. Altona, bis dahin preußisch, war nun ein Teil Hamburgs, und die Große Freiheit wurde St. Pauli zugeschlagen. Im gleichen Jahr präsentierte Gauleiter Karl Kaufmann Visionen für ein neues Hamburg. Auf persönlichen Wunsch des „Führers" sollte eine neue Hochbrücke die Elbe überspannen und die gesamte Bebauung des Flussufers neu gestaltet werden.

1939 erarbeitete der Architekt Konstanty Gutschow detaillierte Entwürfe. Statt des bisherigen „unordentlichen Haufens von Häusern" – 50 Jahre später Schauplatz der Auseinandersetzungen um die Hafenstraße – sah sein Modell ebenmäßige Büroklötze, Hotels und Kontorhäuser vor. Das gewaltigste Teilprojekt war ein 250 Meter hohes „Gau-Hochhaus" der NSDAP samt Aufmarschplatz für 100 000 Menschen direkt vor der Tür.

Auch das Heiligengeistfeld war nicht vergessen worden: Mit ausgedehnten Grünflächen und Kongresshallen sollte es zum reichsweiten Zentrum der NS-Gemeinschaft „Kraft durch Freude" (KdF) werden, Hitler-Deutschlands zentraler Steuerungsinstanz für das organisierte Vergnügen. Zu den beliebtesten Angeboten der „KdF"-Organisation zählten günstige Kreuzfahrten. „Für eine ungeheuer große Anzahl von ‚Volksgenossen' bedeutete eine Seefahrt mit einem der großen weißen Schiffe die erste Begegnung mit der See und Seefahrt überhaupt", so der Historiker Reinhard Schmelzkopf: „Männer und Frauen, die in ihrem Leben bisher kaum über die Provinzhauptstadt hinausgekommen waren, sahen nun die norwegischen Fjorde ... [oder] die Bucht von Neapel." Entsprechend ausgelassen war die Stimmung der Urlauber, die sich an den Landungsbrücken aus- und einschifften. Die Liegezeiten der „weißen Friedensflotte" betrugen ein bis zwei Tage – genug für ausgedehnte Bummel über den Kiez. Für viele Gastronomen auf St. Pauli entwickelte sich „KdF" zur Goldgrube.

Nachdem ab Anfang 1934 zunächst stillgelegte Schiffe für „KdF" reaktiviert worden waren, trugen

Der Stadtteil St. Pauli 1933-1945

später spezielle Neubauten wie die „Wilhelm Gustloff" (Blohm & Voss) oder die „Robert Ley" (Howaldtswerke) zur Wiederbelebung der Werften bei. Auch das internationale Wirtschaftsklima verbesserte sich, und neben „KdF-Touristen" belebten Seeleute und Reisende aus aller Welt St. Paulis Straßenbild und die Umsätze der Kneipiers.

Als der spätere Immobilienmagnat und „König von St. Pauli" Willi Bartels 1937 die Geschäftsführung der „Jungmühle" in der Großen Freiheit übernahm, lief das Varieté bestens – obwohl es Vater Hermann Bartels 1929 beinahe in die Pleite getrieben hatte. Wasserbassins mit „Nixen", schwebende „Lichtkugeln" auf verdeckten Springbrunnen, „Stand-Radrennen" auf Stahlrollen mit jungen Frauen im Sattel und die ersten Damen-Schlammringkämpfe entwickelten sich zu beliebten Attraktionen.

Während der Liegezeit amerikanischer Schiffe gastierten sogar deren Bordkapellen und spielten Musik, die keinesfalls im Einklang mit dem offiziellen Geschmack der Zeit stand. „Auf St. Pauli gab es alles, was verboten war", meinte Willi Bartels später, „auch Jazz und Hot. ... Die Meile war eine Art Grauzone. Da wurden viele Augen zugekniffen."

Jagd auf Homosexuelle und Prostituierte

Wer zur Mehrheit gehörte und nicht genau hinsah, konnte im St. Pauli der „Goldenen Dreißiger" leicht zu einem ähnlichen Urteil gelangen wie Willi Bartels: „Hier machten die Nazis nicht viel Unsinn." Viele Veränderungen schienen eher klein oder betrafen „Randgruppen", die in der öffentlichen Meinung wenig galten. So wurden Homosexuellen-Treffpunkte wie der „Spielsalon Minala" (Reeperbahn) oder der „Billardsaal Schmidt" (Große Freiheit) regelmäßig durch die Polizei observiert. Nach Razzien oder Denunziationen wurden viele ihrer Besucher wie Kriminelle verhaftet.

Schon 1933 kam es zu drastischen Maßnahmen gegen die Prostitution. Die „Ausübung gewerbsmäßiger Unzucht" sollte fast nur noch in der Herbertstraße geduldet werden – aber im Verborgenen: An ihrem Anfang und Ende versperrten erstmals Blenden die Sicht. Bis zum Dezember des Jahres registrierte die Polizei „1527 Inschutzhaftmaßnahmen Prostituierter wegen belästigenden und anstößigen Strichens", ermöglicht durch das neue „Reichsgesetz zur Bekämpfung der Geschlechtskrankheiten". Ihnen drohten Zuchthausstrafen bis zu fünf Jahren oder sogar die Verschleppung ins KZ. Schon das Tragen „anstößiger Kleidung" konnte zu „Vorbeugehaft" führen.

Die „Schönheitstänze" in Varietés wie dem „Alkazar", das in den 20er Jahren mit Nacktdarbietungen für Furore gesorgt hatte (s. S. 27), wurden deutlich sittsamer. 1936 änderte das „Alkazar" seinen Namen: Der bisherige, einer spanischen Festung entlehnt, hätte „nach dem heldenhaften Kampf des nationalen Spaniens" im Bürgerkrieg „einen Mißbrauch" bedeutet, befand der

„Haltet das Tor offen!"
Wie Hafen- und Werftarbeiter gegen Hitler kämpften

1934: Hafenarbeiter auf dem Weg zur Schicht

Als die NS-Regierung 1933 die organisierte Arbeiterbewegung zerschlug, waren die Hafen- und Werftarbeiter St. Paulis stark betroffen. Viele von ihnen waren Gewerkschaftsmitglieder. Es kam zu Massenverhaftungen, doch schon bald gründeten sich illegale Gewerkschaftsgruppen. Sie leisteten Widerstand im Verborgenen und nutzten den Hafen, um verbotene Schriften nach Deutschland zu schmuggeln. 1939, nach der Besetzung der Tschechoslowakei, riskierten einige Arbeiter der Großwerft Blohm & Voss ihr Leben, als sie sich mit einem Flugblatt „An alle Hamburger!" wandten: „Wir Blohmarbeiter können nicht schweigen, wenn Unrecht in Recht ... umgelogen [wird]", hieß es darin: „Hitler tut dies. ... Soll sich der Leidensweg des deutschen Volkes noch einmal wie von 1914-18 wiederholen? ... Nein, das darf sich nicht wiederholen. Weg mit Hitler, dem Hauptkriegstreiber, der Deutschland in die Katastrophe führt. ... Arbeiter – Angestellte – Handwerker – Kaufleute und Bauern, Kommunisten, Sozialdemokraten und Demokraten: Es ist Eure ureigenste Aufgabe – es ist Eure nationale Pflicht: Haltet das Tor offen!"

Der Stadtteil St. Pauli 1933–1945

> SS-Reichsführer Heinrich Himmler. Nach einem Ideenwettbewerb mit mehreren tausend Einsendern wurde das „Alkazar" zum „Allotria". Auch das Ernst-Drucker-Theater musste sich umbenennen: Sein Namensgeber und langjähriger Leiter war Jude. 1941 wurde die Bühne zum „St. Pauli-Theater". Jüdische Künstler durften zu diesem Zeitpunkt längst nicht mehr auftreten, und Anwohner wie Henny Franke bedauerten das Verschwinden jüdischer Geschäfte. Da der jüdische Bevölkerungsanteil St. Paulis jedoch unter einem Prozent lag, hinterließ die Judenverfolgung hier weniger Spuren als beispielsweise im heutigen Uniteil am Grindelhof. Eine andere Zielgruppe staatlicher Restriktionen war Hamburgs „Swing-Jugend", die sich zwischen 1935 und 1937 entwickelt hatte. Uniformierte und Geheimpolizisten überwachten Treffpunkte wie das „Café Heinze" am Anfang der Reeperbahn oder das „Café Mehrer" in der Großen Freiheit (bekannt für „extreme Jazzmusik"). „Bei den Jugendlichen wird im allgemeinen eine Sucht, das Leben genießen zu wollen, festgestellt", heißt es in einem Bericht der Jugendfürsorge: „Ferner zeigt sich eine erschreckende Gier nach aufpeitschenden Erlebnissen und zweifelhaften Vergnügen." Der Individualismus der Swing-Jugendlichen stand im klaren Gegensatz zur vorherrschenden Gleichschaltungs-Ideologie. Mit Begrüßungen wie „Swing Heil" oder „Hallo Big" statt „Heil Hitler", Parodien und Spottversen brachten sie das auch zum Ausdruck: „Aus uns, da macht man keine Soldaten / Denn unsere Hymne ist der Tiger-Rag."

„Tanzen bis zum Schluss"

Trotz Verhören, Verhaftungen und Zwangsverschickungen in „Jugendschutzlager" bekamen die Behörden die Swing-Jugend nicht in den Griff. Alarmiert von einem Bericht des Reichsjugendführers Axmann, griff 1942 Heinrich Himmler persönlich ein und befahl die Einweisung der „Rädelsführer" und ihrer „Unterstützer" ins KZ. Viele Swing-Jugendliche und teils auch ihre Eltern und Lehrer wurden deportiert.

Zu diesem Zeitpunkt tobte der Zweite Weltkrieg schon seit drei Jahren. Blohm & Voss baute statt „KdF"-Dampfern U-Boote, und auf dem Heiligengeistfeld standen neuerdings zwei mächtige Hochbunker. Doch die Bühnen St. Paulis spielten weiter Schwänke wie Paul Möhrings „Zitronenjette" oder Operetten wie „Schön ist die Welt" und „Land des Lächelns". Das Tanzverbot, das nach Kriegsbeginn verhängt worden war, hielten längst nicht alle Lokale ein: „Hinter verdunkelten Fenstern", so Willi Bartels, gab es noch immer „Tanzen … bis zum Schluss".

Auch während des Russlandfeldzuges galt: „Wenn gute Kapellen kamen, rannte man da hin", erinnert sich Henny Franke. „Zum Beispiel in die Wilhelmshalle am Spielbudenplatz. Da spielte Juan Llossas, der Tangokönig. Der machte eine Musik!" Als am 25. Juli 1943 kurz vor 1 Uhr der erste Luftangriff der angloamerikanischen „Operation Gomorrha"

Zwischen Bomben und Zensur
Von der schweren Geburt eines Filmklassikers

Der bekannteste aller St. Pauli-Filme entstand größtenteils in Prag: Kurz nach Drehbeginn für „Große Freiheit Nr. 7" (März 1943) setzten Bombenangriffe den Berliner UFA-Studios so schwer zu, dass Regisseur Helmut Käutner und sein Team umziehen mussten. Als Außenaufnahmen in Hamburg anstanden, hatten sie Mühe, um Tarnnetze und Trümmer herumzufilmen. „Wir konnten gar nicht so schnell drehen, wie uns die Bomben die Motive zerfetzten", erinnerte sich Schauspieler Gustav Knuth. Die melancholische Geschichte um den „gestrandeten Seemann" und Unterhaltungssänger Hannes Kröger (Hans Albers), der aus enttäuschter Liebe schließlich wieder aufs Meer hinausfährt, wurde dennoch fertig – doch Hamburgs Gauleiter Kaufmann erhob Einspruch. Die Darstellung „seiner" Stadt war ihm nicht positiv genug. Auch Marine-Großadmiral Dönitz soll protestiert haben: Ein deutscher Seemann gebe sich nicht mit Animierdamen ab und sei erst recht nicht „dauernd besoffen". So erlebte der Film seine Deutschland-Premiere erst nach dem Krieg. Dass sie schon im September 1945 stattfinden konnte, lag auch an einer klugen Entscheidung Käutners: Im Film sind keine Hakenkreuze zu sehen. Alle Schiffe im Hafen zeigen die Hamburger Flagge.

Die „Nr. 7" im Titel war eine Auflage der Nazis: „Große Freiheit" allein klang zu subversiv

Der Stadtteil St. Pauli 1933-1945

Verwundeter Soldat vor dem zerstörten „Café Heinze" am Anfang der Reeperbahn

Nach jahrelangem Bombenkrieg brach die Trinkwasserversorgung zusammen. Viele St. Paulianer holten 1945 Wasser vom Hydranten vor der Davidwache

begann, kam Henny Franke gerade aus dem „Trichter". „Wir rannten zum Tiefbunker unter dem Spielbudenplatz", erzählt sie. „Die Reeperbahn brannte. Straßenbahnleitungen hingen herunter, und es regnete Asche." Von da an wiederholte sich ein bedrohlicher Ablauf immer wieder: „Zuerst hörte man Sirenen. Und dann fielen die ‚Tannenbäume' – so eine Art Lichtdreiecke", erklärt Franke. „Die warfen die Flieger in Mengen ab, sodass der ganze Stadtteil erleuchtet war. Der Himmel war hell!"

Zwischen „Tannenbaum-Abwurf" und Bombeneinschlägen blieb wenig Zeit. Der Andrang auf die Bunker war groß, und bei Überfüllung wurden die Türen geschlossen. „Im Heiligengeistfeld-Bunker saßen die Leute selbst auf den Treppen", berichtet Franke: „Es war eng. Man konnte ahnen, was draußen los war, denn bei Einschlägen wackelten die Wände. Dann schrien die Leute." „‚Gomorrha' war der schlimmste Einschnitt in Hamburgs Geschichte in über 1000 Jahren", schreibt die Journalistin Ariane Barth. Obwohl St. Pauli weniger stark betroffen war als andere Stadtteile, lagen viele Gebäude in Trümmern. Die Einwohner rückten zusammen. „Die Mehr- bzw. Überbelegung der Wohnungen empfindet die Bevölkerung nicht so hart", behaupteten die staatlichen Oberfürsorgerinnen, „zumal auf St. Pauli auch zu Normalzeiten die Menschen eng zusammenwohnten."

Trinkwasser aus Hydranten

1944 und 1945 fielen weitere Bomben. Viele St. Paulianer lebten in Kellerlöchern ohne Licht und frische Luft, auch unter den ehemaligen Prachttheatern am Anfang der Reeperbahn: Der „Trichter" war eine Ruine, und von der prächtigen Kuppel der „Volksoper" – des früheren „Concerthauses Ludwig" (s.S.23) – blieb nur noch ein karges Eisengestänge. Die Menschen holten Trinkwasser aus Hydranten. Wenn es Strom gab, suchten sie Ablenkung in „Not-Kinos", die oft unter improvisierten Bedingungen spielten. Die NS-Behörden blieben gnadenlos. Am Morgen des 13. Mai 1944 räumten sie das Chinesenviertel in der Schmuckstraße (s.S.25). Alle 165 Chinesen wurden verhaftet und wegen angeblicher Spionage in Arbeitslager gesperrt. In anderen Zusammenhängen lieferten kleinste Vergehen wie das „Schwarzschlachten" von Tieren oder das Verschieben von Lebensmittelkarten Anlässe für Todesurteile.

Als im April 1945 eine Panzersperre aus Schutt und Eisenträgern quer über die Reeperbahn gezogen wurde, fürchtete die kriegsmüde Bevölkerung ein letztes, wahnsinniges Blutvergießen. Doch Gauleiter und Reichsverteidigungskommissar Kaufmann ordnete die kampflose Übergabe der Stadt an. Am 3. Mai 1945 war der Krieg für Hamburg zu Ende. Britische Panzer rollten über den Millerntorplatz. Die Reeperbahn war befreit und gespenstisch leer. ■

1933-1945

Die Flagge des „Nationalsozialistischen Reichsbundes für Leibesübungen"

St. Pauli unterm Hakenkreuz

„Der große Umbruch. Die nationalsozialistische Bewegung greift auch in das deutsche Sportleben ein und führt vor allen Dingen den deutschen Sport wieder auf eine ideelle und gesunde Basis", lobte die Vereinschronik 1935 die „Machtergreifung"

Gleichschaltung des Fußballs Die Veränderungen der Strukturen im Sport waren in der Tat nachhaltig und einschneidend. Der „Leibesertüchtigung" kam bei den Nationalsozialisten eine wichtige Rolle zu – auch in der politischen Erziehung. Der „Reichssportkommissar" Hans von Tschammer und Osten erklärte im Mai 1933: „Für die männliche Jugend müssen die Stätten der Leibesübung Glanzstätten soldatischer Tugenden und Schulen staatlichen Geistes sein." Dem „deutschen Sport" fehle es an „wirklicher Disziplin und Unterordnung".

Von der „Gleichschaltung" des gesellschaftlichen und politischen Lebens blieb auch der Fußball nicht verschont. Vorstände und Ausschüsse in Verbänden und Vereinen verschwanden, das „Führerprinzip" ersetzte demokratische Strukturen und Gremien. Der DFB ging 1935 im „Reichsfachamt Fußball" des „Deutschen Reichsbundes für Leibesübungen" auf (ab 1938: „Nationalsozialistischer Reichsbund für Leibesübungen").

„Führerprinzip" auch beim FC St. Pauli Die Einführung des „Führerprinzips" im Sport machte auch vor dem FC St. Pauli nicht halt. „In der Mai-Versammlung 1933 wird Wilhelm Koch zum Vereinsführer gewählt", schreibt die Vereinschronik von 1935. Diese Sätze sind insofern irreführend, als die Vereinsmitglieder nicht mehr wirklich wählen, sondern lediglich einen „Vereinsführer" vorschlagen durften. Dieser musste dann von den nationalsozialistischen Machthabern bestätigt werden. Erhalten ist ein Schreiben des Beauftragten des Reichssportführers an Wilhelm Koch vom 29. April 1935: „Mit Zustimmung der zuständigen Behörden und der NSDAP werden Sie mit Wirkung vom 1. Mai 1935 – unter dem Vorbehalt des jederzeitigen Widerrufes – als Vereinsführer von mir bestätigt." „Jederzeitiger Widerruf" – das bedeutete, dass ein „Vereinsführer" vom Wohlwollen regionaler NSDAP-Größen abhängig war. Ein möglicher Grund dafür, dass Koch 1937 in die NSDAP eintrat (s. S. 86).

CHRONIK
1933

>> **30. Januar:** Adolf Hitler wird von Reichspräsident Hindenburg zum **Reichskanzler** ernannt. Die NSDAP feiert die **„Machtergreifung"** mit Fackelzügen.
>> **28. Februar:** Einen Tag nach dem Reichstagsbrand in Berlin wird die Notverordnung **„Zum Schutz von Volk und Staat"** erlassen, die viele Grundrechte außer Kraft setzt.

Fackelumzug von SA und „Stahlhelm" durch das Brandenburger Tor in Berlin am Abend des 30. Januar 1933

>> **3. März:** Ernst Thälmann, führender Kopf der deutschen Kommunisten, wird verhaftet. Am 18. August 1944 wird er im KZ Buchenwald erschossen.
>> **5. März: Reichstagswahlen.** 38,8 % der Hamburger wählen die NSDAP. Deutschlandweit erreicht die NSDAP 43,9 % (SPD: 18,3 %, KPD 12,3 %).

...enkreuzfahne am Millerntor (r.): St. Pauli gegen Eimsbüttel (1936)

Jugend im Fokus der Nationalsozialisten: die 4. Schülermannschaft des FC St. Pauli, 1934/35

Wie sehr auch Sportvereine unter Beobachtung der neuen Machthaber standen, zeigt ein Satz aus dem gleichen Schreiben: „Von allen politischen Begebenheiten innerhalb Ihres Vereines haben Sie mich unverzüglich zu unterrichten."

Die Machtübernahme der Nationalsozialisten und die Einführung des „Führerprinzips" wirkten sich auf die Stellung der Sportvereinsvorsitzenden also ganz unmittelbar aus. Der Historiker Frank Bajohr schreibt über die „Vereinsführer": „Einerseits erhielten sie vereinsintern eine quasi-diktatorische Stellung, andererseits unterlagen sie gerade deshalb einer doppelten Kontrolle durch Partei und Staat."

Von „starken" und „schwachen" Vereinen

Auch die sozialdarwinistischen Ideen der Nazis schlugen sich im Sport nieder. Die „Hanseatische Sportzeitung" beispielsweise erklärte im Sommer 1933 „Kleinstvereine und Kleinstvereinchen" zum „Problem" und drohte: „Wo kleine Vereine sich selber und den anderen das Leben erschweren, werden sie verschwinden. Man wird den Herrschaften sagen: Entweder ihr schließt euch mit euren Nachbarn zusammen, um endlich ein sportgerechtes und lebensfähiges Gebilde abzugeben, oder aber ihr schließt euch in corpore einem in der Nähe domizilierenden Großverein an. Es wird ganze Reinigungsarbeit getan werden müssen." Vereine, die sich dem widersetzten, sollten „platzlos und damit arbeitsunfähig gemacht" werden. Vereine wie die Hamburger Kickers oder Hamm 1932, „die sich bislang nicht entschließen konnten, einem größeren Klub beizutreten, sind aus der Mitgliederliste gestrichen worden. Diese Streichung kommt praktisch einer Auflösung gleich. So rächt sich die Unbelehrbarkeit!" Den FC St. Pauli betrafen diese Drohungen nicht. Im Gegenteil: „Auf dem Heiligengeistfeld liegen die Dinge ähnlich", so die „Sportzeitung": „Entweder bilden sich hier die in Betracht kommenden Klubs einen Gemeinschaftsklub, oder sie schließen sich dem FC St. Pauli an." Der sei ein „großer, gesunder, starker und lebensfähiger Verein".

Kein Spiel ohne HJ-Stempel

Um die „politische Erziehung" in den Sportvereinen zu steuern, unterstellte die NSDAP deren Jugendabteilungen der „Hitlerjugend" (HJ). Zwar mussten Jugendspieler bis 1937 nicht Mitglied der HJ sein (ab diesem Jahr wurde die Mitgliedschaft für alle unter 18-Jährigen zur Pflicht), wohl aber an regelmäßigen „Heimabenden" teilnehmen. Für die Teilnahme an diesen HJ-Treffen erhielten die Jugendlichen Stempel in ihre Spielerpässe. Wer am Spieltag nicht ausreichend Stempel vorweisen konnte, durfte nicht spielen.

Die Einhaltung dieser Regelung wurde penibel kontrolliert. Günter Peine, der damals in der 3. Schülermannschaft des FC St. Pauli kickte, erinnert sich: „Bei einer Partie gegen Borussia Harburg hatten drei Mann von Harburg ihre Stempel >

» **31. März:** Das erste **Hamburger Konzentrationslager** wird im Wittmoor (Lemsahl-Mellingstedt, nördlich von Hamburg) eröffnet.

» **1. April:** Die NSDAP organisiert einen **Boykott jüdischer Geschäfte**, Anwaltskanzleien und Arztpraxen.

» **29. April:** Beim englischen Cup-Finale tragen Spieler erstmals **Nummern auf dem Rücken**.

» **2. Mai:** In ganz Deutschland werden die **Gewerkschaften** verboten. Die SA besetzt Gewerkschaftshäuser und verhaftet Mitglieder.

„Wider den undeutschen Geist": Bücherverbrennung in Berlin

» **10. Mai:** Auf dem Opernplatz in Berlin verbrennen die Nationalsozialisten 20000 **Bücher** „undeutscher" Autoren.

» **18. August:** Auf der 10. Funkausstellung in Berlin wird der erste **Volksempfänger** vorgestellt.

DM: Fortuna Düsseldorf

Der FC St. Pauli bekommt Gesellschaft im Tabellenkeller (Karikatur von 1935)

Konflikt zwischen St. Pauli und Altona 93?!
Altona spannte St. Pauli einen Spieler aus – indem der Verein ihn mit einer Anstellung in einer Margarinefabrik lockte

nicht. Das Spiel wurde annulliert. Wir hatten 5:0 gewonnen, ohne überhaupt angetreten zu sein." Beim FC St. Pauli übernahm der bis dahin nicht im Verein in Erscheinung getretene Walter Köhler das „Zepter" des bisherigen Jugendleiters Richard „Käppen" Rudolph. Köhler, zunächst kommissarisch eingesetzt, zeigte sich gern in SA-Uniform mit Dienstdolch am Gürtel, wie Zeitzeugen bestätigen. Bei der Kontrolle der HJ-Stempel in den Pässen der Jugendspieler tat er sich durch besondere Akribie hervor.

Als Schnittstelle zur HJ war Köhler nicht nur für sportliche Belange zuständig. Eine Vereinszeitung von 1939 berichtet über die Weihnachtsfeier der Jugendabteilung: „Die Feier wurde ... eröffnet. Sodann begrüßte unser Jugendleiter Köhler die Jugend und berichtete über Zweck und Ziele der heutigen Jugend. Nunmehr begann das eigentliche unterhaltende Programm, das von der Kulturabteilung der HJ zusammengestellt war." Den Inhalt von Köhlers „Bericht" und des „unterhaltenden Programms" kann man sich unschwer ausmalen.

Neue Liga für Deutschland – und für St. Pauli

Der FC St. Pauli beendete die Saison 1932/33 auf dem sechsten Tabellenplatz in der bis dahin höchsten Spielklasse. Meister wurde Altona 93 nach einem 2:1 im Entscheidungsspiel gegen den HSV. Zur Saison 1933/34 organisierten die Nationalsozialisten die Fußballmeisterschaft grundlegend neu. Sie lösten die Landesverbände auf und teilten Deutschland in 16 neue „Sportgaue" ein. Der „Gau VII Nordmark", zu dem der FC St. Pauli gehörte, bestand aus den Bezirken Schleswig-Holstein, Groß-Hamburg und Mecklenburg. An der Spitze der Gaue hatten zunächst die sogenannten „Sportbeauftragten" das Sagen. Sie wurden später von „Gausportführern" abgelöst.

Die „Gauliga Nordmark" ersetzte die bisherigen Oberligen Lübeck/Mecklenburg, Schleswig-Holstein, Nordhannover und Hamburg. Fünf Hamburger Vereine durften in dieser neuen höchsten Spielklasse antreten. Der sechste Tabellenplatz aus der abgelaufenen Saison reichte dem FC St. Pauli nicht – er stieg in die Bezirksliga ab. Die Sieger der „Gauligen" ermittelten in einer Endrunde den Deutschen Meister. Den ersten Titel im neuen Modus sicherte sich 1934 der FC Schalke 04.

Streit mit Altona 93 Bereits im April 1933 hatte der „Fall Alex Schmidt" für Aufregung gesorgt. Der FC St. Pauli warf Altona 93 vor, seinen Spieler Alexander Schmidt durch Aussicht auf eine Anstellung bei den „Rama-Margarinewerken" zu sich gelockt zu haben. „Keulen" nannte man damals wenig schmeichelhaft das Abwerben von Spielern. „Daß es nicht immer wieder und wieder gutgehen kann, wenn Altona die sorgsam aufgezogenen Früchte anderer Vereine einfach skrupellos erntet, scheint den Herren um Carl Bendfeldt im AFC wohl noch immer nicht aufgegan-

---

1934

1934 nimmt Deutschland erstmals an einer Fußball-WM teil

» **1. Januar:** Das „Gesetz zur Verhütung erbkranken Nachwuchses" tritt in Kraft. Bis Mai 1945 werden über 400 000 Menschen zwangssterilisiert.
» **10. Juni:** Deutschland nimmt erstmals an einer **Fußball-WM** teil. Gastgeber Italien wird Weltmeister.

» **17. August:** Hitler besucht Hamburg und besichtigt unter anderem die Großwerft **Blohm & Voss.**
» **19. August:** Volksabstimmung zur Vereinigung von Reichskanzler- und Reichspräsidentenamt: Über 20 % der Hamburger stimmen mit „Nein" (Reichsdurchschnitt: 10 %).

» **1. Oktober:** Mit „Eintopfsonntagen" wird wie im Vorjahr Geld für das „**Winterhilfswerk**" gesammelt. Es ersetzt die bisherige Winterhilfe für Arbeitslose.
» **27. Oktober:** In China beginnt der „**Lange Marsch**" von 100 000 Kommunisten unter Führung Mao Tse-tungs.
DM: Schalke 04

1933-1945

„Waschräume mit kaltem und warmem Wasser": Die Mannschaft des FC St. Pauli posiert stolz vor dem neuen Vereinsheim an der Glacischaussee (1934)

gen zu sein", tadelte die „Hanseatische Sportzeitung". Der Vorstand des Norddeutschen Sport-Verbands berief im Mai nach Beschwerde des FC St. Pauli eine Verhandlung ein. Alex Schmidt gab zu, er habe Altona 93 zugesagt, dem Verein beitreten zu wollen, wenn er durch ihn eine Anstellung bekäme. Der Verbandsvorstand stellte daraufhin fest, der Vereinswechsel sei „unter Begleitumständen vor sich gegangen, die einen klaren Verstoß gegen die Amateurbestimmungen bedeuten". Mehrere Spieler des AFC hätten außerdem „mehrfach Bargeld erhalten nach Spielen (7,50 Reichsmark pro Spiel)". Die Konsequenz: Altona wurde bis zum 31. Juli disqualifiziert. „Nicht aus Erbitterung über den Verlust eines von uns mit aller Liebe aufgezogenen Spielers erfolgt unser Vorstoß gegen den AFC", beteuerte Wilhelm Koch, „sondern lediglich aus Gründen der Sauberkeit unseres Sports. Es ist leicht und bequem, Erfolge zu erringen, wenn man durch dicke Spesenzahlungen Spieler heranzieht und verlockt, die andere Vereine zu Spitzenkönnern ausgebildet haben." Alex Schmidt gab sich geläutert und kehrte zum FC St. Pauli zurück.

Ovales Ei statt rundes Leder Noch etwas Bemerkenswertes geschah 1933: Eine komplette Fußballmannschaft konvertierte zum Rugby-Spiel und gründete eine entsprechende Abteilung im FC St. Pauli. Noch erstaunlicher als die Konversion selbst war der Anstoß dazu: Den gaben nämlich zwei Brüder, die wegen ihres jüdischen Glaubens aus einem anderen Hamburger Verein, dem SV St. Georg, ausgeschlossen worden waren. Otto und Paul Lang (s. S. 91) warben im FC St. Pauli mit Erfolg für das Rugby-Spiel. Die neue Abteilung wuchs schnell und konnte bereits 1938 die Meisterschaft im „Gau Nordmark" gewinnen. Heute ist die Rugby-Abteilung die sportlich erfolgreichste Abteilung des Vereins und kann unter anderem mehrere deutsche Meistertitel der Damen vorweisen (s. S. 392). Die Brüder Lang jedoch verließen den FC St. Pauli schon nach kurzer Zeit wieder; vermutlich zwischen 1934 und 1935. Ob sie dies aus freien Stücken taten oder „gegangen wurden", lässt sich heute nicht mehr nachvollziehen.

Neues Vereinsheim, neuer Platz Nach dem Zwangsabstieg in die Bezirksliga belegte der FC St. Pauli in der Saison 1933/34 den zweiten Tabellenplatz. Das hätte für den Aufstieg nicht gereicht. Doch kurz darauf wurde der Tabellenerste Harburg in den Spielbetrieb Niedersachsen eingegliedert. Damit qualifizierte sich St. Pauli für die Aufstiegsspiele, und der Aufstieg in die Gauliga gelang.

Wieder konnte der FC St. Pauli sich nur kurz in der obersten Spielklasse halten. Am Ende der Saison 1934/35 stieg er mit 10 Punkten und 61 Gegentoren als Tabellenletzter (zehnter Platz) ab. Meister wurde der Eimsbütteler Turnverein mit sechs Punkten Vorsprung vor dem HSV. Sorge bereitete der Ver- >

1935

>> **16. März:** Wiedereinführung der **allgemeinen Wehrpflicht** in Deutschland. Das deutsche Militär soll auf 550 000 Mann aufgerüstet werden.
>> **22. März:** Ausstrahlung des **ersten regulären Fernsehprogramms** der Welt vom Funkturm Berlin.

>> **28. März:** Uraufführung von Leni Riefenstahls Propaganda-Film „**Triumph des Willens**".
>> **6. Juni:** Am Hamburger Dammtorbahnhof eröffnet der Park „**Planten un Blomen**".
DM: Schalke 04

Riefenstahl-Film „Triumph des Willens"

Viele Vereinsmitglieder halfen mit, darunter Peter Jürs (links; s. S. 88), Wilhelm Koch (Mitte oben; s. S. 86) und „Käppen" Rudolph (Mitte unten

„Schmuckkästchen" am Millerntor
Von 1933 bis 1935 entstand die erste professionelle Sportanlage des FC St. Pauli

Jahrelang hatte der FC St. Pauli wegen steigender Zuschauerzahlen und schlechter Platzverhältnisse für einen neuen Sportplatz gekämpft. Anfang 1933 nannte die „Hanseatische Sportzeitung" die schlechten Sichtmöglichkeiten für Zuschauer und den holprigen, bei Regen morastigen und bei Sonne staubigen Boden „beschämend". Vereinspräsident Wilhelm Koch machte umgehend deutlich, dass der Verein alles tue, um die Situation zu verbessern. Doch stoße er immer wieder auf Schwierigkeiten: Insbesondere die benötigte Baugenehmigung für Erdtribünen sei schwer zu erhalten. Dass diese im April 1933 dennoch erteilt wurde, lag weniger an der guten Zusammenarbeit zwischen Verein und neuen Machthabern, sondern vielmehr an veränderten Plänen: Der FC St. Pauli willigte ein, die vorgesehenen Erdtribünen an der Glacischaussee zu errichten. Damit erfüllte er die Forderung der Baubehörde, „daß solche Erdtribünen der Abhaltung von Ausstellungen auf dem Heiligengeistfelde nicht hinderlich sein dürfen".

Im August 1933 wurden die Arbeiten aufgenommen. Es entstand ein Rasenplatz mit einer vierstufigen Stehtraverse zur Glacischaussee hin. Sein Fassungsvermögen betrug etwa 5000 Zuschauer. Bei höherem Zuschaueraufkommen (z. B. gegen

1933-1945

Der erste Tor auf dem neuen Millerntor-Sportplatz

St. Pauli erringt mit diesem Tor zwei kostbare Punkte gegen Borussia-Kiel.

Am 6. Januar 1935 erzielte Karl Miller das Tor des Tages beim Punktspiel gegen Borussia Kiel Gaarden (1:0), mit dem der neue Platz eingeweiht wurde (im Hintergrund Traversen und Glacischaussee)

Bretterverschläge für Kartoffeln, tiefe Gräben mitten durchs Spielfeld, Bauschutt auf den Tribünen und gemauerte Mistgruben – dem Platz des FC St. Pauli blieb bei der „Reichsnährstands-Ausstellung" nichts erspart (Bilder vom 12.6.1935)

den HSV) behalf der FC St. Pauli sich mit Nottribünen. Um den Bau zu finanzieren, erhöhten die St. Paulianer ihre Eintrittspreise zeitweilig von 65 auf 85 Pfennig. Auch private Gönner wie Karl Miller senior (s. S. 114) spendeten Geld. Alle Bauarbeiten wurden von Vereinsmitgliedern durchgeführt.

Eröffnet wurde das „Schmuckkästchen einer Sportanlage" („Hanseatische Sportzeitung") am 6. Januar 1935 mit einem Punktspiel gegen den Kieler Club Borussia Gaarden (1:0).

Wie ernst es der Staat mit der „Abhaltung von Ausstellungen auf dem Heiligengeistfelde" meinte, zeigte sich im Frühsommer 1935, als die Nazis den gerade erst eröffneten Platz für eine Landwirtschaftsmesse in Beschlag nahmen: Die „Reichsnährstands-Ausstellung" hinterließ eine Spur der Verwüstung. Die notwendige Instandsetzung dauerte bis August 1936.

Wenigstens schadete die „Heimatlosigkeit" in der Zwischenzeit dem FC St. Pauli nicht – im Gegenteil: Auf diversen Ausweichplätzen spielte er mehr als erfolgreich und stieg 1936 in die damals höchste Spielklasse auf. 1945 wurde der wiederhergerichtete Platz auf dem Heiligengeistfeld durch alliierte Angriffe vollständig zerstört. ■

Das Heiligengeistfeld um 1936
Ein neues Eingangstor, das erste Vereinsheim und die ersten Stehtraversen – der FC St. Pauli wächs

Platz 1
Direkt hinter der Turnhalle des St. Pauli-Turnvereins kickten die Fußballer des FC St. Pauli auf feinstem Grand. Nach Entstehen des Rasenplatzes diente Platz 1 bis 1945 als Ausweichplatz. Das Bild links zeigt eine Spielszene Mitte der 30er Jahre.

Eingangstor
Das Eingangstor mit dem Schriftzug „F.C. St. Pauli von 1910 e.V." entstand 1931. Es war das erste Bauwerk, auf dem der Vereinsname öffentlich zu lesen war. Das Tor wurde bei demselben Bombenangriff wie Platz 2 schwer beschädigt und nach Kriegsende durch ein neues Eingangstor ersetzt.

Plätze des „Arbeitersportkartells"
Auf diesen Plätzen hatten Arbeitervereine wie Vineta und Falke ihr Zuhause. Der Arbeiter-Turn- und Sportbund (ATSB) und viele der in ihm zusammengeschlossenen Vereine wurden von den Nazis aufgelöst.

1933-1945

Hotel Mau

Im „Hotel Mau" am Holstenwall 19 fand am 5. Mai 1924 die Gründungsversammlung des FC St. Pauli statt. Zudem diente das Hotel bis 1945 als Vereinslokal – und 1955 als erster Ziehungsort der deutschen Lottozahlen. Stand das neue Vereinsheim an der Glacischaussee nicht zur Verfügung, nutzten die Kiezkicker während der 30er und 40er Jahre Räumlichkeiten im Keller des Hotels als Umkleidekabinen, Anmarschweg über zwei Straßenkreuzungen inklusive. Nach dem Krieg entstand an fast gleicher Stelle das „Hotel Holstenwall", in dem der Verein bis in die 70er Jahre hinein Mitgliederversammlungen abhielt.

Neues Vereinsheim

1934 in der Nähe der Eisbahn errichtet, bot das Vereinsheim des FC St. Pauli einigen Komfort und ausreichend Platz zum Umziehen für 18 Mannschaften. Im Sommer 1943 wurde es bei den schweren Luftangriffen auf Hamburg zerstört.

Platz 2

Direkt neben Platz 1 entstand 1925 der erste Rasenplatz des FC St. Pauli. Zwischen 1933 und 1935 bauten Vereinsmitglieder den Platz zur ersten stadionähnlichen Sportanlage der Braun-Weißen aus. Er hatte vier Stehtraversen zur Glacischaussee hin (Bild links). Wenige Monate nach seiner Einweihung im Januar 1935 ruinierten die Aussteller und Besucher der „Reichsnährstands-Ausstellung" den neuen Platz vollkommen, sodass er im August 1936 erneut eingeweiht werden musste. Kurz vor Kriegsende zerstörte ein Bombenangriff den Platz endgültig.

Der neue Millerntor-Platz läßt die Schrecken des alten Platzes völlig vergessen.

1933–1945

Ein Feldpostbrief vom November 1944 verkündet den „Heldentod" von Ex-Torwart Theo Quest

zerstört. Vier Wochen später wurde am Millerntor schon wieder Fußball gespielt. Auch der Eimsbütteler TV fand hier Unterschlupf, nachdem sein eigener Platz zerbombt worden war.

Nach den Luftangriffen wurde der Sommerpokal in der zweiten Runde abgebrochen. Da Auswärtsfahrten zunehmend schwieriger wurden, unterteilte die NS-Führung die größeren „Sportgaue" abermals: Aus der bisherigen „Gauliga Nordmark" wurden die Gauligen Hamburg, Schleswig-Holstein und Mecklenburg. Zu Beginn der Saison 1943/44 zog sich die „Sportgemeinschaft Ordnungspolizei" vom Spielbetrieb zurück, da deren Spieler zum Fronteinsatz abkommandiert wurden. An ihre Stelle rückte der neu gegründete „Luftwaffensportverein Hamburg" (LSV). Militärmannschaften wie diese wurden häufig von fußballbegeisterten Kommandeuren ins Leben gerufen, die dann versuchten, gute Vereinsfußballer zu ihrer Einheit versetzen zu lassen. Mancher Spieler nahm einen solchen Ruf gern an, bot er doch die Aussicht auf Verschonung von Fronteinsätzen. Folglich konnte der Kader des LSV mit einer Reihe hochkarätiger Fußballer glänzen, darunter mehrere Nationalspieler.

Zu ihnen gehörte auch Karl Miller, der mittlerweile aus Dresden zurückgekehrt war. Der LSV wurde auf Anhieb souveräner Meister der Gauliga. In 18 Spielen gaben die Militärkicker nur einen einzigen Punkt ab und deklassierten ihre Gegner (Torverhältnis: 117:13). In den anschließenden Spielen um die Deutsche Fußballmeisterschaft 1944 erreichte der LSV das Endspiel. Dort unterlagen Miller und Kollegen ausgerechnet gegen dessen frühere Mannschaftskameraden vom Dresdner DSC mit 0:4. Damit waren die Dresdner der letzte Deutsche Meister vor Kriegsende. Doch auf dem Siegerfoto sieht man nur ernste, ausgemergelte Gesichter. Vor Spielbeginn waren die Zuschauer gewarnt worden: Bei einem Fliegeralarm sollten sie sich „irgendwie in der Gegend" zerstreuen oder flach auf den Boden legen.

In der Saison 1944/45 bestritt der frischgebackene Vizemeister Deutschlands nur ein einziges Spiel, bevor am 19. September 1944 alle Luftwaffensportvereine auf Weisung der Heeresleitung ihre Mannschaften vom Spielbetrieb zurückzogen: Nach Ansicht ihrer Befehlshaber wurden die Soldaten an der Front dringender gebraucht als auf dem Fußballfeld.

Feldpost statt Vereinszeitung Zu dieser Zeit erschienen die Vereinsnachrichten des FC St. Pauli nur noch als „Feldpostbriefe". Erhalten geblieben ist eine Ausgabe vom November 1944. „Für Führer, Volk und Vaterland fiel im Westen Theo Quest", verkündete sie den Tod des braun-weißen Stammtorhüters der 30er Jahre. Auch Verwundungen, Vermisstenmeldungen, Beförderungen und Auszeichnungen gab sie bekannt. Einige kurze Spielberichte offenbaren, dass Karl Miller nach Auflösung des LSV wieder für den

1943

>> **22. November:** 6. Armee bei **Stalingrad** eingekesselt.
>> **22. November:** Deutschland gewinnt das **letzte Fußball-Länderspiel im Krieg** gegen die Slowakei mit 5:2. Mit dabei: der langjährige St. Paulianer Karl Miller.
DM: Schalke 04

>> **18. Februar:** Im Berliner Sportpalast ruft NS-Propagandaminister Joseph Goebbels den „**totalen Krieg**" aus.
>> **22. Februar:** Sophie und Hans Scholl sowie Christoph Probst, Mitglieder der Widerstandsgruppe „**Weiße Rose**", werden hingerichtet.

Sowjetische Soldaten bei einem Angriff in den Ruinen von Stalingrad

>> **25. Juli:** Beginn der schwersten **Luftangriffe auf Hamburg** („Operation Gomorrha"). Über 35000 Menschen sterben.
DM: Dresdner SC

Endspiel in Berlin: Dresden schlägt den LSV Hamburg (1944)

Blick vom Turm der St. Michaelis-Kirche („Michel") auf die Ruinen der Neustadt, das zerstörte St. Pauli und den Hafen (1945)

FC St. Pauli antrat. Doch nur für kurze Zeit: „Auf Karl Miller und Herbert Müller (s. S. 93) müssen wir in Zukunft verzichten, da beide in den nächsten Tagen zur Front abrücken werden."

Den Hauptbestandteil der sechsseitigen Blattsammlung bilden Briefe von Vereinsmitgliedern, die als Soldaten dienten: „14 Monate Gefangenschaft liegen hinter uns. Hoffentlich ist der Krieg bald zu Ende", schreibt Unteroffizier Hans Delitz vorsichtig. Stabsgefreiter Paul Rodzis gibt sich optimistischer: „Wir stehen jetzt auf deutschem Boden dem Feind gegenüber, hoffentlich gelingt es, ihn recht bald wieder herauszujagen." Der Obergefreite Wilhelm Fohrholz bedauert: „Nach vierwöchigem Lazarett-Aufenthalt bin ich wieder bei der Truppe gelandet. Alles Schöne hat einmal ein Ende und bin ich nun wieder im Dreck draußen." Der makaberste Brief stammt von Rottwachtmeister Heinrich Martens: „Die Partisanenjagd geht lustig weiter und die Erfolge bleiben nicht aus. Freue mich, dass sich die Liga in letzter Zeit so gut macht, hoffentlich bleibt die Mannschaft einigermaßen zusammen."

Das Ende des „Dritten Reiches" Die Gauliga Hamburg war neben jener Südbayerns (Meister: FC Bayern München) die einzige in Deutschland, die die Saison 1944/45 zu Ende spielte. Lediglich zwei Nachholspiele wurden nicht mehr ausgetragen. Der HSV wurde letzter Hamburger Meister zu Kriegszeiten. Vizemeister wurde Altona 93; der FC St. Pauli schloss die Saison als Dritter ab. Alliierte Angriffe hatten seinen Platz zu diesem Zeitpunkt bereits vollkommen zerstört.

Dennoch wurde dem FC St. Pauli die zweifelhafte Ehre zuteil, das letzte Fußball-Punktspiel überhaupt zu bestreiten, welches in Deutschland vor Kriegsende stattfand: Am 15. April 1945 siegten die Braun-Weißen mit 4:3 gegen den SC Victoria. Die Tore für St. Pauli schossen zweimal Gebhardt, Delewski und Klingler. Am 30. April trugen Altona 93 und der HSV sogar noch ein Freundschaftsspiel aus. Nur drei Tage später, am 3. Mai 1945 um 18.25 Uhr, übergab der Hamburger Stadtkommandant Generalmajor Alwin Wolz am Portal des Hamburger Rathauses die Stadt kampflos an die britischen Truppen. In Hamburg war der Zweite Weltkrieg zu Ende. ■

1944

>> **28. Januar:** Die „Feuerzangenbowle" mit Heinz Rühmann kommt in die Kinos.
>> **13. Mai:** Die Hamburger Gestapo verhaftet alle Chinesen der Stadt – wegen angeblichen „Spionageverdachts".
>> **6. Juni:** „D-Day": Invasion der alliierten Streitkräfte in der Normandie.
>> **12. Juli:** Das neue Stadtjugendamt in Hamburg geht gegen „herumbummelnde" Jugendliche vor.
>> **20. Juli:** Ein Bomben-Attentat auf Hitler scheitert.
DM: Dresdner SC

1945

>> **27. Januar:** Die Rote Armee befreit das Vernichtungslager Auschwitz.
>> **13. Februar:** Alliierter Luftangriff auf Dresden.
>> **30. April:** Hitler begeht Selbstmord.
>> **8. Mai:** Kapitulation Deutschlands. Der Zweite Weltkrieg ist in Europa zu Ende.
DM: nicht ausgespielt

1933-1945

Der „Vereinsführer"

Die Rolle des langjährigen Vereinspräsidenten Wilhelm Koch im „Dritten Reich"

Wilhelm Koch war 36 Jahre Präsident des FC St. Pauli

Im Alter von zwölf Jahren war Wilhelm Koch in den damaligen St. Pauli-Turnverein eingetreten, um sich im Sinne Jahns körperlich zu ertüchtigen. Später spielte er auch Fußball, und zwar als Torhüter – eine Position, die zu dem zurückhaltenden, aber zähen und zuverlässigen Koch passte. Als der bisherige Präsident Henry Rehder 1931 nach Berlin zog, wählten die Mitglieder des Vereins den erfolgreichen Kaufmann Koch zu seinem Nachfolger. Nachdem die NS-Regierung ab 1933 das „Führerprinzip" auch in den Sportvereinen durchgesetzt hatte, wurde aus dem Präsidenten Koch der „Vereinsführer". Wahlen zu diesem Posten gab es nicht. Den Vereinsmitgliedern stand lediglich ein Vorschlagsrecht zu. Der jeweilige Kandidat musste vom „Gausportführer" bestätigt werden, der den „Vereinsführer" jederzeit wieder abberufen konnte.

Nach dem Ende des Zweiten Weltkrieges musste Koch sich einem „Entnazifizierungs"-Verfahren unterziehen und durfte dem Verein zwei Jahre lang nicht vorstehen. Der Grund: 1937 war Koch in die NSDAP eingetreten.

Der Autor René Martens war der Erste, der die Öffentlichkeit auf diesen Umstand aufmerksam machte. In seinem Buch „You'll never walk alone" wies Martens außerdem darauf hin, dass Koch 1933 ein Handelsunternehmen für Leder und Felle von jüdischen Vorbesitzern übernommen hatte.

Das Kapitel im Martens-Buch schlug hohe Wellen. Auf der folgenden Mitgliederversammlung des Vereins wurde teilweise hitzig diskutiert und die Umbenennung des „Wilhelm-Koch-Stadions" gefordert. Man einigte sich schließlich darauf, zunächst ein Gutachten erstellen zu lassen, das über die Mitgliedschaft Kochs in der NSDAP sowie die Übernahme des jüdischen Handelsunternehmens Arensberg & Sekkel durch Wilhelm Koch und seinen Geschäftspartner Hugo Scharff Aufschluss geben sollte.

Der Historiker Frank Bajohr und der Rechtsanwalt Hans Grutschus forschten mehrere Monate lang. Ihre Ergebnisse bestätigten beide Sachverhalte zwar im Grundsatz, beinhalteten aber wenig Belastendes: Der Parteieintritt Wilhelm Kochs war im Rahmen eines „Masseneintritts" gesellschaftlicher Funktionsträger in die NSDAP erfolgt und geschah zwar grundsätzlich freiwillig – das Gutachten deutet jedoch an, dass möglicherweise „an Wilhelm Koch informell oder formell die Erwartung herangetragen wurde, der NSDAP beizutreten". Nachweisen lässt sich politischer Druck dieser Art nicht. Aber immerhin war Koch als „Vereinsführer" auf das Wohlwollen des „Gausportführers" angewiesen, der jederzeit das Recht hatte, ihn abzusetzen. Außerdem sahen die Autoren Anzeichen dafür, dass Koch eine typische „Karteileiche" war: Politische Aktivitäten seinerseits sind nicht dokumentiert. Tatsächlich ist seine Parteiakte im Berliner Bundesarchiv bis auf das Anmeldeformular leer.

Auch in Bezug auf die Übernahme des jüdischen Handelsunternehmens spricht laut Bajohr und Grutschus „nichts dafür, dass sich Koch und Scharff bei der Übernahme der Gesellschaftsanteile bereichert, die jüdischen Eigentümer geschädigt oder ein moralisch fragwürdiges Verhalten an den Tag gelegt hätten. Alle Indizien deuten vielmehr auf ein enges, ja freundschaftliches Einvernehmen zwischen jüdischen Alteigentümern und ihren Nachfolgern hin."

Trotz dieser für Koch eher entlastenden Ergebnisse blieben viele St. Pauli-Mitglieder der Ansicht, dass ein öffentliches Gebäude – und insbesondere das Stadion des FC St. Pauli – nicht den Namen eines ehemaligen NSDAP-Mitgliedes tragen dürfe. Auf der Jahreshauptversammlung 1998 wurde mit 133 zu 77 Stimmen beschlossen, dass die Spielstätte des FC St. Pauli in Zukunft „Millerntor-Stadion" heißen solle.

Vielen älteren Mitgliedern bleibt Wilhelm Koch als erfolgreicher Präsident in Erinnerung, der zeitlebens viel Herzblut und Geld in den FC St. Pauli steckte und unter dessen Vorsitz der Verein gleich drei Stadien baute. Für andere bleibt der Makel des NSDAP-Beitritts haften, selbst wenn „nichts darauf hindeutet, dass dieser aus ideologischer Überzeugung erfolgte" (Bajohr).

So oder so: Ein Platz in der Geschichte des FC St. Pauli ist Wilhelm Koch sicher. ■

Wilhelm Koch als junger Turner (1918). Später stand er beim FC St. Pauli im Tor

Karteileiche? Die NSDAP-Akte von Wilhelm Koch ist – bis auf den Mitgliedsantrag – leer. Partei- oder sonstige politische Aktivitäten sind nicht überliefert

Oben: Peter Jürs mit einer Mannschaft des FC St. Pauli
Rechts: Verhörprotokoll der Gestapo

> Vermögen habe ich nicht und habe auch keines zu erwarten. Ich war nie politisch organisiert. Nur für den Sport hatte ich Interesse und gehörte seit 1.6.04 dem F.C.St.Pauli als aktives Mitglied an.

Der „Wehrkraftzersetzer"

Mannschaftsbetreuer Peter Jürs starb als KZ-Häftling

„Ich war nie politisch organisiert", schwor Peter Jürs am 11. Juni 1940: „Nur für den Sport hatte ich Interesse und gehörte seit dem 1. Juni 1904 dem FC St. Pauli als aktives Mitglied an." Anlass dieser Aussage war sein erstes Verhör durch die Geheime Staatspolizei. Einen Tag zuvor war er unter dem Vorwurf der „Wehrkraftzersetzung" in seiner Wohnung in der Lutherstraße festgenommen worden.

Peter Julius Jürs wurde am 26. April 1895 in Hamburg als einer von fünf Brüdern geboren; insgesamt hatte er acht Geschwister. Als Neunjähriger trat er dem St. Pauli-Turnverein bei und spielte dort aktiv Fußball. Später arbeitete er als Mannschaftsbetreuer. Als sich der FC St. Pauli 1924 vom Turnverein abspaltete, wechselte auch Jürs. In einem Mitgliedsbuch des FC St. Pauli aus der Nachkriegszeit ist er als Träger der Silbernen Vereinsnadel verzeichnet. Hinter seinem Namen steht der lapidare Vermerk „im Krieg geblieben". Dahinter verbirgt sich ein beklemmendes Schicksal.

Drei der fünf Jürs-Brüder fielen schon im Ersten Weltkrieg. Jürs selbst wurde 1917 in Russland an einer Hand so schwer verwundet, dass er seinen erlernten Beruf als Buchdrucker nicht mehr ausüben konnte. Er bezog im Anschluss eine kleine Versehrtenrente und arbeitete in der Folgezeit als kaufmännischer Angestellter. Nach dem Verlust dieser Arbeitsstelle meldete er sich 1937 freiwillig als Hilfskraft beim Wehrbezirkskommando und verdiente so ein bescheidenes Einkommen.

Als Angestellter im Wehrbezirkskommando hatte Jürs unter anderem Zugriff auf die Wehrmachtsbücher Hamburger Bürger. Damit nahm das Unglück seinen Lauf: Er habe Einträge gefälscht,

1933–1945

Das wahrscheinlich letzte Bild von Peter Jürs (am Tag seiner Festnahme durch die Gestapo, 10.6.1940)

Oben und rechts: Todesurteil gegen Peter Jürs
Ganz rechts: gefälschtes Wehrstammbuch als Beweisstück

warf ihm die Staatsanwaltschaft später vor – um Personen vom Wehrdienst zurückzustellen. Außerdem habe er im Gegenzug dafür geringe materielle Zuwendungen erwartet und teilweise auch angenommen. Nachdem mehrere Zeugen die Vorwürfe bestätigten, legte Jürs ein entsprechendes Geständnis ab. Ob diesem Geständnis Druckmaßnahmen vorausgingen, ist nicht bekannt.

Am 13. Januar 1941 verurteilte das Hanseatische Sondergericht, Kammer 2, Peter Jürs „wegen fortgesetzten Verbrechens der Zersetzung der Wehrkraft ... in teilweiser Tateinheit mit schwerer passiver Bestechung ... gewinnsüchtiger Urkundenunterdrückung ... und gewinnsüchtiger Fälschung öffentlicher Urkunden" zum Tode. Am 3. Juni 1941 wandelte die Oberstaatsanwaltschaft dieses Urteil in eine Zuchthausstrafe von 15 Jahren um. Dennoch sollte Jürs das Kriegsende nicht überleben.

Zunächst wurde er in ein Gefängnis bei Bremen verlegt, später im KZ Neuengamme bei Hamburg interniert. Dort traf Jürs auf Otto „Tull" Harder, den er vom Fußball kannte. Der ehemalige Stürmerstar des HSV, nun als SS-Mann in der Lagerverwaltung des KZ tätig, nahm den St. Paulianer nach Angaben von Mithäftlingen „unter seine Fittiche" und sogar mit auf Streife. Gegen Ende des Krieges wurde das Konzentrationslager evakuiert. Am 20. April 1945 trafen die Gefangenen im Lübecker Industriehafen ein und wurden einige Tage später auf die „Cap Arcona" verschifft, die in der Lübecker Bucht ankerte. Das Schiff war völlig überfüllt. Hunger und katastrophale hygienische Zustände führten zu einem Massensterben.

Da die Häftlingsschiffe nicht besonders gekennzeichnet waren, hielten alliierte Flieger sie offenbar für Truppentransporter. Bei einem Großangriff von 200 Flugzeugen der britischen Luftwaffe wurde auch die „Cap Arcona" bombardiert. Fast alle Menschen an Bord verbrannten oder ertranken. Es war der 3. Mai 1945 – fünf Tage vor Kriegsende.

Der Untergang der „Cap Arcona" war eine der verheerendsten Schiffskatastrophen der Weltgeschichte. Peter Julius Jürs war eines von 4600 Opfern. Heute steht sein Name in der Gedenkstätte Neuengamme auf einer „Totenliste Hamburger Widerstandskämpfer und Verfolgter 1933-45". ∎

Oben: Otto Wolff (stehend, Vierter von rechts) spielte als Stürmer in der 1. Mannschaft des FC St. Pauli
Links: Eine Karteikarte gibt Auskunft über seine Posten und Ämter im „Dritten Reich"

Otto Wolff, ca. 1972

Der „Schreibtischtäter"

Otto Wolff, Stürmer beim FC St. Pauli, machte eine steile NS-Karriere

Einen „schurkischen Charakter" nennt ihn der Historiker Frank Bajohr. Der Hamburger Kultursenator Biermann-Rathjen bezeichnete ihn 1951 als den „schlimmsten und brutalsten Schergen des absoluten Antisemitismus in der Wirtschaft". Die inoffizielle Vereinschronik „Das Wunderteam" von Franz Strohkar (ebenfalls 1951) nennt ihn liebevoll „unseren Doktor": Gemeint ist Dr. Otto Wolff, ehemaliger Ligaspieler des FC St. Pauli. 1907 in Kiel geboren, wurde der Rechtsaußen 1930 mit dem FC St. Pauli Meister der Bezirksklasse und stieg in die Oberliga (1. Liga) auf. Im gleichen Jahr trat Wolff der NSDAP bei (s. S. 53).

Wolff wurde SS-Standartenführer und legte eine nationalsozialistische Bilderbuchkarriere hin: Vom Reichsbahnsekretär avancierte er 1936 zum Hauptsachbearbeiter des Gauwirtschaftsberaters und 1940 zum kommissarischen Gauwirtschaftsberater sowie Leiter des Führungsstabes Wirtschaft im Wehrkreis X. Insbesondere als Gauwirtschaftsberater spielte Wolff eine zentrale Rolle bei der „Arisierung" und „Entjudung" der Hamburger Wirtschaft. Er beschäftigte sich im Krieg unter anderem mit der „Liquidierung jüdischen Besitzes" in ganz Europa, den er auf verschiedenen Wegen nach Hamburg transferieren ließ. Wolff war außerdem maßgeblich beteiligt an der Organisation der Zwangsarbeit in Hamburg und kooperierte eng mit der Verwaltung des KZ Neuengamme.

Nach dem Krieg nahmen die Vereinskameraden Otto Wolff anstandslos wieder in ihren Kreis auf – obwohl ihnen seine Vergangenheit durchaus bekannt war. „Der Krieg war aus dann", dichtet Franz Strohkar in seiner Chronik, „es kam für Otto keine schöne Zeit, denn ihr wisst, Neumünster war nicht weit." Dort hatten die Briten ein Internierungslager errichtet, in dem sie rund 10 000 Personen festsetzten, die offensichtlich oder vermutlich Nationalsozialisten waren. Mit seinem Freund, dem früheren Gauleiter Karl Kaufmann, gründete Wolff später ein Versicherungsunternehmen, das bis heute seinen Namen trägt.

Als Wolff 1991 starb, lobte die offizielle Vereinszeitung des FC St. Pauli in einer Todesanzeige: „Die Verdienste unseres Otto können nur noch die ganz alten St. Paulianer ermessen. Vor dem II. Weltkrieg und während des Krieges hat unser Senior in exponierter Stellung für unser Land, für unsere braun-weißen Farben segensreich gewirkt, und zwar in der Stille."

Dass das „segensreiche Wirken" Wolffs vielen Menschen große Schmerzen und Leid zugefügt hatte, wird nicht erwähnt. Ob und wie Wolff den FC St. Pauli während des „Dritten Reiches" tatsächlich unterstützte, ist nicht mehr zu rekonstruieren.

Die vereinsinterne Aufarbeitung der Person Otto Wolff ist bis heute nicht abgeschlossen. „Die Diskussion um die NSDAP-Mitgliedschaft Wilhelm Kochs hat Otto Wolff ‚gerettet'", meint Buchautor René Martens: „Nachdem diese Diskussion mit der Stadionumbenennung [s. S. 87] abgeschlossen war, hat man wohl das Gefühl gehabt, sich ausreichend mit der Ära des Nationalsozialismus beschäftigt zu haben."

Bei Entstehung dieses Buches wurde Otto Wolff noch immer als Träger der Goldenen Ehrennadel des FC St. Pauli geführt. ■

Die Verfolgten
Die jüdischen Brüder Otto und Paul Lang gründeten 1933 die Rugby-Abteilung

„Im Jahre 1933 erschienen im damaligen Vereinslokal zwei Brüder namens Lang aus Süddeutschland und propagierten das bisher in unserem Club nicht gespielte Rugby-Spiel." Die Jubiläumsschrift des FC St. Pauli aus dem Jahre 1960 verschweigt in diesem Satz ein wichtiges Detail: Die Brüder Otto und Paul Lang waren Juden. Sie überredeten 1933 eine gesamte Fußballmannschaft des FC St. Pauli, zum Rugby zu „konvertieren", und legten so den Grundstein für die heute sportlich erfolgreichste Abteilung des Vereins (s. S. 392).

Dass die Langs beim FC St. Pauli Aufnahme fanden, ist zumindest bemerkenswert, wenn man bedenkt, dass nach der „Machtergreifung" viele Vereine ihre jüdischen Mitglieder innerhalb weniger Wochen ausschlossen. Auch die Brüder Lang hatten ihren früheren Verein, den SV St. Georg, nicht freiwillig verlassen. „Nach rassistischer Verfolgung fanden sie im Jahre 1933 eine neue Heimat beim FC St. Pauli", steht heute auf einer Gedenktafel in der Südtribüne.

Doch das ist nur die halbe Wahrheit: Der FC St. Pauli war keine sichere Insel der Zuflucht im Meer des Nationalsozialismus, auf der die „Rassegesetze" nicht galten. Das wurde spätestens 1940 deutlich: In jenem Jahr nahm der FC St. Pauli eine sogenannte „Einheitssatzung" an. Diese wurde allen deutschen Sportvereinen vom „Nationalsozialistischen Reichsbund für Leibesübungen" (NSRL) vorgelegt und enthielt auch einen Paragraphen, der „Nicht-Ariern" eine Mitgliedschaft verbot. Wie der FC St. Pauli davor mit seinen jüdischen Mitgliedern verfuhr, ist heute nicht mehr nachzuweisen.

Wahrscheinlich schon 1934 verließen die Langs den Verein wieder. Wann genau und unter welchen Umständen dies geschah, lässt sich nicht rekonstruieren. Otto Lang emigrierte 1934/35 über Antwerpen in die USA, wo er 2003 starb; Paul Lang war mit einer „Arierin" verheiratet und blieb daher in Deutschland. Noch im Februar 1945 wurde er nach Theresienstadt deportiert. Paul Lang überlebte das KZ und starb 2003 in Hamburg. ∎

Der FC St. Pauli als Insel im nationalsozialistischen Unrechtsstaat? Die 2008 enthüllte Gedenktafel erzählt nur die Hälfte der Geschichte: Wahrscheinlich schon 1934 verließen die Brüder Lang den Verein wieder

Da waren die jüdischen Gründungsväter schon nicht mehr dabei: Die Rugby-Mannschaft des FC St. Pauli präsentiert sich 1934 ohne die Brüder Lang

Der Nationalspieler

Karl Miller knüpfte als Gastspieler in Dresden wichtige Kontakte

Karl Miller in Wehrmachtsuniform

Wie so viele Größen des FC St. Pauli war auch Karl Miller eine Entdeckung des Jugendleiters Richard „Käppen" Rudolph. Nur einen Tag nach seinem Eintritt in den FC St. Pauli gewann Miller mit seinem Team die Hamburger Schülermeisterschaft und steuerte beide Treffer zum 2:1-Sieg gegen den SC Victoria bei. Einziges Problem: Millers Vater durfte von der Fußballbegeisterung seines Sohnes nichts wissen. Denn der Schlachtermeister hatte dem Filius das Fußballspielen verboten.

Nachdem Karl Miller junior als Verteidiger schnell zu einer festen Größe der 1. Mannschaft wurde, änderte der Vater jedoch seine Meinung und wurde zu einem der engagiertesten Unterstützer der Braun-Weißen (s. S. 114). 1935 wurde Miller in die norddeutsche Auswahl berufen und stand bald auch auf dem Notizzettel von Reichstrainer Sepp Herberger. Zunächst aber wurde Miller 1940 als Soldat der Luftwaffe nach Sachsen versetzt und kickte als Gastspieler bei der damaligen Spitzenmannschaft des Dresdner SC. 1940 und 1941 gewann er mit den Dresdnern den Deutschen Pokal. Sein Debüt in der Nationalmannschaft gab er am 7. April 1940 beim 2:2 gegen Ungarn. Die Spiele der deutschen Nationalmannschaft hatten zu dieser Zeit immer auch Propaganda-Charakter. Sie sollten das nationalsozialistische Deutschland in ein günstiges Licht rücken und dabei helfen, die Beziehungen zu befreundeten, besetzten und neutralen Staaten zu stärken. So trat die Nationalmannschaft zwischen 1940 und 1942 ausschließlich gegen Gegner aus Südosteuropa und Skandinavien oder die Schweiz an. Am letzten Länderspiel der deutschen Nationalmannschaft während des Krieges am 22. November 1942 gegen die Slowakei (5:2 in Bratislava) nahm auch Karl Miller teil. Insgesamt brachte er es auf zwölf Einsätze im Nationaldress – und ist damit bis heute der Rekordnationalspieler des FC St. Pauli. 1942 wirkte Karl Miller mit einigen seiner Mannschaftskameraden zudem als Statist im Propagandafilm „Das große Spiel" mit (s. S. 80).

Kurz darauf wurde er zurück nach Hamburg beordert und vom „Luftwaffen-Sportverein Hamburg" (LSV) angeheuert. Als Wachtmeister war er einer Geschützstellung zugeteilt. Für seinen Einsatz „gegen die Sowjets" hatte er bereits das Eiserne Kreuz 2. Klasse erhalten. Mit dem LSV Hamburg erreichte Karl Miller 1944 das Finale der letzten Deutschen Fußballmeisterschaft vor Ende des Krieges. Die Hamburger unterlagen Millers früheren Mitspielern vom Dresdner SC mit 0:4. Doch der Kontakt zu den Spitzenspielern aus Sachsen blieb gut. Nach Kriegsende

Karl Miller im Trikot des FC St. Pauli (ca. 1946). Er holte nach dem Krieg viele ehemalige Mannschaftskollegen aus Dresden zum FC St. Pauli und sorgte so für die Entstehung der „Wunderelf"

Die deutsche Nationalmannschaft mit Karl Miller vor dem Länderspiel gegen Ungarn in Budapest am 3. Mai 1942 (Endstand 5:3)

konnte Miller viele seiner ehemaligen Mannschaftskameraden aus Dresden dazu überreden, zum FC St. Pauli zu kommen. Dabei spielte die Schlachterei seines Vaters als „Überzeugungsargument" eine große Rolle (s. S. 114). So legte Miller den Grundstein für die „Wunderelf", die 1948-51 regelmäßig um die Deutsche Meisterschaft mitspielte.

Karl Miller beendete seine aktive Karriere am Ende der Saison 1949/50 im Alter von 37 Jahren. Er war noch mehrere Jahre im Ligaausschuss des FC St. Pauli tätig, bevor er 1967 im Alter von nur 54 Jahren starb. ∎

1933–1945

Der „kriegswichtige Arbeiter"
Herbert Müller stand bei Blohm & Voss am Zeichenbrett – und überlebte so den Krieg

Dass Herbert Müller 1931 in den FC St. Pauli eintrat, hat er indirekt der Hitlerjugend zu verdanken. „Schon damals kamen Klassenkameraden in Uniform zur Schule. Das hat mich als Knaben beeindruckt. Ich sagte zu meinem Vater: So eine Uniform möchte ich auch haben!" Der Vater, kein Sympathisant der NSDAP, reagierte mit einem Gegenvorschlag: „Du wolltest doch immer bei St. Pauli spielen!" Also kaufte Vater Müller statt der HJ-Uniform lieber Fußballstiefel und lenkte Söhnchen Herberts Interesse erfolgreich um: „Dafür", sagt Müller, „bin ich ihm heute noch dankbar."

Schon vorher hatte der kleine Herbert sich als Straßenfußballer betätigt und mit seinen Kumpanen Günter Peine und dem späteren St. Pauli-Idol Harald Stender die Hinterhöfe des Viertels unsicher gemacht. „Wenn mal ein Schutzmann kam, um uns zu vertreiben, sind wir einfach die Straße runtergerannt, über die Grenze nach Altona." Da standen sie dann und winkten dem machtlosen Gesetzeshüter fröhlich zu.

Beim FC St. Pauli durchlief Müller gemeinsam mit Günter Peine alle Jugendmannschaften und debütierte 1938, im Alter von 17 Jahren, in der 1. Mannschaft. Seine Stammposition: halbrechter Stürmer. Als 1939 der Zweite Weltkrieg begann und viele Vereinskameraden zur Wehrmacht eingezogen wurden, blieb Müller dieses Schicksal vorerst erspart. Denn wie sein Vater arbeitete auch er bei der Hamburger Großwerft Blohm & Voss. Am Zeichenbrett entwarf Müller Bauteile für U-Boote und wirkte auch am Entwurf der „Wilhelm Gustloff" und der „Bismarck" mit. Damit galt er als „kriegswichtiger Arbeiter". „Blohm & Voss habe ich mein Leben zu verdanken", ist Müller sich heute sicher. Die Bombenangriffe auf den Hafen überlebte er hinter den Betonwänden der riesigen Trockendocks.

An seine aktive Zeit als Fußballer erinnert Herbert Müller sich gern: „Den HSV haben wir mal mit acht Toren so richtig einsacken können. Umgezogen haben wir uns im Keller vom ‚Hotel Mau' am Holstenwall. Um zum Platz zu kommen, musste man zwei Straßen überqueren. Was war das für ein Weg, besonders im Winter!"

1944 musste Müller dann doch noch Soldat werden. Und hatte Glück im Unglück: Er kam zur Flugabwehr nach Delmenhorst und geriet an einen Kommandanten, der selbst St. Pauli-Fan war. Er bewilligte die notwendigen Sporturlaubsanträge, damit Müller auch weiterhin an den Spielen der Ligamannschaft teilnehmen konnte.

Nach dem Ende des Krieges wurde Müller Sichtungstrainer beim Hamburger Fußballverband und entdeckte unter anderem Stefan Effenberg und Holger Stanislawski, als diese noch A-Jugendspieler waren. Noch heute besucht er regelmäßig die Spiele des FC St. Pauli – nur richtig genießen kann er sie nicht. Denn, so Müller: „Ich sehe so ein Spiel immer noch als Sichtungstrainer. Das tut mir teilweise in der Seele weh." Ein kleiner Trost: Manchmal geht das nicht nur ehemaligen Sichtungstrainern so. ■

Herbert Müller vor seinem ersten Spiel für den FC St. Pauli (1938)

Mitte: Herbert Müller heute (2008)
Unten: Als Sichtungstrainer entdeckte Müller Holger Stanislawski und Stefan Effenberg

„Braunes Hemd" oder „weiße Weste"?
Die Rolle des FC St. Pauli im „Dritten Reich"

Welche Rolle spielte der FC St. Pauli im „Dritten Reich"? Und welche Position nahm er gegenüber den nationalsozialistischen Machthabern ein?

Die Beantwortung dieser Frage gestaltet sich nicht nur deshalb schwierig, weil nur verhältnismäßig wenige aussagekräftige Dokumente aus der Vereinsgeschichte der NS-Zeit erhalten geblieben sind. Sondern auch, weil Sportvereine, anders als Parteien, oft keine politisch eindeutige Position beziehen — so auch in Weimarer Republik und „Drittem Reich". Obwohl es Sportvereine gab, die sich offen auf die Seite der Nationalsozialisten stellten oder sich, solange dies noch ging, zu ihren Gegnern bekannten, ist weder das eine noch das andere für den FC St. Pauli nachzuweisen: Wer in diesen Verein eintrat, tat dies nach allen heute vorliegenden Fakten nicht, um damit eine bestimmte politische Gesinnung zum Ausdruck zu bringen, sondern in erster Linie, um Sport zu treiben.

Doch wer war eigentlich „der FC St. Pauli"? Neben dem Vorstand des Vereins gab es eine breite Mitgliederschaft. Und die war in sozialer wie in politischer Hinsicht gemischt: Der FC St. Pauli selbst bezeichnete sich als „bürgerlich" (das hieß nach damaligem Verständnis: kleinbürgerlich-mittelständisch), hatte aber auch zahlreiche Arbeiter unter seinen Mitgliedern. Und genau wie der Stadtteil St. Pauli nicht einheitlich „rot" oder „braun" war, ist auch für die Mitglieder des FC St. Pauli nicht anzunehmen, dass sie eine einheitliche politische Position einnahmen. Das deuten auch die Biographien einzelner St. Paulianer auf den vorigen Seiten an.

Auf einem Foto in der Festschrift von 1935 trägt keines der 29 abgebildeten Vorstands- und Ältestenratsmitglieder ein Parteiabzeichen der NSDAP oder gar eine Parteiuniform. Unter den 18 Personen aus dem erweiterten Vorstandskreis der NS-Zeit, die heute namentlich bekannt und damit für weitere Recherchen zugänglich sind, gab es ein Fördermitglied der SS sowie drei Mitglieder der NSDAP („Vereinsführer" Wilhelm Koch, Vorstandsmitglied Willy Kröger und Jugendleiter Walter Köhler).

Leider existieren nur noch wenige Belege für das Handeln der Vereinsführung während der NS-Zeit. Die wenigen Quellen, die erhalten sind, deuten darauf hin, dass der Vereinsführung vor allem am Erhalt und der Förderung des sportlichen Betriebes gelegen war. Der FC St. Pauli hätte sich demnach wie viele andere Clubs verhalten: Er reihte sich zum „Wohle des Vereins" in die neue Ordnung ein und nahm die ideologischen „Nebenwirkungen" hin.

Vorgeschrieben auch für die Spieler des FC St. Pauli: das Zeigen des „Deutschen Grußes" (wahrscheinlich Juni 1939 in Karlsbad)

1933-1945

1935 und 1940 nahm der Verein Einheitssatzungen an, die den deutschen Sportvereinen vom „Deutschen" bzw. „Nationalsozialistischen Reichsbund für Leibesübungen" vorgelegt wurden. Eine Nicht-Annahme war freilich nicht möglich, ohne eine Auflösung des Vereins zu riskieren. Die Einheitssatzung von 1940 enthielt auch einen sogenannten „Arier-Paragraphen": Jüdischen Mitbürgern war eine Vereinsmitgliedschaft nicht mehr gestattet. Leider ist nicht nachweisbar, wie der FC St. Pauli bis dahin mit seinen jüdischen Mitgliedern umging. Immerhin ist die Dokumentation der Satzungsänderungen im Vereinsregister der Stadt Hamburg lückenlos, sodass sich mit Sicherheit sagen lässt, dass der FC St. Pauli — im Gegensatz zu anderen Vereinen — vor 1940 keine solche Satzungsänderung durchgeführt hat.

Aussagen über den FC St. Pauli in der Zeit des Nationalsozialismus können nur mit äußerster Vorsicht getroffen werden. Der Historiker Frank Bajohr wagt trotzdem ein Fazit: „Insgesamt lässt sich der FC St. Pauli in der Zeit von 1933 bis 1945 weder als ein ‚Nazi-Verein' charakterisieren, noch bildete er eine antifaschistische Insel in der deutschen Gesellschaft. Geht man von der Tatsache aus, dass die Nationalsozialisten ihren größten Rückhalt in kleinbürgerlich-mittelständischen Kreisen hatten, dann spricht das kleinbürgerlich-mittelständische Umfeld des FC St. Pauli zumindest nicht dafür, dass NS-Anhänger im Verein extrem unterrepräsentiert waren." Das hieße: Der FC St. Pauli hat keine besonderen Anstrengungen unternommen, um sich bei den Nationalsozialisten anzubiedern. Doch Widerstand leistete er ebenso wenig. ∎

Keine Parteiabzeichen, keine Uniformen: Die Vorstands- und Ältestenratsmitglieder des FC St. Pauli (1935)

Aufnahmeantrag von Präsident Wilhelm Koch in die NSDAP (siehe auch S. 86)

Spielerpass von Arnold Tegge, „Deutschlands schnellstem Maurermeister" (1937)

1945-1951

DAS VIERTE KAPITEL, in dem der FC St. Pauli kräftig sächselt und es für

die Wurst geht, in jeder Hinsicht. Während in den Straßen des Stadtteils...

Nur vier Wochen nach Kriegsende machten sich die Mitglieder des FC St. Pauli daran, ihren zerstörten Platz wiederherzurichten – in Handarbeit

1945-1951

... der Schwarzhandel blüht, jedes Gramm Fett ein Schatz ist und Trümmer

Am 17. November 1946 wird das neu erbaute Stadion des FC St. Pauli mit einem 1:0-Sieg gegen Schalke 04 eingeweiht (Spielszene mit Hans „Henner" Appel). Im Hintergrund die zerstörte Turnhalle des St. Pauli-Turnvereins

em Leben erwachen, ersetzen am Millerntor Koteletts die Spielergehälter.

... Schon bald stehen St. Paulis wohlgenährte Fußballer kurz davor, ihren groß

1945-1951

...trivalen zu überflügeln und die Deutsche Meisterschaft zu gewinnen.

17. Juli 1948: Im vom Krieg noch beschädigten Olympiastadion in Berlin besiegt der FC St. Pauli im Viertelfinale der Deutschen Meisterschaft Union Oberschöneweide vor 80 000 Zuschauern mit 7:0. Im Halbfinale wartet der 1. FC Nürnberg

Der Stadtteil St. Pauli 1945-1951

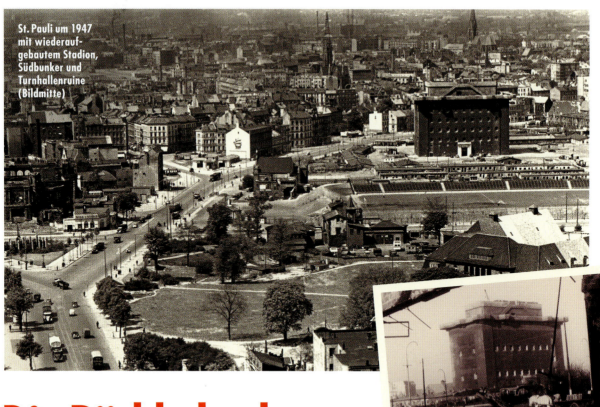

St. Pauli um 1947 mit wiederaufgebautem Stadion, Südbunker und Turnhallenruine (Bildmitte)

Pferdedroschken vor Notunterkünften waren Alltag

Die Rückkehr der Vergnügungssucht

Wracks auf dem Hafengrund, Trümmer an den Straßen und überall Not: Doch mitten im Nachkriegselend wurde St. Pauli wieder zum Amüsierviertel

Es ist 1945, und St. Pauli liegt in Trümmern. Ein Drittel der Häuser ist zerstört, und von glitzernden Amüsierbetrieben sind nur noch triste Kulissen geblieben. Zwischen freistehenden Mauern mit leeren Fensterhöhlen und Schutthalden stehen Baracken und Notunterkünfte, zusammengezimmert aus den einfachsten Materialien.

Die Menschen hungern. Lebensmittel sind streng rationiert, und Hamburgs Verwaltung ringt mit den Militärbehörden um jede Kalorie: 1014 pro Normalverbraucher und Tag sind die offizielle Ration im März 1946. Kaum mehr als vier Eierpfannkuchen und weniger als die Hälfte der Tagesmenge, die die kurz zuvor gegründete UNO als „Existenzminimum" definiert hatte. Jedes freie Fleckchen Erde wird zum Garten umfunktioniert. Auch auf dem Heiligengeistfeld wächst wieder Gemüse – fast wie vor 400 Jahren, als das „Hospital zum Heiligen Geist" mit dem Ertrag seiner dortigen Äcker die Kranken ernährte (s. S. 10).

1946 haben die beiden vier Jahre alten Hochbunker Fenster bekommen und sind bewohnt, und selbst das Bismarckdenkmal ist zur Notherberge geworden. In seinem Sockel hat sich ein halblegales Lager der Verzweifelten gebildet. Das „Transit-Hotel", wie es die Hamburger nennen, ist ein Zufluchtsort für die größten Verlierer der Nachkriegszeit: heimatlose

Der Stadtteil St. Pauli 1945–1951

Flüchtlinge, die keinen freien Fleck mehr fanden, entlaufene Zöglinge der staatlichen Fürsorge, die sich hier verstecken, Minderjährige, die sich als Strichmädchen und -jungen durchkämpfen.

„Wohin heute?"

Vor einer zerstörten Bankfiliale an der Reeperbahn stehen zwei große Tafeln. „Wohin heute?", fragen sie in großen Lettern, als wollten sie Ausweglosigkeit und Elend kommentieren. Doch in Wahrheit sind die Tafeln ein Lebenszeichen des wiedererwachenden Amüsierbetriebes – eine Art Schwarzes Brett. Kleine, rechteckige Kärtchen bieten Tipps für die Freizeitgestaltung. Im „Indra" an der Großen Freiheit und in anderen Lokalen gibt es schon wieder „täglich Tanz".

Der Reeperbahn-Bummel bleibt dabei ungewohnt nüchtern, denn die Lokale servieren weder Bier noch Wein: Alkoholausschank ist noch verboten – jedenfalls offiziell. Hinter mancher Mauer schlummern geheime Getränkereserven. Wer Beziehungen hat, kann trinken. Alle anderen bekommen Selbstgemischtes. Im Varieté „Jungmühle" an der Großen Freiheit fließt das sogenannte „Heißgetränk" in Strömen. Das Rezept des roten Saftes: „Süßstoff, Lebensmittelfarbe und Wasser", so der damalige Geschäftsführer Willi Bartels.

Gardinen aus Mull

Auch außerhalb der Lokale waren Spirituosen schwer zu bekommen. Und nicht nur sie: Die Geschäfte waren leer. Lebensmittel und Kleidung waren knapp, und die Militärregierung reglementierte den Handel streng. Darum blühte der Schwarzmarkt. Die Talstraße, eine Seitenstraße der Reeperbahn, war die richtige Adresse für Waren des alltäglichen Bedarfs: Lebensmittel und Seife, Schuhsohlen und Nägel. Am Hans-Albers-Platz dagegen gab es Schmuck, Uhren und Fotoapparate, und wer Rasierklingen suchte, ging zum Hamburger Berg. Zigaretten wurden zu 5 Mark das Stück gehandelt; ein Kilo Butter kostete 450 Mark – zehn Wochenlöhne eines Arbeiters. Manche Schieber machten ein Vermögen und prassten damit demonstrativ auf dem Kiez.

Oft stammten ihre Profite aus dem Handel mit verbotenen oder gestohlenen Waren: Mull aus Krankenhäusern wurde zu Gardinen, geklaute Medikamente und Lebensmittelkarten erzielten gute Preise, und als sich während des eisigen „Hungerwinters" 1947/48 „die USA und Großbritannien der Deutschen erbarmten und über den Hamburger Hafen Schiffsladungen von Hilfsgütern schickten, zweigten die Schwarzhändler mindestens den zehnten Teil ab", schätzt die Journalistin Ariane Barth.

Immer wieder sperrte die Polizei blitzartig Straßen und durchsuchte Kleidung und Taschen aller Passanten nach verdächtigen Waren. Spontane Hausdurchsuchungen waren gefürchtet. Doch nicht die Aktionen der Polizei stoppten schließlich den illegalen Handel, sondern die Währungsreform am 21. Juni 1948: Die D-Mark ersetzte die Reichsmark, und jeder Bürger bekam 40 Mark „Startgeld". „Auf einmal waren die Schaufenster voll", erinnert sich Alfred Brüggen, ehemaliger Mittelfeldspieler des FC St. Pauli: „Das müssen die ja schon vorher gehabt haben, sonst kann das ja nicht angehen." Dass der Kiez sich früher belebt hatte als die Geschäfte, wunderte Willi Bartels nicht: „Je mieser die Zeit, desto vergnügungssüchtiger die Leute", erklärte er später. Die Menschen seien „wie losgelassen" gewesen. „Ging es während des Krieges schon hoch her auf der Meile, war danach einfach der Teufel los... Die Spannung, die über allem lag, ist nicht zu beschreiben." Ab dem Winter 1945 durfte in Hamburg wieder offen getanzt werden, zum ersten Mal seit über fünf Jahren. Entsprechend groß war der Nachholbedarf des Publikums, zumal Musik wie Swing oder Jazz jetzt endlich ohne Angst vor Repressionen gehört werden konnte.

Auch die Bühnen erwachten zum Leben. Nachdem als Erstes das St. Pauli-Theater im Sommer 1945 eine Spielgenehmigung bekommen >

Schwarzhändler auf der Reeperbahn. Ein Kilo Butter kostete 450 Mark – bis zur Währungsreform

Eher Notprogramm: Im „Allotria" sang anfangs ein kaukasischer Männerchor

Der Stadtteil St. Pauli 1945-1951

› hatte, zeigte das Varieté „Allotria" im September 1945 bereits „täglich zwei Vorstellungen um 14.30 Uhr und 18 Uhr". Im April 1949 warb das „Allotria" gar mit einer Riege von 50 Artisten, die „in pausenloser Reihenfolge Meisterleistungen" böten, um das Publikum bestens zu unterhalten. Denn, so Conférencier Walter Böhme: „Die gute Laune ist das Nervenfett der heutigen Zeit." Die Konkurrenz vom „Ballhaus Trichter" spielte nach dem Krieg in einem deutlich schmuckloseren Gebäude, verfügte dafür aber über eine „kupferne Bühne" für ihr „ausgezeichnetes Weltstadtprogramm". Im Januar 1951 musste der „Trichter" dennoch Konkurs anmelden und wurde von einem neuen Besitzer übernommen.

Auch das „Panoptikum" am Spielbudenplatz nahm nach der Währungsreform seinen Betrieb wieder auf und zeigte in notdürftig hergerichteten Räumlichkeiten „Männer der Zeitgeschichte" in Wachs: Josef Stalin ebenso wie den verstorbenen US-Präsidenten Roosevelt und Winston Churchill – bekleidet mit den Smokings der Betreiber, denn Kostüme waren rar. Die Hitler-Büste, die schon während des „Dritten Reichs" nicht gezeigt werden durfte (angeblich „entehrte" sie den „Führer"), musste allerdings weiter unter Verschluss gehalten werden: Die Briten hatten ihre Ausstellung untersagt.

Ein besonders imposanter Vergnügungspalast der Nachkriegszeit entstand im heute noch aufragenden Hochbunker auf dem Heiligengeistfeld: Die neue „Scala" verfügte über einen Saal mit 950 Sitzplätzen. Während hinter den Kulissen alte Aufschriften wie „Tür zu bei Gefecht" an schwere Zeiten erinnerten, paradierten auf der Bühne „Tausend und eine Frau" in der gleichnamigen Revue. „Die spärlich bekleideten Damen ... lächeln, als ob sie in Hollywood zur Schule gegangen wären", lobte der „SPIEGEL": „Sie tragen Pariser Modelle und Phantasiekostüme aus bemaltem Cellophanpapier."

Kochtöpfe statt U-Boote

Für die vielen St. Paulianer, die in Hafen und Werften arbeiteten, gestaltete sich der Neubeginn nach dem Krieg dagegen schwierig. Auf dem Grund der Hafenbecken lagen unzählige Wracks. Jeden Tag bargen Taucher Schiffstrümmer. 80 Prozent der Hafenanlagen waren zerstört, und die Seefahrt kam nur langsam wieder in Gang. Die Hafenarbeiter klagten zudem über dauernde Unterernährung. Am 5. Januar 1948 traten über 5000 von ihnen in den Streik.

„Erst satt essen, dann volle Arbeitsleistung!", hieß es auf ihren Plakaten. Sie forderten mehr Lohn, Kleidung und eine Schwerstarbeiterzulage bei den Lebensmittelrationen. Das Druckmittel lag im Hafen: Schiffe mit Kohlen, Kartoffeln und Getreide, die ohne die Hilfe der „Schauermänner" nicht entladen

„Am Anfang war ich unbedarft"
Erna Thomsen, die älteste Tresenkraft des Viertels

Seit 1949 hinterm Tresen: Erna Thomsen

Als Erna Thomsen 1948 nach Hamburg kam, brachte sie ihr neues Haus gleich mit: zusammenlegbar und aus Holz, die beste Lösung für eine Stadt in Trümmern. Über den Standort für den „Silbersack", den sie mit ihrem Mann 1949 eröffnete, waren sich beide einig: „Es sollte auf St. Pauli sein." Wo sie sich da niedergelassen hatte, lernte sie erst allmählich: „Am Anfang wusste ich gar nicht, was ein Lude war. Ich war so unbedarft." Doch wohlgefühlt hat sie sich auf St. Pauli immer. Zur Eröffnung köderte sie die Kneipengänger noch mit Freigetränken („Es war ja die Nachholzeit"). Viele wurden Stammgäste. Vor allem Hafenarbeiter und Seeleute kamen gern auf einen „Lütt un' Lütt" aus Bier und Schnaps vorbei: „Es war vom ersten Tag an voll." Heute ist Erna Thomsen, Jahrgang 1924, noch immer hinterm Tresen aktiv. Ob sie eine Lieblingskneipe hat, außer der eigenen? Vielleicht die „Bar Celona", früher in der Wohlwillstraße: „Das war in den 50ern der erste Schwulenladen, das war damals natürlich interessant. Da hatten die Männer an der Garderobe Frauenkleider an." Dem FC St. Pauli trat Erna Thomsen kurz vor der „Retteraktion" 2003 bei: „Weil's denen schlecht ging. Da muss man ja zusammenhalten."

Der Stadtteil St. Pauli 1945-1951

werden konnten. Schon wenige Tage später kam es zu einer ersten Tarifeinigung, und Textilien wurden verteilt. Am 8. Februar schlossen Gewerkschaften und Arbeitgeber ein Lohngarantieabkommen ab, das auch „unständigen Schauerleuten" ohne festen Arbeitsvertrag ein Mindesteinkommen sicherte.

Den Werftarbeitern ging es nicht besser, denn der Neubau von Schiffen war zunächst verboten. Statt U-Booten fertigten die Arbeiter von Blohm & Voss Kochtöpfe, Haushaltswaagen und Kochherde. Anfang 1946 untersagte die Militärregierung diese „Notstandsbeschäftigung", erklärte das Werftgelände zum Sperrgebiet – und ordnete die Sprengung der Werftanlagen an.

„Dumpf dröhnten die Detonationen über die Elbe", beschreibt der Historiker Hans-Georg Prager: „Binnen Minuten wurden Millionenwerte zerstört. Auch die intakten Kräne wurden ohne Erbarmen mit in die Luft gejagt. ... Die Explosionen trafen Hamburg mitten ins Herz." Als 1950 auch das Trockendock „Elbe 17" gesprengt werden sollte, erhob sich ein Protestsurm. Schließlich verzichteten die britischen Behörden auf die geplante Zerstörung, um den (alten) Elbtunnel nicht zu gefährden. Schon vor der Absage hatten mehrere zehntausend Hamburger wegen der Demontage von Hafenbetrieben ihre Arbeitsplätze verloren.

Das Leuchten der Neon-Kuh

Zur gleichen Zeit war das Heiligengeistfeld noch immer von mehreren hundert Menschen bewohnt. Doch im Februar 1950 beschloss der Senat die Räumung, um Platz für eine Landwirtschaftsausstellung zu schaffen. Als die „Olympiade der Landwirtschaft" („Abendblatt") am 27. Mai 1951 eröffnete, kamen schon am ersten Tag über 85 000 Besucher, und der „Nordwestdeutsche Fernseh-Funk" sendete die „erste unmittelbare Außenübertragung" eines aktuellen Ereignisses nach dem Krieg.

„Der Ausstellungskalender ist so dick wie das Hamburger Fernsprechbuch, der Tierkatalog 340 Seiten stark", jubelte das „Hamburger Abendblatt": „Alles lebt, alles ist in Bewegung. ... Neben dem Bunker Feldstraße ... stehen Kartoffeln in Blumentöpfen, im Haus der Düngung leuchtet eine Neon-Kuh. Abertausende von Eindrücken stürmen auf den Besucher ein. Man braucht nicht Stunden, sondern Tage, wenn man alles richtig verdauen will." Angesichts der vielfältigen Gaumenfreuden, mit denen die Schau warb, durfte der letzte Satz durchaus wörtlich verstanden werden.

Nach Jahren des Mangels wirkte die achttägige Landwirtschaftsschau wie ein Vorgeschmack des kommenden Wohlstandes, und die Zeitungen machten Hoffnung auf ein „trümmerfreies Hamburg" in spätestens 15 Jahren. An einem besonders markanten Grundstück waren die Aufräumarbeiten schon weiter fortgeschritten: Am 19. Oktober 1950 brachten fast 25 Kilo Sprengstoff die Ruine der ehemaligen „Volksoper" am Anfang der Reeperbahn zum Einsturz. Das frühere „Concerthaus Ludwig" mit seinen prächtigen Operetten und Revuen war Geschichte (s. S. 23).

Wie bei der Sprengung des Iduna-Hochhauses am gleichen Ort rund 40 Jahre später waren zahlreiche Schaulustige zugegen. Sie erlebten ein Spektakel mit Symbolcharakter. „Das Gesicht St. Paulis hat sich gewandelt", schrieb der Theaterautor Paul Möhring

Zu hungrig zum Arbeiten: Im Januar 1948 traten über 5000 Hafenarbeiter in den Streik

Zerbombter Prachtbau: Das frühere „Concerthaus Ludwig" am Anfang der Reeperbahn wurde 1950 gesprengt

melancholisch: „Die Reeperbahn, wie sie einmal war, gibt es nicht mehr, kaum noch eine ‚Reeperbahn abends nach acht'." Was nun komme, müsse „der neuen Zeit, dem veränderten Geschmack Rechnung tragen und Konzessionen machen".

Das „Abendblatt" dagegen geriet 1951 ins Schwärmen: „Wenn auf der Reeperbahn die Lichter glühen, wenn über Spielbudenplatz und Große Freiheit sich die Menschen drängen und ein Stimmengewirr in allen Sprachen der Welt durch die Luft schwirrt, dann wissen wir: St. Pauli hat seine internationale Atmosphäre wieder." ■

1945–1951

Die Trümmermänner

Wie die Mitglieder des FC St. Pauli ein neues Stadion bauten – und die Behörden vor vollendete Tatsachen stellten

Der Sportplatz des FC St. Pauli bot bei Kriegsende ein ähnlich trauriges Bild wie die Häuserskelette, die ihn umgaben. Bereits im Juni 1946, einen Monat nach Kriegsende, begannen die Vereinsmitglieder mit dem Wiederaufbau.

Bis dahin hatte der FC St. Pauli immer wieder Rückschläge einstecken müssen, was seine Pläne für eine geeignete Spielstätte anging. Bis zum Kriegsende spielten die Braun-Weißen auf einem Platz, der lediglich eine einzige Stehtraverse mit vier Stufen besaß, und selbst die war hart erkämpft worden. Denn die Baubestimmungen für das Heiligengeistfeld waren streng. Jedes Bauvorhaben führte zu zähem Papierkrieg mit den Behörden.

Umso entschlossener nutzte der FC St. Pauli die Nachkriegswirren, um vollendete Tatsachen zu schaffen. Eine wichtige Rolle spielte dabei Bernie Strauss. Der spätere Trainer der Damenhandballmannschaft des Vereins hatte als „Halbjude" während des „Dritten Reiches" Zwangsarbeit leisten müssen. Nun war er in der Baubehörde tätig und nutzte seine Stellung, um die notwendigsten Arbeitsgeräte zu besorgen.

Der Stadionbau war reine Handarbeit, und viele Vereinsmitglieder halfen mit: Sie schleppten Steine, schaufelten Trümmerschutt in Loren und zogen sie vom Platz. „Wir Kinder haben alle mitgeholfen", erzählt Horst Thomas, damals neun Jahre alt. „Sonst bekamen wir auch keinen Ball zum Spielen von Jugendleiter ‚Käppen' Rudolph." Einen eigenen Ball besaß Thomas damals nicht – genauso wenig wie alle anderen Kinder.

Auch Fußballstiefel waren ein unvorstellbares Luxusgut. Man spielte in Straßenschuhen. Braune Hosen aber, die gab es – als ganz spezielles „Erbe" des Nationalsozialismus: „Meine erste Hose war aus einem Braunhemd vom ‚Jungvolk' gemacht", erzählt Thomas. „Das hat meine Mutter einfach umgenäht." Nach über einem Jahr Schufterei konnte sich das Ergebnis sehen lassen: ein Stadion für 30 000 Zuschauer mit 17-stufiger Steh-

Horst Thomas (r.): „Wir Kinder mussten alle mithelfen"

Ein Fußballstar baut sein eigenes Stadion: Walter Dzur legt noch eine Schippe drauf

traverse und Tribüne. Die Stehplatzstufen waren deutlich höher als die heutigen am Millerntor. Zeitzeugen erinnern sich gern an die gute Sicht, auch für kleingewachsene Fußballanhänger. „Wenn das Stadion voll war, hatten die, die zuletzt kamen, die besten Plätze", schildert Fan Herbert Hentschel. „Die haben sich dann ein bisschen nach vorne fallen lassen, und dann sind die anderen nach vorne gestürzt. Da war mitunter böse was los." Diese Erfahrung durften die St. Paulianer zum ersten Mal machen, als das hoffnungslos überfüllte Stadion am 17. November 1946 eingeweiht wurde. Als Gast hatten sich die Braun-Weißen den mehrmaligen Deutschen Meister FC Schalke 04 eingeladen, der vor rappelvollen Rängen mit 1:0 geschlagen wurde. Unzufrieden waren nur die Behörden der Stadt Hamburg. Sie monierten bereits 1947, der Verein habe auf seinem Sportgelände ohne die erforderliche Genehmigung eine große Tribüne aus Trümmerschutt aufgebaut. Auch die Lage des Stadions war den Beamten ein Dorn im Auge: Es stand nach wie vor an alter Stelle, an der Ecke Glacischaussee/Budapester Straße. Schon damals begann eine Debatte um die Verlegung des Millerntor-Stadions, die erst 1961 mit dem Umzug an den heutigen Standort endete. Doch damit ging der Behördenärger erst richtig los ... (s. S. 168) ■

Mit Schaufeln und Loren: Stadionbau war damals reine Handarbeit

…se Postkarte half den Stadionbau finanzieren

Das neue Stadion des FC St. Pauli (Blick auf Glacischaussee und Museum für Hamburgische Geschichte). Die Stufen der Stehtraversen waren angenehm hoch – so konnten auch kleine Besucher gut sehen

Trainiert wurde im Stadion: Hans Appel mit perfektem Fallrückzieher

> **Trainieren wie die Profis** Doch vor den Erfolg hatten die Götter auch hier den Schweiß gesetzt. Den vergossen St. Paulis Fußballer unter einigen zeittypischen Schwierigkeiten. So bot der Platz des FC St. Pauli eine ganz besondere Herausforderung: Inmitten der Sportanlage befand sich ein tiefer Bombenkrater.

Das Loch war so groß, dass es die Sicht auf die Bahngleise der darunterliegenden U-Bahn freigab. Bis zur Instandsetzung des Platzes blieb den neuen Stars des FC St. Pauli nichts anderes übrig, als um den gemeingefährlichen Trichter herum zu trainieren.

Da es seinerzeit noch kein Profitum im Fußball gab und auch Nationalspieler einem regulären Broterwerb nachgehen mussten (was damals durchaus wörtlich zu verstehen war), fand das Training lediglich zweimal die Woche statt.

Am Dienstag und Donnerstag pflügten die St. Paulianer den Trainingsplatz um, am Sonntag ihre Gegner. Und ebenfalls nur sonntags bekam man am Heiligengeistfeld Tore zu sehen – wortwörtlich. „Nach dem Spielen werden Latte und Pfosten fein säuberlich zur Straßenbauverwaltung bei der Brücke geschleppt; sie würden am anderen Tage nicht mehr dastehen, denn Holz kommt in Hamburg gleich nach den 50g Fett, die wir wöchentlich bekommen", schrieb die Vereinszeitung 1946 in einem „Brief an alle Kriegsgefangenen".

Auswärtsfahrten im Lkw Trotz der widrigen Umstände schickte der FC St. Pauli seine Mannschaft schon im Herbst 1945 auf Reisen. Am 28. Oktober hieß der erste Auswärtsgegner Holstein Kiel. Im Januar 1946 traten die St. Paulianer eine abenteuerliche Reise nach Essen an – im Lkw. „Was hat uns gefroren, als wir im Winter auf einem offenen Lastwagen, auf Persil-Kisten balancierend, ins Ruhrgebiet fuhren, wie ‚schön' war das Schlafen kreuz und quer auf Sofas in einem ungeheizten Hotel, das seinen Namen als solches gar nicht verdiente", berichtet die Vereinszeitung. Das Spiel im Uhlenkrugstadion gegen eine Stadtauswahl mit Spielern von Schwarz-Weiß Essen und Westfalia Herne gewannen die reisegeplagten St. Paulianer vor 15 000 Zuschauern souverän mit 5:1.

Apropos Essen: Auch bei diesen Auswärtsfahrten spielte Geld nur selten eine Rolle. Die Vereinschronik schreibt: „St. Pauli 1. Mannschaft gegen Schinken, Eier und Speck! Nach diesem Muster musste damals in der ‚Gummimarkzeit' so manches Spiel abgeschlossen werden, damit die aktiven Spieler einigermaßen bei Kräften blieben. Woher einen Autobus nehmen (mit oder ohne Holzgeneratorantrieb), wie eine Unterkunft für die Truppe besorgen? Vor allem das A und O: Wovon werden wir unterwegs satt? Mit knurrendem Magen würde selbst einem Pelé das ‚Zaubern' vergehen, würde auch Puskás das Schießen vergessen." Zu dieser Zeit, dem Jahreswechsel 1945/46, hatte sich die neue Mannschaft des FC St. Pauli bereits formiert. >

1946

>> **10. Januar:** Erste Vollversammlung der **UNO**.
>> **31. Januar:** Bei einer **Schwarzmarkt-Razzia** in St. Pauli und Eppendorf werden 34 000 Zigaretten beschlagnahmt.
>> **15. Juni:** Die ersten „**CARE**"-Pakete mit Lebensmitteln aus den USA treffen in Deutschland ein.
>> **5. Juli:** Erster **Bikini** wird vorgestellt.

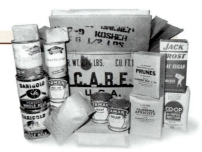

Hilfe für Deutschland: die „CARE"-Pakete aus den USA

Verdrängung statt Aufarbeitung
Der halbherzige Umgang mit der Vergangenheit

Oben: Gedenktafeln vor der neuen Südtribüne. Rechts: Gutachten über Wilhelm Koch

Die Art und Weise, wie der FC St. Pauli nach dem Ende des Nationalsozialismus die Zeit des „Dritten Reiches" aufarbeitete, ähnelte der Art und Weise, in der viele andere Vereine respektive Teile der deutschen Bevölkerung diese Zeit aufarbeiteten — nämlich so gut wie gar nicht. Beispielhaft dafür steht, dass der Verein schon 1962 eine Gedenktafel für seine Gefallenen des Zweiten Weltkrieges errichten ließ, eine Gedenktafel für die Opfer des Nationalsozialismus hingegen erst 2004.

Im Sprachgebrauch von damals wurde die Zeit des Nationalsozialismus und des Zweiten Weltkriegs oft als „Heimsuchung" bezeichnet, als „Katastrophe", die „über unser Volk hereinbrach" (Jubiläumsschrift von 1960). Die aktive Rolle Deutschlands blendeten viele weitgehend aus. Die Jubiläumsschrift fasst das damalige Denken entsprechend zusammen: „Gewiss, es ist viele Jahre her. Wir haben es überstanden und wollen die Zeit heute nicht mehr zurückrufen."

So wurde es zum Beispiel möglich, dass sich eine ranghohe NS-Größe wie Otto Wolff (s.S. 90) kurz nach Ende des Krieges problemlos wieder in das Vereinsleben integrieren konnte. Bezeichnend, dass es 1997 nicht der Verein selbst, sondern Buchautor René Martens war, der den Anstoß lieferte, sich mit der Zeit des Nationalsozialismus erstmals intensiver auseinanderzusetzen. Martens machte die NSDAP-Mitgliedschaft des ehemaligen St. Pauli-Präsidenten Wilhelm Koch publik.

Der Verein ließ daraufhin ein Gutachten über Wilhelm Koch erstellen. Obwohl das Gutachten Koch eher entlastete (s.S. 87), beschloss die Mitgliederversammlung des Vereins, das Wilhelm-Koch-Stadion in Millerntor-Stadion umzubenennen. Im Zuge der Erstellung des Gutachtens über Wilhelm Koch war es der Historiker Frank Bajohr, der über den Namen Otto Wolffs stolperte, und wieder war es René Martens, der sich der Figur annahm. Immerhin: Der FC St. Pauli beteiligte sich als einziger Fußballverein am Entschädigungsfonds für Zwangsarbeiter, der im Mai 2001 von der Bundesregierung ins Leben gerufen wurde. Zwar hatte der Verein selbst keine Zwangsarbeiter beschäftigt, schoss aber trotzdem 7000 D-Mark hinzu. Sosehr sich der Verein heute zu Recht seiner klaren Ablehnung rechtsradikalen Gedankengutes rühmt: In Sachen Aufarbeitung der Zeit des Nationalsozialismus ist ihm der „große Nachbar" HSV ein Stück voraus. Im Zuge der Recherchen für die Ausstellung „Die Raute unterm Hakenkreuz" (2007) setzten sich die Stellinger intensiv mit ihrer braunen Vergangenheit auseinander.

Der FC St. Pauli zog nach und gab 2008 eine wissenschaftliche Arbeit in Auftrag, die die Rolle des Vereins während des „Dritten Reichs" näher beleuchten soll. Reichlich spät, denn viele Zeitzeugen leben nicht mehr. Eigene Quellen besitzt der Verein nicht. Die endgültigen Forschungsergebnisse standen bei Drucklegung dieses Buches noch aus. ▪

Eröffnungsspiel gegen Schalke: riesiger Zuschauerandrang und ein 1:0-Sieg

> Die Namen der „neuen" St. Pauli-Elf, die größtenteils aus Dresden und Berlin stammte, sollte in Deutschland bald jedes Kind kennen.

St. Pauli wird Meister! In der britischen Besatzungszone führte Hamburg als erstes Gebiet einen geregelten Punktspielbetrieb ein. Ab dem 13. Januar 1946 spielten 13 Mannschaften in der neuen „Stadtliga Hamburg" zunächst eine „einfache Punktrunde" aus, bei der es keine Rückspiele gab. Den spielfreien achten Spieltag (Ende März) nutzte der FC St. Pauli – trotz „Fraternisierungsverbot" – für ein Freundschaftsspiel gegen eine britische Soldatenelf am Rothenbaum. St. Pauli gewann 3:1. Ein Sportprogramm schrieb, der FC St. Pauli hätte fast Fußballkunst in Vollendung geboten, „wenn seine Mannschaft nicht wieder in die übertriebene Kreiselei, unfruchtbare Breitenabgabe und Tändelei vor dem gegnerischen Tor verfallen wäre". Meister wurde am Ende der HSV. Die folgenden Spiele um die Norddeutsche Meisterschaft brach die britische Militärverwaltung nach dem Viertelfinale ab. Da war der FC St. Pauli bereits mit 2:4 gegen Osnabrück ausgeschieden.

Zur Saison 1946/47 kam es dann zu einer Serie nach gewohntem Muster, mit Hin- und Rückspielen. Der FC St. Pauli bereitete sich mit einem Trainingslager in Timmendorfer Strand vor, überflügelte dieses Mal sogar den HSV und holte sich den Titel des Hamburger Meisters.

Kiezkicker mit Starallüren St. Pauli qualifizierte sich damit (wie auch der zweitplatzierte HSV) für die Teilnahme an der erstmals ausgetragenen Britischen Zonenmeisterschaft. Doch die Kiezkicker zeigten Starallüren, als sie in der Qualifikation gegen Holstein Kiel antreten sollten. Sie verlangten, als Hamburg-Meister direkt an der Endrunde teilnehmen zu können. Als ihnen diese Forderung verwehrt wurde, verzichteten sie auf die Teilnahme am Wettbewerb – und handelten sich damit obendrein eine Spielsperre bis zum 15. August ein.

Tatsächlich war das Spielsystem damals leicht dubios: Während die Meister aus Niedersachsen, Bremen und Westdeutschland direkt qualifiziert waren, mussten die Erst- und Zweitplatzierten aus Hamburg und Schleswig-Holstein jeweils gegeneinander antreten.

Immerhin konnte sich der FC St. Pauli damit trösten, dass selbst die Meisterschaft der britischen Besatzungszone nicht zu höheren Weihen gereicht hätte: Eine Deutsche Meisterschaft wurde 1947 noch nicht wieder ausgespielt.

Fußballzauber im neuen Stadion Bereits ein gutes halbes Jahr zuvor hatte der FC St. Pauli sein neu entstandenes Stadion eingeweiht. Beim offiziellen Eröffnungsspiel am 17. November 1946 gab sich der große FC Schalke 04 die Ehre – und wurde verdient mit 1:0 nach Hause geschickt. Über 30000 Zuschauer im völlig überfüllten Rund standen bis an den Spielfeldrand >

1947

>> **1. Oktober:** Urteilsverkündung im **Nürnberger Prozess.** Hermann Göring begeht Selbstmord.
>> **22. November:** Hamburgs neuer Bürgermeister Max Brauer (SPD) fordert **2500 Kalorien** für jeden Hamburger.
DM: nicht ausgespielt

>> **4. Januar:** Der „**SPIEGEL**" erscheint zum ersten Mal.
>> **15. Februar:** Minus 25°C und **Brennstoffmangel** in Hamburg. Polizisten bewachen Kohletransporte.
>> **18. April:** Die Sprengung **Helgolands** misslingt den Alliierten.

>> **5. Juni:** Der US-Außenminister schlägt den **Marshall-Plan** zum Aufbau Europas vor.
>> **2. August:** Erster Nachkriegs-„**Dom**" auf dem Heiligengeistfeld.

Wappen, Wappen, du musst wandern

Das steinerne Emblem des FC St. Pauli hat eine bewegte Geschichte

Bekäme der FC St. Pauli einen Euro für jeden Menschen, der sich vor dem steinernen Vereinswappen auf dem Vorplatz der Südtribüne fotografieren lässt – er könnte sich den ein oder anderen Weltklassespieler leisten.

Die Geschichte des Betonwappens ist ebenso kurios wie bewegt: Der Zweite Weltkrieg war gerade zu Ende, da wünschte sich der Präsident von Rasensport Harburg nichts sehnlicher, als die hochgelobte „Wunderelf" des FC St. Pauli für ein Freundschaftsspiel zu engagieren. Da besagter Präsident gleichzeitig Inhaber des Bauunternehmens „Gizy" war, einigte er sich mit dem FC St. Pauli auf eine ungewöhnliche Antrittsprämie: ein in Beton gegossenes Vereinswappen. Das Wappen wurde bald geliefert – doch der FC St. Pauli blieb die Gegenleistung bis heute schuldig. Immer wieder wurde der Termin für das verabredete Spiel verschoben, bis das Ganze irgendwann einschlief.

Das Wappen (Durchmesser 2,40 Meter) fand seinen Platz zunächst auf dem Eingangsportal des damaligen Stadions an der Ecke Glacischaussee/Budapester Straße. Als Anfang der 60er Jahre das neue Millerntor-Stadion an seinem heutigen Platz errichtet wurde, zog das Wappen an einen neuen Standort auf dem Platz vor der Südkurve an der Budapester Straße um. Später wurde es wegen diverser Baumaßnahmen noch einmal leicht nach Norden versetzt. Ursprünglich in schönstem Betongrau gehalten, zieren das Wappen mittlerweile mehrere Eimer Farbe. Ein „Teer und Federn"-Attentat von HSV-Fans in der Nacht vor einem Regionalliga-Derby im Mai 2004 überstand das Schmuckstück unbeschadet (einige St. Pauli-Fans revanchierten sich später, indem sie Uwe Seelers überdimensionalem Bronzefuß vor dem HSV-Stadion die Fußnägel braun-weiß lackierten).

Seit jeher hat das Wappen für die Besucher des Millerntors nicht nur eine repräsentative, sondern auch eine praktische Funktion: Wer weiß, wie viele Menschen sich vor oder nach den Spielen niemals gefunden hätten, wenn ihnen das Kunstwerk aus Beton nicht als markanter Treffpunkt gedient hätte. ■

Einst stand das Steinwappen auf dem Eingangstor des alten Stadions an der Ecke Budapester Straße/Glacischaussee, das nach dem Zweiten Weltkrieg errichtet wurde. Im Hintergrund die Reste der Turnhalle und der Südbunker

Mit dem Umzug ins neue Stadion Anfang der 60er Jahre wanderte auch das Wappen mit, zunächst neben den alten Südbunker (Bild von 1964. Im Hintergrund die Südtribüne mit Zuschauern)

Als der Südbunker 1974 abgetragen und durch das heutige „Telekom-Gebäude" ersetzt wurde, wanderte das Wappen (jetzt frisch bemalt) ein paar Meter nördlich an seinen heutigen Standort

1945–1951

Das Gebäude der Schlachterei Miller in der Wexstraße 39 steht noch heute. Rechts oben: Schlachtermeister Karl Miller senior

Am Anfang war die Wurst
Ohne die Schlachterei Miller hätte es beim FC St. Pauli keine „Wunderelf" gegeben

„Radau, Radau, Radau!" – wenn dieser Schlachtruf über den Fußballplatz am Millerntor hallte, taten die braun-weißen Kicker gut daran, noch eine Schippe draufzulegen. Sonst hätten sie womöglich mit leeren Mägen nach Hause gehen müssen.

Der da rief und die Spieler des FC St. Pauli nach vorn trieb, war Karl Miller senior, seines Zeichens Schlachtermeister und Vater von St. Pauli-Verteidiger und Nationalspieler Karl Miller. Außerdem war Vater Miller in der Nachkriegszeit der heimliche Mäzen des Vereins. Aber nicht mit Geld versorgte er die Spieler des FC St. Pauli, sondern mit etwas, das zu Zeiten des Schwarzmarktes und der Lebensmittelknappheit viel mehr wert war: mit Kalorien.

Dabei war der Schlachtermeister nicht immer ein Fußballfan gewesen. Sein Sohn Karl musste vor ihm lange verheimlichen, dass er beim FC St. Pauli spielte. Als der Filius dann zunehmend Erfolge feierte und sogar mehrfach in die Nationalmannschaft berufen wurde, schwoll des Vaters Brust voll Stolz, und er avancierte zum leidenschaftlichen Unterstützer des Vereins. Seine Begeisterung ging so weit, dass er sich nach Siegen gelegentlich seiner Kleidung entledigte und nur mit einer langen Unterhose bekleidet Freudentänze auf dem Platz vollführte.

Während des Krieges war Karl Miller junior als Gastspieler beim Dresdner SC tätig gewesen. Die Dresdner waren damals eine absolute Spitzenmannschaft: 1940 und 1941 wurden sie Deutscher Pokalsieger, 1943 und 1944 Deutscher Meister. Als Dresden nach dem Krieg in Trümmern lag, nutzte Miller seine Kontakte zu den ehemaligen Mitspielern und überredete sie, nach Hamburg zu kommen. Nicht ohne dabei die Qualitäten des väterlichen Wurstkessels zu loben – ein kaum zu schlagendes Argument. „Es ging damals nicht ums Geld", bestätigt Millers Mannschaftskamerad Harald Stender, „sondern ums Sattwerden."

So fanden sich die „Fleischlegionäre" regelmäßig in der Wexstraße am Großneumarkt ein, um in der Schlachterei Miller ihre „Bezahlung" entgegenzunehmen. Bisweilen speiste die Mannschaft dort auch gemeinsam in geschlossener Gesellschaft. Neben Miller versorgte auch Richard Sump, Geflügelhändler und Vizepräsident, die hungrigen Kicker regelmäßig mit Eiern und anderen Lebensmitteln. Ohne die beiden „Kalorienmillionäre" hätte es die „Wunderelf" wohl nie gegeben.

Der FC St. Pauli dankte Karl Miller die Unterstützung auf seine Weise: Als Miller einmal eine geeignete Unterbringung für mehrere schlachtreife Schafe suchte, stellte ihm der Verein kurzerhand seinen Fußballplatz zur Verfügung. Charmanter Nebeneffekt: Als biologisch unbedenkliche „Greenkeeper" hielten die Schafe den Rasen kurz und düngten ihn sogar. Eine brillante wie kostengünstige Idee, die eine Renaissance verdient hätte. Hatten die „Fleischlegionäre" sich bei Miller versorgt, schlenderten sie oft in das Geschäft von Schustermeister Paul Brodde direkt gegenüber. Der begeisterte St. Pauli-Fan besohlte den Kickern regelmäßig (und meist kostenlos) ihre Fußballstiefel. Über seinem Arbeitsplatz hing ein Pappschild mit den Bildern der ehemaligen Helden des Dresdner SC, die jetzt seine Kunden waren. Das Gebäude der Schlachterei Miller in der Wexstraße 39 steht heute noch. Schon lange wird hier kein Schlachtermesser mehr geschwungen: Inzwischen werden fernöstliche Mode und Design feilgeboten. Der Radau ist gegangen. Die Erinnerung an die hungrige „Wunderelf" bleibt. ■

Als Sattwerden auch für Fußballstars nicht selbstverständlich war: Hans Appel (l.) und Walter Dzur (r.) lassen es sich schmecken (wahrscheinlich auf einer Auswärtsfahrt, ca. 1948)

Kampf der Kalorien: Wenn man dieser Karikatur des „Sportprogramms" glauben darf, waren auch die Spieler des HSV wohlgenährt

„Ruck, zuck über'n Zaun": Der FC St. Pauli als Zuschauermagnet nicht nur für zahlende Gäste (zeitgenössische Karikatur)

Derbys gegen den HSV boten schon damals viel Zündstoff (Karikatur des „Sportprogramms", 1947)

gedrängt und staunten über die Fußballkunst ihrer Elf. Die Presse war voll des Lobes über den Fußballzauber, der am Millerntor plötzlich Einzug gehalten hatte. Die „Sport-Drehscheibe" schrieb im Dezember 1946: „Ohne Zweifel kann heute die Elf des FC St. Pauli als die interessanteste Fußballmannschaft Deutschlands bezeichnet werden. Bedingt durch die besonderen Zeitumstände haben sich am Millerntorplatz eine Anzahl bester Fußballkräfte zusammengefunden, die alles andere, nur keine ‚waschechten' Hamburger sind. Berliner und Dresdner stellen heute das Hauptkontingent der St. Paulianer, und tatsächlich befinden sich in der ersten Mannschaft sage und schreibe nur noch drei Söhne von der Waterkant!"

Dass die „Wunderelf" allerdings auch ihre schwachen Momente hatte, deutet eine andere Zeitung an: „Wenn die Papierform nicht ach so trügerisch wäre wie die St. Pauli-Weiberherzen, müssten die Millerschen mit diesem Material alle Gegner in Grund und Boden spielen. Ja, wenn ... !"

St. Pauli stürmt den Holstenwall ... fast

In der Nachkriegszeit verfügte der FC St. Pauli über unglaubliche 50 aktive Mannschaften. Kein Wunder, dass die wenigen auf dem Heiligengeistfeld zur Verfügung stehenden Plätze für Training und Spielbetrieb kaum ausreichten. „Solange unser Gelände immer wieder von Ausstellungen, Winter- und Sommerdom sowie Zirkusunternehmungen in Anspruch genommen wird, ist es um unsere Aussichten wenig rosig bestellt" seufzte Vereinschronist Franz Strohkar.

Deswegen wollte der FC St. Pauli am benachbarten Holstenwall neue Sportanlagen bauen lassen. Die ehemaligen Wallanlagen (seit Mitte der 30er Jahre „Planten un Blomen" genannt) waren nach dem Ende des Krieges zunächst mit allerlei Bombentrümmern „aufgefüllt" worden. Jetzt sollten dort drei Sportplätze, eine Badeanstalt und ein Jugendheim entstehen. Der Verein lud die lokale Presse zum Ortstermin und bat sie, „sich nachdrücklich für die Vorschläge des FC St. Pauli einzusetzen".

Schließlich befasste sich auch der Hamburger Senat mit der Sache – doch die Geschichte lehrt uns, dass Pläne des FC St. Pauli, die neue Sportanlagen betreffen, meistens nicht verwirklicht werden. Wie auch in diesem Fall. So dient „Planten un Blomen" bis heute vor allem dem gemütlichen Spazierengehen und höchstens einem gepflegten Dauerlauf.

Neue Liga, neues Logo

Zur Saison 1947/48 wurde die Oberliga Nord eingeführt. Gleichzeitig gab sich der FC St. Pauli in aller Stille ein neues Vereinswappen. Ähnelte das alte noch dem des „Stammvereins" St. Pauli-Turnverein, so trug das neue bereits alle Grundzüge des heutigen Vereinslogos (s. S. 125).

Der Einstand der St. Paulianer in der neuen Liga war durchwachsen. Am 5. Oktober 1947 besiegten sie Concordia Hamburg zwar mit 4:2, doch erhielten

1948

>> **7. August:** Der norwegische Forscher Thor Heyerdahl erreicht mit seinem Balsafloß „Kon-Tiki" Tahiti. Er war in Peru gestartet.

>> **21. November:** In den Hamburger Kammerspielen wird Wolfgang Borcherts Nachkriegsdrama „**Draußen vor der Tür**" uraufgeführt.

>> **31. Dezember:** Die britische Militärverwaltung erklärt die **Entnazifizierung Hamburgs** für abgeschlossen. Fast 330 000 Personen wurden überprüft. **DM:** nicht ausgespielt

>> **30. Januar:** Mahatma **Gandhi** wird ermordet.
>> **1. Februar:** Die Briten demontieren die Hamburger Werft **Blohm & Voss** als „Schadenersatz".

Beisetzung Mahatma Gandhis

1945-1951

"Bumsmusik"? Eine Militärkapelle spielt bei der Partie FC St. Pauli – Eimsbüttel am Millerntor auf (Saison 1948/49)

St. Pauli-Torwart Thiele und Concordias Stuhr die ersten beiden Platzverweise der norddeutschen Oberliga. Dieses wenig rühmliche Ereignis sollte jedoch die bis dato erfolgreichste Saison des FC St. Pauli einleiten.

Mit „Bumsmusik" nach oben Die neue Spielzeit wurde begleitet von einer Diskussion, die auch 60 Jahre später nichts von ihrer Aktualität eingebüßt hat: „Ist es denn immer notwendig, vor und nach dem Spiel der Liga und während der Pause Bums-Musik auf die Zuschauer loszulassen?", beschwerte sich ein Mitglied in der Vereinszeitung vom Januar 1948: „Gibt es nicht zur Überbrückung der Pausen Besseres als Zirkus-Musik?" Ein Stoßseufzer, der auch dem rockverwöhnten St. Pauli-Fan heutiger Tage bei manch schlagerlastigem Auswärtsspiel auf den Lippen liegt.

In der Abschlusstabelle 1947/48 belegte der FC St. Pauli punktgleich mit dem HSV den ersten Platz. Das Torverhältnis zählte damals noch nicht – leider, denn dabei hätte St. Pauli sowohl bei der Anzahl der geschossenen Tore als auch beim Torverhältnis die Nase vorn gehabt (St. Pauli: 73:20; HSV: 66:17). So musste ein Entscheidungsspiel her, das der HSV mit 2:1 glücklich gewann.

Nichtsdestotrotz qualifizierte sich der FC St. Pauli damit für die Britische Zonenmeisterschaft. Dort besiegte er zunächst Horst Emscher (das war tatsächlich ein Verein und kein einzelner Spieler). In diesem Spiel lief erstmals ein ausländischer Spieler für den FC St. Pauli auf: der Engländer Joseph Dalton. Vermutlich als Besatzungssoldat zu den Braun-Weißen gestoßen, verschwand er kurz darauf wieder in den Tiefen der Fußballgeschichte. Das Spiel gegen Emscher blieb sein einziges für Braun-Weiß.

Der nächste Gegner hieß Borussia Dortmund. Nachdem die erste Partie unentschieden ausgegangen war, siegte der FC St. Pauli im Wiederholungsspiel und sorgte so dafür, dass zum zweiten Mal seit 1903 kein westdeutscher Verein in den Endrundenspielen um die Deutsche Meisterschaft vertreten war. Im Endspiel um die Britische Zonenmeisterschaft ging es für den FC St. Pauli dann wieder gegen den HSV, und erneut verloren die St. Paulianer, dieses Mal deutlich mit 1:6. „Wir haben die Rothosen oft geschlagen. Aber immer, wenn es um die Wurst ging, siegte der HSV", bedauert St. Pauli-Legende Harald Stender noch heute.

Zwei Stufen vor der Meisterschaft Doch auch diesmal genügte der zweite Platz in der Zonenmeisterschaft, um sich für die Endrunde um die Deutsche Meisterschaft zu qualifizieren. Erster Gegner im Viertelfinale in Berlin war der Berliner Meister Union Oberschöneweide, Vorläuferclub des heutigen 1. FC Union Berlin. Die Reise in die von den Russen blockierte Stadt geriet zum Abenteuer (s. S. 118).

Das Spiel im kriegsbeschädigten Olympiastadion gewann der FC St. Pauli souverän mit 7:0 – und stand ›

›› **14. Februar:** In den Westzonen Deutschlands wird die Produktion von **Aluminium** wieder zugelassen. Torstangen bestehen allerdings nach wie vor aus Holz.

›› **20. März:** Die Sowjetunion zieht sich aus dem Alliierten Kontrollrat zurück. Beginn der **Teilung Deutschlands**.
›› **20. Juni: Währungsreform:** In den westlichen Besatzungszonen löst die D-Mark die Reichsmark ab.

›› **21. Juni:** Die Firma Columbia Broadcasting System stellt die **Langspielplatte** mit 33 ⅓ Umdrehungen pro Minute vor, die bald die Schellackplatte verdrängt.

1945–1951

Berlin blockiert, St. Pauli enthemmt
Abenteuerreise auf dem Weg zur Deutschen Meisterschaft: Viertelfinale in Berlin

Ran an die Buletten! Die Spieler des FC St. Pauli betreten das ausverkaufte Berliner Olympiastadion

Mit dem Bollerwagen durchs „Niemandsland": die St. Paulianer unterwegs nach Berlin

Und wieder hat's geklingelt: Heiner Schaffer lässt dem Torwart von Oberschöneweide keine Chance

Am Sonntag, dem 18. Juli 1948, bestritt der FC St. Pauli zum ersten Mal in seiner Geschichte ein Viertelfinale um die Deutsche Meisterschaft. Gegner: der Berliner Meister Union Oberschöneweide. Die „Expedition Berlin" wurde zu einem großen Abenteuer.

Knapp einen Monat vorher, am 21. Juni, hatten die westlichen Alliierten in ihren Besatzungszonen die D-Mark eingeführt. Die Sowjets reagierten am 24. Juni mit der Blockade Berlins, die fast ein Jahr andauern sollte. Die Hamburger fuhren somit in eine belagerte Stadt – in einer Zeit voller Ungewissheit. Die Angst vor einem neuen Krieg war allgegenwärtig. In den Medien und auf den Straßen wurde über die mögliche Absage der Olympischen Spiele in London diskutiert. „Kommt der FC St. Pauli, kommt er nicht?", rätselten die Berliner Zeitungen. Da die Erteilung der notwendigen Einreiseerlaubnis durch die sowjetische Militärverwaltung alles andere als sicher war, hatte der Verband sogar schon für ein Ersatz-Viertelfinale gesorgt: Im Falle einer Absage des Spiels in Berlin würden die St. Paulianer in Frankfurt auf die Stuttgarter Kickers treffen. Der Kartenvorverkauf für dieses Spiel hatte bereits begonnen, als die Sowjets dem FC St. Pauli in letzter Minute die benötigte

Genehmigung zur Reise in die blockierte Stadt erteilten. So setzte sich der Tross aus Hamburg am Sonnabendmorgen in Bewegung — und wurde bald schon gestoppt: Als der Omnibus eine Panne hatte, nahm sich St. Pauli-Idol Harald Stender, seines Zeichens gelernter Autoschlosser, höchstpersönlich der Reparatur an. Mit Erfolg. An der Zonengrenze schossen die Hamburger noch Erinnerungsfotos mit einem russischen Grenzsoldaten, ehe sie ihr Gepäck auf Bollerwagen verfrachteten und diese eigenhändig durch das „Niemandsland" zwischen britischer und sowjetischer Zone zogen und schoben. Dann ging es — dieses Mal mit russischer Eskorte — weiter ins blockierte Berlin.

Die Ankunft der Hamburger verbreitete sich wie ein Lauffeuer. 160 000 Karten hätten verkauft werden können, doch das im Krieg beschädigte Olympiastadion fasste nur etwa 80 000 Menschen. Am Spieltag pilgerten etliche Zuschauer zu Fuß zum Stadion, denn es fuhren kaum S-Bahnen — wegen Lücken in der Stromversorgung, ebenfalls eine Folge der russischen Blockade. Die Partie begann mit einiger Verspätung.

Was folgte, war ein „Lehrspiel des FC St. Pauli", wie eine Zeitung am nächsten Tag titelte. Bereits nach drei Minuten verwandelte Herrmann Michael die erste Ecke der St. Paulianer per Kopf zum 1:0. Machate ließ in der achten Minute das 2:0 folgen. Und obwohl St. Paulis Börner sich verletzte und von da an nur noch als „Statist" agierte, waren die Hamburger selbst zu zehnt noch deutlich überlegen. Noch vor der Pause fielen zwei weitere Tore. Am Ende stand es 7:0.

Auch wenn „ungezogene Besucher des Kampfes" („Der Sport") ihren Unmut über die Leistung der Berliner anfangs noch mit Pfiffen kundtaten: Ihre Enttäuschung wich schnell. So mancher Schlachtenbummler war den Hamburgern dankbar, dass dieses Spiel überhaupt stattfinden konnte. Und die Art ihres Auftritts hinterließ Spuren: „Durch eine meisterliche Leistung" spielten sich die Hamburger „in die Herzen der Berliner Fußballgemeinde" („Deutsches Sportecho").

„St. Pauli kreiselte à la Schalke", lobte die begeisterte Presse und schrieb von den „Meisterspielern aus Hamburg". Es habe sich — man höre und staune — „wieder das Wort bewahrheitet, dass St. Pauli die besten Spiele außerhalb Hamburgs liefert". Somit stand der FC St. Pauli im Halbfinale um die Deutsche Meisterschaft. Für den Heimweg waren die St. Paulianer glücklich über das Angebot der britischen Behörden, sie mit einer Militärmaschine nach Hause zu fliegen. Vereinskameraden holten den braun-weißen Reisetross in Bussen vom Feldflugplatz Fassberg bei Soltau ab.

Ob es an den Strapazen der langen Reise lag? Eine Woche später unterlag der FC St. Pauli im Halbfinale um die Deutsche Meisterschaft dem späteren Titelgewinner 1. FC Nürnberg in Mannheim mit 2:3 nach Verlängerung. ■

Der Interzonen-Reisepass von Mittelfeldspieler Harald Stender

160 000 Berliner wollten St. Pauli spielen sehen!

Aber „nur" 80 000 fanden im Olympia-Stadion Platz

Die größte Pflichtspielkulisse der Vereinsgeschichte: Als der FC St. Pauli kam, war das Berliner Olympiastadion mit 80 000 Zuschauern ausverkauft

1945-1951

Szene aus dem Halbfinale gegen den 1. FC Nürnberg (2:3 n. V.) mit Hans Appel

Pöschl's Volleybombe zerschmetterte
Der „Club" glücklicher, aber verdienter Sieger in der Verlängerung — Gebhard vergab Elfmeter — kurzer Zeit. 2:2 — St. Pauli ein ebenbürtiger

St. Paulis stillen Endspieltraum
vergab Elfmeter — Schaffer schnitzerte zweimal und schon hieß es statt 2:0 in Partner: wuchtig, hart und technisch beschlagen

damit im Halbfinale um die Deutsche Meisterschaft. Der HSV dagegen schied am gleichen Tage gegen Neuendorf sensationell mit 1:2 aus.

Als Halbfinalgegner der Braun-Weißen wartete der 1. FC Nürnberg. Der mehrfache Deutsche Meister war kampflos in die nächste Runde eingezogen und somit ausgeruhter als die St. Paulianer nach ihrer strapaziösen Berlinreise eine Woche zuvor.

Für das Spiel am 25. Juli 1948 in Mannheim hatten 91 000 Fußballfans Karten angefordert. Nur 37 000 fanden im Stadion Platz. Berittene Polizei versuchte, die begeisterten Massen im Zaum zu halten. Sogar die Berufsfeuerwehr stand mit dicken Wasserschläuchen bereit, „um Querulanten und Fanatiker evtl. zur Raison bringen zu können", wie die „Sportwelt" berichtete.

Gleichzeitig hatte das Spielfeld seine Tücken. Vor dem Tor am Stadioneingang befand sich eine größere Sandfläche – die Amerikaner hatten den Platz als Baseball-Ground genutzt und kurzerhand ein größeres Stück des Strafraumes rasenfrei gemacht. Auf dieser Seite des Feldes sollte dann auch kein Tor fallen. Nachdem den St. Paulianern ein Elfmeter verweigert worden war, gingen die Nürnberger zur Halbzeit mit 2:0 in Führung und sahen schon wie der sichere Sieger aus. Dann aber verschoss der Nürnberger Robert „Zapf" Gebhard einen Strafstoß und gab den Braun-Weißen damit Auftrieb. „Tute" Lehmann erzielte in der 56. Minute den Anschlusstreffer, ehe Fritz Machate in der 82. Minute ausglich und im weitgehend neutralen Mannheimer Publikum Jubelstürme auslöste. Es gab Verlängerung.

Die „Sportwelt" berichtet über das dramatische Ende des Spiels: „Nach dem Anstoß, den St. Pauli hat, entsteht sofort wieder eine beängstigende Situation vor Nürnbergs Tor und der Ausgang des Treffens scheint besiegelt. Doch dann kommt das überraschende Finale. Mit einem wie ein Blitz aus heiterem Himmel sausenden Volleyschuß in die linke untere Ecke traf der Nürnberger Pöschl St. Pauli etwa so wie einen Boxer, der, punktgleich mit seinem Gegner im Kampf liegend, gerade in dem Augenblick, wo er offensiv zu boxen beginnt, durch einen genau sitzenden Kinnhaken zu Boden gehen muß und ausgezählt wird." Durch Pöschls Volleybombe in der 94. Minute war das Spiel sofort beendet. Sein „Golden Goal", das damals noch nicht so hieß, schockte die St. Paulianer und zerstörte ihren Endspieltraum mit einem Schlag.

In der Kabine leckten die Braun-Weißen ihre Wunden und suchten nach Erklärungen. Stürmer Michael meinte, die Wurzel allen Übels erkannt zu haben, und verkündete in schönstem Plattdeutsch: „Ji harrt mehr scheeten musst!" Ob seine Mannschaftskameraden aus Sachsen und Berlin das verstanden? Die „Allgemeine Sportzeitung" lobte das Spiel im Nachhinein als einen „seltenen Festtagsbraten, der den Fußballfreunden im Südwesten neben

1949

>> **24. Juni:** Nach Einführung der D-Mark in den Westzonen Berlins blockiert die Sowjetunion die Stadt. Die Westmächte versorgen sie per **Luftbrücke**.

Die „Rosinenbomber" wurden im blockierten Berlin jubelnd empfangen

>> **14. November:** In Hamburg wird erstmals das „Fußball-Toto" ausgespielt.
>> Die **Fernbedienung** wird erfunden.
>> Erstmals kauft ein Team einen **ausländischen Spieler:** Der AC Mailand verpflichtet einen schwedischen Fußballer.
DM: 1. FC Nürnberg

>> **18. April: Irland** wird unabhängig. Nur sechs nordirische Grafschaften verbleiben im Vereinigten Königreich.
>> **30. April:** Im Hamburger Hafengebiet liegen noch 150 **Wracks** auf Grund.

Kurz nach dem verlorenen Halbfinale schlägt St. Pauli die Nürnberger mit 5:0

der sonst stets eifrig verkonsumierten Hausmannskost einmal serviert werden sollte". Näher sollte eine Mannschaft des FC St. Pauli der Deutschen Meisterschaft nie mehr kommen. Ironie der Geschichte: Nur drei Wochen später fegten die Braun-Weißen den 1. FC Nürnberg, mittlerweile Deutscher Meister, bei einem Freundschaftsspiel im Hamburger Volkspark mit 5:0 vom Platz. Das zeigt, zu welchen Leistungen die „Wunderelf" fähig war – wenn nicht auch sie am St. Pauli-typischen Syndrom des heroischen Scheiterns in entscheidenden Spielen gelitten hätte.

Progressives und Altbekanntes So fortschrittlich wie der Fußball, den der FC St. Pauli zu jener Zeit spielte, waren auch die Ideen seiner Mitglieder. Der Jugendausschuss schlug im Januar 1949 vor: „Wie wäre es, wenn der Verein Jugendlichen und Kindern einen besonderen Block auf dem Millerntor-Platz bei den Liga-Spielen zuweisen würde? Unsere ‚kleinen' Zuschauer würden dort nicht nur mehr sehen, sondern auch das ‚Wandern' der Kinder an den Rand des Spielfeldes würde unterbleiben." Fast 60 Jahre vor der Osnabrücker „Joe-Enochs-Kindertribüne" und diversen Familienblocks in deutschen Stadien war die Welt offenbar noch nicht bereit für diese lobenswerte Idee. Der Vorschlag verhallte ungehört.

Ansonsten mutete die Saison 1948/49 an wie eine Kopie der vorangegangenen Spielzeit: Erneut beendeten St. Pauli und der HSV die Oberliga Nord punktgleich auf dem ersten Platz, erneut musste ein Endspiel die Entscheidung bringen, erneut behielt der HSV die Oberhand, diesmal mit 5:3 – nachdem St. Pauli schon 2:0 geführt hatte. Und: Erneut qualifizierte sich der FC St. Pauli als Vizemeister für die Endrunde um die Deutsche Meisterschaft.

Mammutspiele gegen Bayern Dort besiegte die „Wunderelf" in der Qualifikation zunächst Rot-Weiß Essen mit 2:0. In der Vorrunde wartete der damals noch nicht ganz so große FC Bayern München. Für die erste Partie gegen die Bayern in Hannover hatte sich der kleine, aber feine Auswärtssupport der Braun-Weißen mit der knatternden Neuerfindung „Fußball-Ratsche Theodor" versehen, um effektvoller zu feiern. Es sollte nicht viele Gelegenheiten geben, davon Gebrauch zu machen. Die Partie brachte keinen Sieger; der zunächst führende FC St. Pauli kassierte bei Donner, Blitz und Hagelschauern (im Juni!) drei Minuten vor Schluss ein Gegentor. Das Spiel endete 1:1. Per Dekret beschloss der Obmann des DFA (Deutscher Fußball-Ausschuss, Vorläufer des noch nicht wieder neu gegründeten DFB), dass ein Wiederholungsspiel innerhalb von 24 Stunden stattzufinden habe. So standen sich beide Mannschaften bereits am nächsten Tag erneut gegenüber. Die St. Paulianer verkrafteten die außergewöhnliche Belastung besser als die Bayern und gewannen 2:0. „St. Pauli ist gegenüber dem Vortage kaum wieder- >

Erster Bundeskanzler: Konrad Adenauer

» **24. Mai:** Das **Grundgesetz** der BRD tritt in Kraft.
» **29. Juni:** In Südafrika wird die **„Apartheid"** zur Staatsdoktrin.
» **14. August:** Die CDU gewinnt die **ersten Bundestagswahlen.** Adenauer wird Kanzler.

» **18. August:** Der Schuhmachermeister Adolf Dassler gründet **„adidas"** und erfindet den **Schraubstollen.** Jeder Fußballschuh wiegt stattliche 500 Gramm.
» **7. Oktober:** Gründung der DDR.
DM: VfR Mannheim

Das Heiligengeistfeld um 1947
Der Neuanfang: Aus Trümmern bauen sich die St. Paulianer ihr erstes richtiges Stadion

Südbunker
Der Südbunker wurde wie der größere Nordbunker 1942 errichtet, jedoch 1974 gesprengt und abgetragen. Auch das Clubheim des FC St. Pauli wurde dabei in Mitleidenschaft gezogen. An der Stelle des Bunkers steht heute das gelbe „Telekom-Gebäude". Die unterirdischen Verbindungstunnel zwischen beiden Bunkern behinderten 2007 den Bau der neuen Südtribüne.

Turnhalle
Die Turnhalle des Hamburg-St. Pauli-Turnvereins wurde im Krieg durch Bomben stark beschädigt. Nach 1945 blieb nur der vordere Teil des Gebäudes stehen; 1962 ließ der Verein den Rest abreißen.

Schwarzmarkt
Der „umsatzstärkste" Schwarzmarkt St. Paulis befand sich in der Talstraße. Hier versorgten sich auch zahlreiche St. Pauli-Spieler – und mussten sich vor Razzien (Foto) ebenso in Acht nehmen wie alle anderen. „Unser Torwart Willi Thiele wurde erwischt", erinnert sich Mannschaftskamerad Harald Stender, „den musste Präsident Koch auf der Davidwache auslösen. Zum Glück waren die Wachleute Fußballfans."

Eingangstor und Wappen
Zeitgleich mit dem Stadion entstand ein neues Eingangstor. Auf dessen Mitte prangte stolz das Vereinswappen des FC St. Pauli. Dieses Kunstwerk aus Beton war ein Geschenk des Präsidenten eines Harburger Fußballvereins (s. S. 113). Als das Stadion Anfang der 60er Jahre an seinen jetzigen Standort „umzog", wanderte das Wappen mit. Heute steht es (farbig gestrichen) vor der Südtribüne des Millerntor-Stadions.

1945–1951

Nordbunker

Der größere der beiden Hochbunker auf dem Heiligengeistfeld wurde 1942 errichtet. Zu Kriegszeiten befand sich auf seinem Dach eine Flugzeugabwehrbatterie. Das Innere diente als Schutzraum für die Bevölkerung, aber die Gestapo soll hier gegen Kriegsende auch gefoltert haben. Heute wird dort in Musik-Clubs hip gefeiert. Aufnäher mit dem Aufdruck „Bunker Nordkurve" waren insbesondere bei Kutten tragenden Anhängern des FC St. Pauli in den 80ern sehr beliebt.

Schlachterei Miller

Karl Miller war der erste Nationalspieler des FC St. Pauli und auch sonst ein Glücksgriff: In der Schlachterei seines Vaters bekamen die Fußballer des Vereins regelmäßig „Fresspakete". Wegen dieser „Kalorien-Prämie" wechselten zahlreiche Spitzenspieler aus Dresden und Berlin zum FC St. Pauli und formten zusammen mit Miller, Harald Stender und anderen die legendäre „Wunderelf", die mehrmals um die Deutsche Meisterschaft mitspielte.

Das erste Stadion

Nachdem der alte St. Pauli-Platz kurz vor Kriegsende restlos zerstört worden war, begannen die Mitglieder und Freunde des FC St. Pauli an gleicher Stelle den Bau des ersten „richtigen" Stadions am Millerntor. Es entstand größtenteils aus Trümmern und fasste etwa 30 000 Zuschauer. Einen Monat nach Kriegsende war Baubeginn (8.6.1945), am 17. November 1946 Eröffnung: Mit 1:0 gewann der FC St. Pauli das offizielle Einweihungsspiel gegen Schalke 04. Das Stadion war restlos überfüllt. Das Luftbild zeigt das Stadion und die von Trümmern geräumte Neustadt.

1945-1951

Beschaulich: Trainingskiebitze am Millerntor in den 50er Jahren. Wer am Spieltag kam, zahlte (als Schüler) 65 Pfennig Eintritt

Wunder gibt es nimmer wieder ... Erneut tröstete sich Braun-Weiß mit dem Erreichen der Endrunde um die Deutsche Meisterschaft. Diese wurde erstmals im Gruppenmodus ausgespielt: Der FC St. Pauli traf auf Schalke, Kaiserslautern und Fürth. Es gab Hin- und Rückspiele; damit wurde das Heimspiel am 13. Mai 1951 gegen Kaiserslautern zum ersten Endrundenspiel um die Deutsche Meisterschaft, das am Millerntor stattfand. Obwohl sie eine Woche zuvor per 2:1-Auswärtssieg auf Schalke einen ansprechenden Endrundenstart hingelegt hatten, verpatzten die Braun-Weißen diese Premiere mit 2:4.

Im Anschluss wurde es nicht besser: Auch in Fürth (1:4), auf dem Betzenberg (0:2) und zu Hause gegen Schalke 04 (0:1) blieb die „Wunderelf" erfolglos. Den abschließenden 1:0-Heimsieg gegen Fürth wollten nur noch 4000 Zuschauer sehen. Sie wussten, dass die Partie bedeutungslos war.

Am Ende belegte der FC St. Pauli den letzten Platz seiner Gruppe und schied aus. Es sollte das bis heute letzte Mal gewesen sein, dass der FC St. Pauli um die Deutsche Meisterschaft mitspielte. Die „Wunderelf" gehörte in ihrer Glanzzeit zweifellos zu den besten Fußballmannschaften Deutschlands. Dass es der FC St. Pauli mit diesen überragenden Spielern dennoch nicht schaffte, Deutscher Meister zu werden, dass er immer wieder kurz vor dem Ziel scheiterte, manchmal unglaublich knapp – vielleicht ist dies das wunderlichste Vermächtnis der „Wunderelf". ∎

> Im Februar 1951 rasselte er im Spiel gegen Werder Bremen mit einem gegnerischen Spieler zusammen, knallte mit dem Kopf auf den hartgefrorenen Boden und zog sich einen doppelten Schädelbasisbruch zu. Die Verletzung sah so schlimm aus, dass der herbeigerufene Arzt konstatierte, da sei leider nichts mehr zu machen.
>
> Gott sei Dank irrte der Medicus, und Harald Stender erholte sich langsam. Bis dahin machte sich sein Fehlen jedoch deutlich bemerkbar. St. Pauli wurde hinter dem HSV wieder nur Tabellenzweiter, da halfen auch die beiden glanzvollen und torreichen Derby-Erfolge nichts.

1951

>> **16. Mai:** In Hamburgs S-Bahnen gibt es keine Sonderabteile für Alliierte mehr.
>> **8. November:** Der Monumentalfilm „Quo Vadis" mit Peter Ustinov läuft in US-Kinos an.

>> **Neue Fußballregel:** Der Ball muss weiß oder **schwarz-weiß** sein – auf Wunsch des Fernsehens.
DM: 1. FC Kaiserslautern

Sehen und gesehen werden: Ab jetzt sind Fußbälle schwarz-weiß

Der Tankwart der Herzen

In einer Star-Truppe aus Dresdnern und Berlinern wurde ein St. Paulianer zum Publikumsliebling

Idol und Identifikationsfigur: St. Pauli-Legende Harald Stender zu Zeiten der „Wunderelf"

Als „rechter Läufer" war Harald Stender beim FC St. Pauli nicht nur der „Benjamin" in einer Mannschaft großer Fußballstars. Er war auch eine Identifikationsfigur für das Hamburger Publikum. Auf St. Pauli groß geworden, wurde Stender als Straßenfußballer von Jugendleiter „Käppen" Rudolph entdeckt. 1933 trat er im Alter von neun Jahren in den FC St. Pauli ein. Nach dem Krieg war Stender einer von nur drei Hamburgern in der Stammformation der sogenannten „Wunderelf", die vor allem aus Dresdnern und Berlinern bestand. Als feste Größe in der sagenhaften Läuferreihe Stender-Appel-Dzur nahm er mit dem FC St. Pauli mehrmals an den Endrundenspielen um die Deutsche Meisterschaft teil. 1948 wurde er von der Hamburger Morgenpost zu „Hamburgs beliebtestem Sportsmann" gewählt.

Auch nach dem Ende der „Wunderelf" blieb Harald Stender dem FC St. Pauli viele Jahre treu. Spielern nachfolgender Generationen wie Alfred Brüggen und Otmar Sommerfeld war er ein Vorbild, und oft half Stender den jungen Mannschaftskameraden mit seinem Rat weiter. Wer sie heute nach Schwächen in Stenders Spiel fragt, der hört als Antwort oft eine Stärke: Fairness, manchmal übergroße. „Harald war sehr gut", meint Otmar Sommerfeld, „aber zu anständig." Das „Schlitzohr fürs Grobe" war Harald Stender nicht. Aber er war hart im Nehmen: Selbst ein doppelter Schädelbasisbruch, erlitten 1951 in einem Spiel gegen Werder Bremen, konnte seine Karriere nicht stoppen. Allerdings war damit eine mögliche Berufung als Nationalspieler dahin; Stender hatte kurz zuvor an einem Sichtungslehrgang des DFB teilgenommen. Als er 1960 seine Karriere beendete, war er nie für einen anderen Verein als den FC St. Pauli angetreten und hatte 336 Oberliga-Spiele bestritten – mehr als jeder andere im braun-weißen Dress.

Schon während seiner aktiven Zeit betrieb Harald Stender eine Tankstelle an der Stresemannstraße. Seine Mannschaftskollegen nahmen die handwerklichen Fähigkeiten des gelernten Autoschlossers nicht nur bei Auswärtsfahrten gern in Anspruch (s. S. 119). Noch bis in die 90er Jahre hinein spielte Stender aktiv Fußball bei den „Alten Herren" des FC St. Pauli und stand mehrere Jahre dem Ehrenrat des Vereins vor. Vielleicht noch mehr als durch seine sportlichen Erfolge wurde Stender durch sein immer herzliches und bescheidenes Auftreten abseits des Fußballplatzes zum Idol.

Als im Sommer 2008 die neue Südtribüne offiziell eröffnet wurde, gebührte ihm die Ehre, die Champagnerflasche zur Taufe an den roten Backsteinen zerschellen zu lassen. Als er zum Wurf anhob, kullerten dem Ehrenmitglied des FC St. Pauli Freudentränen über die Wangen. Wer Harald Stender kennt, weiß, dass sie von Herzen kamen. ∎

Noch heute ist Harald Stender seinem FC St. Pauli treu und regelmäßiger Gast am Millerntor

Harald Stender tut, was ein rechter Läufer tun soll: Er läuft (r.). Szene aus einem Heimspiel gegen Göttingen, Saison 1950/51

1951-1959

DAS FÜNFTE KAPITEL, in dem die weite Welt den Stadtteil verwandelt, während

St. Pauli vor einer ungewissen Zukunft steht: Was kommt nach der „Wunderelf"?

Nord-Derby im Nebel: Als der FC St. Pauli 1958 am Millerntor gegen Werder Bremen spielt, ist er kein Meisterschaftsanwärter mehr. Das Duell geht verloren – doch eine vielversprechende Elf macht neue Hoffnung

Der Stadtteil St. Pauli 1951-1959

Als das Hafenquartier zur „sündigen Meile" wurde

Hochbetrieb im Hafen, Wandel in der Unterhaltungswelt: St. Pauli in den 50er Jahren

Es ist 1951, und St. Pauli erwartet die große weite Welt. Der Hafen ist wieder zum Leben erwacht. Schiffe aus aller Herren Länder bringen fremde Besatzungen und Waren: Kohle aus den USA. Bananen und Gefrierfleisch aus Südamerika. Holz und Palmkerne aus Westafrika. Während Schauerleute die Waren löschen und Säcke, Fässer und Kisten bewegen, räumen Bauarbeiter Trümmer und Schutt: Der Wiederaufbau ist in vollem Gange.

Es zischt und dröhnt, rattert und hämmert. Dampframmen stampfen Pfähle in die Hafenbecken. Neue Kaimauern werden gebaut. Überall entstehen neue Lagerschuppen und Straßen, Eisenbahngleise und Kranfundamente.

Auch auf den Werften herrscht Hochbetrieb. Seit April 1951 dürfen sie wieder Handelsschiffe aller Größen und Geschwindigkeiten bauen. Der Alliierte Kontrollrat hat fast alle Beschränkungen aufgehoben. Kurz darauf melden die Hamburger Howaldtswerke eine Sensation: Für den griechischen Reeder Onassis sollen sie den größten Tanker der Welt bauen. Zum Stapellauf der „Tina Onassis" zwei Jahre später kommen hunderttausend Hamburger. Die Konkurrenz von Stülcken hat ebenfalls gut zu tun: Gegenüber den Landungsbrücken, wo heute ein Musicalzelt den „König der Löwen" beherbergt, werden jeden Tag Schiffsbleche

Schichtende: Brechend volle Barkassen bringen Hafenarbeiter über die Elbe

132

Der Stadtteil St. Pauli 1951–1959

gesägt, geschweißt und genietet – ein Höllenlärm. Der St. Pauli-Elbtunnel bei den Landungsbrücken ist der Menschenkanal, der die Flut der Werft- und Hafenarbeiter zu ihren Arbeitsplätzen spült. Schichtbeginn und -ende markieren ihre Gezeiten. Höchster Pegelstand: morgens zwischen sechs und sieben und nachmittags zwischen vier und fünf Uhr. Jeden Tag passieren 20 000 bis 30 000 Menschen die beiden Tunnelröhren. „Trotz steigenden Verkehrs reicht der Elbtunnel heute noch aus", schreibt das „Abendblatt" im September 1951 zum 40. Geburtstag des Bauwerks: „Schwierigkeiten bereiten in erster Linie die Radfahrer." An manchen Morgen stehen mehrere hundert Drahtesel und ihre Besitzer an den Tunnelaufzügen Schlange. Denn Autos sind für die Arbeiter noch ein unerschwinglicher Luxus, und das Geld für die Straßenbahn wollen viele sparen.

Auf der Elbe bringen brechend volle Barkassen Arbeiter ans andere Ufer. Immer wieder kommt es zu Unglücksfällen beim Anlegen, wenn Arbeiter versuchen, an Land zu springen, um vor der Masse das letzte Stück Heimweg anzutreten. Mancher wird zwischen Schiff und Hafenmauer zerquetscht und bezahlt seine Ungeduld mit dem Leben. Im Hafen selbst häufen sich freitags die Unfälle. Denn am Donnerstag bekommen die Hafenarbeiter ihr Geld direkt auf die Hand. Viele setzen ihren Lohn schnurstracks in flüssige Nahrung um, und längst nicht alle sind tags darauf ausgenüchtert. Auch freitags herrscht Hochbetrieb in den Kneipen St. Paulis, denn nun ist Zahltag für die Werftarbeiter. Bis sich die bargeldlose Zahlung aufs Gehaltskonto durchsetzt, warten allwöchentlich Hunderte von Frauen am Hafenrand, um ihren Ehegatten rechtzeitig das Geld abzunehmen.

Der ehemalige Hafenarbeiter Claus Bröcker kann sich an Szenen wie diese genau erinnern. 1951 war er als Neunjähriger mit seiner Mutter nach St. Pauli gezogen – in einen Wohnwagen, denn fester Wohnraum war knapp. Der Wagen stand in einer Kolonie mit 30 weiteren am Zirkusweg, nah am Millerntor und der Ruine des zerbombten Zirkus Busch (s. S. 24). „Die Zeiten waren nicht gut", meint Bröcker. Es gab eine Wasserstelle und Strom, aber „im Winter war es so kalt, dass die Bettdecke an der Wand festgefroren ist".

Eine Grenze im Stadtteil

Die ersten Wochen hielten einige Überraschungen bereit, etwa beim Besuch einer öffentlichen Bedürfnisanstalt: „Ich geh auf die Herrentoilette, und da seh ich zwei Frauen. Ich natürlich sofort wieder raus. Und dann hör ich hinter mir 'ne tiefe Stimme: ‚Min Jung, du bist hier schon richtig.' Das waren Männer, als Frauen verkleidet! So etwas hatte ich noch nie zuvor gesehen."

Als „Süd-St. Paulianer" musste Bröcker entdecken, dass es auch innerhalb des Stadtteils Hierarchien gab: „Die Kinder, die nördlich von der Reeperbahn gewohnt haben, haben sich immer als etwas Besseres gefühlt. Weil bei uns der Puff war, die Herbertstraße. Da waren wir sozusagen die Doofen." Dennoch blickt er gern zurück: „Es war spannend, dort aufzuwachsen. St. Pauli, das war der Stadtteil für viele tausend Hafenarbeiter, wie auch Wilhelmsburg, Altona und die Veddel. Und es war der Stadtteil für die Seeleute. Sehr international."

Stückgut-Verladung am Hafen: Bis zum Siegeszug des Containers waren unzählige Hände am Werk

Stolz vorm Stapellauf: Die in Hamburg gebaute „Tina Onassis" war 1953 das größte Tankschiff der Welt

Wer die Treffpunkte der Seeleute kannte, begegnete auf St. Pauli der Welt. „Wenn wir in diesen Lokalen ein paar Stunden sitzen und wir haben Glück", schrieb die „ZEIT" 1953, „so ist es fast, als seien wir zwischen allen Untiefen und allen Höhen des Leichtlebens auf einer Reise in fremden Ländern und Weltteilen. ... Dann kann man wirklich erleben, wie etwa in der ‚Barbara-Bar' zwischen Schilfwänden und exotischen Rudern und Netzen, Flaschen und Behängen sich Portugals bebärtete Fahrensleute vorführen. In der ‚Italia' meint man in das Liebesnest eines Dorfes bei Neapel geraten zu sein. Bei ‚Herrn Tschou aus ＞

133

Der Stadtteil St. Pauli 1951-1959

Kasperletheater auf der Reeperbahn

Ein bisschen Sünde für gesetzte Herren: Das „Damenwäsche-Wettangeln" war beliebt

Shanghai' hört man chinesische Schallplatten und sieht kleine Chinamänner europäisch dazu tanzen."

Weniger Entdeckungslustige steuerten das „Hippodrom" an, das Willi Bartels 1949 im Keller unter dem Varieté „Jungmühle" in der Großen Freiheit wiedereröffnet hatte. Das Programm hielt den berühmten Hans-Albers-Film nostalgisch am Leben. Jeden Abend drehten sechs bis acht Pferde ihre Runden, zusammen mit dem Esel „Knorke", der darauf dressiert war, alle Reiter abzuwerfen. Zur Freude des Publikums tranken die Tiere Bier. Kurz berockte Animierdamen sorgten für die notwendige Portion Sünde. „Wenn der Laden noch nicht so richtig voll war, hab ich gesagt: ,So, nun geht mal auf die Pferde!'", erklärte Willi Bartels sein Erfolgsrezept: „Beim Reiten rutschte der Rock dann höher und höher, und das war natürlich 'n herrlicher Anblick für die Gäste."

Von einer Syrienreise brachte Bartels als besondere Attraktion ein Kamelpaar mit. Zwar musste er die geplante Zucht aufgeben – der Hengst war kastriert –, doch die Kamelritte mitten auf St. Pauli waren äußerst beliebt. Gemalte Palmen an den Wänden sorgten für einen internationalen Anstrich. Wer zu wenig Geld für Fernreisen hatte, konnte sich davor fotografieren lassen, Kamel inklusive. „Das Foto kostete nur 'ne Mark, und das Ganze war ein großer Erfolg", so Bartels.

Laubsägewelten und „Ball paradox"

Das „Tabu" nebenan präsentierte sich noch mondäner. Der Maler Erwin Ross hatte es Mitte der 50er Jahre in eine Art „Weltmuseum" verwandelt. Als Vorlage dienten ihm die Farbbildchen eines Lexikons. „Ich hatte zehn Leute, für die hab ich vorgezeichnet", erzählt Ross, „die Kathedrale von Moskau, siamesische Tempel und alles. Und die haben das ausgesägt, aus Sperrholz. Das kam dann als Dekoration an die Wände." Zwischen Japan und Afrika, China und Manhattan lagen in der Welt des „Tabu" nur Zentimeter. Wasserpfeifen und Wandteppiche, orientalische Säbel und Schildkrötenpanzer vervollständigten das Bild. „Nachts gingen da die Mädels nur in Unterwäsche über den Laufsteg. Das war damals der Traumladen!", schwärmt Ross, mit dessen „Meisterstück" eine lange Karriere als Kiezmaler und -dekorateur begann (s. S. 158).

Das „Café Keese" an der Reeperbahn war auf andere Weise erfolgreich. Ab 1953 rief es unter dem Motto „Honi soit qui mal y pense" („Verachtet sei, wer schlecht darüber denkt") zum „Ball paradox" auf: Es galt „permanente Damenwahl". Herren, die „Körbe" verteilten, wurden des Lokals verwiesen. Die Journalistin Marion Gräfin Dönhoff zeigte sich ob des betont bürgerlichen Vergnügens überrascht: „Es ist so reinlich und ordentlich hier, daß es fast paradox ist, zu denken, daß es sich um Nachtleben handeln soll."

Derber ging es im Bierlokal „Zillertal" zu (heute „Schmidts Tivoli"). Gegen eine Bierspende an das Orchester konnten Gäste dieses selbst dirigieren. Auf dem Heiligengeistfeld gastierten derweil regelmäßig Catcher in Zirkuszelten mit bis zu fünftausend Plätzen. „Sehr interessant war das Publikum, das jedesmal dann in Ekstase geriet, wenn ein ganz besonders roher Griff angewandt

Der Stadtteil St. Pauli 1951-1959

wurde", urteilte die „ZEIT": „Ging es im Ring jedoch einigermaßen zahm und gesittet zu, langweilten sich die Zuschauer und begannen zu randalieren. So konnte die ... Situation nur noch durch den ‚Würger' gerettet werden, der von all den starken Männern dort der rüdeste Grobian war." Das kostspielig renovierte Operettenhaus am Spielbudenplatz – heute ein Musicaltheater – bot als Kontrastprogramm Stücke wie „Im Weißen Rößl".

Unterhaltungswelt im Wandel

Die Touristenzahlen schnellten in die Höhe. 1955 hatte Hamburg mehr internationale Gäste als alle anderen deutschen Städte, und kaum einer verzichtete auf einen Reeperbahn-Bummel. „Wer heute ins Ausland kommt und verrät, daß er aus Hamburg stammt", schrieb das „Abendblatt" im März 1956 stolz, „kann erleben, daß sein weitgereister Gesprächspartner mit der Zunge schnalzt. Früher tat man das, wenn von Paris die Rede war."

Die neue Internationalität rief jedoch auch warnende Stimmen auf den Plan: „Das Vergnügungsleben auf St. Pauli hat sich nach dem Kriege in der Tat gewandelt", so der Fremdenverkehrsverband der Stadt. „Man ... imitiert Paris, Wien, Bayern und die Südsee. Etwas, das man mit Hamburger Atmosphäre ansprechen könnte, ist nur noch in den kleinen Lokalen und in den Nebenstraßen zu finden und wenig attraktiv."

Wenig später folgte eine weitere tiefgreifende Veränderung: „Allotria schließt seine Pforten", meldete das „Abendblatt" am 15. Dezember 1958 über das Varieté, das bis 1936 als „Alkazar" bekannt gewesen war. An seine Stelle trat ein Bierlokal. Eine Woche später wurde der bevorstehende Abriss des „Trichters" gemeldet, der eine noch längere Tradition hatte (s. S. 23). Personalintensive Revueprogramme mit Live-Artistik und -Musik rechneten sich nicht mehr. Viele Menschen gingen lieber ins Kino – das seinerseits Konkurrenz vom Fernsehen bekam (s. S. 138).

Auch die Einwohnerstruktur des Viertels wandelte sich: „Ende der 50er Jahre zogen viele schon weg, wenn sie es sich leisten konnten", erinnert sich Claus Bröcker, „zum Beispiel nach Eimsbüttel." Autos wurden erschwinglicher. Der „Fahrradstau" am St. Pauli-Elbtunnel nahm ab. Der Siegeszug des Tourismus setzte sich fort, doch an die Stelle der Hafennostalgie à la Hans Albers trat allmählich das Bild der „sündigen Meile". „Herr, die Reeperbahn ist eine traurige Visitenkarte Deutschlands!", klagte 1959 der Missionar Pater Leppich, auch bekannt als „Maschinengewehr Gottes": „Aber ... keiner von uns hat das Recht, solche moralischen Katastrophengebiete zu verdammen. ... Wohnen nicht auch dort Menschen, die zwar mit den Füßen durch die Gosse der Großstadt gehen, aber mit der Stirn an den Himmel rühren? ... Ja, Herr, der Satan kennt sie, die Hafenkneipen und die Stehbars, die Tänzer und die Taxigirls! Aber Du kennst sie auch – und kennst sie besser! Und – Du liebst sie!" ■

Wüstensand vom Kiez
St. Pauli und der Soundtrack des Wirtschaftswunders

Er rührte Millionen: Schlagertexter Ernst Bader

„Brennend heißer Wüstensand": Mitte der 50er Jahre drang aus vielen Musikboxen auf dem Kiez ein Schlager, der das „Heimweh" im Titel mit dem Fernweh seiner Hörer verknüpfte. Es war die erfolgreichste Single der Wirtschaftswunderzeit. Ihr Sänger Freddy Quinn war 1951 in der „Washington Bar" auf St. Pauli entdeckt worden — ein Mann, der „wunderbar Gitarre spielen konnte" und „wie eine Strandhaubitze soff", so Ernst Bader, der den „Wüstensand"-Text schrieb, ebenso wie die Worte zu „Tulpen aus Amsterdam" und unzähligen anderen Erfolgen. „Schnulzenkönig" Bader war Pianist, Bühnenautor und „Mädchen für alles" im „Colibri" in der Großen Freiheit, ehe er „blutenden Herzens" wegging, wie er selbst sagte. Wenn er später „auf Besuch" einen „seiner" Schlager hörte, konnte es passieren, dass Tränen der Rührung in sein Bier kullerten: Baders Texte kamen von Herzen. Das Vermögen, das er mit ihnen verdiente, teilte er stets mit anderen, denn Bader verstand sich als „Christ und Sozialist". St. Pauli blieb er bis zu seinem Tod 1999 eng verbunden.

1951-1959

„1, 2, 3, Oberkörper frei": Training am Millerntor Anfang der 50er

Beschauliche Auswärtstour nach Rostock? Da kommen auch „Wunderelf"-Legenden wie Karl Miller (4. v. r.) noch mal mit

Wunder gibt es nimmer wieder

Nach dem Glanz der Nachkriegszeit stand der FC St. Pauli vor einem schwierigen Übergang. Statt um Meisterschaften spielte er zeitweise gegen den Abstieg

Als der FC St. Pauli in die Saison 1951/52 ging, hatte es den Anschein, als könnte er an die Erfolge seiner „Wunderelf" anknüpfen: Die Mannschaft blieb sechs Spiele lang ungeschlagen und erklomm die Spitze der Tabelle. Eine ganze Reihe von Nachkriegshelden war nach wie vor aktiv, etwa die Verteidiger Heinz Hempel und Jupp Famulla oder die Mittelfeldläufer Harald Stender und Walter Dzur.

Auch Spielmacher Robert „Zapf" Gebhardt und die Stürmer Alfred „Coppi" Beck, Fred Boller und Hans Sump hatten in der vorigen Endrunde zur Deutschen Meisterschaft mitgespielt, ebenso wie Torwart Schönbeck. Mit Harry Wunstorf aus Berlin stieß in diesem Jahr ein junger Keeper zu ihnen, der bald zum Stammspieler wurde (s. S. 141). Und mit dem 22-jährigen Otmar Sommerfeld vom Harburger Turnerbund verpflichtete der FC St. Pauli den späteren Rekordspieler der Oberliga Nord (s. S. 139).

Tumult am Millerntor Doch der Traum vom ruhigen Übergang in eine neue Ära des Erfolgs zerplatzte mit einem lauten Knall: Als der Tabellenletzte SC Victoria ans Millerntor kam, erwartete alles einen klaren Sieg des Spitzenreiters. Aber schon nach 18 Minuten lag St. Pauli 0:2 zurück. Victoria erspielte sich Chance um Chance, während die genervten St. Paulianer gegen den Schiedsrichter wetterten. Beim Freistoß forderte Walter Dzur ihn herrisch auf, den vorgeschriebenen Abstand vom Ball zur Mauer abzuschreiten und deren Position zu korrigieren – was er sogar tat.

Kurz vor der Pause gelang „Coppi" Beck der Anschlusstreffer, und danach drängten die St. Paulianer hektisch auf den Ausgleich. Eine Ecke folgte der anderen – ohne Ergebnis. In der 60. Minute forderte Gebhardt einen Handelfmeter für St. Pauli, doch der Unparteiische ließ weiterspielen. Zehn Minuten vor Schluss gab es erneut Freistoß für Braun-Weiß.

CHRONIK
1951

›› **31. August:** Die erste Langspielplatte mit 33 ⅓ Umdrehungen wird auf der Düsseldorfer Musikmesse präsentiert.
›› **19. September:** Premiere des Kinofilms „Endstation Sehnsucht". Hauptdarsteller Marlon Brando wird zum Idol der Jugend.
›› **28. September:** Arbeitsbeginn des Bundesverfassungsgerichts in Karlsruhe.

Neue Ära der Unterhaltungselektronik: Die LP kommt nach Deutschland

›› **24. Oktober:** US-Präsident Harry S. Truman verkündet das **Ende des Kriegszustandes** mit Deutschland.
›› **23. November:** Das Hamburger Studio präsentiert die **erste Wetterkarte** des deutschen Fernsehens.
DM: VfB Stuttgart

September 1952: Neuzugang Kühl erzielt das 1:0 gegen Werder Bremen. Doch drei Gegentore folgen – und eine triste Saison

Walter Dzur wiederholte seine Forderung nach einer „Mauerkorrektur". Doch diesmal gehorchte der Unparteiische nicht. Dzur verzog und geigte ihm die Meinung – Platzverweis. Die Zuschauer tobten. Als die Niederlage feststand, stürmten Hunderte den Platz und kreisten den Schiedsrichter ein. Mit Gummiknüppeln trieb die Polizei sie auseinander. „Zapf" Gebhardt brachte den Unparteiischen in Sicherheit, der das Stadion in einem „Peterwagen" der Polizei verließ.

Freikarten für den Frieden Aus heutiger Sicht liest sich die Stellungnahme des Vereinspräsidenten zu diesem Spiel, als sei sie dem Floskelbaukasten für Vereine mit Hooligan-Problemen entnommen: „Wir bedauern die Vorkommnisse außerordentlich", so Wilhelm Koch. „Aber eines ist gewiss: Die Übeltäter sind nicht unsere Anhänger, sondern wilde Fanatiker, wie sie unter dem anständigen Publikum auf allen Sportplätzen zu finden sind. Sie kommen nicht um des Sportes willen, sondern suchen ihre Befriedigung darin, randalieren und schreien zu können."

Schon im April 1951 war es am Millerntor zu Unruhen gekommen, als Tausende von Zuschauern die Stadiongitter überklettert hatten, um das Derby gegen den HSV zu sehen (s. S. 127). Ticketbesitzer fanden deshalb keine Plätze. Ein Rechtsanwalt zeigte den Verein wegen Betruges an, und 20 Zuschauer klagten auf Schadensersatz. Nach dem Skandal gegen Victoria bot der FC St. Pauli ihnen rasch Freikarten für das kommende Derby gegen den HSV an, vielleicht, um weitere Negativschlagzeilen zu vermeiden. Er kam günstig davon: Alle akzeptierten.

Bei diesem Spiel blieb alles ruhig, und jeder fand seinen Sitz- oder Stehplatz, denn das Stadion war nicht ausverkauft. Seit dem „großen Knall" gegen Victoria hatte der FC St. Pauli seine Form nicht wiedergefunden. Das Duell mit den „Rothosen" endete 0:2, und das feuchtkalte Wetter schien sich der Stimmungslage im Verein anzupassen: Von der Elbe war dichter Nebel aufgezogen, und das Millerntor lag unter einem dichten grauen Schleier.

Im Zeichen der Tristesse Am Ende der Saison war der FC St. Pauli Dritter. Zum ersten Mal nach dem Krieg hatte sich zwischen ihn und den Hamburger SV ein anderer Verein geschoben: Auf Platz zwei stand der VfL Osnabrück. Und so nahm nicht Braun-Weiß, sondern Lila-Weiß an der Meisterschafts-Endrunde teil. Die Vereinsführung setzte den Umbau der Mannschaft fort und verpflichtete Mittelfeldmann Alfred Brüggen, der St. Pauli beim „Krawallspiel" gegen Victoria das Leben schwer gemacht hatte, sowie dessen Teamkollegen Herbert Kühl, der erst als Stürmer und später in Mittelfeld und Defensive auflief. Beide wurden zu festen Größen, doch die Saison 1952/53 stand im Zeichen der Tristesse: „Es gab einmal eine Zeit, da verband sich mit dem ›

1952

Täglich für 10 Pfennig: Die neue „BILD"-Zeitung bietet „gedrucktes Fernsehen"

» 8. Februar: Der Bundestag beschließt mit 204:156 Stimmen einen „militärischen Beitrag" der BRD zur Unterstützung der Westmächte.
» 4. April: Die Briten geben die Insel Helgoland an Deutschland zurück.

» 6. Mai: Bundespräsident Theodor Heuss erklärt die dritte Strophe des Deutschlandliedes zur **Nationalhymne**.
» 24. Juni: In Hamburg erscheint die erste Ausgabe der „**BILD**"-Zeitung.
» 10. Juli: Die DDR gründet die **Nationale Volksarmee (NVA)**.

» 15. Oktober: Der Jazztrompeter **Louis Armstrong** spielt in Hamburg vor 12 000 begeisterten Zuhörern.
» 25. Dezember: Nach langem Testbetrieb startet das **deutsche Fernsehen** sein reguläres Programm – direkt aus Hamburg.
DM: VfB Stuttgart

Lösungsvorschlag für die sportliche Misere im „Harder Sportprogramm"

„Saure-Gurken-Zeit" nicht nur zur Sommerpause (Karikatur aus der Vereinszeitung, Juni 1952)

> Namen St. Pauli nicht nur der Begriff fröhlicher Nächte, sondern ... auch die Vorstellung einer großartigen Oberligamannschaft", schrieb das „Abendblatt", als Bremerhaven 93 am Millerntor gewann, eine Mannschaft, die dort noch nie einen Punkt geholt hatte. „Wer dieses Spiel ... gesehen hat, wird mit einer gewissen Resignation zugeben, daß die Epoche jener großen Millerntor-Elf endgültig vorüber ist."

Das Ausscheiden von Helden wie Miller, Appel und Machate habe der Mannschaft „so viel an Substanz genommen, daß von der damals in ganz Deutschland gefürchteten Einheit so gut wie nichts übrig geblieben ist. Bluttransfusionen waren ungenügender Notbehelf." Weder am Angriff („ungefährlich und ohne schöpferische Idee") noch an der Verteidigung („für eine Vertragsspielermannschaft geradezu unmöglich") ließ das „Abendblatt" ein gutes Haar. Das Ende der Saison gab ihm recht: St. Pauli landete auf Rang neun und hatte zwischendurch sogar Abstiegssorgen.

St. Pauli schreibt Mediengeschichte So bleibt diese Spielzeit eher aus mediengeschichtlichen Gründen erinnernswert: Einen Tag nachdem das deutsche Fernsehen den täglichen Sendebetrieb aufgenommen hatte, sendete es am 26. Dezember das erste Live-Fußballspiel im regulären Programm. Es war die Wiederholung des Achtelfinales im DFB-Pokal zwischen Hamborn 07 aus Duisburg und dem FC St. Pauli (das erste Spiel hatte 1:1 geendet). Da das Studio des Nordwestdeutschen Rundfunks sich im heute nicht mehr vorhandenen Südbunker auf dem Heiligengeistfeld befand, hatten die Kiezkicker einen fernsehtechnischen „Heimvorteil".

„Derartige Übertragungen versprechen, die Attraktion des Programms zu werden, denn hier [können] Zuschauer ein Ereignis miterleben und nicht – wie im Film – nacherleben", lobte der „SPIEGEL". Was nicht unbedingt ein Vorteil sein musste: „St. Pauli ist erschreckend schwach geworden", urteilte das „Abendblatt". Immerhin war das Spiel torreich: Hamborn schlug die Millerntor-Elf 4:3. „Wir können diese Sendung nur als gut gelungen bezeichnen", meinte das Fachblatt „Fernsehen".

Dürsten und Rennen Zu diesem Zeitpunkt – genauer gesagt im Oktober 1952 – hatte der ehemalige „Wunderelf"-Verteidiger Heinz Hempel das Training übernommen. Er erlebte mit dem FC St. Pauli manches Auf und Ab und blieb zehn Jahre in Folge im Amt. Das hat ihm bislang noch niemand nachgemacht.

Für die Spieler begann eine Zeit intensiven Konditionstrainings. „Laufen, laufen, laufen – das war wirklich so", erinnert sich Herbert Kühl: „Erst zehn Runden um den Platz und dann immer in Bögen die Stehtraversen rauf und runter." Die Strapazen wurden durch eine Lehrmeinung nicht erträglicher, die auch Hempel verfocht: Wasser trinken galt als >

1953

>> **9. März:** Zur Beisetzung **Josef Stalins** in Moskau kommen 1,5 Millionen Menschen.
>> **2. Juni: Queen Elizabeth II.** wird in London gekrönt. Rundfunk und Fernsehen übertragen live in die ganze Welt.
>> **17. Juni:** Sowjet-Truppen schlagen einen **Volksaufstand in der DDR** blutig nieder.

Steine gegen Kampfpanzer in Ostberlin

>> **12. Juli:** Einweihung des **Volksparkstadions** in Hamburg-Bahrenfeld.
>> **5. November:** Hamburgs Tiefbauamt verkündet das offizielle **Ende der Trümmerräumung** in der Hansestadt.
DM: 1. FC Kaiserslautern

1951-1959

Vom Fan zum Vorbild
Otmar Sommerfeld – Rekordspieler der Oberliga Nord und Liebling der Hafenarbeiter

„Sommerfeld im Triumph vom Platz", titelte der „Hamburger Mittag", als dem FC St. Pauli im Februar 1956 einer der raren Erfolge gegen den HSV gelang. Das „Schlagerspiel" am Millerntor endete 1:0, und der amtierende Meister der Oberliga Nord sah keinen Stich gegen die Braun-Weißen. Überragender Spieler: „Mittelläufer Sommerfeld, der Uwe Seeler nichts erlaubte!" Zwischen 1947 und 1963 bestritt Otmar Sommerfeld 362 Partien in der Oberliga Nord. Damit ist er der unangefochtene Rekordspieler dieser Spielklasse. Bei den meisten dieser Spiele – genau 227 – trug er das Trikot des FC St. Pauli. Als Sommerfeld 1951 vom Harburger Turnerbund ans Millerntor wechselte, war er 21 Jahre alt und hatte bereits 25 Oberligabegegnungen hinter sich, damals noch als Mittelstürmer. Auf einmal fand er sich unter Idolen wieder, die er kurz zuvor noch von den Rängen bewundert hatte, denn am Millerntor war Sommerfeld, ein großer Anhänger der „Wunderelf", regelmäßig zu Gast gewesen.

Als Walter Risse, Heinz Hempels Vorgänger im Traineramt, Sommerfeld zum Mittelläufer umschulte – eine Position, die in etwa der des späteren Liberos entsprach –, verdrängte der Neuankömmling ausgerechnet einen der Spieler, die er am meisten bewundert hatte: „Walter Dzur konnte alles am Ball", schwärmte er 2008: „Selbst wenn ich das mit heutigen Nationalspielern vergleiche – der war einmalig. Und wenn der hochging! Als wenn der ein Katapult hätte oder so. Ganz toll." Bald entwickelte sich Sommerfeld selbst zum Vorbild und Publikumsliebling. „Ick bin Sonntag wedder do – hau man 'n Schlach rin", riefen ihm die Hafenarbeiter zu, wenn er donnerstags nach dem Training die Reeperbahn hinunterging. Viele von ihnen kamen direkt von der Wochenendschicht zum Spiel, „und dann kamen die mit Bananen und schenkten uns die", so Sommerfeld. Auf dem Platz beeindruckte er mit Ballsicherheit, Schnelligkeit und Konstanz: In acht Jahren beim FC St. Pauli verpasste er nur dreizehn Partien. Die gegnerischen Mittelstürmer fürchteten den „dünnen Hering mit den spitzen Ellenbogen". Sommerfeld war fair, aber Zweikämpfen ging er nie aus dem Wege.

„Otmar, du kommst auch eines Tages zu uns", sagte HSV-Spieler Jochen Meinke öfters, „das ist nur eine Frage der Zeit." Doch Sommerfeld blieb. Auch dann, als Werder Bremen Mitte der 50er Jahre um ihn warb. Zum einen aus Verbundenheit zu Verein und Mannschaftskameraden, zum anderen, weil Präsident Koch ihm die Pacht einer Tankstelle vermittelte, die er 20 Jahre lang betrieb. Erst 1959 wechselte Sommerfeld zu Bergedorf 85, wo er noch vier weitere Jahre spielte.

An seine Zeit beim FC St. Pauli hat der gelernte Industriekaufmann stets gern zurückgedacht: „Ich habe eine wunderschöne Fußballzeit gehabt", resümierte er im Mai 2008, zwei Monate vor seinem Tod. „Das Menschliche, das war so stark, man kann das gar nicht erklären. Vielleicht hätte ich mehr Geld verdient, wenn ich zu Werder Bremen gegangen wäre oder woandershin. Aber ich muss sagen: Kohle ist nicht alles." ■

Vom Gegner gefürchtet: „dünner Hering" Sommerfeld

Otmar Sommerfeld im Mai 2008: „Kohle ist nicht alles"

Werder fehlte der Elan, den Beck, Sommerfeld hatten

1953/54 war nur Hannover 96 noch stärker als St. Pauli

Anno 1954 ein Ereignis: der Flug zum Spiel gegen Berlins Vizemeister Minerva

> leistungsmindernd. Während des Spiels war es verboten, vorher hieß die Devise: „möglichst wenig", so Herbert Kühl, der nach seiner aktiven Karriere selbst als Trainer arbeitete.

Besonderen Wert legte Hempel auf das Menschliche. Nach dem Training und nach Spielen saß er oft mit der Mannschaft zusammen, gern auch beim Kartenspiel. Als „Mädchen für alles" übernahm er zudem Zeugwartfunktionen, hängte Hemden auf und stellte Fußballstiefel hin. Auch der Kontakt zum Präsidium gehörte zu seinen Aufgaben: „Am Montagabend kam immer Wilhelm Koch, um das Spiel zu resümieren", erzählt Ingo Porges, der 1956 zur Mannschaft stieß. „Wenn wir verloren hatten, war das ein Canossagang. Ich hörte dann immer ‚Heinz Hempel?!?' Dann musste er zum Rapport. Ich habe ihn richtig bemitleidet, wenn er die Leviten gelesen bekam."

Tragischer Aufschwung Dazu gab es zunächst allerdings kaum Anlass, denn in der ersten vollständigen Saison unter Hempel kehrte der FC St. Pauli zurück an die Spitze und feierte berauschende Siege: 4:0 gegen Werder Bremen. 6:0 gegen Bremerhaven 93. 7:0 gegen Göttingen 05. Der große Rivale war 1953/54 einmal nicht der Hamburger SV, den St. Pauli in beiden Derbys schlug (3:0 am Millerntor und 2:0 am Rothenbaum), sondern Hannover 96. Als diese Mannschaft im November am Millerntor antrat, hatte sie zehn Siege am Stück errungen. Durch ein glückliches 1:0 holte sie den elften. Damit war „96" vorzeitig Herbstmeister – und hatte den stärksten Konkurrenten auf Abstand gebracht.

Am Ende der Saison stand der spätere Deutsche Meister Hannover auf Rang eins, der FC St. Pauli auf Rang zwei. Und wäre Stürmer „Coppi" Beck nicht wochenlang verletzt ausgefallen, „dann wären wir Meister geworden", versichert Harry Wunstorf: „Denn Beck war bei uns der Mann, der die Tore schoss." Die Tragik dabei: In jeder anderen Spielzeit wäre St. Pauli auch als Zweiter für die Meisterschafts-Endrunde qualifiziert gewesen – nur nicht in dieser, und das lag am späteren „Wunder von Bern". Damit Sepp Herberger und das Nationalteam sich in Ruhe auf die Weltmeisterschaft 1954 vorbereiten konnten, hatte der DFB die Endrunde kurzerhand verkleinert. Nur ein Vizemeister durfte in diesem Jahr daran teilnehmen, und das war Eintracht Frankfurt.

Die St. Paulianer nahmen es der Nationalelf nicht krumm und verfolgten die WM in mannschaftlicher Geschlossenheit vor den Fernsehern der Stürmer Hans Sump und Hans Wehrmann: Sie waren die Einzigen, die welche besaßen. Zudem bewiesen die Braun-Weißen ihre Klasse in der „Toto-Vergleichsrunde" gegen „zu kurz Gekommene" aus den anderen Ligen: Schalke 04 als Dritten der Oberliga West schlugen sie 5:0, den Südwest-Zweiten FK Pirmasens 4:0, und gegen Minerva Berlin, Vizemeister der dortigen Stadtliga, gingen sie mit einem 2:0-Sieg vom Platz.

1954

>> **12. April:** Bill Haley nimmt das Lied „Rock Around the Clock" auf.
>> **15. Juni:** Gründung des Europäischen Fußballverbandes **UEFA** in Basel.
>> **4. Juli:** Im Finale der **Fußball-WM in der Schweiz** besiegt die deutsche Nationalmannschaft Ungarn sensationell mit 3:2.

>> **17. Juli:** Theodor Heuss wird nach 1949 zum zweiten Mal als **Bundespräsident** gewählt.
>> **29. November:** In Hamburg-Fuhlsbüttel landen zum ersten Mal nach dem Zweiten Weltkrieg wieder Lufthansa-Flugzeuge.
DM: Hannover 96

„Schmalzlocke" Bill Haley verhalf dem Rock 'n' Roll zum Durchbruch

1951–1959

Der Flieger

Harry Wunstorf war ein großer Torwart – und ein Meister der Selbstinszenierung

Wer mit ehemaligen Mannschaftskameraden von Harry Wunstorf spricht, erfährt früher oder später von der Sache mit dem Kaffee und dem Bier. Uwe Stothfang erzählt sie so: „Wenn wir alle ein Bier tranken, hat Harry 'nen Kaffee getrunken. Und wenn wir gesagt haben: ‚Elf Kaffee', dann wollte Harry ein Bier." Harry Wunstorf, gebürtiger Berliner, war eben ein echter Individualist – und eine „Kult-Figur", lange bevor es diesen Ausdruck gab.

Als Erster in der Mannschaft besaß er ein Auto, „einen alten VW, gebraucht mit Zwischengas", wie er selbst erzählt. Einige Jahre später leistete er sich einen englischen MG: „In dem fuhr er immer alleine, während die Mannschaft im Bus fuhr", erinnert sich Stürmer Peter Osterhoff: „So war der Harry." Auf dem Platz setzte er sich gern mit ungewöhnlichen Aktionen in Szene. „Wir spielten, und ich will den Ball zurückgeben. Plötzlich denk ich: Wo ist der Harry?", so Otmar Sommerfeld: „Da steht der neben dem Torpfosten und holt sich 'ne Cola!" In ruhigen Spielphasen gab Wunstorf ab und zu Autogramme oder ließ sich eine Zigarette aus dem Publikum reichen, um lässig einige Züge zu rauchen.

Seine Leistungen litten unter den exzentrischen Aktionen nicht. Besonders auf der Linie war Wunstorf stark, was er auf seine sportlichen Wurzeln zurückführt: „Zuerst war ich Handballtorwart. Und der steht ja auf der Linie und verkürzt den Winkel." Mit tollkühnen Paraden und gewagten Hechtsprüngen rettete er manchen Punkt. „Der Harry war ein guter Torwart. Aber er war ein Flieger", erklärt Defensivmann Herbert Kühl: „Er machte schon mal einen halben Schritt nach rechts, um nach links weiter springen zu können. Damit das besser aussieht."

Doch Wunstorf war auch hart im Nehmen. Als er 1960 gegen den VfB Lübeck bei einem seiner Flüge mit dem Kopf gegen den Torpfosten knallte, stand er nach fünf Minuten wieder auf dem Platz und kassierte trotz des Zwischenfalls kein weiteres Gegentor (das Spiel endete 1:1). Wie viele andere Torhüter verzichtete er lange auf Handschuhe – eine schmerzhafte Angelegenheit bei Bällen, die anfangs noch eine Außennaht hatten. „Ich war schon mal dabei, mir auf die Finger Gummi zu nähen", so Wunstorf, „aber das hat nicht geklappt."

Schon 1952 lud Bundestrainer Herberger ihn in die B-Nationalmannschaft ein. Doch Vereinspräsident Koch untersagte die Reise: Zweitkeeper Kowalkowski litt kriegsbedingt unter Gelenkrheuma und war nicht fit. Statt im Länderspiel gegen die

Harry Wunstorf zeigte bei jedem Wetter vollen Einsatz. Hier rettet er vor Charly Dörfel beim 1:2 gegen den HSV (11.3.1962)

27. September 1959: Harry Wunstorf hat gegen Concordia einen Elfmeter gehalten. Die Teamkollegen gratulieren, St. Pauli gewinnt 4:1

Schweiz trat Wunstorf im DFB-Pokal gegen Hamborn 07 an. „Ich habe zu Hause gesessen und geheult", gibt er zu, „denn wer Herberger einmal abgesagt hatte, kam nie wieder dran."

Es war der schmerzlichste Tag einer langen Karriere: Zwischen 1951 und 1964 absolvierte Harry Wunstorf 269 Pflichtspiele für den FC St. Pauli. Nur Klaus Thomforde stand öfter im braunweißen Kasten. Seinen Zuschauern und Mitspielern bleibt Wunstorf unvergessen: „Der Harry war ein Lebemensch und ein Luftikus", meinte Otmar Sommerfeld 2008: „Immer modisch gekleidet, immer großzügig, immer knapp bei Kasse. Aber er war ein echter Pfundskerl. Solche Leute gibt's heute nicht mehr." ∎

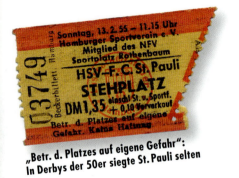
„Betr. d. Platzes auf eigene Gefahr": In Derbys der 50er siegte St. Pauli selten

Januar 1955: Am Rothenbaum unterliegt der FC St. Pauli dem Hamburger SV 0:5

1953/54 gewann St. Pauli beide Derbys. Kühl (l.) und Brüggen beim 3:0 (7.3.1954)

> **Ein Gefühl der Ohnmacht** „Wir sind fest entschlossen, unseren Platz in der Spitzengruppe zu halten!", verkündete Trainer Hempel vor der nächsten Saison in der „BILD"-Zeitung. Doch es blieb beim Vorsatz. In den verbleibenden neun Jahren bis zur Gründung der Bundesliga (1963) erreichte der FC St. Pauli nie wieder eine so gute Platzierung in der Oberliga Nord wie in der Vor-Weltmeisterschaftssaison 1953/54. Sein Tabellenterritorium war das Niemandsland zwischen Platz vier und Platz dreizehn.

Bis zum Ende des Jahrzehnts waren Höhepunkte wie der 4:1-Heimsieg gegen Werder Bremen am 1. Mai 1955 eher selten: In einem „hinreißenden Kampfspiel" („Morgenpost") nahmen die Braun-Weißen dem damaligen Meisterschaftsanwärter jede Chance auf den Titel.

Umjubelt waren auch die 1:0-Heimsiege gegen den HSV im Februar 1956 und März 1958. „St. Pauli siegte verdient", meinte „BILD" zu Letzterem: „Verdient, weil hier eine Mannschaft kämpfte, die nicht nur dem drohenden Abstieg entgehen wollte, sondern in der auch der helle Zorn aufgestiegen war, dauernd gedemütigt zu werden." Denn in der Regel verlief das „ewige Duell" deprimierend für den FC St. Pauli.

„Angstgegner" HSV Besonders schmerzlich waren die Derbys der Saison 1956/57: 1:6 am Millerntor – und 0:9 am Rothenbaum. „Es hat Glanz und Tiefen für beide Mannschaften ... gegeben", schrieb „Abendblatt"-Reporter Jupp Wolff: „Spannung, Dramatik und erbittertes Ringen um den Sieg. Doch der 23. Februar 1957 kennt kein Beispiel. Neun Tore für den HSV, drei vor der Pause in vier Minuten, vier nach dem Seitenwechsel in knapp 15 Minuten. ... In allem, was die beiden Mannschaften taten, bestand ein Unterschied wie Tag und Nacht."

Das Gefühl der Ohnmacht gegenüber dem Stadtrivalen kann Otmar Sommerfeld genau beschreiben: „Vor dem Spiel haben wir jedes Mal gesagt: Diesmal lassen wir uns nicht abledern. Wir sind nicht schlechter! Wir müssen bloß eben keinen Ball verloren geben. So haben wir uns immer angespornt. Aber das war eine solch eingespielte Truppe – wenn die auf dem Platz waren, hast du immer gedacht, du bist zwei Klassen schlechter."

Vom Niemandsland ins Nirgendwo? Zu allem Unglück sollte auch noch die sportliche Heimstätte des FC St. Pauli ins Nirgendwo verlegt werden, jedenfalls nach manchen Plänen. Am 1. Dezember 1950 hatten Baubehörde und Sportamt die Vereinsführung darüber informiert, dass die Stadt ein „zusammenhängendes großes Feld an der Glacischaussee für Ausstellungszwecke" frei machen wolle. Dazu müsse das Stadion des FC St. Pauli weichen.

Zunächst war ein neuer Standort auf dem Heiligengeistfeld geplant, und zwar „zwischen den Bunkern" im Norden und Süden, also am heutigen

1955

Arbeiter lesen eine Broschüre des Verteidigungsministeriums

>> **5. März:** Alle alliierten Dienststellen in der BRD werden aufgelöst – die **Besatzungszeit** ist beendet.
>> **9. Mai:** Die Bundesrepublik Deutschland tritt der **NATO** bei.

>> **15. Mai:** Acht Ostblock-Staaten gründen den „**Warschauer Pakt**".
>> **9. Oktober:** Die erste Ziehung der Lotterie „**6 aus 49**".
>> **11. Oktober:** Tausende empfangen erste **Spätheimkehrer** aus der UdSSR im Hamburger Hauptbahnhof.

>> **15. Oktober:** Wiedereröffnung der **Hamburgischen Staatsoper** (Dammtorstraße).
>> **12. November:** Bundeskanzler Adenauer begrüßt erste Rekruten der **Bundeswehr**.
DM: Rot-Weiß Essen

1951-1959

Im Mai 1957 zog Aston Villa 20 000 Zuschauer ans Millerntor. Ein Gemeinschafts-Team „Altona 93 und FC St. Pauli" unterlag 1:3

Platz. Doch bald überlegte die Baubehörde, ob man nicht lieber ein Areal nördlich des Stadtparks nutzen könnte. Die Behörde für Wirtschaft und Verkehr bevorzugte zwar das Heiligengeistfeld, regte jedoch an, eine Radrennbahn ins Stadion zu integrieren, wenn schon neu gebaut werden müsse.

Nach internem Streit und vehementem Protest des Vereins schwenkten die Behörden zur ursprünglichen Lösung zurück und köderten den FC St. Pauli mit dem Vorschlag, schon vor dem Stadion ein neues Umkleidehaus zu errichten. Der Verein war zufrieden, und auch der Senat stimmte dem Stadionumzug zu. Es war eine entscheidende Weichenstellung für die Vereinszukunft.

Angriffswogen blutjunger Stürmer Auch die Mannschaft entwickelte sich weiter. „Frischer Wind durch zwei 18jährige Küken", meldete „BILD" am 30. Oktober 1956 über zwei Neuzugänge aus der Jugend des FC St. Pauli. Der zukünftige Mannschaftskapitän Ingo Porges schoss bei seinem Oberligadebüt im September 1956 beide Tore zum 2:1 gegen Werder Bremen und erlaubte sich dabei noch die Frechheit, Torwart-Ikone Dragomir Ilic ohne den geringsten Respekt zu tunneln.

Rolf Bergeest feierte seinen Einstand eine Woche später beim 3:1 gegen Arminia Hannover und erzielte ebenfalls ein „Bombentor" („BILD") – nach einer Vorlage von Porges. Reporter Joachim Neander war ganz aus dem Häuschen über die „blutjungen Stürmer bei St. Pauli": „Es kam eine Viertelstunde, wo St. Pauli (wann gab es das in letzter Zeit?) wie eine Ozeanwoge gegen das Tor des Riesen-Zahnarztes Dr. Wittke anbrandete – Lattenschüsse ... völlige Verwirrung bei Arminia ... pausenloser Beifall." Nicht nur in diesem Spiel begeisterte Bergeest die Zuschauer mit Kabinettstückchen: „Seine Spezialität, der Bergeest-Trick, ermöglichte es ihm, einen schnelleren Gegenspieler ohne Kraftaufwand etwa zwei Meter hinter sich zu lassen", schreibt St. Pauli-Fan Klaus Höhler in Werner Langmaacks Buch „Glaube, Liebe, Hoffnung": „Heute ist dieses Phänomen lapidar unter dem Namen ‚Übersteiger' bekannt ..."

Auch der unermüdliche Offensivmann Uwe Stothfang und der geniale Ballkünstler Horst Haecks, >

1956 >>>

>> **1. Februar:** In Hamburg herrschen nachts 20°C – **Rekordkälte.** Vor der Elbmündung frieren Schiffe ein.
>> **7. Juli:** Der Deutsche Bundestag beschließt die **Einführung der Wehrpflicht.**

Mit der Yacht „Granma" kam Castro (l.) nach Kuba. Der Guerillakampf begann

>> **17. August: Verbot der KPD** durch das Bundesverfassungsgericht.
>> **3. November:** Der **erste Werbespot** im deutschen Fernsehen wirbt für „Persil".
>> **2. Dezember: Fidel Castro** landet nach mexikanischem Exil auf Kuba.
DM: Borussia Dortmund

Klempner und Mittelfeldmann: Alfred „Aller" Brüggen beim Löten von Rohrleitungen

Nebenberuf: Fußballer

Bis in die 70er Jahre hatten auch Vertragsspieler einen ganz normalen Arbeitsalltag

Wer im „Silbersack" auf St. Pauli einkehrt, kommt nicht an dem Werk zweier St. Pauli-Legenden vorbei. „Da hab ich die Fassade angesetzt, als Fliesenleger", erzählt Peter „Oschi" Osterhoff, mit 182 Pflichtspiel-Toren der erfolgreichste Stürmer der Vereinsgeschichte: „Die hängt immer noch da." An der Inneneinrichtung desselben Lokals samt Tresen war Bautischler und Verteidiger Günter Peine beteiligt, der vor dem Zweiten Weltkrieg in der 1. Mannschaft aktiv war und nach Kriegsende mit der Reserve-Elf dreimal in Folge Hamburger Amateurmeister wurde.

Was heute eine seltene Ausnahme ist, die die Medien fasziniert – das beste Beispiel ist Zweitliga-Profi und Polizeikommissar Fabian Boll (s.S. 360) –, war in den ersten Jahrzehnten des Vertragsspielertums die Regel: Fast alle Spieler der 1. Mannschaft hatten einen „ordentlichen" Beruf, den sie Tag für Tag in Vollzeit ausübten. Seite an Seite mit Handwerkern wie dem Fliesenleger Osterhoff oder dem Klempner Alfred Brüggen spielten mehrere kaufmännische Angestellte wie Defensivmann Herbert Kühl, der es später im Staatsdienst bis zum Oberregierungsrat brachte.

Ballzauberer Rolf Bergeest nahm eine ähnliche Laufbahn und fing nach seiner Ausbildung in der Oberfinanzdirektion der Stadt Hamburg an. Osterhoffs Sturmpartner Horst Haecks arbeitete in der Auslieferung eines Zeitungsverlages. Einige Spieler machten sich auch selbstständig: Ingo Porges betrieb einen Brennstoffhandel, Harald Stender eine Tankstelle, und der leidenschaftliche Raucher Harry Wunstorf verband das Angenehme mit dem Nützlichen, als er nach einer Zeit als Lagerarbeiter und -verwalter im Hafen einen eigenen Tabak- und Schreibwarenladen eröffnete.

Finanziell bedeutete ein Spielervertrag ein attraktives Zubrot. Neben einer „monatlichen Grundentschädigung" von 160 bis 180 Mark gab es Prämien: Mitte der 50er Jahre war ein Sieg dem Verein 40 Mark wert, ein Unentschieden 20. Obwohl die Richtlinien des DFB eine Begrenzung der monatlichen Zahlungen auf 320, später 400 Mark verlangten, konnten manche Spieler ihr Einkommen so fast verdoppeln – für „Stars" gab es unter der Hand oft noch mehr.

Allerdings war die Doppelbelastung aus Fußball und Beruf nicht leicht zu bewältigen: „Morgens um sieben auf dem Bau angefangen, um vier Uhr Feierabend, um sechs Uhr Training", sagt Peter Osterhoff, „das ging viermal die Woche so. Und am Wochenende wurde ja gespielt." In den Aufstiegsrunden zur Bundesliga ab 1963 wurde es nicht einfacher, denn nun standen Auswärtsfahrten bis hinunter nach Bayern an, zum Teil unter

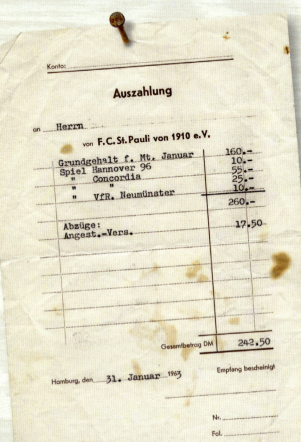

Grundgehalt plus Prämien: Gehaltsabrechnung eines Vertragsspielers von 1963

1951-1959

Ingo Porges betrieb ab 1962 einen Brennstoffhandel und warb dafür in der Vereinszeitung

Stürmer Horst Haecks in einer Werkzeugfabrik. Lange arbeitete er auch in der Auslieferung eines Zeitungsverlages

der Woche: „Dann wurde Dienstagabend losgefahren, mittwochs zum Spiel nahm man sich frei, und am nächsten Tag ging's wieder los", so Osterhoff.

Als Otmar Sommerfeld Mitte der 50er Jahre dem Beispiel Harald Stenders folgte und auf Vermittlung von Präsident Koch eine Tankstelle pachtete, tat er dies auch, um Fußball und Beruf besser vereinbaren zu können. Seine Zeit als Arbeitnehmer erlebte der gelernte Industriekaufmann als „zweischneidiges Schwert: Du solltest gut arbeiten. Du solltest aber gleichzeitig für den Verein deine Pflicht tun." Was mitunter dadurch erschwert wurde, dass die Sympathien vieler Arbeitgeber dem Lokalrivalen gehörten: „Wenn du beim HSV spieltest, hat dir kaum ein Chef verboten, zum Training zu fahren. Das war immer eine Ehre", sagt Otmar Sommerfeld. „Für St. Paulianer konnte das schon mal anders sein."

Heizungsmonteur Uwe Stothfang, der Peter Osterhoff auf dem Feld mit Vorlagen versorgte und ihm beruflich auf mancher Baustelle begegnete, erlebte das am eigenen Leibe. „Eines Tages war ein Foto in der Zeitung", berichtet Stothfang: „Ich. Riesending. Und damit kommt mein Boss an und fragt: ‚Bist du dat?' – ‚Jo', sag ich. – ‚So was will ich nie wieder sehen. Entweder beim HSV oder gar nicht.'" Da hatte der Chef nicht mit dem „dicken Kopf der Holsteiner gerechnet", erzählt der Brunsbütteler Stothfang: „Als er weg war, hab ich sofort alles zusammengepackt und gesagt: Für mich ist Feierabend. Bei so 'nem Verein arbeite ich nicht. Dann bin ich abgezogen." ∎

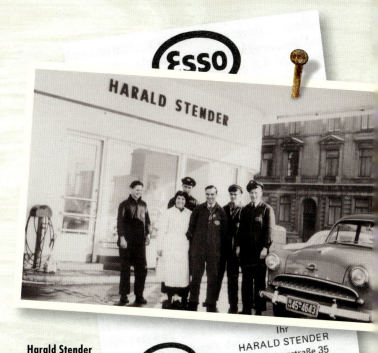

Harald Stender (M.) betrieb 37 Jahre lang eine Tankstelle auf St. Pauli

Ihr HARALD STENDER Stresemannstraße 35 Tel. 43 43 35

Grund zum Jubeln: Neuzugang Uwe Stothfang erzielt einen Treffer gegen Altona 93

die 1957 zum FC St. Pauli kamen, entwickelten sich rasch zu Stützen der Mannschaft. Als 1958 der wuchtige Stürmer Peter „Oschi" Osterhoff zum Verein stieß, stand das Gerüst eines vielversprechenden neuen Teams – wenn es auch nicht sofort Kurs auf die Meisterschaft nahm.

„Fischer-Gedeck" und Gips-Orgie „Der größte Erfolg unserer Verjüngung sind weder die Tore noch der Tabellenstand", meinte Jungmannen- und Amateurtrainer Jule Rauert über seine früheren Schützlinge Bergeest und Porges: „Es ist einfach die Tatsache, dass unsere Jungs ihre Schienbeine ... auch in der Oberliga heil behalten haben." Doch ebenso wie ihre neuen Mannschaftskameraden lernten die beiden früh genug den zweifelhaften Genuss eines „Fischer-Gedecks" kennen, benannt nach dem damaligen Mannschaftsarzt des Hamburger SV, den auch St. Paulis Spieler häufig konsultierten: Aus Blutergüssen am Knöchel und ähnlichen Verletzungen wurde die Flüssigkeit abgezogen, „bis man schrie", so Rolf Bergeest. Anschließend wurde eine Betäubungsspritze gesetzt.

Dass die medizinische Versorgung noch nicht den heutigen Stand erreicht hatte, erlebte auch Herbert Kühl, nachdem er sich eine Bänderdehnung zugezogen hatte. „Damals gab es die Regel: ‚So viele Millimeter, wie man das Knie seitwärts drehen kann, so viele Wochen lang muss es in Gips bleiben'. Bei vier Millimetern also vier Wochen", erklärt Kühl. „Nach einer so langen Zeit war das Bein derart labil, dass man einen vollen Monat brauchte, um wieder richtig laufen zu können."

Tore trotz Muskelriss Verletzungen waren auch deshalb problematisch, weil die Fußballregeln noch keine Auswechslungen zuließen. Was das bedeutete, erlebte Torwart Wunstorf in einem Derby gegen den HSV. Er hatte den Ball bereits unter sich begraben, als der hinterherstürmende Uwe Seeler ihn mit dem Fuß dermaßen hart traf, dass Wunstorf nur noch taumelte. Da waren erst neun Minuten gespielt. Der Ohnmacht nahe, wehrte er „mit beispielloser Hingabe ein paar Scharfschüsse bravourös ab", so der „Kicker", bis er sich doch ins Krankenhaus fahren lassen musste.

1957

Angehörige begrüßen einen Überlebenden des „Pamir"-Unglücks

>> **1. Januar:** Das **Saarland** tritt der Bundesrepublik Deutschland bei.
>> **21. September:** Das Segelschulschiff „**Pamir**", 1905 bei Blohm & Voss in Hamburg gebaut, sinkt in einem Hurrikan. 80 Besatzungsmitglieder ertrinken.
>> **23. September:** 30 000 grippekranke Schüler in Hamburg – alle Schulen bleiben geschlossen.
>> **4. Oktober:** „**Sputnikschock**": Die UdSSR startet den ersten Satelliten.
>> **11. Dezember:** Die DDR stellt „**Republikflucht**" unter Strafe.
DM: Borussia Dortmund

1958

>> **6. Februar:** Bei einem Flugzeug-Absturz in München sterben 23 Menschen, darunter acht Spieler von **Manchester United**.
>> **28. März:** 5000 Hamburger Hafenarbeiter protestieren gegen eine mögliche **Atombewaffnung der Bundeswehr**.

1951-1959

Rolf Bergeests Gegenspieler wussten sich häufig nur mit Fouls zu behelfen

Harald Ramm (l.) und Alfred Brüggen im notdürftig renovierten „Seuchenkeller"

Die Verletzung war zum Glück nicht schwer, aber dafür die Niederlage: Mit Angreifer Harald Ramm im Tor unterlag St. Pauli 0:5.

Verletzte sich ein Feldspieler, war es gängige Praxis, ihn in den Sturm zu stellen. Für Herbert Kühl führte das 1961 zu einem einschneidenden Erlebnis: „Ich war Verteidiger, und wir lagen 0:2 hinten gegen Hildesheim, als ich mir einen Muskelbündelriss zuzog." Weil Kühl „kaum noch humpeln konnte", stellte Trainer Hempel ihn nach vorn – wo er beide Tore zum Ausgleich schoss. „Auf der Rückfahrt habe ich hinten im Bus auf der Sitzbank gelegen und geheult wie ein Schlosshund, weil das so wehtat", erzählt Kühl. Ein Jahr später musste er seine Karriere beenden.

Aufstieg aus dem „Seuchenkeller" Mindestens so rustikal wie die medizinische Versorgung waren auch die Umkleidekabinen, die sich gegenüber dem Stadion auf der anderen Seite der Budapester Straße befanden. Als der Brunsbütteler Uwe Stothfang 1957 nach Hamburg kam, verschafften sie ihm ein ganz persönliches Aha-Erlebnis: „Ich wurde die Treppe hinunter in einen dunklen Keller geführt. Und da hab ich gedacht, na, nu biste wieder in Brunsbüttel. Ich hab mich gleich heimisch gefühlt." Andere Spieler verbanden weniger Positives mit den Räumlichkeiten: „Wir kannten das als ‚Seuchenkeller'", sagt Hans Sump. „Und der Name war wirklich gerechtfertigt." Der notdürftig renovierte Keller verfügte über Holzpritschen und drei Duschen, die per Kohlenofen aufgeheizt wurden und mangels Trennwänden für Feuchtigkeit im ganzen Raum sorgten. „Eine Wanne war auch da", erinnert sich Hans Sump, „aber als Erstes war immer der Trainer dran. Da lag er drin, Heinz Hempel, und hat sich schön rasiert." Peter Osterhoff dagegen erinnert sich lebhaft an „Mäuse in der Badewanne" und den Fußboden, den er als gelernter Fliesenleger besonders kritisch beurteilt: „Wenn du deine Latschen nicht hattest, dann mochtest du da gar nicht drauf rumlaufen. Die waren ja ewig feucht, diese Holzbohlen. Entsprechend roch das auch." Ein letztes Highlight ergänzt Ingo Porges: „Wir hatten vor allem – und das war das Schlimmste – nur ein Klo. Das war direkt am Ausgang postiert. In jeder Beziehung stank das zum Himmel, und alle mussten da vorbei."

Doch St. Paulianer wissen: Auf jeden Abstieg folgt ein Aufstieg. So hatten auch die Abgründe des „Seuchenkellers" ihr Gutes. Wenn es wieder hinauf ins Freie ging, wirkte die Luft vor dem Stadion umso frischer.

Vor Heimspielen sperrte die Polizei die Kreuzung für den Verkehr, sodass auf der Straße schon die Anhänger warteten. Den meisten Spielern gefiel der Gang durch die Menge, denn „die Leute waren höflich und nicht so emotional wie heute", so Ingo Porges.

Zudem war 1959 klar, dass die Ära des „Seuchenkellers" zu Ende ging und eine neue Zeit bevorstand. Vielleicht würde sie neue Wunder bringen. ■

1959

>> **29. Juni:** Brasilien schlägt Gastgeber Schweden 5:2 im Finale der **Fußball-WM**.
>> **1. Juli:** Frauen in Westdeutschland dürfen nun auch ohne Zustimmung ihres Mannes einen **Beruf** ausüben.
>> **1. Oktober:** **Elvis Presley** kommt als US-Soldat nach Deutschland.
DM: Schalke 04

Im WM-Finale 1958 schoss der 17-jährige Pelé (2. v. l.) zwei Tore

>> **1. Januar:** Der kubanische Diktator Fulgencio Batista flieht ins Ausland. **Fidel Castro** kommt an die Macht.
>> **10. März:** Gegen die chinesische Besetzung erhebt sich ein **Volksaufstand in Tibet**. Der Dalai Lama geht ins Exil.

DAS SECHSTE KAPITEL, in dem der Fortschritt regiert, im Verein wie im Vie[rtel]

Am 14. Februar 1960 geht ein völlig entnervter HSV am verschneiten Millerntor mit 1:4 unter. Seeler, Dörfel & Co. versuchen sich erfolglos im Kurzpass-Spiel – die St. Paulianer halten mit langen Bällen, Kontern und Leidenschaft dagegen

1959-1969

...rend der FC St. Pauli sagenhafte Siege feiert und die modernste Sportanlage ...

1959-1969

...der Stadt einweiht, hält nebenan der Rock'n'Roll Einzug. Kurz darauf versinkt

Frühsommer 1961: Während die Bauarbeiten am neuen Millerntor-Stadion dem Ende entgegengehen, üben sich kleine St. Paulianer in der zukünftigen „Meckerecke" der Südkurve in Eintracht. Noch ahnt niemand, dass der prächtige Platz schon bald im Mittelpunkt eines Bauskandals stehen wird

elneue Millerntor-Stadion in Schlammlawinen. Hamburgs zweiterfolgreichster...

...Fußballclub steht dennoch dicht vor dem ganz großen Durchbruch — bis z

lende Tore und drei trinkfeste Schweinfurter die Vereinsgeschichte verändern.

Düstere Vorahnung? Nach einem 1:1 bei Arminia Hannover im Mai 1966 ist der FC St. Pauli nach langem Zittern Meister der Regionalliga Nord. Doch der ermattete Mannschaftskapitän Porges schaut, als wüsste er bereits, was in der Aufstiegsrunde geschehen wird ...

Der Stadtteil St. Pauli 1959-1969

Beat, Nepp und Beton-Visionen

St. Pauli in den 60er Jahren: Ein „Sündenbabel" soll gezähmt werden

Neonlicht und Touristenboom: die Reeperbahn in den 60er Jahren

Es ist 1959, und der Kiez leuchtet. Dass hinter bunten Fassaden oft noch Wohnwagen stehen anstelle fester Bleiben, wissen nur wenige. Über 30000 Menschen leben im Stadtteil. Zu viele, konstatiert Bürgermeister Paul Nevermann: „Die Lebensgesetze einer modernen Stadthygiene verlangen reduzierte Wohndichten. Ich kann es einfach nicht glauben, dass ein hässliches St. Pauli mit überfüllten Elendsquartieren anziehender sein soll als ein modernes St. Pauli." Doch auch so speien Hunderte von Reisebussen Ausflügler auf die Reeperbahn: Deutsche und Dänen, Norweger und Schweden. „St. Liederlich" reizt ihre Abenteuerlust. Die Stadt weiß aus Umfragen, dass nicht Alster und Jungfernstieg die beliebtesten Ausflugsziele sind, sondern Kiez und Hafen. „Der schillernde Ruf dieses Stadtteils wird sich vom Begriff Hamburgs vermutlich ebenso wenig lösen lassen wie das ‚Tor zur Welt'", schreibt die gleichnamige Tageszeitung: „Darum gilt für Hamburg: Mit St. Pauli leben!" Kaum hält ein Bus an, kommen die „Koberer" zum Zuge. Die Kiezportiers malen Bilder mit Worten: Zu „scharfe" Schaukastenfotos könnten den Unmut der Behörden erregen, wie im großen „Bildersturm" drei Jahre zuvor, als sie Hunderte von Aufnahmen leicht geschürzter Damen beschlagnahmt hatten. Und so ergießt sich ein endloser Strom von Superlativen über den Kiez und mischt sich mit den Schlagern der Kaschemmen. Freddy Quinn trifft „frischgewaschene Pastorentöchter", „sensationelle Sittenfilme" konkurrieren mit „einmalig gutem

Der Stadtteil St. Pauli 1959-1969

Programm" – das alle anbieten. Nur Seeleute sieht man eher selten: Viele der „blauen Jungs" ziehen die ruhigen Kneipen und „Köm-Inseln" der Nebenstraßen vor, wo Schnaps und Bier erschwinglich geblieben sind.

„Sittenfilme" und Schaumbad-Shows

Viele Lokale suchen den Vergleich mit dem großen Vorbild Paris, wie das „Welt-Varieté Moulin Rouge" an der Reeperbahn. Doch es gibt auch schlichtere Genüsse: Eine Snackbar am Anfang der Großen Freiheit verkauft Pommes zu 60 Pfennig, das „Hippodrom" im Souterrain des Hauses Nr. 10 bietet Reiten, Bier und Erinnerungen an den „singenden Seemann" Hannes Kröger alias Hans Albers, noch immer. Die „Bikini Bar" zwei Stockwerke darüber hat sich auf Damen-Ringkämpfe im Schlamm spezialisiert. „Das hat die Welt noch nicht gesehen", verspricht die Reklame. Das „Tabu" kontert mit einem „Aquarium-Bad".

Wer tagsüber kommt, sieht das Anliefern von Limonade und Bier, in Holzkästen und oft noch in „Tempo"-Lkw aus Hamburger Fertigung, die 1956 eingestellt worden war. „Einmal Elbschloß, immer Elbschloß", wirbt eine Brauerei darauf. Der „Mohrenkeller" neben dem „Safari" setzt trotzdem auf „Winterhuder Export". Im gleichen Haus repariert ein Rundfunkgeschäft Fernseher der Marke „Saba", Seite an Seite mit dem erotischen „Schaumbad Cabaret" des „Colibri", das selbstverständlich „einmalig konkurrenzlos" ist, wie schon in früheren Jahren.

Vor der Großen Freiheit 36 gilt Parkverbot, und eine Schilderzeile unter der Glasfront des „Studio X" bewirbt „Sittenfilme" in Farbe: „Sexy de Paris in Technicolor", das ist neu. Und doch verbirgt sich die größte Innovation der Meile hinter einem Kellereingang im gleichen Haus. Dessen Besitzer steht kurz davor, den Kiez gewaltig zu verändern.

Am 14. Oktober 1959 betrat Bruno Koschmider die Bühne der Musikgeschichte, indem er selbst eine eröffnete. Als Zirkusclown, Feuerschlucker und Zauberer hatte Koschmider schon einiges erlebt. Unter anderem war er in der Lage, 50 Ziervögel in seinem Umhang verschwinden zu lassen. Ob ihm auch das Kunststück gelingen würde, seinen „Kaiserkeller" in der Großen Freiheit 36 zum Erfolg zu führen, war fraglich. „Unzählige Wirte hatten vorher versucht, aus dem Keller ein lukratives Lokal zu machen", schreibt ein St. Pauli-Reiseführer von 1960: „Keiner hatte Erfolg." Allerdings hatte es niemand mit einem „Tanzkeller für die Jugend" versucht.

Zappelbeat beim Zauberer

Und die hatte Bedarf. Denn spätestens seit das schlecht organisierte Bill-Haley-Konzert ein Jahr zuvor in Straßenschlachten gemündet war, galt Rock 'n' Roll in der Stadt weithin als unerwünscht. Die wenigen Oasen mit Musik von Haley, Elvis, Gene Vincent und Co. beschränkten sich auf Lokale und Spielhallen mit gut bestückten Musikboxen sowie auf den „Hamburger Dom". Wer zu dieser Zeit erklärt hätte, dass eines Tages wenige Meter neben dem „Dom" genau diese Musik ein ganzes Stadion beschallen würde, wäre für einen gefährlichen Irren gehalten worden. Auch im „Kaiserkeller" spielte die Musikbox zunächst eine zentrale Rolle, im Wechsel mit „JeKaMi"-Abenden („Jeder kann mitsingen") oder einer hyperaktiven Gruppe Holländer indonesischer Abstammung, an die sich ein Zeitzeuge lebhaft erinnert: „Die spielten Lieder von Elvis furchtbar schnell, sodass wir das ‚Zappelbeat' nannten."

Den Durchbruch für den Kaiserkeller brachten erst Bands aus London und Liverpool. Unter anderem eine Truppe namens „The Silver Beatles"– ein fragwürdiges Ensemble mit wenig Erfahrung, von dessen Verpflichtung Musikerkollegen abgeraten hatten. „Mach Schau!" hatte Koschmider

Hinterhofszene in der Talstraße auf St. Pauli: Der Bürgermeister sprach von „Elendsquartieren"

„Einmalig konkurrenzlos": Beim „Schaumbad Cabaret" fehlte nur noch das Quietsche-Entchen

Der Stadtteil St. Pauli 1959–1969

Vor dem „Star-Club" rockten die Beatles in „Top Ten" (Bild) und „Kaiserkeller". Die Atmosphäre war rau. Oft griff die Polizei ein

> zum Ausgleich der fehlenden Qualitäten empfohlen, und die nun „Beatles" genannten Liverpooler setzten das um, zunächst in Koschmiders zweitem Lokal, dem „Indra": stampfend, springend, brüllend, jeden Tag viereinhalb Stunden lang, am Samstag sogar sechs. Lange Schichten, die den typischen „Hamburg Sound" der Beatles prägten. Das „Indra" blieb trotz des Spektakels „lebendig wie eine Friedhofskapelle", erinnert sich der damalige Drummer Pete Best. Doch als Koschmider die fünf im Oktober 1960 in den „Kaiserkeller" holte, platzte dieser bald aus allen Nähten.

Für Jugendliche „aus gutem Hause" empfahl sich das Lokal nicht, wie sich der Fotograf Jürgen Vollmer erinnert. Eines Abends war er seinen Freunden Astrid Kirchherr und Klaus Voormann in den „Kaiserkeller" gefolgt. Alle drei waren „Exis" – Jazz liebende Existenzialisten, Erzfeinde der Rock'n'Roll hörenden „Halbstarken", die zunehmend auch als „Rocker" bezeichnet wurden und gern auf „Exi"-Jagd gingen. „Wir waren in einer uns vollkommen unbekannten und gefährlichen Welt", erzählt Vollmer: „Der Club war voll von Halbstarken. Jeder wirkte brutal. Betrunkenes Gegröle. Bedrohliche Blicke. Schwarze Lederjacken und Entenschwanz-Frisuren, wohin man sah. Wir drei Exis waren total deplaciert – und vollkommen begeistert." Die raue Atmosphäre im „Kaiserkeller" entlud sich in Schlägereien, bei denen so viel Mobiliar kaputtging, dass Koschmider sich zu einer Umdekoration entschloss und alle Stühle durch widerstandsfähige Rettungsboote ersetzte. Doch die Schwellenangst für weniger hartgesottene Jugendliche blieb. Der Kreis der Kiezgänger auf Musiksuche erweiterte sich erst, als im November 1960 das „Top Ten" eröffnete, mitten auf der Reeperbahn: „Gleich vom ersten Abend an lief das ‚Top Ten' wie die Feuerwehr", berichtet der Musiker Tony Sheridan. Nicht nur wegen der Beatles, die der Betreiber bei Bruno Koschmider abgeworben hatte, sondern auch wegen seiner Lage, meint Beatles-Experte Ulf Krüger: „Zahlreiche neue Fans kamen hinzu, die sich nicht in die finstere Große Freiheit getraut hatten, sehr wohl aber auf die Reeperbahn." Der Erfolg des „Top Ten" machte den Weg für die spektakulärste Neueröffnung der Sechziger frei, die nur zwei Monate

Der Stadtteil St. Pauli 1959-1969

nach der großen Sturmflut vom Februar 1962 stattfand: „Die Not hat ein Ende!", verkündeten Plakate am 13. April in der ganzen Stadt. „Die Zeit der Dorfmusik ist vorbei!" Im ehemaligen „Stern-Kino" in der Großen Freiheit eröffnete der größte Musik-Club der Stadt: der „Star-Club". Teil der versprochenen „Ballung der Spitzenklasse Europas" waren auch die Beatles. Und die machten weiter „Schau". Zum Beispiel, indem sich John Lennon in ein Orang-Utan-Fell hüllte, das „Star-Club"-Besitzer Manfred Weissleder aus Borneo mitgebracht hatte. Der Bühnenerfolg war so gewaltig, dass Lennon das Affenkostüm einfach anbehielt, als der Club morgens schloss: „Er band sich einen Strick um den Hals, drückte Paul McCartney die Leine in die Hand, und ab ging's auf allen vieren in Richtung Reeperbahn", erinnert sich „Star-Club"-Mitgründer Horst Fascher: „Mit wildem Affengegrunze sprang er alle Passanten an, die ihm entgegenkamen, und sorgte für reichlich Panik."

Bockspringen mit den Beatles

Andere Beatles-Späße animierten Passantentrauben zum Mitmachen. „Aus Jux und Dollerei begannen wir am Anfang der Straße und arbeiteten uns bis zu ihrem Ende vor – im Bocksprung", erzählt Pete Best. „Die Leute gewöhnten sich rasch an den ungewöhnlichen Anblick und mischten munter mit. Eine lange Schlange Deutscher aller Altersklassen, die sich hinter uns zum Bocksprung reihte: der totale Wahnsinn."

Für manche Jugendliche wurde die Eröffnung des „Star-Club" zum Erweckungserlebnis. „Ich sag immer, die Revolution fand nicht 1968 statt, sondern 1962", meint der Politologe und Romanautor Holger Bünning, der schon als 14-Jähriger dort Stammgast war. Auch für das Viertel habe die Eröffnung einschneidende Folgen gehabt: „Ohne die Musik wäre meine Generation niemals nach St. Pauli gegangen. Zum Dom natürlich oder zum FC St. Pauli. Aber Feldstraße, da hörte unser St. Pauli auf."

Durch „Top-Ten" und „Star-Club" lernte eine neue Klientel den Kiez kennen: adrett angezogene Bürgersöhne und -töchter in Konfirmandenanzügen oder Röckchen, und das zu Tausenden. Im Viertel, so Bünning, sei die Jugendinvasion mit offenen Armen empfangen worden. Schließlich sei das Quartier schon immer sehr offen gewesen: „Der liberalste Platz in ganz Deutschland." Außerhalb St. Paulis sei es dagegen zu heftigen Abwehrreaktionen gekommen: „Die Hamburger haben ja den ‚Star-Club' gehasst. Hamburgs Kinder gingen da zwischen Nutten spazieren und hörten sich irgendwelche Musik an – in einer ‚ganz schlechten Ecke', die viele der Eltern ja gar nicht kannten."

Der Kiez, die Stadt und der Nepp

Was die Eltern kannten, waren Berichte über das Viertel in den Medien. Und deren Schlagzeilen waren nicht eben geeignet, das Vertrauen in die Sicherheit eines Kiezbummels zu steigern. Als der interne Informationsdienst des Springer-Verlages im Oktober 1964 über den gesteigerten Straßenverkauf des „Abendblatts" berichtete –

Doping von „Mutti"

Die kurze Karriere der Wunderdroge Preludin

Strikt legal: „Prelus" gab es in jeder Apotheke

In seinen Anfangstagen war Rock'n'Roll ein Knochenjob: Sechs bis acht Stunden Auftritt pro Abend waren nicht selten. Auch Prostituierte, Barfrauen und Kellner mussten durchhalten bis zum Morgengrauen. Die Rettung war Preludin – die Modedroge der frühen 60er auf dem Kiez. Eigentlich hatte das Pharma-Unternehmen Boehringer den Appetitzügler als Wundermittel für die Wespentaille auf den Markt gebracht. Doch hochdosiert und in Verbindung mit Alkohol sorgte die Amphetamin-verwandte Pille für erwünschte Schlaflosigkeit. Bald waren „Prelus" (oder preiswerte Nachbauten von Chemiestudenten) in aller Munde. Wer keine hatte, wurde von guten Seelen wie Klofrau „Mutti" im „Top Ten" bedenkenlos versorgt. 1971 nahm Boehringer das oft missbrauchte Mittel schließlich vom Markt.

Der Stadtteil St. Pauli 1959-1969

> im Vergleich zur Vorwoche waren die Umsätze um 50 bis 70 Prozent gestiegen –, lauteten drei der vier Meldungen, mit denen „Verkaufshöhepunkte" erzielt worden waren: „Unbekannte Frau auf St. Pauli erwürgt", „Mörder von St. Pauli gefasst" und „Raubüberfälle auf dem Heiligengeistfeld". Für Aufsehen sorgte auch der „große St. Pauli-Prozess" im gleichen Jahr gegen die „Schwarze Gang", die mit rabiaten Maßnahmen überhöhte Mieten und andere Zahlungen bei Kiezwirten eingetrieben hatte. Die Anklageschrift warf Anführer „Paulchen" und seinen zehn Komplizen „Verbrechen und Vergehen gegen 16 Paragraphen des Strafgesetzbuches vor, darunter Raub, Erpressung, Körperverletzung, Nötigung und ‚Kuppelei'", so der „SPIEGEL". Seit dem Einsetzen des Tourismus-Booms spukte zudem das „Nepp-Gespenst" durch den Stadtteil. Vielen Hamburgern sei „peinlich", wie es auf St. Pauli zugehe, schrieb die „ZEIT": „Das, was dort geboten wird, ist zumeist so dumm und provinziell, daß nur der Handlungsgehilfe aus Hinter-Muckendorf sich einbilden kann, weite Welt und große Sünde zu erleben; das stört freilich nur eine Minderheit. Störend für viele, und nicht allein für den vorsichtigeren und solideren Teil der Gastwirte St. Paulis, ist vielmehr, wie dort den Besuchern das Geld abgeknöpft wird."

In der Tat entpuppte sich die günstige Flasche Wein für „vier fuffzich", die der Portier vor dem Lokal anpries, beim Bezahlen der Rechnung mitunter als Rassetropfen für „vierundfuffzich" Mark. Auch die wundersame Verwandlung des bestellten „Schaumweins" in teuersten französischen Champagner wurde häufig beklagt. Angesichts der negativen Presse saß Gastwirten und Tourismusbehörde zunehmend „die Angst im Nacken", wie der „SPIEGEL" 1963 berichtete. Und das nicht zuletzt wegen der bevorstehenden Internationalen Gartenbau-Ausstellung (IGA) auf dem Heiligengeistfeld, wegen der eigens das Millerntor-Stadion verlegt worden war (s. S. 163).

Ohrstöpsel im „Star-Club"
Der „Rubens von der Reeperbahn" und die Musik

Der gelernte Kfz-Schlosser Erwin Ross machte den Kiez zu seiner Galerie

Erwin Ross, Jahrgang 1926, begann in britischer Kriegsgefangenschaft zu malen und kam nach dem Krieg eher durch Zufall auf den Kiez. Dort hat er Etablissements vom „Star-Club" bis zur „Ritze" dekoriert. Am Millerntor war der Fan seiner Heimatmannschaft „Traktor Wrietzen" lange regelmäßiger Gast. Auch mit der Musikszene der 60er kam Ross in Kontakt: Er gestaltete die Plakate für den „Kaiserkeller", bemalte das Schlagzeug der Beatles und war mit „Star-Club"-Gründer Manfred Weissleder befreundet. „Für den hab ick in Italien Filme gedreht", erinnert sich Ross. „Wir haben uns so'n paar Mädels gechartert, und die mussten dann nackend Ball spielen. Das war damals Erotik. Aber damit hat er das große Geld gemacht und später den ‚Star-Club' finanziert." Natürlich war Ross zu dessen Eröffnung eingeladen, leider: „Für mich war det grausam. Dat konnt'ste nur mit Ohrstöpseln mitmachen."

„St. Pauli ist für alle da"

Auch in Jürgen Rolands Kinohit „Polizeirevier Davidswache" (1964) nahm die Nepp-Diskussion breiten Raum ein. So klagt ein Politiker während der eingangs dargestellten Bezirksversammlung, dass Zeitungsberichte „in einem südlichen Land" die Sturmflutkatastrophe von 1962 sogar als Strafe Gottes für die „verrohten Sitten" dargestellt hätten.

Als „Schnellpolitur für den lädierten Ruf" („Hamburger Abendblatt") starteten Geschäftsleute

Der Stadtteil St. Pauli 1959-1969

eine internationale Werbeaktion mit über einer Million Prospekten und gründeten die Aktionsgemeinschaft „St. Pauli ist für alle da". Eine Art „Prüfsiegel" mit dem Motto „Der gute Stern von St. Pauli" sollte den Weg zu niedrigen Preisen zeigen. Daneben machte ab 1963 Kurt Falck als „Säuberer von St. Pauli" und „Eiserner Besen der Reeperbahn" von sich reden: Der neue Leiter des Wirtschafts- und Ordnungsamtes im Bezirk Mitte schloss mehrere Lokale und entzog sogar dem „Star-Club" zeitweilig die Konzession, weil dessen Kellner „immer wieder Prügeleien vom Zaun" gebrochen hätten: „Das Faustrecht auf St. Pauli muß ein Ende haben", wetterte Falck. Bald avancierte er zum Star der konservativen Presse, während Kritiker ihm fehlendes Fingerspitzengefühl vorwarfen – nicht zuletzt wegen seiner Maßnahmen gegen den weltberühmten Musikpalast.

Ein gänzlich „sauberes St. Pauli" wollte sich dennoch nicht einstellen. Schon früh waren Visionen entwickelt worden, um das grundlegend zu ändern. „Das Tor zur Reeperbahn" etwa biete eine „einzigartige städtebauliche Chance", befand die „WELT" im September 1959. Sie empfahl den „Fröhlichen Bierberg" des Berliner Architekturprofessors Hans Scharoun. Dabei handelte es sich um ein Betongebirge, das den kompletten Eingang zur Reeperbahn wie eine niedrige Brücke überspannen sollte. „Das ist die Lösung!", jubelte das Springer-Blatt. Die Stadt pflichtete bei. Dass ein langer Durchgang unter einem Monumentalbau ein eher abweisendes Entree zur Reeperbahn darstellen würde, war ihr willkommen: „Die Reeperbahn braucht kein geöffnetes Tor", hielt Oberbaudirektor Hebebrand fest.

„Cinzano-Express" und Millionen Stiefmütterchen: die Internationale Gartenbau-Ausstellung 1963

Letztlich entschied der Grundstücksbesitzer, die Bavaria-Brauerei, jedoch gegen den „Bierberg". 1965 entstand auf einem der Grundstücke das topmoderne „Astra Bowling Center", das Jahrzehnte später als „Mojo-Club" einen zweiten Frühling erleben sollte. „Gewisse Reeperbahntypen fühlen sich bei uns hier nicht wohl", distanzierte sich der Betreiber in der „ZEIT" vom „Milieu": „Die werden hier – mit Hut – so klein wie mein Daumen." Im neuen „Millerntor-Hochhaus" gegenüber eröffnete 1966 hoch oben der Journalisten-Treffpunkt „Presse-Centrum". Besonders gelobt wurde das „märchenhafte Panorama" – eine Aussicht, die nach dem Willen der Stadt durch immer weniger Schandflecke verunstaltet werden sollte. Einer davon war die Straßenprostitution. Mit „Mädchenwohnheimen" wollte der Senat das Laster zähmen. Bald startete Großinvestor Willi Bartels, der beginnend in der Großen Freiheit ein kleines Imperium aufgebaut hatte, die Vorbereitungen. Im Herbst 1967 wurde das „Eros-Center" eröffnet, komplett mit überdachtem Kontakthof, zwar „sündig, aber sauber" („ZEIT"): „Alles ist solide gekachelt, verputzt, ausgelegt, gepflastert, abwaschbar." Die 140 Wohnungen seien „wie zum Wohnen eingerichtet", inklusive Blümchenmuster auf den Tapeten und passender Steppdecke. Freilich sei ihre Zahl für die Größe des Vorhabens zu gering: „Bei zwei- bis dreitausend Wilderinnen ist das Eros-Center ein Tropfen auf dem heißen Stein." Der Traum vom „Amor mit Waffenschein" blieb Ende der 60er Jahre ebenso unerfüllt wie die Sehnsucht des Bürgermeisters Nevermann nach einem „modernen St. Pauli" zehn Jahre zuvor. „Stadthygiene" und St. Pauli wollten einfach nicht zusammenpassen. ■

1959-1969

Frust für St. Pauli: Dörfel schießt das 1:1 für den HSV, der auch gewinnt. Doch seine Fans sind unzufrieden (22.11.1959)

Ganz dicht am „Star-Club"

Wäre seine Geschichte in den 60er Jahren nur ein wenig anders verlaufen – vielleicht hätte sich der FC St. Pauli als feste Größe der 1. Bundesliga etabliert

Die letzte Hinserie der 50er Jahre stand für den FC St. Pauli im Zeichen des Aufbruchs: Das neue Clubheim stand kurz vor Baubeginn. Der Bau eines neuen Stadions war beschlossene Sache. Und die Idee einer neuen Bundesliga gewann immer mehr Unterstützer. Ob eingleisig oder zweigleisig: Ohne den zweitbesten Verein der Oberliga Nord würde sie kaum an den Start gehen, dachten viele. Und das war der FC St. Pauli – hinter dem HSV. So stand es schwarz auf weiß in der „ewigen Tabelle".

Als die Rivalen zum 25. Derby nach dem Krieg antraten, war die Spannung in der ganzen Stadt zu spüren. Die letzten fünf Spiele im HSV-Stadion am Rothenbaum hatten dem FC St. Pauli nichts als Niederlagen gebracht und 0:27 Tore. Dennoch strömten am 22. November 1959 Menschenmassen herbei. Die Polizei wurde des Andrangs nicht Herr und sperrte zwei Kassen. Nur 18500 Karten wurden verkauft. „18500 als Zuschauerspitze beim ‚Schlager' in der Stadt Hamburg mit 1,8 Millionen Einwohnern. Dürftig? Nein, das ist tiefstes Provinz-

niveau", schäumte das „Abendblatt". Die Schaulustigen stürmten angrenzende Häuser. Dächer wurden zu Behelfstribünen, dicht an dicht besetzt mit Menschen. „Sie stiegen bis auf den Schornstein", staunte der „Kicker". Und sie sahen den FC St. Pauli auf dem Weg zu einer Sensation.

Es sollte nicht das einzige Mal bleiben in diesem Jahrzehnt der nahen Durchbrüche: Mehrmals stand der FC St. Pauli kurz davor, sich in einen wirklichen „Star-Club" zu verwandeln – wenige hundert Meter von der gleichnamigen Beatles-Bühne entfernt.

Majestätsbeleidigung am Rothenbaum Schon in der siebten Minute stand es im Lokalderby 1:0 für Braun-Weiß. Der Ex-HSVer „Don Emilio" Schildt hatte nach Vorlage seines Sturmkollegen Peter „Oschi" Osterhoff getroffen. Zwei Minuten später fiel der Ausgleich durch Dörfel. Doch St. Pauli brach nicht ein. Harald Stender, letztes verbliebenes Mitglied der „Wunderelf" (s. S. 106), „knüpfte an seine erfolgreichsten Tage an", der erfahrene Herbert Kühl

CHRONIK
1959

>> **14. Juli:** In den USA läuft das erste **atomgetriebene Kriegsschiff** aus.
>> **24. September:** Der spätere Nobelpreisträger Günter Grass veröffentlicht seinen Roman „**Die Blechtrommel**".
>> **24. Oktober:** Auf dem Hamburger Flughafen Fuhlsbüttel landet zum ersten Mal ein **Düsenflugzeug**.

Szene aus Volker Schlöndorffs Verfilmung der „Blechtrommel" (1979)

>> **November:** Das neue **Auditorium Maximum (Audimax)** der Universität Hamburg wird eingeweiht.
>> **31. Dezember:** 81000 Familien in Hamburg suchen eine **Wohnung**.
DM: Eintracht Frankfurt

14. Februar 1960: Am verschneiten Millerntor hat der HSV keine Chance. St. Pauli siegt 4:1. Bild links: Uwe Seeler gegen Ingo Porges

bot „eine außergewöhnlich erstklassige Verteidigerleistung", und das 21-jährige Mittelfeldtalent Ingo Porges, an diesem Tag „der Star des FC St. Pauli", „beherrschte Uwe Seeler restlos", urteilte der „Kicker". „Uns Uwe" schimpfte wie ein Rohrspatz und feuerte aussichtslose Bälle aufs Tor, anstatt sie abzuspielen. Plötzlich geschah Unerhörtes: „Pfiffe gegen Uwe Seeler", meldete die „BILD"-Schlagzeile am nächsten Tag. So etwas hatte es noch nie gegeben. Doch dann, in der 88. Minute, hatte Seeler nach einem Freistoß seines Bruders Dieter freie Schussbahn – und drosch mit seiner ganzen Wut den Ball halbhoch aufs Tor. 2:1.

Der Frust über die Niederlage hielt bei den Braun-Weißen nicht lange an. „Auf St. Pauli amüsiert man sich gut. Und bei St. Pauli ebenfalls", lobte die „BILD" am 4. Januar 1960 nach einem 3:1 gegen den VfV Hildesheim: „Denn dort spielt man den fröhlichsten Fußball in Hamburg. … Die Zuschauer sitzen alle grinsend dabei, schlagen sich auf die Schenkel und sagen: ‚Das ist doch toll. Im Vertrauen gesagt: Die können gar nicht viel. Aber wie sie es machen, das ist schon großartig.'" Die gute Stimmung am Millerntor – das zu dieser Zeit meist „St. Pauli-Sportplatz" genannt wurde – kam gerade recht: 1960 bestand der FC St. Pauli offiziell 50 Jahre.

Kein sportliches Ereignis hätte das Jubiläumsjahr besser einläuten können als die Revanche gegen den HSV. Denn am 14. Februar 1960, vor 25 000 Zuschauern, gelang den Braun-Weißen, woran sie drei Monate zuvor gescheitert waren: „Völlig entnervter HSV ging am Millerntor 1:4 unter", schrieb das „Abendblatt" über „St. Paulis große Stunde". Während die Konkurrenz von Werder Bremen einen geschenkten Sieg per „Hamburger Gefälligkeit" vermutete, wies die „BILD"-Zeitung solche Vorwürfe zurück: „Der HSV spielte fast genau wie in manch anderem Spiel, das er gewonnen hat … schön eng und präzise."

Freudentränen auf Eis Genau das war der Fehler, meint Uwe Stothfang, der an diesem Tag als „Halblinker" „nur hinter Uwe Seeler herlaufen" musste („aber hat sich ja gelohnt, ne?"): Denn ähnlich wie beim Pokaltriumph des FC St. Pauli gegen Werder Bremen fast 60 Jahre später waren die Platzverhältnisse winterlich. „Die wollten uns mit Kurzpassspiel besiegen", sagt Stothfang. „Bei dem Schnee? Das war die falsche Taktik!" St. Pauli-Trainer Heinz Hempel dagegen setzte auf einen massiven „Sperrriegel" vor dem Strafraum, hohe Bälle und Konter.

Der Plan ging auf. „Man kann doch nicht mit der ganzen Läuferreihe nach vorn toben und die Abwehr meilenweit öffnen", stöhnte Uwe Seeler nach der Partie über seine Mannschaft. Der HSV schoss die Ecken (17:2), St. Pauli die Tore: durch Schildt, Osterhoff, den gewandten Techniker Rolf Bergeest und (per Elfmeter) Osterhoffs genialen Sturmpartner Horst Haecks. Auch die Defensive bestach: „Wenn ich einen Gegner ausspielte", so Seeler, „stand sofort >

1960

>> **1. Januar:** Das **Atomgesetz** tritt in Kraft. Es regelt die zivile Kernenergienutzung in der Bundesrepublik Deutschland.

>> **16. März:** Alfred Hitchcocks Thriller „**Psycho**" wird uraufgeführt. Viele Kritiker finden ihn „zu brutal".

Der erste Ostermarsch in Hamburg

>> **15. April:** In Hamburg versammeln sich 120 Atomkriegsgegner zum ersten **Ostermarsch**. Drei Jahre später demonstrieren zu Ostern 14 000 Menschen in der ganzen Bundesrepublik.

>> **11. Mai:** Der israelische Geheimdienst Mossad ergreift in Buenos Aires **Adolf Eichmann**, der als Organisator für die Deportation und anschließende Ermordung von über 6 Millionen Juden im „Dritten Reich" Verantwortung trägt.

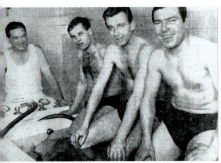

Osterhoff, Haecks und Bronnert (von r.) freuen sich über das neue Becken für Unterwassermassage

Flucht unters Tribünendach: Regen beim Jubiläumskick gegen Herne

> der nächste vor mir." Der braun-weiße Jubel war grenzenlos. Torwart Harry Wunstorf feierte das dritte Tor per Handstand. Emil Schildt kamen nach Spielende die Tränen. Und Präsident Koch freute sich im Stillen über das wohl schönste Geburtstagsgeschenk seines Lebens, denn er wurde an diesem Tag 60.

Luxuskabinen im Unterdeck „Der HSV hat wieder einen Rivalen", titelte die „Hamburger Morgenpost". Und auch in der Infrastruktur untermauerte der FC St. Pauli den Anspruch, bei den „Großen" mitzuspielen. Am 8. April 1960 eröffnete Wilhelm Koch das neue Clubheim. Das „Abendblatt" lobte das „Vereinshaus" als „Muster an sportlich vorbildlicher Gestaltung", und die Jubiläumsschrift zum „50-Jährigen" verbarg ihren Stolz nicht: „Wer sich in diesen Gesellschaftsräumen nicht wohl fühlt, hat selbst schuld!" Auch die Büros seien „hell und licht".

Für die Spieler lag die Hauptattraktion eine Treppe tiefer: Was 40 Jahre später den Stoff für Medienberichte über „Kult-Kabinen" lieferte, war bei der Einweihung „eine Riesensache", erinnert sich der damalige Mannschaftskapitän Herbert Kühl: „So was kannten wir ja gar nicht." Der muffige „Seuchenkeller" (s. S. 147) an der Budapester Straße war Geschichte. Stattdessen lockten frischgestrichene Holzbänke, ein Entmüdungsbecken, eine Therapiewanne mit Unterwassermassage – und eine Sauna, die das wöchentliche Training um einen vierten Termin ergänzte: Fortan wurde montags „geschwitzt". „Das war ja auf dem neuesten Stand", meint Verteidiger Heinz Deininger, der 1960 den Sprung aus der Jugend des FC St. Pauli in die 1. Mannschaft schaffte: „Damit waren wir ganz vornan in Hamburg." Nur wenn sich ein dringendes Bedürfnis meldete, fiel auf, dass in der hochmodernen Pracht ein eher traditionelles Detail vergessen worden war: „Wir mussten immer da hin, wo auch die anderen Zuschauer hingingen", sagt Peter Osterhoff. „Das war dann nicht so angenehm."

Triumph und Tagesgeschäft Einen Monat nach Eröffnung des Clubheims feierte der FC St. Pauli seinen Geburtstag mit Freundschaftsspielen gegen hochkarätige Gegner. Westfalia Herne, Zweiter der Oberliga West, kassierte ein 2:4. Rekordmeister Schalke 04 stand am Rand einer Niederlage und gewann dann doch 2:1, „obwohl St. Pauli beim Seitenwechsel mit drei Toren Vorsprung hätte führen können", wie das „Abendblatt" anmerkte. Gegen den englischen Cup-Finalisten Blackburn Rovers sicherten drei Osterhoff-Tore den Sieg: 3:2. Schließlich, am 29. Mai, kam der amtierende Deutsche Meister Eintracht Frankfurt, der vor nicht einmal zwei Wochen im Europapokalfinale der Landesmeister gegen Real Madrid gekämpft hatte – und fuhr als verdienter Verlierer nach Hause: 3:2 für St. Pauli. Das „Tagesgeschäft" in der Liga setzte sich jedoch weniger begeisternd fort, als es sich zuvor entwickelt hatte: Dem 4:1 gegen den HSV folgte ein 1:2

1960

» **18. Mai:** Als erste deutsche Mannschaft erreicht **Eintracht Frankfurt** das Finale im Europapokal der Landesmeister, unterliegt gegen Real Madrid aber mit 3:7.

» **21. Juni:** Der Deutsche **Armin Hary** läuft die 100 Meter in 10,0 Sekunden – Weltrekord.

» **24. Juli:** **Hans Albers** stirbt im oberbayerischen Kempfenhausen.

» **29. Juli:** Die USA stellen das zehnjährige „Apollo"-Programm vor, das die Führung beim **Wettlauf ins All** bringen soll.

» **17. August:** Im „Indra" in der Großen Freiheit treten die **Beatles** erstmals in Hamburg auf.

» **18. August:** In den USA kommt die erste „**Anti-Baby-Pille**" auf den Markt.

» **20. August:** Bei der Sowjet-Mission „Sputnik 5" kehren die Hunde „**Belka**" und „**Strelka**" als erste Lebewesen wohlbehalten aus dem All zurück.

DM: Hamburger SV

Hunde im Weltall: „Belka" und „Strelka"

1959-1969

Keine Chance für Herne: „Aller" Brüggen köpft den Ball aus der Gefahrenzone (15.4.1960)

Die Bauarbeiten am neuen Millerntor-Stadion machen gute Fortschritte

gegen den VfL Osnabrück. Danach ließ das Hempel-Team diverse Punkte liegen – unter anderem bei der ersten Heimniederlage der Saison, einem 0:3 gegen Hannover 96 am 13. März 1960. Am Ende stand der FC St. Pauli auf Platz vier, hinter dem HSV, Werder Bremen und dem VfL Osnabrück.

Vor der folgenden Spielzeit verabschiedete sich eine Vereinslegende aus der 1. Mannschaft: Harald Stender beendete seine Karriere. Damit fehlte der erfahrenste Mann im Team. Doch mit dem 19-jährigen Mittelfeld- und Abwehrspieler Werner Pokropp hatte der Verein eine Neuverpflichtung gemacht, die bald zum Stammspieler wurde. Im Laufe der Jahre entwickelte sich Pokropp selbst zur Legende, die als Spieler wie Funktionär unzählige Höhen und Tiefen der Vereinsgeschichte miterlebte.

Große Erwartungen „Man wird von St. Pauli noch viele imponierende Dinge hören", schrieb das „Abendblatt", nachdem Bergedorf 85 im ersten Punktspiel der Saison 1960/61 auf eigenem Platz 0:3 untergegangen war. Die Zuschauer am Millerntor werden beim ersten Heimspiel Ähnliches gedacht haben: Zur Halbzeit stand es 4:0 – am Ende 7:1. Der gerade aufgestiegene Heider SV war nicht zu beneiden. Vier Spiele später hatte die Mannschaft 12:0 Punkte auf dem Konto, reiste als Tabellenführer zu Holstein Kiel – und ließ sich nach Belieben ausspielen: 1:5. Zum ersten Derby gegen den HSV seit dem 4:1 reiste

St. Pauli im November als Tabellendritter, während der Rivale nur eins von zwölf Spielen nicht gewonnen hatte. Nach einer Viertelstunde lag der HSV 2:0 in Führung. Nach 90 Minuten stand es 6:1. Im Rückspiel gelang ein 2:2, doch am Saisonende standen die Kicker vom Kiez erneut auf dem vierten Rang. Sogar die Punktzahl (36) hatte sich nicht verändert.

Doch die Phase des Aufbruchs war damit nicht beendet, und der Grund lag auf dem Heiligengeistfeld: Zwischen den beiden Hochbunkern – der südliche, auf dem Grundstück des heutigen „Telekom"-Gebäudes stehende, wurde ab 1973 gesprengt – sollte unter der Regie des Bauamtes der Stadt Hamburg das neue Stadion entstehen. Das 1945 bis 1946 erbaute „alte" (s. S. 108) war einem lange geplanten Großereignis im Weg, zu dem die Stadtväter acht Millionen Besucher erwarteten: der Internationalen Gartenbau-Ausstellung 1963.

Am 1. Oktober 1960 meldete das „Abendblatt", dass die Arbeiten am neuen Stadion rasch vorangingen. Nach damaligem Planungsstand sollte es sogar über Flutlicht verfügen: Am 14. Oktober 1960 entschied der Hamburger Senat, entsprechende Pläne des FC St. Pauli finanziell zu unterstützen – statt einer neuen Anlage im Volkspark, die nach Ansicht des Senats nicht hinreichend ausgenutzt werden würde. Schließlich habe der FC St. Pauli auf Anfrage versichert, auch anderen Clubs die Nutzung seines neuen Lichtes zu erlauben. Das Millerntor als Gast- >

1961 >>>

>> **1. Januar:** Paul Nevermann folgt Max Brauer als Hamburger Bürgermeister. Im November wird er in den Bürgerschaftswahlen im Amt bestätigt.
>> **12. April:** Der sowjetische Kosmonaut Juri Gagarin ist der **erste Mensch im All**.

>> **17. April:** In der kubanischen **Schweinebucht** scheitert der Versuch einer US-amerikanischen Invasion.
>> **21. April:** Die **neue Flutlichtanlage** in Hamburgs Volksparkstadion ist fertig.

Im Raumschiff „Wostok 1" umrundete Juri Gagarin in 108 Minuten die Erde

Das Heiligengeistfeld um 1963
Zwischen Beat und Blumen: Als das heutige Millerntor-Stadion entstand

Millerntor-Stadion

1961 weihte der FC St. Pauli sein neues Stadion an der heutigen Position ein – nur, um es kurz darauf wieder stillzulegen: Die Bauverantwortlichen der Stadt hatten vergessen, eine geeignete Drainage einbauen zu lassen (s. S. 168). Nach entsprechender Nachrüstung eröffnete der Verein sein Stadion 1963 ein zweites Mal. 1970 benannte er es nach dem langjährigen Präsidenten Wilhelm Koch. 1998 beschloss die Jahreshauptversammlung die Umbenennung in „Millerntor-Stadion", da Koch während des „Dritten Reichs" NSDAP-Mitglied gewesen war (s. S. 86).

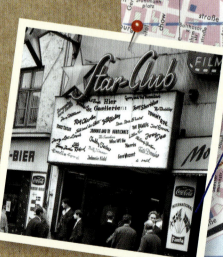

„Star-Club"

Früheres Kino in der Großen Freiheit 39, ab April 1962 der heißeste Musik-Club der Welt (s. S. 157) und in den 90ern Inspiration für eine selbstironische Werbekampagne des FC St. Pauli. Stars wie die Beatles, Ray Charles und Little Richard gaben sich im „Star-Club" die Klinke in die Hand. Die Spieler der damaligen 1. Mannschaft zog es allerdings eher zum Jazz in die „River Kasematten" am Hafen. Wenn es doch Rock'n'Roll sein sollte, gingen „Oschi" Osterhoff und Kollegen lieber ins „Top Ten" an der Reeperbahn: Dort gab es seltener Prügeleien.

Vereinswappen

Mit dem Umzug des Stadions fand auch das steinerne Wappen des FC St. Pauli einen neuen Platz: Zuvor hatte es auf dem Eingangstor des alten Stadions gestanden, nun wurde es vor der Südkurve aufgebaut. Als 1973/74 der südliche Hochbunker auf dem Heiligengeistfeld gesprengt wurde, zog das Wappen nochmals einige Meter in Richtung Norden. Dort steht es noch heute.

1959–1969

Der Bolzplatz der Beatles

Die Beatles beim Fußball? Das gab es wirklich auf St. Pauli. Ab und zu kickten John Lennon und seine Jungs selbst, zusammen mit anderen „Star-Club"-Musikern, -Mitarbeitern und Fans. Am Millerntor wurden sie allerdings nie gesichtet: Ihr „Stadion" war der Paulinenplatz, nur wenige Meter vom heutigen Standort des Fanladens entfernt. Fotos sind leider nicht bekannt.

IGA 1963

Hauptgrund für den Stadion-Umzug war die „Internationale Gartenbau-Ausstellung" (IGA) 1963 – ein Großereignis, in das die Stadt Hamburg größte Hoffnungen setzte, von der Förderung des Tourismus bis zur „Steigerung der Schönheit und der Fruchtbarkeit unserer Erde" (Bürgermeister Nevermann). Die IGA fand vom 26. April bis zum 13. Oktober 1963 auf dem Heiligengeistfeld und in Teilen der ehemaligen Wallanlagen statt, die schon seit der Niederdeutschen Gartenschau von 1935 den Namen „Planten un Blomen" tragen (plattdeutsch für „Pflanzen und Blumen").

„Seuchenkeller" am Millerntor

Als „Seuchenkeller" bezeichneten die damaligen Spieler des FC St. Pauli die spartanischen Umkleidekabinen unter dem früheren „Café Siegler" beim „Lichtschauspielhaus am Millerntor". Einziger Luxus: eine Badewanne (Foto, mit Abwehr- und Mittelfeldspieler Alfred Brüggen). Das Café diente nach dem Zweiten Weltkrieg zeitweilig als Vereinslokal. Die Kabinen waren nur nach Überquerung der Budapester Straße zugänglich, die von 1946 bis 1956 „Ernst-Thälmann-Straße" hieß. Mit dem Bau des neuen Clubheims hatte der „Seuchenkeller" 1960 ausgedient.

Neues Clubheim

Schon im August 1960, fast ein Jahr vor der Einweihung seines neuen Stadions, feierte der FC St. Pauli die Eröffnung seines hochmodernen Clubheims. Damals auf dem neuesten Stand der Technik, glänzte es mit komfortabler Gastronomie, Sauna und Entmüdungsbecken. Wer hätte damals gedacht, dass diese Luxus-Räumlichkeiten eines Tages zu „Kult-Kabinen" werden sollten, in denen die Zeit seit 1960 stehen geblieben zu sein schien? Im Januar 2008 wurde das Clubheim im Zuge des Neubaus der Südtribüne abgerissen.

Abschied vom alten Platz: 2:2 gegen Oberhausen (22.7.1961)

Nach dem Freundschaftsspiel gegen Oberhausen werden zum letzten Mal die Tornetze im alten Stadion abgenommen

> spielbühne großer Europacup-Begegnungen? Ein reizvoller Gedanke, doch es kam nicht dazu: Nach Protesten des HSV und der Opposition bewilligte das Hamburger Parlament die Flutlichtfinanzierung für den Volkspark schließlich doch – das Aus für die geplante Lichtanlage am St. Pauli-Platz.

Ein Sommernachtsrasen Als der FC St. Pauli am 29. Juli 1961 seinen neuen Sportplatz am Millerntor einweihte, schien der Flutlichtärger für einen Moment verflogen. „Absolute Beherrschung des Balles und Gegners dank reifer Technik, kolossales Antrittsvermögen ... eindrucksvolles Spiel auf engstem Raum", schwärmte die „Morgenpost". Damit meinte sie allerdings nicht den dreifachen Torschützen „Oschi" Osterhoff und dessen Mannschaftskameraden, sondern den elffachen bulgarischen Meister CDNA Sofia, der den FC St. Pauli mit 7:4 „erschoß", so die Schlagzeile. Das Stadion hinterließ auf die „Morgenpost" einen hervorragenden Eindruck: „Die freitragende, herrliche Tribüne, der prachtvoll federnde Rasen, großzügig und bequem gestaltete Anfahrtswege, das sind Dinge, die zum Besuch des neuen Platzes beim Millerntor geradezu einladen."

Aus der Nähe betrachtet, ergaben sich jedoch schon nach dem ersten Spiel einige Fragezeichen: „Der Rasen war nicht richtig angewachsen, das hat man sofort gemerkt", erzählt Rolf Bergeest: „Da riss man gleich die Soden raus. Das war wie auf 'nem Teppich." Nach der Begegnung eilten freiwillige Helfer über den Platz und traten die losen Stellen wieder fest. Später wurde gewalzt. Im Winter ließ sich nicht mehr kaschieren, dass die Planer ihre Rechnung ohne das Hamburger Wetter gemacht hatten: Es gab keine Drainage unter der Spielfläche. Regenwasser oder geschmolzener Schnee konnten nicht abfließen. Immer wieder verwandelte sich der einst „billardähnliche Rasen" („Abendblatt") in eine Schlammwüste. Die Presse sprach von einem Skandal (s. S. 168).

Volksfest im Dreck Die Spieler arrangierten sich mit den Platzverhältnissen, so gut es eben ging. „Ich habe gern bei tiefem Boden gespielt", sagt Ingo Porges, und auch Rolf Bergeest kennt rückblickend keine Klagen: „Die Gegner mussten damit ja auch klarkommen." Das konnte für die kampfstarken St. Paulianer durchaus ein Vorteil sein: Am 1. April 1962 feierte die Mannschaft bei Schneeregen und Hagel ein echtes „Fußball-Volksfest" („BILD") und besiegte den VfB Oldenburg mit 7:4. „Wenn man bis zu den Knöcheln im Dreck steht", erklärte Trainer Heinz Hempel das Erfolgsrezept des Tages, „dann nützt natürlich keine Schönspielerei. Da gibt's nur eins, den Ball vernünftig schlagen und hinterher."

Für Herbert Kühl hatte das Rasendebakel allerdings ernste Konsequenzen: „Dieses Stadion hat meine Karriere vorzeitig beendet", meint er heute. Nach einem Muskelbündelriss war Kühl gerade dabei,

1961

13. August 1961: Bürger beobachten den Mauerbau an Berlins Bernauer Straße

>> **13. August**: Baubeginn der **Berliner Mauer** – zwei Monate nachdem Staats- und Parteichef Walter Ulbricht erklärt hatte: „Niemand hat die Absicht, eine Mauer zu errichten." Seit Jahresbeginn hatten 150 000 Menschen die DDR verlassen.

>> **22. August**: Eine „**Sperrgebietsverordnung**" verbietet die Prostitution in den Hamburger Stadtteilen St. Georg und Neustadt, nicht aber auf St. Pauli.

>> **27. November**: Das ursprünglich als „völlig ungiftig" angepriesene Schlafmittel **Contergan**, das Missbildungen bei mehreren tausend Neugeborenen verursacht hat, wird vom Markt genommen.
DM: 1. FC Nürnberg

1959-1969

Das neue Stadion war schon bald eine Schlammwüste (7:4 gegen Oldenburg, 1.4.1962)

Auswärtspunkt auf sattem Grün: Ingo Porges (r.) beim 1:1 gegen Holstein Kiel (2.9.1962)

sich wieder in die Mannschaft zu kämpfen, als der neue Platz kam: „Es gelang mir einfach nicht, wieder in Tritt zu kommen, weil der Boden so schwer war. Ich habe nicht die nötige Kraft auftanken können." Schließlich, zum 1. Mai 1962, vereinbarte der 29-jährige Verteidiger mit dem Verein die Auflösung seines Vertrages. Wenige Wochen danach stand fest, dass der FC St. Pauli die nächste Saison nicht am Millerntor bestreiten würde, sondern größtenteils im Hoheluft-Stadion des SC Victoria, während die Stadt den Millerntor-Rasen gründlich überholen ließ. Damit stand der Vierte der Oberliga-Saison 1961/62 vor einer Saison voller Auswärtsspiele. Und das in der letzten Spielzeit vor Einführung der Bundesliga.

Gedruckter Weckruf In der „ewigen Tabelle" der Oberliga Nord war der FC St. Pauli hinter Werder Bremen auf Rang drei zurückgefallen, und zwei der drei Bundesliga-Startplätze waren an die Bremer und den Hamburger SV „so gut wie vergeben", schrieb Werner Kühn im November 1962 in der Vereinszeitung. Trotz der 15-jährigen Oberliga-Zugehörigkeit des FC St. Pauli könne die Auswahlkommission des DFB sich für den dritten Platz ebenso gut für den VfL Osnabrück, Hannover 96, Holstein Kiel oder Eintracht Braunschweig entscheiden: „DIE PLACIERUNG DIESER SAISON SOLLTE UND WIRD DABEI SICHER EINE AUSSCHLAGGEBENDE ROLLE SPIELEN." Möglicherweise sollte die Großschreibung ein Weckruf an die Mannschaft sein, denn die hatte die Spielzeit eher verhalten begonnen. Beim Saisonauftakt gegen den Aufsteiger Arminia Hannover (2:1) bedachten eine Reihe der 10000 Zuschauer im Victoria-Stadion die eigene Mannschaft, offensivgeschwächt durch den Ausfall Peter Osterhoffs, sogar mit Pfiffen. In der Defensive halfen schon seit der letzten Saison Peter Gehrke (aus der eigenen A-Jugend) und Rolf Gieseler (VfB Lübeck), den Ausfall Herbert Kühls zu kompensieren, und sie erledigten ihre Aufgabe gut: Am Ende der Saison hatte der FC St. Pauli nur 45 Gegentore kassiert, der viertbeste Wert der Liga. Die Offensive dagegen blieb schwach. Formkrise und Verletzungspech gingen Hand in Hand. Kapitän Ingo Porges fiel mit einer Muskelverletzung wochenlang aus, und Osterhoff kam nach seiner Verletzung nur langsam wieder in Tritt.

Den Tiefpunkt der Saison markierte ein 1:2 gegen den VfV Hildesheim am 24. März 1963: 3000 Zuschauer waren dabei, als ein konzeptloser FC St. Pauli im Hoheluftstadion mehr Fehlpässe als Chancen produzierte. Das einzige „Heim"-Tor fiel per Elfmeter. „Eine trostlose Partie von uns", rügte der Spielbericht in der Vereinszeitung, der erstmals seit langem nicht mit dem Namen des Trainers unterzeichnet war. Ein vielsagender Kommentar im Text deutet an, dass es hinter den Kulissen zu Zwistigkeiten gekommen war: „Einfach unverständlich unsere Mannschaft (unverständlich enttäuschend unglückliche >

1962 >>>

» **16./17. Februar:** Sturmflut-Katastrophe in Hamburg und Norddeutschland. Über 300 Menschen sterben, rund 20 000 werden obdachlos.
» **13. April:** Der „Star-Club" in der Großen Freiheit eröffnet.

» **17. Juni:** Brasilien wird in Chile Fußball-Weltmeister. Deutschland scheidet im Viertelfinale gegen Jugoslawien aus.
» **26. Oktober:** „SPIEGEL"-Affäre. Polizei durchsucht die Hamburger Redaktionsräume wegen Verdachts auf „Landesverrat".
DM: 1. FC Köln

Folgen der Sturmflutnacht (16./17.2.1962) in Hamburg-Wilhelmsburg

Bohrlöcher auf „Sand Pauli"
Als das Millerntor im Schlamm versank: Chronik eines Bauskandals

Wenige Monate nach Eröffnung des neuen St. Pauli-Sportplatzes im Juli 1961 war offensichtlich, dass mit „Hamburgs modernster Sportanlage" („BILD") etwas nicht stimmte. Zunächst galt die Hauptsorge den Grassoden aus Holland, die nicht richtig anwachsen wollten. Die Verantwortlichen hofften auf eine natürliche Lösung und warteten ab.

Dann kam der Winter und mit ihm Schnee und Eis. Als eine Regenperiode Anfang Januar „die tiefgefrorenen Plätze in Wasserpfützen und Schlammwüsten" verwandelte („Abendblatt"), zeigte sich, dass „ausgerechnet die bildhübsche neue Anlage des FC St. Pauli in jeder Beziehung anfällig gegen Wasser ist", so das „Hamburger Echo". Der Platz war und blieb ein Morast; ein Punktspiel gegen den Bremer SV wurde abgesagt. „Es wird festzustellen bleiben, ob bei Planung und Bau der neuen Anlage folgenreiche Fehler gemacht wurden", schrieb das „Abendblatt" am 15. Januar. Einen Tag später zogen die Boulevardblätter nach. „Bau-Skandal um St. Pauli-Sportplatz" lautete die Schlagzeile der „BILD" auf Seite 1: „Eine schlimme Blamage für die Baubehörde ... Weil ‚vergessen' worden ist, in den neuen Sportplatz ... eine Entwässerungsanlage einzuziehen, ist ein großer Teil der Anlage nichts mehr wert." Die „Morgenpost" präzisierte, dass es zwar eine Drainage gebe, aber nicht unter dem Rasen. Stattdessen verliefe nur „eine Röhrenleitung rundum". Was im Übrigen nicht der einzige Mangel sei: Durch eine „meterhohe Lücke" in der Rückwand der neuen Sitzplatztribüne ziehe es derart, dass diese „als ‚Grippewall' verrufen" sei. Die Toiletten seien häufig überschwemmt, die Bänke aus zu frischem Holz gefertigt und darum bereits stark verzogen. Die Stufen der Stehtraversen schließlich „gerieten äußerst unterschiedlich. Einige sind ausgesprochene ‚Kinderstufen'".

Am gleichen Tag beging Bezirksamtsleiter Walter Lübbersmeyer mit Vertretern von Verein und Presse den Platz. „Es waren sehr nasse Schritte", so die „BILD"-Zeitung, deren Redakteur im Selbstversuch „die Lage eines Fußballers auf St. Pauli"

29. Juli 1961: makelloser Rasen beim Einweihungsspiel gegen CDNA Sofia – noch ...

1959-1969

Im Januar 1962 sollten 500 Bohrlöcher den Platz trockenlegen

Neun Monate nach der Einweihung ist vom neuen Millerntor-Rasen nichts mehr übrig. Der FC St. Pauli siegt dennoch 7:4 im „Schlammringen" gegen den VfB Oldenburg (1.4.1962)

nachstellte. Ergebnis: „Seine Schuhe versanken leise gurgelnd in dem versumpften, verfaulten Rasen." Dennoch sei nach Meinung des Bezirksamtsleiters eine Entwässerungsanlage nicht notwendig: Die Schlacke des Heiligengeistfeldes schlucke genug Wasser.

Hektisch improvisierte Maßnahmen sollten das Millerntor wieder bespielbar machen. „Korkenzieher für den FC St. Pauli", meldete die „Morgenpost" am Freitag, dem 19. Januar 1962 – zwei Tage vor dem Heimspiel gegen den VfV Hildesheim: 500 Bohrlöcher à 1,70 Meter Tiefe sollten das Wasser aufnehmen. Der Schiedsrichter pfiff die Begegnung auf dem „Platz der Schildbürger" („Abendblatt") wie geplant an, und St. Pauli gewann 4:3. Das Siegtor in diesem „dynamitgeladenen Spiel" („BILD") fiel erst zwei Minuten vor Schluss.

In den folgenden Wochen blieb das Wetter schlecht, doch die meisten Punktspiele fanden wie geplant statt – auch wenn sie zum „Moorbad" gerieten, wie die „BILD" über das verlorene Derby (1:2) gegen den HSV am 11. März schrieb: „matsch, matscher, am matschesten". Mit mehreren Siegen demonstrierten die Kiezkicker ihre Qualitäten als „Schlammringer", während die Verantwortlichen auf den Frühling hofften. Doch die Besserung blieb aus. Im Mai versuchte das Bezirksamt, den Platz mit neuen Bohrlöchern und einer Sandschicht trockenzulegen. Die Presse witzelte über „Sand Pauli". Doch bei einem Freundschaftsspiel verletzte sich Verteidiger Heinz Deininger auf dem holprigen Grund schwer. „Es war allein der Boden schuld, nicht der Gegner", betont Deininger: „Mein linker Knöchel ist umgeknickt und – durch." Der Bruch verheilte. Doch für den Verein war das Maß voll: „Auf diesem Acker wird nicht mehr gespielt", beschloss der Vorstand. Die Titelseite der „Morgenpost" rief am 8. Mai 1962 den „Fußball-Streik beim FC St. Pauli" aus, und die „BILD" veröffentlichte ein Gutachten, das der Verein in Auftrag gegeben hatte. Fazit: „Die in den letzten Jahren auf dem Gebiet des Sportplatzbaus gesammelten Erkenntnisse und Erfahrungen sind in keiner Weise beachtet worden."

In einem letzten Rettungsversuch setzte das mittlerweile eingeschaltete Garten- und Friedhofsamt „seine ganze Hoffnung auf eine Durchlüftung des Rasens", so die „Morgenpost". Doch bald stand fest, dass nur ein neuer Rasen samt Drainage den St. Pauli-Sportplatz retten konnte. Im Juni 1962 bewilligte die Stadt die Mittel. Die Kiezkicker verließen ihr Heim – und zogen für anderthalb Jahre ins Stadion mit der ältesten Sitzplatztribüne Hamburgs, das Hoheluftstadion des SC Victoria. •

Schnee brachte nicht immer Glück: Keeper Thoms beim 2:3 gegen den HSV am Rothenbaum (16.2.1963)

Kurz vor dem Abschied: Trainer Hempel (r.) nach dem letzten Oberliga-Derby gegen den HSV am 16. Februar 1963

> Aufstellung, die Red.)". Das „Abendblatt" verteidigte den Trainer: „Sicher ist: Hempel ist nicht der Mann, der den Verteidiger Deininger auf den rechten Flügel stellte [und] den ‚Linkser' Gieseler als rechten Verteidiger versuchte." Offenbar sei es vor dem Spiel zu Einflussnahmen „verdienter Spieler früherer Jahre" gekommen, die allerdings namentlich nicht genannt wurden.

Der Fluch des Fluidums Am Ende der Saison 1962/63 hatte der FC St. Pauli 48 Tore erzielt – 24 weniger als in der „Schlamm-Saison" davor. Tabellenplatz sechs war das Resultat. „Das Spielen auf dem fremden Victoria-Platz bereitet unserer 1. Mannschaft Schwierigkeiten", sagte Präsident Koch auf der Mitgliederversammlung, „da bekanntlich das Fluidum auf dem eigenen Platz ein weitaus besseres ist." Den begehrten Bundesligaplatz bekam der Drittplatzierte: Eintracht Braunschweig.

Die Kriterien für die Entscheidung waren nicht leicht nachzuvollziehen: Die ersten neun Kandidaten waren über eine „Zwölfjahreswertung" ermittelt worden, nach der – hätte sie für alle 16 Plätze gegolten – kein Weg am FC St. Pauli vorbeigeführt hätte. Für die restlichen sieben Plätze galt jedoch eine „Fünfjahreswertung". Bei der aber hätte der VfL Osnabrück als drittbester Oberliga-Nord-Verein der letzten fünf Jahre zum Zuge kommen müssen. Dennoch sei die Entscheidung für Braunschweig und gegen die anderen drei Vereine mitnichten aus Willkür getroffen worden, betonte der DFB: „Alle vier Clubs sind auf Grund ihrer sportlichen Vergangenheit als gleichwertig anzusehen; deshalb muß der diesjährige Tabellenplatz den Ausschlag geben." Der FC St. Pauli musste sich damit abfinden, erstmals seit 1942 wieder in der 2. Liga zu spielen, der neuen Regionalliga Nord.

Ein „Weltmann" kommt Trainer Heinz Hempel verabschiedete sich nach zehn Jahren zum VfV Hildesheim. Schon Ende März 1963 war bekannt geworden, dass sein Vertrag nicht verlängert werden würde. „Ich habe das nicht verstanden und war ganz traurig darüber", sagt Peter Osterhoff, und Rolf Bergeest sieht es ähnlich: „Ich fand Hempel einen guten Trainer, auch aus menschlicher Sicht." An Stelle des hemdsärmeligen Hempel hatte die Vereinsführung einen „Weltmann" verpflichtet: Otto Westphal war zuvor Nationaltrainer Togos. „Ein hochintelligenter Mann", lobt Ingo Porges: „Westphal hat die Mannschaft so gepusht und jedem Einzelnen so viel zugetraut – da könnte man sagen, die haben besser gespielt, als sie können." Das zuvor sehr laufintensive Training veränderte sich. Westphal ließ verstärkt Standards üben, trainierte individueller und setzte auf Einheiten mit dem Ball – drei gegen einen, vier gegen zwei, alle gegen drei. Westphals Verhältnis zur Mannschaft war distanzierter als jenes unter Hempel. Gemeinsames

---

1963

>> **1. April:** Das *Zweite Deutsche Fernsehen* (ZDF) geht auf Sendung.
>> **18. April:** Letztes Spiel des HSV am **Rothenbaum**. Der Verein zieht in das 1953 eingeweihte Volksparkstadion um.
>> **25. April:** Eröffnung der **Internationalen Gartenbau-Ausstellung** (IGA) in Hamburg.

>> **26. Juni:** In Westberlin empfangen 1,5 Millionen Menschen den US-Präsidenten **John F. Kennedy** jubelnd an den Straßen. Später hält er seine berühmte Berlin-Rede („Ich bin ein Berliner").

>> **11. Juli:** Bei einer Razzia in Johannesburg wird **Nelson Mandela** festgenommen.
>> **8. August:** „Die Gentlemen bitten zur Kasse": Ronald Biggs und Komplizen überfallen den Postzug von Glasgow nach London und erbeuten umgerechnet rund 30 Millionen Mark.

„Ich bin ein Berliner": US-Präsident Kennedy bei seiner berühmten Rede

1959–1969

Junger „Kaiser": Franz Beckenbauer (r.) im Duell mit Peter Gehrke (6.6.1964)

Zweit-Einweihung des neuen Millerntors: St. Pauli schlägt Wolfsburg 6:0 (10.11.1963)

Knobeln oder „Klabbern" (beim Kartenspiel „Klabberjass") gab es nun nicht mehr. Zudem war der neue Trainer „ein bisschen in sich gekehrt", meint Peter Osterhoff, „vielleicht, weil er so oft krank war. Er hatte es mit dem Magen." Bei einigen Spielern sorgte ein neuer Stammspieler im Mittelfeld für Unmut, an dem sie nicht mehr vorbeikamen: Aus Togo hatte Westphal Guy (sprich: „Gi") Acolatse mitgebracht, einen der ersten schwarzen Spieler im deutschen Profifußball.

Die Verpflichtung löste ein enormes Medienecho aus (s. S. 173). Doch trotz der Vorschusslorbeeren entpuppte sich Acolatse nicht als Wunderspieler à la Pelé: „Er war ganz gut mit Finten und Körpertäuschungen", sagt Heinz Deininger, „aber er hatte keinen guten Kopfball und keinen richtig guten Schuss." Besonders Uwe Stothfang und Kurt Hehl, der 1962 zum Team gestoßen war, litten unter der stets „gesetzten" Konkurrenz: „Der Westphal hat gesagt, der muss spielen, der braucht Geld", erzählt Hehl: „Als wenn ich kein Geld bräuchte." Einwechslungen, mit denen sie sich hätten empfehlen können, waren noch nicht erlaubt. Am Ende der Saison verließen beide den Verein.

Bad in der Torflut Trotz einzelner Spannungen war die Mannschaft unter Otto Westphal erfolgreich. Es war die erste Saison ohne die großen Rivalen Werder Bremen und HSV, und die St. Paulianer lieferten sich zunächst mit Altona 93, dann mit Hannover 96 ein Kopf-an-Kopf-Rennen um die Tabellenspitze. Dass Westphal ein offensiveres Spiel pflegte als der gelernte Verteidiger Hempel, führte besonders ab Oktober 1963 zu einer regelrechten Torflut: 7:2 gegen den Kieler SV Friedrichsort. 4:0 gegen den VfR Neumünster. 7:1 gegen Victoria Hamburg. Die langersehnte zweite Eröffnung des Millerntor-Stadions am 10. November 1963 fiel mitten in diese Erfolgsserie: Der VfL Wolfsburg hatte keine Chance. Besonders die „Läuferreihe" im Mittelfeld mit Pokropp, Gehrke und Porges begeisterte Publikum und Presse. Haecks, Porges, Gehrke und zweimal Osterhoff trafen, und ein Wolfsburger Eigentor kam hinzu: 6:0. Später, am 25. Spieltag, eroberte das Westphal-Team Tabellenplatz eins und gab ihn bis Saisonende nicht wieder her. Die Bilanz: einundzwanzig Siege, neun Unentschieden, vier Niederlagen – und 87:35 Tore. St. Pauli war Meister. Wenn auch „nur" der Regionalliga Nord.

Bajuvarische Schrankwand Trotz des „besseren Fluidums" auf eigenem Platz entschied sich die Vereinsführung, die Spiele der Aufstiegsrunde im Volksparkstadion auszutragen: Sie hoffte auf höhere Zuschauereinnahmen. Zum Auftakt empfing der FC St. Pauli Bayern München – mit dem 19-jährigen Franz Beckenbauer, der hier am 6. Juni 1964 vor 26 000 Zuschauern sein erstes Punktspiel für die Bayern bestritt, damals noch als Linksaußen. Zum Leidwesen der St. Paulianer feierte das Jungtalent einen glänzenden >

>>>

>> **18. August:** Beim „Marsch auf Washington" hält Martin Luther King seine berühmte Rede „I have a dream".

>> **16. Oktober:** Kanzler Konrad Adenauer tritt zurück. Sein Amt übernimmt der bisherige Wirtschaftsminister **Ludwig Erhard**.

„I have a dream": Martin Luther King vor über 200 000 Demonstranten

>> **22. November:** In Dallas wird US-Präsident **John F. Kennedy** erschossen. Lyndon B. Johnson wird sein Nachfolger.

>> **20. Dezember:** Im Frankfurter Auschwitz-Prozess werden 22 Männer des Mordes und der Beihilfe zum Mord im gleichnamigen KZ angeklagt.

DM: Borussia Dortmund

1959-1969

Peter Osterhoff, Rolf Bergeest und Werner Pokropp auf Sammelkarten zur Saison 1964/65

> **Einstand.** Am Ende stand es 4:0 für die Gäste – dreimal Brenninger, einmal Beckenbauer. Laut Rolf Bergeest gab den Ausschlag allerdings nicht der fehlende Heimvorteil, sondern die Physis: „Wir waren denen körperlich sehr, sehr unterlegen", gesteht er: „Wenn man die Schränke da alle gesehen hat – da haben wir überhaupt kein Land gesehen." Auch die Begegnungen gegen den späteren Aufsteiger Borussia Neunkirchen aus dem Saarland gingen verloren. Nur gegen Tasmania Berlin erreichten die Braun-Weißen ein 3:3 und ein bedeutungsloses 3:0. „Keine Hand rührte sich unter den 4200 zahlenden Zuschauern im Stadion zum Beifall, als der Schiedsrichter das Spiel abpfiff", schrieb das „Abendblatt" am 15. Juni 1964.

Engel im Schnee Die nächste Saison begann der FC St. Pauli abermals mit einem neuen Trainer: Am 1. Juli trat der 46-jährige Otto Coors sein Amt an, während sein Vorgänger nach Augsburg wechselte. Mit seiner „flachsigen Art" (Peter Osterhoff) unterschied sich Coors ebenso drastisch von Westphal wie der sich von Heinz Hempel. Im Winter verblüffte er die Mannschaft beim Training am verschneiten Millerntor mit dem Vorschlag, sich einfach einmal fallen zu lassen und mit ausgestreckten Armen und Beinen „Schnee-Engel" in die weiße Pracht zu malen. „Für mich war das kein Trainer", urteilt Rolf Bergeest: „Der ließ alles so laufen, wie's gerade lief. Larifari mehr oder weniger." Nach der Meisterschaft waren die Erwartungen an den FC St. Pauli stark gestiegen. Doch obwohl Mannschaft und Trainer nie recht zueinanderfanden und der erste Sieg erst am dritten Spieltag gelang, stand der FC St. Pauli, verstärkt um den regionalligaerfahrenen Mittelfeldmann Jürgen Weidlandt (Concordia Hamburg), ab dem sechsten Spieltag fast kontinuierlich auf Platz zwei – hinter Holstein Kiel. Spielerischer Höhepunkt der Saison war ein 9:0 am letzten Februarsonntag gegen den Kieler SV Friedrichsort. Interessant an diesem Ergebnis ist nicht nur seine Höhe, sondern dass es im ersten Spiel nach der Kündigung des Trainers zustande kam: Otto Coors hatte sie freiwillig eingereicht.

Als Tabellenzweiter musste sich der FC St. Pauli zunächst in zwei Spielen gegen den SSV Reutlingen für die Aufstiegsrunde qualifizieren. Zu diesem Zeitpunkt, im Mai 1965, war Coors bereits durch Kurt Krause abgelöst worden – laut Vereinszeitung „Ostpreuße, Abiturient und Reserveoffizier". Unter Krauses Trainerschaft hatte Altona 93 die Saison 1963/64 nur einen Punkt und einen Platz hinter dem FC St. Pauli abgeschlossen. „So leicht wie Bayern München werden wir es Reutlingen bestimmt nicht machen", meinte Kapitän Ingo Porges. Zudem werde das Team „nicht noch einmal im Volksparkstadion (vor halbgefüllten Rängen, keine Atmosphäre) antreten, sondern in der gewohnten Umgebung des eigenen Platzes". Dennoch schlugen Porges und Kameraden den SSV Reutlingen im Hinspiel nur 1:0. Im Rückspiel >

1964

>> **2. Juli:** US-Präsident Johnson unterzeichnet das Bürgerrechtsgesetz zur **Aufhebung der Rassentrennung**.
>> **10. September:** In Köln schenkt die Arbeitgebervereinigung dem einmillionsten „**Gastarbeiter**" ein Moped zur Begrüßung.

„Polizeirevier Davidswache" wurde an Originalschauplätzen gedreht

>> **10. September:** Jürgen Rolands St. Pauli-Saga „**Polizeirevier Davidswache**" kommt in die Kinos – und wird einer der größten Filmerfolge der Nachkriegszeit.
>> **26. Oktober:** Sendestart für das dritte Programm des NDR aus dem „Südbunker" neben dem Millerntor-Stadion.
DM: 1. FC Köln

Akolapse now!
Aufregung um einen der ersten farbigen Spieler im deutschen Vertragsfußball

„Schwarz wie die Nacht, schnell wie eine Antilope und schußstark wie eine Elefantenbüchse" („BILD"): Guy Acolatse aus Togo war einer der ersten farbigen Spieler im deutschen Vertragsfußball. Dass der neue Trainer Otto Westphal ihn 1963 zum FC St. Pauli mitbrachte, geriet zum „Publicity-Coup, der selbst die arrivierten Sportkameraden der Bundesligavereine vor Neid erblassen lassen konnte", schrieb die „ZEIT".

Die „BILD"-Zeitung meldete erste Details: „Er kann Schreibmaschine schreiben … er kann Fußball spielen." 21 Jahre sei er alt. Und da Fußbälle in Togo knapp seien, habe er das Kicken mit Apfelsinen erlernt. „Guy kann ein Großer werden", versprach Trainer Westphal, und „BILD" fragte bang: „Wird ihm der Sprung aus dem Land der Palmen ins Land des Volkswagens Glück bringen?"

Sein erstes Freundschaftsspiel bestritt „der Mann von der Farbe herztötenden Mokkas" („BILD") am 4. August im schleswig-holsteinischen Büdelsdorf. „Ran, Pelé!", riefen die Einheimischen, und Acolatse schoss sein erstes Tor. Bei seiner Punktspielpremiere gegen Altona 93 bescheinigte das „Abendblatt" ihm „ausgefeilte Technik, prächtiges Ballgefühl und vorbildliche Selbstlosigkeit". Die „BILD am Sonntag" fasste es schlichter: „Togo-Neger Guy begeisterte 7000".

Am nächsten Tag „enthüllten" die Kollegen der Wochentagsausgabe ein weiteres Detail über den Mann, den sie bis dahin konsequent als „Akolapse" bezeichnet hatten: „Apokalypse (sagen die Intellektuellen) oder Eukalyptus (sagen die normalen St. Paulianer). BILD ist in der glücklichen Lage, alle Unklarheiten endgültig beseitigen zu können. Der neue Star des FC St. Pauli … Er heißt: Kokou Guy Acolatse."

Nach einigen Spielen flaute das Interesse bei Medien und Zuschauern allmählich ab. Der „Hamburger Jugendbrief" deutete sogar an, dass es zu rassistischen Zwischenrufen gekommen sei: „Zu Beginn der Saison lobten viele dieses fußballerische Naturtalent. Und dann ertönten auf den Tribünen Äußerungen, die man nicht nur mit der Dummheit einzelner Zuschauer abtun darf."

Die Vereinszeitung des FC St. Pauli antwortete, dass „von unqualifizierten Reaktionen eines Teils des Publikums … leider kein Spieler (gleich welcher Rasse) und kein Verein (gleich welcher Klasse) verschont" bleibe, und zitierte Acolatse: „Ich fühle mich im Kreise meiner Mannschaftskameraden beim FC St. Pauli sehr wohl."

1963/64 bestritt Guy Acolatse 24 Spiele, in der folgenden Saison 18. In seinem dritten Jahr beim FC St. Pauli stand er nur noch einmal auf dem Platz: Als St. Pauli durch das 1:1 bei Arminia Hannover Meister der Regionalliga Nord wurde. Dass der Zauber der „schwarzen Perle" („Abendblatt") dem Alltag gewichen war, zeigt die bissige Einschätzung der „BILD" zu diesem Tag: „Er hat zwar nicht versagt, aber … seine Ballannahme [war] geradezu verheerend." In der folgenden Saison wechselte Guy Acolatse zum SV Barmbek-Uhlenhorst. Dort blieb er bis 1968. Danach verlieren sich seine Spuren. ■

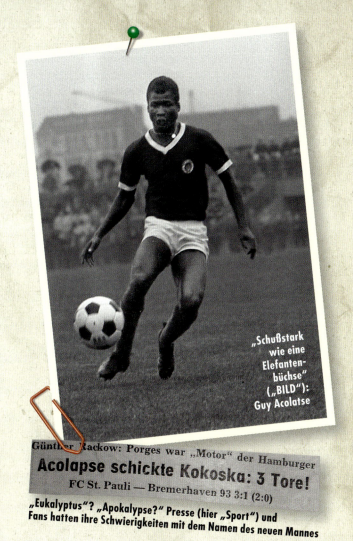

„Schußstark wie eine Elefantenbüchse" („BILD"): Guy Acolatse

Acolapse schickte Kokoska: 3 Tore!
FC St. Pauli — Bremerhaven 93 3:1 (2:0)

„Eukalyptus"? „Apokalypse?" Presse (hier „Sport") und Fans hatten ihre Schwierigkeiten mit dem Namen des neuen Mannes

Auch Haecks (Bild links) und Osterhoff glückte nicht alles – doch das 5:3 gegen den Itzehoer SV war der Auftakt zu einer Torflut (August 1965)

auf fremdem Platz präsentierte St. Pauli sich überzeugender, ging in der 1. Minute in Führung und sah lange wie der sichere Teilnehmer der Aufstiegsrunde aus – bis in der 60. und 67. Minute das 1:1 und das 2:1 für Reutlingen fielen. Nach Toren stand es einschließlich des Hinspiels 2:2. In der Verlängerung „vollzog sich der beinahe zu erwartende Zusammenbruch unserer Truppe", so die Vereinszeitung. Der Endstand: 2:4.

Angriff auf die 100-Tore-Marke Zu Beginn der Saison 1965/66 machte der neue Coach deutlich, dass er viel erwartete: „Kurt Krause war ein Treiber", meint Rolf Bergeest, „ein harter Hund. Der war sehr ehrgeizig." Zusätzlich zu Laufeinheiten, Standardsituationen und Übungen am Kopfballpendel legte Krause mehr als seine Vorgänger Wert auf Taktik und schulte gezielt Spielzüge und Laufwege. Wenn auch mit gemischtem Erfolg: „Der erzählte uns schon mal, wo man längslaufen musste", erzählt Peter Osterhoff: „Im Spiel läuft das natürlich anders."

Immerhin lief es erfolgreich – obwohl die Saison mit einem Schock begann: Gegen den Itzehoer SV zog sich Krauses Spielmacher Bergeest einen doppelten Knöchelbruch zu. Zu zehnt gewannen seine Teamkameraden noch 5:3. Auch ohne Bergeest kassierte Braun-Weiß in der Hinrunde nur zwei Niederlagen und zwei Unentschieden und erzielte in den ersten vier Begegnungen der Rückrunde 20:1 Tore – fast die Hälfte davon auf schneebedecktem Boden beim 9:0 gegen den VfL Osnabrück (16. Januar). Im März 1966 waren die Kiezkicker längst mit höheren Zielen beschäftigt als „nur" der Meisterschaft: „Jetzt reizt meine Burschen die 100-Tore-Grenze", erklärte Trainer Krause im „Abendblatt", „das ist für mich als Trainer beruhigend."

Goliaths höhnisches Lächeln Auch im DFB-Pokal lief es ungewohnt gut. Zum ersten Mal seit 1954 hatte der FC St. Pauli sich für die Pokal-Hauptrunde qualifiziert – und erreichte nach einem 4:2 gegen den 1. FC Saarbrücken und einem 3:1 gegen die Kickers Offenbach die Runde der letzten Acht.

Der nächste Gegner war der achtfache Deutsche Meister 1. FC Nürnberg, ein „Fußball-Goliath", der unter völlig anderen Bedingungen spielte und trainierte als die hauptberuflichen Handwerker, kaufmännischen Angestellten und Arbeiter in Braun-Weiß: „St. Paulis Vertragsspieler sind keine Vollprofis wie die Lizenzspieler des 1. FC Nürnberg", erinnerte die Zeitschrift „Sport", „sie verdienen (neben ihrem Beruf) nicht 1200, 2000 oder 2500 Mark im Monat durch Fußball."

23 000 Zuschauer am ausverkauften Millerntor sahen ein wahres Pokaldrama. In der 25. Minute ging Nürnberg durch den Ex-Nationalstürmer Strehl 1:0 in Führung. Es war eine von drei Chancen der Gäste im ganzen Spiel. St. Pauli ging mit Rückstand in die Kabine und wuchs nun erst recht „in Pokalkämpfer-

1965

Umgestürztes Auto nach dem „Stones"-Konzert in der Ernst-Merck-Halle

>> **28. Mai:** Königin Elisabeth II. und Prinz Philip kommen per Sonderzug im Hamburger Dammtor-Bahnhof an und tragen sich ins „Goldene Buch" der Stadt ein.
>> **13. September:** Straßenschlachten rund um das Konzert der **Rolling Stones** in Hamburg (aktueller Hit: „Satisfaction").

>> **27. Oktober:** In Hessen erklärt der Staatsgerichtshof das **Schulgebet** für unzulässig, sobald ein Schüler oder Erziehungsberechtigter dem Gebet widerspricht.

>> **7. November:** Einweihung der **Gedenkstätte KZ Neuengamme** in Hamburg.
>> **28. Oktober:** Gründung des **FC Hansa Rostock**.
DM: Werder Bremen

1959-1969

Ende gut, alles gut? Meisterehrung mit Maskottchen „Jockeli" am 25. Mai 1965

Zittern bis zur Ekstase: Das Saisonfinale 1965/66 war nichts für schwache Nerven

format" („Sport"): Ungeprüft und ohne Beschäftigung stand St. Paulis Keeper Thoms vor seinem Kasten, während Porges und Gehrke immer verbissenere Angriffe auf das Nürnberger Tor starteten.

„Wir waren dicht dran", erinnert sich Peter Osterhoff: „Aber was willst du machen, wenn du das Ding nicht reinkriegst." Nürnbergs Torhüter Wabra fing, faustete, hielt mit dem Fuß und heizte die Atmosphäre zusätzlich an, indem er nach gelungenen Aktionen die „abgeblitzten Gegner höhnisch anlächelte", so der empörte „Sport"-Reporter. Die Pokalsensation war zum Greifen nahe. Doch ins Halbfinale zog Nürnberg ein.

Fußballerischer Selbstmordversuch „Ihre prachtvolle Elf wird aufsteigen! Mein Gott, was besitzt diese Hamburger Mannschaft für eine urwüchsige Kraft", lobte Nürnbergs Trainer Jenö Csaknady nach dem Spiel. Und doch fand sich ein Verein, der den FC St. Pauli noch stoppen konnte: der FC St. Pauli selbst. Von den letzten acht Spielen der Saison gewann er nur ein einziges (3:0 gegen den Bremer SV am 8. April). „Beim ersten verlorenen Spiel, da ging das ja noch", erinnert sich Peter Osterhoff an den Tag, als Horst Haecks und er St. Pauli beim SV Friedrichsort 2:0 in Führung geschossen hatten – und das Spiel 2:4 verloren ging: „Aber nachher, da wurde das natürlich eng für uns alle. Es lief einfach nicht mehr." Der Vorsprung schmolz dahin. Die Presse, die St. Pauli schon vor Wochen zum sicheren Meister ausgerufen hatte, beschäftigte sich nun mit Rechenszenarien, wie Krauses Team noch auf der Ziellinie durch den Tabellenzweiten Göttingen 05 überholt werden könnte – einen Rivalen, den es selbst stark gemacht hatte. Denn im „Endspiel" am vorletzten Spieltag unterlagen die Braun-Weißen 1:4 im eigenen Stadion.

Vor dem Saisonfinale gegen Arminia Hannover fehlte ihnen noch immer ein Punkt bis zur Meisterschaft – und damit zur direkten Qualifikation für die Bundesliga-Aufstiegsrunde. Der verzweifelte Vorstand schickte die gesamte Mannschaft ins Kurztrainingslager nach Barsinghausen, damit sie ihr „seelisches Gleichgewicht" wiederherstellen möge. Die Maßnahme hatte Erfolg: Die Nerven hielten. Auch als dem 1:0 per Foulelfmeter (verwandelt durch Mittelfeldmann Jürgen Weidlandt) schon in der zweiten Minute der zweiten Halbzeit das 1:1 folgte. Während Trainer Krause am Spielfeldrand schweigend eine Zigarette nach der anderen rauchte, zitterte sein Team in über 40 endlosen Minuten der Meisterschaft entgegen. Endlich kam der Schlusspfiff.

„Südländische Begeisterung unter den Hamburger Schlachtenbummlern", beschrieb „BILD": „Die Fans stürmen aufs Spielfeld und reißen ihren Lieblingen die Trikots vom Leib." Trainer Krause war nach Wochen des Bangens erleichtert: „Jetzt geht's mir wieder gut. Aber die letzte Zeit möchte ich nicht noch einmal durchmachen."

1966 >>>

>> **5. Februar:** Bundesligaprofi Sigi Held (Borussia Dortmund) schießt als Erster auf die neue **Torwand** des ZDF-Sportstudios.
>> **3. März:** Die britische BBC sendet als erster europäischer Sender **Farbfernsehen**. Deutschland zieht im August 1967 nach.

>>**3. März:** Bei einer Ausstellung in London wird der goldene Fußball-WM-Pokal „**Coupe Jules Rimet**" gestohlen. Eine Woche später spürt ihn ein Hund wieder auf.
>> **27. März:** Wahlen zur **Hamburger Bürgerschaft**. Die SPD mit Spitzenkandidat Weichmann gewinnt 59 % der Stimmen.

Moderator Hans-Joachim Friedrichs posiert in der 1966 eingeweihten Torwand

„Oschi" Osterhoff: „Ich habe immer nur die beiden Pfosten gesehen und die Latte"

Ballgenie mit Launen: Die Frage „Hatte Horst Haecks Lust?" bewegte die Fans. Hatte er sie, schoss er bis zu fünf Tore pro Spiel

Der „Brecher" und die „Diva"

Peter Osterhoff und Horst Haecks: das erfolgreichste Sturmduo der Vereinsgeschichte

Zusammen erzielten sie über 340 Tore: Zwischen 1958 und 1966 trieben Peter Osterhoff und Horst Haecks die gegnerischen Verteidiger gemeinsam zur Verzweiflung. Dabei hätten sie kaum unterschiedlicher sein können: „Das hat uns, glaube ich, ausgemacht", meint Osterhoff. „Ich war eher ein Kraftfußballer. Horst war mehr der Techniker."

An guten Tagen begeisterte der schlaksige Haecks, der 1957 vom Eimsbütteler TV gekommen war, das Publikum. „Keiner war so abgebrüht vorm Tor", sagt sein Mannschaftskamerad Heinz Deininger: „Horst hat drei Leute hintereinander getunnelt. Und im richtigen Moment sogar den Torwart." Das Zusammenspiel mit dem „schlamperten Genie" (Kurt Hehl) war nicht immer einfach: „Horst war der beste Rechtsaußen in ganz Deutschland", so Deininger, „aber er war launisch." Und er war ebenso ehrgeizig wie anspruchsvoll — auch als Mittelstürmer, weiß Uwe Stothfang, der ihm manche Vorlage gab: „Horst mochte ihn auf den Fuß haben", erzählt er. „Dem Ball hinterherrennen, das war nicht seine Sache." Schlechte Zuarbeit oder Kritik quittierte Haecks nicht selten mit mürrischem Gesicht oder abfälligen Gesten.

„Hatte Horst Haecks Lust?" war eine heiß diskutierte Frage, die St. Pauli-Fan Klaus Höhler sogar mit eigener Statistik über fünf Oberliga-Spielzeiten untersuchte: „Wir kamen zu dem Ergebnis, daß St. Paulis Gewinnchancen um mehr als 90 Prozent höher lagen, wenn er welche hatte." Dann kam es zu Sternstunden

1959-1969

„Nichts hören, nichts sehen, nichts sagen": Osterhoff, Haecks und Bergeest in Spaßpose

Die Derbys gegen den HSV inspirierten stets die Presse

Auch bei Autogrammjägern beliebt: zweifacher Torschützenkönig Haecks

wie dem 7:1 beim SC Victoria am 17. November 1963, bei dem Haecks fünf Tore schoss. In dieser Saison wurde er mit 36 Treffern Torschützenkönig aller fünf Regionalligen. 1965/66 stand er abermals an der Spitze der Torjägerliste, wenn auch „nur" jener der Regionalliga Nord.

Diese Ehre errang Peter Osterhoff nie, obwohl er die „ewige Torschützenliste" des FC St. Pauli mit 182 Treffern anführt, 21 mehr als Haecks. Als Osterhoff 1958 vom SC Stern/Pfeil aus Hamburg-Dulsberg kam, brachte er seinen Spitznamen „Oschi" bereits mit — gemünzt auf die Statur des 84-Kilo-„Brechers". „Ich habe immer nur die beiden Pfosten gesehen und die Latte", sagt Osterhoff, der aus allen Lagen aufs Tor schoss, mit links wie mit rechts. Mit unkonventionellen Laufwegen stiftete der schnelle Linksaußen Verwirrung, und der Erfolg gab ihm recht. Etwa im DFB-Pokal 1965/66, als er Saarbrücken mit zwei Toren aus dem Rennen warf und vor 20 000 Zuschauern am Millerntor alle braun-weißen Treffer beim 3:1 gegen Kickers Offenbach erzielte. „Manchmal hab ich aber auch nur den Bunker hinter der Südkurve getroffen", lacht Osterhoff.

In der Freizeit ging Osterhoff gern mit Mannschaftskameraden aus und bewies auf dem Rückweg von Auswärtsspielen, warum er zu Schulzeiten nicht nur im Turnen eine Eins hatte, sondern auch im Singen: „Im Mannschaftsbus haben Oschi und ich oft zusammen gesungen", erzählt sein letzter Trainer Erwin Türk: „Fußball- und Vereinslieder, Trinklieder ... vor allem Seemannslieder! Hans Albers und so. Die mochte Oschi. Dann haben alle mitgesungen."

Horst Haecks dagegen war „ein kleiner Alleingänger", meint Uwe Stothfang: „Er hatte seine Wege." Dennoch bezeichnet Haecks die aktive Zeit beim FC St. Pauli heute als „die schönste seines Lebens". Sie endete mit Verletzungspech: Im September 1966 rissen Meniskus und Kreuzband im linken Knie. Nach zwei Operationen versuchte er, bei den St. Pauli-Amateuren nochmals Anschluss zu finden — und warf prompt die 1. Mannschaft aus dem DFB-Pokal (s. S. 198). Doch die Knieprobleme blieben.

Auch „Oschi" Osterhoffs Karriere-Ende wurde durch eine Meniskus-Verletzung eingeläutet, am 11. August 1968. Zwar feierte er im November ein Comeback. Doch Trainer Türk wollte ihn nun als Verteidiger einsetzen. „Das war nicht meine Welt", so Osterhoff. Ab 1969 ließ er seine Karriere beim Landesligisten Duwo 08 ausklingen. Seinen Platz in der ewigen Torjägerliste wird ihm so schnell niemand streitig machen. ■

Geselliger Typ: „Oschi" Osterhoff (l.) auf Vatertagstour mit seinen Mannschaftskameraden Uwe Stothfang (M.) und Rolf Bergeest

Mit Akribie und Ehrgeiz: der neue Trainer Erwin „Ata" Türk an der Taktiktafel

Abendliches Training auf den Grandplätzen im Norden des Millerntor-Stadions (Ende der 60er Jahre)

Zu nah am Kiez Während Horst Haecks im September 1967 über Knieprobleme klagte, die schließlich zu seinem Karriere-Ende führen sollten, gab es auch aus dem Ligabetrieb keine guten Nachrichten zu vermelden: „Es wird schwer sein, noch einmal Anschluß zu finden", meinte Trainer Kurt Krause nach einem 0:1 gegen Göttingen 05 am 22. Oktober. Nach zwei weiteren Niederlagen musste er gehen. Es war die erste vorzeitige Trainerentlassung der Vereinsgeschichte. „Ihm fehlten der Schwung, die Begeisterung, der letzte Einsatz", klagte Präsident Koch im „Abendblatt": „Von einem gutbezahlten Mann müssen wir einfach mehr verlangen können."

Wie mehrere Spieler bestätigen, gab es neben dem offiziellen noch einen weiteren Grund für die Trennung: Die Vereinsführung warf Krause zu große Nähe zum Kiez vor. Aus seiner Zeit bei Altona 93 war Krause eng mit Kurt Roy befreundet, der sich in verschiedenen Funktionen für „93" engagierte, etwa als zeitweiliges Vorstandsmitglied und Leiter der Fußball-Abteilung. Zugleich war Roy jedoch auch Inhaber des Nachtclubs „Tabu" in der Großen Freiheit. „Krause wurde öfter auf dem Kiez gesehen", berichtet ein ehemaliger Offizieller – und das auch noch allein, oft auf dem Weg zu einem Umtrunk mit Roy und gemeinsamen Bekannten. So etwas hatte noch kein Trainer vor ihm gewagt. „Es wurde geredet", so ein Spieler. Für einen Verein, dessen Präsident sich stets vom Kiez distanzierte und ausdrücklich betonte, wie „bürgerlich" Mitglieder und Umfeld seien, ein Affront – der eindrücklich demonstriert, dass zwischen dem FC St. Pauli der 60er Jahre und dem „Freudenhaus der Liga" späterer Jahrzehnte Welten lagen.

Als Nachfolger Kurt Krauses sprang bis Ende der Saison Heinz Hempel ein, der zwischenzeitlich die Amateurmannschaft des FC St. Pauli trainiert hatte. Der Trainerwechsel brachte zunächst gemischten Erfolg, ehe ein 3:0 beim VfB Lübeck im Februar 1963 die Trendwende einleitete: Bis zum Ende der Saison gewann Hempels Team alle zehn Spiele. Das Ergebnis war Tabellenplatz vier hinter Arminia Hannover, Göttingen 05 und dem VfL Wolfsburg.

„Ata" kennt sich aus Vor Beginn der nächsten Saison schrieb der Verein die vakante Trainerstelle offiziell aus. Der damals 33-jährige Erwin „Ata" Türk las es mit Begeisterung. Zu dieser Zeit war der frühere Mittelläufer und eisenharte Stopper des VfL Osnabrück beim Drittligisten VfB Bielefeld in seiner ersten Trainerstation tätig.

Türk bewarb sich schriftlich – und entschloss sich acht Tage später, seiner Bewerbung ein wenig mehr Nachdruck zu verleihen: „Ich wusste, Wilhelm Koch fährt jeden Tag um 17 Uhr vor, lässt sich berichten, trinkt einen und fährt um 19 Uhr wieder. Ich habe mich also telefonisch verbinden lassen und mich zu einem persönlichen Termin eingeladen." Mit Erfolg: Zum 1. Mai 1968 wurde Erwin Türk der Nachfolger

1968

>> **1. Januar:** Die BRD führt die **Mehrwertsteuer** ein (Sätze: 5 bzw. 10%).
>> **30. Januar:** Wende im Vietnamkrieg. Die „**Tet-Offensive**" der Nordvietnamesen verwickelt die US-Truppen in ständige Gefechte mit einem „unsichtbaren Feind" und fügt ihnen schwere Verluste zu.

Erstausgabe der „St. Pauli Nachrichten"

>> **April:** In Hamburg erscheinen erstmals die „**St. Pauli Nachrichten**".
>> **2. April:** Stanley Kubricks „**2001: Odyssee im Weltraum**" feiert in Washington seine Kinopremiere.

>> **4. April:** Der Pfarrer und Bürgerrechtler **Martin Luther King** wird auf einem Hotelbalkon in Memphis (Tennessee) erschossen.
>> **11. April:** Attentat auf den Studentenführer **Rudi Dutschke**. Elf Jahre später stirbt er an Spätfolgen seiner Schussverletzungen.

14. Januar 1968: morgendlicher Schneeräumversuch vor einem Heimspiel gegen den VfB Oldenburg

Bonjour, Tristesse: Ende der 60er waren die Ränge am Millerntor häufig leer, hier gegen Barmbek-Uhlenhorst

Heinz Hempels. Türk beeindruckte die Mannschaft neben akribischen Trainingsplänen und Spezialeinheiten zu Themen wie „Tempospiel der Mittelfeldspieler" auch mit dem Willen, als „gutes Beispiel" voranzugehen: „Türk hat vorgemacht. Türk ist vorweggelaufen", sagt Peter Osterhoff.

Vom ähnlich ehrgeizigen Werner Pokropp ließ Türk sich gelegentlich zu Wetten herausfordern, auch in fußballfremden Sportarten, so Osterhoff: „Schlagballweitwurf konnte Türk am weitesten." Zur Auflockerung verordnete er der Mannschaft schon mal 15 Minuten „Handballspiel übers ganze Feld mit Toren" oder „1 Runde Bockspringen (5 Minuten)".

Unter Türk erlebte die Mannschaft einen Umbruch. Ihr Durchschnittsalter sank auf unter 24 Jahre. Abwehrmann Rolf Gieseler hatte schon vor der Saison den Verein verlassen und Ingo Porges mit 29 seine Karriere beendet, um mehr Zeit für Beruf und Familie zu haben. Sein Nachfolger als Kapitän wurde Werner Pokropp. Die wichtigsten Neuzugänge der Saison waren Angreifer Peter Woldmann (25, unter anderem HSV und Göttingen 05) und der 26-jährige Mittelfeldmann Reinhard Löffler vom Hamburger SV.

Ein merkwürdig vertrautes Lied Der FC St. Pauli blieb elf Spiele lang ungeschlagen, ehe ein 0 : 2 bei Holstein Kiel eine Phase der Punktverluste einläutete. Lichtblicke wie der 5 : 0-Heimsieg gegen den TuS Celle wechselten mit Tiefpunkten wie dem 0 : 2 gegen den VfL Osnabrück – eine „Anti-Werbung" vor 20 000 Zuschauern, dem mit Abstand größten Heimspiel-Publikum der Saison. Nur für fünf Begegnungen verkaufte der FC St. Pauli mehr als 5000 Karten. Gegen den Itzehoer SV waren es sogar nur 1500. Zahlen, die Anlass zur Sorge gaben, erklärte Werner Pokropp 2006: „Es gab damals ja keine Vermarktung und so weiter. Der ganze Etat wurde durch Zuschauereinnahmen finanziert."

Im April 1969 konfrontierte Präsident Koch die versammelten Vereinsmitglieder mit einer Aussage, die heutigen Lesern vertraut vorkommen mag: „Die finanzielle Lage im Verein ist nicht besonders rosig." Zu diesem Zeitpunkt ahnte keiner der Anwesenden, dass es Kochs letzter Auftritt bei einer Jahreshauptversammlung sein sollte.

Am 25. Mai 1969 beschlossen die St. Paulianer ihr fußballerisches Jahrzehnt – nicht mit einer rauschenden Bundesliga-Gala, wie es ja hätte sein können. Sondern mit einem bodenständigen 2:1 gegen Barmbek-Uhlenhorst. 3400 Zuschauer verloren sich in einem Stadion mit Platz für viel mehr.

Einen „Star-Club" gab es noch immer im Viertel. Doch der spielte in der Großen Freiheit 39. Einmal verirrten sich sogar einige Fußballer des FC St. Pauli dorthin, erzählt Heinz Deininger, der damals dabei war. Doch schon bald wurden sie in eine Keilerei verwickelt und verließen das Lokal fluchtartig. Sie kamen nie wieder. ■

1969

>> **20./21. August:** Truppen des Warschauer Pakts marschieren in die Tschechoslowakei ein – das Ende des „Prager Frühlings", der Meinungsfreiheit und Demokratie bringen sollte.
DM: 1. FC Nürnberg

Ende des „Prager Frühlings": sowjetische Panzer in der Innenstadt von Prag

>> **1. April:** An Hamburger Schulen wird die „körperliche Züchtigung" abgeschafft.
>> **17. Juni:** Das Bundesgesundheitsministerium stellt einen „Sexualkunde-Atlas" vor, der im gleichnamigen neuen Schulfach bundesweit eingesetzt werden soll. Konservative und katholische Kreise sind empört.

Ingo Porges (6. v. l.) vor dem Länderspiel gegen Irland

Rekordhalter: Karl Miller (l.) brachte es auf zwölf Länderspiele

Die glorreichen Vier

Neben Ingo Porges trugen nur drei weitere St. Paulianer das deutsche Nationaltrikot

Das Kapitel „St. Pauli und die deutsche Nationalmannschaft" ist eines der übersichtlicheren der Vereinsgeschichte. Zwar erregten einzelne St. Paulianer immer wieder die Aufmerksamkeit der jeweiligen Bundestrainer und wurden auch zu DFB-Sichtungslehrgängen eingeladen – in den 60er Jahren beispielsweise „Oschi" Osterhoff und Horst Haecks. Doch nur vier Spieler des FC St. Pauli brachten es zu Auftritten in der A-Nationalmannschaft.

„Welch ein Tag für Christian Rahn, welch ein Tag für den FC St. Pauli", jubelte das „Abendblatt" 2002, als der Letzte von ihnen gegen Kuwait antrat. „Rahns Vorstellung konnte sich sehen lassen", lobte Reporter Dieter Matz nach dem 7:0: „Er nahm nicht nur teil, sondern spielte tüchtig und couragiert mit." Eine Woche später, beim 6:2 gegen Österreich, wechselte Rudi Völler ihn in der 86. Minute ein. Dieser 18. Mai 2002 markierte den Endpunkt in Rahns Nationalspielerkarriere als „Braun-Weißer", denn anschließend wechselte er zum Hamburger SV. Weder Rahn noch seine Nationalmannschaftskollegen konnten je den Rekord des „Wunderelf"-Mitglieds Karl Miller erreichen, der es 1941 und 1942 zu zwölf Länderspielen brachte. Dabei waren auch die Auftritte der anderen vielversprechend. Linksaußen Alfred „Coppi" Beck hatte sein Nationalmannschafts-Debüt sogar regelrecht herbeigesungen: Der Mann, der nach feuchtfröhlichen Mannschaftsabenden gern das Lied von „Arsenal auf grünem Rasen" schmetterte (besonders auf der Toilette), spielte am 1. Dezember 1954 gegen England, wenn auch im „falschen" Stadion, nämlich Wembley. Becks Torquote ist dabei kaum zu schlagen, denn in seinem ersten und einzigen Länderspiel steuerte er einen der drei Treffer zum 3:1-Endstand bei. Die Vorlage lieferte Uwe Seeler, der „Dicke", wie ihn seine Gegenspieler damals nannten.

Ein Gala-Auftritt gegen diese HSV-Legende läutete 1959 eine weitere hoffnungsvolle Nationalmannschaftskarriere ein: „In diesem 21-Jährigen steckt Material für Sepp Herberger", meinte der „Kicker", nachdem Ingo Porges den „Dicken" beim Lokalderby vollständig abgemeldet hatte (s. S. 160). Tatsächlich erhielt Porges am 3. Mai 1960 Post aus Frankfurt. „Lieber Sportkamerad!", hieß es darin: „Wir freuen uns, Ihnen ... Mitteilung machen zu können, daß Sie zur Teilnahme für das am 11. Mai in Düsseldorf stattfindende Länderspiel Deutschland – Irland vorgesehen sind. ... Mitzubringen sind ... ein Paar in

1959-1969

gutem Zustand befindliche Fußballschuhe und soweit vorhanden ein Paar Stiefel mit Gumminocken sowie Laufschuhe." Auch an „Toilettensachen, Schlafanzug und Badehose" erinnerte das Schreiben fürsorglich. Am Abend vor dem Spiel überreichte Sepp Herberger im Hotel feierlich das Nationaltrikot. Der St. Paulianer machte ihm alle Ehre: „Porges ist bei den Deutschen der beste Mann gewesen. Er hat keinen Zweikampf gegen unsere Leute verloren", lobte Irlands Trainer Carey. Leider hatte der Rest der deutschen Nationalmannschaft einen ebenso schlechten Tag erwischt wie Irlands Keeper einen guten: „Porges gewonnen – Spiel verloren", lautete die „BILD"-Schlagzeile nach dem 0:1. Dennoch behielt der Bundestrainer Porges im Auge. Zwei Wochen später ging er vor einem gemeinsamen Besuch des Spiels HSV – Karlsruher SC mit ihm essen, und bei einer Länderspielreise nach Island war Ingo Porges ebenso dabei wie beim DFB-Lehrgang in Frankfurt und der Reise zum WM-Qualifikationsspiel in Griechenland. Doch er kam nicht mehr zum Einsatz. Obwohl er zum 40er-Kader des Bundestrainers für die Weltmeisterschaft 1962 gezählt hatte, fuhr nicht Porges nach Chile, sondern Jürgen Werner vom HSV. „Das hat sich halt nicht ergeben", meint Porges nüchtern, der bis heute auf sein einziges Länderspiel nicht mit Verbitterung zurückblickt, sondern voller Stolz.

Ab 1963 sanken seine Chancen auf eine Rückkehr ins Nationalteam zusätzlich: Schließlich spielte der FC St. Pauli nach der Etablierung der Bundesliga nur noch zweitklassig. Als 1966 gegen Essen nur zwei Tore zum Bundesliga-Aufstieg fehlten, war eine große Chance zur Rückkehr ins Blickfeld des neuen Bundestrainers Helmut Schön vertan. ■

Ein Länderspiel, ein Tor: Alfred „Coppi" Beck

Christian Rahn, bislang der letzte St. Paulianer im deutschen Nationaltrikot

1969-1979

DAS SIEBTE KAPITEL, in dem der FC St. Pauli Ernst macht mit dem „Abente

Mit Schmackes Richtung 1. Liga: Präsident Ernst Schacht (r.) schiebt, Manager Pokropp strampelt, und ein Plakat gibt das „Superman Cape". Das beworbene Spiel gegen Preußen Münster gewinnt St. Pauli 4:0 – doch nur 5000 Zuschauer kommen ins Stadion (Oktober 1976)

desliga". Während es nackt wird in Deutschland und finster um den Kiez, ...

1969-1979

...bringen Millionensummen die Braun-Weißen auf den Weg zur Spitze. Dort fe

7. Mai 1977: Am drittletzten Spieltag der Saison macht Niels Tune-Hansen die Sensation perfekt. Durch sein Tor in der 30. Minute siegt der FC St. Pauli 1:0 in Herford und steigt erstmals in die 1. Bundesliga auf – dank einer sagenhaften Serie aus 27 Spielen ohne Niederlage

einen Sieg für die Ewigkeit – und bezahlen mit Frust für Jahre. Am Schluss ...

1969-1979

... stimmen die Punkte, aber nicht die Kasse. Auch ein fröhlicher Maulwurfspfä ein Frosch mit Gelbsucht helfen da nichts: Das Abenteuer endet im tiefen Tal.

Ach, wär'n wir doch am Millerntor geblieben: Dietmar Demuths Blick (r.) spricht Bände. Am 10. September 1977 geht St. Pauli im Volksparkstadion 3:6 gegen Borussia Dortmund unter. Das Ende dieser Saison bringt den Abstieg aus der 1. Liga – doch dem Verein steht Schlimmeres bevor...

Der Stadtteil St. Pauli 1969-1979

Rotlicht statt Rock 'n' Roll

Als die Musik in Eppendorf spielte: der Kiez zwischen „Sexwelle" und Container-Boom

Es ist 1969, und eine „Sexwelle" bedroht den Kiez. Die Titelseiten der Illustrierten tragen Fleischfarben und konkurrieren mit den Angeboten der „sündigen Meile". „Ein unbefangenes Jahrzehnt kündigt sich an", meint „M", die neue „Zeitschrift für den Mann" aus dem Burda-Verlag: Über Sex werde in den 70er Jahren „niemand mehr sprechen", denn er werde zur offen gelebten Selbstverständlichkeit.

Seit dem Frühjahr 1969 geben Hamburgs Schulen Sexualkundeunterricht. Beflissene Pädagogen klären die Kinder über „Coitus interruptus" und andere Verhütungsmethoden auf. Empörte Eltern protestieren, doch für die zuständigen Stellen ist das nur ein Zeichen dafür, wie „fortschrittlich" die Lehrinhalte seien. Allein „die Forderung nach ‚Liebeszimmern' halten wir nach wie vor für unerfüllbar", beruhigt ein Sprecher der Schulbehörde im NDR-Fernsehen.

Auch in den Kinos schwappt „die Sexwelle ... immer höher", klagt die „ZEIT" im August 1969. Der „SPIEGEL" sieht es ähnlich: „Auf deutschen Leinwänden animieren ‚Graf Porno', ‚Dr. Fummel und seine Gespielinnen', das ‚Porno-Baby' und sonstige ‚Erotische Bestien' allabendlich zu ‚Partnertausch und Gruppensex', zu ‚Sex pervers' und ‚nächtlichen Orgien'. ... Das deutsche Kino endet als Bordell-Ersatz."

Die Portiers auf Reeperbahn und Großer Freiheit stehen vor der Herausforderung, Passanten für Nacktshows zu interessieren, die an eine Welt im Adamskostüm gewöhnt sind. Ihr Raunen und Flüstern steigert sich zu nie

„St. Pauli Nachrichten"-Protest gegen „Kiezsäuberung" durch Behörden (1969)

Auch „BILD" schwamm auf der „Sexwelle" mit

Der Stadtteil St. Pauli 1969-1979

gekannter Intensität: „Splitternackt, unsere Mädchen" – „Heute geschieht alles hinter verschlossenen Türen." – „Die Mädchen sind völlig nackt, was sie zeigen, ist total pervers." – „Sie können hinfassen." Einige zerren an den Ellbogen der Widerstrebenden; andere arbeiten zu zweit oder zu dritt. Viele haben bebilderte Prospekte zur Hand.

Dennoch meldet der „SPIEGEL", dass „einschlägige Nachtlokale schon über Besucherschwund klagen". Um mit dem „Nackt-Angebot auf Kinoleinwänden noch konkurrieren zu können", müssten die Entkleidungskünstlerinnen „immer drastischere Darbietungen" bieten.

Für einen kleinen Club im „Paradieshof" an der Großen Freiheit war das ein Leichtes. „Salambo Sexual Botschaft" stand auf den Geschäftskarten des Inhabers René Durand, doch was er zeigte, war alles andere als diplomatisch. „Das war ein absolut dämliches, lächerliches Programm", erzählt Günter Zint, seit 1964 Hausfotograf des nahegelegenen „Star-Club" und bald auch in Diensten des „Salambo", „aber die Kerle haben sich die Augen aus dem Kopf gestiert." Zum Beispiel bei der berühmten „Kerzenshow": „Da onanierte eine Frau mit einer brennenden Kerze. Das war für mich anfangs absolut shocking! Ich hatte vor dem ‚Salambo' ja hauptsächlich Musiker fotografiert."

Die Sittenwächter des Bezirks- und Ordnungsamtes überwachten das „Salambo" penibel. Für die „Kerzenshow" und Vergleichbares verhängten sie Bußgelder von mehreren hundert Mark. Zum wirklichen Skandal wurden jedoch erst „Jonny und seine Familie", die ab September 1969 für ausverkaufte Vorstellungen sorgten – mit einer Show, bei der „auf einer flachen Bank zu gleicher Zeit von zwei völlig nackten Paaren der Geschlechtsakt in verschiedenen Varianten vollzogen wurde", so das Protokoll der Behörde. Nach einem Jahr wurde die Show wegen „Sittenwidrigkeit" verboten. Das Ordnungsamt entzog Durand und seinem Pächter die „Kabaretterlaubnis" – und damit die Möglichkeit, ihre „Sexual Botschaft" weiter zu betreiben.

„Seid nett aufeinander"

Auch eine andere Kiez-Institution hatte ihre liebe Not mit den Behörden: Die „St. Pauli Nachrichten" gerieten wiederholt auf den Index der Bundesprüfstelle für jugendgefährdende Schriften. Unter dem Motto „Seid nett aufeinander" bot das „Lustblatt der Weltstadt" seit 1968 Polit- und Mediensatire, Nachrichten, den Kontaktanzeigenteil „Heiratsmarkt" („Blaustrumpf, 22, möchte auf seriöse Art Unsch. verl.") – und reichlich nackte Haut. „Das war ja noch neu, das war progressiv", meint Mitgründer Günter Zint, der mit anderen schon die linke Pressekommune „APO-Press" in der Annenstraße ins Leben gerufen hatte: „Damals hieß das noch ‚sexuelle Befreiung'. Von ‚Sexismus' war nicht die Rede."

Die „St. Pauli Nachrichten" hatten als Touristengag begonnen: Mit Helmut Rosenberg, der einen Raritäten- und Antiquitätenladen auf dem Kiez besaß, wollte Zint eine Zeitung verkaufen, in die jeder, der dafür bezahlte, einen individuellen Eindruck auf der Titelseite einfügen konnte – etwa „Onkel Erwin im Bordell verhaftet" oder „Ewald Schulz neuer Chef im Eros-Center". Doch was als „Geschichte zum Geldverdienen" (Zint) mit improvisiertem

„Absolut shocking": Das „Salambo" und sein Personal faszinierten auch „Das Neue Blatt"

redaktionellem Rahmen gedacht war, entwickelte eine ungeahnte Eigendynamik: Die Auflage stieg rasch auf über 10000 Exemplare – und wuchs weiter. Im Juli 1969 war das Blatt in ganz Hamburg zu kaufen (Auflage: 105000), im November 1969 in der ganzen Bundesrepublik (420000). Im April 1970 wurden jede Woche 1,2 Millionen Exemplare der überregionalen Ausgabe ausgeliefert. Der Erfolg inspirierte so viele Nachahmer, dass die „ZEIT" im Mai 1970 von St. Pauli als „Erfolgsmarke eines florierenden Pressemarktes" sprach.

In Hamburg erschienen die „St. Pauli Nachrichten" ab Februar 1970 sogar täglich. Verleger Rosenberg wollte so die Verbannung unter den Ladentisch verhindern, denn Tageszeitungen waren laut Presserecht nicht dauerhaft indizierbar. Mit Nonsens-Schlagzeilen wie

Der Stadtteil St. Pauli 1969–1979

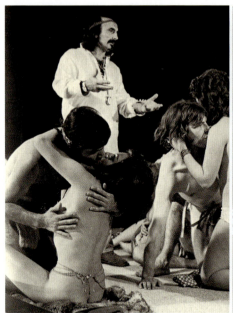

René Durand (stehend) bei den Proben zur Eröffnungsshow seines „Erotic-Theaters"

Nach den Beatles kam der Bums: Durands „Salambo" war der Nachfolger des legendären „Star-Club" in der Großen Freiheit 39

> „Rätselhafter Zusammenhang: Strauß neuer CSU-Vorsitzender – Hund verstümmelte sich selbst – Mörder killte schwangere Rehe" nahm das Redaktionskollektiv die Boulevardpresse auf die Schippe – bis ein behördlich angeordnetes Gutachten im Juli 1970 den Indizierungsschutz in Frage stellte: Nicht jede Zeitung, die täglich erscheine, müsse auch als „Tageszeitung" gelten. Die tägliche Ausgabe wurde daraufhin eingestellt, und in der Folge zerfiel die Redaktion. Auch Günter Zint nahm Abschied: „Irgendwann rutschte das nur noch in die Sex-Ecke", sagt er, „das gefiel mir nicht mehr."

Wie Helmut Rosenberg suchte auch René Durand einen Weg, den Sittenwächtern ein Schnippchen zu schlagen: Er gründete eine Partei. Als offizielles Vereinslokal der „Sexualliberalen Aktion" war das „Salambo" vor den Spähern der Behörde sicher. Allerdings behinderte das Ausweichen auf geschlossene Gesellschaften das Geschäft mit der Laufkundschaft. So entschloss sich Durand 1970, ein neues Etablissement zu eröffnen: „Da spiele ich dann Theater", verkündete er trotzig, „das geht nur noch die Kulturbehörde etwas an."

Vom „Star-Club" zum Sex-Theater

Die idealen Räumlichkeiten fand er wenige Meter von seinem bisherigen Lokal entfernt: Bis zum 31. Dezember 1969 residierte in der Großen Freiheit 39 die legendäre Bühne der Beatles (s. S. 156). „Ihr werdet euch noch an den ‚Star-Club' erinnern", hatte Geschäftsführer Kuno Dreysse dem Publikum in der Schlussnacht prophezeit: „Ihr kommt mit dem Arsch nur hoch, wenn irgendwas Namhaftes hier ist … sonst nicht. … Ihr werdet trauern und euch schämen, dass es ihn nicht mehr gibt!"

Gemeinsam mit den Musikern Achim Reichel und Frank Dostal, die mit den „Rattles" einst selbst auf der „Star-Club"-Bühne gastierten, hatte Dreysse im Februar 1969 den Club übernommen – und musste realisieren, dass ein tägliches Livemusikprogramm nicht mehr finanzierbar war. Der „Star-Club" fiel dem Siegeszug des Rock 'n' Roll zum Opfer: Längst war nicht mehr die Musik an sich die Attraktion, sondern bestimmte Bands. Viele waren so beliebt, dass ihre Gagen sich nur in großen Hallen amortisierten. Die Clubs setzten daher verstärkt auf Schallplatten. Auch das 1968 eröffnete „Grünspan" in der Großen Freiheit, in dem zu psychedelischer Musik Stummfilme und vielfarbige Muster über die Wände waberten. Das „Grünspan" war ein wichtiger Treffpunkt für Anhänger einer individualistischen „Underground-Kultur", doch es zog keine neuen

Der Stadtteil St. Pauli 1969-1979

Besuchermassen auf den Kiez. Wer nicht an Rotlicht interessiert war, ging ab den 70er Jahren lieber anderswo aus. Immerhin hielt die Mannschaft des FC St. Pauli ihrem Viertel die Treue: „Nach dem Spiel sind wir immer auf dem Kiez gewesen und haben gefeiert", erzählt Mittelfeld-As Alfred Hußner: „Die Luden waren alles lockere Typen."

Sein Mannschaftskamerad Horst Wohlers erlebte es ähnlich: „Ich habe wirklich viel Kontakt zum Kiez gehabt. Die Leute waren ehrlich und gerade. Das hat mir gefallen. Wir waren als Mannschaft oft eingeladen da", etwa in der Bierhalle „Bayrisch Zell" an der Reeperbahn oder im „Café Mehrer" in der Großen Freiheit, das für seine ebenso attraktiven wie professionellen Damen bekannt war. „Als unbedarfter junger Kerl vom Land habe ich erst noch gedacht, da ist Tanzturnier oder so", sagt Stürmer Ulrich Schulz, den die Telefone auf den Tischen des Tanzcafés entsprechend irritierten (sie dienten der leichteren Kontaktanbahnung).

„St. Pauli ist für St. Pauli verboten"

„Nach jedem Heimspiel konnten wir irgendwo auf dem Kiez reinkommen, und überall gab es zwei bis drei Flaschen Whisky auf den Tisch", erinnert sich Angreifer Horst Neumann beglückt: „Da brauchte keiner zu zahlen." Zwischenzeitlich waren die mannschaftlichen Bummel durchs Viertel so beliebt, dass die Vereinsführung einen Bann aussprach: „St. Pauli ist für St. Pauli verboten", schrieb „BILD" im Juli 1972 in großen Lettern, und Walter Windte, Geschäftsführer des FC St. Pauli, posierte als grimmiger Wächter auf dem Reeperbahn-Trottoir. Ebenso wie die Spieler auf den Kiez kamen, kam der Kiez ins Stadion: Die ersten Reihen waren „immer gut besetzt mit Leuten, die auf dem Kiez gearbeitet haben", sagt Horst Wohlers. Mariano Perez, Besitzer des Edelbordells „Café Lausen", bot sich sogar als Sponsor an, nahm letztlich aber keinen Einfluss auf die Vereinspolitik – auch wenn Teile der Mannschaft sein Angebot, Trikots aus Seide zu besorgen, mit Interesse zur Kenntnis nahmen. Im Laufe der 70er Jahre passten sich die Spieler des FC St. Pauli dem Freizeitverhalten der anderen Hamburger an. Zwar war noch 1976 die Nähe zum Kiez ein wesentlicher Grund für Verteidiger Walter Frosch, vom Erstligisten Kaiserslautern zum Zweitligisten St. Pauli zu wechseln, doch „die meisten gingen damals lieber nach Pöseldorf oder Eppendorf", sagt Frosch. „Mir war das aber zu schickimicki."

Und so blieb Walter Frosch der „Ritze" an der Reeperbahn treu, statt in die 1970 eröffnete „Onkel Pös Carnegie Hall" in Eppendorf zu pilgern, die sich rasch zu einem der wichtigsten Treffpunkte der „Hamburger Szene" entwickelte. Auch in anderen Stadtteilen eröffneten Clubs und Diskotheken, etwa das Veranstaltungs- und Kommunikationszentrum „Fabrik" in Ottensen. Zu vorgerückter Stunde legte Froschs >

„Betrinken Sie sich nicht!"
Überlebenstipps eines Reiseführers aus den 70er Jahren

„St. Pauli ist nicht Schwabing", warnt die 1976 erschienene Ausgabe des „ungeschminkten Führers für Sehleute" namens „Hamburg von 7 bis 7". Gleichwohl könne man sich hier „ganz unbesorgt amüsieren": „Mit der sogenannten Unterwelt kommt der Besucher normalerweise überhaupt nicht in Berührung." In den Großbordellen „Eros Center" und „Palais d'Amour" kämen „Gewaltverbrechen ... erfreulicherweise kaum noch vor". Doch „je finsterer das Lokal, desto größer die Wahrscheinlichkeit, betrogen, bestohlen oder gar zusammengeschlagen zu werden. ... Lassen Sie sich nicht aus der Fassung bringen, wenn eine behaarte Männerhand Ihnen Ihr Glas wegnimmt. Rufen Sie fröhlich: ‚Herr Ober, noch ein Bier für den Herrn, der scheint ja großen Durst zu haben!'" Bei der Erkundung des „Showsektors" seien „vier goldene Regeln" zu beherzigen: „Betrinken Sie sich nicht! Gehen Sie in Gesellschaft! Nehmen Sie nur so viel Geld mit, wie Sie ausgeben wollen! Bestellen Sie selbst!" Nur zwei Wege seien noch sicherer: „a) machen Sie einen weiten Bogen um St. Pauli; b) nehmen Sie Ihre Frau mit."

Reiseführer von 1976: „Goldene Regeln" für Kiezgänger

Der Stadtteil St. Pauli 1969-1979

> Mannschaftskamerad Dietmar Demuth gern in der Eimsbütteler Diskothek „Nanü" auf, oft begleitet von anderen Spielern des FC St. Pauli. Während das Musikangebot im Viertel zunehmend verarmte, hob „Star-Club"-Nachfolger René Durand den Striptease auf eine neue Ebene. „Meine Damen und Herren, wir heißen Sie willkommen im ersten Erotic-Theater der Welt", hieß es in der Speisekarte seines neuen „Salambo": „Wir sind bemüht, Ihnen die neue Ära des Sex-Expressionismus auf außergewöhnliche Art nahezubringen." Für seine erste Inszenierung hatte Durand einen nicht unbedingt naheliegenden Stoff gewählt: die Ermordung der Schauspielerin Sharon Tate durch den 1969 verhafteten Serienmörder Charles Manson und dessen „Manson Family". Die Premiere im November 1970 fand bundesweit Beachtung. Unter roten Baldachinen und in plüschigem Dekor verfolgten zahlreiche Pressevertreter und Stargäste wie Schauspielerin Romy Schneider Programmhöhepunkte wie die aufsehenerregende „Hasch-Szene", bei der es sogar nach Hasch roch.

„Gefährlicher Griff zur Kunst"

„Dazu wird auf einer elektronisch gesteuerten, von Durand entworfenen Anlage Musik ausgestrahlt, die langsam den gesamten Zuschauerraum ringsum beschallt", beschrieb der Journalist Karlheinz Przybylla: „Der Effekt, der mehrmals wiederholt wird, dauert etwas über eine Minute. Länger würde man ihn auch nicht aushalten, ohne in einen Rausch versetzt zu werden. ... Nach der Hasch-Szene folgt Massenpetting, bei dem sich die Paare fast vollständig entkleiden." Später „stürmen Jugendliche ... mit dem Ruf ‚Mord' ... ins Publikum und erscheinen danach mit blutverschmierten Händen wieder auf der Bühne, um sich dort zu lieben." Der Rezensent der „ZEIT" war entsetzt: „Es wäre arrogant und falsch zu behaupten, dies alles sei zu dämlich, um auch nur ein Wort darüber zu verlieren." Der eigentliche Skandal sei, dass Hamburgs Behörden „Durands gefährlichen Griff zur Kunst ... selbst verschuldet" hätten, und zwar durch „kleinliches Verbieten" der „Jonny-Nummer".

Eine Grenzverwischung aus anderer Richtung bedeutete das Musical „Oh Calcutta!", das 1971 im „Operettenhaus" am Spielbudenplatz anlief: Für 400000 Mark hatte sich Impresario Kurt Collien die deutschen Aufführungsrechte an der „schamfernsten Sex-Show, die je in einem großen Theater gelaufen ist", gesichert, so die „ZEIT", die diesmal eher aus Kiez-Perspektive argumentierte: „Der Vergleich mit dem Programm im Strip-Schuppen nebenan könnte leicht zu Ungunsten von Calcutta ausgehen." Tatsächlich hielt sich die „Porno-Klamotte" („SPIEGEL") nur eine Saison lang, ehe das Operettenhaus einmal mehr leerstand.

Das „Abendblatt" träumte 1971 inmitten der „Sexwelle" von einem „St. Pauli ohne leichte Damen und Striptease": Am 1. April eröffnete das Pavillon-Zentrum am Spiel-

Der „Bilderdieb"
Wie Günter Zint den Kiez kennen und lieben lernte

Bei über 40 Jahren Kiezgeschichte dabei: Günter Zint

Seine Fotografien hängen in renommierten Museen und Galerien. Doch als Künstler sieht sich Günter Zint nicht: „Ich bin ein Bilderdieb", sagt er. Seine Motive seien dem Leben gestohlen, oft auf St. Pauli – mit dem er einst „nichts im Sinn" hatte: „Ich war ja aus Fulda und sehr prüde erzogen." Doch ab 1964 lernte er über den „Star-Club" das „Milieu" kennen. „Da sind unheimlich sympathische Leute dabei", fand er: „Viel gelebtere Menschen als die, die in bürgerlich behüteten Verhältnissen leben." Er zog auf den Kiez: Fischmarkt, Annen- und Feldstraße, Wohlersallee – „in ein Haus, das René Durand für das ‚Salambo'-Personal gemietet hatte. Ich wohnte da mit den ganzen Thailänderinnen und den Showbumsern, das war sehr lustig. Da sind meine Kinder groß geworden." Seit 1997 lebt Zint auf einem alten Bauernhof bei Bremervörde, der eine riesige Sammlung zur Stadtteilgeschichte beherbergt – den Fundus des „St. Pauli Museums", für das er seit langem kämpft: „Ich bin noch immer bekennender St. Paulianer."

Der Stadtteil St. Pauli 1969–1979

Das 1971 eröffnete Pavillon-Zentrum am Spielbudenplatz. Rechts: Seeleute auf Kiez-Bummel wurden mit dem Containerboom selten

budenplatz. Neben einem amerikanischen Steakhaus, einer „Tell-Stube im Schweizer Stil" und einem „Alt-Hamburger Spezialitäten-Restaurant" sollten unter anderem eine Drogerie, eine Bankfiliale und eine Teppichhandlung für respektables Ambiente sorgen. Dass auch eine chemische Reinigung einzog, passte zu den Hoffnungen auf einen „schmuddelfreien" Kiez, die die Zeitung mit den Flachbauten verband: „St. Pauli soll auch für den Hamburger Bürger wieder attraktiver werden." Einen Tag nach der Eröffnung vermeldete das „Abendblatt" Erfolg auf der ganzen Linie: „Während die Portiers auf der Reeperbahnseite vergeblich nach Gästen Ausschau hielten und leichtgeschürzte Mädchen in dunklen ‚Striptease-Schuppen' gähnend auf die leeren Tische starrten, herrschte … im neuen Pavillon-Zentrum am Spielbudenplatz auf St. Pauli Hochbetrieb." Das Interesse hielt jedoch nicht lange an. Schon nach kurzer Zeit gaben die ersten Betriebe auf, und ab den 80er Jahren bot das bröckelnde Pavillon-Implantat ein noch traurigeres Bild als der Stadtteil, der es umgab.

Das Ende der Seefahrer-Romantik

Weiter unten, am Hafen, läutete die Ankunft einer Kiste aus Amerika das endgültige Aus der Seefahrer-Romantik à la Hans Albers ein: Schon Mitte der 50er Jahre hatte ein US-Bürger namens Malcolm McLean erkannt, dass Schiffe leichter zu beladen sind, wenn alle Kisten die gleiche Größe haben. Nun kam seine Idee über den großen Teich, und sie wirkte wie der größtmögliche Kontrast zu anderen US-Exporten wie der vielfältigen „Flower Power" und dem Freiheitsflair San Franciscos: Der Container war der große Gleichmacher. Er machte Ladungen einförmig und sparte Zeit. Viel Zeit. Die Liegezeiten der Schiffe wurden kürzer, und den Seeleuten fehlte die Muße für einen Reeperbahnbummel. Auch Hafenarbeiter wurden immer weniger benötigt, weil statt sperriger Fässer, Säcke und Paletten normierte Metallbehälter verladen wurden; eine Aufgabe, die sich leichter automatisieren ließ. Da auch die Werften in den 70er Jahren eine Krise durchliefen, gab es am Hafen immer weniger Arbeit – ein Mitgrund dafür, dass St. Pauli als Wohnort nicht mehr gefragt war. Zwischen 1970 und 1985 sank die Einwohnerzahl des Stadtteils von 31000 auf 22000.

Als gelte es, das Sprichwort „Aus den Augen, aus dem Sinn" zu versinnbildlichen, wurde 1979 das letzte Teilstück der neuen City-S-Bahn in Dienst gestellt. Sie machte es möglich, unter St. Pauli hindurchzurauschen, ohne die „sündige Meile" eines Blickes zu würdigen. Viele Hamburger machten von dem neuen Angebot gern Gebrauch. ■

1969-1979

Vereinszeitung mit Wilhelm Kochs Todesanzeige

„Geld hat er": Der Bankier Ernst Schacht wird neuer Präsident des FC St. Pauli

Gute Zeiten, Ernste Zeiten

Nach dem Tod seines langjährigen Präsidenten Wilhelm Koch startet der FC St. Pauli einen neuen Anlauf Richtung Bundesliga. Mit neuem Vorstand und neuem Geld – und mit Erfolg. Wenn bloß das Wörtchen „wenn" nicht wär …

Die Saison 1969/70 war 14 Spieltage alt, als die Nachricht eintraf: Wilhelm Koch, Vereinspräsident seit 1931 mit nur zweijähriger Unterbrechung, war tot. „Wir hatten gerade die ganzen Weihnachtsfeiern vorbereitet", erinnert sich der damalige Liga-Obmann Walter Windte an den 10. Dezember 1969: „Einen Großteil haben wir abgeblasen. Und dann haben wir stundenlang dagesessen: ‚Ja, was machen wir denn jetzt?'"

Kochs plötzlicher Tod hinterließ ein Machtvakuum, denn der 69-Jährige war „ein sehr dominierender Patriarch", so Defensivspieler Herbert Kühl, der zehn Jahre unter Koch aktiv war. „Für uns Spieler war er ziemlich unnahbar. Aber was er für den Verein getan hat, war unglaublich." Viele ältere St. Paulianer äußern sich ähnlich. Erst später geriet Koch wegen seiner NSDAP-Mitgliedschaft im „Dritten Reich" in die Kritik (s. S. 86). Bis zur nächsten Jahreshauptversammlung übernahm Richard Sump kommissarisch die Leitung des Vereins – und die Verantwortung für die Nachfolgersuche. „Einen geeigneten Mann zu finden ist außerordentlich schwer gewesen", berichtete er auf der Jahreshauptversammlung am 16. März 1970. Schließlich müsse dieser „außer über große Aktivität und viel Liebe zum Fußball auch noch über gewisse finanzielle Sicherheiten verfügen".

Ein Mann mit Geld und Grundsätzen Der Kandidat, den Sump präsentierte, war keine Überraschung, denn schon am 7. Januar hatte „BILD" über ihn berichtet. „Der richtige Mann für St. Pauli" überzeugte das Blatt auf allen Ebenen: „Geld hat er. Grundsätze hat er. Erfahrung hat er." An seinen Bürowänden gemahnten „Merlins Lehren" an Tugend und Standhaftigkeit und gerahmte Geldscheine ans Geschäft. Genau genommen war es Notgeld aus der Armuts- und Krisenzeit nach dem Ersten Weltkrieg, doch das ließ „BILD" unerwähnt. Es war der große Auftritt des Ernst Schacht, geschäftsführender Gesellschafter des Hamburger Bankhauses Möhle & Co.

CHRONIK 1969

>> **14. Juli:** Nach Ausschreitungen bei WM-Qualifikationsspielen mit Todesopfern bricht zwischen Honduras und El Salvador ein **„Fußballkrieg"** aus. Eigentlicher Grund für den Konflikt sind Spannungen um sogenannte Wirtschaftsflüchtlinge.

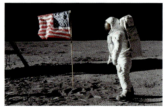

Millionen Fernsehzuschauer sind Zeugen der erfolgreichen Mondlandung der USA

>> **20. Juli:** Die US-Mission „Apollo 11" **landet auf dem Mond.** Neil Armstrong betritt ihn als erster Mensch.
>> **9. August:** Die ersten drei **Rauschgifttoten** in Hamburg.

Vorläufer der „lebenslangen Dauerkarte": die „Mitgliedschaft auf Lebenszeit"

Stürmersuche per „kicker"-Anzeige (1969)

Obwohl Schacht dem Verein „noch nicht sehr lange" angehörte, wie Sump einräumte, wählten die Mitglieder des FC St. Pauli den „Manager mit Herz" („BILD") am 16. März mit deutlicher Mehrheit zu ihrem neuen 1. Vorsitzenden. Am gleichen Tag beschlossen sie, den „St. Pauli Sportplatz am Millerntor" zu Ehren des verstorbenen Präsidenten „Wilhelm-Koch-Stadion" zu nennen. Die Maßnahme hatte auch einen taktischen Hintergrund, sagt Ernst Schacht heute: Sie sollte die Erben des Präsidenten zu finanziellen Kompromissen bewegen, denn der Verein schuldete Koch zum Zeitpunkt seines Todes einen sechsstelligen Betrag. Die niedrigen Zuschauerzahlen der letzten Spielzeiten hatten ihre Spuren hinterlassen.

Tatsächlich gelang ein Vergleich mit den Erben. Um den vereinbarten Betrag schnell auszahlen zu können, griff der Verein zu einem Mittel, das an die „lebenslange Dauerkarte" der Jahre 2005 und 2006 erinnert: Er verkaufte „lebenslange Mitgliedschaften". Kaufpreis: 500 Mark für über 65-Jährige, 1000 Mark für die Jüngeren.

„Jetzt geht die Post ab" Saniert waren die Vereinsfinanzen damit noch nicht, erinnert sich Walter Windte. Auf Schachts Initiative hatte der Verein ihn zum hauptamtlichen Geschäftsführer bestellt. „Als ich anfing, waren da zwei volle Ordner mit offenen Rechnungen", so Windte: „Das war ja 'ne Katastrophe. Und dann hat Schacht gesagt: ‚So, jetzt wollen wir erst mal die Rechnungen bezahlen.' Ich denk, ich hör nicht richtig. Das muss ja 'n doller Mann sein! So dachten viele, als Schacht kam. Überall hieß das: ‚Mensch, Ernesto! Jetzt geht die Post ab bei St. Pauli.'"

Ankündigungen in der Presse weckten große Erwartungen. „Marsch nach vorn: Mit 250000 Mark in die Bundesliga", lautete die „BILD"-Schlagzeile am 21. März 1970. „Wie italienische Großindustrielle, denen eine ganze Mannschaft gehört, stecken St. Paulis Vorsitzender Ernst Schacht und Vorstandsmitglied Velbinger ihr Geld in den Club." Der Geschäftsmann Werner Velbinger war am Tag der Wahl Schachts in den Vorstand aufgenommen worden und verfügte über beträchtliche finanzielle Mittel: „Was ich in den FC St. Pauli investiere, ist mein Spielgeld", so der spätere Mitgründer und geschäftsführende Gesellschafter des „Hermes Versand Service".

Stürmersuche per Stellenanzeige In die Spielersuche schaltete sich Schacht persönlich ein und tourte mit Windte durch die Stadien. Noch im Sommer 1969 hatte Trainer Erwin Türk weit unkonventioneller nach Personal gesucht: per Stellenanzeige im „kicker". „Wenn Sie ein überdurchschnittlich begabter Fußballspieler sind, STÜRMER mit Regionalligaformat", lockte der Anzeigentext, „würde es Sie nicht reizen, bei einem traditionsreichen Regionalliga-Spitzenverein in der Weltstadt Hamburg Fußball zu spielen?" Ein Auslöser der Aktion war das bevorstehende >

1970

>> **15. Oktober:** 250000 Menschen protestieren in Washington gegen den Vietnamkrieg.
>> **29. Oktober:** Erster Datentransport über das ARPANET, den Vorläufer des Internets.
DM: Bayern München

Klimmzüge am Autobahn-Rastplatz: 1970 brach das „Trimm dich"-Fieber aus

>> **16. März:** Der Deutsche Sportbund startet die „Trimm dich"-Kampagne.
>> **10. April:** Trennung der **Beatles**.
>> **14. Mai:** Erste Aktion der **Roten Armee Fraktion (RAF):** Ulrike Meinhof, Gudrun Ensslin und andere befreien Andreas Baader mit Waffengewalt aus der Haft.

>> **21. Juni:** Brasilien gewinnt das Finale der **Fußball-WM in Mexiko** (4:1 gegen Italien). Die deutsche Mannschaft wird Dritter. Zum ersten Mal zeigen die Schiedsrichter Gelbe und Rote Karten.

St. Paulis neues „Nummerngirl": Horst Wohlers traut sich modisch was

Der eigene Nachwuchs lehrte sie das Fürchten: das Aus im DFB-Pokal für die Profis des FC St. Pauli

Pokal-Sensation: Amateure blamierten die „Profis"

St. Paulis Regionalliga-Elf hatte noch Glück beim 0:1

Karriereende Peter „Oschi" Osterhoffs, des erfolgreichsten Angreifers der Vereinsgeschichte (s. S. 176). „Die Aktion mit der Anzeige schlug damals wie eine Bombe ein", sagt Türk, „weil das noch kein anderer Verein gemacht hatte." Doch trotz des beachtlichen Medienechos und einer Reihe von Bewerbungen ging keine konkrete Verpflichtung daraus hervor.

Stattdessen setzte Türk auf Verjüngung: Herbert Liedtke aus der A-Jugend des Hamburger SV war erst 18, ebenso der technisch versierte Linksfuß Werner Greth vom TSV Basdahl. Das Mittelfeld verstärkte der torgefährliche Alfred Hußner vom Heider SV. Für seine neuen Mannschaftskameraden war der 19-Jährige kein unbeschriebenes Blatt: „Mein letztes Spiel beim Heider SV war ausgerechnet gegen St. Pauli. Wir haben 0:5 verloren, und da ist das Temperament mit mir durchgegangen", erzählt Hußner. „Mit Gehrke und Pokropp hätte ich mich fast geprügelt. Und drei Wochen später tanzte ich da beim Training an. Die haben mir erst mal schön die Knochen geputzt."

Das vielleicht größte Talent der „Jugendriege" war 1968 vom SC Brunsbüttelkoog gekommen und hatte zunächst Erfahrung in der 2. Mannschaft gesammelt: Der 20-jährige Horst Wohlers avancierte rasch zum Stammspieler, zunächst im Mittelfeld, später als Libero. Wohlers war der einzige Student im Team (Sport und Pädagogik) und weitaus der Schmächtigste. Seine Mannschaftskameraden riefen ihn „Fussel".

Katastrophe zu Saisonbeginn Die Saison 1969/70 begann mit einem Schock: Am 26. Juli kegelten die Amateure des FC St. Pauli die 1. Mannschaft ihres eigenen Vereins mit 1:0 aus dem DFB-Pokal. Gesenkten Hauptes verschwanden die Sieger in der Kabine, um ihre Schadenfreude zu verbergen, während Vertragsliga-Trainer Türk tobte: „Es ist unfaßbar, was sich heute ereignet hat. Die Amateure haben ihrem Brötchengeber praktisch die Gurgel durchgeschnitten." Amateurtrainer Willy Gerdau hielt dagegen: „Sollten wir etwa Eigentore machen, damit die Regionalligisten gewinnen?"

St. Paulis Sturmlegende Horst Haecks (s. S. 176) genoss das Spiel besonders, denn in seinem ersten Spiel nach langer Verletzungspause hatte er die Amateure verstärkt. „In dieser Mannschaft hat es mir viel Spaß gemacht", versicherte der 32-Jährige glaubhaft. Der Verein war sich nicht zu schade, das Ergebnis beim DFB anzufechten. „Die haben gesagt, die Reamateurisierung von Haecks und mir wäre noch nicht rechtskräftig gewesen", erläutert Kurt Hehl, der ebenfalls als Ex-Vertragsspieler mitsiegte: „Wir hätten angeblich noch ein Jahr warten müssen, ehe wir spielen. Das haben sie aber nicht durchgekriegt."

Möglicherweise war der Schock heilsam: Der FC St. Pauli errang die Herbstmeisterschaft, leistete sich nach dem Jahreswechsel aber eine Schwächeperiode. Am Ende der Saison stand er auf dem vierten Platz. Die Abschlußtabelle unterstrich die Berechtigung der

---

1971

>> **26. Juni:** In der Barnerstraße in Hamburg-Ottensen eröffnet das Kultur- und Kommunikationszentrum „Fabrik".
>> **31. Oktober:** Der DFB hebt sein Fußballspielverbot für Frauen auf. Bald gibt es einen bundesweiten Spielbetrieb.
DM: Borussia Mönchengladbach

„BILD"-Zeitung mit Schlagzeile zum Bundesliga-Skandal

>> **4. Januar:** Beim „Old Firm"-Derby in Schottland zwischen den Glasgow Rangers und Celtic Glasgow sterben nach dem Einsturz einer Tribüne 66 Menschen.
>> **6. Juni: Bundesliga-Skandal:** Es wird bekannt, dass im Abstiegskampf der 1. Fußball-Liga 1970/71 mehrere Spiele manipuliert worden waren.

>> **14. Oktober:** Greenpeace wird in Kanada als Ableger des „Don't Make a Wave Committee" gegründet.
>> **23. November:** Hamburg führt als erstes Bundesland den „Radikalenerlass" ein. „Links- und Rechtsextreme" dürfen nicht Beamte auf Lebenszeit werden.

1969-1979

uchtiger Sturmtank: Horst Romes
n Spiel gegen Borussia Neunkirchen, 9.6.1971)

„Ich glotz TV":
Horst Romes bildet
sich medial weiter

Stellenanzeigen-Aktion für den Angriff. Zwar erzielte Neuverpflichtung Liedtke 14 Treffer, doch insgesamt waren es nur 56 – der schlechteste Wert im oberen Tabellendrittel.

„Unfolgsame Fußball-Buben" Vor der nächsten Saison verbreitete die Presse Optimismus: „Die Mannschaft der Zukunft ... ist keine Fata Morgana mehr", schrieb das „Abendblatt" am 20. Juli 1970 über „Türks Team von morgen". Mit dem wuchtigen Horst Romes, der mit Abwehrspieler Klaus Beyer vom Regionalliga-Absteiger Bergedorf 85 gekommen war, gab es neue Hoffnung im Sturm. Gerd Wieczorkowski und Manfred Waack waren vielversprechende Neuverpflichtungen für die Defensive. Leistungsträger wie Alfred Hußner und Horst Wohlers konnten gehalten werden, während Werner Pokropp in seiner letzten Saison als Aktiver die Abwehr bei Bedarf stärkte.

„St. Pauli war phantastisch!", schrieb „BILD" nach dem zweiten Punktspiel der Saison, einem 3:0 beim VfB Oldenburg. Selbst der ehrgeizige Trainer Türk lobte die Mannschaft: „Euer Spiel war 'ne Wucht." Doch im nächsten Spiel unterlag die Millerntor-Elf „in der Gala-Besetzung von Oldenburg" („BILD") Bremerhaven 93 mit 1:2. Das „Abendblatt" verstand die Welt nicht mehr: „Wenn jeder annimmt, daß die Lehrjahre für die jungen Spieler nun endgültig vorbei sind", spiele die Mannschaft „plötzlich so zusammenhanglos und ideenarm ... daß der Eindruck entstehen muß, die Spieler hätten wie unfolgsame Buben ihre Fußball-Lektion nicht begriffen." Die folgenden sieben Partien brachten nur einen Sieg. „Meisterschaft schon futsch", schrieb „BILD" im September 1970. Ende Oktober gab der Verein bekannt, sich zum Saisonende von Erwin Türk zu trennen – „einvernehmlich", hieß es im „Abendblatt", und Türk stimmte zu: „Drei Jahre sind genug. Nach solch langer Zeit kann ich der Mannschaft kaum noch neue Impulse geben."

Kaum hatte er diesen Satz ausgesprochen, gewann der FC St. Pauli sieben Spiele nacheinander. Davon unbeeindruckt spielte die Vereinsführung öffentlich mit dem Gedanken, zwei Spieler aus der spanischen Primera División zu verpflichten – für bis zu eine Million Mark. Die Mannschaft war empört: „Ein Präsidium, das nicht bereit ist, mit uns über dreistellige Prämien zu verhandeln, aber gleichzeitig trotz unserer aussichtsreichen Lage in der Regionalliga erklärt, mit zwei spanischen Profis in der nächsten Saison die Bundesliga zu schaffen, lehnen wir ab. Wir haben kein Vertrauen mehr zum Vorstand", hieß es in einer Erklärung an die Presse. Dennoch versprachen die Spieler, in dem Spiel, das den Prämienstreit ausgelöst hatte, „bis zum Umfallen" zu kämpfen: Am 13. Dezember 1970 trat Bundesligist Eintracht Frankfurt im DFB-Pokal an. Das Präsidium hatte angekündigt, die Höhe der Prämien von den Zuschauereinnahmen abhängig zu machen.

1972 >>>

>> **4. Dezember: Hamburger in München:**
Die Fast-Food-Kette „McDonald's" eröffnet in der bayerischen Landeshauptstadt ihre erste deutsche Filiale.
DM: Borussia Mönchengladbach

>> **15. Februar:** Bei der **Kollision einer Barkasse mit einer Fähre** sterben 17 Menschen im Hamburger Hafen.
>> **11. März:** In New York wird Francis Ford Coppolas Mafia-Epos **„Der Pate"** mit Marlon Brando uraufgeführt.

Ein Angebot, das viele
Kinogänger nicht ablehnen
konnten: „Der Pate"

60 Jahre, wenig Titel: Wimpel des FC St. Pauli von 1970

Zaunkönig: Fan-Original „St. Pauli-Willi" (l.)

Gottesstrafe gegen Frankfurt Die Mannschaft hielt Wort: Das Spiel wurde zum dramatischsten Pokalfight seit dem verlorenen Viertelfinale 1966 gegen Nürnberg (s. S. 174). Der FC St. Pauli ließ sich nicht verunsichern, als er das „erste Freistoßtor seit drei Jahren" (Erwin Türk) kassierte und mit 0:1 in die Pause ging. In der zweiten Halbzeit führte der Zweitligist den Erstligisten regelrecht vor. „Wohlers, Löffler und Hußner waren die Trümpfe im Mittelfeld", lobte die „Morgenpost". Die Abwehr neutralisierte Frankfurts Nationalspieler Grabowski, und „vorn wirbelte Romes, dessen Kopfball-Torpedo den Ausgleich brachte". Als Hußner in der 71. Minute das 2:1 für St. Pauli schoss, „hing der Fußball-Himmel voller Geigen", so die „Morgenpost". „,St. Pauli – St. Pauli', donnerten die Sprechchöre durch das Wilhelm-Koch-Stadion."

Acht Minuten später glich Frankfurt aus: Verlängerung. Braun-Weiß drückte weiter. Endlich, in der 118. Minute, gelang Hußner das 3:2 – doch Schiedsrichter Regely wollte zuvor ein Foul gesehen haben und gab den Treffer nicht. Als „das Frankfurter Rauhbein Horst Hesse ... sich in der letzten Minute der Verlängerung den Ball mit der Hand (!) vorlegte und das Leder dann ins Tor beförderte" („Sport"), hatte er keine Bedenken: 3:2 für Frankfurt. Aus.

„So viel Glück müssten wir auch einmal in einem Punktspiel haben", freute sich Eintracht-Trainer Erich Ribbeck, während das Millerntor in Agonie versank. „Die Fans weinten vor Wut und Schmerz", schrieb „BILD". Einige stürmten den Platz. „Es gab Tritte, die Fäuste flogen" („Abendblatt"). Ein Peterwagen der Polizei brachte die „Männer in Schwarz" in Sicherheit, und Erwin Türk richtete bittere Klagen gen Himmel: „Kann es denn einen Herrgott geben, der diese Spieler so ungerecht bestraft?"

Der 150 000-DM-Trainer Für den Verein bedeutete das Pokal-Aus einen empfindlichen Einnahme-Ausfall: Während die Partie gegen Eintracht Frankfurt 12 500 Zuschauer anzog, kamen zu vielen Punktspielen nur 2000 bis 3000, mit wenigen positiven Ausnahmen wie gegen den SV Barmbek-Uhlenhorst (8500) oder den VfL Osnabrück (8000). Den Besucherrekord erzielte die Partie gegen Holstein Kiel am 12. April 1971 (14 000), als St. Pauli gute Chancen auf die Meisterschaft hatte. Leider reichte es nur zu einem 1:1, und weil anschließend weitere Punkte verloren gingen, landeten die Braun-Weißen am Ende auf Platz zwei, hinter dem VfL Osnabrück. Was auch daran lag, dass ein Sieg seinerzeit nur zwei Punkte wert war: Mit der Drei-Punkte-Regel hätte St. Pauli die Meisterschaft gewonnen.

Auch so war der FC St. Pauli erstmals seit 1966 für die Bundesliga-Aufstiegsrunde qualifiziert. Präsident Schacht wetterte dennoch gegen Trainer Türk: „Der Mann hat uns 150 000 DM gekostet, denn als Meister hätten wir im ersten Spiel den Westmeister VfL Bochum bei uns zu Gast gehabt. Das hätte volle

1972

» **27. Mai:** Das ZDF strahlt die erste Folge der US-Science-Fiction-Serie „**Raumschiff Enterprise**" („Star Trek") aus.
» **7. Juni:** Gudrun Ensslin (Baader-Meinhof-Gruppe / **RAF**) wird in einer Boutique am Hamburger Jungfernstieg verhaftet.

Franz Beckenbauer (l.) und Günter Netzer feiern den EM-Titel

» **17. Juni:** Ein Einbruch in das **Watergate-Gebäude**, Hauptsitz der Demokratischen Partei in Washington, löst die gleichnamige Affäre aus. Zwei Jahre später führt sie zum Rücktritt Präsident Nixons.
» **18. Juni:** Die deutsche Nationalelf wird in Belgien **Fußball-Europameister** (3:0 gegen die Sowjetunion).

» **27. Juni:** Nolan Bushnell und Ted Dabney gründen in Kalifornien den späteren Videospielhersteller **Atari**.
» **21. August:** Die Bauer-Verlagsgruppe bringt die deutsche Ausgabe des Männermagazins „**Playboy**" auf den Markt

1969-1979

SV Polizei Bremen-Torhüter Kugler rettet vor St. Paulis Hußner

1972: St. Paulis Meisterelf mit Trainer Edu Preuß (r.)

Kassen bedeutet." Erst nach einer langen Sitzung mit Mannschaftskapitän Günter Hoffmann entschied sich der Vorstand, Türk bis zum Ende der Aufstiegsrunde im Amt zu belassen. Die wiederum geriet wenig erfolgreich: Zwar siegte St. Pauli zweimal gegen Wacker 04 Berlin und einmal gegen Borussia Neunkirchen. Doch ebenso oft gab es Niederlagen, unter anderem ein 1:5 beim 1. FC Nürnberg. Beim 1:1 gegen Fortuna Düsseldorf am Millerntor spielte die Mannschaft „so gut wie seit Jahren nicht" („BILD") und war dem späteren Aufsteiger in jeder Hinsicht ebenbürtig – doch am Ende blieb nur Rang drei in der Aufstiegsgruppe.

Offensive „Osterhasen" Erwin Türk wechselte zum VfL Osnabrück. Der neue Trainer Eduard „Edu" Preuß hatte 1970/71 mit Barmbek-Uhlenhorst den fünften Platz belegt. Aus seinem vorigen Team brachte er den vielseitigen Mittelfeldmann Rolf Höfert mit, der sich zu einem der wichtigsten Spieler der 70er Jahre entwickeln sollte. Der Schwerpunkt der Neuverpflichtungen lag einmal mehr im Angriff. Mit Ulrich Schulz von Holstein Kiel verpflichtete der FC St. Pauli den Torschützenkönig der vergangenen Regionalliga-Saison. Aus der eigenen Jugend kam Außenstürmer Horst Neumann, vom TSV Reinbek der Rechtsaußen Walter Dobberkau.

„Edu hat immer viel Spaß vermittelt", erzählt Ulrich Schulz, „da haben wir viel gelacht. Wir mussten zwar auch viel laufen, aber die Freude am Fußball überwog." Diese Freude vermittelten die „Osterhasen", wie Preuß seine Spieler oft nannte, auch auf dem Rasen und begeisterten mit offensivem Fußball. Zum ersten Mal seit 1966 gewann der FC St. Pauli 1972 die Meisterschaft der Regionalliga Nord – und das schon am drittletzten Spieltag, beim TSR Olympia Wilhelmshaven. Als Horst Neumann den 4:1-Endstand besorgte, katapultierte sich der frenetisch jubelnde Preuß dermaßen schwungvoll von der Bank, dass der „Rücksturz zur Erde" im Crash endete: Der frischgebackene Meistertrainer landete rücklings auf der Aschenbahn und wurde auf einer Bahre vom Platz getragen – Verdacht auf Bandscheibenschaden.

Die Tordifferenz der Saison 1971/72 war mit +49 die beste der Liga, und statt 53 Treffern wie im Vorjahr gab es diesmal 86 – eine Marke, die kein Ligakonkurrent auch nur annähernd erreichte. Die Vorzeichen für die Aufstiegsrunde standen bestens. Doch wie so oft endete sie enttäuschend: Den saarländischen SV Röchling Völklingen besiegten die Kiezkicker gleich zweimal – doch gegen Rot-Weiß Essen (1:6) und die Offenbacher Kickers (0:6) gab es echte „Klatschen". Offenbach stieg auf.

Torflut und Zuschauerflaute Schon nach einem Jahr verließ „Edu" Preuß den FC St. Pauli, nicht zuletzt wegen Reibereien mit Ernst Schacht. An seine Stelle trat Karl-Heinz Mülhausen, früherer Erstligaspieler bei Borussia Mönchengladbach und Hannover 96 >

>>>

>> **5. September:** Bei den **Olympischen Sommerspielen in München** nehmen palästinensische Terroristen elf israelische Athleten als Geiseln. Alle elf sowie fünf Terroristen und ein Polizist sterben.
>> **10. Dezember:** Verleihung des Literatur-Nobelpreises an **Heinrich Böll**.

>> **14. Dezember:** **Willy Brandt** wird vom Deutschen Bundestag ein zweites Mal zum Bundeskanzler gewählt.
>> **21. Dezember:** BRD und DDR unterzeichnen den **Grundlagenvertrag.** Er soll helfen, die deutsch-deutschen Staatsbeziehungen zu normalisieren.
DM: Bayern München

Olympische Flagge auf Halbmast: Trauer um die Opfer der Münchener Geiselnahme

1969-1979

Ernst Schacht (2.v.l.) mit Begrüßungskomitee in Jakarta

Hitze, Durchfall, Schlangenschmuggel
21. Dezember 1972 bis 13. Januar 1973: die unglaubliche Asienreise des FC St. Pauli

Wenn heute ein Fußballverein eine Asienreise unternimmt, dann heißt er in der Regel Manchester United, Real Madrid oder Bayern München und verfolgt das Ziel, den „asiatischen Markt" zu erschließen. Wenn aber ein deutscher Zweitligist im Jahre 1972 Richtung Asien aufbricht – was steckt dann dahinter? FC St. Pauli-Geschäftsführer Walter Windte ließ daran keinen Zweifel: „Für uns soll der Trip in den Fernen Osten als reine Vergnügungsreise dienen."

Ein reines Vergnügen war die Reise jedoch nicht. Mit Mann und Zeugwart waren die Kiezkicker am 21. Dezember in Richtung Bangkok aufgebrochen – nicht komplett ins Ungewisse, denn Präsident Schacht hatte es sich nicht nehmen lassen, die gesamte Strecke vorher schon einmal „abzufliegen". Dennoch waren sie auf die tropischen Temperaturen nicht vorbereitet. 40 Grad im Schatten und fast 100 Prozent Luftfeuchtigkeit forderten bald ihren Tribut. Prompt ging das erste Spiel in Jakarta (Indonesien) am Heiligabend gegen die indonesische Nationalmannschaft vor über 50 000 (!) Zuschauern mit 2:4 verloren. Augenzeugen zufolge hatte die Mannschaft „in dem modernen Stadion der Hauptstadt dennoch guten Fußball gespielt". Bei der anschließenden Weihnachtsfeier wurden Froschschenkel und Steaks gereicht. Lichter hingen an (falschen) Tannenbäumen – aber Weihnachtsstimmung wollte nicht recht aufkommen. „Auch wenn eine Reise noch so schön ist, man denkt immer wieder an Frau und Kind", so Stürmer Ulrich Schulz. Doch Telefonieren war reine Glückssache, und auch das Kartenschreiben hatte seine Tücken. Horst Wohlers: „Wenn die Briefmarken nicht direkt beim Postamt abgestempelt wurden, lösten die Indonesier sie von den Karten und verkauften sie zum halben Preis wieder vor dem Postamt." Nicht jede Karte kam in Hamburg an.

Bereits zu diesem frühen Zeitpunkt zeichnete sich ab, dass die „Traumreise" einige Herausforderungen mit sich bringen würde: Die nächtliche Ruhe wurde empfindlich gestört durch etliche Moskitos auf der Jagd nach Sportlerblut. Nicht minder zahlreich waren die Geckos, die den Insekten an der Zimmerdecke der Bungalows nachstellten. „Es herrschte ständig ein leises Geschnatter", erinnert sich Spieler Wolfgang Wellnitz, „sodass man kein Auge zudrücken konnte." Präsident Schacht kapitulierte vor den possierlichen Mitbewohnern und campierte auf der Terrasse, beschützt von Geschäftsführer Windte, der sich selbstlos direkt danebenlegte, „damit unserem Präsidenten nichts passiert". Auch Montezuma übte fürchterliche Rache. „Du hast ja

St. Pauli imitiert die Niederlande: mit orangefarbenen Trikots in Hongkong

Für 3893 Mark konnte jeder dabei sein: Prospekt zur Asienreise des FC St. Pauli

den Hintern zusammengekniffen, damit du einigermaßen laufen konntest", sagt Ulrich Schulz. Eine wachsende Spielerschar trat täglich in Reih und Glied an, um sich ihre Kohleration bei „Doc" Uli Mann abzuholen. „Mehr als tausend Medikamente habe ich verabreichen müssen", schätzt er. Mittelfeldmann Alfred Hußner verzeichnete nach der Reise einen Gewichtsverlust von 12 Pfund, und Stürmer Schulz ging es ähnlich: „Mir passte nach dem Indonesien-Intermezzo keine Hose mehr."

Mit Mühe konnte Trainer Mülhausen für das zweite Spiel gegen eine örtliche Auswahl in Surabaja (Indonesien) noch eine Mannschaft zusammenbekommen. Der dänische Junioren-Nationaltorhüter Benno Larsen musste gar als Mittelstürmer eingesetzt werden und zog sich direkt einen Außenbandriss zu. Mit der nächsten Maschine flog der Unglücksrabe heim nach Kopenhagen. In der milderen, aber immer noch heißen Bergluft Südjavas siegten seine Kollegen 4:2. „Als Werner Greth ein Tor schoss, bin ich diagonal über den Platz gelaufen, um zu gratulieren", erinnert sich Verteidiger Manfred Waack: „Danach hätte man mich auswringen können, so fertig war ich …"

Doch je widriger die Umstände, desto besser die Braun-Weißen. Im dritten Spiel in Palembang lieferten sie nach einem abenteuerlichen Flug (Stürmer Horst Neumann: „Ich weiß nicht, ob der Pilot uns verarschen wollte, aber das war die Hölle …") trotz anhaltend tropischer Klimaverhältnisse gegen den indonesischen Meister Medan ihre beste Leistung und siegten 6:0.

Am 29. Dezember erreichte die Kiez-Delegation die britische Kronkolonie Hongkong — klimatisch ein Paradies im Vergleich zu den Tropen. Am Silvestertag siegte sie gegen eine Auswahl aus Spielern des Tabellenführers Siu Fong sowie seines Konkurrenten South China 3:0 vor über 10 000 Zuschauern. Das zweite Spiel in Hongkong gegen den chilenischen Profiklub Unión Española Santiago ging 1:3 verloren. Augenzeugen unter den 25 000 auf den Tribünen waren unter anderem Jürgen Roland und Hans-Joachim „Blacky" Fuchsberger, die gerade den Film „Das Girl von Hongkong" drehten. Schnell hatte Bayern-Fan Fuchsberger das Manko im Spiel der Kiezkicker ausgemacht: „Im Angriff hat der FC St. Pauli zu wenig gebracht."

Am 9. Januar landete die Delegation vom Kiez erneut in Bangkok, wo am 11. Januar ein Spiel gegen die thailändische Auswahl stattfand. Die Spieler nutzten ihre freien Tage zu Tempelbesichtigungen und Bootsfahrten. Auch der gemeinsame Besuch eines Thai-Boxkampfes sollte das fördern, was man heute „Team-Building" nennt. Manfred Waack zeigt sich beeindruckt: „Selten habe ich etwas Brutaleres gesehen." Das Spiel in Bangkok gewannen die St. Paulianer vor nur 1000 Zuschauern mit 4:2. Franz Gerber erzielte drei Treffer.

Gerber sorgte noch für ein ganz anderes Highlight und machte seinem Spitznamen „Schlangen-Franz" alle Ehre: Der Reptilien-Fan ließ es sich nicht nehmen, unter Anleitung eines Einheimischen persönlich zum Schlangenfang auszurücken. Als Mitspieler Horst Neumann auf dem Rückflug in Richtung Toilette unterwegs war und von Gerber ermahnt wurde, doch bitte nicht auf seine Tasche zu treten, traute er seinen Ohren nicht, als Gerber ihm den Grund mitteilte: Er habe mitnichten Porzellan dabei, sondern Giftschlangen — „eine Grüne Baumviper und eine Kobra", so Neumann. „Den Rest der Reise saß ich nur noch im Schneidersitz, ist ja klar." Als Präsident Schacht von der Sache Wind bekam, forderte er Gerber ultimativ auf, die Reptilien bei der nächsten Zwischenlandung zu entsorgen. Doch daraus wurde nichts — was Vereinsarzt Ulrich Mann in seinem Reiseresümee zu der Feststellung veranlasste, dass „bei der Ernsthaftigkeit der sportlichen Seite die menschlichen Aspekte nie zu kurz gekommen sind, selbst dann nicht, wenn es um das illegale Importieren von Giftschlangen ging". ■

Das Riesenrad schaut zu: St. Pauli gegen Göttingen (1.4.1973)

Vier Mann und ein Ball (gegen Leu Braunschweig, 28.1.1973)

> und zuletzt Coach bei Göttingen 05. Obwohl Stürmer Horst Romes den Verein wechselte, überzeugte die Offensive auch in dieser Saison – auch wegen einer Neuverpflichtung vom FC Bayern München.

Weil der 18-jährige Franz Gerber im Team Gerd Müllers, Paul Breitners und Franz Beckenbauers kaum Aussicht auf Einsätze hatte, kam er gern ans Millerntor – „ablösefrei", wie Ernst Schacht betont. Nach Vorgesprächen in München wurde der Vertrag unter lauschigen Bedingungen im Trainingslager des FC Bayern in der Lüneburger Heide abgeschlossen: Bayern-Manager Schwan diktierte, Walter Windte tippte auf einer alten Schreibmaschine – und die Limonade servierte Uli Hoeneß, damals noch ein „kleines Licht".

Gerber schoss auf Anhieb 17 Tore, Mittelfeldmann Hußner sogar 24. Erneut wurde St. Pauli Meister, diesmal mit 94:33 Treffern: Der beste Sturm und die beste Verteidigung der Liga kamen 1972/73 vom Millerntor.

Obwohl Hußner ins belgische Mechelen wechselte, steigerte der FC St. Pauli seine Trefferquote nochmals: Schwindelerregende 113:48 Tore reichten 1973/74 nur deshalb nicht zum ersten Platz, weil der zwangsabgestiegene Ex-Bundesligist Eintracht Braunschweig die Liga noch stärker dominierte. Stürmerstar Gerber zeigte sich in Bestform und steuerte 34 Treffer zur torreichsten Spielzeit der Vereinsgeschichte bei. Diese Saison markierte das Ende der alten Regionalliga-Zeit. Ab 1974/75 sollten die 2. Bundesligen Nord und Süd für mehr sportlichen Wettbewerb sorgen. Aufstiegsrunden zur Bundesliga gab es nicht mehr – und beim FC St. Pauli wurden sie nicht vermisst: Auch die letzten beiden Teilnahmen hatten keine Erfolge gebracht.

Das Elend der Aufstiegsrunden „Wir hatten es im Norden zu einfach, Meister zu werden", meint Alfred Hußner. „Die Mannschaften im Westen und Süden wurden einfach mehr gefordert." Und waren deswegen besser, wie Rolf Höfert bestätigt: „Wir hatten für norddeutsche Verhältnisse wirklich eine Supermannschaft. Aber in den Aufstiegsspielen haben wir kläglich versagt."

Einen weiteren Grund dafür sieht Mittelfeldspieler Wolfgang Wellnitz in unterschiedlichen Trainings- und Lebensbedingungen: „Die anderen waren schon mehr Profis. Wir hatten ja alle nebenbei noch einen Beruf." Während die Spieler laut Wellnitz immer unaufgeregter in das Rennen um die Erstligaplätze gingen („Wir wussten ja, wie das kommt"), läutete die Presse die Aufstiegsrunden stets aufs Neue mit einem „Riesentamtam" ein, so Alfred Hußner: „Aber dann kam die Negativkritik, und das war zum Teil erdrückend. Eine schwere Zeit."

Anfangs hatten die „Extratouren" noch wirtschaftliche Bedeutung: „300000 machten wir in der Saison immer minus", erläutert Ernst Schacht, „und in

1973

>> **1. Januar:** Deutscher Sendestart für die „Sesamstraße" in allen dritten Programmen – außer im Bayerischen Rundfunk.

>> **24. März:** Die britische Band **Pink Floyd** veröffentlicht ihr legendäres Album „Dark Side of the Moon".

Braunschweig macht uns den Hirsch: erste Trikotwerbung der Bundesliga

>> **24. März:** „Der Teufel hat den Schnaps gemacht"? Eintracht Braunschweig wirbt für „Jägermeister" – die **Trikotwerbung** hält Einzug in der Fußball-Bundesliga.

>> **3. April:** Der US-Ingenieur Martin Cooper (Motorola) führt mit einem Prototypen das **erste Mobiltelefon-Gespräch** der Welt.

>> **12. Juni:** Helmut Kohl wird zum Vorsitzenden der CDU gewählt.

>> **11. September:** Militärputsch in Chile. Augusto Pinochet stürzt die demokratisch gewählte Regierung Salvador Allendes. Allende begeht angeblich Selbstmord.

Franz Gerber mit Schlangen-Import: selbst gefangen – selbst schuld!

der Aufstiegsrunde holen wir die wieder raus." Doch „nachher konnten wir die Aufstiegsrunde im Grunde vergessen", meint Geschäftsführer Windte: „Die Leute haben irgendwann gesagt: ‚Die wollen gar nicht aufsteigen.'" Im Mai 1974 sahen nur 3000 Zuschauer das 3:0 des FC St. Pauli gegen Rot-Weiß Oberhausen – obwohl er zu diesem Zeitpunkt noch reelle Chancen auf den Aufstieg hatte.

Im Eröffnungsspiel dieser letzten Aufstiegsrunde hatten 25000 Zuschauer noch für eine der größten Einnahmen der Vereinsgeschichte gesorgt. Gegen den FC Augsburg mit Nationalmannschaftslegende Helmut Haller sahen sie das „beste Spiel der Saison", so Trainer Mülhausen. Zur Halbzeit stand es 2:2, und „was sich dann ... auf dem Rasen des Volksparkstadions abspielte, glich einem Belagerungszustand", schrieb „BILD" begeistert: Die St. Paulianer bestürmten das Augsburger Tor, schossen aus jeder Position, glänzten mit „Tempo, Rasse und Klasse ... Das ganze Spiel aber hinterließ eine Art Wehmut." Denn der Endstand lautete 2:3.

Im Rückspiel glänzte St. Pauli erneut, führte in Augsburg schon 3:1 – und brachte ein 4:4 nach Hause. „Das war mit Sicherheit mitentscheidend, dass wir nicht aufgestiegen sind", ärgert sich Ulrich Schulz noch heute. Die tragischen Helden endeten als Schlusslicht ihrer Gruppe. Vielleicht auch deshalb, weil der Goalgetter und passionierte Reptiliensammler „Schlangen-Franz" Gerber sich kurz vor der Aufstiegsrunde einen Schlangenbiss zugezogen hatte. Mit knapper Not und dank des Hamburger Tropeninstituts kam Gerber mit dem Leben davon – doch in Form war er nach seiner „Gift-Pause" samt Haut-Transplantation am Daumen nicht. Den „Täter", eine Kobra, hatte er auf der großen Asienreise des FC St. Pauli in der vorigen Saison selbst gefangen (s. S. 203).

Leere Kassen, volle Ordner Nachdem die Aufstiegsrunden kein Einnahmegarant mehr waren, wurde die Finanzlage noch prekärer. Minuskulissen wie 673 Zuschauer bei einem Heimspiel gegen den OSV Hannover konnten die Kosten der Ligamannschaft unmöglich decken.

Nach seinem Rückzug aus der angeschlagenen Möhle-Bank hielt Ernst Schacht sich aus der Finanzierung des Tagesgeschäfts zurück, sagt Walter Windte: „Das ging vielleicht ein Jahr, und dann war es vorbei mit dem vielen Zahlen. Nachher waren da wieder zwei Ordner voller Rechnungen", die die Vereinsführung laut Windte als eine Art zinslosen Kredit betrachtete: „Schacht hat nur noch gemeint: ‚Das ist das billigste Geld, was es gibt, da in den Ordnern.'"

Das „Abendblatt" gab dem FC St. Pauli im Dezember 1973 nur noch zwei Chancen: „Entweder finden sich Geldgeber, die den Kauf von erstklassigen Spielern ermöglichen ... oder man geht eine Spielgemeinschaft mit Barmbek-Uhlenhorst, ebenfalls sportlich reif für die zweite Liga, ein."

>> **23. September:** In der Bundesrepublik Deutschland wird die flächendeckende Einführung der **Notrufnummern** 110 und 112 beschlossen.

>> **November:** Anwerbestopp für „**Gastarbeiter**" auch in Hamburg.

Die Ölkrise sorgt für leergefegte Autobahnen in Deutschland

>> **25. November:** Hamburg wird zum Fußgängerparadies – dank der Ölkrise. Zum Energiesparen hatte die Bundesregierung vier **autofreie Sonntage** in ganz Deutschland angeordnet.
DM: Bayern München

Der geht vorbei! St. Pauli und Oberhausen trennen sich 0:0 (1974)

Franz Gerber (r.) zaubert gegen Tennis Borussia Berlin (1974)

„Jockels" Rückkehr Das Präsidium widerstand der Versuchung einer Vereinsfusion und ging 1974 als FC St. Pauli in die 2. Bundesliga – unter der optimistischen Annahme, dass der Zuschauerschnitt angesichts attraktiverer Gegner von 2500 auf 5000 steigen würde. Nachdem auch Karl-Heinz Mülhausen den Bundesliga-Aufstieg nicht erreicht hatte, entschied sich das Präsidium für einen weiteren Trainerwechsel. Mit Kurt „Jockel" Krause kam ein „alter Bekannter", der Mitte der 60er Jahre so kurz vor dem Erstliga-Aufstieg gestanden hatte wie keiner seiner Nachfolger.

Auf Krause wartete keine einfache Aufgabe: Mit Franz Gerber war der erfolgreichste Stürmer der letzten Saison zum Wuppertaler SV gewechselt, und auch andere Stammspieler wie Wolfgang Wellnitz hatten den Verein verlassen. Stattdessen galt es, acht neue Spieler zu integrieren – darunter Dietmar „Didi" Demuth und Rüdiger „Sonny" Wenzel, die später jeweils Vereinsgeschichte schreiben sollten. Während der zukünftige Verteidiger Demuth in seiner ersten Saison nur auf einen Punktspieleinsatz kam – damals noch als Stürmer –, entpuppte sich Angreifer Wenzel auf Anhieb als Glücksgriff, der die Fans mit 24 Toren begeisterte.

Die Saison verlief anfangs holprig und voller überflüssiger Punktverluste. Doch trotz des sportlich stärkeren Umfeldes schlugen sich die St. Paulianer besser als ehemalige Konkurrenten aus den Aufstiegsrunden: Der SV Wacker 04 Berlin wurde 13., Rot-Weiß Oberhausen sogar nur 18. von 20 Vereinen – der FC St. Pauli aber schloss auf Platz 3 ab.

Chaos und Detonationen Die Zuschauerränge blieben trotzdem leer, und damit auch die Kassen. „Ich war mitunter so fertig, ich bin um Mitternacht zu den Landungsbrücken gefahren, hab mich da 'ne halbe Stunde auf die Bank gesetzt und in die Elbe gestiert", berichtet Geschäftsführer Windte, der den Verein nach Spannungen mit dem Präsidium 1974 verließ. Die Dauerkrise und der permanente Zwang zur Improvisation hatten ihm nach eigenen Angaben schwer zugesetzt: „Wenn ich da noch lange geblieben wäre, dann wär ich heute nicht mehr am Leben." Sein Nachfolger Joachim Dipner beschreibt die Finanzlage als „chronisch klamm, absolut chaotisch. Der Gerichtsvollzieher kam jeden Montagvormittag, füllte sein Protokoll aus, dass nichts zu holen ist, und zog dann wieder von dannen. Das war Tagesgeschäft für mich."

Morgens um 11 Uhr kam Dipners einziger Mitarbeiter, der Rentner „Eisen-Hans", übertrug die eingegangenen Beiträge von den Kontoauszügen in die Mitgliederkartei und verschwand Punkt 12 im Clubheim. „Um drei kam er leicht angeschickert zurück, klappte seine Kartei wieder zu und ward nicht mehr gesehen", erzählt Dipner. „So ging das Tag für Tag." Da „Eisen-Hans" auch Telefonate entgegenzunehmen

1974

>> 22. März: Der deutsche Bundestag beschließt, das **Volljährigkeitsalter** von 21 auf 18 Jahre herabzusetzen.
>> 6. April: ABBA gewinnen mit „Waterloo" den Grand Prix d'Eurovision de la Chanson.

>> 8. Mai: Der **1. FC Magdeburg** gewinnt als erste und einzige Mannschaft der DDR einen europäischen Titel. Im Europapokal-Finale der Pokalsieger in Rotterdam schlägt den FCM den AC Mailand 2:0 – vor nur 5000 Zuschauern.

Willy Brandt gratuliert seinem Nachfolger Helmut Schmidt

>> 16. Mai: Nach dem Rücktritt Willy Brandts wegen der Spionage-Affäre um seinen Referenten Guillaume wird der Hamburger **Helmut Schmidt** deutscher Bundeskanzler.

"St. Pauli will Netzer kaufen": „BILD" freut sich zu früh

1969–1979

65 Jahre FC St. Pauli: Da hüpft auch Uwe Seeler (l., Jubiläumsgala Alsterdorfer Sporthalle, September 1975)

pflegte, war er in die Pressearbeit aktiv involviert: „Nö, gibt nix Neues", verkündete er etwa der „BILD"-Zeitung, als der just gestartete neue Geschäftsführer gerade seinen Schreibtisch einräumte.

Jeden Freitagmittag erschütterten Detonationen die Geschäftsstelle im Clubhaus: Der Hochbunker hinter der Südkurve wurde sukzessive gesprengt. „Dann hieß das: ‚Alle raus aus dem Gebäude', dann sagte das ‚Bumm!', und dann flogen die Steine", so Dipner. „Anschließend liefen drei, vier Leute von der Baufirma über den Platz, um die Gesteinsbrocken aufzusammeln." Meist fanden sie nicht alle, was nicht nur ein Verletzungsrisiko darstellte, sondern – für den Verein fast schlimmer – kostspielige Rasenmäher-Reparaturen nach sich zog. In die Rasenpflege war der Geschäftsführer persönlich involviert: Wenn der Platzwart unpässlich war, musste er selbst „auf den Bock", um das Millerntor-Grün für Heimspiele vorzubereiten.

Ausverkauf und Flucht nach vorn Nachdem die Finanzlage sich auch in der neuen 2. Bundesliga nicht gebessert hatte, verkaufte die Vereinsführung notgedrungen Spieler. „Sonny" Wenzel wechselte für damals sagenhafte 400 000 Mark zu Eintracht Frankfurt, Horst Wohlers für eine ebenfalls sechsstellige Summe zu Borussia Mönchengladbach. Ein „Ablösespiel" gegen die Gladbacher brachte dem Verein zusätzliche 80 000 Mark ein, wenn es auch 0:6 verloren ging.

Ohne Wohlers, Wenzel und weitere Leistungsträger wie Harald Münster wurde die Saison 1975/76 zum Desaster. Am Ende der Hinrunde stand der FC St. Pauli auf einem Abstiegsplatz. Die Situation war so ernst, dass Schacht und Velbinger eigenes Geld in neue Spieler investierten: Gino Ferrin sollte als neuer Libero die kränkelnde Abwehr stärken, Wolfgang John und Sören Skov sollten für Tore sorgen.

Tatsächlich stabilisierte sich die Mannschaft und schloss die Saison auf dem 14. Tabellenplatz ab, mit einem Torverhältnis von 70:82. Doch das dauerhafte Überleben in der „Pleiteliga" war ernsthaft gefährdet. „Als das nun gar nicht mehr ging, da war die Frage: Amateurlager – oder eben Gewaltschuss", so Ernst Schacht. „Und da haben Velbinger und ich, wir beide ganz alleine, gesagt: Wir machen das."

Günter Netzer kam dann doch nicht Schacht und Velbinger begannen das „Unternehmen 1. Liga" generalstabsmäßig und ließen noch in derselben Saison ein Gutachten über den FC St. Pauli und sein „Marktumfeld" erstellen. Ergebnis: Hamburg könne zwei Bundesligavereine gut verkraften. Ein Zuschauerschnitt von 16 000 sei im Bereich des Möglichen. Derart bestärkt, plünderten beide ihre Konten, um neue Spieler einzukaufen – „Velbinger 1,7 Millionen, ich 1,3", so Ernst Schacht. Sogar mit Günter Netzer (damals bei Real Madrid) ließen sie Kontakte knüpfen, aber der sagte dann doch ab. Dafür kehrte Franz >

>> **26. Juni:** Bei der Fußball-WM in Deutschland verliert die Mannschaft des Deutschen Fußball-Bundes im Hamburger Volksparkstadion 0:1 gegen die DDR. Trotzdem wird sie später Weltmeister (2:1 gegen die Niederlande).

Gerd Müller (l.) und Paul Breitner feiern den Weltmeistertitel standesgemäß

>> **20. September:** Der neue Bundespräsident Scheel gibt die Hamburger **Köhlbrandbrücke** für den Verkehr frei.
>> **30. Oktober:** „Rumble in the Jungle": In Kinshasa (Zaire) wird **Muhammad Ali** gegen George Foreman Boxweltmeister.
DM: Bayern München

1969-1979

Früh übt sich: Klein-Buttje beim Ballhochhalten im Karo-Viertel

Sinnliche Rocker-Romantik: Buttje Rosenfeld bringt das Clubheim fast zum Schmelzen

Buttje, der Balljongleur
Den Ball flachhalten? Nichts für Buttje Rosenfeld

Sein Spitzname verrät ihn sofort: Rolf-Peter Rosenfeld, von allen nur „Buttje" genannt, ist ein „Hamburger Jung'". Aufgewachsen als Arbeiterkind im Hamburger Karolinenviertel, entdeckte er — mit einem klassischen Bolzplatz direkt vor der Tür — schnell seine Vorliebe für den Fußball. „Buttjes" Spezialität: Ballhochhalten. Bereits im zarten Alter von zwölf Jahren flog er zu einem vom „kicker" organisierten Ballhochhalte-Turnier nach Marokko — in der gleichen Maschine wie der FC Bayern München. „Die spielten dort gegen Barcelona, Marseille und Casablanca", erinnert er sich. Klein-Buttje hingegen jonglierte in der sengenden marokkanischen Mittagshitze mit Tunesiern, Marokkanern und Franzosen um die Wette und wurde letztendlich Dritter. Sein persönlicher Rekord liegt heute bei 11 111 Kontakten.

Über den SC Falke, einen typischen Arbeiterverein, und den USC Paloma fand Rosenfeld 1972 im zweiten B-Jugend-Jahr den Weg zum FC St. Pauli. Mit 18 Jahren absolvierte er sein erstes Spiel in der Amateurmannschaft der Braun-Weißen. Wenige Wochen später war er im Kader der 1. Mannschaft angekommen. „Über einen zu langen Anfahrtsweg konnte ich mich nicht beschweren", sagt Rosenfeld: „Von der Grabenstraße, wo ich wohnte, bis zum Millerntor waren es geschätzte 500 Meter. Ich hab mir meine adidas-Tasche geschnappt, bin über die Feldstraße gegangen, und dann war ich da, wo ich sein sollte und wollte."

Reich werden konnte man beim FC St. Pauli damals nicht. „Aber ich brauchte nicht viel, um glücklich zu sein. Ich als Musikfan konnte mir meine Schallplatten kaufen, das fand ich immer geil. Im ersten Jahr hatte ich 700 Mark brutto, im zweiten Jahr 1500 Mark brutto Grundgehalt. Fußballprofis heute würden sich natürlich totlachen."

Rosenfeld aber war glücklich. Vor allem die Bundesligasaison 1977/78 sei „Aufregung pur" gewesen: „1977 war mein Jahr. Da habe ich Abitur gemacht, als Arbeiterkind, mit Schnitt 2,7. Ich war stolz ohne Ende — und dann sind wir auch noch in die 1. Bundesliga aufgestiegen! Als kleiner Junge auf dem Bolzplatz ‚Gerd Müller' spielen und dann auf einmal gegen die Helden der eigenen Jugend auf dem Platz zu stehen — das konnte ich alles gar nicht fassen."

Einmal ließ der Verein aber doch richtig etwas für sein Jungtalent springen: Nach einem B-Jugend-Spiel stellte Rosenfelds Trainer ihn zur Rede, weil er keinen Ball abgespielt hatte. Er musste zugeben, dass er kurzsichtig war. Eine Brille kam aus Eitelkeit nicht in Frage, und „so bin ich einer der Pioniere geworden in Hamburg für das Tragen von weichen Kontaktlinsen". Der Verein schoss die Hälfte der fälligen 500 Mark dazu.

Nach dem Lizenzentzug 1979 wechselte Rosenfeld zum VfL Osnabrück, wo er nach einer Verletzung seine Karriere beendete. Bei der „Hamburger Morgenpost" schulte er zum Sportjournalisten um. „Seitdem berichte ich über St. Pauli — ein Traumjob. Ich habe einfach die Seiten gewechselt: Als Spieler habe ich mich immer geärgert, was die Journalisten für einen Scheiß schreiben — heute ärgere ich mich als Journalist, was die Spieler für einen Scheiß spielen." ■

Ein Mann sieht Gelb
Der ewige Rekord des Walter Frosch – und warum er bei St. Pauli zur Kultfigur wurde

Die Inspiration lieferte eine Verkehrsampel: 1970 erfand der englische Schiedsrichter Ken Aston die Gelbe und die Rote Karte. Bei der WM in Mexiko wurden sie im gleichen Jahr erstmals eingesetzt. Bis dahin hatten die Unparteiischen Verwarnungen und Platzverweise nur mündlich ausgesprochen, wovon die Zuschauer oft nichts mitbekamen. Astons Idee setzte sich schnell durch – parallel zum Siegeszug des Farbfernsehens, durch den auch das TV-Publikum jetzt „Rot sah".

Gelb hingegen sah der St. Paulianer Walter Frosch. Der legendäre Verteidiger kassierte in der Aufstiegssaison 1976/77 so viele Gelbe Karten, dass die Presse mit dem Zählen nicht recht hinterherkam: Der „kicker" spricht von 18, das „Hamburger Abendblatt" von 19. Beides ist bundesweit Spitze, wahrscheinlich für die Ewigkeit. Denn bald darauf führte der DFB die automatische Sperre nach vier (heute fünf) Gelben Karten ein. Der „Frosch mit Gelbsucht" soll daran nicht ganz unschuldig sein. „Dabei hätte Walter den ‚Kartenkönig' gar nicht nötig gehabt", meint sein Mannschaftskamerad Jürgen Rynio etwas überraschend, der ihn als Keeper gut im Blick hatte: „Er war schnell und konnte fast körperlos spielen." Meist entschied er sich anders. Wenn er kurz vor Spielende noch nicht verwarnt worden war, erinnerten ihn zuweilen die Zuschauer daran. Walter Frosch schlug gehorsam den Ball weg – und kassierte den Karton.

„Mit Walter Frosch konnte man Kriege gewinnen!", urteilt sein ehemaliger Mannschaftskapitän Uwe Mackensen. Er war ein Typ, der immer gewinnen wollte – selbst Trainingsspiele. „Froschi" war gnadenlos hart, gegen andere und gegen sich selbst. „Ich weiß auch, dass ich nicht gesund gelebt habe, das braucht mir keiner zu erzählen", sagt der gelernte Schornsteinfegermeister, der mehrere Krebs-Operationen hinter sich hat. Frosch verbrachte die Minuten vor dem Anpfiff gern am Tresen des Clubheims, trank noch ein Bierchen, drückte seine Zigarette aus und lief dann auf. Durchzechte Nächte waren keine Seltenheit. Wenn am nächsten Tag ein Spiel angesetzt war, lief er dennoch mehr als alle anderen. So wurde er auf St. Pauli schnell zur Kultfigur.

Auch vor finanziellen Eskapaden war Frosch nicht gefeit: Einmal prellte ihn ein windiger Geschäftspartner um einen sechsstelligen Betrag, ein andermal investierte Frosch 40 000 Mark in die Erfindung von Kaffee in Aufgussbeuteln. Als Kneipeninhaber (zuletzt in der „Victoria-Klause" im Stadion „Hoheluft") war er sich selbst oft ein guter Gast.

Stellt sich die Frage, ob es je einen Gegner gab, der Walter Frosch besondere Probleme bereitet hat? „Ja, den gab es: Allan Simonsen von Mönchengladbach." Und mit welchen Gegenspielern ist er gut zurechtgekommen? „Mit allen anderen." Sein Lieblingstrainer: Kuno Böge. Der einleuchtende Grund: „Da konnten wir machen, was wir wollten ..." ∎

Walter Frosch gönnt sich einen tiefen Zug (Freundschaftsspiel, 2001)

„Gar nichts gemacht"? Der Karton ist trotzdem sicher (gg. Düsseldorf, 1977/78)

„Böser Bube" Frosch steigt auf
Der FC St. Pauli-Verteidiger hat die meisten Gelben Karten: 18

1969-1979

Uschi und die starken Männer: Kartenspiel von 1976

Gerber zurück, und vom 1. FC Kaiserslautern kam der beinharte Verteidiger Walter Frosch (s. S. 209) – mit der besonderen Referenz eines „unsoliden Lebenswandels", wie es im Umfeld seines vorigen Arbeitgebers hieß. Der neue Torwart hieß Jürgen Rynio, und Manfred Mannebach stärkte das Mittelfeld. Das Training übernahm Diethelm Ferner, der zuvor den Zweitligisten Wuppertaler SV gecoacht hatte.

Bei der Finanzierung der neuen Spieler half ab der Saison 1976/77 eine willkommene zusätzliche Einnahmequelle: Nachdem Eintracht Braunschweig 1973 als erster Verein in Deutschland mit Werbung auf dem Trikot aufgelaufen war, zog der FC St. Pauli nach. Dabei entbehrt es nicht einer gewissen Komik, dass der Meister aller Klassen in der Disziplin „unverwirklichte Stadionpläne" ausgerechnet den „Lüder Bauring" als Partner gewann.

Zudem versuchte sich der Verein seit 1974 als Vorreiter des „Event-Marketings" im Fußball, um mehr Zuschauer ans Millerntor zu locken: Mal wurden kostenlos Kartenspiele mit den Konterfeis der Spieler verteilt, mal landeten Fallschirmspringer auf dem Spielfeld und brachten den Ball mit. „Fernseh-Butler" Martin Jente – bekannt aus Hans-Joachim Kulenkampffs „Einer wird gewinnen" – drehte die Lostrommel, und auch der Schlagersänger Peter Petrell wurde zur Unterhaltung des Stadionpublikums verpflichtet. Zwischendurch sollte das Pony „Paulchen" als Maskottchen für mehr Glück sorgen.

Fehlstart auf dem Weg zur Spitze Zum Start der Saison 1976/77 plakatierte der FC St. Pauli in der ganzen Stadt den Slogan „Auf dem Weg zur Spitze", und Testspielsiege gegen Glasgow Rangers und Slovan Pressburg gaben Anlass zu hohen Erwartungen. Entsprechend groß war die Schadenfreude, als die Millionentruppe nach fünf Spieltagen auf dem 15. Tabellenplatz stand. „Der FC St. Pauli kann das Show-Geschäft Fußball nur erfolgreich betreiben, wenn die 1. Mannschaft leistungsmäßig überzeugt", schimpfte Werner Velbinger in der Vereinszeitung.

Ende 1976 ersetzte Max Uhlig den ein Jahr zuvor ausgeschiedenen Richard Sump als zweiter Vizepräsident. Uhlig war Inhaber einer Hafenfirma, die sich auf die Beseitigung von Industriemüll spezialisiert hatte. Am Millerntor war er kein Unbekannter, wie die Vereinszeitung unterstrich: „Seit Monaten haben unsere Zuschauer den Namen Uhlig im Ohr, wenn der Stadionsprecher bekannt gibt: ‚Den Ball zum heutigen Spiel stellte die Firma Uhlig zur Verfügung!'"

Die Aufstiegsmaschine springt an Nach der Hälfte der Hinrunde stand der FC St. Pauli mit 11:11 Punkten nicht sonderlich gut da. Dann aber legte er eine einmalige Serie hin und blieb 27 Spiele in Folge ungeschlagen. „Ein tolles Erlebnis", schwärmt Franz Gerber: „‚Wir verlieren nimmer' – das haben wir uns gesagt. Und wir waren so voller Selbstvertrauen, dass wir das auch realisiert haben." „Wir waren hinten wirklich 'ne

---

1975

Evakuierung von Zivilisten und amerikanischen Militärs in Saigon

>> **30. April:** Der Vietnamkrieg geht mit der **Einnahme Saigons** durch die kommunistischen Streitkräfte zu Ende. Südvietnam kapituliert bedingungslos.
>> **21. Mai: Borussia Mönchengladbach** gewinnt erstmals den UEFA-Cup (gegen Twente Enschede).

>> **17. Juli:** Ein Wohnungsbrand in Hamburg-Ottensen führt zur Entdeckung und Verhaftung des Wachmanns und vierfachen Frauenmörders **Fritz Honka**. Seine Stammlokale waren der „Goldene Handschuh" und der „Elbschlosskeller" auf St. Pauli.

>> **10. August: Rekordhitze in ganz Europa.** In Paris werden 35 Grad Celsius gemessen, in Köln sind es 36.
>> **13. Oktober:** Die erste Ausgabe der deutschen Comiczeitschrift „**YPS**" erscheint.
>> **29. November:** Bill Gates und Paul Allen gründen die Firma **Microsoft**.
DM: Borussia Mönchengladbach

HURRA! Wir sind drin!
Endlich geschafft: 1977 steigt der FC St. Pauli nach 27 Spielen ohne Niederlage in die 1. Bundesliga auf

Aufstiegsfeier auf Mallorca: Buttje Rosenfeld lässt den Schampus fließen

Auch in der Werbung ging St. Pauli in die Offensive (Prospekt von 1977)

Bank", ergänzt Verteidiger Gino Ferrin: „Weniger als ein Gegentor pro Spiel. Normalerweise hätten wir ohne Trainer spielen können. Das war wirklich so." Werner Velbinger sah die Gründe etwas anders: „Was sich hier abzeichnet", schrieb er in der Vereinszeitung „Millerntor" im Dezember 1976, „ist das Ergebnis einer konsequenten Arbeit, ausgehend vom klaren Kopf des Präsidiums, über die zur Realisierung betriebene Investitionspolitik, über die Personalpolitik bis hin zur effektvollen Arbeit unseres Trainers und zur immer deutlicher werdenden Leistungsbereitschaft unserer Spieler." Nur die „Frankfurter Allgemeine" gab den Spielverderber und sprach von einem „sportlichen und finanziellen Vabanquespiel mit Millionen", das am Ende übel ausgehen könne.

Endlich 1. Liga Schon am drittletzten Spieltag war die Sensation perfekt: St. Pauli siegte durch ein Tor von Niels Tune-Hansen mit 1:0 in Herford, während Verfolger Arminia Bielefeld mit 1:2 in Bonn unterlag – der FC St. Pauli war zum ersten Mal in seiner Vereinsgeschichte in die 1. Bundesliga aufgestiegen.

„Wir hatten einen Kader von nur 16 Spielern", erzählt Mittelfeldmann Buttje Rosenfeld, damals gerade 19 Jahre alt. „Heute undenkbar. Ich glaube, dass wir aufgestiegen sind, weil die Chemie gestimmt hat. Die 76er, das war 'ne Truppe." Entsprechend wurde gefeiert – im „Bierbrunnen" an der Rothenbaumchaussee. Inhaber: Horst Blankenburg, Spieler beim HSV.

Die „Rothosen" feierten dort zeitgleich ihren Triumph im Europapokal der Pokalsieger. „Allerdings feierten die eher verhalten, während die St. Paulianer zechten, als wären sie Weltmeister geworden", erinnert sich Mittelfeldspieler Dieter Schiller.

Noch toller trieben es die St. Paulianer nach Saisonende. Sie flogen – dank einer prall gefüllten Mannschaftskasse und einer „Spende" der Kiezgröße Mariano Perez, Inhaber des „Café Lausen" an der Reeperbahn – nach Mallorca und checkten unweit des „Ballermanns" im Hotel „Sofia" ein (übrigens dasselbe Haus, in dem exakt 30 Jahre später eine weitere Mannschaft des FC St. Pauli einen Aufstieg feierte, wenn auch dieses Mal „nur" in die 2. Liga).

Puffbesuch als Torprämie Für die Jüngsten im Team bedeutete Mallorca eine Stunde der Wahrheit: „Jens-Peter Box und ich waren die Einzigen, die bis dahin noch keinen Alkohol getrunken hatten", erzählt Buttje Rosenfeld. „In der Hotelhalle wurden wir mit Sangria empfangen. Ich dachte: ,Mensch, das schmeckt aber klasse, Fruchtsaft!' Davon habe ich mich vier Tage nicht wieder erholt."

Neben wilden Feiern fand auch ein Freundschaftsspiel gegen Real Mallorca statt. Perez lobte dafür eine ganz besondere Prämie aus: Dem Schützen des ersten braun-weißen Tores versprach er einen kostenlosen Besuch in seinem Edelbordell. „Ich hatte davon nichts mitbekommen, wunderte mich aber, warum ein Spieler >

1976

> **12. Mai:** Der FC Bayern München gewinnt durch ein 1:0 gegen AS St. Etienne zum dritten Mal in Folge den Europapokal der Landesmeister.

> **20. Juni:** Uli Hoeneß Elfmetergott: Bei der Fußball-EM in Jugoslawien verliert die deutsche Nationalmannschaft das Finale im Elfmeterschießen gegen die CSSR.

EM-Finale in Belgrad: Uli Hoeneß verschießt den entscheidenden Elfmeter

>> **13. November:** Schwere Zusammenstöße in **Brokdorf** zwischen Polizei und Atomkraftgegnern.

>> **21. Dezember:** Bayern München gewinnt gegen Cruzeiro Belo Horizonte als erste deutsche Mannschaft den **Weltpokal**.

DM: Borussia Mönchengladbach

„Europapokal-der-Pokalsieger-Sieger-Besieger"

Kevin Keegan (2.v.l.) hüpft vergeblich – die Tore macht St. Pauli

St. Paulis Spieler feiern den historischen 2:0-Sieg

Ein kleines Stück vom Glück

Am 3. September 1977 gelang der bislang einzige Bundesliga-Sieg gegen den HSV

Die Fronten beim ersten Bundesliga-Duell zwischen dem HSV und dem FC St. Pauli waren klar abgesteckt: hier der krasse Außenseiter und Aufsteiger, dort der amtierende Europapokalsieger der Pokalsieger mit Stars wie Kevin Keegan, Felix Magath und Manni Kaltz. Ein hoffnungsloses Unterfangen? Nicht ganz, denn die Braun-Weißen bekamen Motivationshilfe vom Gegner. HSV-Verteidiger Peter Nogly prophezeite vor dem Spiel in der Presse ein 8:0 für sein Team – mit dem Zusatz: „Das ist mein voller Ernst."

Hinterher standen Nogly und Kollegen eher betroffen da: „Vollen Ernst" hatte nur der FC St. Pauli gemacht. Franz Gerber (30.) und Wolfgang Kulka (87.) hatten den verdienten Sieg für Braun-Weiß herausgeschossen. „Ätsch – ganz Deutschland jubelt mit St. Pauli", titelte „BILD". Dem HSV bescheinigte die Zeitung Überheblichkeit, den St. Paulianern aufopfernden Kampf. Viele der 48 000 Zuschauer waren während des Spiels zu den Braun-Weißen übergeschwenkt. „Auf dem Kopf eine HSV-Mütze, auf den Lippen ‚Sankt-Pau-liii'-Rufe", berichtete das „Abendblatt": „Die Zuschauer, die Gefallen an dem unkomplizierten und taktisch ausgefeilten Spiel des krassen Außenseiters St. Pauli gefunden hatten, nahmen das Bundesliga-Baby auf ihren Schoß und päppelten es mit Beifall und Anerkennung hoch."

In der Kabine „brachen nach dem Spiel alle Dämme", erinnert sich Torwart Jürgen Rynio: „Viele St. Paulianer haben vor Freude geweint. Nicht die Spieler, aber Betreuer und Funktionsteam, und auch Fans. Damals gab es noch nicht so viel Security, da konnte jeder leicht reinkommen." Die weiteren Feierlichkeiten fielen eher bodenständig aus: Im Clubheim gab es belegte Brote, Bier und Brause. Dazu spendierte Präsident Schacht Sekt.

St. Paulianer Jens-Peter Box trieb sich später noch auf einer Studentenparty in der Uni-Mensa herum und wurde Zeuge, wie feiernde Studenten das Spielergebnis auf die beschlagenen Fensterscheiben schmierten. Die Schadenfreude über die Niederlage des großen HSV war in der ganzen Stadt zu spüren.

Die Freude der St. Paulianer hielt indes nicht lange an. In der folgenden Woche verloren sie im strömenden Regen 3:6 gegen Borussia Dortmund. Statt der erhofften 40 000 waren gerade 9000 Zuschauer ins Volksparkstadion gekommen. Das Rückspiel gegen den HSV im Januar 1978 ging unglücklich 2:3 verloren. Felix Magath besiegelte die Niederlage mit einem Freistoßtor. Der HSV wurde Zehnter, St. Pauli stieg ab. Das erste Aufeinandertreffen der Hamburger Rivalen in der Bundesliga blieb bis heute das einzige, das der FC St. Pauli für sich entscheiden konnte. ■

1969-1979

St. Paulis Spieler klopfen an die Tür zur Bundesliga

„Da haste!" – St. Pauli-Kapitän Rolf Höfert gratuliert dem „Fußballer des Jahres 1977", Sepp Maier

> von uns aus jeder Position versucht hat, aufs Tor zu schießen", erzählt Buttje Rosenfeld. „Der hat versucht, Eckbälle direkt zu verwandeln oder Freistöße aus 30 Metern aufs Tor zu zirkeln, und spielte keinen Ball ab. Irgendwann hat er dann getroffen, und ich habe mich gewundert, warum der sich so freut. Das Spiel war ja völlig bedeutungslos." Endergebnis: 1:1.

Auftakt nach Maß Der Saisonauftakt 1977/78 verlief bestens: Nach einem achtbaren 0:0 im Freundschaftsspiel gegen Ajax Amsterdam, damals noch mit Johan Cruyff, besiegte der FC St. Pauli Werder Bremen am Millerntor 3:1 durch zwei späte Elfmeter, die Dietmar Demuth souverän verwandelte.

Anschließend kam die Ernüchterung. Im Münchener Olympiastadion lagen die St. Paulianer nach 37 Minuten 0:3 zurück: dreimal Gerd Müller. „Das ging knack-knack-knack da in München", sagt Verteidiger Jens-Peter Box, der das Geschehen von der Bank aus beobachtete. Noch vor der Pause konnte St. Pauli auf 2:3 verkürzen. „Da waren wir ganz knapp an einer Sensation", erinnert sich Franz Gerber. Doch in der 80. Minute machte Müller mit seinem vierten Treffer alles klar. „Knack-knack-knack" – so ging es noch des Öfteren gegen die Braun-Weißen. Ab dem 13. Spieltag belegten sie durchgehend einen Abstiegsplatz. Einige Spiele blieben dennoch positiv in Erinnerung. Zum Beispiel der 3:0-Heimsieg gegen Hertha BSC, bei dem ein entfesselter Franz Gerber alle drei Treffer erzielte. Oder das dramatische 5:3 gegen Eintracht Frankfurt, als die Mannschaft einen zweimaligen Rückstand in der Schlussviertelstunde noch in einen Sieg umbog. Es war der letzte Sieg des FC St. Pauli in dieser Saison. In den nachfolgenden fünf Spielen holte er nur noch einen Zähler.

Eine traurige Bilanz Der melancholische Schlusspunkt war ein 0:5 gegen den 1. FC Köln am letzten Spieltag im Volksparkstadion. Die Kölner sicherten sich damit die Deutsche Meisterschaft vor Borussia Mönchengladbach, die trotz eines 12:0 in Dortmund am gleichen Tag drei Tore weniger auf dem Konto hatte. Ernst Schacht hat das Spiel trotz der Niederlage in guter Erinnerung: „Da haben wir wirtschaftlich noch einmal richtig zugeschlagen", meint er: „Die Kölner wollten über 20 000 Karten haben." Die bekamen sie. Den Scheck dafür löste der Verein rasch ein – und dachte gar nicht daran, die Tickets zurückzunehmen, als in Köln doch nur 5000 verkauft worden waren.

6 Siege, 6 Unentschieden, 22 Niederlagen – so lautet die traurige Bilanz des ersten Bundesligajahres des FC St. Pauli. „Die meisten von uns gingen gern mal einen trinken, und so haben wir den Aufstieg auch fast ein Jahr lang gefeiert", gibt Walter Frosch zu. Doch daran allein lag es nicht. Zum einen hatte der dünne Kader viele Verletzungen zu verkraften (Frosch, Mannebach, Beverungen, Rosenfeld). Zum anderen war es wahrscheinlich ein Fehler, die meisten >

1977

>> **28. März:** „Rocky" mit Sylvester Stallone in der Hauptrolle erhält in Los Angeles den Oscar als bester Film.
>> **11. Mai:** Der HSV wird **Europapokalsieger der Pokalsieger** durch ein 2:0 gegen RSC Anderlecht.
>> **25. Mai:** Premiere des Films „Star Wars" („Krieg der Sterne") in den USA.

>> **5. September:** Ein RAF-Kommando entführt den deutschen Arbeitgeberpräsidenten **Hanns-Martin Schleyer** und ermordet ihn später.
>> **13. Oktober:** Entführung der Lufthansa-Maschine **„Landshut"** nach Mogadischu. Später wird sie durch die GSG 9 befreit.
DM: Borussia Mönchengladbach

„Deutscher Herbst": Hanns-Martin Schleyer in der Gewalt der RAF

Bayerns Rainer Künkel (l.) und Gerd Müller (M.) steigen hoch, St. Pauli staunt

Totenköpfe? Wie bitte? (Aufkleber, 1977/78)

> Heimspiele ins Volksparkstadion zu verlegen. Die Hoffnung auf wachsende Zuschauerzahlen erfüllte sich nicht. Von den fünf Heimspielen am Millerntor ging keines verloren. „Die Mannschaften, die hier waren, konnten sich gar nicht vorstellen, dass es so etwas noch gibt", sagt Jens-Peter Box – schließlich spielte die Konkurrenz teils in nagelneuen WM-Stadien. Besonders irritiert zeigten sich die Gäste von den Sanitäranlagen: Weil es in ihrer Kabine keine Toilette gab, mussten sie im Falle des Falles „nach oben ins Clubheim, wo die ganzen Wahnsinnigen rumkrakeelt haben", so Gino Ferrin, der den „Millerntor-Effekt" am Beispiel des Frankfurter Nationalspielers Grabowski beschreibt: „Der kam mit blassem Gesicht wieder runter: ‚Da oben kann ich unmöglich auf Toilette gehen!' Und so hat er dann auch gespielt. Das waren so Kleinigkeiten, die man hätte ausnutzen müssen."

Piontek und die gute Laune Trainer Diethelm Ferner ging, Sepp Piontek kam – als ehemaliger haitianischer Nationaltrainer. Neben guter Laune brachte er den dortigen Auswahlspieler Frantz Mathieu mit. Der Humor des Trainers setzte offenbar positive Kräfte frei, denn trotz schmerzhafter Abgänge und eines holprigen Starts mit einem Unentschieden und zwei Niederlagen gelang es dem FC St. Pauli, sich im oberen Tabellendrittel festzusetzen. Routiniers wie Walter Frosch, solide Spieler wie Dietmar Demuth und Talente wie Holger Hieronymus ergänzten sich gut.

Doch die finanzielle Entwicklung des Vereins stand der sportlichen diametral entgegen. Auch die Spieler bekamen das zu spüren: „Während der Schneekatastrophe im Winter 1978 gab es viele Spiel- und dadurch Einnahmeausfälle", erinnert sich Buttje Rosenfeld: „St. Pauli konnte nicht bezahlen, das war ganz heftig. Einmal mussten sich alle Spieler in einer Reihe vor der Geschäftsstelle anstellen. Jeder wurde einzeln aufgerufen und musste sich einen dreißigprozentigen Abschlag abholen in einer braun-beigen Lohntüte."

Der Zuschauerschnitt lag knapp über 2000 – das war Nachkriegs-Minusrekord. Als es beim letzten Heimspiel gegen Hannover 96 zu regnen begann, fanden alle 900 Zuschauer bequem unter dem Tribünendach Platz. Selbst einstige Schlagerspiele wie das Duell gegen den VfL Osnabrück zogen nur wenige tausend an. Hinzu kam ein Kleinkrieg innerhalb der Vereinsführung, der via Presse in aller Öffentlichkeit geführt wurde: Schon im Juli 1978 war Vizepräsident Velbinger zurückgetreten. Grund war ein Zwist mit Schacht und Uhlig um Überschüsse aus Spielertransfers, die Velbinger privat finanziert hatte. Auf der Jahreshauptversammlung des gleichen Jahres bekam Ernst Schacht nur 42 von 215 Stimmen. Mangels Gegenkandidaten war er dennoch wiedergewählt.

Sportlich lief es weiterhin gut: Am 26. März 1979 feierte der FC St. Pauli mit einem 4:0 seinen höchsten Saisonsieg. „Noch nie wurde Kiel so vorgeführt", schrieb das „Hamburger Abendblatt". Auch Trainer >

1978

>> **25. Juni:** Argentinien gewinnt im eigenen Land die **Fußballweltmeisterschaft** (3:1 n.V. im Finale gegen die Niederlande).
>> **26. Juli:** Das Landgericht Hamburg weist die Sexismus-Klage **Alice Schwarzers** gegen den „Stern" ab. Grund der Klage waren die Frauendarstellungen der Zeitschrift.

WM-Finale in Buenos Aires: Argentinien bejubelt den Weltmeistertitel

>> **12. Oktober:** Hamburgs letzte **elektrische Straßenbahn** stellt den Betrieb ein.
>> Der amerikanische Künstler Gilbert Blake entwirft die **Regenbogenflagge** als Symbol für lesbischen und schwulen Stolz und die Vielfalt dieser Lebensweise.

1969-1979

Sepp, der Maulwurfspfähler
Die Trainingsbedingungen in den 70er Jahren führten zu skurrilen Situationen

Als der FC St. Pauli 1969 per Stellenanzeige nach Stürmern suchte (s. S. 197), bewarb er die ausgeschriebene Angriffsposition unter anderem mit „modernsten Trainings- und Übungsmöglichkeiten". Das war, gelinde gesagt, beschönigend, trotz des damals erst neun Jahre alten Clubheims mit Sauna und Unterwassermassage (s. S. 162).

Ein eigenes Trainingsgelände besaß der FC St. Pauli nicht. Häufig trainierte die 1. Mannschaft auf den Grandplätzen im Norden des Millerntors, um den Rasen im Stadion zu schonen. Die Trainingsinhalte waren nichts für Zartbesaitete, erinnert sich Mittelfeldspieler Alfred Hußner: „Zwei Medizinbälle in die Hand, Partner auf den Rücken und dann laufen. Wir waren zwar topfit, aber das war natürlich auch schädlich für den Körper."

Auch nach dem Erstliga-Aufstieg 1977 blieb das Training hart. Im dänischen Übungscamp habe Coach Diethelm Ferner viermal am Tag trainieren lassen, erzählt Verteidiger Gino Ferrin: „In der letzten Einheit war dann Torschusstraining angesetzt. Aber wir waren so geschafft, dass kaum einer den Ball noch Richtung Tor brachte — geschweige denn so, dass der Torwart irgendein Problem damit gehabt hätte." In Hamburg beorderte Ferner seine Bundesligisten gern zum grundanständigen Traversenlaufen am Millerntor: „Immer die Treppen rauf und runter", erinnert sich Stürmer Horst Neumann, „gern auch mal auf einem Bein."

Nach dem Abstieg trainierte die Mannschaft unter Sepp Piontek mangels Alternativen häufig hinter der Südtribüne des Volksparkstadions — auf einer Fläche, die bei HSV-Heimspielen als Parkplatz genutzt wurde. Immerhin gab es hier Rasen statt Grand, doch die Sache hatte einen Haken: Es gab jede Menge Maulwurfshügel. Nicht umsonst hatte Erstliga-Mannschaftskapitän Rolf Höfert das holprige Geläuf bei früheren Ausweichversuchen als „Meniskuswiese" tituliert.

Irgendwann wurde es Piontek zu bunt. „Auf einmal stand Seppel mit angespitzter Eckfahne vor einem dieser Maulwurfshügel und schrie: ‚Komm raus, du Feigling! Von dir lass ich mir den Platz nicht kaputt machen!'", erzählt Buttje Rosenfeld. „Wir haben uns gebogen vor Lachen. Aber dann hat er tatsächlich mal einen erwischt ..." Der junge Mittelfeldmann und Tierfreund Horst Feilzer war kaum zu beruhigen. „Aber Piontek blieb ganz cool", sagt Rosenfeld. „Der meinte nur: ‚Das kommt dabei heraus, wenn man sich mit mir anlegt.'" ■

Maloche auf der „Meniskuswiese": Piontek (4. v. r.) und Team vorm Volksparkstadion (1978)

Maulwürfe und Milch-Gesichter auf der Wiese!

1969-1979

Guter Dinge – noch: St. Paulis Präsidium beim DFB (1977)

> Piontek, dessen Engagement als dänischer Nationaltrainer in der nächsten Saison bereits feststand, war begeistert: „Wenn alle diese Spieler zusammenbleiben, dann wird man hier am Millerntor noch viel Freude haben."

Der Schock Doch es kam anders. Der Rückzug Velbingers hatte die dramatische Finanzlage weiter verschlechtert. Schließlich kam die Horrormeldung: Der DFB entzog dem FC St. Pauli die Zweitliga-Lizenz. Die Mannschaft erfuhr davon im Radio, als sie in ihrem Bus zum letzten Saisonspiel bei Preußen Münster unterwegs war. Auf der nächsten Autobahnraststätte vergewisserte sich Werner Pokropp, mittlerweile vom Spieler zum Manager avanciert, telefonisch beim DFB. Mit hängenden Schultern kehrte er zurück: Das Gnadengesuch des FC St. Pauli war abgelehnt worden. „Wir waren alle wie benommen", erzählt Buttje Rosenfeld. „Das Spiel in Münster haben wir 0:4 verloren, aber das hat keinen mehr interessiert. Wir waren völlig fertig." Aus sportlicher Sicht beendete der FC St. Pauli die Saison auf Platz sechs. Den bitteren Weg in den Amateurfußball musste er dennoch antreten, gemeinsam mit der fünftplatzierten Westfalia Herne, die ebenfalls keine Lizenz bekam.

„Der FC St. Pauli ist zahlungsunfähig", schrieb der DFB in seiner Begründung für den Lizenzentzug vom 19. Juni 1979: „Seine Mitwirkung gefährdet ... den ordnungsgemäßen Ablauf der Meisterschaftsrunde der 2. Liga Nord." Nicht einmal in der Bundesliga sei der Verein in der Lage gewesen „den Spielbetrieb rentabel zu gestalten". Zwar hätten Darlehen der Präsidiumsmitglieder „jeweils kurzfristig die Liquidität verbessert. Dies geschah jedoch um den Preis erneuter Verschuldung." Von neuen persönlichen Bürgschaften, die Schacht und Uhlig bei einer Anhörung angeboten hatten, wollte der DFB darum nichts wissen. „Zudem verwunderte angesichts der desolaten Finanzlage die Aussage, die Präsidiumsmitglieder ... könnten diese ... ‚mit links' aufbringen."

Die vorgelegte Zwischenbilanz zerriss der DFB in der Luft: Gewinne „nur scheinbarer Natur", Erträge aus dem „Verkauf von Forderungen", die dem Verein nicht zugestanden hätten; Spielerwerte, die „doppelt bilanziert" worden seien. Zudem habe der FC St. Pauli angekündigt, Gelder mit dem Verkauf des Clubheims an eine Leasinggesellschaft zu generieren, obwohl dieser „juristisch zumindest umstritten, wenn nicht gar rechtlich unmöglich" sei, weil das Grundstück, auf dem es stehe, der Stadt gehöre.

Während am Millerntor nur ein Jahr nach dem Abenteuer Bundesliga der absolute Tiefpunkt erreicht war, feierte der Stadtrivale den Gewinn der Deutschen Meisterschaft. Selten lagen mehr Welten zwischen dem FC St. Pauli und dem HSV. Die Bilanz am Ende der Ära Ernst Schacht war ernüchternd: Kein Geld, keine Lizenz, keine Mannschaft. Sollte dies das Ende des FC St. Pauli bedeuten? ■

1979

>> **16. Oktober:** „Dreipäpstejahr": Nach dem Tod von Paul VI. stirbt sein Nachfolger Johannes Paul I. nach nur 33 Tagen. Ihm folgt Karol Wojtyła (Johannes Paul II.).
DM: 1. FC Köln

Rom: Amtseinführung Johannes Pauls II. im „Dreipäpstejahr"

>> **7. Januar:** Die vietnamesische Armee nimmt die kambodschanische Hauptstadt Phnom Penh ein und beendet die Herrschaft der „Roten Khmer".

>> **1. Februar:** Nach der Flucht des iranischen Schahs ins Asyl übernimmt der Ayatollah Khomeini die Macht im Iran. Das Land wird „Islamische Republik".

Gern bei den Spielen: Ernst Schacht (2008)

Der „Volkspräsident"

„Schlitzohr" aus Schleswig-Holstein: Ernst Schacht, Vereinspräsident von 1970 bis 1979

Wer nach Heimspielen des FC St. Pauli den VIP-Bereich „Ballsaal" in der Südtribüne betritt, hat des Öfteren Gelegenheit, einen aufgeräumten älteren Herrn zu treffen – jovial und stets korrekt gekleidet, gern im angeregten Gespräch. Trotz des unrühmlichen Endes seiner Präsidentschaft sieht Ernst Schacht keinen Grund, sich zu verstecken.

Den Kontakt zu den verschiedensten Menschen habe er immer gesucht, betont der „Schleswig-Holsteiner Jung'" aus Bargteheide: „Ich war ein Volkspräsident!" Nach großen Siegen oder frustrierenden Niederlagen bediente „Don Ernesto" schon einmal selbst den Zapfhahn im Clubheim. „Die Leute, die unter meiner Regie gespielt haben, werden Ihnen alle sagen: ‚Der Schacht, der war immer ein Kumpel.'" Bei den jährlichen Treffen der 77er-Aufstiegsmannschaft ist er fast immer dabei.

„Der Lizenzentzug war damals unberechtigt", meint er. „Wenn man mir eine persönliche Bürgschaft abgenommen hätte, dann hätte ich das sofort gemacht." Andererseits: „Millionengeschichten zu garantieren, das wäre mir dann auch zu viel gewesen. Ich hatte ja noch viel zu kriegen." Er habe sein Geld „stehen lassen", anders als sein langjähriger Vizepräsident Velbinger, der sich 1978 im Streit aus dem Verein zurückgezogen hatte. Schon zuvor hatte es „immer Stress zwischen den beiden wegen des Geldes" gegeben, erinnert sich Joachim Dipner, Mitte der 70er Jahre Geschäftsführer des FC St. Pauli. Dabei hätten sie sich „eigentlich wunderbar ergänzt. Velbinger war der seriöse hanseatische Kaufmann, der wirklich Kohle satt hatte – und Schacht war das Schlitzohr, der Gerissene, der Gewiefte. Normalerweise hätten die Fußballdeutschland richtig aufmischen können." Als es zur Vorbereitung des ersten Franz-Gerber-Transfers galt, Zutritt zum VIP-Bereich des FC Bayern München zu erlangen, wunderte sich Dipners Vorgänger Walter Windte, wie unkompliziert Schacht und er passieren durften, obwohl sie keinerlei Genehmigung hatten. „Hab ich alles schon klargemacht", meinte Schacht. „Da hat der einfach die ganzen Ordner bestochen", schmunzelt Windte: „So war Ernesto."

Dass Schacht Jahre vor dem Zerwürfnis mit Velbinger gemeinsam mit ihm ein 20 000-Quadratmeter-Grundstück auf Lanzarote erworben haben soll, um sich dort im Falle einer russischen Invasion in Sicherheit bringen zu können, sei „ein Quatsch!", beteuert Ernst Schacht: „Das waren 120 000 Quadratmeter!" Für kleine Lösungen hat er sich eben nie interessiert – ebenso wenig wie für manch buchhalterisches Detail. „Ich bin ein sehr unkomplizierter Mann", sagt er. „Ich bin immer auf die Sachen losmarschiert."

So sei die Abtretung von Erlösen aus Spielertransfers an eine externe Finanzierungsgesellschaft, deren Teilhaber und alleiniger Geschäftsführer er selbst war, eine „Vorsichtsmaßnahme für den Fall einer Insolvenz" gewesen, die fortgesetzten Zugriff auf die Gelder sichern sollte. Dass aus dieser und anderen Trickserien „Angreifbarkeiten" entstanden, sei „zuzugeben, natürlich!". Zu wenig Zeit, zu wenig Leute, zu wenig „Qualität im Vorstand" – da habe man eben improvisieren müssen. Auf die Frage, ob am Ende einfach alles zu viel geworden sei, antwortet er mit einem schlichten „Ja". So oder so blickt Ernst Schacht ohne Reue zurück: „Wir haben alles Mögliche probiert", meint er. „Das meiste ist nicht gelungen. Aber vieles ist gelungen." ∎

„Heute gehen wir nicht ins Bett": Ernst Schacht (M.) mit Geschäftsführer Walter Windte (links)

Ernst Schacht (r.) präsentiert „Hamburgs Fußball-Alternative" (August 1977)

1979-1985

DAS ACHTE KAPITEL, in dem die Bundeswehr eingreift, um den Kuckuck reiben, und traurige Trainer ihren Halbzeit-Tee alleine schlürfen müssen.

Manager Werner Pokropp
demonstriert das Hauptproblem
des FC St. Pauli nach dem
Lizenzentzug: Die Kasse ist leer

Mit aller Macht nach oben: Michael Dahms schlittert für ein Tor auch durch den Matsch, wenn es sein muss (gegen Lüneburg, März 1984)

... Während der Kiez vor sich hindämmert und der Punk ins Viertel zieht, wird

...St. Pauli Meister und darf trotzdem nicht aufsteigen. Stattdessen schwimmen...

1979-1985

... seine Spieler im Indischen Ozean mit Haien um die Wette. Derart abgehär

en sie sich auch im Fußball bald wieder an die ganz großen Fische heran.

1984: St. Pauli ist wieder zweitklassig! Nach dem entscheidenden Spiel gegen Lurup lässt Trainer Michael Lorkowski (rechts) die Korken knallen

Der Stadtteil St. Pauli 1979-1985

Unruhiger Dornröschenschlaf

1979-1985 waren auf St. Pauli Jahre der Tristesse – doch im Untergrund regte sich Leben

K.o.-Tropfen? Opfer einer Schießerei? 1979-85 hatte der Kiez ein schlechtes Image – doch hier ist's nur ein Betrunkenentransport

Es ist 1979, und der Kiez verfällt. Am Eingang der Reeperbahn gammelt die leerstehende Millerntorwache im Dornröschenschlaf vor sich hin, eine letzte Erinnerung an die großen Zeiten der „Metropole des Vergnügens" (s. S. 22). Als im Dezember ein Auto mit voller Wucht gegen ihre mittlere Säule kracht, fürchten Fachleute den Einsturz des denkmalgeschützten Gebäudes. Für „Tattoo-Theo" Vetter wäre es das Ende eines Traums: Der am ganzen Körper tätowierte St. Pauli-Fan plant dort ein „Tattoo-Museum". Die Wache bleibt stehen, notdürftig stabilisiert wie das Viertel, das sie umgibt. Theos Traum vom „Tüpfelchen auf dem i" seiner „Tattoo-Karriere" kommt trotzdem nicht zustande: Ihm fehlt das Geld für die Renovierung, und die Stadt hilft nicht. Auch andere St. Paulianer fühlen sich von den Behörden Hamburgs im Stich gelassen. In der Schanze, im Karo-Viertel und dem Süden St. Paulis bröckeln die Häuser. Viele von ihnen gehören der städtischen Wohnungsbaugesellschaft „Saga", und Kritiker werfen ihr vor, dass sie Substanzverlust und Leerstände in Kauf nehme, um später leichter abreißen zu können – zum Beispiel zugunsten von Bürokomplexen.

Am Fischmarkt rollen schon die Bagger. Gegen den Widerstand vieler Anwohner wird im September 1980 der große Speicher neben der Fischauktionshalle abgerissen. Er ist einer neuen Flutschutzmauer im Wege und ohnehin sanierungsbedürftig, sagen die Stadtplaner. In Wahrheit gehe es um Platz für die neue Zentrale des Großverlages „Gruner & Jahr", sagen ihre Gegner. Der Bau einer vierspurigen Schnellstraße am Hafenrand ist da bereits beschlossen. Wenig später rollen Planierraupen, finanziert mit Zuschüssen der Bundesrepublik Deutschland. „St. Pauli, Hamburgs

Der Stadtteil St. Pauli 1979-1985

Herz, Hamburgs empfindlichste Stelle, blutet", klagt der Kunstprofessor Detlef Kappeler: „Der Krieg zerstörte viel, Sanierung mehr. Ein historisch gewachsener Stadtteil, mit all seinen Eigenheiten, Verborgenheiten, Überraschungen, ein demokratisches Gemeinwesen wird durchlöchert ..."

1982 veröffentlicht der Fotograf Günter Zint einen melancholischen Abgesang auf ein St. Pauli, das aus seiner Sicht vergangen ist. Es ist ein Bildband mit selbstgeschriebenen Texten vieler St. Paulianer. „Vom heißen Pflaster zum kalten Beton" will Zint das Buch zuerst nennen. Doch kurz vor der Veröffentlichung fällt ihm ein anderer Titel ein, passenderweise auf einer Beerdigung. Eine Prostituierte hat sich das Leben genommen. Am Schluss wünscht der Pastor ihrer Seele einen „guten Flug", und die Orgel spielt „La Paloma". Damit hat Zints Buch seinen Namen: „Die weiße Taube flog für immer davon".

An eine Clubkultur war im St. Pauli der späten 70er und frühen 80er Jahre kaum zu denken. Wie im Jahrzehnt zuvor ging Hamburgs Jugend lieber nach Eppendorf oder Pöseldorf statt auf die Große Freiheit oder den Hamburger Berg. „Der Kiez war zu dem Zeitpunkt tot, komplett", erinnert sich Andi Schmidt, langjähriger St. Paulianer und Betreiber des Livemusik-Clubs „Molotow" an der Reeperbahn. „Es gab das ‚Grünspan' in der Großen Freiheit und sonst nur Touri-Nepp und Animierbars. Der Kiez war wirklich Sex, und auch eher so schmuddelig das Ganze. Sex und irgendwelche Hafenbars."

Der Musiker und Autor Detlef Diederichsen („Palais Schaumburg", „Spex") erlebte St. Pauli ähnlich: „Wenn man in den 70er Jahren über den Kiez gegangen ist, dann war da kein Mensch. Nur ein paar Touristen, aber auch nur wenige. ... Meine damalige Vorstellung vom Auf-den-Kiez-Gehen war: Du kriegst irgendwo K.o.-Tropfen ins Glas, und zwei Tage später wachst du im Rinnstein auf und hast nur noch die Unterhose an."

Nutella und Blei

Regelmäßige Medienberichte über die „Halbwelt" trugen nicht dazu bei, das Vertrauen in die Sicherheit eines Reeperbahnbummels zu stärken. Die mächtigste Zuhältergruppe der Zeit war die „GMBH" – benannt nach den Initialen ihrer Bosse, dem Geschäftsmann „Gerd", dem „Schönen Mischa", dem langhaarigen „Beatle" und dem „Hundertjährigen Harry", bekannt für seine Geschichten aus Knast und Fremdenlegion.

Bei ihren Auftritten war die „GMBH" alles andere als dezent: „Auf der großen Bühne der Reeperbahn kreuzte tagtäglich ein bestaunter Korso", beschreibt die Journalistin Ariane Barth: „Weißer Rolls Royce, schwarzer Lamborghini, silbergrauer Porsche, jede Menge tiefliegender Mercedes und bemalte Harley Davidsons, ein paar exotische Dreirad-Chopper und schließlich ein Riesenjeep mit Rennboot auf dem Trailer." Bald machte die jüngere „Nutella-Bande" der „GMBH" kräftig Konkurrenz. Benannt hatte sie sich nach dem Spott der Älteren, die ihnen unterstellten, das Frühstück mit Nuss-Nougat-Creme zu bestreiten. Als mit dem „Chicago-Clan" vom Hans-Albers-Platz – benannt nach dessen Lieblingskneipe – noch eine dritte Gruppierung um die Macht auf dem Kiez buhlte, begann eine „Spirale der Gewalt", so der verstorbene Zuhälter Stefan Hentschel.

Am 28. September 1981 wurde der „Chicago"-Mann „Chinesen-Fritz" in der Reeperbahn-Kneipe „Ritze" erschossen. Ein halbes Jahr später kam es zu zwei weiteren Morden im Zuhältermilieu. Schließlich, im Oktober 1982 – der „Schöne Mischa" war da längst von seinen Partnern ausgebootet und erhängt aufgefunden worden –, kam es zum Showdown zwischen „GMBH"-Leuten und „Nutellas" im Parterre des „Eros Center". Am Ende waren die „Nutella"-Männer „SS-Klaus" und „Angie" tot und „Karate-Thommy" schwer verletzt. Die Schießerei machte deutschlandweit Schlagzeilen, besonders in der Boulevardpresse. Schließlich sah sogar das konservative >

„Eher so schmuddelig": die Große Freiheit Anfang der 80er

Der Stadtteil St. Pauli 1979–1985

„Befremdlich kostümiert" („SPIEGEL"): Hamburger Punks 1980 im Auge des Gesetzes. Rechts: Plattenladen „Rip Off" (Feldstraße)

„Abendblatt" sich bemüßigt, zur Rettung St. Paulis aufzurufen: „Auf der Reeperbahn muss etwas geschehen, und zwar bald", forderte das Springer-Blatt am 31. März 1984. Drei Monate später griff Bürgermeister Klaus von Dohnanyi per Gastbeitrag in die Debatte ein. Falls St. Pauli nicht zum „verlorenen Vergnügungsparadies" werden solle, seien alle Bürger gefragt: „Hamburg und die Hamburger müssen ... ihrem Vergnügungsviertel ein vergnügteres Leben einhauchen."

Als gelte es, eine schnelle Antwort auf diesen Appell zu geben, versuchte sich das Operettenhaus am Spielbudenplatz im Oktober 1984 an der Wiederbelebung vergangener Kiez- und Seefahrtsromantik: „Große Freiheit Nr. 7", der Filmklassiker von Helmut Käutner (s. S. 68), als Musical. In der Hauptrolle: Freddy Quinn, der „Junge von St. Pauli", dessen Karriere vor vielen Jahren in der „Washington Bar" in der Bernhard-Nocht-Straße begonnen hatte. Zur Premiere strömte „Prominenz in Scharen" über den Kiez („SPIEGEL"). „Die Uraufführung ... wurde stürmisch gefeiert", freute sich das „Abendblatt", und lobte den „flott aufgeputzten Hamburger Bilderbogen", der mit steppenden Matrosen, einem „Konzert der Werftarbeiter" und sogar einem lebendigen Kamel aufwartete – wie einst Willi Bartels im „Hippodrom" (s. S. 134). Kiez-Wiederentdeckern riet das Blatt fürsorglich, stets die Preise auf der Getränkekarte zu prüfen, ehe sie sich in „dunklere Kneipen" wagten.

Große Pleite Nummer 7

Der „SPIEGEL" gab sich weniger begeistert: „Mitunter ... dient ein leerstehendes Theater den schönen Künsten besser", schrieb das Nachrichtenmagazin: „Hans Albers wird sich im Grabe gewunden haben. Was Udo Lindenberg und Rudi Carrell in die Veranstaltung trieb, muß durch höhere Gewalt verursacht worden sein; am rechten Platz waren jedenfalls die vielen weißhaarigen alten Damen."

Im Januar 1985 konnte der „SPIEGEL" sich bestätigt fühlen: Das Musical war pleite. Wenn es Ende der 70er Jahre neue Impulse gab, dann kamen sie aus einer anderen Welt als jener der „weißhaarigen alten Damen". Der „SPIEGEL" rang 1980 nach Worten, um eine eigenartige neue Jugendkultur zu beschreiben, die sich aus England nach Deutschland verbreitet hatte: „Seit gut einem Jahr hat es die Polizei in norddeutschen Großstädten, vor allem in Hamburg, mit einem Phänomen zu tun – den Punks. Es ist eine Schar befremdlich kostümierter Jungen und Mädchen, immer gut für einen handfesten Zoff ... ‚eine unzufriedene Jugend, aber ohne konkrete Forderungen', ‚Liebhaber von sogenanntem Punk-Rock mit teilweise sozialkritischen Texten' (Polizei)" – Musik von Bands wie „Querschläger", „Slime" oder „Punkenstein". Am Mikrofon der Letzteren stand mit „Doc Mabuse" der Mann, der später die Totenkopffahne ans Millerntor brachte (s. S. 258).

Seit dem Frühjahr 1979 fanden in der Kneipe „Zum Flohmarkt" in der Nähe des Fischmarkts regelmäßig Punk-Konzerte unter dem Titel „Krawall 2000" statt. Bald wurde der Name der Konzertreihe zum „Rufnamen" der ganzen Kneipe, und das „Krawall" platzte aus allen Nähten. „Wie die Bands, so das Publikum",

Der Stadtteil St. Pauli 1979-1985

schrieb das Fachblatt „Sounds": „Wenn der ... Pogo-Sound ertönt, sind die 150 drinnen bald schweißgebadet und wechseln sich mit den 150 draußen Wartenden ab. Für drei Mark Eintritt der einzige Fun in der Woche, den viele haben." Der wichtigste Punk-Plattenladen lag an der Feldstraße (später in der Neustadt) und hieß „Rip Off". Neben bequemen Sofas glänzte er mit einem Sarg als Plattenschrank. Bei St. Paulianern stießen die Punks nicht immer auf Gegenliebe: Weil sie der Ansicht waren, dass Konzertbesucher vom „Krawall 2000" die Freier vom Autostrich am Fischmarkt vergraulten, schritten einige Zuhälter 1980 zur handgreiflichen Gegenwehr. Die Presse sprach von einer „brutalen Schlacht".

Die Anwohner des Karo-Viertels reagierten toleranter. Doch als Saufgelage auf Spielplätzen sich häuften, „da haben sich die Leute im Karo-Viertel ziemlich aufgeregt", erzählte ein Punk 1981 einem Autoren der „ZEIT", „auch die, die ansonsten ganz nett zu den Punks waren ... Fast hätte sich sogar so eine Art Bürgerwehr gebildet, aber nur fast".

„Das Karolinenviertel war damals so etwas wie Kreuzberg in den 80ern für Berlin", schreibt der Romanautor und Kulturkritiker Thomas Nöske, „nämlich ein Kiez der Freaks, Ausgestoßenen, Unverstandenen, der Künstler und der politisch Radikalen." Zentrale Treffpunkte der „Gegenkultur" waren die „Marktstube" und die „Buch Handlung Welt" in der Marktstraße.

Wer dort nach Literatur suchte, „konnte sich als Kultur-Terrorist betrachten sehen", schreibt der Publizist Carsten Klook, „von sich selbst oder von anderen. Man war Ex-Hippie, Ex-Punk oder beides und rebellierte gegen die, deren Rebellion versackt war (also auch gegen sich selbst)." Lesungen in der „Buch Handlung" gerieten oft zu Happenings: Wie bei einem Poetry Slam beteiligte das Publikum sich rege. Szenegrößen wie der egomanische Performance-Künstler und Musiker Kiev Stingl waren wegen ihrer beißenden Kritik gefürchtet.

Der wichtigste neue Impuls für den Kiez jedoch begann still. Er kam aus Häusern am nördlichen Hafenrand, die eigentlich ihrem Abriss entgegendämmern sollten. Im Oktober 1981 zogen die ersten Besetzer in die Häuser der Hafenstraße. Über Monate blieben sie von den Behörden unbemerkt.

Erst im Sommer 1982, kurz vor den Bürgerschaftswahlen, machten die Besetzer auf ihre Existenz aufmerksam. Um Unruhe zu vermeiden, verzichtete der Senat auf die Räumung und handelte einen Mietvertrag aus. Dass die Bewohner mit „B. Setzer" unterschrieben, fiel niemandem auf.

Die Räumung war vermieden, doch der Konflikt nur vertagt. In den folgenden Jahren veränderten die Auseinandersetzungen um die Hafenstraße den Stadtteil – und auch seinen Fußballverein. ∎

Gleitcreme an der Kickerstange
Der Kiez wandelte sich – Hermann Neuters blieb

Unerschütterlich: Hermann Neuters (links)

Als Hermann Neuters 1968 nach Hamburg kam, hatte er einen „relativ guten Job im Hafen". Doch weil seine Frau von einer eigenen Kneipe träumte, machte Hermann mit ihr eine auf. Bis heute ist er glücklich verheiratet – und noch immer Kneipier. Der Kiez wandelte sich, Hermann nicht. Auch nicht in Krisenzeiten wie Ende der 70er Jahre. Unter seinen vielen tausend Gästen waren zahlreiche Kiezkicker und deren Trainer, zum Beispiel Walter Frosch und Michael Lorkowski. Vielleicht ist Hermann immer noch da, weil er nie zu hoch hinauswollte: „Ich hab hier Leute erlebt, die sagten ‚In 'nem halben Jahr gehört uns die ganze Straße'", erzählt Hermann. „Und dann waren die ganz schnell wieder weg, weil sie kein Geld verdient haben." Als Beobachter erlebte er diverse Spekulationswellen und -moden, etwa Ende der 70er Jahre: „Das war damals so 'ne Kettenreaktion: Haus gekauft, Puffs raus, an Sozialbehörde vermietet. Damit konnte man zu der Zeit mehr Geld machen." Ihn interessierte das ebenso wenig wie das Rotlicht: „Weil ich mit der Ludengeschichte da draußen nichts zu tun habe und mich raushalte, funktioniert das eigentlich ganz gut." Gleitcreme hält er hinterm Tresen seines „Osborne" in der Friedrichstraße trotzdem bereit. Aber die ist dazu da, die Kickerstangen zu schmieren.

1979-1985

Das neue Präsidium:
Rektor, Kreikenbohm,
Paulick (v. l. n. r.)

Wir packen es!
Punktspiel
FC St. Pauli –
Preußen Hameln
Sonntag, 2. September 1979, 15 Uhr
Wilhelm-Koch-Stadion am Millerntor

Durchhalteparolen per Spielplakat

Dem Tod von der Schippe

Nach dem Lizenzentzug fängt der FC St. Pauli wieder ganz unten an – „Kuckucks" pflastern seinen Weg. Trotzdem fliegen die Braun-Weißen nach Afrika, planen ein neues Stadion und tasten sich langsam wieder an den Profifußball heran…

„Schacht und Uhlig finden keinen Ausweg aus dem Dilemma", sorgte sich das „Hamburger Abendblatt" im Juni 1979. Der FC St. Pauli war wegen Lizenzentzuges in die 3. Liga zwangsabgestiegen. Die Finanzlage des Clubs war trostlos.

Da brauchte es schon einen Bundeswehr-Offizier, um wieder Ordnung in das braun-weiße Tohuwabohu zu bringen: Wolfgang Kreikenbohm, Oberstleutnant der Reserve, langjähriger St. Pauli-Anhänger und Besitzer eines Ponyhofs in Schleswig-Holstein, hatte sich mit anderen St. Paulianern zusammengetan, um den Verein zu retten. Erstes Ziel: die Absetzung des bisherigen Präsidiums. Da Ernst Schacht und Max Uhlig sich weigerten zurückzutreten, musste eine außerordentliche Mitgliederversammlung her.

Am 27. August kam es zum Showdown im „Hotel am Holstenwall". Rechtsanwalt Helmut Moritz (bekannt aus der Fernsehserie „Das Fernsehgericht tagt") sorgte als Versammlungsleiter mit einiger Mühe dafür, dass die Veranstaltung nicht aus den Fugen geriet. Am Ende traten Schacht und Uhlig zurück, und Wolfgang Kreikenbohm wurde zum neuen Präsidenten gewählt – mit den Stimmen von Schacht und Uhlig. Neue Vizepräsidenten wurden der Rechtsanwalt Dr. Otto Paulick und der Luftfahrtkaufmann Hans-Georg Rektor.

Kasse leer, Patient (fast) tot Nach seiner ersten Bestandsaufnahme schlug das neue Präsidium die Hände über dem Kopf zusammen: „Anfangs war von zwei Millionen Mark Miesen die Rede", erinnert sich Wolfgang Kreikenbohm, „doch es tauchten immer neue Forderungen auf." Am Ende betrug der Schuldenberg fast drei Millionen Mark. „Mindestens genauso schlimm war der Ansehensverlust", so Kreikenbohm: Weil keine Druckerei dem Verein mehr Kredit geben wollte, musste der FC St. Pauli seine Spielplakate und Stadionzeitungen selbst drucken oder malen.

Auch sportlich stand St. Pauli vor dem Nichts. „Wer als Profi weiterspielen wollte, musste sich ei-

CHRONIK
1979

>> **30. Januar:** Heiner Müllers Theaterstück „Die Hamletmaschine" wird in Paris uraufgeführt.
>> **14. Februar:** Hamburg versinkt im Schnee. S-Bahnen bleiben stecken, viele Läden geschlossen. In der Stadt werden Notunterkünfte für Pendler eingerichtet.

Schneekatastrophe in Norddeutschland

>> **4. März:** Die Raumsonde „Voyager 1" erreicht den Jupiter.
>> **3. Mai:** In Großbritannien wird Maggie Thatcher Premierministerin – sie ist die erste Regierungschefin eines europäischen Staates.

Kalle Rummenigge zieht ab, A-Jugendtorwart Volker Ippig pariert

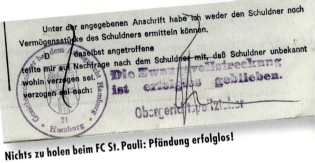

Nichts zu holen beim FC St. Pauli: Pfändung erfolglos!

nen neuen Verein suchen", erinnert sich Buttje Rosenfeld, der selbst zum damaligen Zweitligisten VfL Osnabrück wechselte. Den Weg in die Drittklassigkeit traten nur vier Spieler mit an: Torwart Reinhard Rietzke, Gino Ferrin (der sich bald verletzte), Walter Frosch und Jens-Peter Box. Während Box' Verbleib sachliche Gründe hatte (er wollte studieren), waren Froschs Motive romantischer Natur: „Hauptsächlich bin ich wegen der Liebe bei St. Pauli geblieben. Ich war damals über beide Ohren verliebt in Christine. Eine Wahnsinnsfrau, sage ich euch …"

Während Walter Frosch auf rosa Wolken schwebte, starrte der FC St. Pauli in ein schwarzes Loch: Woher sollten die übrigen Spieler kommen, mit denen man die Saison bestreiten konnte? In dieser kritischen Situation machte sich die Jugendarbeit des Vereins bezahlt: Der Kader der 1. Mannschaft wurde kurzerhand mit Spielern der eigenen A-Jugend aufgefüllt. Besonders ein 20-jähriger Libero namens Holger Hieronymus machte in der Rückrunde von sich reden (und wechselte nach der Saison zum HSV). Ex-Spieler Werner Pokropp übernahm als „gute Seele" sowohl Training als auch Management.

Dass am Ende der schweren Saison 1979/80 ein zehnter Platz und nicht der Gang in die 4. Liga stand, war ein kleines Wunder. „Wäre der FC St. Pauli noch einmal abgestiegen", glaubt der damalige Schatzmeister Werner Kühn, „hätte das wohl das Ende für den Verein bedeutet."

A-Jugend vs. deutsche Nationalmannschaft Wie gut die A-Jugend des FC St. Pauli damals war, konnte sie ein Jahr später unter Beweis stellen: Die deutsche Nationalmannschaft unter Trainer Jupp Derwall trat im April 1981 zu einem Testspiel am ausverkauften Millerntor an. Doch die 25000 Zuschauer der Partie konnten die Finanzen des FC St. Pauli leider nicht wesentlich aufbessern, denn der DFB hatte den St. Paulianern verboten, Eintritt zu verlangen. Die behalfen sich mit Spendensammeln.

Trotz des Spieltermins im Frühling spielten die Männer um Karl-Heinz Rummenigge und Paul Breitner in langen Hosen. „Damit wollten sie angeblich Verletzungen vorbeugen", berichtet der damalige Liga-Obmann Hermann Klauck verwundert. Auf Seiten der St. Paulianer stand der junge Volker Ippig im Tor, während ein noch milchgesichtiger Jürgen Gronau mit der Umsichtigkeit eines Altprofis im Mittelfeld die Bälle verteilte. Die Jungspunde zogen sich tapfer aus der Affäre. Nur zweimal Rummenigge, Fischer, Briegel, Hannes und Kaltz trafen, und so kam der Kern der späteren Aufstiegshelden von 1988 mit einem achtbaren 0:6 davon.

Finten, Schmu und schlechte Zeiten 1980 dagegen gab es trotz des Klassenerhalts beim FC St. Pauli wenig Grund zur Freude. „Normalerweise hätte unser Club aufgelöst werden müssen. Es gab null Gegenwerte", gesteht Wolfgang Kreikenbohm heute. Der Lizenz- >

1980

>> **23. Mai:** Borussia Mönchengladbach gewinnt erneut den **UEFA-Cup.** Gegner: Roter Stern Belgrad.
>> **9. Juni:** Bei der Meisterehrung des HSV kommt es zu einer **Massenpanik** mit über 70 zum Teil schwer Verletzten.
DM: Hamburger SV

Mit Strickpulli und Gesundheitslatschen: Die Grünen werden zur Partei

>> **2. Januar:** Das sowjetische Militär beginnt eine **Großoffensive im Afghanistankrieg.**
>> **13. Januar:** In Karlsruhe gründen Umweltschützer, Atomkraftgegner und Pazifisten **Die Grünen.**

>> **14. April:** „**Die Blechtrommel**" erhält den Oscar – als erster deutscher Film.
>> **15. Mai:** Das **Nationale Olympische Komitee Deutschlands** beschließt den Boykott der Olympischen Spiele in Moskau.

Urlaub auf dem Bauernhof: In dieser Reithalle trainierte einst der FC St. Pauli

entzug war der Beginn eines vier Jahre währenden Kampfes um die Existenz. Was heute wie eine Ansammlung erstklassiger Anekdoten wirkt, trieb den Verantwortlichen damals den kalten Angstschweiß auf die Stirn. So manches Mal bewegte sich der FC St. Pauli mit seinen gewitzten Finessen am Rande der Insolvenzverschleppung.

„An Spieltagen saßen im Clubheim immer zwei oder drei Gerichtsvollzieher", erzählt Kreikenbohm. Der Verein wusste sich zu helfen und schickte Mannschaftsbetreuer Walter Schröder bereits vor Kassenschluss auf Tour, um einen Teil der Tageseinnahmen vor dem „Kuckuck" zu bewahren. So wurden Gehälter und Prämien gezahlt.

Lag der FC St. Pauli bei Heimspielen zur Halbzeit deutlich in Führung, schlürfte der Trainer seinen Pausentee in der Kabine häufig alleine. „Dann standen die Spieler oben bei Walter Schröder vorm Büro", erklärt Verteidiger Uwe Mackensen: „Die haben sich schon mal ihre Siegprämie abgeholt, weil nach dem Spiel ja nichts mehr da war." Stand der Sieg erst bei Spielende fest, hieß es schnell sein, wie Mittelfeldstratege Hansi Bargfrede berichtet: „Jeder wusste, schnell unter die Dusche, schnell hin und als Erster dastehen, damit du dein Geld bekommst."

Unterdessen versuchte der Verein, Nebeneinnahmen zu generieren. Dabei half zur Not auch die Frau des Vizepräsidenten: Annegret Paulick verkaufte hinter der Haupttribüne selbstgebackenen Kuchen, was diesem Bereich den heute noch bekannten Spitznamen „Kuchenblock" eintrug. Dass die Erlöse aus dem Kuchenverkauf an manchen Tagen die Zuschauereinnahmen übertrafen, zeigt, wie es damals um den FC St. Pauli bestellt war.

Urlaub auf dem Ponyhof In der Not frisst der Teufel Fliegen! Manchmal auch solche, die von Pferdeschweifen verscheucht werden: Weil aus Geldmangel an ein Trainingslager nicht zu denken war, lud Präsident Kreikenbohm die Kicker einfach auf seinen Ponyhof in Schleswig-Holstein ein. Professionelle Trainingsplätze: Fehlanzeige. Kein Problem für die St. Paulianer, die ihre Trainingseinheiten bei schlechtem Wetter kurzerhand in eine Reithalle verlegten, die kaum größer als ein Strafraum war. Mit dem Geruch frischen Pferdedungs in der Nase bolzten sie Kondition und zeigten ihre Dribbelkünste im tiefen Voltigiersand.

60 Prozent auf alles! (Außer Tiernahrung) Während die Spieler auf dem Ponyhof einen unbeschwerten Traum von Hanni und Nanni in Braun-Weiß lebten, standen beim Verein auf dem Heiligengeistfeld die Gläubiger Schlange. Intern einigte sich das Präsidium auf ein eisernes Ziel: Mit allen Gläubigern sollte ein Vergleich angestrebt werden, der dem Verein etwa 60 Prozent seiner Schulden erließ. „Jeder sollte rund ein Drittel bekommen, vom Finanzamt bis >

1980

>> **21. Mai:** Eintracht Frankfurt gewinnt den **UEFA-Cup** gegen Borussia Mönchengladbach.

>> **28. Mai:** Der HSV unterliegt im Endspiel des **Europapokals** der Landesmeister 0:1 gegen Nottingham Forest.

Trieb Millionen von Hobbytüftlern zur Verzweiflung: Rubiks „Zauberwürfel"

>> **2. Juni:** Ernő Rubiks „Zauberwürfel" beginnt seinen Siegeszug nicht nur in deutschen Spielzeugläden.

>> **4. Juni:** Polizei und BGS räumen das Atomkraftgegnerdorf „Republik Freies Wendland" im niedersächsischen Landkreis Lüchow-Dannenberg.

1979-1985

Bonjour Tristesse
Zu seinem 70. Geburtstag bot der FC St. Pauli Bilder des Elends

Der Neubeginn des FC St. Pauli trug nicht Braun-Weiß, sondern Orange: Mit dieser Farbe übermalten fleißige Helfer im Sommer 1980 alle Werbebanden des Millerntor-Stadions — und machten sie so zum Sinnbild für das Image eines Vereins, mit dem niemand mehr in Verbindung gebracht werden wollte.

Die Werbepartner hatten dem FC St. Pauli untersagt, ihre Werbung weiter zu zeigen. „Dem Verein damals etwas zu geben, das war wie etwas in ein Rattenloch zu werfen", gibt sogar der damalige Präsident Wolfgang Kreikenbohm zu. Dank der Pinsel-Aktion erstrahlte das Stadion des halbtoten Vereins zu dessen Siebzigstem wenigstens in einem frischen neuen „Look". Bei einem Jugendturnier feierte eine Handvoll Zuschauer ein „Jubiläum", das kaum jemand als solches empfand.

Das Elend machte auch vor der Bekleidung der Spieler nicht halt. „Unser Ex-Sponsor hatte uns per Anwaltsschreiben aufgefordert, die Werbung von den Trikots zu entfernen", erinnert sich Präsident Wolfgang Kreikenbohm. Also ließ die Vereinsführung die Werbung kurzerhand mit einem braunen Stück Stoff übernähen. Ein Vereinswappen verschönerte das „Re-Design" notdürftig. „Wir konnten auch keine Plakate mehr drucken. Die Druckerei bekam ja noch Geld von uns, und alle anderen wussten Bescheid", erzählt Kreikenbohm. „Also bastelten wir unsere Plakate selbst und hängten die dann aus." Trotz der emsigen Werbebemühungen: „Bei den ersten Spielen hätte ich die Leute mit Handschlag begrüßen können", so Kreikenbohm. Der Zuschauerschnitt der Saison 1979/80 betrug gerade 1642. Vom „Kultclub" war der FC St. Pauli des Jahres 1980 weiter entfernt als der Kiez von Kap Horn. ■

Trikotwerbung verboten: Auf Geheiß seines ehemaligen Sponsors musste der FC St. Pauli dessen Logo überdecken

Jubiläum vor leeren Rängen: Szene vom Jugendturnier anlässlich des 70. Geburtstags des FC St. Pauli

Als sich die Fans per Handschlag begrüßen konnten: die Zuschauerzahlen der Saison 1980/81

1979-1985

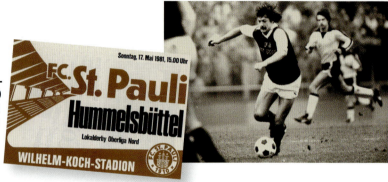

Links: Stadionzeitung von 1980
Rechts: Kapitän Uwe Mackensen tankt sich gegen Lüneburg durch (Saison 1981/82)

zum kleinsten Lieferanten", erzählt Kreikenbohm. „Dabei waren die kleinsten Gläubiger auch die gefährlichsten. Die schickten uns schnell die Kameraden mit dem ‚Kuckuck'. Wir hatten unter jedem Stuhl in der Geschäftsstelle so ein Ding kleben. Da ich nicht immer zwischenfahren konnte, habe ich mit meinem Wohnmobil auf dem Heiligengeistfeld so manche Nacht verbracht. Es war eine schlimme Zeit."

Wasserdichte Förderergruppe In dieser Situation stellte sich für den FC St. Pauli eine existenzielle Frage: Woher sollte das Geld kommen, um in eine neue Mannschaft zu investieren? Schließlich lief jeder eingenommene Pfennig Gefahr, sofort im Säckel der staatlichen Geldeintreiber zu verschwinden.

Die Antwort der Macher des FC St. Pauli: Sie gründeten eine Förderergruppe. Als Gesellschaft bürgerlichen Rechts hatte diese mit dem Verein juristisch nichts zu tun, sollte aber dennoch das notwendige Kapital zur Verfügung stellen. Der Rechtsanwalt Dr. Hans-Jürgen Kion, später Aufsichtsratsmitglied beim FC, heckte ein Vertragswerk aus, das den Zugriff von Gläubigern des Vereins auf das Geld der Förderergruppe verhinderte.

Wolfgang Kreikenbohm: „Dr. Kion machte das so geschickt, dass an dieses Geld nicht einmal das Finanzamt herankam. Ich wurde von einem leitenden Herren der Finanzdirektion gebeten: ‚Herr Kreikenbohm, sprechen Sie mit keinem anderen Verein darüber, dass das so mustergültig gemacht wurde. Das darf und muss nur für den FC St. Pauli so sein und bleiben.'" Die Förderergruppe bestand zunächst aus fünf Personen, die jeweils 10 000 Mark einlegten. In Form von zinslosen Darlehen konnte der FC St. Pauli mit diesem Geld Spieler kaufen und bezahlen.

Von null auf Meister Geld war damit wieder vorhanden. Fehlten nur noch die Argumente, warum ein Spieler ausgerechnet zum FC St. Pauli wechseln sollte. Und doch ließen sich einige Profis davon überzeugen, dass es mit den Braun-Weißen wieder aufwärtsgehen sollte. Allen voran Uwe Mackensen vom 1. FC Kaiserslautern, der bald als Mannschaftskapitän unverzichtbare Dienste leistete. Weitere Neuverpflichtungen waren Michael Strunck vom VfL Osnabrück und Joachim Philipkowski von Barmbek-Uhlenhorst. Letzterer hatte in einem Spiel dem alten Haudegen Walter Frosch arge Probleme bereitet und so das Interesse des FC St. Pauli auf sich gezogen. Die Förderergruppe bezahlte für Philipkowski 6000 Mark Ablöse.

Das Training hatte mittlerweile Kuno Böge übernommen, der zuvor Holstein Kiel in der 2. Liga gecoacht hatte. Böge legte einen Traumstart hin: Der „neue FC St. Pauli" gab in der Saison 1980/81 zwischen November und März kein einziges Spiel verloren. Damit war der Verein auf dem besten Wege, sich wenigstens sportlich zu konsolidieren.

1980

» **7. Juni:** 20000 Radfahrer blockieren die Hamburger Innenstadt – aus Protest gegen die Bevorzugung des Autos.
» **22. Juni:** Die deutsche Nationalmannschaft wird in Rom **Fußball-Europameister** (2:1 gegen Belgien).

Vom Hollywood-Schauspieler zum US-Präsidenten: Ronald Reagan (M.)

» **25. August:** 15000 Menschen demonstrieren gegen eine **Wahlkundgebung** des CDU/CSU-Kanzlerkandidaten Franz-Josef Strauß in Hamburg.
» **4. November:** Ronald Reagan gewinnt die US-Präsidentschaftswahlen.
DM: Bayern München

„Leute gehen. Der Verein bleibt."

Für Jürgen Gronau gab es nur den FC St. Pauli

Umkurvte seine Gegner stets souverän: Jürgen Gronau

Lange Zeit hatte Jürgen Gronau nur in einer Straßenmannschaft in der Neustadt gebolzt. Mit elf Jahren überredete ein guter Freund den hochtalentierten Jungen, beim FC St. Pauli einzutreten. Die Trainer erkannten schnell sein Potenzial und beknieten den „Buttje", in der 1. Knabenmannschaft zu spielen. Der jedoch wollte lieber einige Stufen tiefer kicken, zusammen mit seinen Freunden. Erst als auch Vater Gronau seinen Filius drängte, sein Talent zu nutzen, wechselte die Nachwuchshoffnung in die 1. A-Jugend. Dort spielte Gronau als Mittelfeld-Regisseur um die Deutsche Meisterschaft mit und rückte zur Saison 1980/81 in die 1. Herrenmannschaft auf. „Der Kader war eigentlich schon voll", erinnert er sich. „Ich wurde als Letzter nominiert." Es sollte der Beginn einer 17-jährigen Profikarriere sein. Gemeinsam mit seinem A-Jugend-Gefährten Volker Ippig trug Jürgen Gronau entscheidend zur sportlichen Komponente des „Mythos St. Pauli" (s. S. 274) bei und stieg 1988 mit dem FC St. Pauli in die 1. Bundesliga auf. Auch beim Aufstieg 1995 war Gronau dabei. Der gewissenhafte Spielmacher erlebte mit den Braun-Weißen aber auch dunkle Stunden. Gerade dann zeigte sich, dass der FC St. Pauli für ihn mehr war als nur ein Arbeitgeber. „Nach dem bitteren Abstieg 1991 habe ich versucht, ein Zeichen zu setzen, obwohl ich Angebote von anderen Vereinen hatte", erzählt Gronau. „Ich habe mich verpflichtet gefühlt, den Verein wieder dahin zu bringen, wo er meines Erachtens hingehört." Seine ehemaligen Mannschaftskameraden sind sich einig: „Viel zu nett" sei der Jürgen gewesen. „Der hätte ganz woanders spielen können. Aber für den gab es eben nur St. Pauli." „Ich bin in der Neustadt aufgewachsen", erklärt Gronau. „St. Pauli war für mich ein ganz wichtiger Teil meines Lebens." An das Ende seiner aktiven Karriere denkt der bescheidene Publikumsliebling nicht so gern zurück. Am 30. Mai 1997 bestritt Jürgen Gronau sein 476. und letztes Pflichtspiel für die Braun-Weißen. Doch dieser wohl für immer uneinholbare Vereinsrekord war an jenem Tag nur Nebensache: Der FC St. Pauli verlor 0:2 gegen Duisburg und stieg in die 2. Liga ab. Jürgen Gronau war den Tränen nahe – und zum Abschied hatte keiner auch nur Blumen parat.

Dennoch blieb Gronau dem FC St. Pauli treu und wechselte in den Jugendbereich des Vereins. Dort coachte er vier Jahre lang die A-Jugend und übernahm den Posten des Nachwuchskoordinators. Bis er 2001 per Zeitungsannonce erfuhr, dass für seine Stelle ein Nachfolger gesucht wurde. „Ich hielt das für eine Ente", berichtet Gronau: „Ich ging zum Manager und bat darum, dass man nach über 25-jähriger Vereinszugehörigkeit mit offenem Visier mit mir redet." Der Verein dementierte, stellte dann aber Andreas Bergmann als neuen Nachwuchskoordinator ein. Enttäuscht verließ Gronau den Verein. Der gelernte Betonbauer sattelte um und arbeitet heute für eine gesetzliche Krankenkasse. Den FC St. Pauli trägt er nach wie vor im Herzen. „Auch wenn mein Abschied nicht der schönste war: Man muss trennen können. Leute gehen. Der Verein bleibt." ■

Links: Jürgen Gronau (mit Ball) als „junger Dachs" (1982 gegen Kiel)
Rechts: Mit 476 Pflichtspielen ist Jürgen Gronau bis heute Rekordhalter beim FC St. Pauli

Afrikareise 1982/83: die Auswechselbank des FC St. Pauli vor imposanter Kulisse

Das wäre Ihr Stadion gewesen: Planungsmodell von 1982

> Das honorierten auch die Zuschauer: Beim Spiel gegen Concordia waren erstmals seit dem Lizenzentzug wieder über 3000 Fußballfans am Millerntor.

Am Ende der Saison trauten viele Fußballkenner ihren Augen nicht: Der FC St. Pauli wurde Meister der Oberliga Nord – nur zwei Jahre nach dem Zwangsabstieg. Die Freude über den Erfolg wurde allerdings getrübt: Weil der DFB genau in diesem Jahr die eingleisige 2. Bundesliga einführte, gab es keine Aufsteiger in diese Spielklasse. So blieb dem FC St. Pauli der Zutritt in die zweithöchste Spielklasse verwehrt.

Finale verloren, Afrika gewonnen Immerhin qualifizierte er sich durch die Meisterschaft für die Teilnahme an der Deutschen Amateurmeisterschaft 1981. Dort schaffte es der FC St. Pauli bis ins Finale gegen die Amateure des 1. FC Köln. Der DFB ließ das Endspiel allerdings nicht auf neutralem Platz stattfinden, sondern sprach den Kölnern das Heimrecht zu. Sie entschieden das Spiel mit 2:0 für sich. So war es nach 1978 zum zweiten Mal der FC St. Pauli, der dem 1. FC Köln einen Deutschen Meistertitel bescherte – wenn es dieses Mal auch nur auf Amateurebene war. Als Entschädigung für den verhinderten Aufstieg in die 2. Bundesliga und als Belohnung für die Finalteilnahme hatte sich der DFB ein ganz besonderes Trostpflaster einfallen lassen und spendierte dem FC St. Pauli eine Afrikareise, die allerdings erst anderthalb Jahre später stattfinden sollte (s. S. 236).

Schöner reisen im Mannschaftsbus Finanziell war der Verein noch immer nicht auf Rosen gebettet. Deswegen ergriffen die Verantwortlichen eine Maßnahme, die heute höchstens als eBay-Gag vorstellbar wäre: Um die Auswärtsfahrten bezahlen zu können, verkauften sie die freien Plätze im Mannschaftsbus an Fans. Vorn saßen die Spieler, hinten die Schlachtenbummler – rauchend und trinkend.

Neuzugang Hansi Bargfrede traute seinen Augen nicht: „Ich weiß nicht, ob der Trainer irgendwann gesagt hat, geraucht wird hier nicht mehr, aber spätestens auf der Rückfahrt hatten die einen in der Kiste, und da war Helau. Sensationell!" Hat das die Spieler nicht unheimlich gestört? Hansi Bargfrede: „Wieso, die Spieler haben doch auch fast alle geraucht..."

Anfang der 80er Jahre war allerdings schon das Auftreiben eines Busses eine Herausforderung für den Verein: Schließlich hatte er überall Schulden. Die nötigen Kompromisse führten nicht selten zu abenteuerlichen Situationen: Einmal strömte in einem klapprigen Kleinbus Gas aus, sodass die Spieler halb betäubt an ihrem Ziel ankamen.

Ein andermal wurde bei der Abfahrt Walter Frosch vergessen, weil der nach dem Durchzählen nochmal im Clubheim auf Toilette gegangen war. Präsident Kreikenbohm versuchte in höchster Not, einen Bundeswehr-Hubschrauber zu organisieren. Der aber kam nicht, und das Spiel in Nordhorn ging ohne Frosch mit 0:4 verloren.

1981

>> **28. Februar:** In Brokdorf demonstrieren rund 100 000 Menschen gegen Atomkraft.
>> **30. März:** Attentat auf US-Präsident Reagan. Alle sechs Schüsse verfehlen ihn.

>> **25. Mai:** Hamburgs Erster Bürgermeister Klose tritt zurück. Grund: Streit mit der SPD-Spitze wegen seines Anti-Atomkraftkurses.
>> **17. Juni:** In Hamburg feiern 150 000 Menschen den Evangelischen Kirchentag. Motto: „Fürchte dich nicht."

Traumhochzeit in London: Prinz Charles ehelicht Diana Spencer

>> **30. Juni:** Deutschland im Ölrausch: Sendestart für „Dallas".
>> **29. Juli:** Der britische Thronfolger Charles heiratet Lady Diana Spencer.
>> **1. August:** Sendestart für MTV. Erster Clip: „Video Killed the Radio Star" („The Buggles").
DM: Bayern München

1979-1985

Holger Gerwalt (FC St. Pauli) schenkt dem SV Meppen ordentlich einen ein (10.1.1981)

Exquisiter Musikgeschmack: St. Pauli-Fan mit „Kiss"-Bemalung

Ähnlich heikel war die Situation, als erst am Ankunftsort auffiel, dass die gesamte Spielbekleidung zu Hause geblieben war. Ein netter Karstadt-Chef schloss seinen Laden am heiligen Sonntag auf und versorgte die halbnackten Kiezkicker mit dem Nötigsten.

Neues Stadion? Natürlich nicht ... Kaum zu glauben, dass sich der FC St. Pauli zu diesem Zeitpunkt ernsthaft damit beschäftigte, ein neues Stadion zu bauen. Davon durften die Gläubiger des Vereins natürlich nichts wissen. Eine geheime Arbeitsgruppe brütete über den Plänen. Maßgeblich beteiligt: ein Hamburger Architekt namens Heinz Weisener, der unlängst mit seinen Kindern einen Urlaub auf Kreikenbohms Ponyhof verbracht hatte.

Weisener arbeitete Pläne für eine Rekonstruktion des Millerntors aus. Über der Gegengerade sollten 7000 Sitzplätze entstehen. In einem Brief an das Präsidium gab Weisener sich zuversichtlich, „dass das geplante Vorhaben ein wesentlicher Beitrag zur notwendigen Neugestaltung dieses innerstädtischen Bereichs ist und die menschbezogene Architektur ihre Anziehungskraft auf die Bewohner aus der Umgebung ausüben wird". Im Dezember 1982 stellte der FC St. Pauli sogar einen Bauantrag.

1982 >>>

>> **20. Januar:** Beim Flughafen Frankfurt demonstrieren mehrere tausend Demonstranten gegen den Bau der **Startbahn West**.

>> **8. Februar:** Der „SPIEGEL" enthüllt Betrügereien des gewerkschaftseigenen Wohnungsbaukonzerns „**Neue Heimat**".

>> **2. April:** Argentinische Truppen besetzen die britischen Falklandinseln. Der **Falklandkrieg** endet nach 74 Tagen mit ihrem Rückzug.

>> **16. April:** Geburt des ersten deutschen **Retortenbabys** in Erlangen.

>> **17. April: Kanada** erhält die volle staatliche Souveränität.

1979-1985

Spaghetti, Haie, Spielabbrüche
Die verrückte Afrika-Reise des FC St. Pauli

Zehn Jahre nach ihrer Asienreise (s. S. 202) entdeckten die Braun-Weißen einen weiteren Kontinent für sich. Ihr Afrikatrip war ein Trostgeschenk des DFB: Weil der 1981 die 2. Bundesligen Nord und Süd zu einer eingleisigen Liga zusammengeführt hatte, gab es in diesem Jahr keine Aufsteiger aus den 3. Ligen — und der FC St. Pauli blieb trotz Meisterschaft in der Amateur-Oberliga Nord drittklassig.

Über Frankfurt, Rom und Kairo erreichten die Kiezkicker am 27. Dezember 1982 ihre erste Station: Mogadischu. In der somalischen Hauptstadt lernten sie eine Armut kennen, die über ihre chronisch leere Vereinskasse weit hinausging. Slums bestimmten das Stadtbild, Stromversorgung war Glückssache, und die Haare wuschen sich die St. Paulianer mit Wasser aus dem Toilettenkasten. Selbst im Hotel waren Essen und Trinken nur begrenzt vorhanden. Es gab Spaghetti — zweimal täglich. Über eine Woche lang. Viele Spieler litten an Durchfall und Übelkeit.

Das erste Spiel der Reise fand im Nationalstadion zu Mogadischu statt. Vor dieser würdigen Kulisse hätte der FC St. Pauli eigentlich gegen die somalische Nationalmannschaft antreten sollen. Doch die war kurz zuvor vom Sportminister aufgelöst worden — wegen „Unsportlichkeit". Dass trotzdem Länderspiel-Atmosphäre aufkam, war einigen somalischen Tageszeitungen zu verdanken. Die deklarierten den FC St. Pauli kurzerhand zur „deutschen Nationalmannschaft". Die kleine Lüge lohnte sich: 20 000 Zuschauer kamen und bejubelten mit vorbildlichem Sportsgeist den 3:1-Sieg der deutschen Gäste gegen die Lokalmatadoren von Wagad Mogadishu. Schmidt, Dahms und Philipkowski trafen. Im zweiten Spiel reichte es an gleicher Stelle immerhin zu einem 0:0 gegen den mehrfachen somalischen Meister Horseed FC.

An freien Tagen erkundeten die St. Paulianer einheimische Märkte oder erfrischten sich im Indischen Ozean — obwohl die entsprechende Bucht „durch die Abfälle einer Fleischfabrik von Haien verseucht war", wie Jens-Peter Box seinem Tagebuch anvertraute. Gott sei Dank traten die Kiezkicker dennoch vollzählig beim abschließenden Empfang in der Deutschen Botschaft an und stürzten sich gierig auf die „herrlich kühlen Getränke", wie Liga-Obmann Hermann Klauck berichtet.

Als zweite Station stand Kenia auf dem Programm — und bot gleich eine Überraschung: Die Gastgeber hatten das geplante Freundschaftsspiel kurzerhand von der Landeshauptstadt Nairobi ins 600 Kilometer entfernte Mombasa verlegt. Zur Bewältigung der Strecke stand bei 35 Grad Hitze nur ein Linienbus zur Verfügung. Unterwegs gesellten sich nicht nur Einheimische, sondern auch Ziegen und Hühner zur braun-weißen Delegation. „Der Fahrer kaute auf irgendwelchem Betelzeug rum", erinnert sich Uwe Mackensen. „Außerdem hatte man uns gewarnt, dass so ein Bus bei einbrechender Dunkelheit schnell mal ausgeraubt wird." Die St. Paulianer hatten es also eilig. Als Michael Dahms während der Fahrt laut von einer herzhaften Salamistulle und einem kühlen Glas Milch phantasierte, versank das klapprige Gefährt fast in dem Wasser, das der delirierenden

Michael Dahms ergreift die Flucht nach vorn (Szene aus dem Spiel gegen Horseed)

Jens-Peter Box führte Tagebuch – auch über den Spielabbruch in Daressalam

Zwischenstopp auf dem Weg von Nairobi nach Mombasa: Trainer Michael Lorkowski (r.) beendet die Pinkelpause seiner Kicker höchstpersönlich

Spaghetti – schon wieder ... die St. Paulianer Koch, Gronau, Mackensen und Philipkowski sind nur mäßig begeistert

Den Haien entronnen: St. Pauli-Spieler Bargfrede, Schelletter, Stahlbock, Mackensen und Koch als Beach-Boys (v. l. n. r.)

Reisegruppe im Munde zusammenlief. Doch den Strapazen zum Trotz erkämpften sie vor 20 000 Zuschauern ein 1:1 gegen die ortsansässigen „Leopards". Diese Leistung beeindruckte den kenianischen Verband so sehr, dass er Michael Lorkowski als Nationaltrainer verpflichten wollte. Vergeblich. Auch sonst war Mombasa eine willkommene Abwechslung: In einem schicken Club direkt am Strand genoss die Delegation vom Kiez die Annehmlichkeiten des schon damals touristisch gut erschlossenen Landes.

Nach unbeschwerten Tagen in Kenia ging es nach Tansania, der letzten Station der Reise. „Mit fliegerischem Geschick und Gottes Segen", so Hermann Klauck in der Vereinszeitung, überstanden Mannschaft und Betreuer den holprigen Flug – nur um sich erneut mit einer spartanischen Versorgungslage konfrontiert zu sehen. Speisen bekamen sie nur selten zu Gesicht. Stattdessen gab es warmes Bier. Auch morgens. Das änderte sich erst, als die St. Paulianer dem Sportminister des Landes ein zusätzliches Spiel versprachen.

Die erste Partie in Daressalam verlor der FC St. Pauli vor 12 000 Zuschauern mit 0:1 gegen Pan Africa, die zweite gewann er vor ähnlicher Kulisse gegen Young Africa mit 3:0. Das dritte und letzte Spiel gegen den tansanischen Meister Simba Daressalam sollte ein denkwürdiges werden: Nachdem schon die erste Halbzeit den Titel „Freundschaftsspiel" nicht wirklich verdient hatte, wurde die Partie in der zweiten Hälfte noch brutaler. „Die Afrikaner waren mannschaftlich im Austeilen und Einstecken überlegen", erkannte Jens-Peter Box in seinem Tagebuch neidlos an.

Wegen der zahlreichen Verletzten standen gegen Ende sogar Trainer Lorkowski und der mitgereiste „BILD"-Journalist Gerd Peters auf dem Platz. Als ein weiterer Kiezkicker sich einen Bänderriss zuzog, war das Maß für Lorkowski voll: Er pfiff auf zwei Fingern und bedeutete seinen Spielern, den Platz zu verlassen. Die Zuschauer ließen ihrem Ärger freien Lauf, als der Mannschaftsbus der Braun-Weißen das Stadion unter Polizeischutz verließ. „Da war so eine dicke afrikanische Polizistin", erinnert sich Uwe Mackensen, „die hat auf alles eingeprügelt, was rumlief, als wir vom Platz waren."

Trotz der kräftezehrenden Erlebnisse: Der von vielen erwartete Einbruch nach der Reise trat nicht ein. Die ersten vier Punktspiele nach ihrer Rückkehr entschieden die St. Paulianer alle für sich. Auch 25 000 Flugkilometer, 1800 Kilometer Busfahrt und ungezählte Kilogramm fader Spaghetti hatten ihrem Kampfgeist nichts anhaben können. ■

Juni 1984: Joachim Philipkowski (St. Pauli) gegen André Trulsen (SV Lurup)

St. Pauli wieder in der 2. Liga: die Mannschaft der Saison 1984/85

> Sie unterhielten sich noch hier und da mit einigen Besuchern über die gezeigten Leistungen, waren gut gelaunt. Wenn das Beispiel St. Pauli Schule machen würde, könnte so mancher Fußballfreund wieder sicher in die Stadien gehen." Diese Zeilen zeigen auch, wie es um den Fußball in Deutschland zu dieser Zeit bestellt war.

Doch nicht nur in der Fanszene war ein „Wind of Change" zu spüren. Der FC St. Pauli übernahm zunehmend auch soziale Verantwortung, beispielsweise über seine „vorbildliche Jugend- und Ausländerarbeit" („BILD"), die angesichts des hohen Ausländeranteils im Stadtteil einige Bedeutung hatte.

„Eine bessere Form der Ausländer-Integration, als sie der FC St. Pauli fördert, ist kaum möglich", zog der Verein in seiner 75-jährigen Jubiläumsschrift Bilanz: „Immerhin sind 40 % der jugendlichen Vereinsmitglieder Ausländer. Die Frage nach Herkunft, Hautfarbe oder Religion stellt sich bei St. Pauli nicht. Die Groß-Familie der St. Paulianer setzt sich aus allen Alters- und Sozialschichten zusammen."

Auch im Kleinen menschelte es. Wer hätte gedacht, dass der FC St. Pauli schon Anfang der 80er Jahre über einen Blindenservice verfügte? Stadionsprecher Gerd Thomsen erzählte in der Vereinszeitung: „Das Telefon steht nicht still. Ich nehme den oftmaligen Anruf eines blinden Club-Anhängers entgegen, der sich ständig nach dem Spielstand erkundigt. Ich gebe ihm gerne Auskunft."

Geburt des „Millerntor Roar" In der Aufstiegsrunde 1984 traf der FC St. Pauli auf Lurup, Gütersloh, Bocholt und Blau-Weiß Berlin. Dieses Mal lief es besser als ein Jahr zuvor: Mit vier Siegen, drei Unentschieden und nur einer Niederlage belegten die Braun-Weißen hinter den Berlinern den 2. Platz in der Abschlusstabelle. Damit war der FC St. Pauli nach langen Jahren des Leidens endlich wieder im Profifußball angekommen.

In dieser Zeit wurde der später oft zitierte „Millerntor Roar" geboren – als Stadionereignis und als Redewendung, wie ein Auszug der Vereinszeitung vom Sommer 1984 über die erfolgreiche Aufstiegsrunde zeigt: „Unvergessen und einmalig bleibt wohl die Publikumsunterstützung im Aufstiegsspiel gegen Bocholt in Erinnerung, wo der neue ‚Millerntor Roar' die Mannschaft zum Sieg und somit zum Aufstieg mitgetragen hat." Und das, obwohl das Stadion noch lange nicht ausverkauft war: Die Rekordkulisse der Saison beim 3 : 1 gegen Lurup betrug 8000 Zuschauer.

Am Vorabend der Revolution „Bundesliga 2 – St. Pauli ist dabei", freuten sich die Fans im damaligen Schlachtrufstil. Was für eine Entwicklung! Fünf Jahre nach dem Lizenzentzug stand der Verein einigermaßen solide da. Und investierte in die Zukunft: Erstmals in der Vereinsgeschichte wurde ein hauptamtlicher Jugendtrainer engagiert. Der Name

---

1984

>> **1. Januar:** Start des Privatfernsehens in Deutschland: Ein Vorläufer von „SAT.1" sendet aus Ludwigshafen am Rhein.
>> **11. August:** Bei einer Mikrofon-Sprechprobe verkündet US-Präsident Reagan die **Bombardierung der Sowjetunion.** Später bedauert er seinen Scherz.

„Carl der Große": vier olympische Goldmedaillen für den US-Sprinter Lewis

1985

>> **12. August:** Ende der Olympischen Spiele in Los Angeles. **Carl Lewis** gewann viermal Gold, die UdSSR boykottierte.
>> **20. November:** Hackerskandal in Hamburg: Der „**Chaos Computer Club**" knackt den neuen Onlinedienst BTX der Deutschen Post.
DM: VfB Stuttgart

Freundschaftsspiel gegen den HSV am Millerntor im April 1984: Studer (l.) gegen von Heesen (r.)

des Übungsleiters, der per Arbeitsbeschaffungsmaßnahme aus Köln zum FC St. Pauli kam: Helmut Schulte.

Schulte hatte zusammen mit Michael Lorkowski den Fußball-Lehrgang an der Sporthochschule Köln absolviert. Nebenbei kickte er als Vorstopper in der Amateurmannschaft der Braun-Weißen. Seine Maxime laut der offiziellen Stadionzeitung vom 15. Dezember 1984: „Wer kämpft, darf verlieren. Wer aber nicht kämpft, der kann nicht gewinnen."

Der Neuanfang im Profifußball gestaltete sich jedoch schwieriger als erwartet. Nach einem verpatzten Auftakt wurden gleich drei Neuzugänge verpflichtet: Vorstopper Dietmar Demuth, ein alter Bekannter aus besseren Zeiten; Abwehrspieler Peter Nogly vom HSV (der Mann, der dem FC St. Pauli noch in der Bundesligasaison 1977/78 eine 0:8-Niederlage gegen seine „Rothosen" prophezeit hatte); und das torgefährliche Schlitzohr Rüdiger „Sonny" Wenzel, ein „alter Hase". Trotzdem verbrachte der FC St. Pauli auch den Rest der Saison im Tabellenkeller und stieg am Ende ab. Das allerdings derart knapp, dass Frank Nehr, Vorsitzender des Fanclubs „Millerntor", während des letzten Spiels gegen Bürstadt (Endstand: 1:1) mit einem Herzstillstand ins Krankenhaus eingeliefert werden musste.

Doch Nehr erholte sich, und auch der FC St. Pauli rappelte sich wieder auf. Der Zuschauerschnitt lag bei vielversprechenden 4000, und überall herrschte Zuversicht, dass die Mannschaft den direkten Wiederaufstieg in die 2. Liga schon packen werde. Dass der FC St. Pauli bald von einer Revolution erfasst werden sollte, die den Verein für immer verändern würde, konnte zu diesem Zeitpunkt niemand ahnen. ■

>> **11. März:** Michail Gorbatschow wird Generalsekretär der KPdSU.
>> **8. Mai:** Am Hamburger Stephansplatz wird das „**Gegendenkmal**" des Österreichers Alfred Hrdlicka zu dem als militaristisch kritisierten „**76er-Ehrenmal**" enthüllt.

>> **7. Juli: Boris Becker** gewinnt mit 17 das Tennisturnier in Wimbledon – als erster Deutscher und jüngster Spieler aller Zeiten.
>> **9. Juli:** Lebensmittelskandal: Das Bundesgesundheitsministerium warnt vor dem **Frostschutzmittel Glykol** in österreichischen Weinen.

Raissa und Michail Gorbatschow besuchen Genf (1985)

Hoch die Tassen: „Bobbele" löste einen Tenniswahn aus

1985-1991

DAS NEUNTE KAPITEL, in dem das Gesicht des FC St. Pauli rapide skeletti

...er die Signale hört und eine Arbeitsbeschaffungsmaßnahme auf dem Stuhl...

Wo die Totenköpfe wehen: Ende der 80er Jahre entdeckte ein neues Publikum den FC St. Pauli für sich

1985–1991

... des Cheftrainers endet. Am Hafen brennen Barrikaden, und der krisel

Kopfüber ins Vergnügen: Jan Kocian feiert sein Tor zum 2:0 gegen Eintracht Frankfurt am 13. August 1988. Es ist der erste Sieg des FC St. Pauli nach dem Aufstieg in die 1. Bundesliga

erwacht nach Mord, Totschlag und Musicalpremieren wieder zum Leben.

1985-1991

... Genau wie sein Fußballclub, dem Euphorie, Anarchie und Blutgrätschen Fl

eihen. Am Ende singt Bob Dylan ein trauriges Lied — aber alles ist neu.

Ein Held schämt sich seiner Tränen nicht: Ein Fan tröstet Volker Ippig nach dem 1:3 gegen die Stuttgarter Kickers in Gelsenkirchen, das nach drei Jahren Erstklassigkeit den Abstieg in die 2. Bundesliga bedeutet

Der Stadtteil St. Pauli 1985-1991

Rebellion und Musicals

Zwischen „Chaoten-Häusern" und Club-Gründungen erfindet sich der Kiez neu

Schon wieder Polizeibesuch? Die Hafenstraßen-Bewohner wissen sich zu helfen

Es ist 1985, und im Süden St. Paulis herrscht das Chaos. So jedenfalls sieht es die Presse. Obwohl die rund 100 Bewohner der besetzten Häuser in der St. Pauli-Hafenstraße und der Bernhard-Nocht-Straße seit November 1983 keinen „Elbblick zum Nulltarif" mehr genießen, sondern reguläre Mietverträge unterschrieben haben, sei „keine Ruhe eingekehrt", das „Experiment" gescheitert, meint das „Abendblatt". Auch in „BILD", „WELT" und „Morgenpost" berichten „Chaoten-Kenner" Schauriges über „Chaoten-Häuser", in denen „sogenannte Autonome", „sogenannte Anarchisten", „Punker und Rocker" angeblich chaotisch hausen.

Was für die Hafenstraßen-Bewohner Maßnahmen zur Verteidigung eines „selbstbestimmten Lebens" sind, sieht die Presse als Aggression. Treffpunkte wie das Café „Tante Hermine", ein Frauenhaus oder die „Volxküche", die Kneipen „Ahoi" und „Onkel Otto" oder das antifaschistische „Störtebeker Zentrum" erscheinen als bedrohliche Brutstätten der Gewalt, und das Verhalten einiger Bewohner liefert Kritikern Argumente: Sie „hönkeln", so ein Ausdruck der Autonomen-Szene für illegale Aktionen. Dabei belassen sie es nicht bei gesprühten Parolen: „Kaum ein Wochenende vergeht ohne Polizeieinsatz", schreibt die „taz". „Schema: Autoeinbruch, Strafverfolgung, Flucht Richtung Häuser, Widerstand, Großalarm." Als im August 1985 verschiedene Gruppen aus der ganzen Bundesrepublik zu „Hamburger Chaos-Tagen"

Der Stadtteil St. Pauli 1985-1991

aufrufen, distanzieren sich die Hafenstraßler in einem Flugblatt von den „Dumm-Punks" (DUPUs): „Wir werden uns von einem Haufen besoffener Abziehbilder nichts kaputtmachen lassen. Wer von den auswärtigen DUPUs trotzdem nach Hamburg kommen will, sei nochmals ausdrücklich gewarnt: ... Im Hafen kein Konzert, keine Pennplätze, kein Fressi, kein Alk und kein Schutz vor Bullenpogo und Skins." Die Aufmerksamkeit der Medien richtet sich trotzdem auf die bunten Häuser am nördlichen Hafenrand.

Blitzlichter und „Bullenpogo"

Am Abend des 1. August meldet die Besatzung des Streifenwagens „Peter 15/1", dass ein Einwohner des Hauses Hafenstraße Nr. 116 mit einem Blitzlicht Autofahrer blende. „Ein Vorwand", sagen die Bewohner. Die Einsatzführer betreten das Haus und fordern Verstärkung an, als sie „durch eine andere Tür, die [sie] nicht sehen konnten und auch nicht kannten", das Haus wieder verlassen sollen, wie einer der Beamten später zu Protokoll gibt. Der herbeigerufene Einsatztrupp wird „mit einem Steinhagel empfangen" („Abendblatt"). Schließlich stürmen die Beamten das Haus. Mit Äxten, Motorsägen und Brecheisen verschaffen sie sich Zutritt, im Schein eines gleißend hellen Flutlichts. Innerhalb der Polizei habe es gegen das massive Vorgehen Protest gegeben, berichtet die „taz" am 3. August. Die Ermittlungen gegen den „blitzenden" Bewohner werden im Dezember eingestellt. Doch die Polizeiaktion hat Folgen: Kurz darauf stellt die Baubehörde alle Verhandlungen mit alternativen Wohnprojekten ein. Bereitgestellte Gelder für Sanierungen werden eingefroren, nicht nur für die Hafenstraße. Alles scheint auf ein Ziel hinauszulaufen, das die Baubehörde schon im Januar in einem Protokoll definiert hat: „Tabula rasa – Abbruch".

Die 1983 abgeschlossenen Mietverträge stehen den Abbruchplänen der Stadt im Wege. Um die Häuser räumen zu können, müsste deren „Unbewohnbarkeit" nachgewiesen werden. Doch ein durch die Stadt beauftragtes Gutachten bescheinigt allen Häusern Sanierungsfähigkeit; Neubauten kämen wesentlich teurer. Es kommt zu jahrelangem juristischen Tauziehen. Die Bewohner vernageln Fenster und errichten Sperren; die Stadt schickt Polizisten und Gerichtsvollzieher. Manche Medienberichte lesen sich wie Kriegsberichterstattung. Im Dezember 1986 beschreibt „BILD" eine „Feuerwalze gegen die Polizei" aus Autoreifen. Das „Abendblatt" meldet „brennende Barrikaden". Immer neue Räumungsgerüchte machen die Runde, während der Verfassungsschutz andeutet, dass die terroristische RAF sich in den Häusern eingenistet habe – aber einen Nachweis schuldig bleibt.

1987 zeichnet sich eine endgültige Konfrontation ab, beschreibt die „taz": „In der Nacht zum 12. November werden Barrikaden errichtet. 10 000 PolizistInnen werden ... nach Hamburg gerufen und positionieren sich mit schweren Räumgeräten und -panzern in der City. Hubschrauber-Kommandos des Bundesgrenzschutzes sowie die Anti-Terroreinheit GSG 9 werden zum Angriff über die mit Stacheldraht gesicherten Dächer geordert." Doch statt des befürchteten „Krieges" kommt es zum „Wunder vom Hafenrand": Bürgermeister Klaus von Dohnanyi gibt den Bewohnern sein persönliches

Solidarität mit der Hafenstraße: Taxifahrer bilden das Zeichen der Besetzer

1986: Eine Hafenstraßenwand erinnert an tote RAF-Mitglieder – die Stadt lässt sie übermalen

Ehrenwort und „verpfändet sein Amt" darauf, dass den Hafenstraßlern ein ordnungsgemäßer Pachtvertrag gewährt werde, wenn sie die Barrikaden wieder abbauen. Das Ehrenwort wirkt. Ein Jahr später wird der Bürgermeister dennoch gestürzt, auch wegen seines Einsatzes in Sachen Hafenstraße. Dohnanyis Nachfolger Voscherau vertritt mit nachdrücklicher Unterstützung des rechten SPD-Flügels eine „harte Linie" – und kann dennoch nur eine zwischenzeitliche Teilräumung durchsetzen. Die Hafenstraße bleibt. Die Auseinandersetzungen um die Hafenstraße prägten die Berichterstattung der Zeitungen und >

Der Stadtteil St. Pauli 1985-1991

> Nachrichtenmagazine über mehrere Jahre – und hatten einen ungeahnten Nebeneffekt: Auf einmal umwehte den Stadtteil ein Hauch von Rebellion und Anarchie statt Verwesungsgeruch und Pornomief. „Das hat sehr viel dazu beigetragen, St. Pauli attraktiver zu machen", bestätigt Andi Schmidt, Betreiber des Musik-Clubs „Molotow": „Als da die Barrikaden standen, waren ja weiß Gott nicht nur Hafenstraßenleute und Paulianer da. Da sind die Leute aus allen Stadtteilen gekommen."

Das wiederentfachte Interesse stieß auf einen Stadtteil im Umbruch: Schon der Boom der Videotheken Anfang der 80er Jahre hatte dem klassischen „Rotlichtmilieu" Schwierigkeiten bereitet, erlaubte er doch den Konsum bisheriger Kiezspezialitäten auf der heimischen Couch. Hinzu kam die Angst vor einer tödlichen Epidemie: Am 29. Oktober 1983 hatten Hamburgs Zeitungen das erste Aids-Opfer der Stadt gemeldet, am 5. Mai 1984 das zweite. Als im August 1985 bereits „37 Aids-Fälle in Hamburg" gemeldet wurden („Abendblatt"), griff eine Aids-Hysterie um sich, die die Umsätze auf dem Kiez dramatisch einbrechen ließ. 1987 schloss mit dem „Eros-Center" das „größte ... Dirnensilo der Hansestadt, Symbol für den aufbrechenden Massensex in den sechziger Jahren", so der „SPIEGEL". Doch nicht nur Bordelle gaben auf, sondern auch viele Gastronomen. Kneipen konnten zu Niedrigpreisen übernommen werden. Ideale Voraussetzungen für einen Generationswechsel.

Punk und Hirschgeweihe

„Das beste Beispiel, und das war so mit der angesagteste Laden, war das ‚Sparr', jetzt ‚Ex-Sparr', am Hamburger Berg", erzählt Andi Schmidt: „Der Clou beim ‚Sparr' war der, dass das so 'ne Gardinenkneipe war mit Tapete und Hirschgeweih – und die neuen Betreiber haben gesagt: Hey, das sieht voll scheiße aus, lassen wir so. Und haben dazu dann Punk gespielt. Auf die Idee ist vorher einfach niemand gekommen. Das war der Knaller. Der Laden war immer brechend voll." Im Anklang an den Zeitgeist der frühen 80er Jahre setzte das „Sparr" in seinen vorderen Räumen auf Neonlicht statt Kneipen-Schummer – ähnlich wie eine Reihe hipper Clubs, die in den Jahren zuvor abseits vom Kiez entstanden waren, etwa das „Alles wird gut" am Eppendorfer Weg: „Viele Läden waren taghell", beschreibt Schmidt, „unreine Haut hat jeder gesehen." Dann endete die Neon-Ära. Das „Mitternacht" am Hans-Albers-Platz, hochgelobt für exzellente Live-Acts, setzte passend zu seinem Namen auf Halbdunkel. Weitere Neugründungen hielten es ebenso.

Auch im Schanzenviertel regte sich Veränderung. Nachdem die Rockergang „Hell's Angels", die Wirte in ganz St. Pauli mit Schutzgeld-Erpressungen terrorisiert hatte, 1983 verboten worden war, wandelte sich ihr früheres Stammlokal „Angels Place" zur heute noch existierenden Punkrock-Kneipe „Dschungel". In einem leerstehenden Lokal in der Kampstraße entstand der Vorläufer des heutigen „Golden Pudel Club" an der Hafentreppe. Praktischerweise waren die Wohnungsvermieter des Musikers Rocko Schamoni auch Besitzer der Kneipe. „Ich habe gefragt, ob ich nicht den Schlüssel haben kann ... weil ich mein Fahrrad gerne unterstellen würde", berichtet

Ab 1985 zog die „Große Freiheit 36" mit Livekonzerten ein neues Publikum auf den Kiez, 1986 löste „Cats" einen Musical-Boom aus

Der Stadtteil St. Pauli 1985-1991

Schamoni in dem Buch „Läden, Schuppen und Kaschemmen": „Und ich hätte ein paar Kumpels und wir würden immer an Fahrrädern rumschrauben. Dann haben die gedacht, das ist ja nicht schlimm, und haben mir den Schlüssel gegeben. Als ich das aufmachte, das war für mich wie das größte Weihnachten in meinem Leben! ... Diese supergepflegte Kneipe mit allem Drum und Dran – das war unglaublich, ich konnte es nicht fassen! Einfach einen Schlüssel bekommen dafür, unbeschränkt, ohne Miete, ohne alles!" Nachdem Schamoni und seine Mitstreiter die Fenster abgedichtet und eine notdürftige Schallisolierung installiert hatten, startete der Club-Betrieb.

Neben „Pudel", „Sparr" und „Mitternacht" trugen auch Diskotheken wie das „Shag" im Iduna-Hochhaus (ab 1986) oder das kurz darauf eröffnete „After Shave" am Spielbudenplatz dazu bei, dass St. Pauli wieder zum Ausgehviertel der Stadt wurde. 1985 eröffnete Karl-Hermann Günther die „Große Freiheit 36" über dem ebenfalls wiederbelebten „Kaiserkeller", den schon die Beatles zum Beben gebracht hatten (s. S. 156). 1988 nahm das „Docks" des gleichen Betreibers seinen Betrieb auf – in einem traditionsreichen Gebäude: Das „Knopf's" war einst das älteste Kino der Stadt und hatte schon 1900 bewegte Bilder gezeigt.

Vor dem „Docks" war an gleicher Stelle „Knopf's Music Hall" nach nur zwei Jahren pleitegegangen. Von demselben Balkon, auf dem 1995 die Mannschaft des FC St. Pauli ihren Aufstieg in die 1. Liga bejubeln sollte, hatte „Knopf's"-Betreiber Bernd Petersen den angerückten Gerichtsvollzieher wüst beschimpft und die Angestellten des Vermieters Sprin-

„Gnadenlos anders"
Corny Littmann und die „Familie Schmidt"

Nach dem „Schmidt" gründete Littmann (r., mit W. Bartels) „Schmidts Tivoli"

In den späten 80er Jahren begann nicht nur ein Musical-Boom, sondern auch die ungewöhnliche Erfolgsgeschichte eines schrägen Theaters mit dem Motto: „Gnadenlos schlecht? Gnadenlos gut? Gnadenlos anders." Am 8. August 1988 eröffneten Corny Littmann und Ernie Reinhardt nach jahrelangem Touren mit der schwulen Schauspielergruppe „Familie Schmidt" das „Schmidt-Theater" am Spielbudenplatz – nicht weit von der Stelle, wo noch bis Juli 1980 Polizisten in Zivil per halbdurchsichtigem Spiegel die öffentliche Toilette bespitzelt hatten, um Homosexuelle beim „Oral- oder Analverkehr" zu ertappen, ehe Littmann auf diese Praxis durch eigenhändige Spiegelzertrümmerung medienwirksam aufmerksam machte. Wo heute der markant rote Theaterneubau steht, von dessen Balkon die Mannschaft des FC St. Pauli 2007 den Aufstieg in die 2. Liga feierte, existierten damals noch die plüschigen Räume des früheren Tanzlokals „Kaiserhof". Die 250 Plätze waren meist ausverkauft: „Etablierte Leute, die um die Igittigitt-Welt von St. Pauli einen Bogen gemacht hatten, kamen auf die Reeperbahn" (Ariane Barth). Das Theater lief so gut, dass Littmann schon 1990 ankündigte, im ehemaligen Vergnügungslokal „Zillertal" ein zweites zu eröffnen: „Schmidts Tivoli".

kenhof AG mit Hähnchenresten beworfen. Nicht weit entfernt hatte das „Operettenhaus am Spielbudenplatz" nach der Pleite des Freddy-Quinn-Musicals „Große Freiheit Nr. 7" (s. S. 226) lange leergestanden, ehe es sich im April 1986 in das „Miezhaus am Kiez" verwandelte („SPIEGEL"). Der Hamburger Konzertveranstalter Hans-Werner Funke hatte sich die deutschen Aufführungsrechte des Musicals „Cats" gesichert. „30 bis 40 ... Großinvestoren mit je um 300 000 Mark", so die „Stella Theater Produktions GmbH", beteiligten sich am teuersten Unterhaltungs-Spekulationsobjekt, das der Kiez je gesehen hatte. Die Rechnung ging auf: Nach massiver Plakat-, Prospekt- und Bus-Werbung mit gelben Katzenaugen auf schwarzem Grund meldete der Veranstalter schon vor dem Start, dass alle Vorstellungen im April 1986 „annähernd ausverkauft" seien. Das „Abendblatt" bescheinigte zur Premiere „gute, wenn auch nicht maßstabsprengende Unterhaltung". Die „ZEIT" bewunderte das Kiez-

Der Stadtteil St. Pauli 1985-1991

„Phantom der Flora"?
Das Schanzenviertel
verzichtet (Juli 1988)

> untypische „Gerangel und Gedränge wie beim Staatsbesuch einer königlichen Hoheit" mehr als die Aufführung selbst. Die Bühne sei zu klein, der Gesang zu dünn, kurz: „Hamburg ist nicht Hollywood und die Reeperbahn wohl lange noch kein Broadway." Dennoch löste „Cats" einen deutschlandweiten Musical-Boom aus. Erst 2001 wurde das Stück im „Operettenhaus" abgesetzt.

Beflügelt vom Erfolg des Katzen-Musicals, machte Impresario Kurz sich auf die Suche nach neuen Spielstätten – und fand nach eigenen Angaben „ein Juwel" in einem „organisch gewachsenen Stadtteil": das ehemalige Varietétheater „Flora" im Schanzenviertel. Zu diesem Zeitpunkt diente es als Verkaufsraum des Discounters „1000 Töpfe". Nun sollte es zum Spielort des neuen Erfolgsmusicals „Phantom der Oper" werden. Genau 100 Jahre nach Eröffnung der „Flora" gab die Stadt Hamburg öffentlich bekannt, dass sie der „Stella Musical GmbH" Gebäude und Grundstück für 75 Jahre in Erbpacht überlassen wolle. Die wiederum kündigte den Umbau des ehemaligen Varietés zu einer Hightech-Musicalbühne mit 2000 Sitzplätzen an.

„Happy und high"

Kultursenator Ingo von Münch gab zu Protokoll, er sei „happy und high", und das „Abendblatt" hoffte am 26. Februar, dass der „beinharte Manager" Kurz „Hamburg aus seinem Dornröschenschlaf" wecken möge. Das gelang – allerdings anders als erwartet. Der Grund war ausgerechnet jener, den Friedrich Kurz im „Abendblatt" als ausschlaggebend für seine Investitionsentscheidung bezeichnet hatte: Er habe herausgefunden, „daß viele Menschen in diesem Innenstadtquartier schon vierzig Jahre und länger leben". Mit ihnen gesprochen hatte er freilich nicht.

Viele Anwohner des „Chancenviertels" (von Münch) verbanden mit dem geplanten Musical keine kulturelle Bereicherung, sondern Automassen, die Verdrängung althergebrachter Betriebe und steigende Mieten infolge der „günstige[n] Entwicklung des Grundstückswertes in diesem Teil der Stadt", den der Stella-Investorenprospekt bereits vorhersagte.

Bald entspann sich ein „tragikomisches Theater ums Theater, teils Klamauk, teils Klassenkampf" („SPIEGEL"). Demonstrationen waren an der Tagesordnung. Farbbeutel und Pflastersteine flogen. Als Bauarbeiter – angeblich „aus Versehen" – im Zuge des rasch genehmigten Teilabrisses

Der Stadtteil St. Pauli 1985-1991

eine hundertjährige Linde fällten, schlossen sich auch bürgerliche Kreise dem Protest an, den manche Zeitungen als „zweite Hafenstraße" bezeichnet hatten. Am 12. September 1988 – mittlerweile hatte Henning Voscherau Klaus von Dohnanyi als Bürgermeister abgelöst – bestätigte die Kulturbehörde, dass das „Phantom der Oper" nicht im Flora-Gebäude aufgeführt werden solle. Stattdessen zog das „Phantom" nach Altona-Nord und feierte seine Premiere in einem rasch hochgezogenen Neubau gegenüber der S-Bahn-Station Holstenstraße.

Am Eröffnungstag kam es 1990 zu Ausschreitungen rund um den Holstenplatz. Später wurden auch im weiteren Umkreis Barrikaden errichtet, etwa an der Ecke Thadenstraße/Beim Grünen Jäger, seit Februar 1990 Standort des neuen „Fanladen St. Pauli". „Die Polizei rückte an und stand 50-60 Leuten am Fanladen gegenüber", erinnert sich dessen damaliger Mitarbeiter Sven Brux. Nicht wenige davon waren zuvor an der „Neuen Flora" gewesen.

Doch der Fußball half, eine Eskalation zu verhindern – genauer gesagt die kurz zuvor angepfiffene Weltmeisterschaft in Italien, die auch im Fanladen-Fernseher lief. „Die Polizisten wussten nicht recht, was sie machen sollten", schmunzelt Brux: „Es wäre in der Presse sicher nicht gut angekommen, wenn sie einen Haufen Fußballfans angreifen, der nur friedlich dasitzen und WM gucken will."

Trotz der Proteste besteht das Theater noch heute. Das gilt auch für die Häuser der Hafenstraße. „Wir wollen hier alt werden", sagten deren Bewohner 1991 im „SPIEGEL"-Interview: „Es muß möglich sein, daß auch Menschen wie wir ihre Lebensbedürfnisse verwirklichen." Zugleich übten sie Selbstkritik: „Es stimmt zwar nicht, daß jedes Auto aufgebrochen wurde. Aber wir haben unseren Anteil daran, daß dieser Eindruck in den Köpfen und Herzen entstehen konnte."

Auch das „Abendblatt" schlug Anfang 1992 versöhnlichere Töne an und schrieb über „Visionen von einem ruhigen Leben" – vielleicht etwas gönnerhaft, aber ganz ohne das Wort „Chaoten": „Die Bürgerschrecks vom Hafenrand sind in die Jahre gekommen. Viele der Bewohner machen heute sogar Dinge, über die sie vor ein paar Jahren noch gelacht hätten: eine Ausbildung, ein ernsthaftes Studium oder eine ganz normale Arbeit." St. Pauli hatte sich dramatisch verändert. Und mit ihm sein Fußballverein: Bewohner und Sympathisanten der Hafenstraße kamen ans Millerntor und brachten nicht nur den berühmten Totenkopf mit (s. S. 258), sondern auch wichtige Impulse für die Fanszene.

Um zusammenzufassen, was Mitte bis Ende der 80er Jahre auf und mit St. Pauli geschah, passen die Worte eines Mannes, der nicht unbedingt als Ikone der Fußball- und Clubkultur gilt: „Man muss noch Chaos in sich haben", schrieb Friedrich Nietzsche, „um einen tanzenden Stern gebären zu können." ■

„11 Dück putte macht"
Als der „St. Pauli-Mörder" Schlagzeilen machte

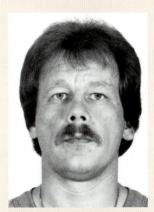

Werner „Mucki" Pinzner faszinierte den Boulevard

Während Musik-Clubs und Theater auf dem Kiez einer neuen Blüte entgegengingen, tobte im Geschäft mit Sex und Rauschgift ein gnadenloser Verdrängungskampf. Mehrere Kiezgrößen wurden ermordet. Als Täter ermittelte die Polizei den drogenabhängigen Werner „Mucki" Pinzner. Nach seiner Verhaftung gestand er fünf Morde im Auftrag des Drogenhändlers und Bordellwirtes „Wiener-Peter", unter anderem an den Zuhältern „Bayern-Peter" und „Lackschuh-Dieter". In Briefen brüstete sich der „Eliminator" mit „sechs weiteren Jobs": „Dann sind es 11 Dück, die ich putte macht hab." Der gruselige „St. Pauli-Mörder" löste eine regelrechte Medienhysterie aus. Die „Bunte" druckte „Muckis" Briefe an seine erste Ehefrau, der „Stern" seine Nachrichten an die 15-jährige Tochter. Im Gegenzug für Haftkonzessionen machte Pinzner umfangreiche Aussagen. Die Fahndungserfolge verleiteten seine Aufseher möglicherweise zu „tödlicher Schlamperei", so der „SPIEGEL": In Untersuchungshaft gelangte er an einen Revolver. Bei einer Vernehmung im Polizeipräsidium am 29. Juli 1986 erschoss der 39-Jährige einen Staatsanwalt, seine Ehefrau Jutta und schließlich sich selbst.

Das Jubiläumsbuch von 1985 – da war der Verein gerade wieder abgestiegen

Von wegen Kult: St. Pauli-Spieler werben für „HÖRZU"

Totenköpfe im Schnauzbartland

Mythos am Millerntor: Wie der FC St. Pauli zu dem wurde, was er heute ist

„Vom Kiez-Image ist der FC St. Pauli so weit weg wie Hamburg vom Bayerischen Wald": Heute würde dieses Zitat aus der „Stuttgarter Zeitung" wie ein Rufmordversuch am „etwas anderen Verein" wirken. 1985 waren die Verantwortlichen des FC St. Pauli stolz darauf. Schließlich war der Club zu seinem 75. Geburtstag bemüht, sich einen seriösen Anstrich zu geben. Im Vorstand saßen ein Rechtsanwalt, ein Architekt und ein Stahlkaufmann.

Das erinnere „eher an den ehrenwerten hanseatischen Kaufmannsstand im Börsenviertel denn an das Zwielicht der berüchtigten ‚sündigen Meile'", hielt die Jubiläumsfestschrift erfreut fest. Und die Vereinszeitung lobte: „Am Millerntor ist man, trotz Reeperbahn-Nähe, gemütlicher geblieben, volkstümlicher. ‚Schickeria' wie im HSV-Bierbrunnen wird man im St. Pauli-Clubheim kaum zu Gesicht bekommen. Aber dafür ist die St. Pauli-Theke urwüchsiger, plattdeutscher."

Schlummernder Riese Die Spieler des FC St. Pauli machten derweil mit Schnauzbart, Strickpulli und „Vokuhila"-Frisur Werbung für die „HÖRZU". Zu ihren Spielen kamen im Schnitt 3000 bis 4000 Zuschauer. Kaum vorstellbar, dass nur drei Jahre später halb Deutschland vom „Freudenhaus der Liga" schwärmen sollte, vom Verein mit dem linken, aufmüpfigen Underdog-Image und dem bunt gemischten, leidenschaftlichen Publikum, das mit Totenkopffahnen und antirassistischen Sprüchen den „Mythos St. Pauli" entstehen ließ (s. S. 274). Doch noch schlummerte der FC St. Pauli friedlich in der 3. Liga. Und gerade weil es nur wenige Zuschauer gab, entstanden Freiräume, die ein neues Publikum allmählich für sich nutzte.

Zum 75. Jubiläum gab sich Inter Mailand die Ehre und trat mit Stars wie Karl-Heinz Rummenigge und Hansi Müller zum Freundschaftsspiel am Millerntor an. Fast unbemerkt von der Weltöffentlichkeit siegte St. Pauli vor 5100 Zuschauern mit 2:1 durch Tore von

CHRONIK
1985

» **10. Juli:** Der französische Geheimdienst versenkt das Greenpeace-Schiff „Rainbow Warrior" in Auckland/Neuseeland.
» **13. Juli:** Größtes Rock-Festival der Welt: In London, Philadelphia und anderswo finden zeitgleich „Live Aid"-Benefizkonzerte statt.

Tina Turner und Mick Jagger rocken bei „Live Aid" für Afrika

» **1. September:** Der US-amerikanische Tiefseeforscher Robert Ballard entdeckt das Wrack der „Titanic".
» **7. Oktober:** Geiselnahme auf dem Kreuzfahrtschiff „Achille Lauro". Palästinensische Terroristen erschießen einen US-amerikanischen Passagier.

Rummenigge zirkelt den Ball an Mackensen vorbei (St. Pauli gegen Inter Mailand, 1985)

1985–1991

Dahms und Ruländer – ein erster Hinweis auf das enorme Potenzial dieser Mannschaft. Wenn es vielleicht auch nicht so groß war, wie ein Jubiläums-Gratulant aus Polen in der damaligen Stadionzeitung vermutete: „Wir halten eure Mannschaft für die beste im Land", proklamierte er kühn: „Nun möchten wir Ihnen noch alles Gute und viel Erfolg wünschen – in der Liga und im Europa-Pokal."

Am Rande des Kessels Zum Ende der Saison 1985/86 spielte der FC St. Pauli zwar nicht international. Aber als Meister der Oberliga Nord war er für die Aufstiegsrunde zur 2. Bundesliga qualifiziert. Dort traf er auf Charlottenburg, Schöppingen und Essen.

Das Heimspiel gegen Schöppingen am 8. Juni 1986 war nicht nur wegen seines erfreulichen Ergebnisses von Bedeutung (der FC St. Pauli siegte 3 : 1), sondern auch wegen eines Ereignisses, von dem im Stadion damals kaum jemand Notiz nahm. Während Studer und zweimal Golke St. Pauli schon in den ersten 25 Spielminuten in Richtung Aufstieg schossen, kam es nur wenige hundert Meter entfernt zu einer der größten „Massen-Ingewahrsamnahmen" der deutschen Nachkriegsgeschichte. Als „Hamburger Kessel" erlangte sie fragwürdige Berühmtheit.

Auf dem Heiligengeistfeld hatten sich gegen 12 Uhr mittags mehrere hundert Demonstranten versammelt, um sich mit den Kernkraftgegnern in Brokdorf solidarisch zu zeigen und gegen „Polizeiwillkür" zu protestieren. „Ohne jede Vorwarnung", so der „SPIEGEL", trieb die Hamburger Polizei über 860 von ihnen zusammen, umstellte sie und hielt die Mehrheit der Eingekesselten viele Stunden lang in der glühenden Sonne fest. Die letzten Betroffenen konnten das Heiligengeistfeld erst nach Mitternacht verlassen.

„Im Kessel erkannte ich einige Freunde und Mitstudenten", erinnert sich „taz"-Redakteur Marco Carini: „Die meisten St. Pauli-Fans setzten ihren Weg ins Stadion unbeirrt fort. Ich bahnte mir den Weg in die Sprecherkabine. Während Golke das vorentscheidende 3 : 0 erzielte, redete ich auf den Stadionsprecher ein und bat ihn, mit einer Durchsage auf die Situation aufmerksam zu machen. Doch der winkte ab. Er könne das nicht verantworten. Wie ein begossener Pudel stand ich zwischen all den jubelnden Fans." „Fußball und politischer Protest fanden an diesem Tag örtlich nah beieinander statt – und dennoch völlig unabhängig voneinander", resümiert René Martens in seinem Buch „Wunder gibt es immer wieder": „Das zeigt, dass sich die Fans des FC zu der Zeit noch nicht wesentlich von denen anderer Clubs unterschieden. Zwei, drei Jahre später aber wäre der Protest gegen den ‚Kessel' ins Stadion hineingetragen worden."

Die Stimmung steigt Während das politische Bewusstsein vieler St. Pauli-Fans offenbar noch wenig entwickelt war, hatte die Stimmung im Stadion sich bereits deutlich gesteigert: „Der unverkennbare >

„Ganz unten": Günter Wallraff war der türkische Gastarbeiter „Ali"

>> **21. Oktober:** Günter Wallraff veröffentlicht **„Ganz unten"**, seine Erlebnisse als türkischer Gastarbeiter „Ali". Das schockierende Buch wird ein Bestseller.
>> **8. Dezember:** Die ARD-Serie **„Lindenstraße"** geht auf Sendung.

Spielschlager aus der UdSSR: „Tetris"

>> **21. Dezember:** In Hamburg wird der 26-jährige Türke **Ramazan Avci** von Neonazis zu Tode geprügelt.
>> **Alexei Pajitnov**, Angestellter eines Computerzentrums in der sowjetischen Hauptstadt Moskau, programmiert das Computerspiel **„Tetris"**.
DM: Bayern München

DFB-Pokalpleite: St. Pauli unterliegt dem HSV im Achtelfinale mit 0:6 (1986)

Trainer Lorkowski (l.) und Torwart Thomforde bejubeln den Aufstieg in die 2. Liga (Juni 1986 gegen RW Essen)

„Millerntor-Roar' hat sich inzwischen in Deutschland herumgesprochen", freute sich der Verein schon in seiner 1985er-Jubiläumsschrift. „Allein schon, wenn man rausging zum Warmmachen, wie man da bejubelt worden ist", schwärmt André Trulsen zurückblickend: „Spieler und Fans, das war in dem Moment eine Einheit." Während sich Stadionbesucher anderswo wie Unternehmer verhielten, die für ihre Investition in Form des Eintrittsgeldes eine angemessene Rendite erwarten, trauerte das Publikum am Millerntor allenfalls verlorenen Punkten nach.

Gleichzeitig wurde der FC St. Pauli so etwas wie die Antithese zum HSV. Dieser hatte zunehmend Probleme mit Gewalt und rechtsradikalen Parolen in seinem Stadion. Nicht wenige kehrten dem Volkspark deshalb den Rücken und wechselten zum Lokalrivalen. Im Fanzine „Millerntor Roar!" berichtete Ex-HSV-Fan Claus-Peter einige Jahre später von seinem persönlichen „Erweckungserlebnis": „1985 wurde ich von einem Freund mitgeschleppt zum FC. Oberliga, 2000 Zuschauer, aber super Stimmung. Auf den Rängen eine eingeschworene Gemeinschaft, keine Hauereien, keine Nazis – genial." Gleichzeitig erschloss der FC St. Pauli aber auch völlig neue Fanschichten. Die Konsequenz: steigende Zuschauerzahlen, beflügelt auch durch den sportlichen Erfolg.

Im vorletzten Gruppenspiel um den Aufstieg sprang der Funke erneut vom Publikum auf die Mannschaft über. Vor 9500 entfesselten Fans schlugen die Torschützen Demuth, Golke, Gronau und ihre Kollegen den direkten Aufstiegskonkurrenten Rot-Weiß Essen 3:0. Damit stand fest: Die 2. Bundesliga hatte den FC St. Pauli wieder.

„Ohne diese Zuschauerunterstützung wären wir nie aufgestiegen", gestand Jürgen Gronau danach. „Es ist unglaublich, wie die im entscheidenden Moment Auftrieb geben kann."

Harter Hund geht, harter Hund kommt Trotz dieses Erfolges musste Trainer Michael Lorkowski den Verein verlassen. Nicht wegen seines Rufs als „harter Hund" (wenn „Lorko" unzufrieden war, verdonnerte er seine Spieler schon mal zum Strafflauf um die Alster – die hingegen stiegen lieber in bereitgestellte Pkw und bewältigten die Strecke auf die gemütliche Art). Vielmehr warf Präsident Paulick ihm „zu offensiven Fußball" vor. Zudem seien seine finanziellen Forderungen für neue Spieler zu hoch.

Der „Neue" war Willi Reimann, bis dahin Trainer bei Altona 93. „Zu den Braunen, da gehe ich nie", hatte er kurz zuvor noch posaunt. Genau wie Lorkowski war Reimann nicht dafür bekannt, die Zügel schleifen zu lassen. Eine besondere Rolle kam in dieser Situation Helmut Schulte zu. Der war unter Lorkowski zum Co-Trainer avanciert und behielt diese Position auch unter Reimann. Als Kumpel und Vertrauter bildete er einen Puffer zwischen dem strengen, ehrgeizigen Trainer und der Mannschaft.

1986

Schock nicht nur für die NASA: Die „Challenger" explodiert nach dem Start

>> **28. Januar:** Beim Crash der US-Raumfähre **Challenger** kurz nach dem Start kommen alle sieben Astronauten ums Leben.
>> **25. Februar:** Michail Gorbatschow fordert „**Glasnost**" auf dem Parteitag der KPdSU: mehr Rede-, Meinungs- und Pressefreiheit in der UdSSR.

Die „Strategic Defense Initiative" (SDI) war ein Lieblingsprojekt von Reagan

>> **28. Februar:** Der schwedische Ministerpräsident **Olof Palme** wird in Stockholm von Unbekannten ermordet.
>> **27. März:** „Krieg der Sterne": Ronald Reagan stellt sein Weltraum-Verteidigungsprogramm „SDI" vor.

1985-1991

Braun-weiße Wand:
Demuth, Gerber, Trulsen,
Gronau (v. l. n. r.)

Knapp daneben ist nicht vorbei Die wichtigsten Neuverpflichtungen der Saison 1986/87 kamen von Viktoria Wilhelmsburg und dem SV Lurup: Dirk Zander und André Trulsen verstärkten neben den „Rückkehrern" Reenald Koch (kam von Altona) und Volker Ippig (kam aus Nicaragua, s. S. 270) die Mannschaft. Willi Reimann hatte nur zwölf Tage Zeit, das Team vorzubereiten. Die Rahmenbedingungen waren nicht eben optimal: Einen echten Trainingsplatz gab es nicht. Nach einer kurzen Inspektion von Kabinen und Sauna rief der entsetzte Reimann umgehend den Kammerjäger zwecks Desinfektion. Die einzige Waschmaschine hatte da längst schon ihren Geist aufgegeben. Zeugwart Bubke schrubbte Trikots und Stutzen mit bloßen Händen sauber. Alles war improvisiert und funktionierte nur mit einer gehörigen Portion Idealismus.

Im ersten Spiel besiegten die alles andere als verwöhnten Spieler den Aufstiegsfavoriten Saarbrücken dennoch 4:2. Nach dem vierten Spiel legte die Vereinsführung im Angriff nach und verpflichtete – zum dritten Mal in der Vereinsgeschichte – Franz Gerber. Der hatte zwar mittlerweile beinahe weniger Haare auf dem Kopf als Lebensjahre auf dem Buckel (33), war aber im Toreschießen noch immer über jeden Zweifel erhaben.

So marschierte Braun-Weiß unaufhaltsam in Richtung Tabellenspitze – bis es am 30. Mai 1987 am Millerntor zum Showdown gegen den Tabellenführer Hannover 96 kam. 17 000 Zuschauer peitschten den FC St. Pauli auch dann noch bedingungslos nach vorn, als die Mannschaft schon 1:4 hinten lag. Obwohl es nach zwei späten Toren von Zander und Demuth am Ende nur zu einem 3:4 reichte, bezeichnet Buchautor René Martens dieses Spiel als „einen der Höhepunkte jener Phase, in der sich der sogenannte Mythos St. Pauli bildete".

Im letzten Spiel der Saison verteidigte der FC St. Pauli durch ein 1:0 gegen Eintracht Braunschweig den dritten Tabellenplatz und qualifizierte sich so für die Relegation zur 1. Bundesliga gegen deren Drittletzten, den FC Homburg.

„Sankt Pauly" gegen St. Pauli Das Hinspiel in Homburg verlor St. Pauli mit 1:3 – als klar bessere Mannschaft. Schiedsrichter Neuner pfiff dabei nicht unbedingt für die Braun-Weißen. Das Rückspiel am 24. Juni 1987 übertrug RTL plus live. St. Pauli verballerte eine Großchance nach der anderen, bis Gronau endlich zum umjubelten 1:0 traf. Dann wurde Demuth im Homburger Strafraum umgerissen – Elfmeter! Denkste. Schiedsrichter Dieter Pauly ließ weiterspielen und erntete den Zorn der Zuschauer. Erst recht, als er Homburg einen unberechtigten Elfmeter zusprach und das 1:1 fiel. St. Pauli jedoch stürmte weiter – und traf erneut. Studers 2:1 in der 88. Minute löste eine stadionweite Ekstase aus. Doch es blieb ein Tor zu wenig. Der Aufstieg war verspielt.

>>> **5. Mai:** Nach der Reaktorkatastrophe in **Tschernobyl** (26. April, Ukraine) warnt Hamburgs Umweltbehörde vor Regen und Frischgemüse. Manche Strahlungswerte in der Luft sind um das 100-fache erhöht.

Im Aztekenstadion von Mexiko City verliert Deutschland 2:3

>> **29. Juni:** Im Finale der **Fußball-WM** in Mexiko gewinnt Argentinien gegen die BRD mit 3:2.

>> **22. September:** Auf dem Hans-Albers-Platz nahe der Reeperbahn wird eine von Jörg Immendorf geschaffene bronzene **Hans-Albers-Statue** eingeweiht.

1985-1991

Weht seit Ende der 80er Jahre am Millerntor: der Totenkopf (damals noch mit Augenklappe)

Alte Liebe rostet nicht: „Doc Mabuse" und der FC St. Pauli. Heute geht er, an seinem Trikot zu erkennen, lieber zu Altona 93. Die Totenkopffahne im Hintergrund ist seine zweite – das „Original" hat er verbrannt

Nicht totzukriegen
Vom Symbol der Rebellion zum Merchandising-Hit: der lange Weg des Totenkopfs

Das Gesicht des FC St. Pauli grinst herausfordernd – und ist stark skelettiert. Es prangt auf allen möglichen und unmöglichen Fanartikeln und ist vielen Menschen bekannter als das eigentliche Vereinswappen. „Der Totenkopf ist die stärkere Marke", bestätigt Hendrik Lüttmer, verantwortlich für das Merchandising des FC St. Pauli.

Der Siegeszug des Totenkopfs begann mit einem Bagatelldelikt. Mitte der 80er Jahre zog eine Gruppe von Hafenstraßen-Bewohnern nach einem St. Pauli-Spiel über den „Dom". An einem Verkaufsstand fiel ihnen eine Piratenfahne auf. Das gute Stück wurde kurzerhand „ausgeliehen" und schmückte bald darauf die „Volxküche" der besetzten Häuser.

Im Frühsommer 1987 kam dann jemand auf die Idee, die Totenkopffahne ins Millerntor-Stadion mitzunehmen. Dieser Jemand hieß „Doc Mabuse", war seines Zeichens Punksänger und Hausbesetzer und hatte keineswegs im Sinn, Vereinsgeschichte zu schreiben: „Ich habe die Fahne einfach an einen Besenstiel genagelt und bin losgezogen", erzählt Mabuse: „Mein Totenkopf hatte allerdings noch eine Augenbinde." Als Zeichen für Freibeutertum und Widerstand gegen das Establishment flatterte das schwarze Stück Stoff fortan regelmäßig am Millerntor. Bald stieg die Zahl der schwarzen Fahnen im Stadion beständig an. Als 1990 der vereinsunabhängige Fanladen seine Pforten öffnete, erkannte dessen Crew rasch das Potenzial des Symbols und verkaufte erste T-Shirts mit einem leicht abgeänderten Totenkopf. Der war aus einem Anatomiebuch geklaut und entsprach dem heutigen Aussehen des Grinsemanns. Die Textilien verkauften sich so gut, dass der Fanladen zwischenzeitlich Gefahr lief, vom Sozialprojekt zum Merchandising-Unternehmen zu mutieren — zum „Fanshop", mit dem er heute noch bisweilen verwechselt wird.

Doch so weit kam es nicht. Ende der 90er Jahre kaufte der FC St. Pauli einer kleinen Hinterhofdruckerei die mittlerweile lizensierten Rechte an dem Totenkopfsymbol ab und übernahm die Produktion der entsprechenden Fanartikel.

Mit einer professionellen Vermarktung im Rücken entwickelte sich der Totenkopf endgültig zum Verkaufsschlager. Die Kundschaft machte auch ungewohnte Kombinationen zum Renner: Babykleidung mit Totenkopf, Rebellion aus dem Toaster oder in der Badewanne, als Quietsche-Entchen? Beim FC St. Pauli kein Widerspruch.

„Als Vereinssymbol ist der Totenkopf mit Abstand das Stärkste, was es in Deutschland gibt — und im Absatz auch", sagt Hendrik Lüttmer. „Der St. Pauli-Totenkopf funktioniert so ähnlich wie Che Guevara auf dem T-Shirt: Er steht für das Dagegensein, das Anderssein, das Alternativsein." Und das ist heute für manchen Versicherungsvertreter ähnlich attraktiv wie für den Nachwuchspunker.

Auch außerhalb Deutschlands genießt der Totenkopf große Sympathien: „In den USA steht der Totenkopf für Punkrock. Deswegen sind wir zwangsläufig Fans des FC St. Pauli", sagt zum Beispiel Brian Baker, Gitarrist der Band „Bad Religion".

Während der Totenkopf seinen Siegeszug unvermindert fortsetzt, hat sich sein „Erfinder" vom FC St. Pauli abgewandt: „Doc Mabuse" geht mittlerweile lieber zu Altona 93. „Zu kommerziell und zu groß" sei ihm das alles geworden, bedauert er. Die Fahne, mit der alles begann, hat er verbrannt. „Um einen Schlussstrich zu ziehen." ■

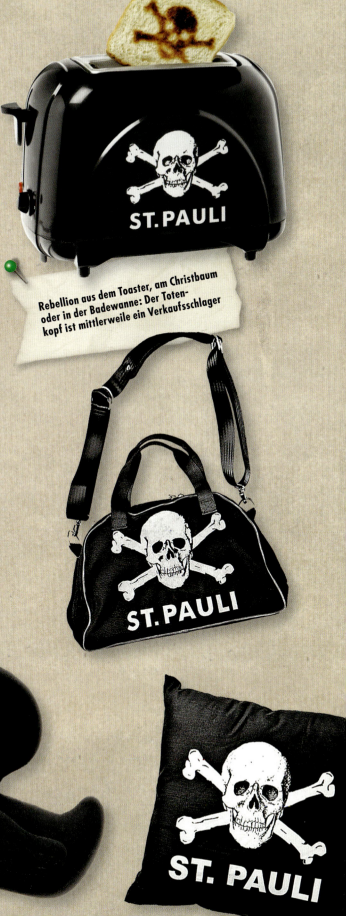

Rebellion aus dem Toaster, am Christbaum oder in der Badewanne: Der Totenkopf ist mittlerweile ein Verkaufsschlager

Treffsicher: die St. Paulianer Thomforde, Golke, Bargfrede und Duve (v. l. n. r.) auf dem „Dom"

> Ein Schuldiger war schnell gefunden: Selbst der sonst besonnene Willi Reimann blies zur Jagd auf den „schwarzen Mann", der „eben nicht heilig gesprochen und nie ‚Sankt Pauly' heißen wird", wie die Vereinszeitung festhielt. Und doch war dieses Spiel ein echtes „Schlüsselspiel" für den „Mythos St. Pauli" – mehr noch als jenes gegen Hannover, meint René Martens, und zwar „nicht obwohl, sondern weil es nicht reichte – einfach, weil der FC auf heroische Weise gescheitert war".

No Sleep till Aufstieg Knapp am „Durchmarsch" von der 3. in die 1. Liga vorbeigeschrammt, ließ beim FC St. Pauli niemand den Kopf hängen: „Für alle Spieler war ganz klar: Dann steigen wir eben im nächsten Jahr auf", erinnert sich Goalgetter André Golke. Tatsächlich machte die Mannschaft einfach da weiter, wo sie aufgehört hatte: Schon nach dem sechsten Spieltag der neuen Saison war sie Spitzenreiter der 2. Bundesliga.

Und das, obwohl der FC St. Pauli mit seinem Etat von 1,2 Millionen Mark als „Armenhaus der Liga" galt („BILD"). Der einzige Neuzugang mit Profi-Erfahrung war Bernhard Olck von Alemannia Aachen, dem die Fans später zu Wendezeiten mit dem Schlachtruf „Wir sind das Olck!" ein Denkmal setzen sollten. Mitte November folgte ein Paukenschlag: Trainer Willi Reimann wechselte zum HSV und ersetzte dort den glücklosen Josip Skoblar. St. Pauli kassierte dafür eine sechsstellige Ablöse und bekam Jens Duve als Leihgabe obendrein. Ein guter Deal, wie sich bald herausstellen sollte. Als Nachfolger für Reimann wurde ausgerechnet HSV-Ikone Horst Hrubesch gehandelt. Präsident Paulick entdeckte in diesem Zusammenhang ganz neue Seiten des ehemaligen „Kopfballungeheuers": „Er ist ja auch ein Sensibelchen", so sein heutiges Urteil. Denn Hrubesch bekam „kalte Füße" und sagte ab. Also fragte Paulick den bisherigen Co-Trainer Helmut Schulte: „Trauen Sie sich das zu, oder brechen Sie mir unter der Last der Verantwortung zusammen?" „Wenn ich mir das nicht zutrauen würde, wäre ich ja der falsche Co-Trainer gewesen", antwortete Schulte. Damit stand St. Paulis neuer Trainer fest – zunächst allerdings nur vorübergehend, wie der Verein betonte.

„Helmut Schulte machte genau das Richtige – nämlich gar nichts", bilanziert André Golke. „Die Mannschaft war topfit und gut eingestellt von Willi Reimann übergeben worden." Was dann geschah, erklärt Hansi Bargfrede mit dem Prinzip Loyalität: „Helmut Schulte war unser Kumpel, und für den haben wir uns den Arsch aufgerissen." Ergebnis: Die Spieler fegten Oberhausen im strömenden Regen mit 6:1 vom Platz. Als sich daraufhin mehrere Führungsspieler hinter Schulte stellten, konnten die Macher des FC St. Pauli gar nicht anders: Sie machten den „Langen" zum jüngsten Cheftrainer, den es je im deutschen Profifußball gegeben hatte.

1986

>> **16. Oktober:** Der Bergsteiger **Reinhold Messner** hat als Erster alle Achttausender-Gipfel bestiegen.
>> **1. November:** In Basel brennt ein Chemiewerk der Firma Sandoz. **Der Rhein wird vergiftet.**

Feuerwehrleute bekämpfen den Brand auf dem Sandoz-Gelände in Basel

>> **9. November:** Bei den Hamburger **Bürgerschaftswahlen** verliert die SPD fast 10 % und ist nur noch zweitstärkste Partei. Die Wahl wird 1987 wiederholt, weil keine regierungsfähige Mehrheit zustande kommt.
DM: Bayern München

1985–1991

Links: heute undenkbar, 1989 noch möglich: Reichskriegsflagge im St. Pauli-Block. Ganz links: „Gegen Rechts"-Aufkleber. Unten: Flagge zeigen gegen Nazis!

„Kein Fußball den Faschisten"

Seit über 20 Jahren setzt der FC St. Pauli Zeichen gegen Rechts

Als Sven Brux im Frühjahr 1990 an seinem heimischen Schreibtisch mit Letraset-Buchstaben von „Büro Hansen" einen simplen Aufkleber entwarf, hätte er sich bestimmt nicht träumen lassen, dass er damit den erfolgreichsten Fan-Artikel des FC St. Pauli überhaupt schaffen sollte: Über 2,5 Millionen Mal hat sich der „St. Pauli-Fans gegen Rechts"-Aufkleber seitdem verkauft. Rund um den Globus ziert er Laternenpfähle, Stromkästen und alle möglichen und unmöglichen Objekte.

Der damalige Mitarbeiter des Fanladens griff mit seiner Bastelstunde eine Entwicklung auf, die sich seit einiger Zeit in der Fanszene des FC St. Pauli bemerkbar gemacht hatte: ein entschiedenes Auftreten gegen Rassismus und Faschismus.

„Nie wieder Krieg! Nie wieder Faschismus! Nie wieder 3. Liga!": Das war Ende der 80er Jahre ein bis dato ungehörter und absolut einzigartiger Schlachtruf in deutschen Stadien. Schon im August 1989 verfassten Fans und Mannschaft einen gemeinsamen „Offenen Brief" gegen rassistische Parolen, Fahnen und Transparente, nachdem es am Millerntor zu Schmährufen gegen einen farbigen Spieler gekommen war. Zitat: „Unser FC St. Pauli steht für die völkerverständigende und internationalistische Kultur des Sports." Der Verein griff die Impulse aus der Fanszene bald auf. Vizepräsident Hinzpeter erklärte: „Es ist doch toll, dass von den Leuten so viel kommt, was ich aufnehmen und den Präsidiumskollegen weitergeben kann." Zu einem historischen Ereignis kam es im Herbst 1991: Der FC St. Pauli verabschiedete – auf Antrag der „Fan-Initiative St. Pauli-Hamburg" (FISH) – als erster Verein Deutschlands eine Stadionordnung, die rassistische und rechte Parolen oder Transparente untersagte. Kurz darauf gab es ein Freundschaftsspiel gegen Galatasaray Istanbul unter dem Motto: „Gegeneinander spielen, miteinander leben." Ein Fanclub namens „United", der immer wieder mit rechten Sprüchen aufgefallen war, wurde aus dem Stadion gedrängt. Ende der 90er Jahre installierte der Verein auf Fan-Initiative sogar eine Werbebande mit der Aufschrift „Faschismus ist keine Meinung, sondern ein Verbrechen" im Stadion. Und seit einigen Jahren ist das Tragen von Kleidungsstücken der rechten Marke „Thor Steinar" verboten.

Der FC St. Pauli kann sich zwar nicht damit rühmen, in den hundert Jahren seines Bestehens viele sportliche Trends gesetzt zu haben. Im Engagement gegen Rechts aber ist er seit zwei Jahrzehnten ein Vorreiter. „Heute ist das Mainstream, und damals war alle Fußballwelt gegen uns", erinnert sich Torwart Volker Ippig. „St. Pauli, das ist irgendwie immer das Labor, das die Grundlagenforschung macht, und die anderen kassieren die Patente." Das Engagement der St. Pauli-Fans geht indes unvermindert weiter. Und beantwortet eine rhetorische Frage, die Jürgen Gronau einst stellte, klipp und klar: „Wer möchte schon Rechtsradikale im Stadion haben?" – „Wir jedenfalls nicht!" ∎

Dirk Zander hat abgezogen: Sein 1:0 in Ulm bedeutet den Bundesliga-Aufstieg (29.5.1988)

> Ein bisschen was machte Schulte nach seinem offiziellen Amtsantritt dann doch: Er stellte Ippig für Thomforde ins Tor und beförderte Dirk Zander vom Joker zum Stammspieler. Und er machte deutlich, dass er nicht mehr der „Kumpel" sein konnte: „Gemeinsam Bierchen trinken", erzählt Schulte, „das ging nun nicht mehr." Doch völlig begriffen hatte er zu diesem Zeitpunkt noch nicht, was eigentlich passiert war: „Das war aus der Abteilung ‚vom Tellerwäscher zum Millionär': Ich bin heute noch dankbar, weil ich weiß, was das Präsidium damals für ein Risiko gegangen ist, mich das machen zu lassen."

Das Risiko lohnte sich: Der FC St. Pauli eilte weiter von Sieg zu Sieg. Einziger Wermutstropfen: Am 32. Spieltag zog sich Angreifer und Leitwolf „Sonny" Wenzel einen Schien- und Wadenbeinbruch zu, der ihn für viele Monate lahmlegen sollte.

Zanderstruck Nach einem 2:0 gegen Oberhausen im vorletzten Spiel der Saison mussten die Braun-Weißen im letzten Spiel in Ulm nur noch einen Punkt holen, um das Aufstiegswunder wahr werden zu lassen. Mehrere hundert Hamburger fuhren mit. Sie sahen keinen überragenden Kick – bis zur 29. Minute: André Golke stürmt über rechts bis auf Strafraumhöhe. Ein kurzer Blick zur Mitte. Ein Rückpass – und dann riskiert Dirk Zander aus 25 Metern alles. Per Dropkick feuert er den Ball direkt auf das Ulmer Gehäuse. Das Geschoss schlägt genau im linken Winkel ein: 1:0!

Für Dirk Zander ist es der 17. Saisontreffer. Für den FC St. Pauli der Schuss des Jahres: Als der Schiedsrichter die Partie 61 Minuten später abpfeift, ist das Wunder vollbracht – der FC St. Pauli ist zum zweiten Mal in die 1. Bundesliga aufgestiegen.

Die mitgereisten Fans stürmen das Spielfeld und tragen Helmut Schulte begeistert vom Platz. Stefan Studer verspritzt „Moët & Chandon". Volker Ippig schreit: „Wir in der Bundesliga, unglaublich!" Und Dirk Zander erklärt der versammelten Weltpresse die Bedeutung der Situation: „So ein Ding macht man nur ganz selten!", jubelt er in die Notizblöcke: „Und wenn's dann auch noch so wichtig ist – einfach traumhaft."

Verkehrsstau auf dem Kiez Als die Mannschaft nach dem Spiel den Flieger nach Hamburg bestieg, ahnte sie nicht, was sie erwartete: Kurz nach dem Aufsetzen des Lufthansa-Fluges 1479 aus Stuttgart um 22.15 Uhr in Hamburg-Fuhlsbüttel stürmten mehrere hundert St. Pauli-Fans das Rollfeld. Auch der Gepäckbereich war braun-weiß besetzt, und die Ankunftshalle erbebte unter donnernden „St. Pauli!"-Rufen.

Dann sollte es in die Innenstadt gehen. Doch auf dem Dach des Mannschaftsbusses saßen Fans, erinnert sich Helmut Schulte: „Einem hab ich gesagt: Entweder du kommst da jetzt runter, oder du fährst mit. In zwei Sekunden war der im Bus."

1987

Die Volkszählung sorgt 1987 für viele Proteste

>> **3. Februar:** Smog in Hamburg: Die Umweltbehörde verhängt erstmals ein mehrstündiges Autofahrverbot.
>> **25. Mai:** Die Fragebögen der „Volkszählung" sind verteilt. Datenschützer warnen, 120 000 Hamburger boykottieren.
>> **28. Mai:** Mathias Rust landet mit einer Cessna auf dem Roten Platz in Moskau.

„Ich gebe Ihnen mein Ehrenwort": Uwe Barschel beim Lügen (18.9.1987)

>> **11. Oktober:** Uwe Barschel, Ex-Ministerpräsident Schleswig-Holsteins, wird in einem Genfer Hotelzimmer tot aufgefunden.
>> **19. November:** Hausbesetzer und Hamburger Senat schließen einen Pachtvertrag für die Häuser an der **Hafenstraße**.
DM: Bayern München

1985-1991

Duschen unter Fanaufsicht:
die Kabine in Ulm nach dem Spiel

Helmut Schulte (l.) und Volker Ippig (M.) feiern auf dem Busdach im Autokorso

Im 30-Stundenkilometer-Tempo setzte sich der Auto-Korso mit Spielern und Fans schließlich in Bewegung. Vor der Geschäftsstelle des HSV an der Rothenbaumchaussee wurde eigens eine „Gedenkminute" eingelegt. Weiter ging es auf den Kiez, wo prompt „der Verkehr zusammenbrach", so Helmut Schulte trocken. Im „Saitensprung" in der Deichstraße feierten Mannschaft und Betreuer zu später Stunde weiter, jetzt in geschlossener Gesellschaft. Trainer Schulte und Präsident Paulick versorgten die vor dem Lokal wartenden Fans mit frischgezapftem Bier.

Unterdessen machten sich die Medien über den exotischen Bundesliga-Neuling her: „Junge und Alte, Frauen und Männer, Jungen und Mädchen, adrett, leger oder ganz leger, Hände gepflegt oder schwielig, Punker und Popper, Hamburger und Auswärtige, Deutsche und Ausländer – einig sind sich offenbar alle: Das Stadion am Millerntor ist eine Attraktion", schrieb das „Hamburger Abendblatt": „Nicht, weil es aufwändig gestylt ist. Es ist gar nicht gestylt. Das ist es wohl." Helmut Schulte schrieb bei der Konkurrenz von der „Morgenpost" gleich eine ganze Serie und versprach: „Es wird ein braun-weißes Wunder geben."

Wir sind alle Hamburger Jungs ... Für Helmut Schulte lag der Grund des Erfolges auf der Hand: „Bei uns haut sich jeder für jeden rein. Diese Truppe ist einmalig. Dazu kommt unser super Publikum."

Die Fans identifizierten sich nicht zuletzt deswegen so stark mit ihrer Mannschaft, weil neun von elf Stammspielern aus Hamburg und dem Umland kamen. „Man war privat befreundet, auch die Frauen konnten miteinander, man traf sich zu Kaffee und Kuchen – wie in einer kleinen Amateurmannschaft war das. Nur mit dem Unterschied, dass wir eben in der Bundesliga gespielt haben", erinnert sich Dirk Zander. „Wir haben als Hamburger natürlich auch für den Verein und das Umfeld gespielt. Richtig mit dem Herzen."

Dass die Mannschaft ein eingeschworener Haufen war, erkannte auch die Vereinsführung und verstärkte das Team nur behutsam. Als Neuzugänge kamen der tschechoslowakische Nationalspieler Jan Kocian und der Bochumer Peter Knäbel. Der Star blieb die Mannschaft.

Zugleich pflegte der Verein die Beziehung zu „seinem" Viertel ganz bewusst: Vor dem Spiel quartierte sich die Mannschaft oft im „Hotel Hafen Hamburg" ein. Gemeinsam mit den Fans gingen Spieler und Trainer dann über den Kiez zum Stadion. „Es war für mich die Bestätigung: Wir gehören in diesen Stadtteil", beschreibt Jürgen Gronau. „Guck dir an, was für Leute hier auf der Straße sitzen. Das war für mich immer ein Ansporn, an meine Leistungsgrenze zu gehen."

Die Investition in die Nähe zu den Fans zahlte sich aus: „Es war wirklich ein Miteinander", sagt Klaus Ottens. „Als Spieler hast du gespürt: Die stehen wie eine Eins hinter dir. Auch wenn wir scheiße gespielt >

1988 >>>

>> **22. Juni:** Nach dem EM-Halbfinale Deutschland–Holland im Hamburger Volksparkstadion greifen rechte **Hooligans die Hafenstraße** an.

>> **25. Juni:** Die Niederlande werden durch ein 2:0 im Finale gegen die UdSSR **Fußball-Europameister** 1988.

Gladbeck: Täter Dieter Degowski und Geisel Silke Bischoff (r.) im Fluchtauto

>> **8. August:** Corny Littmann eröffnet das **Schmidt-Theater** am Hamburger Spielbudenplatz.

>> **16.-18. August:** Beim **Gladbecker Geiseldrama** sterben zwei Geiseln und ein Polizist. Die Medien ernten Kritik für ihre Live-Berichterstattung.

1985–1991

Klaus Ottens war Teil der berühmten „Küchen-Clique" (und arbeitet heute für eine große Brauerei ...)

haben, hast du nie Pfiffe gehört. Die haben dich echt 90 Minuten nach vorne gepeitscht. Und wir hatten das Gefühl, schon so ein bisschen Verantwortung für die Menschen und fürs Viertel zu haben."

Dorfverein goes Bundesliga Unterdessen war der Verein bemüht, bundesligareife Strukturen zu schaffen. „Es war, wenn man die heutigen Bedingungen sieht, eigentlich eine Farce", meint Dirk Zander. „Aber wir kannten nichts anderes." Die Kabinen: eines Dorfvereins unwürdig. Das „Ticketing": bestand aus einem Biertisch, über den die Karten ihren Besitzer wechselten. Das Fanartikel-Sortiment: ein Einheitsschal und eine spektakulär hässliche Ballonmütze. Fast alles war improvisiert – was wiederum zum besonderen Flair des Vereins beitrug.

Lediglich im maroden Stadion besserte der FC St. Pauli nach: Die Gegengerade bekam eine überdachte Sitztribüne. Als Provisorium gedacht, leistet sie bis zum heutigen Tage treue Dienste. Zugleich begann der Bau einer Flutlichtanlage. Und: Das Millerntor wurde durch Metallzäune in Blöcke aufgeteilt – aus Sicherheitsgründen.

Von nun an mussten die „Kutten" ihre liebgewonnene Angewohnheit ablegen, in der Halbzeitpause hinter das jeweils andere Tor zu pilgern. Auch Fan-Legende „St. Pauli-Willi" fand Anlass zur Klage: „Familiär ist das nicht mehr", kritisierte das kurzbehoste Original den Verlust seiner über 20 Jahre intensiv genutzten Bewegungsfreiheit. Schließlich fand sich eine Lösung: Willi durfte fortan im Innenraum des Stadions sein Unwesen treiben. Mit Rassel und Tröte brachte er so manchen gegnerischen Spieler an den Rand des Nervenzusammenbruchs.

„Die Küche war der VIP-Raum" Immerhin: Nach dem Spiel blieb alles wie früher. Spieler, Trainer und Fans, dicht gedrängt im Clubhaus – das gab es sonst nirgendwo im Profifußball. „Um zum Mannschaftsraum zu kommen, musste man immer mitten durchs Clubheim laufen", schildert André Trulsen: „Auch direkt vor dem Spiel ist man aus der Kabine noch mal hochgelaufen ins Clubheim und da auf die Toilette gegangen. Da hat man dann noch einen Schnack mit den Fans gehalten. Und nach dem Spiel hat man am Tresen zusammen noch ein Bier getrunken."

„Diese Nähe zu den Fans war uns immer wichtig", fügt Jürgen Gronau hinzu: „Das war nicht von der Vereinsführung oder vom Trainer angeordnet. Wir haben die Nähe von uns aus gepflegt. Sie war uns nie lästig, sondern es war uns immer ein Bedürfnis, zu hören, was der Fan für Meinungen hat und was ihn bewegt." Das Klischee von der „großen Familie" war von der Wirklichkeit nicht weit entfernt. „Wir waren alles normale Typen", sagt André Golke. „Im Prinzip waren wir wie die Fans. Wenn wir nicht gespielt hätten, hätten wir wahrscheinlich auf der anderen Seite gestanden."

>> **28. August:** Flugzeugabsturz bei einer Flugschau im pfälzischen **Ramstein:** 70 Menschen sterben.
>> **August:** Die UdSSR bestätigt, dass der am 15. Mai begonnene Rückzug ihrer Truppen aus **Afghanistan** zur Hälfte abgeschlossen ist.

Steffi Graf gewinnt den „Grand Slam"

>> **10. September:** Steffi Graf holt mit 19 Jahren den „Grand Slam": Sie hatte die vier größten Tennisturniere innerhalb eines Kalenderjahres gewonnen.

>> **13. September:** Nach massiven Protesten verzichtet der Hamburger Senat auf die Umwandlung des früheren Flora-Theaters im Schanzenviertel in eine Musicalbühne für das „Phantom der Oper".
DM: Werder Bremen

Kopf in'n Nacken: Helmut Schulte feiert im Clubheim mit Fans

Festung Millerntor: Jens Duve legt die Rüstung ab

Eine besondere Rolle kam der Küche im Clubheim zu. Sie war – mangels Alternativen – der Zufluchtsort der Spieler, wenn ihnen die unvermeidliche „Volksnähe" doch einmal zu viel wurde.

Großzügig verteilt auf zwölf Quadratmeter saßen die Fußballprofis dort auf Kartoffelsäcken und Getränkekisten, rauchten eine wohlverdiente Zigarette und zischten ein Feierabendbierchen. Oder auch zwei. Oder sechs. „Wir hatten immer stechenden Durst", bekennt Dirk Zander offenherzig.

Zander, Golke, Wenzel, Ottens – das war der harte Kern der „Küchenclique", die so manch volles Bierfass und manch jungfräuliche Zigarettenschachtel das Fürchten lehrte. „Die Küche war der VIP-Raum", sagt Klaus Ottens, „etwas anderes gab es damals ja nicht." Doch als über die Jahre immer mehr Fans Wind davon bekamen, wurde es in der Küche irgendwann zu eng, und sie hatte als Treffpunkt ausgedient.

Das Feiern ließen sich die Kicker freilich nicht nehmen: Sie fanden neue Anlaufpunkte wie die „Blaue Nacht" bei Wirt „Isi", unweit vom Hans-Albers-Platz an der Ecke Herbertstraße/Gerhardstraße. Jürgen Gronau gibt zu: „Auf dem Platz waren wir Vollprofis. Aber danach haben wir uns manchmal benommen wie eine Thekenmannschaft." Er stellt aber auch klar: „Das ging nach dem Motto: Wer feiern kann, kann auch arbeiten. Ab Mittwoch haben wir uns wieder aufs Fußballspielen konzentriert." Dabei hätte es Donnerstag doch auch getan.

Eine Hinrunde für die Ewigkeit Die Vorbereitung auf die erste Erstligasaison seit 1977/78 verlief höchst familiär: Präsident Paulick lud die Mannschaft auf seinen Ferienbauernhof auf der Ostseeinsel Fehmarn ein. Das Training fand auf dem mickrigen Sportplatz des Anwesens statt, und die Profis schliefen in Großraumschlafsälen zu 15 Mann. Präsidentengattin Annegret kochte und buk für „ihre Jungens" und betüdelte sie nach allen Regeln der Kunst.

„Wir waren alle unschuldig", fasst Helmut Schulte die damaligen Verhältnisse zusammen. Mit der Unbekümmertheit des Underdogs schickten sich der FC St. Pauli und seine Fans an, ein sportlich-soziales Gesamtkunstwerk zu schaffen. Beinahe jedes Spiel dieser Saison ist für die, die dabei waren, ein unvergessliches Stück Fußballpoesie.

Schon das erste Heimspiel geriet zum Helden-Epos: St. Pauli lieferte dem 1. FC Nürnberg einen bravourösen Kampf, unterlag aber mit 0:1. „Ungerecht! St. Pauli stürmt pausenlos, Club kriegt die Punkte", jammerte „BILD". Nach einem 0:0 in Bochum gab es dann im dritten Spiel den ersten Sieg: Egon Flad und Jan Kocian schossen einen 2:0-Heimerfolg gegen Frankfurt heraus. Es folgte eine zweite Niederlage, ein 1:3 in Karlsruhe, bei dem die beiden entscheidenden Treffer erst in den letzten drei Minuten fielen.

Und dann kam am fünften Spieltag der VfB Stuttgart, bis dahin der ungeschlagene Tabellenführer. Anstoß an jenem denkwürdigen Freitagabend, >

1989

Massaker auf dem „Platz des Himmlischen Friedens" in Peking

>> **24. März:** Havarie des Tankers „**Exxon Valdez**" vor Alaska: 40000 Tonnen Öl laufen aus.
>> **4. Juni:** Das chinesische Militär beendet Studentenproteste auf dem Pekinger „**Platz des Himmlischen Friedens**" gewaltsam. Bei den Protesten in der Stadt sterben rund 3000 Menschen.

>> **1. Juli:** In Berlin findet die **erste Love Parade** statt.
>> **23. Juli:** Hamburg feiert den **800. Hafengeburtstag.**

1985-1991

„If the Kids are united"
Die über 20-jährige Geschichte der organisierten Fanszene des FC St. Pauli

Zwei Umzüge, Buttersäureanschläge, Hooligan-Angriffe, Polizeirazzien und vieles mehr: Der Fanladen des FC St. Pauli hat schon einiges überstanden. Und ist dabei viel mehr als ein „Reisebüro" für Auswärtsfahrten: Er ist der zentrale Anlaufpunkt einer Fanszene, die sich seit über zwei Jahrzehnten Strukturen gibt und engagiert. Kurz nach den Protesten gegen den „Sport-Dome" und der Gründung des Fanzines „Millerntor Roar!" (s. S. 272) war die Eröffnung des ersten St. Pauli-Fanladens (Beim Grünen Jäger) am 15. Februar 1990 ein weiterer Meilenstein. Erster Angestellter war der heutige Organisationsleiter des FC St. Pauli, Sven Brux. Von Anfang an war der Fanladen mehr als „nur" ein sozialpädagogisches Projekt unter dem Dach des „Vereins Jugend und Sport e.V.". Er schuf Kommunikationsmöglichkeiten und Freiräume für Anhänger des FC St. Pauli und wurde zur Geburtsstätte einer neuen Fankultur, die großen Einfluss auf andere Fanszenen in Deutschland und Europa haben sollte.

Bis heute hat eine Kultur der Einmischung und Mitgestaltung am Millerntor Bestand — mit dem Fanladen als Fixpunkt. Ob für die Hafenstraße, ob gegen Rassismus oder reine Sitzplatzstadien, ob gegen Montagsspiele oder die Räumung des „Bambule"-Bauwagenplatzes, gegen eine Kunstwährung namens „Millerntaler" oder die Zersplitterung der Spieltage: Die Fans des FC St. Pauli haben eine Meinung und werden nicht müde, sie auch zu äußern. Dabei bauen sie nicht nur eigene Strukturen auf, sondern nutzen auch die vorhandenen: „Anfangs war ja niemand Mitglied im Verein", erinnert sich Sven Brux. Das änderte sich bald. Ein erstes Zeichen war der Antrag auf Veränderung der Stadionordnung zum Verbot rechter Parolen auf der Jahreshauptversammlung 1991. Er wurde ohne Gegenstimmen angenommen (s. S. 261). Später gründete sich eine „Arbeitsgemeinschaft interessierter Mitglieder" (AGiM), aus der die heute größte Abteilung des Vereins, die „Abteilung Fördernde Mitglieder" (AFM) hervorging.

St. Pauli-Fans waren auch maßgeblich beteiligt, als sich 1993 das „Bündnis aktiver Fußballfans" (B.A.F.F.) gründete, das bis heute bundesweit aktiv ist und für Faninteressen kämpft. „Das war die Zeit, in der sich aus dem nachträglich verklärten Hafenstraßen-Publikum eine etablierte Fanszene gründete", sagt Hendrik Lüttmer, viele Jahre im Fanladen tätig.

Nachdem im März 1999 mit dem „Letzten Pfennig" die erste Kneipe von Fans für Fans eingegangen war, gelang unter dem Dach von „Ballkult e.V." die Einrichtung des bis heute beliebten „Jolly Roger". Dem Image des Vereins hat die aktive Fanszene bisher nicht geschadet — im Gegenteil. Damit das so bleibt, mahnt der Fanladen in seinem Jubiläumsbuch zum „15-Jährigen": „Zuviel zu konsumieren und nicht mitzugestalten lässt jede Fanszene irgendwann eingehen."

Sven Brux sieht es gelassen: „Der Tag, an dem hier die Gleichgültigkeit einzieht — das ist der Tag, an dem der FC St. Pauli zu einem Verein wie jeder andere wird", sagt er. „Aber dieser Tag ist noch lange nicht gekommen." ■

Sven Brux (r.) ist erster Angesteller im neuen Fanladen

Die „Veteranen" posieren vor der neuen Südtribüne

Alwin Kaminski (stehend) bei seiner Fanclub-Gründung

Alwin und die Allesfahrer

1986 gründeten sich die beiden ältesten noch bestehenden Fanclubs

Alwin Kaminski trat bereits 1955 dem FC St. Pauli bei und spielte in dessen Jugend- und Amateurteams erfolgreich Fußball. Als er jedoch einen Vertrag für die 1. Mannschaft bekommen sollte, verweigerte ihm seine Mutter die Unterschrift. Kaminski haderte nur kurz mit dem Schicksal, siedelte in die Schweiz über und machte sein Glück als Gastronom. Der Kontakt zum Verein riss dennoch nie ab. 1986 gründete er den ersten Schweizer Fanclub des FC St. Pauli, der bald schon 25 Mitglieder umfasste. Sein schönstes St. Pauli-Erlebnis: Als „Jungspund" durfte er ein Spiel mit den „Alten Herren" um Karl Miller und Walter Dzur bestreiten. Auf Vorlage des Ersteren erzielte Kaminski kurz vor Schluss per Scherenschlag in den Winkel den 3:3-Ausgleich. Mehrmals half Kaminski dem Verein mit zinslosen Darlehen – so, um 1990 den Lizenzentzug zu verhindern, oder um 2008 die neue Videowand anzuschaffen. Bis zu seinem Tod im Juli 2009 schickte er nach jedem Spiel ein Fax mit aufmunternden Worten an das Trainerteam. „Als motivierende Unterstützung", wie er sagte. Sein Fanclub besteht weiterhin.

Viel Geld hat auch Bernd Ladiges schon in den FC St. Pauli gesteckt – vor allem auf Auswärtsfahrten. Der passionierte „Allesfahrer" ist Vorsitzender des Fanclubs „Veteranen", der ebenfalls 1986 aus der Taufe gehoben wurde und heute fast 40 Mitglieder hat. Bernd selbst hat seit 25 Jahren kein Heimspiel mehr verpasst und über 700 Punktspiele des FC St. Pauli erlebt bis erlitten. Das Auswärtsfahren ist für ihn eine Sucht, denn, so Ladiges: „Die könnten ja ausgerechnet dann gewinnen, wenn ich nicht dabei bin ..."

„Hamburg ohne Hafenstraße ist wie Bundesliga ohne St. Pauli": Fans und Viertel finden zusammen

Mit den „Sport-Dome"-Protesten begann die Organisation der Fanszene

Da geht's lang! Volker Ippig war für die Fans des FC St. Pauli eine Identifikationsfigur

Volker, hör die Signale! Die Fans widmeten Ippig ein eigenes T-Shirt

Ippig: Ein unbequemer Mann im Sportstudio

Bernd Heller schwitzte: Volker Ippigs Auftritt im „Aktuellen Sportstudio" war frech – und machte ihn bundesweit bekannt

Der Unangepasste
Torwart Volker Ippig wurde zur Identifikationsfigur einer neuen Fanszene

Der junge, blonde Mann mit den langen, zerzausten Haaren lümmelt sich in seinem Sessel. Er trägt eine speckige Lederhose, ein nicht mehr ganz sauberes weißes T-Shirt und portugiesische Landarbeiterstiefel. Und passt so gar nicht in das Ambiente des „Aktuellen Sportstudios".

Der junge Mann ist Fußballprofi. Sein Name: Volker Ippig, Torwart beim Aufsteiger FC St. Pauli. Sein Verein hat dem FC Bayern München am Millerntor gerade ein 0:0 abgerungen. Nun sitzt er hier und weiß mit den Fragen des braven Moderators Bernd Heller wenig anzufangen. Seine Antworten sind schnoddrig, aber er hat die Lacher im Publikum auf seiner Seite. Sein Fernseh-Interview im November 1988 macht Volker Ippig schlagartig deutschlandweit bekannt. Als Gegenentwurf zum herkömmlichen Profifußballer wird er gleichzeitig zum Aushängeschild des „etwas anderen Vereins". Sogar das honorige „ZEIT-Magazin" widmet ihm eine Titelstory. Der zweideutige Titel: „Der Hält". „Antiheld" ist allerdings der Begriff, mit dem Volker Ippig wesentlich öfter bezeichnet wird. „Querkopf", „Rebell" oder „Autonomer" – Ippig selbst haben die Versuche, ihn in Schubladen zu stecken, nie interessiert. „Ich nehme mir einfach das Recht auf freie Persönlichkeitsentfaltung heraus", sagte er einmal. Schon zu A-Jugend-Zeiten beim FC St. Pauli bezeichnete die Lokalpresse ihn als „Punker". Weil er einen Knopf im Ohr trug und „Rotzkotz" als seine Lieblingsband nannte.

Doch der Junge aus dem schleswig-holsteinischen Dorf Lensahn wohnte zu dieser Zeit bei St. Pauli-Präsident Paulick an der noblen Elbchaussee: Luxus mit Familienanschluss. St. Pauli kickte seinerzeit in der 3. Liga.

1983 hatte Ippig keine Lust mehr auf Fußball und machte lieber ein Praktikum in einem Behindertenkindergarten. 1984 ging er als Entwicklungshelfer für ein halbes Jahr ins sandinistische Nicaragua. Dort half er, eine Krankenstation zu errichten. Und lernte, „wie man das Leben reduzieren kann auf die Grundbedürfnisse". Mit vielen neuen Eindrücken kehrte Ippig nach Hamburg zurück. Über die Hamburger „Nicaragua-Brigade", die seinen Auslandsaufenthalt mitorganisiert hatte, bekam er Kontakt zur Hafenstraßen-Szene und beschloss, dorthin zu ziehen. Er lernte linke Kapitalismuskritik kennen und empörte sich über Umweltzerstörung und die Ausbeutung sogenannter „primitiver Völker". „Damals waren die Ideale, wie man die Welt besser machen könnte, eben noch ausgeprägter", meint er rückblickend. Nur einen Sommer lang lebte Ippig in den besetzten Häusern. Doch der Ruf des „Hafenstraßen-Bewohners" hing ihm noch lange nach und wurde zur Legende. Ippig stieg wieder als Fußballprofi ein und setzte sich beim FC St. Pauli durch. Dass seine Freunde aus der Hafenstraße bald als „schwarzer Block" mit Totenkopfflaggen im Stadion standen, ist längst ein Stück Fan-Geschichte geworden. Wenn er das Stadion betrat, grüßte er die Gegengerade mit erhobener Arbeiterfaust.

Und dennoch verstand er sich stets auch als Fußballprofi – der Leute wegen. „Ich habe mir das genau angesehen", beschrieb er einmal: „Die sind wirklich glücklich, wenn wir gewinnen. Und darum bin ich so unglücklich, wenn wir verlieren. Dann kann ich nachts nicht schlafen."

Volker Ippig war die Identifikationsfigur für viele St. Pauli-Fans in einer Zeit, als sich im Millerntor-Stadion vermehrt Menschen zusammenfanden, die eine liberale bis linke Grundhaltung hatten und sich als „anders" definierten. Der eigenwillige Torwart, der gerne mit dem Fahrrad oder per Anhalter zum Training kam, bot ihnen die ideale Projektionsfläche für ihre Sehnsucht nach einer besseren Welt.

Nicht von ungefähr widmete ihm der St. Pauli-Fanladen das erste Fanladen-T-Shirt überhaupt: „Volker, hör die Signale!" stand darauf, in Anlehnung an den Refrain der „Internationale", des Kampfliedes der sozialistischen Arbeiterbewegung.

Nachdem Volker Ippig seine Karriere 1991 wegen eines Rückenleidens als Sportinvalide beenden musste, schrieb er eine Weile Kolumnen für die „taz". „Wer sein Glück von Geld abhängig macht, ist beschränkt", sagt er heute. „Froh zu sein bedarf es wenig." Volker Ippig hat sein Glück gefunden: Er lebt mit seiner Frau und zwei Kindern auf einem Bauernhof in Lensahn und betreibt eine „mobile Torwartschule". Auszeiten vom Profibetrieb gönnt er sich immer noch; so heuerte er Ende 2008 als Lascher im Hamburger Hafen an. Dort löscht er Container und sieht das als neue Erfahrung: Die Nachtschicht dient ihm als Kontrastprogramm und praktizierte Bodenhaftung.

Wenn Ippig im Laschkorb auf die Ozeanriesen zuschwebt und den surrealen Ausblick auf den beleuchteten Containerhafen genießt, ahnt er, dass er „Teil eines großen Ganzen ist, in dem Fußball eine kleine Rolle spielt". Mit den Mythen, die sich um ihn ranken, hat er zu leben gelernt. „Und es ist nicht meine Aufgabe, Richtig und Falsch auseinanderzudröseln." ■

Zwar keine 800 Jahre, aber immerhin einen Sommer lang lebte Ippig in der Hafenstraße

Häuptling springende Katze raucht die Friedenspfeife: Im Kanu schippert Indianer-Fan Ippig über die Alster

1985-1991

Die Mutter aller Fanzines: der „Millerntor Roar!"

> und das nicht nur aus sportlicher Sicht. Es brach eine regelrechte St. Pauli-Euphorie aus. In der Winterpause warf die „Hamburger Morgenpost" sogar ein Buch auf den Markt („1:0 am Millerntor"), das eigens diesen 17 Spielen gewidmet war.

„Everybody's darling" In dieser Zeit begann der „Mythos St. Pauli" weit über die Grenzen Hamburgs hinaus Berühmtheit zu erlangen. Die Medien sogen das Geschehen rund um den außergewöhnlichen Club mit seinen buntgemischten, enthusiastischen Fans begierig auf und pflanzten es in das bundesdeutsche Bewusstsein. Zu Beginn der Saison hatte mit RTL plus („Anpfiff – die totale Fußballshow") erstmals ein Privatsender die Berichterstattung über die Bundesliga übernommen. Und der versprach im Gegensatz zur „Sportschau" nicht nur „alle Spiele, alle Tore", sondern den „Blick über den Tellerrand" des rein Sportlichen. Auf einmal wurden auch die Geschichten rund um die Vereine interessant. Und die lieferte der FC St. Pauli in Hülle und Fülle.

Auch die Printmedien zelebrierten den Hype: Die „ZEIT" feierte den „Aufsteiger der Epoche", der „SPIEGEL" entdeckte den „Liverpool Roar an der Reeperbahn", die Nachrichtenagentur dpa würdigte den „ungewöhnlichsten Verein der Bundesliga", und das „ZEIT-Magazin" fasste das offensichtlich Scheinende zusammen: „Alle lieben St. Pauli, den Underdog-Verein der Bundesliga."

Der bewegte Zuschauer Zur Winterpause stand der FC St. Pauli in der Zuschauerstatistik auf dem siebten Rang (19 394), zwei Plätze vor dem HSV (18 638). Die Zuschauer rannten St. Pauli aber nicht nur die Bude ein – sie organisierten sich auch. Als das Präsidium ankündigte, auf dem Heiligengeistfeld eine Multifunktionsarena namens „Sport-Dome" mit 50 000 Sitzplätzen bauen zu wollen, erntete es einen Sturm der Empörung – im Stadtteil wie im Stadion.

Die „moderne Erlebniswelt", die den Machern vorschwebte, war ein „rotes Tuch" für Anwohner und Fans. „Entweder Sport-Dome oder wir", hieß es auf Flugblättern, die die Anhänger beim Spiel gegen Bochum am Millerntor verteilten. Drei Wochen später, im März 1989, kam es beim Heimspiel gegen den Karlsruher SC zum ersten Schweigeprotest gegen das 500-Millionen-Mark-Projekt. Tatsächlich stampfte das Präsidium die „Sport-Dome"-Pläne bereits im Mai offiziell ein – auch, weil ein Gutachten die Unverträglichkeit des Mega-Projektes für das Viertel bekräftigte. Die Opposition sah sich bestätigt – und ermutigt: Organisierter Protest hatte offenbar Aussicht auf Erfolg.

Aus der Anti-„Sport-Dome"-Initiative heraus gründete sich auch das erste Fanzine: der „Millerntor Roar!", der erstmals im Juli 1989 erschien. Sein Untertitel „Fans – Fußball – Viertel" machte deutlich, dass die Redaktion mehr bieten wollte als reine Sportberichterstattung. Der „Millerntor Roar!" ent-

---

1990

Nelson Mandela zwei Tage nach seiner Freilassung aus 28 Jahren Haft

>> **11. Februar: Nelson Mandela** ist frei – der Anfang vom Ende der Apartheid in Südafrika.
>> **14. März: Michail Gorbatschow** wird zum Präsidenten der UdSSR gewählt.
>> **18. März:** Erste **freie Wahlen** zur DDR-Volkskammer.

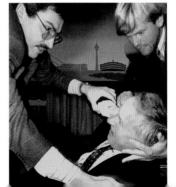

>> **25. April: Oskar Lafontaine** wird bei einem Attentat lebensgefährlich verletzt.
>> **5. Mai:** In Bonn beginnt die erste Runde der **Zwei-plus-Vier-Gespräche** zur Wiedervereinigung der beiden deutschen Staaten.

Ein Sicherheitsbeamter kümmert sich um den verletzten Oskar Lafontaine

Leonardo Manzi (M.) stochert gekonnt nach dem Ball

Tor des Monats: Wenzels Hackentreffer als „BILD"-Zeichnung

wickelte sich rasch zum wichtigen Meinungsmacher und zur vielbeachteten Diskussionsplattform für die Fanszene des FC St. Pauli und war der Vorreiter für viele andere Fanzines. Ob gegen Rassismus, Versitzplatzung der Stadien („Sitzen ist für'n Arsch!") oder die „Eventisierung" des Fußballs – immer war der „Millerntor Roar!" an vorderster Front dabei.

Den rührigen Schreibern unterlief nur eine kleine Unachtsamkeit: Die Heimspiele behandelten sie unter der Rubrik „Millerntor-Paadie". So „erfanden" ausgerechnet kritische Fans einen heute besonders durch Boulevard-Medien ausgelutschten Klischeebegriff, den sie inzwischen tunlichst meiden.

Die erfolgreichste Saison der Vereinsgeschichte

Gleich zwei Premieren feierte der FC St. Pauli am 23. März 1989. Zum ersten (und einzigen) Mal in dieser Saison zog er anlässlich des Hamburger Derbys ins Volksparkstadion um. „Die HSV-Fans haben heute einen weiten Weg zu einem schweren Auswärtsspiel auf sich genommen", frotzelte Stadionsprecher Rainer Wulff. Die „Rothosen" siegten vor 54 000 Zuschauern dennoch mit 2:1.

Vielen St. Pauli-Fans bleibt das Spiel aber vor allem wegen seiner zweiten Premiere in bleibender Erinnerung: Zum ersten Mal in der Vereinsgeschichte schoss ein braun-weißer Spieler ein „Tor des Monats". Rüdiger „Sonny" Wenzel erzielte es in der 2. Minute: Nach einer Flanke von Flad traf Wenzel den Ball volley mit dem rechten Außenrist. Sein Schuss flog auf einer gezielt wohl kaum je wiederholbaren Bahn über Torhüter Golz hinweg in den rechten Winkel.

Zwei Wochen später, am 7. April, wurde am Millerntor die neue Flutlichtanlage eingeweiht. Der 2:0-Sieg gegen Leverkusen sollte ein gutes Omen sein. Auch danach spielte der FC St. Pauli – wenigstens nach Einschätzung vieler Fans – immer dann besonders erfolgreich, wenn das Flutlicht schien. Zeitweilig schienen die Braun-Weißen sogar auf UEFA-Cup-Kurs. Dass es am Ende doch nicht zu internationalen Ehren reichte, tat der Euphorie keinen Abbruch. Am letzten Spieltag schlug das Schulte-Team Uerdingen (damals noch mit Vornamen „Bayer 05") mit 5:1, und der FC St. Pauli beendete die Bundesliga-Saison auf dem 10. Tabellenplatz. Das ist bis heute die beste Platzierung, die der Verein je erreicht hat.

Der Zuschauerschnitt betrug rund 21 000 (HSV: 15 000). Damit hatte der FC St. Pauli nach Dortmund, Bayern und Stuttgart die meisten Heim-Fans. Die Saison 1988/89 war aber nicht nur die sportlich erfolgreichste der Vereinsgeschichte, sondern wahrscheinlich auch die wichtigste: Die Ereignisse dieser Saison prägen das Vereinsimage bis heute.

Leo und die Flüchtlinge „Es gibt zwei Brasilien: Eins, wo Bayer Leverkusen einkauft, und eins, wo St. Pauli einkauft." Dieser alte Witz hat seinen Ursprung in der Verpflichtung von Leonardo Manzi zu Anfang der >

> **17. Mai:** Die Weltgesundheitsorganisation (WHO) streicht **Homosexualität** aus ihrem Krankheitskatalog.

> **19. Juni:** Die Benelux-Staaten, die BRD und Frankreich unterzeichnen das **Schengener Abkommen** (Verzicht auf Kontrollen an gemeinsamen Grenzen).

Die Eröffnung der „Neuen Flora" wird von Protesten begleitet

>> **29. Juni:** Die **„Neue Flora"** am Hamburger S-Bahnhof Holstenstraße spielt erstmals das Musical „Phantom der Oper". Massive Proteste gegen die Kommerzialisierung des Stadtteils begleiten die Premiere.

Die Fans sind sich sicher: Der Mythos lebt („Retter-Spiel" gegen Bayern München, 2003)

Mythos, willst du ewig leben?

Was Ende der 80er Jahre begann, prägt das Image des FC St. Pauli bis heute

Der FC St. Pauli kann keine großen Pokale oder Meistertitel vorweisen. Trotzdem verkaufen sich seine Fanartikel auf Champions-League-Niveau. Der Verein genießt so viel Sympathie wie kaum ein anderer in Deutschland. Wer dieses Phänomen verstehen will, muss sich auf eine Zeitreise begeben. In eine Zeit, in der Männer noch Schnauzbart trugen und in der es auf einem neuen Fernsehsender namens „RTL plus" spätnachts in der Lederhose jodelte. Eine Zeit, in der die „Kutten" noch das Erscheinungsbild der Fankurven prägten und der Bundesliga-Fußball noch nicht nach Showgeschäft roch, sondern nach Proletentum.

Mitte der 80er Jahre war das öffentliche Bild des FC St. Pauli nicht außergewöhnlich. Es wurde vor allem durch die chronische Finanznot des Vereins geprägt. Gegenüber dem HSV war der FC St. Pauli eher der kleine Rivale als der Underdog. Vom übermächtigen Kontrahenten unterschied er sich vor allem durch die Eingebundenheit in das Stadtviertel, nach dem er benannt ist. Seine Zuschauerzahlen bewegten sich im unteren vierstelligen Bereich.

Kein Wunder, kämpfte der Verein doch mehrere Jahre in der 3. Liga ums Überleben. Doch ab Mitte der 80er Jahre stiegen die Zuschauerzahlen sprunghaft an: Aufkeimender sportlicher Erfolg und der gleichzeitige Niedergang des HSV führten dazu, dass nicht wenige Fans vom HSV zu St. Pauli abwanderten, der Verein aber auch völlig neue Fans hinzugewann. Und die besetzten einen „fankulturell leeren Raum", wie Autor René Martens konstatiert: Eine etablierte Fanszene gab es nicht.

So konnte die Hausbesetzerszene rund um die umkämpften Häuser der Hafenstraße den Verein für sich entdecken, in dem mit Volker Ippig ein Mann das Tor hütete, den sie als einen der ihren akzeptierte. War es in linken Kreisen bis dato eher verpönt, sich mit Fußball zu beschäftigen, so änderte sich das jetzt. „Hier konnte man Fußball gucken, ohne die Begleiterscheinungen hinnehmen zu müssen, die es in vielen anderen Stadien gab: Frauenfeindlichkeit oder eine rechte Gesinnung, die sich in Wort und Tat äußerte, wie der Beleidigung von dunkelhäutigen Spielern", erinnert sich der spätere Fanbeauftragte und heutige Organisationsleiter Sven Brux an das damalige Millerntor-Gefühl: „Der Politisierungsgrad der damaligen Jugend war sehr hoch. Es gab den massiven Protest gegen die Volkszählung, die Hausbesetzerszene war sehr aktiv, überall sind Sachen passiert. Da war es nur logisch, dass sich das Geschehen im Stadtteil auch irgendwann im Stadion abbildet."

Alternative linke, ja gar links-autonome Fangruppen, das war eine Novität in einem Fußballstadion. Plötzlich existierte ein Fußballclub, dessen Fans im Stadion „Nazis raus" brüllten, schwarze Kapuzenpullis trugen und lieber kifften als soffen. In der Fankurve am Millerntor wehten Totenkopffahnen, das Publikum war bunt gemischt. Das Klischee „Da steht der Punker neben dem Banker" hält sich bis heute. Gleichzeitig wurden die Fans des FC St. Pauli zu einem „Role Model" des Protestes. Sie engagierten sich gegen reine Sitzplatzstadien und Kommerzialisierung ebenso wie gegen Rechts. Fußball und Politik waren sich hier näher als anderswo. Der Schlachtruf „Nie wieder Krieg, nie wieder Faschismus, nie wieder 3. Liga" brachte das auf den Punkt. „Im Stadion herrschte Aufbruchstimmung", resümiert Sven Brux. „Da hatte jeder das Gefühl, er ist hier bei einer Sache dabei, die einfach neu ist." Das Stadion war bald regelmäßig ausverkauft, die Stimmung nahezu gewaltfrei. Das Publikum konnte sich mit der Mannschaft identifizieren, deren Spieler größtenteils aus Hamburg und Norddeutschland stammten (s. S. 263). Dass das Team auch in Aktionen gegen rechts-nationalistisches Gedankengut einbezogen werden konnte (s. S. 278), machte die Verbindung zwischen Fankultur und Team nur noch enger.

Es dauerte nicht lange, bis auch die Medien auf die „Spaß-und-Protest-Enklave" aufmerksam wurden. Sie nahmen mit Ver- und Bewunderung wahr, dass die Fans am Millerntor ihre Mannschaft selbst dann lautstark anfeuerten, wenn es nicht gut lief – gerade dann. Ihre Selbstironie und Kreativität hoben sie von Anhängern anderer Clubs ab. Gierig sogen Presse und Fernsehen das Bild vom „etwas anderen Verein" und seinem etwas anderen Publikum auf und präsentierten es der bundesweiten Öffentlichkeit – nicht frei von Klischees und Übertreibungen: das baufällige Stadion; die These, hier sei die Zeit stehen geblieben und gebe es noch „elf Freunde" in einer „Mannschaft zum Anfassen"; die linken Fans; und immer wieder die Ikone Volker Ippig. Dessen Vergangenheit als Entwicklungshelfer im revolutionären Nicaragua und zeitweiliger Bewohner der besetzten Hafenstraßen-Häuser passte nicht nur für den „kicker" „so gar nicht in das Klischee vom aufstrebenden Berufsfußballer mit Eigenheim, Familie und teurem Auto".

Dass der Hype um den FC St. Pauli schließlich bundesweit Verbreitung fand, hatte der Verein vor allem einem radikalen Wandel in der Medienstruktur zu verdanken. Mit der RTL-plus-Sendung „Anpfiff – die totale Fußballshow" übernahm im August 1988, zeitgleich zum Bundesliga-Aufstieg des FC St. Pauli, erstmals ein Privatsender die Berichterstattung über die Fußball-Bundesliga. Fußball wurde fortan als Gesamtkunstwerk und Medienspektakel inszeniert. Auf einmal war nicht mehr nur das Sportliche, sondern auch das Drumherum eines Vereins interessant – und der FC St. Pauli mit seinen Fans erwies sich als besonders telegen. „Während wir bei anderen Vereinen nach Kuriosem und Skurrilem mühsam suchen mussten, trat das am Hamburger Kiez geballt auf", erinnert sich der damalige „Anpfiff"-Chef Ulli Potofski. So wurde ausgerechnet das kommerzielle Denken des Privatfernsehens zur treibenden Kraft bei der Verbreitung des „Mythos St. Pauli" mit dessen kommerzkritischen Fans.

„totale Fußballshow": Ulli Potofski (r.) und Dirk Zander

Der Banker ist gerade pinkeln: Punker am Millerntor

1985–1991

Seitdem wird das Image des FC St. Pauli über griffige Etiketten, die die Medien oft selbst erfinden, vermehrt und verbreitet. Die Spieler werden seit Jahren ganz selbstverständlich als „Kiezkicker" bezeichnet (auch in diesem Buch). Jörg Wontorra schuf das Label vom „Freudenhaus der Liga". Es bediente das Bild der unaufhörlich feiernden, dem verbissenen Wettkampf abschwörenden Fans aus dem weltbekannten Rotlichtviertel. Selbst international findet das Phänomen St. Pauli Beachtung. Die Londoner „Times" berichtete über das Engagement der St. Pauli-Fans gegen Rechts, und das Fußballmagazin „FourFourTwo" nannte den FC St. Pauli den „most Rock'n'Roll club in the world".

Christian Bönig, Pressesprecher des Vereins, konstatiert heute allerdings „eklatante Unterschiede zwischen der lokalen und der überregionalen Berichterstattung". Während sich die Hamburger Medien zunehmend auf die aktuellen sportlichen, personellen und finanziellen Geschehnisse konzentrieren und allenfalls die lokale Boulevardpresse in Bildern wie „Deutschlands verrücktester Klub" („BILD") verharrt, inszenieren die überregionalen Medien gebetsmühlenartig das Bunte, Skurrile, Exotische des Vereins immer wieder neu.

Dabei ist die Strahlkraft des „Mythos St. Pauli" so stark, dass er mitunter zur „self-fulfilling prophecy" wird. „Wenn St. Pauli im Spiel technisch überzeugt hat, dann findet sich das in der Hamburger Presse wieder", beobachtet Sportjournalist Lutz Wöckener. „Aber bei den auswärtigen Medien steht oft der Kampf im Vordergrund. Die Spieler sind gerannt, haben gekämpft und gegrätscht. Und die Fans haben natürlich eine Riesenparty veranstaltet, auch wenn die Stimmung im Stadion eher durchschnittlich war."

Der „Mythos St. Pauli" entstand durch das zeitgleiche Zusammenspiel mehrerer Faktoren. Dabei verhielt es sich wie bei einer mathematischen Gleichung: Fehlte einer ihrer Bestandteile, wäre sie nicht aufgegangen. Kein Vermarkter hätte die Entstehung des „Mythos" je planen können – nur dessen Nutzung.

Dem Verein waren sein neues Image und die zugrundeliegenden Fanstrukturen zunächst eher suspekt gewesen. Doch in den 90er Jahren entdeckten die Marketingstrategen des FC St. Pauli den Mythos für sich und hoben ihn auf eine neue Ebene. „Bei anderen Vereinen geht das Image in der Regel auf und nieder mit dem sportlichen Erfolg. Bei St. Pauli aber war das nicht der Fall: Das Stadion war voll, obwohl die Leistung schlecht war. Also musste da ja noch ein bisschen mehr sein. Und dieses Mehr zu analysieren, war unsere Aufgabe", erinnert sich Götz Weisener, ehemaliger Vermarktungschef, an die frühen 90er Jahre. Der FC St. Pauli war einer der ersten Vereine in Deutschland, der eine eigene Vermarktungs-GmbH gründete. Diese übernahm das Medien-Etikett von den „Freibeutern der Liga", „beförderte" den Totenkopf de facto zum zweiten Vereinslogo und etablierte den FC St. Pauli endgültig als Marke. In einer Kampagne unter dem Motto „Der Starclub" spielte der FC St. Pauli 1998 ganz offiziell mit dem „Bretterbuden-Image", nahm sich damit selbst auf die Schippe und festigte zugleich seinen Ruf als Underdog und die Außenwahrnehmung als andersartiger und kreativer Verein. „Wir kaufen bei Real!" tönte es von einem Plakat. Gemeint war damit allerdings nicht der Nobelclub aus Madrid, sondern die gleichnamige Supermarktkette. Das offizielle Vereinswappen bekam den Zusatz „Non established since 1910", und sogar ein einzelnes Spiel konnte der FC St. Pauli erfolgreich vermarkten:

Torwart Volker Ippig (l.) besuchte öfter den Fanladen

Die Fans prägen das Image des FC St. Pauli entscheidend mit

Nach dem 2:1 gegen Bayern München am 6. Februar 2002 gab er sich den Titel des „Weltpokalsiegerbesiegers", der als T-Shirt-Aufdruck tausendfach unters Volk gebracht wurde.

Eine besondere Stärke des Vereinsimages sind seine vielen Facetten. Sie bieten Identifikationsangebote für nahezu jeden, der sich nicht dem „Mainstream" zugehörig fühlt. Wer eine Dauerkarte oder ein Totenkopf-Shirt erwirbt, kauft damit zugleich ein Statussymbol der Andersartigkeit, das auch „Angepassten" das Gefühl vermittelt, dass ihnen ein Stück Unangepasstheit geblieben ist. War es in den 80er Jahren der Kampf um die Hafenstraße und in den 90er Jahren das Engagement gegen Rechts, so ist heute vor allem der Widerstand gegen eine eventisierte Fußballmaschinerie ein Moment, das viele Anhänger des FC St. Pauli eint.

Während sie Trikotsponsoren mittlerweile genauso akzeptieren wie den „Verkauf" des Totenkopfs als Markenzeichen, wehren sie sich, wenn es um die Zersplitterung der Spieltage oder die Namensrechte am Millerntor-Stadion geht. Denn hier wird für sie die Grenze zwischen „notwendigem Übel" und „Total-Kommerzialisierung" überschritten.

Der Widerstand dagegen ist einer der Antriebe für immer neue Aktionen. Damit füllen die Fans den „Mythos" weiterhin mit Leben. Und davon wiederum profitiert auch der Verein. Paradoxerweise ist somit gerade die Anti-Kommerz-Haltung der Fans einer der Gründe dafür, dass der FC St. Pauli trotz fehlender sportlicher Erfolge kommerziell erfolgreich ist: Neben Medien und Vermarktung sind die Fans die dritte und wahrscheinlich wichtigste Grundlage für den Fortbestand des „Mythos St. Pauli", der heute die gesamte Corporate Identity und Außendarstellung des Vereins prägt. Der „Mythos" ist das Alleinstellungsmerkmal gegenüber anderen Clubs. „Bayern München hat die Pokale und die Stars, und wir haben eben das Gefühl", sagt Hendrik Lüttmer, zuständig für das Merchandising des FC St. Pauli. „Man muss einfach nur lernen, das auszunutzen — und vor allem, es vernünftig und glaubwürdig zu steuern." „Keiner schlägt aus Kult professioneller Kapital", lobt das „Handelsblatt" die Arbeit des Vereins. Business-Logen und der FC St. Pauli passen nicht zusammen? „Man nennt sie einfach ‚Séparées', und schon funktioniert's", staunt Buttje Rosenfeld, Reporter der „Hamburger Morgenpost" und Ex-Profi des FC St. Pauli.

Dass sich der FC St. Pauli den heutigen Marktgegebenheiten nicht völlig verschließen kann, darin sind sich die heutigen Verantwortlichen und viele Anhänger einig. Trotzdem sehen Kritiker die Gefahr der Zerstörung des Mythos durch dessen immer ausgefeiltere wirtschaftliche Nutzung. „Wenn der Verein die Professionalität so weit treibt, dass das Besondere, auch die Bindung der Fans an den Verein, in Gefahr gerät, dann gerät das ganze Konstrukt St. Pauli in Gefahr. Dann kannst du auch über die Vermarktung die aufgebaute Kulisse nicht aufrechterhalten, weil dahinter nichts mehr ist." Das sagt nicht etwa ein Sprecher der organisierten Fanszene, sondern Hans Apel, ehemaliger Vizepräsident des FC St. Pauli und Ex-Bundesfinanzminister.

Torwart-Legende Volker Ippig sieht der Zukunft dennoch gelassen entgegen: „Das Lebensgefühl, das bei St. Pauli herrscht, wird ständig weitergelebt mit den Menschen, die da sind. Das Gesamtkunstwerk ‚FC St. Pauli' ist ein anderes als zu unserer Zeit. Aber es lebt — und entwickelt sich immer weiter."

Marco Carini, Christoph Nagel und Michael Pahl

1985-1991

Der Herr der Nasen

Bekannt aus Fanzine und Fernsehen: Guido Schröters Comicfiguren haben eine steile Karriere hinter sich

Die Bekehrung war plötzlich, heftig und unumstößlich: Am 11. März 1989 besuchte Guido Schröter sein erstes Spiel des FC St. Pauli. Es war ein gut abgehangenes 1:0 gegen den Karlsruher SC. Es war auch das Spiel des Schweigeprotests der Fans gegen den geplanten „Sport Dome" (s. S. 272). Fasziniert stand der Junge aus Bergedorf auf der Gegengerade und sog die Stimmung in sich auf. Zu Hause wusste er sich nicht anders zu helfen, als seine Eindrücke in einem Comic zu verarbeiten. Den schickte er wenig später an das neu entstandene Fanzine „Millerntor Roar!", dessen Redaktion das Angebot gerne annahm – die „Pauli Comix" waren geboren.

Seitdem ist Guido „Haus- und Hofzeichner" des Fan-Blattes und seines Nachfolgers „Übersteiger". Auch in anderen St. Pauli-Publikationen trieben seine Männchen mit den großen Nasen und den überdimensionalen Extremitäten bald ihr Unwesen.

Und machten sich auf, vom Millerntor aus ganz Deutschland zu erobern. Als Mitte der 90er Jahre das ambitionierte Fußballmagazin „Hattrick" auf den Markt kam, schickte Schröter abermals einen Comic als Initiativbewerbung – und wurde erneut engagiert. So ging es weiter. Erst für die Stadionzeitungen Freiburgs und Werder Bremens, dann für die „11 Freunde". Die Nasen seiner Männchen wurden größer, der Humor blieb. 2004 erfolgte der publizistische Ritterschlag: Die „Süddeutsche Zeitung" engagierte Schröter für ihre Samstagsausgabe.

„Das war ein Quantensprung", sagt Schröter heute. Auf einmal kannte jeder seine Cartoons. Und sie wurden auch in Kreisen hoffähig, die der Comic-Kultur sonst nicht nahestanden. Nachdem Schröter auf einer bierschwangeren Saisonabschlussparty des FC St. Pauli einen WDR-Redakteur kennengelernt hatte, stand er wenig später ARD-Sportchef Steffen Simon gegenüber – und die „Fußballgötter" erwachten in der honorigen „Sportschau" zum animierten Leben. Nach einer Rückrunde zogen die „Fußballgötter" dann weiter zum Bezahlsender „Premiere". Auch wenn die Arbeit manchmal kaum zu schaffen war und er zehn Kilo zunahm: „Es war eine tolle Erfahrung."

„St. Pauli hat mein Leben unheimlich beeinflusst", zieht Schröter Bilanz. „Als ich anfing, für den „Millerntor Roar!" zu zeichnen, war ich St. Pauli-mäßig noch gar nicht sozialisiert. Ich kam halt aus Bergedorf... Heute rekrutiert sich eigentlich mein gesamter Freundeskreis aus dem St. Pauli-Umfeld." Und wen zeichnet er am liebsten? „Wenn einer besonders gut spielt und ansonsten ein stromlinienförmiger, glatter Profi ist, kann ich damit nichts anfangen. Ich brauche Charaktere, die sich abheben von der Masse." So kamen unter anderem Dieter Schlindwein, Leonardo Manzi und Volker Ippig zu „Pauli Comix"-Ehren. Ideen kommen Schröter hauptsächlich im Stadion. „Aber ich gehe eigentlich den ganzen Tag mit offenen Augen durch die Welt." Und was die immer größer werdenden Nasen seiner Helden angeht: „Veränderung tut not. Es könnte mal wieder was passieren..." ∎

„St. Pauli hat mein Leben unheimlich beeinflusst": Comiczeichner Guido Schröter

1985-1991

Ralf „Colt" Sievers feiert seinen Treffer gegen Bayern München

> Geschichte führte der FC St. Pauli die Tabelle der 1. Bundesliga an. Wenn auch nur für drei Tage: Als der Spieltag komplettiert war, standen die Kiezkicker auf Rang sieben – sogar zwei Plätze tiefer als zuvor.

Von da gab es nur noch eine Richtung: abwärts. Nicht zuletzt wegen ausgeprägten Verletzungspechs gelang den Braun-Weißen bis zum Ende der Hinrunde nur noch ein einziger Sieg (1:0 gegen Kaiserslautern). „Wumbo" wollte dennoch niemand zurück. Stattdessen entschieden sich die Verantwortlichen um Heinz Weisener für die klassische Variante, das Glück zu erzwingen: Im Februar, noch vor Beginn der Rückrunde, wurde Helmut Schulte entlassen.

Das Urteil der Fans war drastisch: „Noch vor einiger Zeit war die Ablehnung der Erfolg-um-jeden-Preis-Strategie fester Bestandteil des Werbekonzeptes beim FC St. Pauli", schimpfte der „Millerntor Roar!": „Endgültig aus und vorbei! Hätte der Verein die sprichwörtliche Großmutter, die er verkaufen könnte, um dem Abstieg zu entgehen – er würde es tun." Helmut Schulte verließ das Millerntor als Volksheld. Eine Trennung von heute auf morgen, ohne wochenlange Demontage: „So", schrieb Schulte später, „hätte ich es mir, wenn schon, immer gewünscht."

Historisches und Trauriges Lange Zeit zum Trauern blieb den St. Paulianern nicht. Mit ihrem neuen Trainer Horst „Fussel" Wohlers fuhren sie ins Olympiastadion nach München, um sich dort die erwartete Klatsche abzuholen. Doch 15000 Zuschauer wurden Zeugen eines zutiefst unsanktpaulianischen Spielverlaufs: Während die Münchener sich gegenseitig im Auslassen von Torchancen übertrafen, fuhr der FC St. Pauli einen einzigen Konter – und der saß. Ralf „Colt" Sievers erzielte kurz vor der Halbzeit das spielentscheidende 0:1. Der Torschütze gibt sich heute bescheiden: „Den Sieg haben wir Volker Ippig zu verdanken. Der hat gehalten wie ein Irrwisch." Der Fanladen entwarf anlässlich des historischen Sieges eigens ein „Ich war dabei"-T-Shirt.

Historisch war auch das Spiel gegen Hertha BSC drei Tage später. Allerdings nicht wegen des Ergebnisses (2:2) und auch nicht, weil es vor nur 10000 Zuschauern im Volksparkstadion stattfand. Sondern weil 1500 St. Pauli-Fans die verhasste HSV-Schüssel einfach boykottierten und stattdessen am Millerntor ihre eigene „Radio-Paadie" veranstalteten. Bei eingeschaltetem Flutlicht und vor leerem Rasen zelebrierten sie die Radioübertragung des Fanladens nach allen Regeln der Sangeskunst. Ein weiteres geschichtsträchtiges Ereignis bekamen nur die mit, die am 12. April 1991 zum Heimspiel gegen den Karlsruher SC (2:0) rechtzeitig ihre Plätze eingenommen hatten: Dirk Zander schoss nach zwölf Sekunden das bis dato schnellste Tor der Bundesliga. Mit seinem zweiten Treffer in der vierten Minute erzielte er außerdem den schnellsten Doppelpack der Bundesliga-Geschichte – ein Rekord, der bis heute Bestand hat.

1991

>> **16. Januar:** Luftangriffe auf den Irak. Wegen des **Zweiten Golfkrieges** fällt der Karneval in Deutschland aus.
>> **26. Februar:** Tim Berners-Lee veröffentlicht den ersten Browser für das **World Wide Web**.

„Operation Desert Storm": Der Zweite Golfkrieg dauerte fünf Wochen

>> **28. Februar: Waffenstillstand** mit dem Irak nach dem Zweiten Golfkrieg.
>> **1. April:** Die RAF erschießt Treuhandchef **Detlev Rohwedder** in seinem Düsseldorfer Haus.

Unter Denkmalschutz: die Hamburger Speicherstadt

Rolltreppe to Hell: Gelsenkirchen, 29. Juni 1991

Wie es wirklich um den FC St. Pauli bestellt war, offenbarte das Stadtderby Anfang Juni, drei Spieltage vor Saisonende. Beim desaströsen 0:5 gegen den HSV zeigten sich nur dessen Fans noch indisponierter als die braun-weißen Fußballer. Sie warfen eine brennende St. Pauli-Ballonmütze so ungeschickt in Richtung Spielfeld, dass sie an einem Lautsprecher hängen blieb, diesen zum Schmelzen brachte und die gesamte Westkurve mit giftigen Dämpfen einnebelte. Am letzten Spieltag unterlag der FC St. Pauli in Dortmund mit 2:5. Die Fans ließen sich davon nicht beirren und verbrüderten sich sogar mit Dortmunder Polizisten. Doch es half nichts: Die Braun-Weißen mussten in der Relegation gegen den Dritten der 2. Liga nachsitzen – die Stuttgarter Kickers. Der FC St. Pauli war der vorerst letzte Verein, der die Chance hatte, von dieser Regelung zu profitieren. Eine Saison später wurde sie abgeschafft.

„It's all over now, Baby Blue" Das Hinspiel am Millerntor war eine formvollendete Demonstration der sanktpaulianischen Gabe, die eigenen Zuschauer in den Wahnsinn zu treiben. Nachdem Golke in der 31. Minute das 1:0 erzielt hatte, verballerten die Kiezkicker Torchancen, dass einem schwindelig werden konnte. Die einzig mögliche Konsequenz: Marcus Marin erzielte in der 88. Minute den 1:1-Ausgleich. Beim Rückspiel in Schwaben pfiffen die St. Paulianer dann aus dem letzten Degerloch (so der hübsche Name des Kickers-Stadions). Schwartz schoss die Gastgeber mit 1:0 in Front, und noch vor der Halbzeit sah Dirk Zander die Rote Karte. André Golke reanimierte die Braun-Weißen mit seinem Treffer in der 51. Minute. Die Verlängerung endete torlos. Ein drittes Spiel auf neutralem Platz musste die Entscheidung bringen. Jens Duve: „Wir waren ganz sicher, dass wir gewinnen." Ganz sicher waren sich auch 12 000 St. Pauli-Fans, die sich am 29. Juni 1991 ins Parkstadion Gelsenkirchen aufmachten, um den Klassenerhalt zu feiern. Ein Fan, der einen Verkehrsunfall erlitt, floh sogar mit Kopfverband aus dem örtlichen Krankenhaus, um dabei zu sein. Das Spiel wurde ein Desaster. Zur Halbzeit lagen die verletzungsgeschwächten St. Paulianer verdient mit 1:3 zurück, und daran sollte sich bis zum Schlusspfiff nichts mehr ändern.

Während in der gähnenden Leere des restlichen Stadions versprengte Stuttgarter Schlachtenbummler himmelblaue Pompons schwenkten, versanken in der Nordkurve zehntausend gebrochene braun-weiße Herzen in einem Meer aus Tränen. Nicht anders das Spielfeld: „Man sah erwachsene Männer weinen", gibt Bernhard Olck unumwunden zu. Wolfgang Biereichel widmete dem Abstieg im NDR eine später preisgekrönte Dokumentation: „It's all over now, Baby Blue", benannt nach dem berühmten Dylan-Song, lieferte den melancholischen Abgesang auf drei stürmische Bundesliga-Jahre, die das Gesicht des FC St. Pauli für immer verändert hatten. ■

>> **30. April:** Der Hamburger Senat stellt die **Speicherstadt** unter Denkmalschutz.
>> **30. April:** Der letzte „**Trabbi**" rollt vom Band.

Mit der Kraft der zwei Kerzen: Der Trabant hat ausgedient

>> **21. Mai:** Als erstes Bundesland führt Hamburg eine behördliche Genehmigung für die Züchtung und Haltung besonders **aggressiver Hunderassen**, wie zum Beispiel (Pit-) Bullterrier, ein.

1991 - 2003

DAS ZEHNTE KAPITEL, in dem der „Fahrstuhl aufwärts" sich verspätet

...Pfeifenmann zum Partyretter wird. Ein stolzer Trainer will Kiezkicker zu...

Zu früh gefreut: Im Aufstiegsspiel gegen Homburg liegt St. Pauli am 18. Juni 1995 mit 5:0 vorn, als der Schiedsrichter Elfmeter pfeift. Begeisterte Fans glauben an den Schlusspfiff und stürmen den Rasen. Ein Spielabbruch droht

20. Mai 2001: Vor Beginn der Saison galt der FC St. Pauli als „Absteiger Nummer 1" – doch er beendet sie als Erstligist: Nach Toren von Kolinger und Baris gewinnt St. Pauli das Saisonfinale in Nürnberg 2:1. Der Jubel ist grenzenlos

... Brasilianern formen, Stadionpläne entstehen, und permanent Tore schieße

ßfußballer verfehlen ihr Saisonziel nach oben. Unterdessen verändern ...

1991 - 2003

... Improvisation und Sprengstoff den Stadtteil. Weltpokalsieger erleben

unes Wunder – doch die Fahrt endet einen Stock tiefer, als sie begann.

Nach der Ekstase: Am verschneiten Millerntor scheint Stürmer Marcel Rath das ganze Elend des Abstiegskampfs ins Gesicht geschrieben. Das Spiel gegen Gladbach endet 1:1 – doch mehr wäre möglich gewesen (23.2.2002)

Der Stadtteil St. Pauli 1991–2003

Die Zeit der Kontraste

Lebensraum und Partymeile, Unruheherd und Spekulationsobjekt: St. Pauli 1991–2003

Es ist 1991, und der Kiez lebt. Am 7. September feiert der Stadtteil im Millerntor-Stadion ein Fest: „Viva St. Pauli". Der Veranstalter ist keine Konzertagentur, sondern der „Verein Hafenstraße". Viele Anwohner und Fans des FC St. Pauli haben die Vorbereitungen vorangetrieben. „Wir wollen hier LEBEN", heißt es auf den Plakaten. Mit einer Fotocollage aus Hafenstraße und Stadionatmosphäre erinnern sie an die letzten Jahre, die den Stadtteil und seinen Fußballverein mit Unruhe und neuer Energie aufgeladen haben. Die untere Hälfte des Plakats zeigt ein Hafenmotiv: zwei Schlepper mit den passenden Namen „Rasant" und „Resolut".

Vor den Toren des Stadions findet ab Mittag ein Kinderfest statt – St. Paulis Ex-Mannschaftskapitän Jens Duve betreut das Torwandschießen –, und in die Haupttribüne, die Stehplatz-Fans gern als „Kuchenblock" bezeichnen, sind zwei Bühnen integriert. Holzplatten bedecken den Rasen. Wo sonst Fußballgötter grätschen, tummelt sich eine Mischung aus „unzähligen Punks, schwarz uniformierten Autonomen, bunten Neohippies, gesetzten Durchschnittsbürgern, lächelnden Altlinken und glücklichen Kids und Mikrokids", beschreibt die „taz". 25 000 Menschen seien gekommen (das konservative „Abendblatt" spricht immerhin von 12 000): „Angesichts der ... überwältigenden

„St. Pauli den Bewohnern": Festival-Eintrittskarte (1991)

„Vom FC bis zur Hafenstraße": Beim „Viva St. Pauli"-Festival feierte die Gegenkultur

Der Stadtteil St. Pauli 1991–2003

Ausmaße der Gegenkultur erscheinen die regierenden Amtspersonen wie Dinosaurier, die von einer intelligenteren und wendigeren Spezies bedroht werden." Das Programm ist so bunt wie das Viertel: das „Schulorchester Friedrichstraße" und die „Toten Hosen", Corny Littmann und „Extrabreit", Achim Reichel und „Die Goldenen Zitronen". Heimlicher Star ist die über 70-jährige St. Paulianerin „Muttchen" Wulf, eine Lieblingsnachbarin der Leute aus der Hafenstraße. Sie singt Lieder über den Stadtteil, begleitet von Rio Reiser am Klavier. Den Endpunkt setzen die Punklegenden von „Slime": „Deutschland muss sterben, damit wir leben können." Tausendfacher Pogo im Nieselregen. Das Stadion bebt, als wäre der FC St. Pauli wieder aufgestiegen, nur zwei Monate nach seinem dramatischen Erstliga-Aus.

Von Leerstand zu neuem Leben

Die Tristesse der 70er und frühen 80er Jahre war auf St. Pauli zu Anfang der 90er eine ferne Erinnerung. Auf wenigen Quadratkilometern hatte sich eine Musik- und Clubkultur entwickelt, die „Große Freiheit 36" und „Docks" ebenso umfasste wie die „Rote Flora" am Schulterblatt (galt als Reggae-Hochburg) und das „Störtebeker" in der Hafenstraße (Punk). Im bröckelnden Beton des ehemaligen „Astra Bowling Centers" am Eingang der Reeperbahn setzte der „Mojo Club" ab 1991 internationale Trends mit Dancefloor Jazz, und im großen Keller unter dem nahen Schwulentreff „Amigo Bar" (heute die „Meanie Bar") war schon 1990 das „Molotow" entstanden, das rauere Töne anschlug. In der Talstraße feierte die Techno-Szene im „Unit".

Aus vielen Kellern im Viertel dröhnten Soundchecks und Bandproben. „Hier findest du puren Rock'n'Roll", freute sich ein Mitglied der „Gunslingers", deren „St.Pauli-Song" in den Erstligazeiten der 80er Jahre auch im Millerntor-Stadion lief, „hier ist das wahre Leben mit Sex und Suff, mit Glitzer und Glamour – und daneben der Dreck und der Zerfall. So ähnlich stell ich mir jede Schöpfung vor, Aufstieg und Niedergang, direkt nebeneinander." „Sisters of Mercy"-Sänger Andrew Eldritch fand die Mischung ähnlich attraktiv und zog in eine Ein-Zimmer-Wohnung nahe der Hafenstraße. Zeitweilig belegte seine Band eine Werbebande an der Haupttribüne des Millerntors.

Im schummrigen Rotlicht des Tanzclubs „Tempelhof" am Hamburger Berg trafen sich Bands der „Hamburger Schule" zum gepflegten Abhängen in Polstersesseln bei Soul und Hip-Hop (an den regelmäßigen „Special Days" auch bei Jazz und Reggae). Der „Sorgenbrecher" gegenüber war die „Absturzkneipe" der Wahl für Endlosdiskussionen bei Bier und Pistazien, untermalt vom Blinken und Klingeln des „Addams Family"-Flippers. Beliebte Szenetreffs waren auch das „Sparr" und „Rosis Bar" in der gleichen Straße sowie der „Komet" und „Casper's Ballroom" etwas weiter weg. Neben Indie-Pop bot der „Ballroom" jeden Sonntag die „Lindenstraße" – ein Gag, der sich zur Institution entwickelte.

St. Pauli war wieder „in" – und das hatte Nebeneffekte. Die Kontraste zwischen Arm und Reich wurden stärker. „Menschen, die seit Jahrzehnten auf dem Kiez wohnen, ziehen in andere Stadtteile, weil in wenigen Jahren die Mietpreise unglaubliche Höhen erreicht haben", schrieb ein Reiseführer 1992: „Und kleine, vergessene Hafenkneipen schließen und werden ersetzt durch gut belüftete, saubere, durch und durch künstliche Etablissements." Ähnlich klang es im „SPIEGEL": „Die St. Paulianer verdämmern und träumen von alten Zeiten. Was kommt, wird schlimm. ... Es kommen die Edel-Kneipen, und es kommen die Beamten, die St. Paulis Schmuddelkinder verdrängen. Das Geld will den Kiez, aber bitte besenrein."

Kurz vor Erscheinen des Artikels hatte ein Vollstreckungsbeamter

Neues Leben auf der „sündigen Meile": „Der Kiez den Kids", forderte eine Demonstration 1992

Das „Erotic-Theater" ging, nackte Haut blieb: 1997 folgte das „Doll House" dem „Salambo"

Der Stadtteil St. Pauli 1991–2003

Im Februar 1995 brachten über 180 Kilogramm Sprengstoff das Iduna-Hochhaus am Millerntorplatz zum Einsturz

> die Türen des „Erotic-Theaters Salambo" in der Großen Freiheit versiegelt, das seit den 70er Jahren berühmt-berüchtigt für seine Kopulations-Shows war (s. S. 191). Es war die bekannteste von einst über 50 Sexbühnen auf dem Kiez. Anfang der 90er Jahre waren nur noch fünf übrig. Unter dem Motto „Hamburg erleben – Kontraste live" warben Broschüren der Stadt mit dem Neonschriftzug des „Salambo". Doch nun waren Juristen des Bezirksamts Mitte – unter anderem wegen eines Kondomverbrauchs von 100 Stück pro Show – zu dem Schluss gekommen, das „Salambo" verstoße gegen die guten Sitten und fördere die Prostitution. „Selbstverständlich wird bei uns gebumst", empörte sich „Salambo"-Chef René Durand – das sei ja seit 25 Jahren bekannt. Aus Protest verlegte er sein Büro nach draußen und ließ sich mit Schreibtisch und Stühlen im Eingang seines Etablissements nieder. Der Fernsehautor Eberhard Fechner hielt die Vorwürfe „ausgerechnet auf der Reeperbahn für etwas absurd", der Regisseur Jürgen Roland („Polizeirevier Davidswache") unterstellte den Verantwortlichen „typisch deutsche Doppelmoral". Nach einigem Hin und Her durfte Durand noch eine Weile weitermachen, ehe das „Salambo" im Dezember 1996 endgültig schloss – wenige Jahre bevor das 2002 in Kraft getretene Prostitutionsgesetz die gewerbliche Liebe offiziell „legalisierte". Als Nachfolger des „Salambo" bot das „Doll House" ab 1997 „Table Dance" nach amerikanischem Vorbild.

Pudel in der „Gyros-Bude"

Die Clubkultur befand sich unterdessen im Wandel. „Sparr", „Tempelhof" und „Sorgenbrecher" waren Mitte der 90er Jahre geschlossen, und der erste „Pudel Club" im Schanzenviertel (s. S. 250) wurde 1994 abgerissen. Die Schlüssel hatten die Betreiber zuvor „an ein paar Punks gegeben. Und die haben das Ding dann über den Jordan gebracht, bevor die Abrissbirne kam", erzählt Rocko Schamoni, der den „Pudel" mit Schorsch Kamerun und anderen gegründet hatte. Sein Nachfolger entstand im Sommer 1995 in einem allein stehenden Haus an der Hafentreppe. „Da war nie was", so Schamoni, „nur am Sonntag hatten die so ein Oma-Café unten drin." Dabei war der Platz „ideal, völlig frei, hier konntest du total Randale machen. Noch dazu waren wir quasi in der Schutzzone der Hafenstraße, das war also im weitesten Sinne rechtsfreier Raum."

Einmal mehr entstand eine Kiez-Institution aus dem Nichts, ohne Immobilienfonds, Kapitalgesellschaften und jahrelange Planungsverfahren: „Wir haben nur eine Woche renoviert", sagt Schamoni. „Tapeten runtergerissen, ein paar Lampen aufgehängt und Bier hinter den Tresen gestellt. Dann war's fertig, das neue Ding." Anfangs gab

Der Stadtteil St. Pauli 1991–2003

es nur einen Plattenspieler. Während die DJs nach dem nächsten Titel kramten, unterhielten sie das Publikum mit Moderationen, die teils eine so absurde Faszination entfalteten, dass manche nur ihretwegen kamen. Da das Internet noch vor seinem Durchbruch stand, lief die Werbung per Diktafon. „Da hab ich draufgesprochen, was abläuft am Wochenende, und etwa 60 Leute angerufen: Gerät ans Telefon gehalten, abspulen lassen, aufgelegt."

Als erste überregionale Medien über den „Golden Pudel Club" berichteten, stifteten die Betreiber durch regelmäßiges Übermalen ihres Namensschildes Verwirrung: „Gyros-Bude St. Pauli", „Dr. Helmut Kohl". Zeitweilig „annektierten" sie sogar den Namen einer anderen „Zentrale" der Musikszene und nannten sich „Heinz Karmers Tanzcafé", nach dem 1994 eröffneten Club an der Budapester Straße, in dem Bands wie „Tocotronic" frühe Auftritte hatten. Es war der Beginn eines ironischen „Flugblatt-Krieges", der beiden Seiten nützte.

Große Pläne

Der „Pudel" existiert noch heute, doch das „Karmers" ist längst der Abrissbirne zum Opfer gefallen – wie vieles auf St. Pauli. Im Februar 1995 schauten 80000 „Sprengtouristen" zu, als 180 Kilogramm Sprengstoff das Iduna-Hochhaus am Millerntorplatz zum Einsturz brachten. Der Nachfolger feierte ein Jahr später Richtfest: ein zehnstöckiger Glaspalast mit beigefarbener Natursteinverblendung, reichlich Büroraum und Restaurants im Erdgeschoss.

Am Standort des „Mojo Clubs" gegenüber wollten holländische Investoren ein gewaltiges „Urban Entertainment Center" mit Multiplex-Kino und „Imax" errichten, zogen sich dann aber zurück. Auch Claus Becker, Immobilienbesitzer und Betreiber des „Erotic Art Museums", plante Großes: ein Musical-Theater mit 3000 Sitzen an der Bernhard-Nocht-Straße und ein Vergnügungszentrum mit Restaurants, Kinos, Travestie-Show und „Zirkus Roncalli" auf dem Dach am Nobistor. Es sei „vorteilhaft, daß die Stadt für St. Pauli kein Konzept hat", zitierte ihn die „ZEIT": So könne Becker ungestört expandieren.

Zeitweilig besaß er über 40 Häuser, die er aufwendig renovieren ließ. Bewohner wie der damals 71-jährige Kuriositätenhändler Harry Rosenberg klagten über explodierende Mieten. Rosenbergs „Hamburger Hafen Basar" in der Bernhard-Nocht-Straße musste ausziehen. Per Menschenkette transportierten 200 Helfer ausgestopfte Kugelfische, afrikanische Holzelefanten und fast 50000 andere Stücke zur neuen Adresse. Den „Hafen Basar" gibt es noch heute, geleitet von Rosenbergs Tochter, doch Beckers Pläne zerschlugen sich. 2002 meldete das „Abendblatt" die Zwangsversteigerung vieler seiner Häuser.

Zuhälter für 16 Mark die Stunde?

Der „SPIEGEL" beklagte unterdessen den Niedergang des „klassischen" Zuhältermilieus: „Selbst am Samstagabend kurvt nur eine einzige

Vom Haigebiss bis zum Schrumpfkopf: In Harry Rosenbergs „Hafen Basar" gab es einfach alles. 1996 musste er umziehen – die Miete war explodiert

Der Stadtteil St. Pauli 1991–2003

> Chevrolet Corvette, der klassische Zuhälterschlitten, durch den Kiez. Ihr Fahrer sieht aus, als zahle die Stadt 16 Mark pro Stunde, damit er für die Touristen den Luden spielt. Die zweite Corvette, rot, mit Turbohutze, Speichenfelgen und Sidepipes, steht an der Reeperbahn. Im Fenster ein Zettel: ‚Zu verkaufen'.

Schlager und blaue Bohnen

Stattdessen drängten neue Gruppen an die Macht. „Die Gewalt explodierte", so die „SPIEGEL"-Reporterin Ariane Barth. In ihrer Kiez-Chronik „Die Reeperbahn" jagt zwischen 1991 und 1997 eine Schießerei die nächste. Hintergrund seien Verdrängungskriege zwischen Zuhältern und Drogenhändlern gewesen, die laut Barth durch „Absprachen und Befriedungsbemühungen ... im kriminellen Milieu" beigelegt wurden: „Schießereien mit den nachfolgenden Schnüffeleien störten den Gang der Geschäfte." Trotz blutiger Schlagzeilen zog es weiterhin Tausende auf den Kiez: in Kneipen und Clubs, in den Dauerbrenner „Cats", der erst 2001 seine Pforten schloss, ins „St. Pauli Theater", „Schmidt Theater" und in dessen 1991 eröffnetes Pendant „Schmidts Tivoli" im früheren Bierpalast „Zillertal". Das Ensemble um Corny Littmann spielte dort das Shakespeare-Musical „Ein Sommernachtstraum" ebenso wie die 1994 uraufgeführte Revue „Fifty-Fifty", die zur Renaissance des Schlagers beitrug. 1997 tobte der erste „Schlagermove" über den Kiez. Im gleichen Jahr machten die Schließung des Hafenkrankenhauses und der Bavaria-Brauerei in der Hopfenstraße Schlagzeilen – zwei Institutionen, die „eine Solidargemeinschaft" darstellten, meinte ein Anwohner im „SPIEGEL": „Was nützt die Brauerei ohne Krankenhaus. Du säufst Astra, stürzt hin und brichst dir das Bein. So ist das." Kaum ein anderes Krankenhaus in Deutschland behandelte mehr betrunkene Patienten als die 1900 gegründete Klinik in der Bernhard-Nocht-Straße. Wer dort aus dem Rausch erwachte, blickte auf eine bemalte Zimmerdecke mit Mond und Sternen. „Sie befinden sich in der Ausnüchterungszelle des Hafenkrankenhauses Hamburg", stand darauf.

Die „härteste Klinik Deutschlands" („SPIEGEL") behandelte auch Notfälle, für die keine Krankenversicherung aufkam. Aus einem Kleiderfundus im Keller konnten sich Obdachlose vor ihrer Entlassung bedienen. Angesichts des Engagements vieler Mitarbeiter schrieb der „Focus" von der „Schwarzwaldklinik an der Elbe", während die „ZEIT" die „einzigartige Bastion des Sozialen" als „ein Stück Kiezkultur" und „Hort der Humanität" bezeichnete.

Unterstützer des Krankenhauses sammelten 50 000 Unterschriften für seinen Erhalt, doch für die Stadt hatten andere Zahlen Vorrang: Die Krankenkassen forderten die Ausmusterung von 650 Krankenhausbetten. Im Februar 1997 zogen rund 100 Mitglieder der Initiative „Ein Stadtteil steht auf" in die stillgelegte Station D, wechselten die Schlösser aus, zogen die Vorhänge zu und weigerten sich zu gehen.

Das Gesicht St. Paulis
Ihr Engagement machte Domenica zum Medienstar

„Alle meine Freier hießen alle Meier", sang Domenica Niehoff 1992 auf dem Stadtteil-Sampler „Das Herz von St. Pauli". In Talkshows war sie ein gern gesehener Gast, auch schon in den 80er Jahren. Eine Domina aus der Herbertstraße, die sich öffentlich outet und für Prostituierten-Rechte und die Legalisierung des „Gewerbes" eintritt, das war für Presse und Fernsehen eine „gute Geschichte". Sie spielte das Medienspiel mit, doch für sich selbst hatte sie nichts davon. Oft wurde sie angestarrt, und es kam vor, dass wildfremde Männer ihr im Speisewagen Geld unter den Teller schoben, in wortloser Erwartung. Für die Öffentlichkeit blieb sie „Deutschlands bekannteste Hure" („taz"), auch nachdem sie 1991 die Herbertstraße verlassen hatte und in St. Georg als Streetworkerin arbeitete. Dort half sie drogensüchtigen Frauen, die sich mit Prostitution über Wasser hielten, ließ sie bei sich übernachten und kochte auch für sie. Sie war freigiebig mit sich selbst und mit allem, was sie hatte. Als Domenica im Februar 2009 starb, war sie für viele die „bekannteste St. Paulianerin".

Herzlich, freigiebig, selbstlos: die gebürtige Kölnerin Domenica

Der Stadtteil St. Pauli 1991–2003

Nach einem Tag garantierte die Stadt, wenigstens eine Notfallambulanz zu erhalten, doch erst im September 1999 räumten die Besetzer die Station – zwei Monate nachdem die versprochene Ambulanz ihre Arbeit aufgenommen hatte. Ursprünglich sollten dort Luxuswohnungen entstehen. „Hamburg schäumt für Astra", meldete das „Abendblatt" fast zeitgleich mit dem Beginn der Krankenhausbesetzung. „Das hat es in der Hansestadt selten gegeben: Die Hamburger solidarisieren sich offenbar mit ihrem Stadtteil St. Pauli und der von Schließung bedrohten Bavaria-Brauerei. ... Spar-Supermärkte melden Zuwachsraten bei Astra von bis zu 30 Prozent."

Die Angestellten der Brauerei demonstrierten und bauten „Klagemauern" aus leeren Astra-Kisten, doch der damalige „Bavaria"-Besitzer „Brau und Brunnen" ließ sich nicht umstimmen. Schließlich übernahm die Stadt Hamburg die Brauerei als „Zwischenlösung" und verkaufte sie ein Jahr später an den „Holsten"-Konzern.

Wasserwerfer und Bauwagenkekse

Die nächste Protestwelle ging vom Norden des Stadtteils aus: Am 4. November 2002 räumte ein großes Polizeiaufgebot den Bauwagenplatz „Bambule", der seit rund zehn Jahren im Karolinenviertel existierte – ein Verstoß gegen das Hamburger „Wohnwagengesetz" von 1959. „Es ist traurig und es ist beschämend für eine reiche und stabile Stadt, dass diese glaubt, sich die Großherzigkeit nicht mehr leisten zu können, für ein paar Freaks eine Ausnahme zu machen", kritisierte die „taz", doch mit Kompromissen war kaum zu rechnen: Der damalige Innensenator Ronald Schill definierte sich als „Hardliner". Nach der Räumung protestierten zunächst nur 400 Menschen, unter anderem auf der Reeperbahn, doch die Demonstrationen weiteten sich rasch aus. Als Startpunkt wählten die Initiatoren oft Heimspiele des FC St. Pauli. Vor dem Anpfiff warteten Wasserwerfer neben dem Stadion. Schill setzte auf demonstrative Stärke und trug so zur Eskalation des Konflikts bei, meinte der Politikwissenschaftler Michael Greven im „Abendblatt". Der Verfassungsschutz kam zu ähnlichen Ergebnissen: „Es bleibt festzuhalten, dass die Räumung des Bauwagenplatzes ... zu einer breiten Solidarisierung gegen die Politik des Senats – kulminierend in der Person des Innensenators – geführt hat."

Am 30. November demonstrierten mehrere tausend Menschen in der Innenstadt, und Hamburgs Kaufleute fürchteten um ihr Weihnachtsgeschäft. Schließlich kam es zu Verhandlungen zwischen der „Bambule"-Gruppe und Innenstaatsrat Wellinghausen. Die Gewerbetreibenden des Karo-Viertels zeigten sich im Dezember 2002 mit einem „Bambule-Tag" solidarisch: Sie verkleideten ihre Schaufenster mit bemalten Bettlaken als Bauwagen und reichten Bauwagenkekse, während Bauwagen-Bewohner auf Passanten zugingen und mit Buttons auf ihren Jacken Gesprächsbereitschaft signalisierten: „Wo Bambule draufsteht, ist auch Randale drin?"

„Wir wollen hier LEBEN": So stand es auf den Plakaten des „Viva St. Pauli"-Festivals 1991, und die „Bambulistas" hätten es ähnlich ausdrücken können. Doch die Verhandlungen blieben ohne Erfolg. Die Bauwagen sind bis heute nicht zurückgekehrt. ■

Corny Littmann (l.) und Jutta Wübbe alias „Marlene Jaschke" bei der Eröffnung von „Schmidts Tivoli"

„Ein Hort der Humanität" („ZEIT"): Als das Hafenkrankenhaus 1997 schließen sollte, wurde es besetzt

Der Bauwagenplatz „Bambule" im Karolinenviertel. Seine Räumung löste 2002 eine Protestwelle aus

1991-2003

„Verdammt, ich lieb dich!" Nach dem Abstieg in Gelsenkirchen (r.) rief die Stadionzeitung bereits im August den „Aufbruch 1991" aus

Rock 'n' Roll im Fahrstuhl

Die Zeit zwischen 1991 und 2003 war eine Periode voller Widersprüche: zwischen Hoffnung und Enttäuschung, Aufstiegs-Ekstase und Abstiegs-Leiden, magischen Momenten und tiefer Verzweiflung

Der Abstieg des FC St. Pauli aus der 1. Bundesliga war nicht mehr als ein „Ausrutscher", meinten viele. „Und wir steigen wieder auf, halleluja!", sangen die Fans trotzig, als die 1:3-Niederlage im letzten Relegationsspiel gegen die Stuttgarter Kickers am 29. Juni 1991 nur wenige Minuten alt war.

„Wir versprechen: Wir werden alles versuchen, damit der FC St. Pauli in einem Jahr wieder in der Bundesliga spielt", gelobten Präsident Weisener und sein „Vize" Christian Hinzpeter feierlich – auch aus wirtschaftlichen Gründen: Weisener bürgte für Bankverbindlichkeiten über 7 Millionen Mark. Und die 2. Liga stand nicht nur für niedrigere Zuschauereinnahmen, sondern auch für weniger Fernsehgelder und geringere Sponsoring-Erträge. Um dem FC St. Pauli überhaupt eine Lizenz für die 2. Liga zu erteilen, verlangte der DFB Spielerverkäufe für 2,5 Millionen Mark. Schließlich wechselte André Golke zum 1. FC Nürnberg, Dirk Zander zu Dynamo Dresden, seinerzeit trainiert von seinem Ex-Coach Helmut Schulte, und André Trulsen zum 1. FC Köln. Die drei Transfers brachten 2,6 Millionen ein. Die drängendste Frage war jedoch: Wer bleibt? Noch am Abend des Abstiegsdramas setzte sich die Vereinsführung mit den Spielern zusammen und bot ihnen Verträge für die 2. Liga an. Manche unterschrieben sofort. „Wir Spieler haben den Karren in den Dreck gefahren", erklärte Mannschaftskapitän Jürgen Gronau, „wir müssen ihn auch wieder rausholen."

Idylle in der City Nach dem Abstieg spielte der FC St. Pauli eine ungewohnte Rolle: Er war nicht mehr der Underdog, sondern ein Meisterschaftsanwärter. Es war ein wenig so, als hätte Robin Hood über Nacht den Sherwood Forest geerbt. Statt Bayern München kam nun der VfB Oldenburg ans Millerntor – zeitgleich mit einem Kamerateam der britischen BBC, deren Bericht dazu beitrug, den FC St. Pauli auch in Großbritannien bekannter zu machen. „Die Tatsache, daß an einem x-beliebigen Werktag 17 000 Zuschauer

CHRONIK 1991

>> **15. April:** Der HSV will eine **Aktiengesellschaft** gründen, die Sanierung des mit 12 Mio. Mark verschuldeten Vereins misslingt aber.
>> **20. Juni:** Der Bundestag beschließt den Umzug der Regierung von Bonn nach Berlin.

Protest gegen den Umzug nach Berlin

>> **1. September:** Im früheren „Zillertal" am Spielbudenplatz eröffnet Corny Littmann „**Schmidts Tivoli**".
>> **19. September:** Die Eiszeitmumie „Ötzi" wird in den Südtiroler Alpen gefunden. Der gleichnamige DJ erfreut sich hingegen weiterhin bester Gesundheit.

Markus „Toni" Sailer ringt einen Catcher nieder – doch nicht die Krise

Wenn der Wecker zweimal klingelt: St. Pauli-Fans machen ihrem Unmut per Transparent Luft (1991)

gegen einen eher unbedeutenden Verein ... zusammenkommen und eine südländische Stehparty zelebrieren, ist schon seltsam", staunte das „Abendblatt" über dieses Spiel: „13 ausgelaugte Profis wurden nach dem mühsamen 3:1-Sieg gegen den Außenseiter wie Heroen gefeiert. ... Wo sonst aber als am Millerntor können 17 000 Menschen aus allen sozialen Schichten unter freiem Himmel eine so große Feier begehen? ... Außer in der Eckkneipe oder auf dem Wochenmarkt kann nirgendwo so spontan und unkompliziert kommuniziert werden. Der FC St. Pauli ... bietet ein Stück Idylle in der City."

Der Spielmodus dieser Saison war ungewöhnlich, und das lag an der Wiedervereinigung: Während die 1. Bundesliga einfach um Hansa Rostock und Dynamo Dresden erweitert wurde, teilte der DFB die 2. Bundesliga in zwei Staffeln mit je neun West- und drei Ostvereinen. Die ersten sechs spielten in getrennten Aufstiegsrunden je einen Erstligaplatz untereinander aus, während die unteren Hälften der Ligen je drei Absteiger ermittelten.

Feuer, Stahl und Krise Das erste Pflichtspiel des FC St. Pauli auf früherem DDR-Boden wurde ein denkwürdiges Ereignis. „Alles war sehr ursprünglich", erzählt Dieter Schlindwein, „die Kabinen waren sogar noch eine Nuance schlimmer als bei St. Pauli." „STAHL!" – „FEUER!", donnerten die Wechselgesänge der Brandenburger Fans von den Rängen. Sie waren fremd und eindrucksvoll – das genaue Gegenteil des st. paulianischen Fußballs an diesem Tag. „Verhöhnt, ausgelacht, ausgepfiffen und ausgebuht" („Abendblatt") kehrten die braun-weißen Botschafter des Westfußballs mit einem 0:4 ans Millerntor zurück. Ihr Versagen lieferte die Basis eines von vielen Fans vertretenen Theorems, das als „Ostkomplex" berüchtigt werden sollte. „Die Zeit läuft ab", schrieb das „Abendblatt" am 21. Oktober nach ersten „Wohlers raus!"-Rufen: Dem glücklosen Trainer bleibe allenfalls „eine Woche Frist".

Beim anschließenden „Schicksalsspiel" bei Blau-Weiß 90 Berlin stellte sich Präsident Weisener zu den 700 St. Pauli-Fans auf den Stehplätzen, ließ sich mit Kaffee im Pappbecher versorgen – und sah den souveränsten Sieg seit langem: 5:1. Das Stimmungshoch kam rechtzeitig vor der Jahreshauptversammlung am 28. Oktober. Weisener skizzierte dort erneut die prekäre Finanzlage. Da ein Millionen-Minus aus der Saison 1989/90 noch lange nicht abgebaut sei, müsse er mit etwa 5 Millionen Mark pro Jahr einspringen, um die Liquidität zu sichern. „Es besteht auf Dauer gesehen eine ungute wirtschaftliche Abhängigkeit des Vereins von einer Einzelperson und umgekehrt", hielt Weisener fest.

„Keinen Fußbreit den Faschisten" Besonders wichtig bleibt diese Hauptversammlung wegen einer Initiative des Fanzines „Millerntor Roar!". Nachdem es >

1992

> 26. Dezember: Der Oberste Sowjet tritt zusammen und beschließt die **Auflösung der Sowjetunion**, deren juristische Nachfolge die Russische Föderation antritt.
> Neue Fußballregel: Einführung der **Gelb-Roten Karte**.
> M: 1. FC Kaiserslautern

Faksimile des Maastrichter Vertrages

>> 7. Februar: Der Vertrag über die **Europäische Union** wird von den Mitgliedsstaaten in Maastricht unterzeichnet.
>> 1. April: Syrien eröffnet sein Konsulat in Hamburg. Die Stadt hat damit **86 Konsulate** — mehr als New York.

>> 5. Mai: Vorläufiger Baustopp für das Einkaufszentrum „**Mercado**" in Hamburg-Altona nach dem Fund eines jüdischen Friedhofs.
>> 17. Mai: Außenminister **Hans-Dietrich Genscher** tritt nach 18 Amtsjahren zurück.

1991-2003

„Highlander" des Heiligengeistfelds
Patriarch mit Portemonnaie: Heinz Weisener, Vereinspräsident von 1990 bis 2000

„Gedämpfte Stimmen, edle Hölzer bis zur Decke, hier und da ein offener Kamin, der auf angenehme Weise die Kühle der Zahlenkolonnen auf den Schreibtischen kompensiert": Kaum ein Ort könnte sich stärker vom Millerntor unterscheiden als der Firmensitz des Architekten Heinz Weisener im noblen Hamburg-Harvestehude, den die „ZEIT" 1995 so beschrieb. Und doch war Weisener zehn Jahre lang Präsident des Vereins mit den Totenkopffahnen.

Sein erster Kontakt zum FC St. Pauli kam schon Anfang der 80er Jahre zustande. Es ging um ein neues Stadion – ein Thema, das ihn für den Rest seines Lebens begleiten sollte. Immer wieder präsentierte Weisener Pläne zum Ausbau, Umbau oder Neubau des Millerntors, immer wieder scheiterten sie an der Finanzierung. Sohn Götz Weisener, lange in der Vermarktung des FC St. Pauli tätig, fühlte sich an eine Hollywoodfigur erinnert: „In dem Film ‚Highlander' gibt es so ein Degenduell. Christopher Lambert kriegt immer wieder den tödlichen Hieb ab, und er steht trotzdem immer wieder auf. Die Szene fällt mir zu meinem Vater ein, weil er auch so einen Stehauf-Charakter hatte. Er hat sich immer wieder gesagt: Ich lass mich nicht unterkriegen, probieren wir es noch einmal."

Doch warum gerade beim FC St. Pauli? „Mein Vater hat nicht immer aus dem Vollen geschöpft", versucht Götz Weisener eine Erklärung: „Er hat ursprünglich eine Maurerlehre gemacht und im Baugeschäft seines Vaters gearbeitet. Es war sicher eine liebenswerte Komponente für ihn, dass dieser Verein eine bodenständige Fangemeinde hat. Genauso hat es ihm Spaß gemacht, ‚seine Jungs', wie er die Spieler immer nannte, wie Söhne zu empfangen, wenn irgendwelche Feierlichkeiten waren."

Die Rolle des Patriarchen behagte „Papa Heinz", wie er in Fan-Kreisen oft genannt wurde. „Der Verein gleicht einem Kind, das lernen muss, ohne die Hilfe Dritter laufen zu können", sagte er auf der Jahreshauptversammlung im Mai 1995, kündigte jedoch zugleich an, einmal mehr „die Konten glattzumachen". Doch in der zweiten Hälfte der 90er Jahre mehrten sich kritische Stimmen: „Heinz Weisener hat den Verein entschuldet und wieder verschulden lassen", schrieb der „Übersteiger": „Eigentlich stehen wir wieder da, wo wir damals begannen."

Als Kompensation für seine Finanzhilfen ließ Weisener sich die Vermarktungs- und Merchandisingrechte des Vereins übertragen, die dieser nach seinem Ausscheiden zusammen mit dem Unternehmen „Upsolut" für 5,2 Millionen Mark zurückkaufte. „Sicherlich weniger, als Weisener dem Verein zur Verfügung gestellt hat", meint der heutige Präsident Corny Littmann: „Er hat sich daran nicht bereichert."

Die Hoffnung auf ein neues Stadion gab Weisener nie auf. Noch im Sommer 2000 sagte er der „Morgenpost": „Im Oktober endet meine Amtszeit, und der Baubeginn des Stadions gehört einfach noch in meine Zeit als Präsident dieses Vereins." Es sollte nicht so weit kommen. Im April 2005 starb Heinz Weisener. Die Mannschaft spielte mit Trauerflor, und das ganze Stadion gedachte seiner mit einer Schweigeminute. „Mein Vater würde sicher sehr glücklich sein, wenn er die neue Südtribüne sehen könnte", meint Götz Weisener. „Wenn sie auch optisch anders ist, als er es gemacht hätte: Sie steht." ∎

Heinz Weisener präsentiert das „neue Stadion" (1997)

Polonäse mit Papa: Der Aufstieg 1995 wird gefeiert

Mission Impossible Original-Baumodell (1997)

Freundschaftsspiel gegen Galatasaray: türkische Folklore am Millerntor

Sonst hatten Fans wenig zu feiern: St. Pauli-Fan und Fanladen-Mitarbeiter Sven Brux als „Masochist"

> zu rechtsradikalen Pöbeleien im Stadion gekommen war, beschloss der FC St. Pauli einstimmig als erster Fußballverein Deutschlands, rassistische und ausländerfeindliche Hetze per Stadionordnung zu verbieten und mit Stadionverbot zu ahnden.

Mit der Transparent-Aktion „Keinen Fußbreit den Faschisten" setzten St. Pauli-Fans in Abstimmung mit dem Verein ein deutliches Zeichen gegen Rechts. Das Freundschaftsspiel gegen Galatasaray Istanbul am 26. November wurde unter das Motto „Gegeneinander spielen – miteinander leben" gestellt. 12 000 Menschen kamen und sahen einen 4:0-Sieg des FC St. Pauli gegen den türkischen Spitzenclub.

Der Auswärtssieg gegen Berlin und das Galatasaray-Spiel blieben einsame Höhepunkte einer deprimierenden Saison. „Der FC St. Pauli darf in der kommenden Spielzeit nicht in die erste Bundesliga aufsteigen", urteilte das „Abendblatt". „Die Männer vom Millerntor müssen unten bleiben: Nur dort haben sie die Chance, Heimspiele nicht zu verlieren." Die „erstaunlich widerstandsfähigen Fans und Freaks" seien möglicherweise „Masochisten", mutmaßte Redakteur Jens Meyer: „Wahrscheinlich klatschen sie noch in der Oberliga …"

„Und ich weiß, warum ich hier stehe" Die „Millerntor Roar!"-Redaktion setzte ihnen ein filmisches Denkmal: „Und ich weiß, warum ich hier stehe" endete mit dem Abstiegsdrama von Gelsenkirchen. Bei der Premiere im Dezember 1991 flimmerten Trauer und Wiederaufstiegs-Euphorie über die Leinwand der Altonaer „Fabrik" wie eine ferne Erinnerung.

Die St. Paulianer qualifizierten sich als Tabellenvierter für die Aufstiegsrunde. Doch dort „hagelte [es] Niederlagen, verdiente Niederlagen, weil der FC St. Pauli immer die schlechtere von zwei Mannschaften war", so die Vereinszeitung. Nach dem 0:3 gegen Hannover am 29. März verließen einige Fans schon vor dem Abpfiff das Stadion. Andere zerrissen ihre Dauerkarte, obwohl noch drei Heimspiele anstanden.

Am folgenden Tag bat Horst Wohlers Präsident Weisener um seine Entlassung. Sein „Co" Josef „Seppo" Eichkorn übernahm vorübergehend die Mannschaft. Ändern konnte er nichts mehr. Statt der hoch favorisierten Erstliga-Absteiger vom Heiligengeistfeld ergatterte Bayer 05 Uerdingen das Ticket nach oben. St. Pauli blieb Vierter – und verzichtete auf die üblich gewordene Party am Ende der Saison: „Es gibt nach dieser verkorksten Serie keinen Grund zum Feiern", meinte Vizepräsident Christian Hinzpeter.

Ein „Siegertyp" kommt Wohlers' Nachfolger hatte gerade mit dem Zweitligisten Hannover 96 den DFB-Pokal gewonnen und damit die Qualifikation für den Europapokal der Pokalsieger geschafft. Als Vorgänger Willi Reimanns und Helmut Schultes beim FC St. Pauli hatte er Anteil an den magischen Auf- >

1992

>> **26. Juni:** Dänemark gewinnt das Finale der **Fußball-EM** in Schweden gegen Deutschland mit 2:0. Die Dänen waren erst kurzfristig ins Turnier nachgerückt, weil die jugoslawische Mannschaft wegen des Bürgerkriegs im eigenen Land vom Turnier ausgeschlossen worden war.

Vom Urlaub zum Titel: Dänemark jubelt

>> **29. Juli:** Der frühere DDR-Staatschef **Erich Honecker** kehrt aus der Chilenischen Botschaft in Moskau nach Berlin zurück und wird festgenommen.

Robert Nikolic (l.) grätscht Roy Präger (Fortuna Köln) gekonnt von hinten um (13.7.1992)

stiegs- und Erstligajahren von 1985 bis 1991. „Michael Lorkowski ist der Prototyp des Siegertypen", war St. Paulis Vereinszeitung überzeugt. Zudem lobte sie seine bestechende Kenntnis des Umfelds. „Ob es nun der Keller, die Kneipe, die Küche sei: Alles ist ihm bestens vertraut." Die Voraussetzungen schienen ideal für den erneuten Angriff auf die 1. Liga.

Weil die 2. Ligen Nord und Süd zusammengefasst worden waren, erwarteten 46 Spiele die Kicker vom Kiez – die längste Zweitliga-Saison aller Zeiten. Am Ende der Tabelle klaffte ein Abgrund aus sieben Abstiegsplätzen. Nach drei Spieltagen war er in sicherer Ferne, und St. Pauli stand erwartungsgemäß auf Platz zwei. Doch dann ging die Tabellenfahrt rasant nach unten.

„So ein Tag, so wunderschön wie heute", sangen die St. Pauli-Fans nach einem besonders desaströsen 0:3 beim Aufsteiger Wuppertaler SV ironisch. Dass Routiniers wie Jürgen Gronau und Bernd Hollerbach auf der Bank saßen, während die Mannschaft Pleite um Pleite aneinanderreihte, stieß zunehmend auf Unverständnis. Als Lorkowski ankündigte, beim Heimspiel gegen den FC Remscheid im September nur Spieler aufzustellen, die ihre Auflaufprämien einem guten Zweck stifteten, wertete die Mannschaft das als „Erpressung" und sprach sich gegen eine weitere Zusammenarbeit aus. Am 23. September 1992 entließ der FC St. Pauli den „Siegertypen" nach nicht einmal drei Monaten.

Co-Trainer Eichkorn übernahm erneut das Ruder, konnte die Abstiegsgefahr aber nicht bannen. Als am 38. Spieltag der Chemnitzer FC ans Millerntor kam, war der FC St. Pauli nur einen Punkt vom Tabellen-Abgrund entfernt – und verlor 0:1. Nach dem Schlusspfiff herrschte gespenstische Stille. Wie gelähmt verharrten die Fans im Stadion. War das bereits der Abstieg?

Der große Tag des Leo Manzi Die verbleibenden acht Spieltage wurden zur Zitterpartie. Unentschieden in Remscheid und Mannheim, Sieg gegen Jena – Heimniederlage gegen Mainz. Diesmal leerte sich das Stadion in Minutenschnelle. „Es macht niemandem mehr Spaß, kein bißchen mehr", schrieb die „Millerntor Roar!"-Redaktion in einem Flugblatt, und kündigte das Ende des legendären Fanzines an.

Verteilt wurde es beim letzten Spiel der Saison gegen Hannover 96. Nur ein Tor trennte das Team vom Tabellen-18. Eintracht Braunschweig. Ein Sieg war Pflicht. „Wir standen alle unter Spannung", erzählt Dieter Schlindwein: „Es war eine Strapaze, ein Zitterspiel, ein Spiel voller Leiden." St. Pauli startete einen Angriff nach dem anderen, doch das erlösende Tor wollte nicht fallen – bis Leo Manzi, der „große Brasilianer mit der kleinen Technik" („taz"), den bedeutendsten Auftritt seiner Karriere hatte: In der 73. Minute köpfte er eine Gronau-Flanke unhaltbar in den hannoverschen Kasten. „Südländischer ist noch kein

1992

>> **22. August:** Rechtsradikale greifen die Zentrale Anlaufstelle für Asylbewerber in **Rostock-Lichtenhagen** an. Die mehrere Tage andauernden Krawalle sind die schwersten ausländerfeindlichen Ausschreitungen in der Nachkriegsgeschichte Deutschlands.

Pogrome in Rostock-Lichtenhagen

>> **9. Oktober:** Die beiden Bundestagsabgeordneten **Petra Kelly und Gert Bastian** (Die Grünen) werden tot aufgefunden.
>> **13. Dezember:** Lichterkette in **Hamburg:** 450 000 Menschen demonstrieren gegen Ausländerhass.
DM: VfB Stuttgart

Am Anfang war der „Roar!"

„Übersteiger dir deine Meinung":
Das populärste Fanzine zum FC St. Pauli

Als das einflussreiche Fanmagazin „Millerntor Roar!" (s. S. 272) 1993 sein Erscheinen einstellte, fand es in „Unhaltbar!" und „Übersteiger" gleich zwei Nachfolger, die Themen von der Vereinspolitik über die sportliche Entwicklung bis hin zu Rassismus und Kommerzialisierung im Stadion kritisch behandelten.

„,Unhaltbar!' war journalistisch supergut gemacht. Das konnte man eigentlich gar nicht mehr Fanzine nennen", lobt „Übersteiger"-Gründungsmitglied Ronny Galczynski. „Wir waren dafür dichter dran an den Fans. Wir haben so geschrieben, wie die Leute geredet haben, uns auch mal ausgekotzt." Auch politisch unterschieden sich die Magazine: „,Unhaltbar!' hatte auch linksradikale Elemente. Das war beim ‚Übersteiger' nicht mehrheitsfähig. Wir hatten anfangs von der Jungen Union bis zu Juso-Leuten und Grünen so gut wie alles in der Redaktion." Im Stadion und am Tresen bekamen die ehrenamtlichen Redakteure mit, „was den Leuten auf der Seele brennt. Zum Beispiel die Debatte, was den ‚Mythos St. Pauli' ausmacht und ob's den überhaupt noch gibt." Immer wieder berichtete der „Übersteiger" über Themen, die an diesem Mythos kratzten, zum Beispiel, als „Eisen-Dieter" Schlindwein in der Winterpause 1993/94 seinen brasilianischen Kollegen Manzi im Trainingslager nach einem Foul als „schwarze Sau" beschimpfte (der Verein verhängte eine Geldstrafe von 5000 Mark und sprach eine Abmahnung aus, während Schlindwein beteuerte, seine Bemerkung sei ihm „so rausgerutscht und nicht rassistisch gemeint").

„Wir wollen aber nicht nur Funktionären und Spielern auf die Finger klopfen, sondern auch den Fans", betont Galczynski. „Das ist seit 16 Jahren unsere Mission: ansprechen, was im Argen liegt. In der Wunde bohren." Mit Erfolg: Präsident Heinz Weisener, dessen Amtsführung die Redaktion stets kritisch begleitete, nannte den „Übersteiger" einmal das „einzig relevante Fanzine" des FC St. Pauli. Während viele Fanmagazin-Gründungen der 90er Jahre längst eingestellt wurden – auch „Unhaltbar" –, erscheint der „Übersteiger" (selbstironischer Slogan: „Übersteiger dir deine Meinung") bis heute. Leserbriefe sind seltener geworden. Viele Debatten haben sich in virtuelle Fanforen verlagert, in denen „kein Mensch weiß, wer da schreibt und vor welchem Hintergrund das geschieht".

Konsequent kritisch seit der Erstausgabe (oben links): der „Übersteiger"

Doch Galczynski und seine Mitstreiter finden es wichtig, den „Übersteiger" als Plattform am Leben zu erhalten, die Zusammenhänge präsentiert, Hintergründe aufzeigt und nicht nur „Meinungen kundtut, sondern zu Diskussionen anregt".

So wollen sie „dazu beitragen, dass die Fanszene und der Verein so bleiben, wie sie sind, oder sich sogar noch verbessern". Wenn es auf dem Weg dorthin kontrovers zugeht, schadet das nicht, meint Galczynski, der heute als freier Journalist und Buchautor arbeitet (u. a. „FC St. Pauli Vereinsenzyklopädie"): „Das finde ich ja so schön an unserem Verein. Manchmal geht es dermaßen drunter und drüber, dass du denkst: Jetzt knallt alles auseinander. Aber dann kommt die Jahreshauptversammlung, man setzt sich zusammen, man diskutiert. Und zack, sind sich alle wieder einig. – OK, vielleicht nicht einig. Aber man hat sich wieder zusammengerauft." ■

St. Pauli Aufstieg 5:0
Der Kiez tanzt

Nach dem Aufstieg: Die Mannschaft feiert auf dem Balkon des „Docks" mit den Fans

> Die Versöhnung kam im folgenden Heimspiel gegen Zwickau: Nach 70 Minuten stand es 5:0. Danach standen nur noch die beiden Letztplatzierten zwischen dem FC St. Pauli und der 1. Liga: Der FSV Frankfurt – St. Pauli schlug ihn 3:1 – und der FC Homburg 08.

Freudenbeben am „Docks" Bei einem Sieg, egal wie hoch, war der Aufstieg dem FC St. Pauli nicht mehr zu nehmen. Und doch fanden die St. Paulianer einen Kniff, um der Partie das ortsübliche Drama zu verleihen. Sawitschew, Driller und Scharping hatten längst alles klar gemacht, Pröpper und erneut Scharping den Vorsprung auf 5:0 vergrößert – als ein Pfiff des Unparteiischen einen Platzsturm auslöste, der zum Verlust der Punkte hätte führen können (s. S. 305). Zum Glück für St. Pauli erklärte Schiedsrichter Bodo Brandt-Chollé die Partie nach dem Motto „Der Ball ist rund, und das Spiel hat 87 Minuten" trotzdem für ordnungsgemäß beendet.

Nach dem bis heute einzigen Aufstieg in die 1. Fußball-Bundesliga, der am Millerntor entschieden wurde, versank die Reeperbahn in frenetischem Jubel. Das Epizentrum des Freudenbebens war der Balkon des „Docks". „Zuerst hieß es, dass nur vier Leute gleichzeitig rausdürfen, weil das ein alter, maroder Balkon war", erzählt André Trulsen, „aber statt vier waren gut vierzig Leute draußen – mit Mannschaft, Frauen, Ordnern und allem, was dazugehört. Es war gigantisch." Die Logistik der für ihren Getränkeumsatz bekannten „Esso"-Tankstelle an der Reeperbahn wurde hart geprüft – und ging schließlich in die Knie, erinnert sich der langjährige Kartencenter-Chef des FC St. Pauli, Torsten Vierkant: „Da war nichts mehr, kein Schluck, der was mit Alkohol zu tun hat. Das war unglaublich."

Die Auftakt-Tabelle der Saison 1995/96 ist mit großer Wahrscheinlichkeit eine der meistausgeschnittenen der Vereinsgeschichte. Nach einem 4:2 gegen 1860 München war der FC St. Pauli erstmals nach einem abgeschlossenen Spieltag Tabellenführer im Oberhaus – vor Bayern München und Bayer Leverkusen. Das ZDF lud Uli Maslo als Ehrengast ins „Aktuelle Sportstudio" ein. Dort berichtete er über seine internationalen Erfahrungen als Trainer – und sprach einen Satz aus, der vielen den Atem stocken ließ: „Ich bin stolz, Deutscher zu sein."

Der Trainer distanzierte sich umgehend von seinen Äußerungen. „Das hat nichts mit Nationalismus zu tun", sagte er dem Fanmagazin „Übersteiger". Sein Satz sei ausschließlich „im Zusammenhang mit Fußball" zu verstehen. Nach acht Jahren im Ausland sei ihm die „Schärfe dieser Aussage" möglicherweise nicht mehr bewusst gewesen.

„Da geht mir voll einer ab" Wenigstens half das Sportliche, die Partystimmung wiederherzustellen: Dem 4:2 gegen München folgte ein 2:0 bei den >

1994

>> **16. Februar:** In Hamburg-Billstedt wird der erste **Fixerraum** in Deutschland eingerichtet.
>> **5. April:** Der Grunge-Sänger **Kurt Cobain** (Nirvana) begeht Selbstmord.
>> **5. April:** Der Kaufhauserpresser Arno Funke (**„Dagobert"**) wird festgenommen.

>> **23. April:** Das **„Phantomtor"** Thomas Helmers beim Spiel des FC Bayern München gegen den 1. FC Nürnberg (2:1) führt zu einer späteren Wiederholung der Partie.
>> **30. April:** Tragisches Formel-1-Wochenende in **Imola, Italien:** Im Training verunglückt Roland Ratzenberger, im Rennen der dreifache Weltmeister Ayrton Senna tödlich.

Kurt Cobain trat im März 1994 in München zum letzten Mal auf

Die kleine Lüge des Bodo Brandt-Chollé
Wie ein Schiedsrichter den Aufstieg des FC St. Pauli in die 1. Bundesliga rettete

Es ist der 18. Juni 1995. Noch drei Minuten bis zum Aufstieg. Uneinholbar liegt der FC St. Pauli 5:0 gegen Homburg in Führung. 21 000 Zuschauer haben das Stadion in das sprichwörtliche Freudenhaus verwandelt.

Dann ein Pfiff: Nach einem Foul im Homburger Strafraum zeigt Schiedsrichter Bodo Brandt-Chollé auf den Elfmeterpunkt. Die Geste ist eindeutig. Doch Hunderte Fans am Spielfeldrand glauben an das Spielende. In hochprozentiger Jubelstimmung stürmen sie das Grün, reißen ihren Lieblingen die Trikots vom Leib, küssen die Torpfosten und trennen Grassoden aus dem heiligen Platz, als Andenken an den historischen Triumph. Die meisten Spieler treten im Laufschritt die Flucht vor der Fanübermacht an, Torhüter Frank Böse nur noch in Unterwäsche.

Den nüchtern gebliebenen Zuschauern wird allmählich klar, dass sich eine Katastrophe anbahnt. Ein Spielabbruch droht. „Bitte bewahrt die Ruhe", brüllt Stadionsprecher Rainer Wulff in sein Mikrofon: „Verlasst sofort den Platz!" Seine Stimme geht im Jubel unter. Die Fans auf den Tribünen rufen den Fans auf dem Rasen ein „Ihr seid doof!" entgegen. Es hilft nichts. Eine Handvoll Ordner stemmt sich gegen die Übermacht. Vergebens. Die Vereinsoffiziellen laufen ohne Plan durcheinander. „Ihr verspielt den Aufstieg!", ruft Rainer Wulff den Fans verzweifelt zu. Doch dem Chaos lässt sich kein Einhalt gebieten. Tränen stehen in den Augen der Zuschauer, die das Regelwerk des DFB kennen: Bei einem selbstverschuldeten Spielabbruch ist das Spiel mit 2:0 für den Gegner zu werten. Aufstieg adé? Einmal gelingt es beinahe, den Platz zu räumen. Doch kaum ist der Rasen wieder zu sehen, drängen neue Zuschauer nach. Bange Minuten vergehen. Dann bereitet Vizepräsident Christian Hinzpeter dem Spuk ein Ende: „Ich habe eben mit dem Schiedsrichter gesprochen", verkündet der sichtlich mitgenommene Jurist durch das Stadionmikrofon: „Das Spiel wird mit 5:0 für uns gewertet." Wieder brechen Fans in Tränen aus. Doch diesmal sind es Freudentränen.

Als Bodo Brandt-Chollé vor die Kameras tritt, gibt er eine verblüffende Erklärung. „Ich wollte keinen Elfmeter geben, sondern mit dem Pfiff lediglich das Spiel ordnungsgemäß beenden, was ich damit auch getan habe." Nach 87 Minuten? Und die eindeutige Handbewegung zum Elfmeterpunkt? „Ich hatte mit den Homburgern, die Angst vor den am Spielfeldrand wartenden Fans hatten, ein Handzeichen in Richtung Kabine vereinbart", erklärt Brandt-Chollé trocken: „Meine Geste mag für viele missverständlich gewesen sein."

Erst zehn Jahre später gesteht Brandt-Chollé die ganze Wahrheit: „Ich habe in den letzten Minuten kaum noch gepfiffen, weil so viele schon am Rand standen ... Dann gab es dieses Foul, und ich konnte nicht anders, als Strafstoß zu pfeifen. Natürlich wurde das missverstanden, die Leute kamen von allen Seiten. Da hab ich den Arm halt ein wenig gedreht und weg vom Elfmeterpunkt hin zur Kabine gezeigt. ... Die Uhr [habe ich] dann in der Kabine zu Ende laufen lassen. Damit war die Sache korrekt."

Die denkwürdige Partie ist Bodo Brandt-Chollés letztes Spiel im Profifußball. Noch lange feiert er seinen Ausstand auf der Reeperbahn, mit den Kollegen von der Linie, inmitten freudetrunkener St. Paulianer. Bis heute erinnert er sich gern an diesen „wunderbaren Tag". Und verschweigt bescheiden, dass er mit viel Fingerspitzengefühl und einer kleinen Lüge keinen geringen Anteil daran hatte, dass dieser 18. Juni 1995 so wundervoll endete. ■

(Gastbeitrag von Marco Carini)

Platzsturm nach dem Pfiff: Die Fans feiern auf dem Rasen

Carsten Pröpper hat so seine Zweifel: War jetzt Schluss oder nicht?

Bodo Brandt-Chollé sagt, was Sache ist

Hauen und Stechen: „Eisen-Dieter" Schlindwein (l.) gegen Eintracht Frankfurts Johnny Ekström (14.10.1995)

> seinerzeit hochgelobten „Breisgau-Brasilianern" des SC Freiburg. „In der ersten Liga die Bälle zu halten, finde ich total geil", erklärte ein völlig entfesselter Torwart Thomforde nach dem Spiel: „Da geht mir voll einer ab!" Leider siegte der FC Bayern am gleichen Wochenende 6:2 gegen den Karlsruher SC, sodass die braun-weiße Tabellenführung eine kurze Episode blieb.

Dennoch zeigte die Mannschaft besonders auswärts beeindruckende Vorstellungen, etwa in Leverkusen. „Aus meiner Sicht war das der beste Fußball, der je bei St. Pauli gespielt worden ist", meint Klaus Thomforde, „vom Fußballerischen und vom Taktischen her. Das war ein Spiel gegen Bernd Schuster, Rudi Völler, Ulf Kirsten, also eine Topbesetzung. Und wir spielen 1:1 – in Unterzahl, schon nach 30 Minuten!"

In den Derbys gegen den HSV präsentierten die Braun-Weißen sich achtbar: Das Hinspiel im Volksparkstadion gewann der große Rivale nur durch einen Elfmeter mit 1:0. Beim Rückspiel – ebenfalls im Volksparkstadion – stand in den Reihen des HSV ein einstiger Publikumsliebling vom Millerntor: Bernd Hollerbach war nach einem halben Jahr beim 1. FC Kaiserslautern zur „Rothose" geworden. Statt des einstigen „Ho-Ho-Hollerbach" skandierten einige St. Pauli-Fans „Ho-Ho-Hochverrat". Die St. Paulianer setzten den HSV von Anfang an unter Druck und wurden schließlich belohnt: In der letzten Aktion vor der Halbzeitpause köpfte Holger Stanislawski eine mit viel Effet geschlagene Ecke Jens Scharpings aus fünf Metern ins Tor – 1:0. Zwar kassierten die Braun-Weißen in der 77. Minute noch den Ausgleich, doch der gewonnene Punkt im drittletzten Spiel der Saison war ein entscheidender Schritt in Richtung Klassenerhalt. Nach dem anschließenden 2:2 in Karlsruhe war er gesichert.

„Steinzeit-Pädagogik" Ein weiteres Jahr 1. Liga – an sich ein Grund zur Freude. Doch das Vereinsklima war alles andere als harmonisch. „Der FC St. Pauli hat sich den Klassenerhalt teuer erkauft", meinte die „taz": „Mit Uli Maslo regiert am Millerntor ein Trainer, dem Unterordnung oberstes Prinzip ist. ... Wo in vielen Bereichen Teamarbeit als zukunftsweisend erkannt wird, scheint der FC St. Pauli verstärkt auf Hierarchie und Steinzeit-Pädagogik zu setzen."

Besonders das Wintertrainingslager im spanischen Chiclana hatte für Negativschlagzeilen gesorgt: Essen, Wetter, Kraftraum – Coach und Teile der Mannschaft kritisierten nahezu alles. St. Pauli-Manager Jürgen Wähling warf einigen St. Paulianern „menschenunwürdiges Verhalten" vor. „Das Tischtuch zwischen Maslo und Wähling ist endgültig zerschnitten", schrieb das „Abendblatt" danach. Auf einer Pressekonferenz am 13. Februar erklärte der Manager, seinen eigenen, im Juni auslaufenden Vertrag nicht zu verlängern.

1994

>> **10. Mai:** Nelson Mandela wird erster schwarzafrikanischer Präsident Südafrikas.
>> **17. Juli:** Brasilien gewinnt die **Fußball-WM** in den USA (gegen Italien, 3:2 n. E.).
>> **20. Juli:** Mit Chicago wird Hamburgs **achte Städtepartnerschaft** unterzeichnet.

Zum vierten Mal Weltmeister: Brasilien

>> **28. September:** Untergang der Passagierfähre „**Estonia**" auf der Fahrt von Tallinn nach Stockholm: 852 Tote.
>> **5. November:** US-Boxer **George Foreman** schlägt sensationell den Weltmeister Michael Moorer. Er ist mit 45 Jahren der älteste Schwergewichtsweltmeister aller Zeiten.

Die Tierwerdung des Klaus T.

Kein Torwart des FC St. Pauli absolvierte mehr Erstliga-Einsätze als Klaus Thomforde

„Ruhiger Typ": Klaus Thomforde in den 80ern

„Vorsicht, bissig" – in den 90ern wurde Thomforde zum „Tier im Tor"

Die Fäuste geballt. Die Augen weit aufgerissen. Die Halsschlagader dick wie ein Tau. Dazu ein gewaltiger Urschrei: Kaum ein Spieler hat je ein geschossenes Tor so leidenschaftlich zelebriert wie Klaus Thomforde ein verhindertes. Mit der gleichen Intensität dirigierte er seine Abwehr, fieberte er mit, ärgerte er sich über Fehler, herrschte er Gegner an, die in sein Territorium eindrangen. Den Ehrennamen „Tier im Tor" hat er sich redlich verdient.

Einen Finanzbeamten stellen sich die meisten Menschen anders vor. Doch genau das war Klaus Thomforde von Beruf, in seinem beschaulichen Heimatort Zeven, ehe er Fußballprofi wurde. Bei seinen Mannschaftskameraden galt er lange als „ruhiger Typ", nachdem er 1983 zum FC St. Pauli gekommen war. Etwas später wurde er zum Stammkeeper, trat dann hinter Volker Ippig ins zweite Glied – und war von 1992 bis 1999 die unangefochtene „Nummer 1" (mit einer Unterbrechung 1993/94, als meist Andreas Reinke im Tor stand).

Eine entscheidende Etappe der „Tierwerdung" des Klaus Thomforde war die Saison 1992/93. Drei Spiele vor Schluss stand der FC St. Pauli auf dem Abstiegsplatz 19. „Da habe ich mir gesagt: Du darfst kein Tor mehr kassieren." In den nächsten beiden Spielen hielt Thomforde seinen Kasten sauber, während sein Ehrgeiz von Parade zu Parade wuchs: „Da habe ich mich regelrecht reingesteigert." Dann kam das „Herzschlagfinale" gegen Hannover 96. „Wir mussten das Spiel gewinnen, auf Teufel komm raus. Nach Manzis 1:0 hat Hannover auf ein Tor gespielt. Bei jedem gehaltenen Ball habe ich mich selbst laut gepuscht und motiviert, weil ich wusste: Wenn du jetzt ein Ding reinkriegst, ist alles aus." Es blieb beim 1:0, und Thomforde behielt seine Methode bei. „Ich war nie der Talentierteste", sagt er von sich selbst, „darum musste ich alles in die Waagschale werfen, um stärkere Gegner zu bezwingen."

Den letzten Schliff lieferte ein Trainingslager mit der Mannschaft in Spanien. Dort lernte er von britischen Keepern, sich „an den Grenzen der körperlichen Leistungsfähigkeit mit englischen Schimpfwörtern und Kraftausdrücken zu motivieren. Ich fand extrem gut, wie die das umgesetzt haben." Auch wegen der „Außenwirkung", so Thomforde: „Ich merkte, dass es nicht nur nach Leistung ging, sondern dass es nicht schadete, etwas zu machen, worüber die Leute reden."

Viele tun es bis heute. Insgesamt absolvierte Klaus Thomforde, mittlerweile Torwarttrainer der litauischen Nationalmannschaft, 217 Zweitligaspiele und 42 Drittligaspiele für den FC St. Pauli – sowie 100 Erstligapartien, mehr als jeder andere Keeper der Vereinsgeschichte. Bevor ein Kreuzbandriss seiner Karriere ein Ende setzte, hatte ihm die Band „Phantastix" eine eigene Hymne gewidmet („Ballfänger") und ein eigener Fanclub („Fausto Klaus") ihm gehuldigt. Im Oktober 2001 widmete der Verein ihm ein Abschiedsspiel. Ein großes Transparent in einer Fanchoreographie brachte die Gefühle vieler Anhänger zum Ausdruck: „Für immer ein großer St. Paulianer!" ■

Klaus Thomforde im Cartoon (Guido Schröter)

1991–2003

Kampf der Frisuren: Lothar Matthäus (l.) gegen Carsten Pröpper

„So spielt kein Absteiger"? Martin Driller bejubelt sein 1:0 gegen Bayern München (16.8.1996)

> In der Folge agierte Uli Maslo als Coach und Manager in Personalunion, bis die Vereinsführung ihm nach ausbleibenden Erfolgen auf dem Transfermarkt einen „Hauptamtlichen" zur Seite stellte: Nach Trainerstationen bei Dynamo Dresden und Schalke 04 und einem Jahr als Manager des VfB Lübeck kehrte Helmut Schulte im Juli 1996 zurück nach St. Pauli. Doch die Startbedingungen im neuen Job waren ungünstig, besonders im Hinblick auf Neuverpflichtungen: „Eigentlich ist es zu spät", meinte Schulte, „der Markt ist total abgegrast."

Die doppelte Dauerkarte Obwohl Präsident Weisener noch im Juli 1995 um Verständnis für Preiserhöhungen am Millerntor geworben hatte, indem er versprach, dafür „nie mehr im Volksparkstadion zu spielen", beschloss die Vereinsführung ein Jahr später, die Heimspiele gegen Bayern München, den HSV, Rostock und Dortmund genau dort auszutragen (die Rostock-Begegnung wurde später ans Millerntor zurückverlegt). Sie rechnete mit 80 000 zusätzlichen Zuschauern. Nach Fanprotesten bot der Verein schließlich zwei verschiedene Dauerkarten an: eine mit allen Heimspielen – eine nur für die Begegnungen am Millerntor. Fast ein Viertel der Käufer wählte die kleine „13er"-Variante.

Fünfzehn rauschhafte Minuten lang durften sich alle „Komplettpaket"-Besitzer glücklich schätzen: Nach einem Treffer von Martin Driller in der 19. Minute führte der FC St. Pauli im Saison-Eröffnungsspiel 1:0 gegen Bayern München – bis Rizzitelli (34. Minute) und Basler (37.) die Partie drehten. „So spielt kein Absteiger", meinte Präsident Weisener dennoch zufrieden.

Der zweitschrecklichste Tag Das erste Spiel am Millerntor war ein Drama mit Happy End: Gegen Schalke 04 geriet St. Pauli früh in Rückstand, glich aus, lag wieder zurück – und schoss in der 62. und 66. Minute noch das 3:4 und das 4:4. Danach ging es abwärts. Im September ließ Braun-Weiß sich zu Hause von Werder Bremen regelrecht vorführen („Wir hätten eigentlich mit 7:0 gewinnen müssen", meinte Bremens Torwart Reck zum 3:0 seiner Mannschaft). In der Woche darauf gelang dem HSV gegen St. Pauli das gleiche Ergebnis – obwohl die „Rothosen" kartenbedingt nach vier Minuten nur noch zu zehnt und nach einer Stunde sogar zu neunt auf dem Feld standen.

Im DFB-Pokal schafften die St. Paulianer es bis ins Viertelfinale, wo sie am 12. November 1996 auf den damaligen Regionalligisten Energie Cottbus trafen. Das Halbfinale schien zum Greifen nah – und damit Einnahmen von über 1,5 Millionen Mark. Doch während die Cottbusser loslegten „wie von der Tarantel gestochen" („Morgenpost") und allein in den ersten 20 Minuten vier hochkarätige Chancen hatten, kamen die St. Paulianer nur langsam in die Partie. Das Spiel

---

1995

Löst eine Formel-1-Hysterie aus: Michael Schumacher

>> **13. November:** Michael Schumacher wird erster deutscher Formel-1-Weltmeister vor seinem Konkurrenten Damon Hill.
>> **Neue Fußballregel:** Ein Sieg wird mit **drei Punkten** (bisher zwei) belohnt.
DM: Bayern München

>> **19. Februar:** Spektakuläre Sprengung des Iduna-Hochhauses am Millerntor.
>> **25. April:** Der erste **Castor-Behälter** erreicht Gorleben.
>> **3. Mai:** Hamburgs erstes privates Lokal-TV, „**Hamburg 1**", geht auf Sendung.

>> **11. Juli:** In Bosnien und Herzegowina erobern die Serben die UN-Schutzzone **Srebrenica** und richten unter den Bosniern ein Massaker an.
>> **23. Juli:** Der Spanier **Miguel Induráin** gewinnt die Tour de France. Er ist der erste Sportler, der dieses Rennen fünfmal in Folge gewinnen kann.

Am Ende war nur noch er selbst von sich überzeugt: Uli Maslo musste gehen

Hätte selbst Trost gebrauchen können: Nemet (l.) übernahm – und musste das Elend verwalten

blieb 90 Minuten lang torlos, ebenso in der Verlängerung. Es gab Elfmeterschießen. Nach fünf Schützen pro Team stand es 4:4. Von nun an ging es um jeden Fehlschuss. Cottbus' Jessen verwandelte sicher. Dann schritt der junge Matthias Scherz zum Elfmeterpunkt – und scheiterte am Cottbusser Torwart. St. Pauli war ausgeschieden. „Für einige war es schlicht ‚fürchterlich' oder ‚entsetzlich', meinte das „Abendblatt", „doch für viele war es ganz einfach nur der ‚zweitschrecklichste Tag' in der Vereinsgeschichte des FC St. Pauli. Nur der Lizenzentzug für die Bundesliga 1979 war härter – so empfanden viele Anhänger …"

Ein bitteres Ende Schon vor dem Pokal-Aus hatte Uli Maslos Trainerstuhl gewackelt. Als die Mannschaft aus den ersten vier Spielen der Rückrunde nur einen Punkt holte, mischte sich Präsident Weisener erstmals öffentlich in den sportlichen Bereich ein: „Es muss etwas am System geändert werden", sagte er im März 1997. „Außerdem habe ich das Gefühl, dass die Spieler verunsichert sind. Die Situation ist verdammt ernst."

Beim Tabellenletzten SC Freiburg gingen die Braun-Weißen am 28. Spieltag 0:4 unter. „Kennen Sie einen Trainer der Welt, der mit dieser Elf den Abstieg verhindern kann?", fragte ein Fernsehreporter den braun-weißen Chefcoach. Antwort: „Ja, Uli Maslo." Doch am Montag nach dem Spiel gab das Präsidium seine Entlassung bekannt. „Wenn eine Mannschaft 9 Punkte aus 13 Spielen holt", meinte Heinz Weisener trocken, „dann hört sie auch nicht mehr auf den besten Trainer der Welt."

Für die letzten sechs Spiele übernahm der bisherige Co-Trainer Klaus-Peter „KaPe" Nemet. Es wurde die kürzeste und bitterste Cheftrainer-Amtszeit der Vereinsgeschichte. Viele Spieler hatten innerlich aufgegeben. Manche waren verletzt, andere meldeten sich krank. Das Ergebnis: sechs Niederlagen, 1:18 Tore. „Es ist, als hätten sich alle … negativen Trends ausgerechnet gegen das Sündenbabel am Hamburger Hafen verschworen", bilanzierte das „Abendblatt": „Sozialabbau, Arbeitslosigkeit, Werteverlust, Organisierte Kriminalität, Drogenmißbrauch, Schließung des Hafenkrankenhauses. Der Absturz in die fußballerische Zweitklassigkeit ist ein weiterer Schlag, der einem geschundenen Viertel versetzt wird."

„Dschungelbuch" am Millerntor Eine weitere Chance erhielt Nemet nicht. Ende Mai dankte Präsident Weisener ihm für seine Dienste in „hoffnungsloser Lage" und bat um Verständnis, „daß wir einem Trainer den Vorzug geben, der über weitaus mehr Berufserfahrung verfügt." Der neue Mann hieß Eckhard Krautzun. Der 56-Jährige hatte für verschiedene Nationalverbände gearbeitet und 1996 den DFB-Pokal mit dem 1. FC Kaiserslautern gewonnen. Zum FC St. Pauli kam er direkt vom mehrfachen tunesischen Fußballmeister Club Sportif Sfaxien.

1996 >>>

>> **5. Oktober:** Uwe Seeler wird HSV-Präsident.
>> **28. November:** Ein Feuer zerstört große Teile des linken Zentrums „Rote Flora" am Hamburger Schulterblatt.
>> **Neue Fußballregel: Drei Spieler** dürfen eingewechselt werden (vorher: zwei).
DM: Borussia Dortmund

>> **18. Januar:** In Lübeck sterben bei einem Brandanschlag auf eine Asylbewerberunterkunft 10 Menschen.
>> **26. April:** Nach 33 Tagen Geiselhaft wird der Hamburger Unternehmer Jan Philipp Reemtsma gegen 30 Mio. Mark Lösegeld freigelassen.

Wieder frei:
Jan Philipp Reemtsma

1991–2003

„Schnapp ihn dir – wie ein Mungo!": Eckhard Krautzun zeigt, wie's geht

> Häufig ließ Krautzun die Mannschaft an seinem reichen Erfahrungsschatz teilhaben. „Der hatte sensationelle Geschichten", erinnert sich Mittelfeldspieler Thomas Meggle, der 1997 als 22-Jähriger mit „Rückkehrer" Marcus Marin und anderen zur Mannschaft stieß. Gern erzählte Krautzun, wie ihn bei einer Trainerstation in Afrika ein wilder Löwe vor seinem Zelt erwartet hatte. Die Fußballer verglich er schon einmal mit Schlangen jagenden Kleinraubtieren aus Kiplings „Dschungelbuch": „‚Ihr müsst wie ein Mungo an eurem Mann dran sein! – Sagt mal, wisst ihr überhaupt, was ein Mungo ist?' Und dann hat er das erst mal eine halbe Stunde lang erklärt", schmunzelt Meggle: „Das war zwischen Märchen- und Geschichtsstunde."

Mitunter neigte Krautzun zu einer gewissen Zerstreutheit, zum Beispiel „als er bei einer Taktikbesprechung zweimal Marcus Marin an die Tafel geschrieben hat. Marin hat im Mittelfeld gespielt und im Sturm. Da wär mir fast der Keks aus dem Mund gefallen", lacht Thomas Meggle. „Das war ein witziger Vogel. Leider hatten wir keinen Erfolg mit ihm."

„Kleppo" kommt Nach 14 Spieltagen stand der FC St. Pauli auf Tabellenplatz elf. Nachdem der Mannschaftsrat Präsident Weisener mitteilte, „die ganze Mannschaft" wolle nicht mehr mit dem Trainer zusammenarbeiten, bat er seinen Chefcoach umgehend zum Krisengespräch. Einen Tag später, am 27. November, erklärte Krautzun seinen Rücktritt.

Im Team führte das Handeln des Mannschaftsrates zu heftigen und zum Teil sogar handgreiflichen Auseinandersetzungen, denn es war mit vielen Spielern nicht abgestimmt. „Von der sportlichen Situation her mag das richtig gewesen sein", meint Holger Stanislawski. „Aber die Art und Weise war damals nicht in Ordnung."

Vierter Cheftrainer des Jahres 1997 wurde der bisherige „Co" Gerhard Kleppinger. Mit dem Ex-Verteidiger von Schalke 04, Borussia Dortmund und Darmstadt 98 blieb die Mannschaft neun Spiele in Folge ungeschlagen. „Das war ein ganz anderes Arbeiten als vorher mit Maslo und Krautzun", erinnert sich Holger Stanislawski: „Die hatten nach über dreißig Jahren Trainertätigkeit einfach ihren Rhythmus – Ball hochhalten, acht gegen acht, laufen und kämpfen, und überall muss das Blut spritzen … Kleppo war selbst ein guter Fußballer und hat sehr auf Kleinigkeiten Wert gelegt. Auch taktisch hat er gut gearbeitet."

St. Pauli stieg in der Tabelle, schaffte es aber nicht bis zu den Aufstiegsrängen. Allein im April 1998 spielten die Braun-Weißen viermal in Folge 0:0. Obwohl ihnen seit dem Vormonat der nach eigenen Angaben „erste Mentalcoach im deutschen Profifußball" zur Seite stand: Alfred Kaune sollte „Blockaden, die durch Frusterlebnisse entstanden sind", lösen. „Ich habe absolutes Vertrauen zu Alfred", zitierte die „taz" Defensivmann Stefan Hanke, den Kaune

---

1997

Oliver Bierhoff erzielt das erste offizielle „Golden Goal" der Geschichte

>> **30. Juni:** Deutschland wird im Wembley-Stadion von London durch das erste „**Golden Goal**" (Torschütze: Oliver Bierhoff) zum dritten Mal Europameister.
>> **5. Juli:** Das **Schaf Dolly**, erstes geklontes Säugetier der Welt, wird geboren.
DM: Borussia Dortmund

>> **21. Mai:** Der FC Schalke 04 gewinnt in Mailand den **UEFA-Cup** (3:1 im Elfmeterschießen gegen Inter Mailand).
>> **28. Mai:** Borussia Dortmund gewinnt das Finale der **UEFA Champions League** gegen Juventus Turin mit 3:1.

>> **30. Juni:** Nach 99 Jahren gibt Großbritannien seine **Kronkolonie Hongkong** an China zurück.
>> **30. Juni:** Joanne K. Rowling veröffentlicht den ersten „**Harry Potter**"-Band („Harry Potter und der Stein der Weisen").

Alter Traum, altes Lied: Das „neue Stadion" kam dann doch nicht

ermutigte, die gegnerische Hälfte nicht mehr als „Tabu" zu betrachten: „Er ist Vater, Bruder und Trainer in einem."

Nächster Trainer, alter Traum Am Ende der Saison 1996/97 belegten die Kiezkicker Rang vier, und Kleppinger blieb Trainer. Doch der Sturz „Ecki" Krautzuns, den er aus nächster Nähe miterlebte, hatte Spuren hinterlassen. „Kleppinger war sehr misstrauisch", sagt Mittelfeldspieler Markus Lotter, der als einer von „Kleppos" Wunschkandidaten zu Beginn der Saison von der SpVgg Greuther Fürth gekommen war: „Er hatte ständig Angst, dass jemand an seinem Stuhl sägen könnte."

Die sportliche Entwicklung tat ihr Übriges: Nach dem zehnten Spieltag hatte St. Pauli erst drei Spiele gewonnen. Im Herbst deutete Präsident Weisener an, Kleppinger nur bis zur Winterpause Zeit zu geben. Aus den letzten fünf Spielen des Jahres holte die Mannschaft nur drei Punkte, und am 30. Dezember verkündete Heinz Weisener Kleppingers Entlassung: „Unser Tabellenstand hat uns keine andere Wahl gelassen", sagte der Präsident: „Vor allem vor dem Hintergrund unseres Stadionprojektes können wir uns einen Abstieg nicht leisten."

„Weiseners Lebenswerk steht", hatte die „Morgenpost" am 8. Februar 1997 gemeldet, nachdem der Vereinspräsident auf der Jahreshauptversammlung die Entwürfe für ein neues Stadion am Millerntor mit 14000 Sitz- und 19000 Stehplätzen präsentiert hatte. „Einigen kamen die Tränen der Rührung, manche waren vor Freude ganz außer sich", so die „taz". Die Baukosten bezifferte Weiseners Architekturbüro mit 65 Millionen, später 85 Millionen und schließlich sogar 120 Millionen Mark. Nachdem der zunächst avisierte Spatenstich im Winter 1997 verschoben werden musste, sollte das Stadion nach Planungsstand vom Sommer 1998 sogar eine Teilklimatisierung und ein festes ausfahrbares Dach bekommen, um „Indoor-Veranstaltungen" komfortabler zu gestalten. Für WM-Spiele werde das neue Stadion mit Sicherheit geeignet sein, meinte Weisener. Doch Finanzierungsschwierigkeiten und das Warten auf die Baugenehmigung verzögerten den Baubeginn immer wieder. „Es kommt, ganz sicher", sagte Weisener im Dezember 1998: „Ich bin doch kein Träumer, der das alles umsonst angeschoben hat."

„Schleifer" auf dem Fahrrad Im Winter 1998/99 übernahm ein „harter Hund" das Training, der das Millerntor aus seiner Zeit als Vorgänger Helmut Schultes kannte. „Willi Reimann war alte Schule", sagt Holger Stanislawski über den früheren Erstligaprofi, der mit dem Hamburger SV den Europapokal der Pokalsieger und den DFB-Pokal gewann und 1979 Deutscher Meister wurde: „Das war Dominanz pur. Er hat uns spüren lassen, dass er sehr oft oben gespielt hat." Im Training gab Reimann den „Schleifer": Eine typische >

1998

>> **27. Juli:** Jan Ullrich gewinnt als erster Deutscher die **Tour de France**.
>> **31. August:** In Paris verunglücken **Lady Di**, ihr Partner Dodi Fayed und der Chauffeur Henri Paul bei einem Autounfall tödlich. Zwei bis drei Millionen Menschen nehmen am Trauerzug in London teil.
DM: Bayern München

Trauer um Lady Di

>> **13. Januar:** Sendestart der Fernsehserie **„Der König von St. Pauli"** von Regisseur Dieter Wedel.
>> **16. Januar:** Der Bundestag genehmigt den **„Großen Lauschangriff"**.
>> **17. Januar:** Die Webseite „Drudge Report" spekuliert über eine Affäre im Weißen Haus: Beginn der **Lewinski-Affäre**.

Spaß geht anders: Die Fans waren nicht selten der Verzweiflung nahe

Ironisches Werbeplakat „Wir kriegen jeden Titel" mit Horror-Schlagzeilen über St. Pauli

> Übungseinheit war der Zehn-Kilometer-Waldlauf – Arbeitsanweisung: „so schnell es geht". „Du bist am Laufen, du hast keinen Speichel mehr, du bist einfach nur klinisch tot", stöhnt Stanislawski noch heute, „und dann kommt Reimann mit seinem Fahrrad. Du hörst dieses Quietschen von hinten, dann siehst du ihn aus dem Augenwinkel – und dann schaut er zu dir rüber und schüttelt nur den Kopf."

Vor dem Spiel zeigte Reimann sich von einer anderen Seite: „Das waren die besten Ansprachen, die ich jemals erlebt habe", sagt Stanislawski. „Erst ganz ruhige Phasen, und dann donnerte das, dass dir der Kaffeebecher aus der Hand geflogen ist. Das waren zehn, zwölf Minuten, die dich völlig unter Strom gesetzt haben – absolut Champions-League-Niveau."

Unter Reimann startete St. Pauli mit zwei Siegen ins neue Jahr, doch das Endergebnis spiegelt seine Motivationskünste kaum wider: St. Pauli wurde Neunter. Zur Freude der Fans verabschiedete sich die Mannschaft mit zwei Heimsiegen aus der Saison: 5:0 gegen Fortuna Düsseldorf und 6:2 gegen die Stuttgarter Kickers.

Am Abgrund Vor der Saison 1999/2000 meldete das „Abendblatt" Besorgniserregendes: Der Saisonetat von 12,5 Millionen Mark sei schon vor deren Beginn überzogen. Den FC St. Pauli drückten finanzielle Verbindlichkeiten in Höhe von 7,5 Millionen Mark und ein Berg unbezahlter Rechnungen in Millionenhöhe. Ohne das neue Stadion und die dadurch zu erschließenden neuen Einnahmequellen sei der Verein dem Untergang geweiht.

Auf den steuerte er auch sportlich zu: Als die Mannschaft zur Hälfte der Saison auf Platz 14 stand und nur vier Tore sie von der 3. Liga trennten, gaben der FC St. Pauli und Willi Reimann die einvernehmliche Auflösung seines Vertrages bekannt. Nachdem der Wunsch-Nachfolger „Schlangen-Franz" Gerber, zuletzt Manager, Trainer und Sportdirektor beim Zweitligisten Hannover 96, abgesagt hatte, stieg Gerbers einstiger Mannschaftskamerad Dietmar Demuth vom Co-Trainer zum Cheftrainer auf, unterstützt von Joachim Philipkowski.

Bis zur letzten Sekunde Die Braun-Weißen balancierten weiter am Abgrund. Am vorletzten Spieltag reisten sie nach Köln – und lagen schon nach vier Minuten 0:2 zurück. Vorangetrieben von 3000 Gäste-Fans kämpften sie gegen die Niederlage. Wehlage und Klasnic besorgten den Ausgleich – doch Ex-St. Paulianer Matthias Scherz lieferte eine Gala-Vorstellung und trieb seine Mannschaft zum Sieg. St. Pauli unterlag 3:6. Zwar stand Dietmar Demuths Team immer noch auf einem Nichtabstiegsplatz. Doch es war nur ein Tor besser als die Stuttgarter Kickers auf Rang 15.

Am Freitag, dem 26. Mai 2000, mussten die St. Paulianer gegen Rot-Weiß Oberhausen gewinnen, und zwar möglichst hoch. Für den damaligen

„Ein Tor ist bereits gefallen": Die Fußballwelt lacht über Real Madrid

>> **8. Februar:** Volksentscheid in Bayern: Der Passus zur **Todesstrafe** wird aus der bayerischen Landesverfassung gestrichen.
>> **1. April:** Vor Anpfiff des Champions-League-Spiels Real Madrid gegen Borussia Dortmund **fällt ein Tor um**. Günther Jauch und Marcel Reif erhalten für ihre Berichterstattung den Bayerischen Fernsehpreis.

>> **29. April:** Das Kyoto-Protokoll zum Klimaschutz wird unterzeichnet.
>> **3. Juni:** Der ICE „Wilhelm Conrad Röntgen" entgleist bei **Eschede** und reißt eine Straßenbrücke ein: 101 Tote.
>> **12. Juli:** Frankreich wird in Paris zum ersten Mal **Fußball-Weltmeister** (3:0 gegen Brasilien).

>> **1. August:** In den deutschsprachigen Ländern tritt die **Rechtschreibreform** in Kraft.
>> **27. September:** Ende der „Ära Kohl": Gerhard Schröder wird Bundeskanzler in einer Koalition von SPD und den Grünen.
DM: 1. FC Kaiserslautern

1991–2003

Die Sekunde dem Klassenerhalt: Ivan Klasnic passt quer zu Marcus Marin

Jubel nach dem 1:1 gegen Oberhausen – sogar der von Ordnern „verhaftete" Fan im Hintergrund feiert mit

Oberhausener Verteidiger Daniel Scheinhardt war es eine eigenartige Begegnung: „Ich hatte noch nichts unterschrieben", erzählt er, „aber für mich war klar: Wenn St. Pauli drinbleibt, dann geh ich zu St. Pauli." Doch statt sich engagiert aufzubäumen, wirkten seine potenziellen zukünftigen Kollegen eigenartig passiv. „Das war wie eine Lähmung bei St. Pauli", so Scheinhardt. „‚Was ist denn mit euch los?', hab ich Marcus Marin zugerufen. ‚Ihr seid so ruhig, ihr feuert euch nicht an untereinander – das ist das Spiel eures Lebens, und bei euch geht gar nichts!'" In der 23. Minute schoss der Oberhausener Ciuca flach durch die Beine Carsten Wehlmanns – 1:0 für Oberhausen. Das Millerntor war totenstill. Acht Minuten später steigerte sich das Entsetzen, als die Radiobesitzer im Publikum einen Foulelfmeter für die Stuttgarter Kickers meldeten, die gegen den sicheren Absteiger Karlsruher SC spielten. Maric verwandelte – der Führungstreffer für Stuttgart.

Zur Halbzeitpause war der FC St. Pauli abgestiegen. Dann plötzlich neue Hoffnung: Moudachirou Amadou gelang mit dem 1:1 in Karlsruhe seine wichtigste Aktion für St. Pauli schon zwei Jahre bevor er einmal das braun-weiße Trikot tragen sollte. Endlich bebte das Stadion, und es schrie die Spieler nach vorn. Braun-Weiß hatte Chancen. Doch mal klärte Oberhausens überragender Keeper Adler per Glanzparade, mal Torschütze Ciuca auf der Linie. Sogar Gästetrainer Ristic „half" den St. Paulianern, als er seinen besten Abwehrspieler Angelo Vier auswechselte. In der 79. und 80. Minute traf Ivan Klasnic gleich zweimal die Querlatte, einmal aus nur fünf Metern.

In der Schlussminute kam sogar Torwart Wehlmann mit nach vorn. Markus Lotter schlug einen langen Ball in den Oberhausener Strafraum. Im Gewühl versuchte sich Ivan Klasnic an einem Seitfallzieher – ohne Erfolg. Klasnic erkämpfte sich den Ball erneut, passte ihn von der Grundlinie scharf nach innen zu Marcus Marin, und der drückte ihn über die Linie. Das Stadion explodierte.

„Als ich zum Mittelkreis zurückrannte, liefen mir die Tränen herunter", erinnert sich Holger Stanislawski an diesen Moment, „so eine Anspannung hatte ich in mir drin. Da ging es um die Existenz, da ging es um Arbeitsplätze. Deine eigene Zukunft, alles, was um dich herum ist, alles, wofür du gearbeitet und gekämpft hast, alle Leute, die mit dir involviert sind – das alles geht dir während des Spiels durch den Kopf, immer wieder. Das ist Druck."

Erst später zeigte sich, dass das „Endspiel" keines war: Der FC St. Pauli hätte ohnehin die Klasse gehalten, denn der DFB entzog den Stuttgarter Kickers die Lizenz.

Chronik eines angekündigten Todes Nach dem 1:1 gegen Oberhausen feierten Mannschaft und Fans auf der Reeperbahn und der Saisonabschlussparty im „Docks", als gäbe es kein Morgen – und vor dem ›

1999

>> **24. März:** Die „NATO-Operation Allied Force" beginnt mit **Luftangriffen** gegen die Bundesrepublik Jugoslawien. Die deutsche Bundeswehr beteiligt sich mit Tornado-Kampfflugzeugen. In Deutschland kommt es zu zahlreichen Demonstrationen gegen den „Angriffskrieg".

>> **20. April:** Zwei Schüler laufen an der **Columbine High School** in Littleton (Arkansas, USA) Amok und töten 12 Schüler, einen Lehrer und sich selbst.
>> **23. Mai:** Johannes Rau wird zum Bundespräsidenten gewählt.

Proteste gegen den NATO-Einsatz

1991-2003

Tor, Tor, Millerntor!

Willkommen in unserem Wohnzimmer: eine Fotoreise durchs Millerntor-Stadion

Zwischen „Freudenhaus" und „Bruchbude": Die 1961 eingeweihte Heimstätte des FC St. Pauli wurde schon in viele Wort-Schubladen gesteckt. Wir lassen Bilder sprechen und zeigen ein Stadion, das sich bis zum Bau der neuen Südtribüne (2007) kaum verändert hat. Nach dem Bundesliga-Aufstieg 1988 ließ der FC St. Pauli eine provisorische Sitzplatztribüne aus Stahlrohren über der Gegengerade errichten (sie wird heute noch genutzt). 1989 kam eine Flutlichtanlage hinzu. Doch ansonsten blieb das Millerntor ganz es selbst und erbröckelte sich seinen vollkommen eigenen Charme — als eines der stimmungsvollsten Fußballstadien ganz Deutschlands.

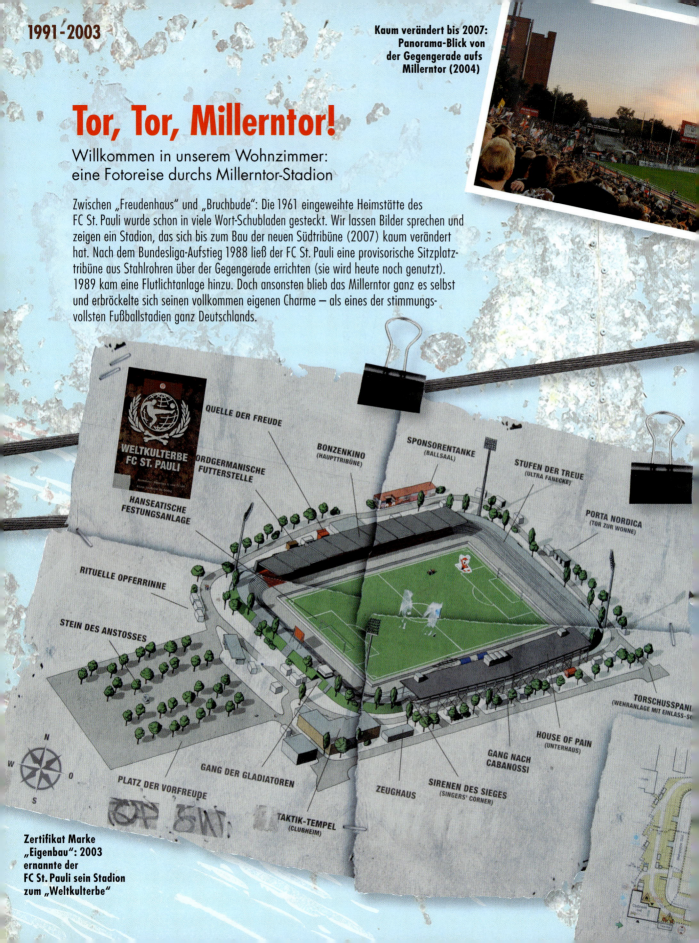

Kaum verändert bis 2007: Panorama-Blick von der Gegengerade aufs Millerntor (2004)

Zertifikat Marke „Eigenbau": 2003 ernannte der FC St. Pauli sein Stadion zum „Weltkulturerbe"

1991 – 2003

Im „Kuchenblock" befanden sich einst die teuersten Plätze.
In der Mitte hinten (etwas links) die verglaste Sprecherkabine

„The gates of hell":
Eingangstür zur
Haupttribüne

Eingang für die Presse – und den Rest der Welt:
Im alten Clubheim gingen Spieler und Fans auf Tuchfühlung

Der alte Spielertunnel in der Südkurve
führte Profis von Bayern bis
Bremen direkt an ihren Arbeitsplatz

Einst coolster Job im Stadion: Spielstände aufhängen an der manuellen Anzeigetafel

Haarige Angelegenheit: gespreizte Fußballerbeine vor dem alten VIP-Container „Ballsaal" – Hommage an die berühmte Eingangstür der Kiezkneipe „Ritze"

Haupttribüne stammt von 1961 – die Bänke wahrscheinlich auch

Wo Biertrinken und Rauchen für Fußballprofis zum guten Ton gehörte: Treppe zu den alten Kabinen unter dem Clubheim (Szene nach dem 1:1 gegen Oberhausen, 26.5.2000)

Nicht nur sauber, sondern rein: In den alten Duschen unter dem Clubheim wurde peinlichst auf Hygiene geachtet

Luxus pur: die verschwenderisch ausgestatteten Kabinen der Profis

1991–2003

Preiset den „Plattschädel": Deniz Baris köpft den FC St. Pauli in Nürnberg in die 1. Bundesliga (20.5.2001)

2:1! Nach dem Schlusspfiff steht das Frankenstadion Kopf – und feiert beide Aufsteiger

> Ivan Klasnic: „Ich kann einfach nur sagen: Danke, Deniz Baris, dass du so'n platten Schädel hast – und dass du ihn so eingesetzt hast."

Es gibt kein Bier mehr an Bord, es gibt kein Bier …

Die Millerntor-Elf setzte die im Stadion begonnenen Feierlichkeiten auf dem Rückflug nach Hamburg fort. Nach einer halben Stunde war das Dosenbier an Bord alle. Zeremonienmeister Nico Patschinski – mit orangefarbener Luftballonkrone – stimmte einen Fangesang nach dem anderen an, und Manager Beutel zog den versammelten Spott auf sich, als er an den Trainingsplan erinnerte: „Montag, 10 Uhr, Auslaufen am Steinwiesenweg." Es war wie eine Nachricht aus einer anderen Welt. Ob der Flugkapitän angesichts des wilden Party-Infernos nichts gesagt hat? „Doch", sagt Thomas Meggle: „Mach die Zigarette aus, wenn du aussteigst!"

Nach der Landung brachten zwei Busse, eskortiert von einem Autokorso, die St. Paulianer im Eiltempo zu den Zehntausenden auf dem Heiligengeistfeld. „Die Ankunft dort werde ich nie vergessen", erzählt Daniel Scheinhardt. „Da wäre ich am liebsten bis zum nächsten Morgen geblieben." Später dirigierte „Didi" Demuth auf einer Straßenkreuzung den Verkehr. Erst irgendwann am Morgen wurde es ruhig auf dem Kiez. Mannschaft und Fans träumten von der 1. Liga – und konnten kaum fassen, dass sie immer noch drin waren, als sie wieder erwachten.

„Our house – in the bottom of the league"

Das „Abenteuer Bundesliga" begann mit neuer Infrastruktur: Nachdem der FC St. Pauli lange über verschiedene Trainingsplätze „getingelt" war, eröffnete er im Juli 2001 ein eigenes Trainingsgelände an der Kollaustraße in Hamburg-Niendorf. Parallel arbeitete der Verein an seinem Jugendleistungszentrum am Brummerskamp. Als Leiter wurde Andreas Bergmann verpflichtet, der bisherige Nachwuchskoordinator des Karlsruher SC. Zur Position des Chefcoachs hatte Präsident Koch schon vor dem Nürnberg-Spiel erklärt: „Wenn wir auf- und gleich wieder absteigen sollten, ist Dietmar Demuth immer noch unser Trainer. Das ist definitiv." Der Trainer wiederum wandte sich mit einem folgenschweren Satz an die Mannschaft: „Wer das Haus gebaut hat, der darf auch einziehen."

Doch obwohl außer Ivan Klasnic (zu Werder Bremen) fast alle Aufstiegshelden beim FC St. Pauli geblieben waren, standen beim Saison-Auftakt gegen Hertha BSC Berlin gleich fünf „Neue" auf dem Platz. Während der Saison stießen noch weitere dazu. Unter anderem der teuerste Neueinkauf der Vereinsgeschichte, der 20-jährige Ugur (sprich „Uhr") Inceman von Alemannia Aachen. Er hatte den FC St. Pauli 2,75 Millionen Mark gekostet – weit über ein Zehntel des Saisonetats. Besondere Aufmerksamkeit erregte auch eine neue Sturmhoffnung: Der Brasilianer Antonio Marcão hatte in der Champions League für Spartak Moskau als Leihgabe des brasilianischen

---

2001

Zwei Jahre nach dem Gewinn der WM wird Frankreich auch Europameister

>> **2. Mai:** Das Recht auf **gewaltfreie Erziehung** wird in Deutschland gesetzlich festgeschrieben.
>> **13. Mai:** Eine Explosion in einer Feuerwerksfabrik zerstört Teile der Stadt **Enschede**, Niederlande.

>> **2. Juli:** Frankreich wird in Rotterdam **Fußball-Europameister** (2:1 n. V. gegen Italien).
>> **25. Juli:** Beim Absturz einer französischen **Concorde** in Paris kommen 113 Menschen ums Leben. Als Folge dessen stellt Air France den Flugbetrieb der Concorde ein.
DM: Bayern München

>> **20. Januar: George W. Bush** wird zum 43. Präsidenten der USA vereidigt.
>> **6. April:** Zum ersten Mal in der Geschichte der Bundesliga tritt eine Mannschaft (Energie Cottbus) **ohne einen einzigen deutschen Spieler** an.

Verhaftet! Videostar Marcão hat beim Fotoshooting schon so ein ungutes Gefühl

Weg da! Holger Stanislawski schubst sich gegen Hertha den Weg frei

Clubs Mirassol je zwei Tore gegen Arsenal London und Sporting Lissabon geschossen. Er war den Verantwortlichen 1,4 Millionen Mark Ablöse wert.

„Video kills the Aufsteiger-Star" Ihren Coup hatten sie akribisch vorbereitet: „Wir haben Erkundigungen über ihn eingeholt, haben uns Videos angesehen", erzählte Manager Beutel dem „Abendblatt". Gleich sechs Kassetten seien es gewesen. Mehr war nicht „drin", schon wegen der Geheimhaltung: „Wenn andere Clubs auf ihn aufmerksam geworden wären, hätte der Wechsel leicht platzen können." Dass Marcãos letztes Spiel über fünf Monate her war, habe auch sein Gutes, meinte Dietmar Demuth seinerzeit: „So ist er noch heißer auf seine Einsätze."

Im Oktober und im November erzielte der 28-Jährige je ein Kopfballtor. Doch im Publikum mehrten sich Stimmen, die eine gewisse Behäbigkeit ausgemacht haben wollten. „Körperlich hatte er so viele Defizite, dass es gar nicht ging", bestätigt Dietmar Demuth heute. „Aber einer, der Champions League gespielt hat, kommt eben nicht zum Probetraining. Man hätte sich die Mühe machen müssen, ihn vor Ort anzuschauen. Aber wir standen unter Zeitdruck."

„Wer das Haus gebaut hat ..."? „Das wurde definitiv so gesagt", bestätigt Daniel Scheinhardt, der bis zu einer Verletzung nicht zu den „Aussortierten" gehörte. „Und es war ein Riesenfehler, dass man das anders gehandhabt hat. Wir waren eine eingeschworene Truppe. Diesen Geist hätte man mitnehmen müssen." Thomas Meggle sieht es ähnlich: „Die Spieler, die neu kamen, waren nicht besser als diejenigen, die aufgestiegen sind."

Ernüchterung Trotz der Unruhe im Kader zeigten sich die St. Paulianer Hertha BSC ebenbürtig. Das Spiel endete 0:0, und beim anschließenden 1:1 in Wolfsburg war ein Sieg greifbar nah. Gegen Hansa Rostock erwarteten viele Fans den ersten „Dreier" – doch die Mannschaft lag schon nach 20 Minuten 0:1 zurück. Dabei blieb es. Ein 0:2 beim FC Bayern später war der FC St. Pauli auf dem vorletzten Platz angekommen.

Manche Spiele verliefen mehr als unglücklich: Im März 2002 führten die Braun-Weißen 82 Minuten lang 1:0 gegen den späteren Deutschen Meister Borussia Dortmund und hatten zahlreiche Gelegenheiten zum 2:0. In der 53. Minute foulte Kehl Patschinski elfmeterverdächtig – doch Schiedsrichter Fröhlich ließ weiterspielen. In der 83. Minute foulte Henning Bürger Odonkor anderthalb Meter außerhalb des Sechzehners – der Schiedsrichter entschied auf Strafstoß. Das Spiel endete 1:1. „Wäre das der FC Bayern gewesen, hätte der Schiri den Elfmeter nicht gepfiffen", meinte Trainer Demuth nach dem Spiel frustriert.

Genau gegen diese Bayern war seinem Team am 6. Februar die größte Sternstunde dieses Erstligajahres gelungen (s. S. 324). Doch es war „Englische >

> **23. Mai:** Bayern München gewinnt in Mailand die **Champions League** gegen den FC Valencia mit 6:5 n. E.
> **Juli:** Der HSV vermietet als erster Fußballverein in Deutschland seinen **Stadionnamen** (an einen Internet-Anbieter).

Der 11. September schockt die Welt

>> **11. September: Terroranschläge** in den USA. Vier entführte Flugzeuge stürzen ab, das World Trade Center in New York stürzt ein, rund 3000 Menschen sterben.
>> **7. Oktober:** Die USA beginnen mit Angriffen auf **Afghanistan**.

Meggle schießt, Pieckenhagen hält, St. Pauli verliert

Woche", und schon drei Tage nach dem 2:1 gegen den Weltpokalsieger kam die „kalte Dusche": Schalke 04 schlug den FC St. Pauli 4:0.

„Heimspiel" in Stellingen Die Derbys gegen den HSV waren ein Wechselbad der Gefühle. Der Lokalrivale hatte selbst keine glückliche Saison erwischt und stand vor dem ersten Aufeinandertreffen am 2. Dezember 2001 auf Platz 13, nur fünf Ränge vor dem FC St. Pauli. Die „BILD"-Zeitung kündigte ein „Derby des Grauens" an. Doch die Partie geriet lebendiger als erwartet und endete 3:4. „Wir steigen ab, und ihr kommt mit", schmetterten die Fans des FC St. Pauli ihren Gegnern entgegen.

Das Rückspiel war das einzige Heimspiel der Saison, das der FC St. Pauli nicht am Millerntor austrug. Als Ausgleich hatte der Verein den eigenen Spielertunnel per Tieflader in die „AOL-Arena" verfrachtet. Der Videoscreen zeigte die manuelle Anzeigetafel von „zu Hause". HSV-Rauten wurden überklebt, und Beamer projizierten Bilder des Millerntor-Stadions auf das Arenadach. Die Fans standen nicht dahinter zurück und präsentierten eine gigantische Choreographie. Motto: „Der FC St. Pauli gibt sich die Ehre – Herrscher Hamburgs und der 7 Meere".

„Ich bin in dieses Stadion eingelaufen, ich hab die Kurve voll mit St. Paulianern gesehen mit dieser geilen Choreographie und ich dachte mir nur: ‚Wenn dieses Jahr schon so scheiße läuft, dann lasst uns wenigstens das Derby gewinnen'", erinnert sich Thomas Meggle, der vor dem Spiel über die Presse angekündigt hatte: „Wir werden den HSV in der ganzen Stadt lächerlich machen." „Das war nicht unbewusst, und es war auch nicht unüberlegt", erklärt er: „Für mich war einfach wichtig, auf die Bedeutung dieses Spiels hinzuweisen. Ich wollte provozieren."

„Der Teufel hat recht" Die 13. Minute brachte die Schlüsselszene des Spiels: Foulelfmeter für St. Pauli. Jubel bei Braun-Weiß. „Meggi" schnappt sich das Leder, schießt halbhoch nach rechts – und HSV-Keeper Pieckenhagen faustet den Ball aus der Gefahrenzone. Wenige Minuten später erzielt Romeo das 1:0 für den HSV. Am Ende steht es 4:0 für die „Rothosen". „Das Spiel hätte wahrscheinlich einen anderen Verlauf genommen, wenn der Elfer drin gewesen wäre", meint Daniel Scheinhardt. Der Schütze sieht es ähnlich: „Auf deiner rechten Schulter sitzt ein Engelchen und sagt: ‚Na ja, der Elfmeter ... Jeder verschießt mal 'nen Elfmeter.' Aber dann guckst du auf die linke Seite. Da sitzt das Teufelchen und sagt: ‚Aber nicht in diesem Spiel!' Und der Teufel hat recht. Denn jeder kann mal einen Elfmeter verschießen. Aber nicht in diesem Spiel."

Bittersweet Symphony „It's a bittersweet symphony, this life": Nach dem Spiel hallte der Song von „The Verve" durch die sich leerende Arena.

2002

>> **31. Oktober:** Ole von Beust wird **Erster Bürgermeister** in Hamburg. Koalition mit der Schill-Partei, die 19,4 % erreicht.
>> **27. November:** Bayern München gewinnt in Tokio den Weltpokal gegen Boca Juniors durch ein 1:0 n. V.
DM: Bayern München

D-Mark, Lira, Franc – das war einmal: Der Euro kommt

>> **1. Januar:** Der **Euro** wird als neue Währung in zwölf europäischen Staaten in Umlauf gebracht.
>> **11. Januar:** Die USA richten in **Guantanamo** auf Kuba ein Gefangenenlager für Terrorverdächtige ein.

>> **26. April: Amoklauf von Erfurt.** Der Schüler Robert Steinhäuser erschießt 16 Menschen und begeht Selbstmord.
>> **2. Mai:** Krzysztof Nowak, an amyotropher Lateralsklerose (ALD) leidender Spieler des VfL Wolfsburg, gründet eine Stiftung. Nowak stirbt drei Jahre später im Alter von 29 Jahren.

1991–2003

Machtlos, sprachlos, fassungslos: 0:6-Debakel in Lübeck

Manche Fans weinten, andere starrten ins Nichts. Nach einem Sieg an diesem 19. April 2002 hätte der FC St. Pauli mit zwei weiteren „Dreiern" und etwas Glück die Klasse noch halten können. Doch nun bestand nur noch eine rechnerische Möglichkeit zum Verbleib in der 1. Liga.

Eine Niederlage später war auch sie dahin. Das einst erhoffte „Endspiel" gegen Nürnberg war nur noch ein „Schaulaufen", und es endete 2:3. Ein großes Transparent im Nürnberger Block sandte einen letzten Gruß in Richtung des Mit-Aufsteigers: „Für euch soll's rote Rosen regnen." Dann trennten sich die Wege der beiden Vereine.

Besonders bitter: Selten war es so einfach, die Klasse in der 1. Liga zu halten. Nürnberg und Rostock genügten 34 Punkte zum Klassenerhalt, Cottbus 35. Der FC St. Pauli sammelte nur 22. Er kassierte exakt so viele Tore, wie er im Aufstiegsjahr geschossen hatte, nämlich 70. Selbst schoss er nur 34. Es hätten leicht mehr sein können. Früh geführt und doch verloren, aufs Tor geschossen und verfehlt, beherzt gekämpft und dann „verpfiffen": Das Scheitern hatte viele Gesichter in diesem Jahr der verpassten Chancen.

Vom Sinkflug zum Absturz Präsident Koch hielt Wort: Auch nach dem Abstieg blieb Dietmar Demuth Cheftrainer. Doch es zeichnete sich ab, dass es ein schwieriges Jahr werden würde. Mit Thomas Meggle, Christian Rahn, Zlatan Bajramovic, Jochen Kientz, Deniz Baris und Henning Bürger hatte fast das gesamte Mittelfeld den Verein verlassen. Verteidigerlegende André Trulsen war zu Holstein Kiel gewechselt, nachdem der Vorstand des FC St. Pauli mitgeteilt hatte, nicht mehr mit ihm zu planen.

Zur Saisoneröffnung hatte Eintracht Frankfurt keine Mühe mit den Braun-Weißen und schlug sie 4:0. LR Ahlen fegte den FC St. Pauli am 18. August mit 4:1 vom eigenen Platz. Am nächsten Tag gab die Vereinsführung bekannt, dass Dietmar Demuth „von seinen Aufgaben als Cheftrainer des FC St. Pauli entbunden" sei. „Die Uhr war abgelaufen", meint Demuth heute. „Ich habe nur nicht verstanden, dass man mich nicht gleich nach der Saison entlassen hat." Der Neuanfang sei auch deshalb gescheitert, weil die von ihm vorgeschlagenen Verstärkungen „geblockt" worden seien. Die Vereinsführung hatte vor Saisonbeginn Franz Gerber als Sportdirektor installiert und ihm die Verantwortung für Neuverpflichtungen übertragen.

Das Training leitete nun Joachim Philipkowski – auf eigenen Wunsch zunächst als Zwischenlösung, wie er heute betont: „Ich wollte die Mannschaft nur so lange trainieren, bis ein Nachfolger gefunden ist, weil ich ihr sportlich nicht viel zugetraut habe." Im ersten Spiel unter seiner Leitung setzte es prompt ein 0:6 beim Regionalliga-Aufsteiger VfB Lübeck. „Am besten, wir melden die Mannschaft vom Spielbetrieb ab", sagte Mannschaftskapitän Stanislawski der Presse, „aber leider geht das nicht."

>> **30. Juni:** Brasilien wird in Yokohama (Japan) zum fünften Mal **Fußball-Weltmeister** (2:0 im Finale gegen Deutschland).
>> **Sommer:** Die Fangruppe „**Ultrà Sankt Pauli**" wird gegründet.

Vizeweltmeister? Nichts für Oliver Kahn

>> **12. Oktober:** Bei einem Bombenanschlag auf **Bali** werden 202 Menschen getötet und 209 verletzt.
>> **8. November:** In Hamburg wird die „**Color Line Arena**" (Kapazität: 16 000 Sitzplätze) eröffnet.

1991-2003

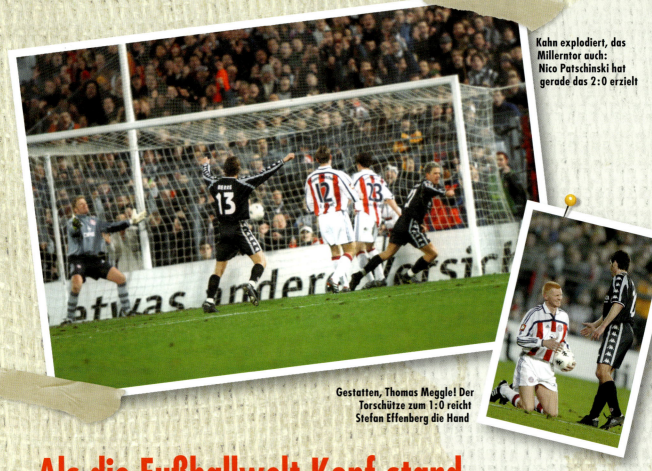

Kahn explodiert, das Millerntor auch: Nico Patschinski hat gerade das 2:0 erzielt

Gestatten, Thomas Meggle! Der Torschütze zum 1:0 reicht Stefan Effenberg die Hand

Als die Fußballwelt Kopf stand
Am 6. Februar 2002 besiegte der FC St. Pauli den mächtigen FC Bayern München

Vorzeichen gab es keine – und wenn doch, waren sie schlecht. „Wir steckten mitten im Abstiegskampf", erinnert sich Thomas Meggle an die ersten Spieltage des Jahres 2002: „Wir hatten zu Hause 3:1 gegen Wolfsburg gewonnen, dann wieder total dämlich in Rostock verloren – und drei Tage später spielen wir zu Hause gegen Bayern München." Der Tabellenletzte der Bundesliga gegen den Weltpokalsieger: Es würde ein „verzweifelter Kampf" werden, glaubte nicht nur die „WELT".

Stattdessen transportierte der Anpfiff des Schiedsrichters am 6. Februar 2002 um 20 Uhr das Millerntor mit über 20 000 Fans schlagartig in ein Paralleluniversum, von dessen Existenz sie nie etwas geahnt hatten. Von der ersten Minute an diktierten die Kiezkicker das Spiel. In der 13. die erste Großchance: Kientz von rechts auf Rath. Der schießt direkt – einen Meter über das Tor. Minuten später zieht Thomas Meggle aus 22 Metern ab. Die Latte bebt. Patschinski erwischt den Abpraller: zu hoch.

In der 30. Minute setzt Zlatan Bajramovic vom Mittelkreis aus das „Kampfschwein" Marcel Rath in Szene. „Harry" läuft bis in Höhe des Fünfmeter-Raumes, legt von links zurück auf Thomas Meggle – der dreht sich kurz und schießt nach rechts. Kahn streckt sich vergebens, und der Ball ist im Netz. 1:0, der erste Treffer gegen den FC Bayern am Millerntor (1996 hatte Martin Driller getroffen, doch das war im Volkspark). „Und so spielt ein Absteiger", singen die Fans. Drei Minuten später verlängert Rath eine Rahn-Ecke per Kopf. Der Ball springt in der Nähe des „langen Pfostens" auf, Nico Patschinski lupft ihn mit links ins leere Tor. 2:0. Hätte Kahn nicht noch dreimal gehalten – St. Pauli hätte zur Halbzeit noch höher geführt.

„Auf dem Weg in die Kabine feuerten uns die Fans an, als gäbe es kein Morgen", beschreibt Holger Stanislawski. „‚Weiter so' und ‚Weltklasse' brüllten sie von allen Seiten. Als wir in der Kabine saßen, hatte ich einfach nur ein geiles Gefühl. Selbst wenn wir das Spiel noch verloren hätten: Wir waren mächtig stolz auf diese erste Halbzeit." Immer wieder starrten die Fans ungläubig auf die Anzeigetafel an der alten Südtribüne:

Die Anzeigetafel lügt nie! St. Pauli schlägt Bayern sensationell mit 2:1

Da stand wirklich 2:0. Zwischen Jubeln und Bangen verging die Pause. Würden die Bayern in der zweiten Halbzeit fürchterliche Rache nehmen?

Doch statt den Ball hoch, weit und verzweifelt aus einer eingekesselten Abwehr herauszuschlagen, bestimmt St. Pauli weiter, was geschieht, erspielt sich Freiräume, kombiniert, passt, drängt nach vorn. Fast gelingt Patschinski noch das 3:0. Nur die letzten zehn Minuten werden zur befürchteten Abwehrschlacht. Zu spät für die Bayern. Mehr als Willy Sagnols 1:2 in der 87. Minute gelingt ihnen nicht mehr – und das erst nach einer Ecke.

Der Jubel nach dem Schlusspfiff kannte keine Grenzen. „Wunder gibt es immer wieder", sang Katja Ebstein aus den Stadionlautsprechern, und selten hatte der Fußballgott am Millerntor eine gläubigere Gemeinde als an diesem Abend.

Umgehend setzte sich die gut geölte Vermarktungsmaschine des chronisch klammen Clubs in Bewegung, um den Triumph in klingende Münze zu verwandeln. „Ich stand mit Heiko Schlesselmann vom Fanladen im ‚Jolly Roger' zusammen und hab Brandy getrunken", schildert Merchandising-Leiter Hendrik Lüttmer die hochkonzentrierte Kreativsession: „Wir haben über das Spiel geredet, und ein Wort gab das andere. Wer jetzt ‚Weltpokal' gebracht hat und wer ‚Weltpokalsieger' gesagt hat und wer daraus ‚Weltpokalsiegerbesieger' gemacht hat, weiß ich nicht mehr. Aber zum Glück hab ich mich am nächsten Tag noch an das Wort erinnert." Schon nach drei Monaten waren 25 000 „Weltpokalsiegerbesieger"-Shirts verkauft, und heute sind es über 80 000 – die unzähligen „Retter"-Shirts des Jahres 2003 nicht eingerechnet, die auf derselben Grundlage entstanden. Während die Hamburger Presse von einem „historischen Sieg" schwärmte, war Bayern-Manager Hoeneß außer sich. „Ich habe mich noch nie so geschämt", schimpfte er am nächsten Tag: „Der Tabellenletzte hat uns in der eigenen Hälfte festgenagelt. Die Paulianer sind gerannt, ich glaube, da liegen heute noch welche unterm Sauerstoffzelt. Und bei uns werden 30 Minuten nach Spielschluss schon wieder Sprüche geklopft und Karten gespielt. Die Spieler essen Scampis, und ich habe eine schlaflose Nacht."

Am Ende der Saison waren die Bayern nicht Titelverteidiger, sondern Dritter hinter Dortmund und Leverkusen. Doch der Abstand war nicht groß: Mit drei Punkten mehr wären sie Meister geworden. ■

Das Shirt zum Spiel verkaufte sich bis heute über 80 000-mal

Nicht vergessen: Am 6. Februar ist Weltpokalsiegerbesiegertag!

Links: Endstation Aachen: Die Spieler verabschieden sich von den Fans – und vom Profifußball (25.5.2003). Rechts: Ein Fan betrauert stilvoll das Elend

> „Überraschungscoup" im Präsidium Die Erwartungen vor dem nächsten Heimspiel hätten nicht tiefer gesteckt sein können. Doch gegen Eintracht Braunschweig gelang dem FC St. Pauli der höchste Heimsieg seit dem 10:2 gegen den VfL Wolfsburg vom 21. Dezember 1974. Das 7:1 einer wie im Rausch aufspielenden Millerntor-Elf hinterließ die Betrachter fassungslos, aber begeistert. Wenig später unterschrieb Philipkowski doch einen Zweijahres-Vertrag. Am 27. September siegten die Braun-Weißen 5:2 bei Waldhof Mannheim. Und dann bis zur Winterpause nicht mehr.

Im November 2002 hatte Präsident Koch seinen Rücktritt zum Jahresende angekündigt – aus beruflichen Gründen, teilte er der Presse mit. Einen Monat später präsentierte der neu gewählte Aufsichtsratsvorsitzende Jost Münster einen „Überraschungscoup" („Abendblatt"): Corny Littmann, Leiter von „Schmidt Theater" und „Schmidts Tivoli", übernahm zunächst kommissarisch das Amt, bis er auf einer außerordentlichen Jahreshauptversammlung im Februar 2003 mit 78 Prozent der Stimmen gewählt wurde.

Die sportliche Leitung veränderte sich zum Jahreswechsel erneut: Statt Joachim Philipkowski übernahm Sportdirektor Franz Gerber auch das Amt des Cheftrainers – und holte sechs neue Spieler. Der finanzielle Kraftakt schien sich zu lohnen. Nach einer unglücklichen Niederlage in Ahlen (das 2:3 fiel in der 88. Minute) siegte St. Pauli 2:0 gegen Lübeck und 1:0 gegen Braunschweig. Im folgenden Heimspiel stand es nach 70 Minuten 2:0 gegen Union Berlin. Das Publikum war außer Rand und Band: Drei Siege in Folge – das hatte es schon lange nicht mehr gegeben. „Niemand siegt am Millerntor", sangen Optimisten. Doch bald wich die Euphorie nackter Verzweiflung: 2:1 in der 87. Minute. 2:2 in der 90.

Der FC St. Pauli schien zum Abstieg verdammt. Reutlingen besiegte ihn in der 90. Minute. Gegen Wacker Burghausen lag St. Pauli bis zur Schlussminute 2:1 vorn. Dann fiel der Ausgleich. Eine 1:0-Führung gegen Karlsruhe war in der 60. Minute verspielt. Zwei Spieltage vor Schluss lag das rettende Ufer sechs Punkte und fünf Tore entfernt. Die letzte rechnerische Hoffnung starb, als LR Ahlen, nächster Konkurrent auf einem Nichtabstiegsplatz, am 33. Spieltag gewann. Am gleichen Tag besiegte der FC St. Pauli den MSV Duisburg mühelos 4:0. Es wirkte wie ein Hohn des Fußballgottes.

Schon beim Auflaufen der Mannschaften hatten die Fans eine Bilanz der vergangenen zwei Jahre gezogen: „Respekt!", hieß es auf riesigen Bannern: „10 Siege, 20 Remis, 36x versagt!" In Aachen kam ein 37. Mal hinzu: Das vorerst letzte Spiel des FC St. Pauli im Profifußball war ein sang- und klangloses 1:4. Der Verein schloss die Saison auf Tabellenplatz 17 ab. Nach einer rasanten Fahrstuhlfahrt über zwölf Jahre war er ganz unten angekommen: Endstation Regionalliga. ∎

2003

>> **13. Dezember:** Der EU-Gipfel in Kopenhagen beschließt die Aufnahme von zehn neuen Mitgliedern am 1. Mai 2004 („Osterweiterung").
DM: Borussia Dortmund

George W. Bushs Irak-Rede im TV

>> **24. März:** US-Präsident George W. Bush kündigt dem amerikanischen Volk in einer nur vier Minuten langen Rede den Beginn des **Krieges gegen den Irak** an.
>> **24. Mai:** Der neue Hamburger Zentrale Omnibus-Bahnhof (**ZOB**) mit einem Sicheldach aus Glas wird eingeweiht.

Zug zum Tor: In der Erstligasaison 2001/02 war Thomas Meggle St. Paulis erfolgreichster Schütze (hier gg. Dortmund, 29.9.2001)

St. Paulianer hoch drei

Dabei in allen Ligen: Thomas Meggle zog es immer wieder zum FC St. Pauli

Millerntor-Stadion, 3. Februar 2006. Handelfmeter für den FC St. Pauli gegen Kickers Emden. Thomas Meggle schnappt sich den Ball und verwandelt zum 3:2. Für die meisten eine eher beiläufige Szene – doch nicht für Meggle: Es war sein erster Strafstoß seit dem 19. April 2002, als HSV-Torwart Pieckenhagen im Erstliga-Derby seinen Schuss pariert hatte. „Danach wollte ich lange keinen Elfmeter mehr schießen", sagt Meggle. „Der hat sich noch Jahre später in meinem Kopf abgespielt. Ich hab gedacht: ‚Irgendwann muss man doch mal damit abschließen.' Aber mit dem Elfmeter werde ich nicht abschließen können. Der wird immer bei meinen schlimmsten Momenten dabei sein."

Ungewöhnliche Worte in einer Arbeitswelt, in der Parolen wie „Mund abwischen, weitermachen" hoch im Kurs stehen. Sie zeigen, dass Meggle das, was er tut, reflektiert – und dass ihm auch wichtig ist, für wen er es tut. Es war eben ein Derby-Elfmeter, entscheidend für Fans und Verein und darum so bitter. Und noch eins zeigen Meggles Worte: Er hat genug erreicht, um sich Offenheit leisten zu können.

Nachdem er 1997 vom Verbandsligisten FC Starnberg zum FC St. Pauli gekommen war, spielte er sich im defensiven Mittelfeld sofort in die Stammelf des damaligen Chefcoachs Krautzun. Nach Trainerwechseln und Verletzungspech ging Meggle 1999 zum TSV 1860 München – und kam ein Jahr später zurück. In der Saison 2000/01 trug er als offensiver Spielmacher mit 13 eigenen Treffern und vielen Vorlagen entscheidend zum Aufstieg bei. In der 1. Liga war er der erfolgreichste Torschütze des FC St. Pauli. Auf dem Feld überzeugte er mit Einsatz und Spielwitz, daneben mit Humor: Auf der Telefonstreich-CD „1:1:0 am Millerntor", die die Mannschaft mit dem „Studio Braun" aufnahm, kam er gleich zweimal zum Einsatz. „Meggle hat genau kapiert, worum's geht", lobt „Studio"-Mitglied Rocko Schamoni noch heute. Seine Vielseitigkeit stellte Meggle erneut unter Beweis, als er 2008 die Zeitschrift „Fußball Hamburg" gründete.

Nach dem Abstieg des FC St. Pauli blieb Meggle 2002 in der 1. Liga und spielte für Hansa Rostock. Doch am besten war er stets in Braun-Weiß. 2005 unterschrieb er zum dritten Mal bei den Kiezkickern, diesmal in der Regionalliga. Sofort übernahm er Verantwortung im Team – wie in der Elfmetersituation gegen Emden. Als Führungsspieler, nun wieder im defensiven Mittelfeld, hatte er einigen Anteil an der Rückkehr in die 2. Liga.

Er ist einer, der laut wird, der Ansagen macht, der aufrüttelt, anstachelt und mitreißt – aus Prinzip. Etwa beim 1:1 gegen den FC Magdeburg am Ende der Saison 2006/07, als der Aufstieg längst feststand. „Ich werde Meggi in diesem Spiel nie vergessen", sagt sein ehemaliger Mannschaftskamerad Ian Joy. „Er wollte einfach unbedingt gewinnen. Es war beeindruckend, wie viel es jemandem bedeuten kann, so ein Spiel zu gewinnen, der schon so oft in der Bundesliga gespielt hat, der schon so viele andere Spiele gemacht hat, der früher schon einmal aufgestiegen ist … Das war unglaublich. Ich habe eine Menge gelernt, als ich Meggi bei diesem Spiel beobachtet habe". ∎

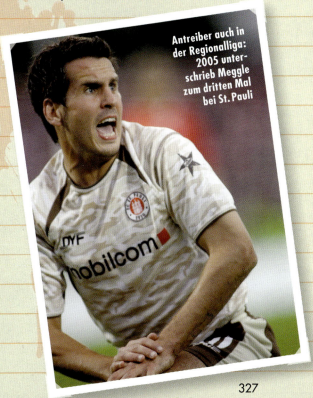

Antreiber auch in der Regionalliga: 2005 unterschrieb Meggle zum dritten Mal bei St. Pauli

2003-2007

DAS ELFTE KAPITEL, in dem die Finanzkrise eines Drittligisten eine europaw

12. Juli 2003: Beim „Retter"-Benefizspiel gibt sich der FC Bayern München im ausverkauften Millerntor-Stadion die Ehre. Bayern-Manager Uli Hoeneß (r., mit Präsident Corny Littmann) dreht eine Ehrenrunde im „Retter"-Shirt

ppheit brauner T-Shirts auslöst. Bald darauf ruft der FC St. Pauli seine ganz ...

2003-2007

... eigene Revolution aus — und saniert per „Bokal"-Wunder die Vereinska

21. Dezember 2005: Soeben hat Florian Lechner das 3:3 gegen Hertha BSC Berlin erzielt. Das dramatische DFB-Pokal-Achtelfinale (Endstand: 4:3 n. V. für St. Pauli) ist für „11 Freunde" eines der „100 größten Spiele aller Zeiten"

erdessen sollen künstlerische Kräne zu Kiez-Wahrzeichen werden, doch statt ...

e neue Liga wird erobert – und der FC St. Pauli freut sich auf ein neues Leben.

„Hamburg ist braun-weiß": Nach dem 2:2 gegen Dresden (25.5.2007) ist der FC St. Pauli wieder zweitklassig. Vom Balkon des neuen „Schmidt Theaters" aus feiert die Mannschaft mit über 60 000 Fans auf dem Spielbudenplatz

Der Stadtteil St. Pauli 2003-2007

Von Wünschen und Räumen

Spielbudenplatz, Schanze und „Park Fiction": Die öffentlichen Plätze im Viertel wandeln sich

Kräne auf dem Kiez: Eine gewaltige Installation des US-Künstlers Jeff Koons sollte zum Wahrzeichen werden

Die Koons-Pläne lösten ein enormes Medienecho aus

Es ist 2003, und die Zukunft St. Paulis hängt am eisernen Faden. Befestigt an zwei gewaltigen Kränen, die hoch über dem Spielbudenplatz aufragen, hält er ein Gerüst, das einem stählernen Schnauzbart ähnelt. Wer den Blick nach oben richtet, blickt in die Augenpaare zweier gewaltiger grinsender Gummitiere, die daran baumeln; ein wenig so, als wollten sie sich auf die Vergnügungssuchenden stürzen, die sich zu ihren Füßen tummeln – auf einem Boden, in den Verzierungen in Form verschlungener Seile eingelassen sind, zur Erinnerung an die Reeper, die hier einst ihre Schiffstaue fertigten.

Noch ist all das nur ein Modell, der erste Entwurf für ein Kunstwerk, das Hamburgs Bausenator Mario Mettbach beim US-Künstler Jeff Koons bestellt hat, als Wahrzeichen für den Spielbudenplatz, das weit über St. Pauli hinaus strahlen soll. Bald schon werde „internationales Flair" die bisherige Brache umwehen, schwärmt Mettbach. Wie der Eiffelturm in Paris werde seine Installation wirken, verspricht der Künstler selbst, wie die Akropolis in Athen – sie werde „das wichtigste Kunstwerk des 21. Jahrhunderts", lässt er die Öffentlichkeit wissen.

Die aber ist entsetzt: In einer Umfrage des „Hamburger Abendblatts" sprechen sich 97 Prozent der Befragten gegen Koons' Installation aus. Die Akademie der Künste geißelt „ins Pseudomonumentale hochgepustete Banalitäten", und die

Der Stadtteil St. Pauli 2003-2007

"ZEIT" spricht von einem „Monument der Verblödung". Statiker fürchten den Einbruch der schweren Kranfundamente in die darunterliegende Tiefgarage, und besorgte Leserbriefschreiber sorgen sich um die Folgen eines möglichen Sturms: Was, wenn die Riesen-Gummitiere sich losreißen und in Häuserzeilen stürzen?

Schließlich verkündet der Bausenator das Aus für sein Projekt. Fürs Erste bleibt der Spielbudenplatz so, wie er ist: eine sandige Fläche, ein Parkplatz ohne Autos – eine Leere, die nicht ahnen lässt, dass hier vor gut hundert Jahren buntes Leben herrschte, vom Kasperletheater bis zum Zirkuszelt.

Kein Schiff wird kommen

Aus Sicht des Musikers und Buchautors Rocko Schamoni, Mitgründer des „Golden Pudel Club", war der Abriss der früheren Bebauung des Spielbudenplatzes ein Fehler: Zwar sei das Pavillondorf aus den 70er Jahren, damals in der Hoffnung auf eine Wiederbelebung St. Paulis gebaut, in den 90ern total heruntergekommen gewesen, aber das habe seine Vorteile gehabt: „Das war ein Platz, der so ein leichtfertiges Flair hatte. Es war billig und schnell hingestellt und müllig, und genau das fand ich gut. Das hat irgendwie den Soul von St. Pauli unterstrichen. Schon der Name ist doch toll: ‚Spielbudenplatz' – das klingt einfach geil und tief und alt. Nur sind da jetzt keine Spielbuden mehr."

Doch die Behörden hatten in größeren Dimensionen gedacht, schon ehe die Kranpläne kamen. Bereits 1986 hatten sie „eine aufregende Idee, St. Pauli attraktiver zu machen", entwickelt, so das „Abendblatt": „Statt Buden und Kiosken oder eintöniger Geschossbauten könnte auf dem Spielbudenplatz mitten auf der Reeperbahn ein Ozeandampfer gebaut werden." Nach einem Konzept, das die Baubehörde hatte erstellen lassen, sollte ein schiffsförmiger „Luxusliner aus Stein und Beton" entstehen, unterteilt in vier Gebäude: ein Revuetheater, ein 360-Grad-Rundumkino für 3D-Filme, ein Schwimmbad mit Wasserrutsche und eine Disco. „Mir gefällt das Ding", lobte Bausenator Eugen Wagner: Es werde „einen Hauch von Las Vegas" nach Hamburg bringen. Der „Kiez-König" Willi Bartels dagegen rügte die „verkrampfte Originalität" des Entwurfs: Damit mache sich Hamburg „zum Gespött". Spitzfindigere Kritiker hinterfragten die Symbolik: ein gestrandetes Schiff, mehrfach gebrochen – und das so nah am Hafen? Als sich kein Investor für die geschätzten Kosten von 20 Millionen Mark fand, wurde das Projekt in aller Stille abgewrackt.

Fast zwölf Jahre später machte ein neuer Plan Schlagzeilen, der Sieger eines Ideenwettbewerbs der Stadt: Eine gewaltige Nackte sollte nach den Vorstellungen der Projektgruppe „Vivre" den Spielbudenplatz zieren. Eine „Nana"-Skulptur der Künstlerin Niki de Saint Phalle, 6 Meter hoch und 25 Meter lang, bunt und begehbar – durch eine Pforte zwischen den gespreizten Beinen. Zu viel Eindeutigkeit für manchen Hanseaten: „Dieser Eingang erregt Hamburg", schrieb die „Morgenpost": „Kunst oder Porno?" Der Plan wurde geändert, und statt der kontroversen Nackten sollten nun zwei farbenprächtige Drachen derselben Künstlerin den Eingang der Reeperbahn bewachen. Doch ihr Tod verhinderte die Umsetzung des Projekts. Danach kam Koons, und als auch sein Entwurf gestorben war und

1986 sollte ein gewaltiges Betonschiff dem Spielbudenplatz einen „Hauch von Las Vegas" verleihen

„Yellow Submarine" statt „Sandwüste"? Auch ein Beatles-Konzept war zeitweilig im Gespräch

viele andere Anregungen – etwa ein „Liebespark" und ein „Beatles-Platz"– sich nicht durchsetzen konnten, brachte ein weiterer Ideenwettbewerb die heutige Lösung: zwei bewegliche Bühnen, einander gegenüber platziert. Meist stehen sie leer. Vielleicht wäre die Lösung auch eine ganz einfache gewesen, meint Rocko Schamoni: „Der Naschmarkt in Wien ist auch nicht mehr als eine Zeile von alten Bretterhütten, wo die Leute Kram verkaufen. Das ist schäbig, aber ein Traum – und die Touristen finden das geil." Weiter nördlich, im Schanzenviertel, bietet ein früher meist menschenleerer Platz das genaue Gegenbild der Ruhe >

Kicker, Knackis, Revoluzzer

St. Paulis Fußball taugt nicht für die Galerie? Die Teamfotos der letzten Jahre tun es bestimmt

Schlammschlacht im Oberhaus

Dreck, Narben, Verbände: Die Mannschaftsfotos nach dem Erstliga-Aufstieg versprachen alles außer Schönspielerei. Beim Fototermin kam der Matsch noch vom Maskenbildner – später nicht mehr. Die Abstiegstränen wischten dann alles weg.

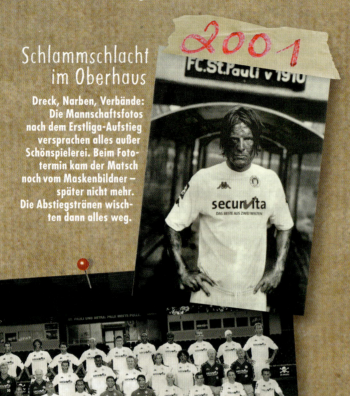

Vom Tabellenkeller in den Knast

„Lebenslang St. Pauli", hieß es nach dem Einbruch in die 2. Liga. Die Autogrammkarten imitierten amerikanische „mug shots" nach der Verhaftung, und fürs Teamfoto posierten die St. Paulianer vor der Justizvollzugsanstalt Hamburg-Fuhlsbüttel (im Volksmund „Santa Fu").

Che Bergmann und die Kiezguerilla

Im zweiten Regionalliga-Jahr rief der FC St. Pauli seine eigene Revolution aus: „Viva St. Pauli – Kampf der Drittklassigkeit!" Vom T-Shirt bis zum Teamfoto spielte die Kampagne mit typischen Parolen, Symbolen und Gesten, und fürs Trainingslager ging es nach Kuba (s. S. 351). Doch der Aufstand scheiterte: Am Ende stand der Club auf Platz sieben.

Regionalliga-Rocker

Trikots mit angedeuteten Nieten, Band-Ästhetik auf Teamposter und Autogrammkarten: „Wir rocken die Liga!", verkündeten Motto und Bilder zur „Tor Tour 06/07". Ihr Auftakt floppte. Doch mit dem neuen Frontmann „Stani" toppten die braun-weißen Ballmusiker schließlich die Regionalliga-Charts – und wurden nach dem Aufstiegs-Gig gegen Dresden gefeiert wie Rockstars.

Meckern zwecklos: Schiri Hoyzer verpfeift St. Pauli in Braunschweig   Auf dem Boden der Tatsachen: Stürmer Festus Agu

> **Verpfiffen und verkauft** Der Saisonabschluss bei Eintracht Braunschweig geriet kurios: Weil der Schiedsrichter zwei reguläre Tore nicht gab, unterlagen die Kiezkicker 2:3. „Es hätte ein Superabschluss sein können", ärgert sich Andreas Bergmann noch heute – wäre der Unparteiische nicht Robert Hoyzer gewesen. Im November 2005 räumte er vor dem Berliner Landgericht die Manipulation des Spiels ein: Beim ersten aberkannten Tor habe er sich nachträglich eine „völlig ausgedachte" Begründung zurechtgelegt, beim zweiten habe er behauptet, der Ball sei im Toraus gewesen. Abends im Berliner „Café King" habe er sich mit seinen Komplizen über den Coup „kaputtgelacht".

Der FC St. Pauli schloss die Saison auf dem achten Platz ab – punktgleich mit dem HSV II, aber 17 Tore besser. So blieb der kleine Trost, immer noch die „Nummer zwei" in der Stadt zu sein.

„Ein bisschen Frieden, ein bisschen Fußball" „Keine Hiobsbotschaften, keine Lizenzentzüge ... keine Skandale", wunderte sich das Fanmagazin „Übersteiger" zu Beginn der Saison 2004/05. Dafür gab es einen kurzen Abstecher auf die Abstiegsränge. Doch die Bergmann-Elf fing sich und schwamm anschließend entspannt im oberen Tabellenmittelfeld mit. „Ein bisschen Frieden, ein bisschen Fußball", titelte die neue Stadionzeitung „VIVA ST. PAULI" Ende April 2005 vor dem Heimspiel gegen Werder Bremen II: „Selten war ein Ligawechsel des FC St. Pauli sechs Spieltage vor Schluss unwahrscheinlicher als in der aktuellen Saison." Nicht ganz so entspannt geriet das Finale des Oddset-Pokals der Hamburger Amateurmannschaften, dessen Sieger sich für den DFB-Pokal qualifizierte. Nach 54 Minuten stand es gegen den Verbandsligisten Halstenbek-Rellingen 1:1. Neun Minuten später schlug Heiko Ansorge eine Flanke hoch vor das Rellinger Tor – und Stürmer Rico Hanke, von manchen Fans als „die Schranke" bespöttelt, köpfte zum 2:1-Siegtor ein. Es war der Schlussakkord der Ouvertüre zu einem Pokalwunder, von dem noch niemand etwas ahnte (s. S. 346).

Zum Ende der Saison sorgten die Lizenzauflagen des DFB für die kommende Spielzeit doch noch für milde Aufregung. Der FC St. Pauli sollte rund eine Million Euro als Liquiditätsreserve hinterlegen. Der Verein reagierte mit dem Verkauf lebenslanger Dauerkarten für 1910 Euro (Stehplatz) und 3910 Euro (Sitzplatz). Statt der ursprünglich geplanten 250 Tickets verkaufte der Verein gut 350. Die weitestentfernte Bestellung ging aus dem arabischen Wüstenstaat Dubai ein.

Der Blick geht nach oben Der Start in die nächste Spielzeit brachte neue Hoffnung auf eine Rückkehr in die 2. Liga: Mit Thomas Meggle war ein ehemaliger Aufstiegsheld zurückgekommen, und erst am vierten Spieltag kassierte der FC St. Pauli das erste Gegentor. Das 1:1 gegen den VfB Lübeck war zugleich der erste

2004

Der Folterskandal von Abu Ghraib als Wandgemälde (in Sadr City, Bagdad)

>> **6. April:** Erster Versuch in Deutschland mit **gentechnisch verändertem Weizen**.
>> **30. April:** Der Skandal um Misshandlungen irakischer Häftlinge im Bagdader US-Militärgefängnis **Abu Ghraib** wird öffentlich. Er schürt die Proteste gegen den Einsatz der USA im Irak.

>> **23. Mai: Horst Köhler** wird mit 604:589 Stimmen zum deutschen Bundespräsidenten gewählt.
>> **6. Juni:** 60. Jahrestag der Landung der Alliierten in der Normandie („**D-Day**"). Mit Gerhard Schröder nimmt erstmals ein deutscher Bundeskanzler an den Gedenkfeiern teil.

>> **21. Juni:** „**SpaceShipOne**" erreicht als erstes privat gebautes Fluggerät den Weltraum (Flughöhe: 100 km).
>> **4. Juli:** Auf „Ground Zero" in New York wird der Grundstein für den 541 Meter hohen „**Freedom Tower**" gelegt, das Kernstück des neuen World Trade Centers.

2003-2007

„Wir sind Pokal!" – aber leider nicht Liga, Fabian Boll

Punktverlust, und die St. Paulianer standen auf Platz zwei der Tabelle. Im DFB-Pokal zeigte die Mannschaft, zu welchen Leistungen sie in der Lage war: Gegen den Zweitligisten Wacker Burghausen siegte der FC St. Pauli am 20. August 3:2 nach Verlängerung.

Die folgenden Pokalrunden schrieben Vereinsgeschichte (s. S. 346): Erst im Halbfinale schieden die Kiezkicker gegen Bayern München aus. Die magische „Bokal"-Serie gegen Mannschaften mit „B" im Namen half, die Vereinsfinanzen zu sanieren, und endlich erregte der FC St. Pauli wieder aus sportlichen Gründen bundesweites Medieninteresse. „Wer versucht, den bekanntesten Regionalliga-Klub der Republik mit normalen Maßstäben zu messen, scheitert", schrieb die „FAZ am Sonntag": „Wie kann man 17 957 Zuschauer gegen Werder Bremen II erklären?"

Auch in der Liga konnte die Mannschaft überzeugen. Gegen den späteren Aufsteiger Rot-Weiß Essen kamen die St. Paulianer im November 2005 mit einem 0:0 aus der Halbzeitpause und schalteten scheinbar mühelos einen Gang höher: 3:0. „Die Nummer eins im Pott sind wir", sangen die Fans nach diesem dritten Sieg in Folge gegen ein Team aus dem Westen (zuvor hatten Bochum im Pokal und Wattenscheid 09 im Liga-Auswärtsspiel den Kürzeren gezogen). Ein 4:0 gegen den HSV II im Volksparkstadion hob die Stimmung weiter. Die Braun-Weißen gingen als Tabellendritter in die Winterpause, nur einen Punkt vom Aufstiegsplatz zwei entfernt.

Zwischen zwei Hochzeiten Doch dann, zwei Pokalwunder später, ging es bergab: 4:3 gegen Hertha BSC im Dezember, 3:1 gegen Werder Bremen im Januar – 1:2 gegen Bayer Leverkusen II im März. Welten lagen zwischen den beiden Hochzeiten, auf denen der FC St. Pauli tanzte, und nur auf einer tanzte er im Takt. „In den Pokalspielen hast du nur das Feld betreten und warst schon der Sieger", erklärt Florian Lechner. „Hätte dein Gegenspieler dich fünfmal getunnelt, hätte jeder gesagt: Klar, der ist Nationalspieler, der muss ja. In der Liga gegen Holstein Kiel oder Chemnitz oder Magdeburg, wo jeder sagt: ‚Hey, die müssen doch gewinnen', da hast du einen ganz anderen Druck." Während die Mannschaft im Pokal zum Teil glänzende Kombinationen zeigte, „haben wir in der Liga jeden Ball nach vorne geprügelt", stöhnt Thomas Meggle: „Das war oft kein Fußball." Am Ende der Saison stand der FC St. Pauli auf Platz sechs. „Wir hatten eine gute Stimmung in der Truppe", hadert Timo Schultz: „Aber es fehlte die letzte Entschlossenheit, ein großes Ziel zu erreichen."

Harte Konkurrenz Der FC St. Pauli hatte sich dennoch weiterentwickelt: „Nach dem dritten Regionalliga-Jahr gab es endlich eine Kontinuität", meint Fabian Boll. „Es wurde nicht wieder die große Sense geschwungen, sondern das Gros der Mannschaft blieb zusammen. Ich glaube, dass das heute ein Erfolgsgeheimnis ist." Zur Saison 2006/07 kamen nur >

>> **4. Juli:** Griechenland wird mit Trainer Otto Rehhagel in Lissabon **Fußball-Europameister** (1:0 gegen Portugal).
>> **2. August:** In Deutschland tritt eine Sondersteuer auf alle ab diesem Tag hergestellten **Alkopops** in Kraft, die den Absatz der bei Jugendlichen beliebten Getränke eindämmen soll.

Otto Rehhagel (r.) und Spieler Traianos Dellas feiern Griechenlands EM-Titel

>> **9. August:** Start regelmäßiger **„Montagsdemonstrationen"** gegen die geplanten Hartz-IV-Gesetze. Ein Schwerpunkt der Proteste liegt in Ostdeutschland.
>> **3. September:** Russische Spezialeinheiten stürmen eine von tschetschenischen Rebellen besetzte Schule in **Beslan** (Nordossetien). 396 Menschen sterben.

Pokal-B-ben am Millerntor

"Das nächste ‚B' bitte": die magische „Bokal"-Serie des FC St. Pauli

Am 20. August 2005 wurden 9031 Zuschauer Zeugen eines Vorbebens, von dem niemand ahnen konnte, dass es eines war. In der ersten Runde des DFB-Pokals besiegte der FC St. Pauli den Zweitligisten Wacker Burghausen. Die Presse schrieb von einem „Pokalkrimi": Bis zur 78. Minute kontrollierte St. Pauli das Spiel und lag nach Treffern von Shubitidze (abgefälscht durch Wojcik) und Tornieporth 2:0 vorn — doch eine Minute später gelang Burghausen per Freistoß das 1:2, kurz darauf das 2:2. Mit knapper Not schafften es die Braun-Weißen in die Verlängerung. In der 113. Minute flankte Tornieporth nach schönem Solo von rechts — und Stürmer Felix Luz traf per Kopf. 3:2. Trainer Bergmann träumte von einem Erstligisten in der nächsten Runde, „am besten Schalke 04", Luz sehnte sich die Bayern herbei.

Doch zunächst kam der VfL Bochum. Es war Dienstagabend, der 25. Oktober. Auf der einen Seite stand der Tabellenfünfte der Regionalliga Nord, erst zehn Tage zuvor bei Holstein Kiel mit 1:4 untergegangen. Auf der anderen Seite der ungeschlagene Tabellenführer der 2. Liga: bester Sturm, beste Abwehr, seit 520 Minuten ohne Gegentor. Nach dem Anpfiff waren 13 200 Zuschauer sprachlos. „Das war ein unglaubliches Spiel", erinnert sich Florian Lechner: „Wir haben die von der ersten bis zur letzten Minute an die Wand gepresst. Da waren Spielzüge dabei, wie wir sie nie zuvor hatten." In der neunten Minute netzte Michél Mazingu-Dinzey zum 1:0 ein, in der 39. Minute köpfte Luz das 2:0. „In der Halbzeit gab es eine echte Brandansprache", sagt Luz' Flankengeber Robert Palikuca: „‚Jungs, weiter so!' Andi Bergmann hat uns klargemacht, was es für den Verein bedeuten würde, wenn wir weiterkommen."

„Noch mal zur Verdeutlichung", erinnerte der Kommentator der Fernsehzusammenfassung: „Die Blauen sind der Zweitligist." In der 56. Minute drosch Florian Lechner den Ball aus 40 Metern in den linken Winkel — das 3:0. „Die Bochumer wussten gar nicht, was los ist", so Timo Schultz. „Und wir sind immer weiter gerannt wie die Bekloppten." In der 77. Minute schickte Lechner Shubitidze per Steilpass vors Bochumer Tor. 4:0. „Zugabe, Zugabe!", forderten die Fans. Dass St. Pauli sich sogar einen verschossenen Foulelfmeter leisten konnte, spricht Bände. Das Beben war nun für jeden zu spüren. „Wer kommt, ist jetzt egal", sagte Torschütze Luz nach dem Spiel. „Wir wissen, dass wir daheim so gut wie jeden schlagen können."

„Schwer stampfende Schritte aus Richtung Hauptstadt", meldete die Stadionzeitung „VIVA ST. PAULI" am 21. Dezember: „Etwas Gewaltiges nähert sich dem Millerntor. Es trägt ein blau-weiß geblümtes Kleid. Es schwingt drohend seine Handtasche. Es ist Tantzilla, das Monster mit Dutt. Ihr dürft auch ‚Hertha' zu ihm sagen." Die Hauptstadt kam — aber der FC St. Pauli kniete nicht nieder. Für das Fußballmagazin „11 Freunde" gehört das Achtelfinale gegen Hertha BSC zu den „100 größten Spielen aller Zeiten". Schon nach acht Minuten liegen die St. Paulianer zurück: 0:1 durch Pantelic. Sie reagieren mit furiosen Angriffen. Berlin kontert. In der 40. Minute schießt Gilberto das 0:2. Doch noch

„Der Schweiger" trifft: Mazingu-Dinzey mit dem 1:0 gegen Bochum

Hamburger vs. Berliner: die Stadionzeitung zum Showdown

Das „Tor des Monats" für den Dezember 2005 bringt die Verlängerung: Felix Luz steigt höher als die Herthaner Abwehr und erzielt per Flugkopfball das 2:2

vor der Pause gelingt Mazingu-Dinzey der Anschlusstreffer. „Vor der zweiten Halbzeit war die Ansage: ‚Alles nach vorne!'", berichtet Robert Palikuca – aber das Tor will nicht fallen. Vier Minuten vor Schluss dann ein Eckball für St. Pauli. „Jetzt mach einfach mal das Ding rein!", appelliert Mannschaftskapitän Morena an Felix Luz. Der lässt sich das nicht zweimal sagen: Mazingu-Dinzey zieht den Ball hoch vor den kurzen Pfosten. Luz katapultiert sich vorbei an Nationalverteidiger Arne Friedrich und wuchtet das runde Leder per Flugkopfball ins Netz. 2:2 in der 86. Minute. Luz' Treffer wird später zum „Tor des Monats" gewählt und scheitert nur knapp in der Abstimmung zum „Tor des Jahres".

Völlig verausgabt geht Braun-Weiß in die Verlängerung. „Es hat geregnet ohne Ende", erinnert sich Florian Lechner, „der Boden war tief. Jeder Schritt hat wehgetan." In der 100. Minute verwandelt Marcelinho einen Freistoß aus gut 30 Metern: 2:3. Vier Minuten später liegt Lechner in der Herthaner Hälfte, mit Krämpfen in beiden Beinen. Fabio Morena passt zu Felix Luz, der mit dem Rücken zum Tor an der Strafraumgrenze steht. Lechner hinkt nach vorn, schreit: „Felix!" Luz passt zurück, Lechner läuft an. „Ich dachte nur: ‚Fisch oder Fleisch, entweder geht es oder nicht.' Und habe einfach nur draufgehalten." Der Ball zischt flach durch die Herthaner Abwehr, wird zweimal abgefälscht – und landet unten links im Eck. 3:3. „Als ich beim Jubeln die Fäuste ballte, hatte ich sogar in den Fingern Krämpfe", erzählt Lechner: „Das war brutal." Die Nerven des Gegners liegen blank. „Die Berliner haben dauernd lamentiert und sich gegenseitig angestänkert", sagt Felix Luz. Nach einem Frustfoul von Nico Kovac gibt es fünf Minuten nach dem Ausgleich Freistoß für St. Pauli, dicht an der Eckfahne. „Johnny Sulentic kam zu mir und sagte auf Kroatisch: ‚Junge, geh an den zweiten Pfosten. Ich servier dir den Ball genau auf den Schädel'", erinnert sich Robert Palikuca. „Es gibt im Fußball ja selten Tore mit Ansage, aber das war so ein Moment. Ich sah den Ball auf mich zufliegen und hatte ihn noch nicht berührt, da hatte ich schon ein Grinsen im Gesicht. Ich wusste, der geht rein." 4:3 für St. Pauli – das Beben im Stadion war auf der Richterskala kaum noch messbar.

„Wir sind Pokal", hieß es auf eigens entworfenen T-Shirts. In der Kabine und auf den Rängen intonierten Mannschaft und Teile des Publikums den auf der Gegengerade geborenen Pokalhit zur Melodie von „Mendocino": „An jeder Tür klopfen wir an – und fragen: Kommst du mit zum Pokalfinale?" Die Spieler Benny Adrion und Marcel Eger hatten den Song professionell aufgenommen und kamen bis auf Platz 101 der Charts.

Nach den Siegen gegen Burghausen, Bochum und Berlin gab es nur einen Wunsch. Auf dem Rücken der Pokal-Shirts war er verewigt: „Das nächste ‚B' bitte!". Das Los fiel auf Bremen. Spieltermin: Mittwoch, der 25. Januar 2006. Das erste Livespiel im Fernsehen. Der Winter hatte das Millerntor fest im Griff, als Werder-Manager Klaus Allofs und Trainer Thomas Schaaf sich am Vorabend missmutig einige Bälle zukickten. Der Rasen – damals noch ohne Heizung – war schneefrei, aber gefroren. Das Urteil der Bremer Jury: Fußballspielen vollkommen unmöglich. Selbst die braun-weiße Mannschaft war anfangs skeptisch: „Stani hat

Klaus Allofs schickt vor der Platzbegehung einen skeptischen Blick gen Himmel

Oben: Fabian Boll erzielt das 2:1 gegen handschuhtragende Bremer. Rechts: Ein St. Paulianer legt sich den „Schnee-Ball" zurecht

immer wieder gesagt: ‚Das Spiel wird heute angepfiffen. Bereitet euch gut vor!'", erzählt Verteidiger Ian Joy. „Und wir dachten nur: ‚Ist klar, Stani.' Nie im Leben würde der Schiedsrichter Werder Bremen auf diesem Platz antreten lassen." Doch der Unparteiische Dr. Felix Brych mahnte morgens nur, es müsse schon noch ein bisschen was getan werden. Nachmittags werde man weitersehen. Nach Intervention der entsetzten Bremer beim DFB fand schon um 12 Uhr die nächste Platzbegehung statt. „Ich hatte einen Tipp bekommen", berichtet Teammanager und Pressesprecher Christian Bönig, „und hab schnell alle raus auf den Platz geholt: Vermarktung, Geschäftsstelle, Kartencenter, Platzwarte. Und schon standen da 20 Leute und haben mit Schaufeln und was weiß ich irgendwie den Boden bearbeitet." Brych verzeichnete die Bemühungen mit Wohlwollen. „Fußball ist ein Freiluftsport", beschied er den wild lamentierenden Werderanern – und im Übrigen sei es die Entscheidung des Schiedsrichters, ob gespielt werde oder nicht. „Worauf von Bremer Seite der historische Satz fiel: ‚Wenn sich einer unserer deutschen Nationalspieler verletzt und wir deshalb nicht Weltmeister werden, sind Sie schuld'", erinnert sich Präsident Corny Littmann. Um 16 Uhr entschied Brych endgültig, das Spiel abends anzupfeifen. Kaum hatte er das Stadion verlassen, begann es zu schneien – und hörte auch nach dem Anstoß nicht auf. Die Wahl der Spielkleidung zeigte unterschiedliche Philosophien: Langarmtrikots, Rollkragenpullover und Handschuhe bei den Bremern – kurze Ärmel bei den meisten St. Paulianern. Grün-Weiß trug weiche Nockenschuhe – Braun-Weiß trotz des steinharten Bodens Stollen. „Die müssen davon so viele Blasen bekommen haben, das gibt's gar nicht", wundert sich Ivan Klasnic, damals Bremer, noch heute. Die Skepsis der Vereinsführung hatte sich auf Werders Spieler übertragen: „Die kamen mit der Einstellung auf den Platz: ‚Warum zum Teufel muss ich hier spielen?'", sagt Ian Joy. „Also sind wir extrahart in jeden Zweikampf gegangen. Wenn sie schon vor dem Spiel nicht hier sein wollten: Das Spiel selbst würden sie erst recht hassen."

In der 10. Minute schlägt Lechner eine Flanke von rechts in den Sechzehner. Der Ball springt auf und holpert durch die Bremer Abwehr, bis Mazingu-Dinzey ihn lässig mit links ins Bremer Tor tropfen lässt. 1:0 für den FC St. Pauli. In der 27. gelingt Johan Micoud das 1:1 – und doch wirkt es in keinem Moment so, als würde sein Team die Begegnung drehen. Entsprechend schlecht gelaunt ist Werder-Manager Klaus Allofs im Pausen-Interview, in dem auch noch das Handy Corny Littmanns klingelt. „Bestimmt der Schiedsrichter", knurrt Allofs.

„In der Halbzeit haben wir uns gesagt: ‚Noch einmal 45 Minuten alles rausholen – und dann haben wir Zeit, unsere Wunden zu lecken'", erinnert sich Fabian Boll. „Egal, was wir uns aufreißen oder was für Prellungen wir haben: Wenn wir morgen aufwachen und sind im Halbfinale, dann hat sich's gelohnt." In der 59. Minute schießt Boll nach Vorlage Morenas per Seitfallzieher das 2:1. In der 65. dribbelt Mazingu-Dinzey an allen Bremern vorbei, passt zu Schultz – und der schiebt geradeaus ein. 3:1. Das Millerntor ist ein Tollhaus. In der 77. Minute erhält Werder eine letzte Chance, noch einmal heranzukommen: Elfmeter. Borowski schießt – Achim Hollerieth hält. „Spätestens da wusste man, dass nichts mehr passieren würde", sagt Fabian Boll: „Natürlich mussten wir weiter grätschen wie die Verrückten. Aber was tut man nicht alles, wenn man etwas Großes erreichen kann." Der Schiedsrichter pfiff ab, das Beben ging weiter. Zum ersten Mal in seiner Geschichte stand der FC St. Pauli im Halbfinale des DFB-Pokals.

Zur Auslosung der nächsten Runde trat die Mannschaft im „Aktuellen Sportstudio" an. „Jede Runde hast du gedacht: ‚Hoffentlich Bayern!'", erinnert sich Timo Schultz: „Und dann sitzt du vorm Halbfinale da und sagst: ‚Nicht Bayern, nicht Bayern!' Denn da waren noch Bielefeld und Frankfurt im Pott, und die hatten Probleme in der Liga. ‚Die putzen wir auch noch von der Platte!', haben wir gedacht." Der Lohn wäre nicht nur das Pokalfinale in Berlin gewesen – sondern beim wahrscheinlichen Finalgegner (und späteren Meister) Bayern auch der UEFA-Cup. Fußballnationalspielerin Birgit Prinz griff in die Schüssel mit den Loskugeln – und zog die Münchener schon als Halbfinal-Gegner. Die Ticketpreise auf dem Auktionsportal eBay schossen in schwindelnde Höhen, denn wegen des Vorkaufsrechts für Dauerkarteninhaber gab es im freien Verkauf keine Karten.

Mittwoch, 12. April 2006, 20.30 Uhr – Anpfiff für das große Spiel. Von Anfang an zeigen die Braun-Weißen „Leidenschaft, Laufbereitschaft und Kampf um jeden Zentimeter" („BILD"). Kein Pass und keine Grätsche, die nicht frenetisch bejubelt wurden. „So etwas hab ich bis heute nicht wieder erlebt", meint Fabian Boll: „Schon beim Aufwärmen klingelten einem die Ohren. Jeder im Stadion hat geschrien – eine unglaubliche, einmalige Lautstärke." Doch mit dem ersten Schussversuch der Bayern erzielt Hargreaves in der 15. Minute das 1:0.

In der zweiten Hälfte brennt der Bayern-Strafraum wieder und wieder lichterloh. In der 53. Minute flankt Schultz auf Luz – und wäre da nicht Oliver Kahn gewesen, der Kopfball hätte das 1:1 sein müssen. 13 Minuten später: Durcheinander vorm Tor des „Titanen". Meggle schießt, Boll schießt, doch beide Male wird der Ball geblockt. In der 77. Minute bedient Luz Meggle per Kopf. Der steht frei vor Kahn – aber er kommt nicht mehr hinter die Kugel. Am Schluss siegen Cleverness und Konter. In der 84. und 89. Minute besorgt Claudio Pizarro das 2:0 und das 3:0 für den Favoriten.

St. Pauli war geschlagen. Doch diesen furiosen Pokalfight wird niemand, der dabei war, je vergessen – auch nicht die über 10 Millionen Fernsehzuschauer und die 10 000, die das Geschehen auf einer Großleinwand am Fischmarkt verfolgten. „St. Pauli war das bessere Team!", fand nicht nur die „Morgenpost". Noch lange blieben die Fans im Stadion und feierten ihre Pokalhelden für eine Niederlage, die sich anfühlte wie ein Sieg.

Am 29. April gewann Bayern gegen Eintracht Frankfurt den DFB-Pokal. „Ich konnte mir das Finale nicht angucken", gibt Florian Lechner zu. „Weil ich ganz ehrlich dachte: ‚Eigentlich müssten wir da stehen.' Stell dir vor: Du läufst im Olympiastadion ein, und da sind 30- oder 40 000 St. Paulianer! Egal, was für eine Mannschaft gegen uns gespielt hätte – die hätten überhaupt keine Chance gehabt. Es wäre bestimmt unglaublich gewesen." Doch unglaublich war schon jedes einzelne Spiel der magischen „Bokal"-Serie. Auch ohne Happy End in der Hauptstadt. ■

Begehrtes Gut: Eintrittskarte zum Halbfinale

Wenn der gesessen hätte ... Felix Luz verpasst knapp den Ausgleich zum 1:1

Unhaltbar! Timo Schultz mit dem 1:0 gegen Bayern (9.9.2006)

Saisonstart in Trümmern: Michél Mazingu-Dinzey beim 1:3 in Wuppertal (5.8.2006)

> gezielte Verstärkungen: die Mittelfeldspieler Florian Bruns von Alemannia Aachen und Charles Takyi vom Hamburger SV, die Stürmer Daniel Stendel (Hannover 96) und Marvin Braun (Stuttgarter Kickers) sowie Verteidiger Carsten Rothenbach vom Karlsruher SC.

Zwischen dem FC St. Pauli und der 2. Liga stand die „beste 3. Liga aller Zeiten" („BILD"). „Bei einem Turnier würde man von einer ‚Todes-Gruppe' sprechen", meinte Osnabrücks Cheftrainer Claus-Dieter Wollitz. Doch in einer Umfrage des „kicker" zählten 18 von 19 befragten Trainern St. Pauli zu den Aufstiegsfavoriten. Trainer Bergmann versuchte erst gar nicht, tiefzustapeln: „Wir wollen aufsteigen, darum müssen wir nicht herumreden." Der traditionelle Underdog St. Pauli stand plötzlich wie ein muskelbepackter Kampfhund da.

Entsprechend vernichtend waren die Schlagzeilen, als das Auftaktspiel in Wuppertal 1:3 verloren ging. „So steigt ihr niemals auf!", meinte die „Morgenpost", „St. Pauli versagte restlos", urteilte das „Abendblatt": „Das war keine Niederlage, das war ein Erdrutsch!" Das „einfallslose und planlose Gedresche" und „die hohen Bälle auf Luz" seien „erschreckend, erbärmlich, ernüchternd" gewesen. An die folgenden Spiele erinnert sich Mittelfeldspieler Timo Schultz nur ungern: „Es war ein einziges Gekrampfe. Heimspiele gegen die Zweitmannschaften großer Teams haben wir irgendwie noch knapp gewonnen, aber spielerisch waren wir haushoch unterlegen."

Die Verwandlung Ganz anders sah es in der ersten Runde des DFB-Pokals aus. Als der FC Bayern München sich am 9. September 2006 ein weiteres Mal die Ehre gab, spielte St. Pauli wie im Rausch: schnell, aggressiv, bissig und mit herrlichen Kombinationen. Es war einer jener Tage, an denen das Millerntor zu einer Einheit verschmilzt und sich in ein gewaltiges, röhrendes Tier verwandelt. Es brüllt die Spieler nach vorn, es schüchtert den Gegner ein, und in all seinen Teilen, auf dem Rasen, am Spielfeldrand, auf den Rängen, hat es den gleichen Adrenalinpegel. Es gibt auf der Welt nichts anderes mehr als dieses Spiel, diesen Ball, dieses Tornetz in der Hälfte des Gegners und die Sehnsucht, den Ball darin zappeln zu sehen.

In der 31. Minute passt Mazingu-Dinzey von rechts in den Rücken der zurücklaufenden Bayern-Abwehr. Der heranstürmende Timo Schultz wuchtet den Ball direkt und mit aller Kraft in Richtung Bayern-Tor: 1:0 für St. Pauli. Ein Berg aus Spielern begräbt den Torschützen. Blurs „Song 2" dröhnt aus den Boxen, und es fällt nicht schwer, sich vorzustellen, wie in den Regalen der Kiezkneipen die Gläser klirren vom Stadionbeben auf dem Heiligengeistfeld. Es ist nicht die letzte Chance dieser grandiosen ersten Halbzeit. Als die Mannschaften in die Kabinen gehen, liegt eine Sensation in der Luft.

Nur 26 Sekunden nach Beginn der zweiten Hälfte trifft der eingewechselte Lukas Podolski zum 1:1. Nun spielen die Bayern – und Patrik Borger. >

2004

>> **11. November:** Palästinenserführer **Jassir Arafat** stirbt und wird in Ramallah beigesetzt.
>> **21. November:** Die Opposition in der Ukraine protestiert – Beginn der „**Orangenen Revolution**".

Der Tsunami in Asien forderte viele Tote. Eine Frau trauert um einen Angehörigen

>> **26. Dezember: Tsunami** in Indonesien, Thailand, Malaysia, Indien und Sri Lanka. Nach einem schweren Seebeben kommen über 230 000 Menschen durch eine meterhohe Flutwelle ums Leben.
DM: Werder Bremen

2003-2007

Viva la Revolución!

Als Kuba braun-weiß wurde: das Trainingslager des FC St. Pauli im Januar 2005

„Viva St. Pauli – Kampf der Drittklassigkeit!" verkündete der FC St. Pauli zu Beginn der Saison 2004/05. Seine Revolutionskampagne, später mit dem „Marketingpreis des Sports 2005" ausgezeichnet, war eine Hommage an Che Guevara, Fidel Castro und Genossen.

Dazu passend verlegte der Verein sein Winter-Trainingslager nach Kuba – als erster Fußballclub Westeuropas. Am 10. Januar 2005 traf das Team in Havanna ein, begleitet von über 50 Fans. Nicht nur in Deutschland löste die ungewöhnliche Reise ein gewaltiges Medieninteresse aus. Das kubanische Fernsehen berichtete zur besten Sendezeit, und bei der Auftakt-Pressekonferenz war die Crème de la Crème des kubanischen Journalismus anwesend. Als Trainingsgelände stand das Nationalstadion „Pedro Marrero" zur Verfügung. Wenn man dessen Rasen auch ansah, dass Fußball in Kuba die zweite Geige hinter Baseball spielt („Ein ziemlicher Acker", so Verteidiger Robert Palikuca): Die Geste zählte. „Uns wurde gesagt: ,Ihr seid hier auch auf einer diplomatischen Mission – wenn ihr abends mal weggehen und ein Bierchen trinken wollt, macht das'", erzählt Robert Palikuca: „Ich habe noch nie ein Trainingslager erlebt, wo es mehr oder weniger Vorgabe war, jeden Abend auszugehen!" „Wir sind viel mit den Menschen dort in Kontakt gekommen", bestätigt Trainer Andreas Bergmann – nicht nur bei offiziellen Anlässen wie dem Empfang in der Deutschen Botschaft, wo neben Hochsprung-Olympiasieger Xavier Sotomayor auch der kubanische Sportminister zugegen war. Als willkommene Abwechslung zur Regionalliga-Tristesse wurden die St. Paulianer immer wieder als „würdige Vertreter des deutschen Fußballs" gerühmt, die „auf Weltniveau" spielten.

Unter Ausschluss der Öffentlichkeit besiegten die Braun-Weißen Kubas Nationalmannschaft – seinerzeit auf Platz 72 der FIFA-Rangliste – mit 3:2. Fünf Tage später stand eine Exkursion nach Zuleta an, Gründungsort des kubanischen Fußballverbandes. Neben einem Kinderheim besuchten die Braun-Weißen auch „Barbier Gool", den „Fußballfriseur", in dessen mit Fan-Devotionalien vollgestopftem Laden sich sogar ein Teamposter des FC St. Pauli fand.

Die Anzeigetafel im Stadion begrüßte als Gegner des kubanischen Vizemeisters FC Villa Clara schlicht „Alemania". Feierlich wurden vor Anpfiff die Nationalhymnen gespielt. Über 3000 Zuschauer sahen ein 1:1 – auch, weil der Schiedsrichter die Abseitsregel bei St. Paulis Ausgleich höchst gutmütig auslegte. Nach dem Spiel schwärmte der Stadionsprecher von einem „Sieg der Freundschaft und der Völkerverständigung". Nach der Rückkehr aus Zuleta folgte ein weiteres 1:1 gegen eine kubanische U23-Auswahl. Im Abschlussspiel, dem zweiten gegen die Nationalmannschaft, siegte Kuba 3:1, diesmal vor Publikum. „Wir haben beide gewonnen", tröstete der Sportminister und verlieh seinen Hoffnungen auf „tiefere Kontakte, nicht nur im Sport" Ausdruck. Nach einem rauschenden Abschiedsfest flog die braun-weiße Delegation am 24. Januar zurück. Fidel Castro hatte sich zwar nicht blicken lassen – doch, so Andreas Bergmann: „Kuba war schon klasse." ∎

Gruppenbild mit Che: die Mannschaft des FC St. Pauli in Havanna

„Felgen-Ralle" im Paradies: Die kubanischen Oldtimer haben es Ralph Gunesch angetan

2003–2007

Viva con Agua de Sankt Pauli!
St. Pauli-Profi Benny Adrion beendete seine Karriere, um anderen zu helfen

Wasser, marsch!
Ein kleines Mädchen versorgt sich an einem von Viva con Agua geförderten Brunnen im Dörfchen Sodo, Äthiopien

Water Supporter:
Benny Adrion (l.) und Marcel Eger

Spendenkonto: Viva con Agua de Sankt Pauli e.V., Hamburger Sparkasse,
BLZ: 200 505 50
Konto-Nr.: 12 68 135 181
BIC/Swift: HASPDEHHXXX
IBAN: DE58 2005 0550 1268 135 18
www.vivaconagua.org

Sein Sternzeichen ist der Widder, doch alle kennen ihn als den „Wassermann": Für Benjamin Adrion war das Trainingslager des FC St. Pauli auf Kuba (Januar 2005) der Auslöser für ein ungewöhnliches Engagement. Angesichts der weitverbreiteten Not auf der Karibikinsel machte sich der damalige Mittelfeldspieler Gedanken, wie er den Menschen dort helfen könnte. Zurück in Hamburg, gründete er die Initiative „Viva con Agua de Sankt Pauli" – Lebe mit Wasser aus Sankt Pauli. Erstes Ziel: die Ausstattung 120 kubanischer Kindergärten mit Trinkwasserspendern. Im Umfeld des FC St. Pauli fand Adrion rasch zahlreiche Spender und Unterstützer, die Feuer fingen für das Wasser. Von Beginn an stand auch die gesamte Mannschaft aktiv hinter seiner Initiative – und tut es bis heute. In kürzester Zeit entwickelte sich das Ein-Mann-Projekt zu einer ausgewachsenen Hilfsorganisation.

Nachdem das Kuba-Projekt in Rekordzeit finanziert war, weitete Viva con Agua sein Engagement auf weitere Länder in Lateinamerika, Afrika und Asien aus. Ob Brunnenbau in Äthiopien oder Quelleinfassungen in Ruanda – immer dreht sich alles um ein zentrales Thema: Wasser. „Weil es ein elementares Grundbedürfnis für uns alle ist", begründet Adrion. „Die Projekte, die wir fördern, zeigen ganz konkret, wie sauberes Trinkwasser die Lebenssituation der Menschen vor Ort erheblich verbessert." Als Kooperationspartner betreut die Welthungerhilfe die Umsetzung aller Projekte vor Ort und sorgt dafür, dass alle Gelder sinnvoll und nachhaltig verwendet werden. Spenden sammelt Viva con Agua vor allem durch kulturelle und sportliche Benefiz-Veranstaltungen. Eine Besonderheit dabei ist der Netzwerkgedanke: „Jeder kann und soll sich mit seinen Ideen und nach seinen Möglichkeiten einbringen", so Adrion. „Alle haben etwas von Viva con Agua: der Engagierte, der Spender, der etwas geboten bekommt, und natürlich die geförderten Projekte. Wir bezeichnen uns deshalb auch als ‚all profit'-Organisation." Als Benny Adrion 2006 nach Verletzungspech und daraus folgender Formkrise keinen neuen Vertrag beim FC St. Pauli erhielt, stand für ihn fest: „Ich will für keinen anderen Verein mehr spielen." Obwohl erst 25-jährig, beendete er seine Profikarriere und widmet sich seitdem voll und ganz seiner Organisation.

Mittlerweile hat Viva con Agua ein eigenes Büro, passenderweise in der Großen Brunnenstraße. Mit den gesammelten Spenden (mittlerweile schon mehr als eine halbe Million Euro) konnten über zehn Projekte in zehn Ländern finanziert werden. Die Initiative hat bereits etliche hochkarätige Preise und Auszeichnungen erhalten. Auch wenn seine Zeit als Fußballer beim FC St. Pauli unter keinem allzu guten Stern stand – für Benny Adrion hat sie sich dennoch gelohnt: „Die Tatsache, dass Viva con Agua daraus entstanden ist, entschädigt für jede Verletzung und jede Operation." ■

Die Lederhosen blieben dann doch an: Bayern gewann in der ersten Runde des DFB-Pokals 2:1 nach Verlängerung

„Jetzt kann ich nie Kinder in die Welt setzen": Patrik Borger nach dem Bayern-Spiel

> St. Paulis zweiter Torwart macht seinem Spitznamen „Prinz Valium" alle Ehre und behält die Nerven: gegen Podolski, gegen van Bommel, gegen Scholl. In der Verlängerung sind die Bayern nach einem Platzverweis für Lucio nur noch zu zehnt, und manch einer denkt schon ans Elfmeterschießen, als Philipp Lahm in der 105. Minute fast von der Grundlinie dicht vors Tor flankt. Borger streckt sich, berührt den Ball mit den Fingerspitzen – und lenkt ihn in den eigenen Kasten. 2:1 für Bayern.

Es blieb der Endstand. Nun könne er niemals Kinder in die Welt setzen, gab der tragische Held Borger geknickt zu Protokoll – denn die würden seinen Patzer noch auf dem Schulhof vorgehalten bekommen. Die Fans feierten trotzdem. „Es gab selten ein Spiel, das von einer Mannschaft so schnell gespielt wurde wie in den ersten 45 Minuten von St. Pauli", lobte Bayern-Trainer Magath und bescheinigte den Braun-Weißen „Bundesliga-Niveau". Manager Hoeneß sah es ähnlich: „Mit solch einer Leistung wie in der ersten Hälfte müsste St. Pauli ganz oben stehen."

Kommst du mit in den Alltag? Doch das Gegenteil war der Fall. Bei abendlichen Pokerrunden grübelten Spieler wie Marvin Braun, Marcel Eger und Florian Lechner, warum es nicht lief – ohne Ergebnis. Kurz vor der Winterpause stand die Mannschaft auf dem zwölften Platz, und die Vereinsführung entschied, Trainer Bergmann zu beurlauben. Sportchef Holger Stanislawski, der den Kader mit Bergmann zusammengestellt hatte, bot seinen Rücktritt an. Doch das Präsidium lehnte ab, beauftragte ihn mit der Suche nach einem Bergmann-Nachfolger und machte ihn zum Interims-Trainer – im Team mit „Co" André Trulsen und Torwarttrainer Nemet.

„Menschlich ist so ein Trainerwechsel immer eine Enttäuschung", meint Timo Schultz, „gerade auch, weil Andreas Bergmann ein Supertyp war. Er hat sich vor die Mannschaft gestellt und hat alles getan. Doch letztendlich lief es nicht." Das erste Spiel unter Stanislawskis Leitung ging bei Dynamo Dresden 0:3 verloren. „Ausgestrullert!", unkte die „BILD"-Zeitung, die die Nachnamen der Trainer zum Gesamtkürzel gewortwitzelt hatte: „Stani und Trulsen können es auch nicht besser."

Doch beim anschließenden 2:0 gegen den 1. FC Magdeburg wurde die Handschrift des neuen Trainers allmählich sichtbar: „Bergmann hat gesagt, bevor wir hinten Fehler machen, sollen wir den Ball lieber nach vorne schlagen", berichtet Marcel Eger. „Aber Stani sagte: ‚Nur wer sich traut, Fehler zu machen, ist mutig – und will den Ball haben und Fußball spielen.'" Die Überlegung lag nahe, die „Zwischenlösung" bis zum Ende der Saison beizubehalten. Noch vor der Winterpause sagte Stanislawski „ja".

Während „Stani" blieb, musste ein ehrwürdiger Teil des Millerntor-Stadions weichen: Am Freitag, dem 8. Dezember 2006, sah die alte Südkurve ihr >

2005

>> **1. Januar:** Das Arbeitslosengeld II („Hartz IV") wird eingeführt.
>> **12. Januar:** Die USA geben die Suche nach **Massenvernichtungswaffen** im Irak erfolglos auf.

>> **27. Januar:** Fußball-Wettskandal: Der Berliner Schiedsrichter **Robert Hoyzer** gesteht die Manipulation von Fußballspielen. Auch mindestens zwei Spiele des FC St. Pauli waren davon betroffen.
>> **2. April:** Papst **Johannes Paul II.** stirbt nach fast 27-jährigem Pontifikat im Alter von 84 Jahren.

Robert Hoyzer zieht Rot – hier im DFB-Pokal beim Spiel Paderborn-HSV

2003–2007

„Wer es nicht fühlt, kann es nicht verstehen!": USP-Fan-Choreographie auf der Gegengerade (2007)

Ein Keeper als „Vorsänger": Benedikt Pliquett am Fan-Megaphon

„Nous sommes St. Pauli!"

Kreativ, vielschichtig, engagiert: Die Fanszene des FC St. Pauli macht ihn zu dem, was er ist

Selbst die eigenen Fahrer erkannten sie nicht: Gleich zweimal rauschten die gebuchten Reisebusse an der 60-köpfigen Gruppe vorbei, die frühmorgens um 5.30 Uhr auf dem Heiligengeistfeld auf sie wartete. Es war Dezember 1994, und Fans des FC St. Pauli, damals in der 2. Liga, wollten zur Auswärtsfahrt nach Zwickau aufbrechen. Es würde Randale geben, hatte es im Vorfeld geheißen – die als links geltenden St. Pauli-Fans würden von rechten Hooligans erwartet. Doch statt auf Baseballschläger und Schlagring setzten die St. Paulianer auf Anzug und Krawatte. Sie gingen als Manager verkleidet auf Tour, mit Spielzeughandys in der Hand (die echten waren damals noch unbezahlbar) und „Financial Times" unter dem Arm. Bei ihrer Ankunft waren die wartenden Schläger „so perplex, die haben nicht mal gepöbelt", erzählt Sven Brux, damals Mitarbeiter des Fanladens, der den unkonventionellen Ausflug unter dem Motto „VIPs on Tour" organisiert hatte. Die erste „Mottofahrt" kam so gut an, dass andere folgten.

Die skurrilen Touren sind nur ein Beispiel für die vielfältigen Ideen und Initiativen, die die Fanszene des FC St. Pauli hervorbringt. Viele gehen über reinen Spaß hinaus: Sie richten sich gegen Rassismus und Kommerzialisierung in den Stadien; sie bieten Services wie den Internet-Liveticker des Fanclubs „Basis St. Pauli" oder das Webradio mit Live-Spielkommentaren der Abteilung Fördernde Mitglieder (AFM, s. S. 399). Das Image des „etwas anderen Vereins" wäre ohne seine Fans nie entstanden, aber wer sie auf einen Nenner bringen wollte, würde zwangsläufig scheitern.

Ein einigendes Element ist jedoch „der antifaschistische Grundkonsens, der nach wie vor sehr, sehr deutlich gelebt wird", meint Norbert Harz. Der Finanzbeamte, Fan seit Mitte der 80er Jahre, widmet einen großen Teil seiner Freizeit dem Projekt „Fanräume e.V." Dahinter steht „die Idee, selbstverwaltete, auch selbstfinanzierte Räume für Fans, Freunde, Mitglieder und Stadtteilbewohner von St. Pauli zu schaffen", erklärt Harz, „und im Stadion selbst eine Heimat entstehen zu lassen für Institutionen wie den Fanladen oder die AFM", mitgliederstärkste Abteilung des Vereins, die sich auch an der Finanzierung der Fanräume beteiligen wird.

Wenn im Zuge der Stadionrekonstruktion die neue Gegengerade entsteht, sollen die Fanräume ein fester Bestandteil sein. Bis dahin müssen Harz und seine Mitstreiter 400 000 Euro zusammenbringen. Mit eigenen Merchandising-Artikeln, Veranstaltungen, der „Fanräume"-Zeitung sowie über Spenden und Beiträge soll das Geld zusammenkommen. „Die Unterstützung ist unglaublich", freut sich Harz: „Alle Fangruppen, die es gibt, engagieren sich. Schon jetzt haben sie wahnsinnig viele Aktionen durchgeführt, und es ist noch viel mehr in Planung."

Die größte und auffälligste Fangruppierung ist „Ultrà Sankt Pauli" (kurz: USP), gegründet im Sommer 2002. Aus Sicht der „Ultras" drohte die vielgerühmte Stimmung am Millerntor seinerzeit zur „Seifenblase" zu werden, so USP-Mitglied Ben Tohmfor: „eine Klischeeblase, nicht wirklich mit Leben gefüllt. Das wollten wir verbessern."

Ein entscheidender Schritt war der 2007 erfolgte Umzug von der Gegengerade in den Stehplatzbereich der neuen Südtribüne, den USP mit Unterstützung des Fanladens selbst verwaltet. Ziel: „eine Kurve mit 3000 Singenden", zusammengesetzt aus „verschiedensten Menschen jedes Schlags, besonders auch jedes Alters". Die Südkurve führt damit die Tradition der „Singing Area" fort, die engagierte Fans 1996 als Sammelpunkt der Sangesfreudigen auf der Gegengerade ins Leben gerufen hatten.

Mit einem donnernden „Aux armes!" eröffnet die „Süd" jedes Heimspiel. „Aux armes!", antwortet das Stadion, und der (von Olympique Marseille „geliehene") Wechselgesang setzt sich fort: „Nous sommes St. Pauli! Et nous allons gagner! Allez, Braun-Weiß!" („Zu den Waffen! Wir sind St. Pauli! Und wir werden gewinnen! Auf geht's, Braun-Weiß!") – es ist jedes Mal ein „Gänsehaut-Moment".

Von Außenstehenden werden „Ultras" bisweilen mit Hooligans gleichgesetzt – ein Irrtum, so Tohmfor, jedenfalls was USP angeht: „Wir sind eine ziemlich nette Truppe. Als Hooligans würden wir ganz schön arm aussehen. In der Übersetzung heißt ‚Ultra' nichts anderes als ‚über das normale Maß hinaus', und das trifft es eigentlich auch: dass du zu jedem Heimspiel gehst, zu jedem Auswärtsspiel, dass du alles dafür gibst, dass am Ende drei Punkte herumkommen" – durch Nonstop-Support mit Fangesängen und Anfeuerung sowie durch aufwendige Fan-Choreographien.

Tohmfor selbst kommt auf „eine gute 50-Stunden-Woche", und für die ganze Gruppe bedeutet ein Heimspiel „addiert an die 500 Stunden Arbeit. Wir gehen sehr do-it-yourself-lastig vor, mit Farbrollern und Tapeten, und bestellen nicht einfach fertige Sachen." USP-Mitglied Henning Heide vergleicht die flüchtigen Fankunstwerke mit „einem buddhistischen Mandala. Du streust deinen Sand, und wenn es fertig ist, wird es kaputtgemacht. Für fünf Minuten, manchmal auch nur fünf Sekunden, arbeitest du schon einmal wochenlang." Als „Vorsänger" auf dem Stadionzaun koordinieren Tohmfor und Heide per Megaphon den USP-Support. Dass er oft mit dem Rücken zum Spielfeld sitzen muss, empfindet Tohmfor „bestimmt nicht als Opfer. Ich habe noch nie so viel vom Spiel mitgekriegt wie jetzt. Wenn sich etwas anbahnt, entsteht ja sofort eine Geräuschkulisse, die mir sagt: Da sollte ich mal hingucken."

Statt des koordinierten Ultra-Supports verschreiben sich Anhänger auf den anderen Tribünen meist dem „situationsbezogenen Support" und werden laut, wenn der Rasen „brennt" oder die Mannschaft besondere Unterstützung braucht. Auf Online-Plattformen wie www.stpauli-forum.de wird die Entwicklung der Stadion-Atmosphäre mit seismographischer Genauigkeit verfolgt. Die „Stimmungsdebatten" sind ein Forumsklassiker, den Veteranen der Onlinediskussion mittlerweile gern parodieren.

Sven Brux, heute Organisationsleiter des FC St. Pauli, sieht jedoch keinen Grund zur Sorge: „Ich finde, wir waren stimmungsmäßig noch nie so gut wie heute. Gerade nach Eröffnung der neuen ‚Süd' ist das echt klasse geworden. Die verschiedenen Stadionbereiche gehen zunehmend aufeinander ein. Ganz wichtig ist, dass wir auf drei Seiten Stehplätze haben, dicht an der Seitenlinie. In den meisten Stadien hast du nur eine echte Fankurve. Wie soll die ein ganzes Stadion mitreißen?" ∎

Schal-Parade: Aufgrund einer Fanfreundschaft zu Celtic Glasgow ist neben Braun-Weiß oft auch Grün-Weiß zu sehen

Seit dem Umzug der „Ultras" auf die Südtribüne (2007) dominiert auf der Gegengerade „situationsbezogener Support"

Von der „Singing Area" aufs Spielfeld
50 Prozent Fußballprofi, 50 Prozent Kommissar – 100 Prozent St. Paulianer: Fabian Boll

Gleich bei seinem ersten Besuch am Millerntor war Fabian Boll klar: „Das kommt dem, was ich unter Fußball verstehe, sehr nahe." Es war der 24. Februar 1995, und der FC St. Pauli siegte 2:0 gegen Hansa Rostock. Die packende Atmosphäre, die Nähe zum Spielfeld, die Möglichkeit, „direkt in die Gesichter der Spieler zu schauen": Der damals 15-Jährige aus dem schleswig-holsteinischen Bad Bramstedt war „hin und weg. Ich wusste, dass das mein Verein ist und bleiben soll."

Boll wurde Dauerkartenbesitzer und Gründungsmitglied des Fanclubs „Chaos-Fraktion Bad Bramstedt". „Der Name passte zu unseren Leuten", erklärt er, „und damals auch gut zum Verein." Weil er zu dieser Zeit auf derselben Position spielte wie St. Paulis langjähriger Mittelfeldregisseur, hatten „sämtliche Trikots in meinem Schrank die Nummer 10 und ‚Pröpper' hinten drauf". Gern ging Boll darin zu Bett – eine Angewohnheit, die er bis heute ab und zu pflegt („sehr zum Leidwesen meiner Verlobten"): nachdem die Pröpper-Trikots zu klein geworden waren, im Jersey seines ehemaligen Mannschaftskameraden Hauke Brückner.

Im Stadion arbeitete sich Boll Schritt für Schritt vor: von der Nordkurve in die Gegengerade, später in die „Singing Area" an der Grenze zur Südkurve – und schließlich aufs Spielfeld. 2002 wechselte Boll vom 1. SC Norderstedt zu St. Paulis U23 und wurde mit ihr prompt Oberligameister, während die 1. Mannschaft in die Regionalliga abstieg – für Boll ein Glück, denn er rückte von der 2. Mannschaft ins erste Glied. Doch nach nur sieben Pflichtspieleinsätzen teilte ihm Co-Trainer Harald Gärtner zur Winterpause mit, dass es „in absehbarer Zeit wahrscheinlich nicht für den FC St. Pauli reichen würde". Ein Grund war Verletzungspech, und das hing zum Teil mit seiner beruflichen Doppelbelastung zusammen: Bis heute ist Fabian Boll nicht nur Fußballer, sondern auch Polizeikommissar, auf einer 50-Prozent-Stelle. „Zu Beginn, als mein Körper das noch nicht kannte, war das echt anstrengend", so Boll: „Du hast ja nur sehr wenig Zeit zur Regeneration."

Bolls neue Chance kam mit dem Trainerwechsel zum bisherigen Nachwuchskoordinator Andreas Bergmann, der ihn schon aus der U23 kannte. In Bergmanns erstem Spiel als Cheftrainer (2. April 2004) stand Boll in der Startformation und schoss das Siegtor zum 1:0 gegen Chemnitz. Seitdem ist der kampfstarke „Sechser" (Spitzname: „Boller") aus dem defensiven Mittelfeld nicht mehr wegzudenken. Seinem schwierigen Start in der 1. Mannschaft gewinnt er auch Positives ab: „Das hat mir bewusst gemacht, dass es von heute auf morgen vorbei sein kann. Dadurch behältst du die Bodenhaftung." Bolls Rückennummer entspricht der seines Polizeikommissariats: 17. Dass seine beiden „Traumberufe" so unterschiedlich sind, findet er „wunderbar. Läuft's im Job mal schlecht, kann ich mich im Fußball abreagieren – und wenn wir auf dem Platz eine schlechte Phase haben, hilft die Polizeiarbeit, den Kopf wieder frei zu kriegen." Im Mai 2001 feierte Fabian Boll noch als Fan unter Zehntausenden die aus Nürnberg zurückgekehrte Aufstiegsmannschaft auf dem Heiligengeistfeld. Als er im Sommer 2006 auf demselben Platz stand, sagte er seiner heutigen Verlobten: „Gewöhn dich schon mal dran, hier mit 70 000 zu stehen. In einem Jahr ist es nämlich so weit: Dann steh ich hier auf der Bühne." Und sogar dieser Traum ging in Erfüllung – wenn es auch am Spielbudenplatz war. ■

Zeigt, wo sein Herz schlägt: Fabian Boll nach seinem Pokal-2:1 gegen Werder Bremen (2006)

Geschmackssicher dekoriert: der zweite Arbeitsplatz von St. Paulis „Nummer 17" im Hamburger Polizeikommissariat mit der gleichen Nummer

Fabio Morena nimmt in Magdeburg den Meisterwimpel entgegen

Patrik Borger (l.) und Timo Schultz (M.) feiern auf Mallorca am „Ballermann"

> um 8 schon wieder aufgestanden", erinnert sich Fabian Boll, „weil mir immer noch die Bilder vom Abend durch den Kopf gingen. Um 9 hatte ich schon wieder die erste SMS: ‚DURST'?" „Es war echt ein paar Tage die komplette Mannschaft am Start", bestätigt Marcel Eger, und Timo Schultz gesteht, dass die Details ein wenig verwischen: „Wir saßen den ganzen Tag irgendwo in der Schanze und haben gefeiert – groß erinnern kann man sich da nicht."

Gala zum Schluss Die Vorzeichen für das Abschluss-Spiel standen nach dieser Vorbereitung eher schlecht. „Hättest du bei dem ein oder anderen 'nen Alkoholtest gemacht, wäre das vielleicht nicht so gut gekommen", schmunzelt Carsten Rothenbach. Für den FC St. Pauli ging es um nichts mehr – für den damaligen Tabellenzweiten Magdeburg um alles, denn die Aufstiegskonkurrenz saß ihm im Nacken. Doch Holger Stanislawski wusste seine vom Feiern ausgelaugte Truppe zu motivieren: „Ihr seid alle Champions. Jetzt zeigt ihnen, dass ihr zu Recht da steht, wo ihr steht. Geht raus und spielt wie Champions!"

Zur freudigen Überraschung der 3000 mitgereisten Fans gab die Mannschaft tatsächlich noch einmal alles. In der 60. Minute erzielte Ahmet Kuru nach einer Lechner-Flanke das 1:0. Elf Minuten später gelang Magdeburg der Ausgleich. Zu diesem Zeitpunkt wäre der FCM aufgestiegen – doch am Ende triumphierte Osnabrück, weil dem VfL in der 80. und 86. Minute das 1:1 und das 2:1 gegen Rot-Weiß Ahlen gelangen, während die immer verzweifelteren Magdeburger wieder und wieder an Borger und dem eigenen Pech scheiterten. Nach dem Spiel war Osnabrücks Cheftrainer „Pelé" Wollitz (im „Retter"-Shirt) zu Tränen gerührt: „Ich danke St. Pauli, das ist für mich ehrlicher Sport."

Der Rest ist Feiern Am nächsten Morgen traten die St. Paulianer zur Aufstiegsfahrt nach Mallorca an – und legten dort die Party-Messlatte noch höher als die Erstliga-Aufstiegsmannschaft des Jahres 1977, die seinerzeit im selben Hotel untergebracht war. „Ich habe noch nie dermaßen viel Alkohol getrunken", gesteht Verteidiger Ian Joy, „und ich bin Schotte!" Am Tag der Rückkehr war ein letztes Freundschaftsspiel gegen den Bezirksligisten Holsatia Elmshorn angesetzt. Die Mannschaft kam direkt vom Flughafen zum Trainingsgelände. Nach zehn Minuten brach Holger Stanislawski die Einheit ab. „Ihr tut meinen Augen weh!", schimpfte er mit gespielter Empörung. Doch trotz partybedingter Indisposition besiegten die braun-weißen Aufsteiger ihren Gegner mit 11:1.

Es war der 5. Juni 2007. Vier Jahre zuvor hatte der FC St. Pauli mit knapper Not und vielen tausend T-Shirts seine Existenz gesichert. Nun war er wieder Zweitligist. Die Finanzen waren dank des Pokals saniert, und die neue Südtribüne wurde Wirklichkeit. Die Zeit des Leidens war zu Ende. ■

2007

>> **16. Mai:** Vor 52 000 Zuschauern im Hampden Park zu Glasgow besiegt der **FC Sevilla** Espanyol Barcelona im Finale des UEFA-Cups mit 5:3 nach Elfmeterschießen. Damit verteidigt Sevilla seinen Titel aus dem Vorjahr.

„Make capitalism history": G8-Proteste

>> **8. Juni:** Der **G8-Gipfel** in Heiligendamm geht zu Ende. Massenproteste begleiten die Veranstaltung.
>> **7. Juli:** „**Live Earth**"-Konzerte auf allen sieben Kontinenten für den Klimaschutz – auch in Hamburg.
>> **8. Juli:** Die **Tour de France** beginnt erstmals in London.

Markante Optik: Die Backsteinfassade der Südtribüne hebt sie von anderen Stadien ab. Im November 2007 wurde sie erstmals genutzt und im Juli 2008 offiziell eingeweiht

Ziegel statt Zweifel

Die neue Südtribüne sichert die Zukunft des Millerntors als Spielstätte im Profifußball

Für die aufregendste Reise seines Lebens musste Torsten Vierkant Hamburg nicht verlassen: Als Projektkoordinator für den Bau der neuen Südtribüne erlebte der langjährige Kartencenter-Chef des FC St. Pauli jeden Bauabschnitt aus erster Hand mit — und damit eine entscheidende Phase der Vereinsgeschichte. Zahllose unverwirklichte Stadionpläne waren dem Südtribünenbau vorangegangen. Doch im Dezember 2006 rollten tatsächlich die Bagger. Die Fans betrauerten die „Meckerecke" der alten Südkurve per Plakat: „Jetzt kann dir nur noch der Wachtelkönig helfen."

Naturgeschützte Vögel fanden sich auf dem Gelände zwar keine, doch Überraschungen gab es ab Baubeginn im Juni 2007 reichlich: „Fast jeden Tag haben wir irgendwas gefunden, das in keinem Plan verzeichnet war", erzählt Vierkant. Mal war es ein „unterirdischer Riesenschacht" zwischen dem früheren Südbunker — heute Standort des Telekom-Gebäudes — und dem Bunker an der Feldstraße, mal waren es alte Leitungen, von denen niemand so genau wusste, ob sie nun Gas, Wasser, Strom oder nur Luft enthielten. Manchmal halfen alte Pläne, manchmal auch der liebe Gott: „Nichts, was wir gefunden haben, stand noch unter Druck. Glück gehabt, aber das hat trotzdem extrem viel Zeit gekostet."

Ebenso wie der Moment, in dem die Baggerschaufeln zwei mysteriöse Tonflaschen ans Licht des Tages beförderten — chemische Kampfstoffe aus dem Zweiten Weltkrieg, wie der Kampfmittel-Räumdienst diagnostizierte. Nach einer Woche gaben die Spezialisten grünes Licht: Gefahr gebannt, es darf weitergebaut werden. Trotz Stress und Überstunden hat es sich laut Vierkant gelohnt: „Wenn so ein Stadion gebaut wird, das machst du nicht noch mal in deinem Leben. Das ist schon eine geile Nummer."

Mit ihrer Backsteinfassade ist die Südtribüne ein markantes Gegenstück zur Beton- und Glas-Ästhetik vieler moderner Arenen. Elf Logen und rund 1100 Business-Seats (von insgesamt 2400 Sitzplätzen) schaffen neue Einnahmequellen — und die Fans auf den 3200 Stehplätzen dicht am Spielfeldrand sorgen dafür,

2003-2007

Feierstätte im Erdgeschoss: das neue Clubheim. Sein Vorgänger wurde im Dezember 2007 abgerissen

h den Baggern kamen die Kräne: Im Juni 2007 begann der Bau der neuen Tribüne

Elf Business-Logen, jede individuell eingerichtet, bieten besten Blick aufs Spielfeld – und willkommene Einnahmen für den Verein

dass der neue Süden des Stadions nicht nur durch steile Ränge und schiere Größe beeindruckt, sondern auch durch Lautstärke.

Mit dem Bau der Südtribüne stellte der FC St. Pauli sicher, dass auch in Zukunft Profifußball am Millerntor gespielt werden darf. Sie erfüllt alle Auflagen der Deutschen Fußball Liga (DFL) – schon bevor die neue Haupttribüne, Nordkurve und Gegengerade entstehen: Die Technik für die Rasenheizung (Werder Bremen wird es freuen) ist ebenso vorhanden wie Arbeitsbereiche für Medienvertreter und ein Doping-Kontrollraum.

Ein besonderer Moment für Präsident Corny Littmann war „eine Stadionführung mit unserem Alten Stamm – Vereinsmitglieder seit 30 bis 40 Jahren, an denen alle möglichen Stadionprojekte vorbeigerauscht sind. Nun standen die ganz oben auf der Südtribüne und haben runtergeguckt, und plötzlich war alles greifbar und real. Die Herren sind völlig von den Socken gewesen. Manchen sind sogar die Tränen gekommen. Für mich war das beeindruckender als die eigentliche Stadioneröffnung."

2007-2009

DAS ZWÖLFTE KAPITEL, in dem große Namen, große Stadien und großer Fuß

2. Mai 2007: Der FC St. Pauli schlägt Erzgebirge Aue nach zweimaligem Rückstand mit 4:2. Torschütze Carsten Rothenbach und Florian Bruns feiern das abschließende Tor – und den schon am 31. Spieltag gesicherten Klassenerhalt

FC St. Pauli erwarten und Sternstunden Abstürze verhindern. Bald führen ...

2007-2009

... unerwartete Erfolge im Verein und ungewollte „Aufwertung" im Viertel zu

Schöne Aussichten: Der Blick von der neuen Südtribüne eröffnet ganz neue Perspektiven auf das Millerntor-Stadion. In der Mitte hinten die im Februar 2009 erbaute provisorische Nordtribüne

au gleichen Frage – mal freudig und mal bang: „Ist das noch mein St. Pauli?"

Der Stadtteil St. Pauli 2007-2009

St. Paulis neue Skyline: Hafenstraßenhäuser vorm Hotel „Empire Riverside"

Das Gentrification-Gespenst

Zwischen Bauboom und Luxussanierung: Kann sich St. Pauli seine Besonderheit erhalten?

Es ist 2007, und der Kiez ist zum „Kontrollgebiet" geworden. Videokameras der Polizei überwachen Spielbudenplatz und Reeperbahn, und große Schilder weisen darauf hin, dass das Auge des Gesetzes zusieht, wenn die Vergnügungssuchenden von Kneipe zu Kneipe ziehen. „Zu Ihrer Sicherheit", be(un)ruhigen die Tafeln. Die Symbole darauf malen das Bild einer Umgebung, in der Gewalt alltäglich ist: eine durchgestrichene Pistole, durchgestrichene Messer, durchgestrichenes Reizgas. Seit Dezember gilt ein Waffenverbot. Die Schlagzeilen der Zeitungen erzählen von Alkohol und Aggression, von abgebrochenen Flaschen und prügelnden Jugendlichen, von Saufgelagen mit billigem Schnaps vom Reeperbahn-Discounter. Doch viele Anwohner sind der Ansicht, dass nicht die Gewalt das Hauptproblem ist, sondern das Geld. „Gentrification" lautet das Schlagwort der Stunde, und je nach Perspektive wird es anders übersetzt: „Aufwertung", sagen die einen – „Verdrängung" die anderen. Überall im Viertel wird gebaut, und immer neue Prestigeprojekte entstehen. Das bekannteste eröffnet im November 2007: Das „Empire Riverside Hotel", ein Projekt Willi Bartels', verändert die Skyline St. Paulis zum Hafen hin. Auch die Bauten, die in seiner Nähe fertiggestellt werden, sind schon von weitem sichtbar: Auf dem Gelände der ehemaligen „Astra"- Brauerei

Der Stadtteil St. Pauli 2007–2009

„Bavaria" werden neben Büros Hunderte von Wohnungen gebaut – verteilt auf mehrere Hochhäuser. Es sind Mietwohnungen, und die Bauherren sind zwei Genossenschaften. Doch in den Augen vieler St. Paulianer sind die Neubauten im „Brauerei-Quartier" so etwas wie Schließfächer: gefüllt mit Geld und Wertgegenständen, abgeschottet vom Rest des Stadtteils. Und doch haben sie Einfluss auf ihn, auf seine Einwohnerstruktur und auf den Mietenspiegel.

„St. Pauli wird kleiner"

Es sind nicht nur die Neubauten, die diesen Einfluss ausüben: Altbauwohnungen auf St. Pauli sind begehrt, so sehr, dass bei Neuvermietungen oft das Doppelte des bisherigen Preises verlangt wird. Auch die Luxussanierung erschwinglichen Mietwohnraums mit anschließender Umwidmung in exklusive Eigentumswohnungen ist ein lukratives Geschäft, und unter alteingesessenen St. Paulianern machen Horrorgeschichten von vergraulten Mietern die Runde. Letztlich bewegen alle dieselben Fragen: Wo bleibe ich? Und was bleibt von St. Pauli, wenn viele, die bisher hier gelebt haben, wegziehen müssen?

Martin Paulekun, seit 1993 Pastor in der St. Pauli-Kirche am Pinnasberg, sieht die Entwicklung mit Sorge: „St. Pauli wird kleiner", meint er: „Die Fläche, wo man nicht komisch angeguckt wird, weil man so ist wie man ist – wo Menschen unterschlüpfen können und mit ihrem Leben vielleicht doch zurechtkommen, die schrumpft. Nicht umsonst waren früher die meisten Obdachlosen zumindest im Sommer auf St. Pauli. Weil sie weniger schief angesehen wurden. Doch heute ist es anders."

Auch die Clubbetreiber schlagen Alarm: zu hohe Mieten, strikte Auflagen; Bürohäuser und Tiefgaragen statt des bisherigen Baubestandes, der zum Teil vielleicht bröckelte, aber offen war für Neuanfänge und Improvisation. „Früher zogen die Leute von Club zu Club", meint Andi Schmidt, Betreiber des „Molotow" am Anfang der Reeperbahn. Doch jede einzelne Schließung vermindere die Anziehungskraft der Clubszene St. Paulis als Ganzes. „Die Stadt muss sich einmischen und Nutzungspläne aufstellen", fordert Schmidt, „die Ausrede Privateigentum darf da nicht gelten. Andere Städte versuchen verzweifelt, so etwas in Gang zu kriegen: ein Szeneviertel, das ein eigenes, crazyverruchtes Image hat. Hier gibt's das seit 100 Jahren. Aber ich habe den Eindruck, dass es vielen eher peinlich ist, dass es sowas hier gibt."

Rocko Schamoni, Mitgründer des „Golden Pudel Club", sieht es ähnlich: „Hamburg ist wahnsinnig reich und ist auch sehr funktional und effektiv und eloquent. Das ist echt 'ne produzierende Stadt. Aber dass diese Stadt auch Soul hat, das hat was damit zu tun, dass es hier im Kern ein verfallenes Viertel gibt, wo junge Künstler und Schrottleute und arme Leute mit sonderbaren Bars und komischen Kunstläden der Stadt ihre Seele einhauchen. Und wenn die Touristen kommen, dann freuen sie sich darüber, wie sonderbar und ziellos hier manches ist. Der Dreck auf St. Pauli, der macht's hier aus. Der Dreck ist die Seele hier in diesem Teil. Aber das verstehen sie nicht – weder die Investoren noch die Behörden."

Markus Schreiber, Leiter des Bezirksamts Hamburg-Mitte, widerspricht: „Wir wissen, dass St. Pauli kein Stadtteil ist wie Eppendorf", meint er, „das Rotlicht, ein gewisser Schmuddel – das gehört dazu. Ein schicker Sushi-Laden neben dem nächsten kann nicht das Ziel sein. Es muss auch Currywurst geben." Darum habe die Stadt Maßnahmen ergriffen, um „das Flair St. Paulis zu wahren": Ein wichtiger Schritt sei etwa die Einführung einer sozialen Erhaltungsverordnung, die die Bezirksversammlung im Mai 2009 angeschoben habe.

Wenn die Verordnung wie geplant umgesetzt werde, ermögliche sie es der Stadt unter anderem, die Umwandlung von Miet- in Eigentums- >

Abbruchhaus in der Wohlwillstraße: Oft weicht günstiger Wohnraum teuren Eigentumswohnungen

Der Beatles-Platz vor der Großen Freiheit erinnert an große Zeiten der Livemusik – sind sie vorbei?

Der Stadtteil St. Pauli 2007-2009

> wohnungen zu verhindern. „Das ist eins der Hauptinstrumente, um die Mietstrukturen beizubehalten und die Zusammensetzung der Bevölkerung zu erhalten", erläutert Schreiber. „Wir können die Miethöhe nicht vorschreiben. Aber dadurch, dass man diese Umwandlungsgeschichten unterbindet, hat man einen gewissen Einfluss. In der südlichen Neustadt hat die soziale Erhaltungsverordnung dazu beigetragen, dass dort noch die ‚normale' Bevölkerung wohnt. Und das müssten wir auf St. Pauli auch schaffen." Ein Sonntagsverkaufsverbot soll den Stadtteil für Discounter weniger attraktiv machen und verhindern, dass die Reeperbahn zu einer Art „Einkaufsmeile" wird.

Durch eine bauliche Erhaltungsverordnung für St. Pauli-Süd werde zudem sichergestellt, dass „die relativ niedrige Bebauung dort bleibt und die existierenden Bauten aus der napoleonischen Zeit erhalten werden". Das geplante „Bernhard-Nocht-Quartier" – eines der größten Investitionsvorhaben im Stadtteil, das Sanierungen ebenso umfasst wie Neubauten – werde so nicht zu einer Art „Ausweitung des ‚Bavaria'-Geländes". „Wir haben schon einigen Einfluss darauf, wie St. Pauli sich entwickelt", meint Schreiber, „und den nehmen wir auch wahr. Ein Stadtteil nur mit Reichen ist langweilig. Ein Stadtteil, der eine Mischung hat wie St. Pauli – Vergnügen und Wohnen –, das ist ein toller Stadtteil." „Wir Hamburger gehen da kaum hin", hatte Helmut Schmidt noch 1986 über St. Pauli gesagt: „Attraktiv und gut" sei der Kiez „wenn es hochkommt eigentlich nur für einen Abend, nämlich für einen Dänen oder Schweden, der auf der Durchreise ist." Heute dagegen gibt Bürgermeister Ole von Beust gern zu, dass er ein kühles Bier im „Silbersack" schätzt („meine Lieblingskneipe"); Kultursenatorin Karin von Welck wurde sogar im „Golden Pudel Club" gesichtet.

Die Kulturbehörde plant einen Livemusik-Fonds zur Erstattung von GEMA-Gebühren und die Etablierung eines „Hamburger Club Award", und 2009 werden Clubs 376 000 Euro an Zuschüssen für Baumaßnahmen zur Verfügung gestellt, etwa für Technik und Schallschutz. Es ist nur ein kleiner Etat, und er ist nicht nur für die Clubszene St. Paulis gedacht, zu der auch das „Knust" oder das „Uebel & Gefährlich" gehören. Doch auch Andi Schmidt spricht von „Zeichen, dass sich ganz allmählich etwas ändert in der Art, wie die Stadt ihren bekanntesten Stadtteil sieht".

Die Medienberichterstattung hat sich ebenfalls gewandelt. 1971 etwa setzte das konservative „Abendblatt" seine ganze Hoffnung in ein modernes Pavillondorf mit Steakhaus, chemischer Reinigung und Bankfilialen, um St. Pauli endlich ein „sauberes" Image zu geben (s. S. 194). Als 2009 jedoch die Rede davon war, dass die traditionsreiche Absturzkneipe „Lehmitz" auf der Reeperbahn einem Discounter weichen sollte, widmete das „Abendblatt" der bedrohten Kaschemme eine Titelgeschichte und dem Stadtteil mehrere ganze Seiten in kurzer Folge. Auch die Beerdigung der ehemaligen Prostituierten Domenica im Februar 2009 stieß

„Livemusik ist wichtig"
Andi Schmidt kämpft für St. Paulis Clubkultur

Seit 1994 ist Schmidt „Mr. Molotow"

Auf Reisen wird Andi Schmidt oft daran erinnert, wie bekannt St. Pauli in der Welt ist. Denn er wohnt auf der Reeperbahn, und „die Adresse macht was her": Oft erntet er bei der Passkontrolle ein Lächeln, und „viele Leute stellen Fragen: Ob es den ‚Star-Club' noch gibt zum Beispiel". Für ihn ist die Wohnlage praktisch, denn gegenüber liegt sein Livemusik-Club „Molotow", in dem Bands wie die White Stripes oder die Killers ihre ersten Auftritte in Hamburg hatten. Als Schmidt 2008 nach Rückgängen im Getränkeumsatz ankündigte, das „Molotow" zu schließen, rückte St. Paulis Livemusik-Szene in den Mittelpunkt des Medieninteresses. Dank einer Unterstützungswelle konnte das „Molotow" gehalten werden, und dass die Stadt mittlerweile über Förderungen für die Clublandschaft nachdenkt, findet Schmidt „bemerkenswert: Vor drei Jahren wäre keiner auf die Idee gekommen, zu sagen, dass die Livemusik-Szene wichtig ist für St. Pauli. Da hieß es noch: ‚Musikkneipen' kommen und gehen."

Der Stadtteil St. Pauli 2007–2009

Am Rande des Trauerzuges für Domenica posiert Anwohner Fiete Frahms geduldig für die Presse

Die Hafenstraße liegt ruhig da – das Viertel bleibt unruhig.
Rechts: Demo-Plakat gegen Gentrification

deutschlandweit auf ein enormes Medienecho, und viele Berichte werteten den bunten Trauerzug durch das Viertel einschließlich einer Gedenkminute in der Herbertstraße mit einer Mischung aus Faszination und Melancholie als „Abschied vom alten St. Pauli". Die „BILD"-Zeitung, wie das „Abendblatt" einer übergroßen Affinität zur Subkultur unverdächtig, schreibt unterdessen Skeptisches über Gentrification: In der Schlagzeile „Wie viel Mö verträgt die Schanze?" verglich sie im April 2009 das Szeneviertel mit der Hamburger Mönckebergstraße und äußerte Verständnis mit Anwohnern, die gegen die Ansiedlung von „McDonald's"- oder „Adidas"-Filialen protestieren.

Erstickt von der eigenen Beliebtheit?

Eine Situation wie die jetzige hat es in der Geschichte St. Paulis wohl noch nie gegeben: Der einst als „St. Liederlich" verunglimpfte Stadtteil zieht etliche Menschen gerade wegen seines besonderen subkulturellen Charmes an – und ist zugleich so respektabel geworden, dass selbst konservative Medien ihn wie eine Art „Naturschutzgebiet" porträtieren, das keinesfalls verloren gehen dürfe (auch der Touristen wegen).

Unterdessen schreitet der Wandel voran: Das große Grundstück der berühmten „Esso"-Tankstelle auf dem Kiez – bekannt aus unzähligen Medienberichten – ist an einen Brauereikonzern verkauft. Was dort entstehen wird, steht noch nicht fest. Sicher ist, dass das ehemalige „Astra Bowling Center" am Eingang der Reeperbahn zwei „tanzenden Türmen" des Architekten Teherani weichen wird – ungewöhnlich geknickten Hochhäusern, die unter anderem die Büros eines Baukonzerns und ein Hotel beherbergen sollen. Vielleicht sogar den legendären „Mojo Club", der den Betonklotz aus den 60er Jahren lange mit Leben erfüllt hatte, ebenso wie die Ateliergemeinschaft „SKAM", in der Künstlerinnen und Künstler fast 20 Jahre lang arbeiteten und ausstellten. Einen neuen Raum auf St. Pauli haben sie nicht gefunden. Aktive Lenkung allein wird einen Stadtteil, der seinen Charme gerade dem vollkommen ungesteuerten Zusammenspiel verschiedenster Faktoren verdankt, nicht so erhalten können wie er ist. Vieles Besondere verdankt St. Pauli der Tatsache, dass es Freiräume bot, die nie als solche gedacht waren: leerstehende Keller, die zu Clubs wurden, besetzte Häuser wie die in der Hafenstraße, die sich als neue Energiequelle für den Stadtteil entpuppten. Mittlerweile sind ihre Einwohner in einer Genossenschaft organisiert. Kürzlich schlossen sie eine Baulücke zwischen den Hafenstraßenhäusern, auf die sie vertraglich den Erstzugriff hatten, mit einem schmucken Neubau. Ihr Traum von einem selbstbestimmten Leben ist wahr geworden.

Der unruhige Geist, der dies möglich machte, ist im Stadtteil weiter lebendig, wie die Proteste gegen die „Yuppiesierung" beweisen. Ob sie das Gentrification-Gespenst vertreiben können? Pastor Paulekun ist sich nicht sicher – und trotzdem zuversichtlich: „Unsere große Hoffnung ist, dass St. Pauli noch immer so viel Widerstand in sich trägt, dass es im Großen und Ganzen erhalten bleibt, trotz allem. Es gibt immer noch viele engagierte Bewohner, die diesen Stadtteil aufrecht halten." ∎

Chefcoach unter Dampf – ‚Co' (l.) ganz cool (3:2 gg. Aachen, 5.10.2008)

„Bessere gab's nie!"

Holger Stanislawski und André Trulsen – das Trainerduo des FC St. Pauli

100 Prozent. So hoch war der Stimmenanteil für Holger Stanislawski bei der Wahl zum dritten Vizepräsidenten des FC St. Pauli im November 2004, ein Amt, das er mit seiner offiziellen Ernennung zum Sportchef im Sommer 2006 niederlegte. Wenn es im diskussionsfreudigen Umfeld des „Magischen FC" eines gibt, auf das sich Fans, Funktionäre und Mitarbeiter einigen können, dann ist das die ehemalige „Nummer 21" – der heutige Cheftrainer des FC St. Pauli. Sein „Co" André Trulsen erfreut sich ähnlicher Beliebtheit.

„Truller & Stani ... Bessere gab's nie!!!", proklamierte ein Fantransparent beim gemeinsamen Abschiedsspiel der Legenden im Februar 2005. Trulsen und Stanislawski kommen zusammen auf über 680 Pflichtspiele für den FC St. Pauli – beide als Verteidiger, beide mit ähnlichen Vorzügen: kompromissloser Einsatz von der ersten bis zur letzten Minute. Kopfball- und Zweikampfstärke. Absolute Identifikation mit dem Verein.

Dabei spielte Stanislawski einst in der A-Jugend und U23 des HSV – wo ihm der damalige Cheftrainer Gerd-Volker Schock zeitweilig „jegliche Freude am Fußball" nahm. Frustriert wechselte er zum Barsbütteler SV: „Da war mein Weg als Profifußballer praktisch schon beendet." Doch nach Abschluss seiner Ausbildung zum Masseur und medizinischen Bademeister beschloss er: „Ich greife noch mal an", ging zum SC Concordia – und galt schon bald als einer der besten Verbandsliga-Spieler Hamburgs. Bayer Leverkusen und der VfB Stuttgart meldeten Interesse an, und „Hansa Rostock wollte mich unbedingt haben". Doch zum Glück für die braun-weiße Vereinsgeschichte entschied sich Stanislawski für den FC St. Pauli.

Als André Trulsen 1994 zum FC St. Pauli kam, war es bereits seine zweite Zeit am Millerntor: Zwischen 1986 und 1991 hatte er unter anderem seinen ersten Aufstieg in die 1. Liga erlebt, ehe er für zwei Jahre zum 1. FC Köln wechselte. Danach führte sein Weg zunächst zum Oberligisten SV Lurup, für den er schon 1983 bis 1986 gespielt hatte – und von dort wieder zum FC St. Pauli, wo sich der neue Trainer Uli Maslo, gerade aus Katar gekommen, mühsam einen Überblick über das Spielerpersonal verschaffte. „Er fragte Truller: ‚Wo kommst du her?'", erzählt Holger Stanislawski, „und Truller sagte nur: ‚Lurup.'" Erst als der vermeintliche „Amateur" sich in einem Testspiel mit zwei Toren empfahl, klärte ein Mannschaftskollege den ahnungslosen Cheftrainer darüber auf, dass Trulsen schon über 120 Erstliga-Einsätze hinter sich hatte. Durch Leistung überzeugen, nicht durch Worte: Die Episode

2007-2009

Fan-Choreographie beim „Duell der Legenden" (14.2.2005)

sagt einiges über den ebenso unkomplizierten wie bescheidenen Trulsen. Stanislawski beschreibt seinen Kollegen als „absolut loyal und zuverlässig", „sehr akribisch" — und als „St. Paulianer durch und durch". Umso mehr verletzte es Trulsen, als die damalige Vereinsführung ihm 2002 mitteilte, nicht weiter mit ihm zu planen. „Ich habe eine Zeitlang gebraucht, um das zu verkraften und zu verarbeiten", so Trulsen, der zu Holstein Kiel wechselte und dort zwei Jahre später seine Karriere als Fußballer beendete. Als Stanislawski nach seinem verletzungsbedingten Karriereende zum Diplom-Sportfachwirt umschulte und parallel als Sportmanager des FC St. Pauli agierte, holte er Trulsen prompt zurück, zunächst als Co-Trainer der 2. Mannschaft, ab 2004/05 als Co-Trainer des neuen Chefcoachs Andreas Bergmann.

Nach dessen Entlassung blieb Trulsen im Amt — und sein langjähriger Teamkollege wurde Cheftrainer. „Stani hat das Training regelrecht elektrisiert", beschreibt St. Paulis Ex-Verteidiger Ian Joy. „Er gab uns ein solches Selbstbewusstsein, dass jeder einzelne für ihn spielen und gewinnen wollte. Von der ersten Minute an veränderte Stani einfach alles. Vorher waren wir ein zweitklassiges Team. Danach waren wir top, in jeder Beziehung."

Die Spieler rühmen Stanislawskis Motivationskünste. Fabian Boll erinnert sich an ein Spiel gegen Ahlen: „Als Stani die Aufstellung des Gegners angeschrieben hat, standen da nicht deren Spieler, sondern Lucio, Kahn, Demichelis und so weiter. Damit hat er uns gezeigt: Die Kunst des Fußballs ist es, nicht nur gegen die Großen gut auszusehen, sondern auch gegen Spieler, die kaum einer kennt." Gleichzeitig fehlt es ihm nicht an Humor. Als „Dichterfürst" verabschiedete Stanislawski scheidende Mannschaftskameraden wie Jens Scharping oder Carsten Pröpper früher gern mit Versen über deren Eigenheiten — heute kann es vorkommen, dass ein Spieler, der sein Potenzial nicht voll abruft, einen gereimten „Weckruf" am Spind vorfindet.

Die beiden Trainertypen ergänzen sich ebenso wie ihre kulinarischen Vorlieben: „Apfelschorle, Kekse und Kuchen" (Stanislawski über Trulsen) treffen auf „Kaffee und Zigaretten" (Trulsen über Stanislawski). „Es ist ein schönes Gefühl, Truller an meiner Seite zu haben", so Stanislawski: „Weil er unheimlich viel Fußballfachwissen hat. Und weil er wahnsinnig beruhigend auf mich wirkt."

Trotz ihrer Verteidiger-Vergangenheit stehen beide für eine Fußball-Philosophie, die eher nach Ex-Stürmern klingt: „Stani will, dass wir auf Teufel komm raus pressen, dass wir offensiv spielen", weiß Florian Lechner, und sein Trainer unterstreicht das: „Ich gewinne lieber mit 5:4 als 1:0." Sein Credo: „Wir sind Dienstleister in Sachen Fußball und wollen den Zuschauern etwas bieten." Woraus freilich Ansprüche folgen, die es am Millerntor lange nicht gab, so Stanislawski: „Früher waren alle froh und glücklich, wenn du einen Ball ins Aus gegrätscht hast. Mittlerweile erwarten sie richtig guten Fußball." ∎

Klassenerhalt! ‚Truller' und ‚Stani' nach dem 1:1 gegen Oberhausen (26.5.2000)

2007-2009

Zweiter Anlauf, erster Heimsieg: Nach Köln kam Koblenz – und ließ drei Punkte da (1:0, 26.8.2007; ‚Viva con Agua'-Choreographie beim Einlauf)

> Scheitern der „Wunderelf" auf dem Weg zur Meisterschaft war oder die fehlenden zwei Tore auf dem Weg zum Bundesliga-Aufstieg des Teams von 1965/66.

Wer will, kann eine Spur von Tragik darin lesen – oder den Ursprung einer Magie, in der „Zu Tode betrübt" nichts anderes ist als die Mutter von „Himmelhoch jauchzend". „Das ist ja das Schöne als St.Pauli-Fan", meint Mittelfeldspieler Fabian Boll, selbst langjähriger Dauerkarteninhaber (s.S. 360), „dass du die wenigen Momente des Erfolges voll auskosten kannst. Ist ja langweilig als Bayern-Fan: Da musst du dich rechtfertigen, wenn du Zweiter geworden bist. Wir freuen uns schon, wenn wir aufgestiegen sind oder ein Pokal-Halbfinale gehabt haben." Ein (leicht zerbeultes) Auto, das fliegt, macht einfach mehr Eindruck als die „Air Force One" – und ein Sieg aus Leidenschaft mehr Hoffnung für das ganz normale Leben als ein dreifacher Punktgewinn nach Millionen-Investitionen. „Es ist ein gern behaupteter Unfug, [St.Pauli-Fans] würden während und nach Niederlagen nicht die Mannschaft bejubeln, sondern sich selbst", schreibt Werner Langmaack in seiner Erzählung „Nicht von dieser Welt". „Wahr ist: Sie machen sich und den Ihren lauthals Mut. Das Signal für sie selbst lautet: Scheiße, verloren, aber Hauptsache, wir kommen von Montag bis Freitag mit unseren Alltagsproblemen klar. Das Signal für die Spieler lautet: Scheiße, verloren, aber das gilt nur für heute. Nächstes Mal fängt's wieder bei Nullnull an."

„Bayern-Dusel" in Braun-Weiß So auch nach dem 0:2 gegen Köln. Im nächsten Spiel ging es auswärts nach Jena, und Skeptiker rechneten mit der Rückkehr des „Ostfluchs", der vor langer Zeit nach einem 0:4 bei Stahl Brandenburg über den Verein gekommen war (s.S. 297). Tatsächlich blieb St.Pauli die schwächere Mannschaft – und nahm doch die drei Punkte mit nach Hause. Die Führung durch René Schnitzler aus der 20. Minute hielt, trotz aller Jenaer Angriffe und Chancen. „Bayern-Dusel" in Braun-Weiß? Das war neu, und es schien so gar nicht den Gesetzen des „Ganz-dicht-dran-Gefühls" zu entsprechen.

Es kehrte allerdings zurück, als der FC St.Pauli am 21. September passend zur „Wies'n" in München ein echtes „Oktoberfast" feierte (so das „Wort zum Spiel" der „VIVA ST.PAULI"). Denn obwohl die St.Paulianer sich dem damaligen Tabellenzweiten 1860 München mit Verve und Tempo mehr als ebenbürtig zeigten, kamen sie vor 48000 Zuschauern in der „Allianz Arena" nicht über ein 1:2 hinaus. Die Niederlage bedeutete den Sturz vom vierten auf den neunten Rang. Doch auch dieser war weit mehr, als sich mancher vom Abstiegstrauma geplagte St.Pauli-Fan ausgemalt hätte.

Ganz weit weg Das gute Mithalten war für Timo Schultz keine Überraschung: „Wir haben uns personell in all den Jahren ja immer weiter verstärkt", meint er, „und teilweise ist das Spielen in der 2. Liga sogar einfacher. In der Regionalliga geht es mehr oder

2008

» **17. Februar:** Ein neuer Staat in Europa: Das Parlament des **Kosovo** beschließt einseitig die Loslösung von Serbien. Am 1. März wird das Land offiziell unabhängig.

» **19. Februar: Fidel Castro**, Regierungschef Kubas, tritt zurück. Nachfolger wird sein Bruder Raul.

» **29. April:** Der Kriminalfall von **Amstetten** (Österreich) bewegt die Öffentlichkeit. Der 74-jährige Josef Fritzl hielt seine Tochter 24 Jahre lang im Keller des Wohnhauses der Familie gefangen und zeugte mit ihr sieben Kinder.

Ballack trauert, Spanien jubelt: Die Iberer werden Europameister

» **29. Juni:** Finale der **Fußball-EM** in **Österreich und der Schweiz**. Im Wiener Ernst-Happel-Stadion gewinnt Spanien 1:0 gegen Deutschland und ist Fußball-Europameister. Das „Public Viewing" auf dem Hamburger Heiligengeistfeld zieht rund 50000 Fans an.

Getauft in Konfetti: Die Südtribüne wurde gegen Augsburg erstmals genutzt (11.11.2007)

Grund zum Jubeln: St. Pauli hält die Klasse souverän

weniger Mann gegen Mann über den ganzen Platz. Da wird richtig auf die Knochen gehauen. In der 2. Liga gibt es auch viele Mannschaften, die wirklich nur im Raum stehen und das alles eher easy going machen." Und doch gab es auch Partien wie das Heimspiel nach München: Gegen Borussia Mönchengladbach, den etatstärksten Verein der Liga, unterlag St. Pauli 0:3. Die Partie gegen die „Fohlen" ließ zum ersten Mal in dieser Saison ein Gefühl wachwerden, das so etwas wie der böse Zwilling des heroischen „Ganz-dicht-dran" ist: das „Ganz-weit-weg". 0:1 in der 40., 0:2 in der 57., 0:3 in der 69. Minute – eine UFO-Entführung des gesamten kickenden Personals nebst Schiedsrichter wäre wahrscheinlicher gewesen als ein Sieg des FC St. Pauli. „Zu lahm! Zu lieb! Zu dumm! Kult kapituliert vor Kohle", schimpfte „BILD", und die „Morgenpost" attestierte die „mit Abstand schlechteste Saisonleistung": „Da war der Wurm drin, St. Pauli!"

Millerntor bleibt Millerntor Die folgenden fünf Partien brachten nur fünf Punkte – und der 30. Oktober das Aus im DFB-Pokal: Werder Bremen II, verstärkt durch Ivan Klasnic, besiegte den FC St. Pauli 6:4 nach Elfmeterschießen. „Das war das erste Mal seit sechs Jahren, dass wir im Pokal in der Favoritenrolle waren", so Fabian Boll: „Damit sind wir nicht gut klargekommen." Ein historischer Moment half über den Frust hinweg: Beim Heimspiel gegen den FC Augsburg (2:0) am 11. November 2007 waren erstmals 1500 Zuschauer auf der neuen Südtribüne zugelassen. Wenige Tage danach folgten ihr offizielles Richtfest – und die Jahreshauptversammlung des FC St. Pauli. Mit über 71 Prozent der Stimmen bestätigten die Mitglieder Präsident Corny Littmann im Amt. Marcus Schulz, seinerzeit maßgeblich beteiligt an der erfolgreichen Durchführung der „Retter"-Kampagne, kehrte zurück in eines der Vizepräsidenten-Ämter, gemeinsam mit Stefan Orth, Dr. Bernd-Georg Spies und Dr. Gernot Stenger, die wie er mit klarer Mehrheit gewählt wurden.

Ein später abgestimmter Antrag sorgte für bundesweites Aufsehen: Mit deutlicher Mehrheit sprachen sich die Mitglieder des FC St. Pauli gegen den Verkauf oder die Vermietung des Stadionnamens aus, ein Beschluss, der ebenso einmalig war wie die Umbenennung des einstigen „Wilhelm-Koch-Stadions" in „Millerntor-Stadion" wegen der NSDAP-Mitgliedschaft des langjährigen Präsidenten und Namensgebers Wilhelm Koch auf der Jahreshauptversammlung 1998 (s. S. 86).

Raus mit Applaus Die Hinrunde endete mit einem Highlight: Am 14. Dezember 2007 fasste das Millerntor wieder 17 800 Zuschauer (in der Winterpause waren durch einen Aluminium-Aufbau über der Nordkurve zusätzliche 2500 Sitzplätze entstanden). Und die sahen einen FC St. Pauli, der gegen den Aufstiegskandidaten Mainz auftrat, als wäre es ein Pokalspiel. >

>>>

>> **28. Juli:** Mit einem Spiel gegen die kubanische Nationalmannschaft (7:0) weiht der FC St. Pauli seine neue **Südtribüne** offiziell ein.

>> **8. August:** Der schon länger schwelende **Kaukasus-Konflikt** zwischen Georgien und Russland bricht offen aus. Kämpfe in Südossetien treiben Tausende in die Flucht.

Staunt über acht olympische Goldmedaillen: US-Schwimmer Michael Phelps

>> **8. August:** Beginn der XXIX. **Olympischen Sommerspiele** in Peking, China. Herausragender Sportler mit acht Goldmedaillen ist der US-amerikanische Schwimmer Michael Phelps. Protestaktionen für Menschenrechte, Meinungs- und Pressefreiheit begleiten die Spiele.

... und Benedikt Pliquett hört die Signale

Die neue Südtribüne macht Stimmung ...

> Nach 20 Minuten köpfte Marcel Eger das 1:0 – und während der Elan der Mainzer abflaute, spielten die Kiezkicker die Partie souverän kombinierend zu Ende. 22 Punkte standen nun auf ihrem Konto. In der letzten Zweitligasaison der Braun-Weißen (2002/03) waren es zu diesem Zeitpunkt nur neun gewesen – und da waren sie direkt aus der 1. Liga gekommen.

Der Rückrundenstart aber brachte vier Unentschieden in Folge. Das erste davon, das Rückspiel gegen Köln, war allerdings eines von der besten Sorte. „Wie da in der ersten Halbzeit haben wir nie wieder gespielt", meint Timo Schultz: „Das war echt sensationell!" Vor 50 000 Zuschauern spielten die Kiezkicker die „Macht vom Rhein" erneut an die Wand. Kurz vor dem Pausenpfiff gelang Thomas Meggle nach einem Ludwig-Freistoß das hochverdiente 1:0. Die Kölner kamen druckvoller aus der Pause. Und doch lag ein Hauch der traditionellen Tragik in der Luft, als die Favoriten kurz vor Schluss das 1:1 erzielten: Es fiel aus dem Abseits.

Eine Legende kehrt zurück Ab dem 1. März entlastete ein neuer Sportdirektor Holger Stanislawski, der diese Funktion bis dahin parallel zu seinem Amt als Teamchef ausgeübt hatte. Der neue Mann war nicht weniger als eine Vereinslegende: Helmut Schulte (s. S. 381) hatte als Trainer mit dem FC St. Pauli 1988 den Sprung in die 1. Liga geschafft. Wenige Wochen nach seiner Rückkehr folgten zwei Schlüsselspiele der Saison. Am 26. Spieltag brach die Millerntor-Elf zum Tabellenletzten SC Paderborn auf, und erwartungsgemäß lag sie nach einer halben Stunde 1:0 in Führung, durch einen Treffer Ahmet Kurus. Doch während die Fans noch jubelten, kippte die Partie: Anstoß Paderborn. Ein langer Ball fliegt in Richtung des braun-weißen Strafraums, wird einmal verlängert – und rollt durch die Beine von Keeper Borger. Paderborns Alexander Löbe muss nur noch einschieben. In der zweiten Halbzeit schoss Paderborn in dichter Folge das 2:1, das 3:1 und per Foulelfmeter das 4:1.

Nach dem Abpfiff kauerte Borger, der bei drei der Gegentreffer keine gute Figur gemacht hatte, minutenlang regungslos an der Strafraumgrenze. Ein Häufchen Elend. Vielen Fans ging es wie ihm. Der FC St. Pauli war auf Rang 13 abgerutscht. War das der Anfang vom Absturz?

Zu allem Unglück kam mit dem SC Freiburg auch noch der Tabellenfünfte ans Millerntor: seit fünf Spielen ungeschlagen, nur zwei Punkte hinter einem Aufstiegsplatz, eine der besten Abwehrreihen der Liga. Statt Borger stand nun Benedikt Pliquett im Kasten. Trainer Stanislawski veränderte das Team noch auf drei weiteren Positionen – und es geschah etwas vollkommen Unerwartetes: „Wenn du dir ein perfektes Spiel ausmalst, dann läuft das so wie gegen Freiburg", so Fabio Morena. Zweikampfstark und kombinationssicher erspielte sich St. Pauli Chance um Chance – und nutzte sie. Zur Pause stand es 2:0, am Ende 5:0.

2008

Hier ruht nicht der Verein, hier ruhen seine Fans: HSV-Friedhof in Stellingen

>> **9. September:** Die Raute im Sarg: Der HSV weiht neben seinem Stadion einen **Friedhof für Mitglieder und Fans** ein.

>> **14. September:** Der 21-jährige Rennfahrer **Sebastian Vettel** gewinnt den Großen Preis von Italien und wird somit zum jüngsten Grand-Prix-Gewinner in der Formel-1-Geschichte.

>> **15. September:** Finanzschock mit Nachbeben: Das US-Finanzinstitut **Lehman Brothers** meldet Insolvenz an.

>> **29. September:** Der **Dow-Jones-Index** verliert innerhalb eines Tages 6,98 Prozentpunkte – höchster Tageseinbruch seit seinem Bestehen.

>> **4. November:** Yes, he can: **Barack Hussein Obama** gewinnt die Präsidentschaftswahlen in den USA. Der Demokrat mit teils kenianischer Abstammung ist der erste Afroamerikaner, der dieses Amt bekleidet.

2007-2009

St. Pauli macht's vor: So schlägt man Hoffenheim!

Millionenspiel Sternstunde statt Sprung in den Abgrund: „Das ist nicht mehr mein St. Pauli!", meinten viele verdatterte Fans ironisch, zumal die Mannschaft im direkten Anschluss auch noch einen Auswärtssieg gegen Wehen Wiesbaden feierte – und ein weiteres unerwartetes Fußballfest. Nach eher durchwachsenem Saisonstart hatte die TSG 1899 Hoffenheim gut 20 Millionen Euro in ihren Kader investiert und galt seither als heißer Aufstiegskandidat.

Ohne Zögern und mit glänzender Technik nahmen die Spieler des Tabellenzweiten wie Demba Ba und Chinedu Obasi Kurs aufs St. Pauli-Tor und zwangen Pliquett zu Glanzparaden. Tatsächlich fiel nach 14 Minuten der Führungstreffer – für den FC St. Pauli, durch Ludwig. Leidenschaft gegen Perfektion: Das „Underdog-Gefühl" war wieder da. Wie im Fieber schrie das Millerntor-Publikum die Spieler nach vorn. Die hitzige Atmosphäre wurde durch einige umstrittene Schiedsrichter-Entscheidungen weiter aufgeladen, gegen die auch Holger Stanislawski laut wetterte. In der 24. Minute wurde er auf die Tribüne verbannt: Stehplatz Gegengerade, mitten unter den Fans. Prompt fiel das 1:1 für Hoffenheim. Nach der Pause boten beide Seiten weiter packenden Offensivfußball – doch die Tore machte Braun-Weiß: In der 54. Minute köpfte Marcel Eger das 2:1. In der 90. Minute hielt Ralph Gunesch allein auf Hoffenheims Keeper Özcan zu und schob den Ball an ihm vorbei flach ein – das 3:1.

„Horizontaler Aufstieg" St. Pauli besaß nun 39 Punkte: der fast sichere Klassenerhalt. Doch die St. Paulianer machten es noch einmal spannend und unterlagen in der nächsten Partie 0:1 in Augsburg (damals Tabellenzwölfter). Das folgende Heimspiel gegen Erzgebirge Aue packte das Auf und Ab einer ganzen Saison in eine einzige Begegnung und war wechselhaft wie das Wetter, das in diesen 90 Minuten zwischen strahlendem Sonnenschein und prasselndem Regen alles bot: Schon vor der Pause war St. Pauli zweimal in Rückstand geraten und hatte beide Male ausgeglichen – ehe in der zweiten Hälfte das 3:2 und das 4:2 fielen.

Es war der 31. Spieltag. St. Pauli hatte 42 Punkte, und „wenn ihr mich fragt", so der Satire-Kolumnist „Gegengeraden-Gerd" in der „VIVA ST. PAULI": „Wer als Aufsteiger so in der Liga bleibt, der hat nicht nur den Klassenerhalt geschafft. Sondern den horizontalen Aufstieg."

Doch das Ende der Saison hatte mit dem großen Finale der letzten, als dem Aufstieg noch ein engagiertes 1:1 gegen den 1. FC Magdeburg folgte, wenig gemein: 0:2 gegen Kaiserslautern. 0:2 gegen Aachen. 1:5 gegen Mainz. „Es ist immer schwer zu erklären, wie so was passieren kann", meint Carsten Rothenbach enttäuscht: „Aber als wir den Klassenerhalt klargemacht hatten, fiel einfach alles von einem ab, die ganze Spannung – und vielleicht auch die ganze Konzentration."

>> **26. November:** Terroristen verüben **Anschläge in Mumbai**, Indien. Sie attackieren unter anderem einen Bahnhof und mehrere Hotels. Mehr als 170 Menschen sterben.

Das Hotel „Taj Mahal" in Flammen: Terroranschläge in Mumbai, Indien

>> **13. Dezember:** Passaus Polizeichef **Alois Mannichl** wird bei einem mutmaßlich rechtsradikal motivierten Attentat schwer verletzt.
DM: Bayern München

Moderne meets Tradition: Die im März 2008 errichtete Videowall glänzt im Look ihres manuell bedienten Vorgängers

Das Wahre und das Bare

Zwischen Kommerzialisierung und Identität: der schwierige Balanceakt des FC St. Pauli

„Sportlicher Erfolg um jeden Preis ist nicht das Maß aller Dinge", hieß es in einem Thesenpapier des FC St. Pauli, als er 1992 seine erste Marketing GmbH gründete: „Es gilt, das Besondere zu bewahren und im gleichen Zuge zu vermarkten." Seitdem hat sich das Fußballgeschäft rapide entwickelt. Auch die „Freibeuter der Liga" kommen ohne Millionenbudgets nicht aus. Doch „das Spiel völlig frei zu betreiben, zu sagen: Ich vermarkte alles, was irgend möglich ist – das geht hier eben nicht", erklärt Michael Meeske, seit Sommer 2005 Geschäftsführer des FC St. Pauli. Schließlich sei eine „Fan-nahe Einstellung" ebenso Teil der Vereinsidentität wie eine „Reduzierung auf das Wesentliche: authentischen, wirklichen Fußball".

Und so schweigt einige Minuten vor Spielbeginn die Lautsprecheranlage, damit die Fans sich ohne Werbebotschaften oder Musik einsingen können. Zwar gibt es auch am Millerntor seit dem Bau der neuen Südtribüne Business-Logen und Business-Seats, doch der Anteil an günstigen Stehplätzen im Stadion ist hoch und wird dies auch nach Abschluss der Stadionrekonstruktion bleiben. Die manuelle Anzeigetafel ist einer modernen Videowall gewichen; die Zahl der gezeigten Werbebotschaften aber bleibt auf unaufdringlichem Niveau. Am Spielfeldrand tanzen weder Cheerleader noch Maskottchen, und „Aktionen während des Spiels werden nicht von Sponsoren präsentiert, zum Beispiel Ecken oder Freistöße", erläutert Vermarktungsleiter Thomas Wegmann.

Im Idealfall gelingt es, einen Konsens zwischen Sponsoren und Fans herzustellen – wie im Falle der ungewöhnlichen Online-Sammelbildaktion „St. Paulini", für die der FC St. Pauli, Auftraggeber GRAVIS und die Agentur superReal mit dem dritten Platz des Deutschen Sportmarketingpreises 2009 ausgezeichnet wurden. In einem virtuellen Album konnten St. Pauli-Fans Motive des Zeichners Guido Schröter (s. S. 281) sammeln und mit anderen tauschen. „Die Aktion ist sehr gut angenommen worden", freut sich Wegmann: Fast 13 000 Sammler „klebten" über 440 000 Bilder ein und posteten Tauschgesuche in diversen Fanforen – und der Auftraggeber freute sich über Millionen von Kontakten, auch durch die ausführliche Berichterstattung in den Medien.

Dennoch kommt es auch zu Konflikten zwischen wirtschaftlichen und Fan-Interessen. Etwa im Zusammenhang mit der geplanten Stadionwährung „Millerntaler", die zusätzlich zum Euro für höhere Catering-Umsätze durch schnellere Bezahlung sorgen sollte – und nach vehementen Fanprotesten „auf Eis gelegt" wurde. Auch die Zersplitterung der Spieltage mit Spielterminen wie Sonnabend um 13 Uhr – ein Wunsch des Pay-TVs, um Überlappungen bei Live-Übertragungen zu vermeiden – stößt bei den Fans auf heftigen Widerstand. Die Mitglieder des FC St. Pauli forderten die Vereinsführung per Beschluss auf der Jahreshauptversammlung 2008 dazu auf, sich für fanfreundliche Anstoßzeiten einzusetzen. Tatsächlich stimmte der Verein gegen den neuen Fernsehvertrag, der die kritisierten Anstoßzeiten festschrieb – als einziger Club der Deutschen Fußball Liga (DFL).

Ein weiteres Beispiel sind die „Montagsspiele" im Deutschen Sport Fernsehen (DSF), die besonders bei Auswärtsfahrern

Fan-Protest gegen die Zersplitterung der Spieltage und neue Anstoßzeiten

Für ihre „Kathedralen-Loge" in der Südtribüne gewann die Agentur Jung von Matt mit dem FC St. Pauli u.a. einen „Bronzenen Löwen" in Cannes

Der geplante „Millerntaler" stieß in Fankreisen auf Kritik

unbeliebt sind — wegen des schwer wahrzunehmenden Termins, und weil die endgültigen Spieldaten erst relativ spät feststehen. Für den Verein jedoch bedeutet jedes DSF-Livespiel eine Mehr-Einnahme von gut 100 000 Euro: Zusatzzahlungen, die in den Sponsorenverträgen verankert sind. „Wer mehr Montagsspiele hat, erhöht seine mediale Reichweite", so Wegmann, „und das ist im Sportsponsoring die wesentliche Kennzahl."

Um wirtschaftliche und Fan-Interessen miteinander abzuwägen, sieht Michael Meeske Kommunikation und die „Abstimmung mit allen relevanten Anspruchsgruppen" als eine der großen Herausforderungen bei der Vermarktung des Vereins. Schließlich stünde der FC St. Pauli für „basisdemokratische Grundprinzipien" ebenso wie für „Offenheit und Toleranz, Gerechtigkeit, Selbstbestimmung und Kreativität". Dass diese Werte nach wie vor gelten, unterstrich eine Premiere im deutschen Fußball: Im Juli 2009 veranstaltete der Verein einen dreitägigen „FC St. Pauli-Kongress" mit gut 200 Teilnehmern, bei dem Fans direkt und „auf Augenhöhe" mit Vereinspräsidium und -mitarbeitern sowie Entscheidern von DFL, DSF, Catering, Sponsoren und Merchandising über Themen wie Spielansetzungen, Eintrittspreise, Vermarktungsrichtlinien und das Miteinander von Verein und Fans diskutierten.

„Der Kongress hat alle Erwartungen übertroffen und den Glauben an das alte, das andere St. Pauli zurückgebracht", freut sich Sven Brux, Organisationsleiter des FC St. Pauli: „Das gesamte Zuschauerspektrum war vertreten, ob jung oder alt, Steh- oder Sitzplatz. Und es gab handfeste Ergebnisse" — von Einzelheiten wie Pfandbechern in der Südtribüne und einer Verlängerung der werbefreien „Einsingphase" vor dem Spiel bis zu den Grundlagen einer überarbeiteten Vermarktungsrichtlinie, die festschreibt, wie weit der FC St. Pauli das „Kommerzialisierungsspiel" mitspielt.

Ein Verkauf der Namensrechte am Millerntor-Stadion bleibt weiterhin ausgeschlossen — wie ursprünglich auf der Jahreshauptversammlung 2008 beschlossen. Den Verzicht sieht Meeske „mit einem weinenden und einem lachenden Auge": „Das ist mittlerweile ein etabliertes Marketing-Instrument und als Produkt sehr gut vermittelbar. Kurzfristig ist ein beträchtliches Budget verloren gegangen, und es wird sehr schwer werden, das komplett zu kompensieren. Andererseits glaube ich, dass das Festhalten am Stadionnamen ‚Millerntor' die Marke ‚FC St. Pauli' mittel- bis langfristig stärkt" — ebenso wie der Verzicht auf manch andere Werbeoption. Dadurch sei das Umfeld „weniger mit Werbebotschaften übersättigt"— im modernen Fußball ein „Alleinstellungsmerkmal", so Meeske, und dadurch „ein starkes Vermarktungsthema. Es hat eine gewisse Ironie, aber theoretisch ist es durchaus möglich, dass man sich durch geringere Kommerzialisierung in gewisser Weise besser kommerzialisieren kann."

Zudem dürfe man einen wichtigen Aspekt nicht vergessen: „Durch die extrem enge und emotionale Fanbindung arbeiten wir zwar in einem sehr sensiblen Umfeld, das viel Fingerspitzengefühl und Kommunikation verlangt. Aber auf der anderen Seite kommen dadurch sogar in der 3. Liga noch 17-18 000 Zuschauer ins Stadion. Das ist wie ein großer Rettungsschirm. Den haben andere Vereine nicht." ∎

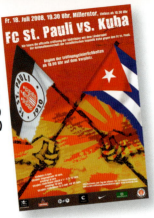

Venceremos! Zur offiziellen Einweihung der Südtribüne empfing der FC St. Pauli Kubas Nationalmannschaft – und siegte mit 7:0 (18.7.2008)

St. Pauli gegen den kommenden Deutschen Meister: Im Winter trat der VfL Wolfsburg zum Testspiel an

> **Spirit of St. Pauli** Trotz des schiefen Schlussakkords blieb die Freude über den Verbleib in einer neuen Liga, ganz ohne Zittern: Etwas hatte sich verändert in der Republik St. Pauli. Neugierig erwarteten die Fans die nächste Saison. Abermals blieb der Kern der Mannschaft intakt – und damit auch ihr Teamgeist, so Timo Schultz: „Das Besondere bei uns ist, dass wir eine Reihe von Spielern haben, die sich mehr als üblich mit dem FC St. Pauli identifizieren. Weil sie sich mit der ganzen Kiste intensiver auseinandersetzen und mehr Kontakt zu den Fans, zum Stadtteil und zum ganzen Verein haben. Auch neue Spieler kapieren schnell, dass hier in dieser Mannschaft dieser Spirit ist, dieser Gedanke, dass es etwas Besonderes ist, für diesen Verein zu spielen, dass man auch stolz darauf ist – und dass man wirklich mit dem Herzen dabei ist."

Charles Takyi wechselte zur SpVgg Greuther Fürth, Marvin Braun zum Mitaufsteiger VfL Osnabrück und Ahmet Kuru zum türkischen Erstliga-Aufsteiger Antalyaspor. Dafür kamen der Stürmer Marius Ebbers und Abwehrmann Andreas Weigelt von Alemannia Aachen, der erfahrene Keeper Mathias Hain, zuvor Ersatztorwart beim Erstligisten Arminia Bielefeld, der Mittelfeldspieler Marc Gouiffe à Goufan (SC Paderborn) sowie als Leihgaben die Offensivspieler Rouwen Hennings (Hamburger SV, zuvor ausgeliehen an den VfL Osnabrück) und David Hoilett (Blackburn Rovers). Auch Talente aus der eigenen U23 und U19, wie die Defensivspieler Jan-Philipp Kalla und Davidson Drobo-Ampem, Mittelfeldmann Dennis Daube und Stürmer Ömer Sismanoglu (mittlerweile beim türkischen Erstligisten Kayserispor Kulübü), fanden ihren Weg in die 1. Mannschaft und unterstrichen den Wert der Nachwuchsarbeit des FC St. Pauli.

Der Coach frisst Kilometer Cheftrainer war nun wieder Holger Stanislawski, der nach Erwerb der nötigen Lizenzen auf dem Weg zum „Fußball-Lehrer" war. Im wahrsten Sinne des Wortes, denn jede Woche musste er zwischen der Sporthochschule Köln und dem Millerntor pendeln – 40 000 Kilometer in einer Saison. „Normalerweise müssten das, was Stani 2008/09 gemacht hat, drei Personen machen", meint Timo Schultz: „Und dabei schafft er es auch noch, gute Laune und Energie zu verbreiten. Das kann man nicht hoch genug bewerten." Trotz der Strapazen beendete Stanislawski den Lehrgang als Klassenbester.

Der Saisonstart war allerdings wenig verheißungsvoll: Gegen den Drittligisten Erzgebirge Aue unterlag Braun-Weiß im DFB-Pokal 4:5 nach Elfmeterschießen. Mit diesem Spiel schien ein neues Saisonmotto zu gelten: „Zehn Freunde sollt ihr sein." Es gab Platzverweise in Serie. Nur eine der fünf ersten Partien konnte der FC St. Pauli gewinnen – die einzige, bei der am Schluss noch elf Mann auf dem Rasen standen. Doch diesem 4:1 im Heimspiel gegen Oberhausen folgte prompt ein 1:4 in Kaiserslautern.

2009

>> **1. Januar:** Die **Slowakei** führt als 16. EU-Land den Euro ein.
>> **20. Januar:** In Washington DC wird Barack Obama als **44. Präsident der USA** vereidigt und ist damit offiziell im Amt.

>> **11. März:** Amoklauf an der Albertville-Realschule in **Winnenden** (Baden-Württemberg): Der 17-jährige Tim K. erschießt 15 Menschen und begeht später Selbstmord.

„I do solemnly swear…" – Barack Obama legt den Amtseid ab

Zurück im Herzen von St. Pauli

Aufstiegsheld mit ungewöhnlichem Lebensweg: Helmut Schulte, Sportchef seit 2008

Freitag, 18. Juli 2008: offizielle Einweihung der neuen Südtribüne. Eine Stadionführung folgt der nächsten, und im Flur der vor kurzem eingezogenen Geschäftsstelle stauen sich die Menschen. Viele Büros sind verschlossen, sicherheitshalber. Die Tür des neuen Sportchefs aber steht offen, und wer einen Blick hineinwirft, entdeckt einen ordentlichen Schreibtisch – und mitten darauf eine Banane.

Es fällt nicht schwer, sich vorzustellen, wie der Büroinhaber sie dort mit einem Schmunzeln drapiert hat: eine kleine Geste, die Liebe zum Detail ebenso beweist wie Sinn für Humor. Denn die Banane stellt eine Verbindung her zu Helmut Schultes erster Zeit beim FC St. Pauli. Er schätze die Südfrucht wie keine andere, weil spezifische Inhaltsstoffe „den Menschen witziger machen", gab Schulte damals zu Protokoll.

Bald flogen ihm von den Rängen im Stadion „Bananen der Liebe" entgegen, denn nach Schultes Amtsantritt als Cheftrainer im November 1987 erlebte der FC St. Pauli eine der erfolgreichsten und schillerndsten Perioden der Vereinsgeschichte: Der Erstliga-Aufstieg des Jahres 1988 ist legendär, ebenso wie die Tatsache, dass ihn der damals jüngste Trainer der Fußball-Bundesliga schaffte, der seinen ersten Job als Jugendtrainer beim FC St. Pauli nach Abschluss seines Lehramtsstudiums (Fächer: Sport und Biologie) 1984 per Arbeitsbeschaffungsmaßnahme angetreten hatte. Schulte blieb bis 1991 im Amt, wurde Trainer bei Dynamo Dresden und Schalke 04, dann Manager beim VfB Lübeck und kam in dieser Funktion im Juli 1996 zurück ans Millerntor. Er blieb bis zum Januar 1998 und leitete anschließend zehn Jahre lang den Nachwuchsbereich des FC Schalke 04.

Im Januar 2007 erlebte er in Gelsenkirchen den dramatischsten Moment seines Lebens: Als der Orkan „Kyrill" durch Deutschland tobte, krachte ein Baumstamm auf sein Auto. Sein zweiter Halswirbel war gebrochen, und nur, weil sein Rückenmark intakt blieb, ist Schulte heute nicht gelähmt. „Helmut hat unglaublich Schwein gehabt", meint Präsident Corny Littmann. „Und ich bin fest davon überzeugt, dass er deshalb so ist, wie er ist, weil er diese todesnahe Erfahrung gemacht hat, weil er weiß, wie schnell es vorbei sein kann. Er ist sehr entscheidungsfreudig und straight, völlig klar in allem, was er sagt und tut für den Verein. Zugleich ist er aber auch zurückhaltend und lässt andere auch sagen, was sie meinen und sind. Ein Segen, dass der Mann wieder da ist."

Seit dem 1. März 2008 ist Helmut Schulte als Sportdirektor (offizielle Bezeichnung: Geschäftsführer Sport) für die Entwicklung des Lizenzspieler-Bereichs ebenso verantwortlich wie für das

„Bananen der Liebe" von den und für die Fans: Chefcoach Schulte in den 80ern

Blickrichtung Zukunft: Helmut Schulte als Sportchef (2008)

Scouting, die Nachwuchsabteilung mit dem Jugendleistungszentrum und das gesamte Personal und alle Strukturen in diesen Bereichen. „Ich kann mir überhaupt nicht mehr vorstellen, woanders zu arbeiten als bei St. Pauli", hatte Helmut Schulte während seiner ersten Amtszeit gesagt – und entsprechend gab ihm seine Rückkehr „ein geiles Gefühl". Zumal sich der Verein enorm weiterentwickelt habe: „In der gesamten Zeit, die ich ihn kenne, war der FC St. Pauli noch nie so gut aufgestellt wie jetzt", betont Schulte. „Und das nach vier Jahren 3. Liga. Ich kann wirklich nur sagen: Hut ab. Die ganze Denke, die ganze Struktur hier: Das ist schon gut, gar keine Frage, auch die Lizenzabteilung. Aber ich bin jetzt dazu da, das alles noch leichtgängiger zu machen." ∎

2007–2009

Schlussapplaus: Mannschaft und Fans feiern das 2:0 gegen den FSV Frankfurt (24.5.2009)

das komplette Spektrum eines kosmopolitischen Viertels wie St. Pauli wider. Es ist schwer zu beschreiben – aber wenn der Schiedsrichter anpfeift, hast du das Gefühl, dass dieser ganze Stadtteil für 90 Minuten mit dem Millerntor verschmilzt."

Ein sonniges Ende Als der FC St. Pauli am Sonntag, dem 24. Mai 2009, den FSV Frankfurt am Millerntor empfing, war die Situation für manchen noch immer ungewohnt: Während die Gäste um den Klassenerhalt zittern mussten – sie standen nur zwei Punkte vor der Abstiegszone –, stand der FC St. Pauli auf Platz acht, mit 45 Punkten schon jetzt einen Rang und drei Zähler besser als am Ende der Vorsaison.

Das ausverkaufte Millerntor badete im Sonnenschein, nach alter Fanweisheit eigentlich kein Wetter für St. Paulianer („Spielen die international?", wurde Fernsehkommissar Thiel alias Schauspieler Axel Prahl, St. Pauli-Fan per Drehbuch, einmal in einer „Tatort"-Folge gefragt: „Nein, die spielen bei Nieselregen", antwortete er knurrig).

Ein Tag für lauen Sommerfußball – doch der macht diesmal Spaß. Nicht nur, weil Marius Ebbers in der 42. Minute nach Vorlage von Björn Brunnemann den Ball zum 1:0 über den Frankfurter Torwart lupft und sieben Minuten nach Ende der Halbzeitpause nach Doppelpass mit Florian Bruns das 2:0 schießt. Auch das Freilufttheater auf den Rängen trägt zur Unterhaltung bei: „Heute Konsens: Nonstop Nonsens", lautet das Motto des Tages auf einem Banner von Ultrà Sankt Pauli. Es verspricht nicht zu viel: „Schuhe aus, Schuhe aus!", fordert die „Süd", und tatsächlich schwenken nicht wenige kurz darauf ihre Treter in der Luft. „Hosen aus, Hosen aus!", kontert die Gegengerade, und die „Süd" hisst eine Jeans. Zwischendurch üben sich Südkurvenzuschauer im Crowdsurfing wie auf einem Musikfestival.

Nach dem Schlusspfiff steht noch immer keine Wolke am Himmel. „You'll never walk alone", singen die St. Pauli-Fans. Strahlende Frankfurter, trotz Niederlage in der Liga geblieben, tanzen über den Platz. Sie machen „La Ola" mit der Gegengerade und haben sichtlich keine Lust zu gehen. Genauso wenig wie die Zuschauer und die „boys in brown", die nach ihrer Ehrenrunde auf dem Rasen vor der Südkurve feiern.

Wechselgesänge mit der Mannschaft und zwischen den Tribünen hallen durch das Stadion, und wer sich umsieht, kann zu keinem anderen Schluss kommen als diesem: dass es in diesem Moment keinen Platz gibt im ganzen Universum, an dem irgendjemand lieber sein möchte als gerade hier. In Hamburg. Auf dem Heiligengeistfeld. Am Millerntor. ■

2010

>> **27. Juni:** WM-Generalprobe: Brasilien gewinnt den **Konföderationen-Pokal** in Südafrika (3:2 im Finale gegen die USA).
>> **30. Juni:** Bernard Madoff wird in den USA zu 150 Jahren Haft verurteilt. Er hatte mit einem 65 Mrd. US-Dollar schweren Schneeballsystem Anleger geschädigt.
DM: VfL Wolfsburg

>> **15. Mai:** Der FC St. Pauli feiert offiziell seinen **100. Geburtstag**. Wir gratulieren! Alle Informationen zum Verein, seiner Geschichte, dem Jubiläum und den vielseitigen Veranstaltungen im Jubiläumsjahr: www.fcstpauli.com

Herzlichen Glückwunsch, FC St. Pauli!

„Fußball pur": Die 5. Herren des FC St. Pauli gibt es sogar auf DVD

Zlatan Bajramovic (l.) und Ivan Klasnic (r.): die wohl berühmtesten Eigengewächse des FC St. Pauli

Das Leben der Anderen

Der FC St. Pauli jenseits des Profifußballs: von blinden Ballkünstlern, alten Helden, kriminellen Schachspielern und Fusionen mit dem HSV

Die Fußballprofis vom Millerntor stehen unter ständiger Beobachtung. Doch rund um die Kiezkicker gibt es viele andere Abteilungen und Institutionen des FC St. Pauli. Sie machen den Verein vielseitiger und lebendiger – auch wenn sie deutlich weniger im Rampenlicht stehen.

Schon im Fußball selbst gibt es viel mehr als die 1. Mannschaft: Zahlreiche Herren-, Frauen- und Jugendteams stellen die Grand- und Rasenplätze der Stadt auf eine harte Probe.

Die heutige U23 war in ihrer langen Geschichte auch als „Reserve", „Fohlenteam" oder „2. Mannschaft" bekannt und erfreut sich seit vielen Jahren einer ebenso treuen wie lautstarken Anhängerschar. Schließlich gibt es hier die zukünftigen Stars des FC St. Pauli zu bestaunen. Derzeit (Stand: Herbst 2009) kickt sie in der 4. Liga. Unvergessen sind vor allem ihre Auftritte im DFB-Pokal. Am 25. Juli 1969 sorgte die 2. Mannschaft für eine handfeste Sensation, als sie (verstärkt durch die Stürmerlegende Horst Haecks) die 1. Mannschaft mit 1:0 aus dem Wettbewerb warf (s. S. 198). 1998 unterlagen die Nachwuchskicker Bayer Leverkusen nach großem Kampf mit 0:5. Knapper ging es bei der vorerst letzten DFB-Pokalteilnahme der 2. Mannschaft zu: 2001 rang Eintracht Frankfurt die St. Paulianer erst nach Verlängerung mit 1:0 nieder.

Heute ist die U23 fester Bestandteil des Nachwuchskonzepts des FC St. Pauli und fungiert nicht zuletzt als „Spielerlieferant" der 1. Mannschaft. Den Sprung ins Profilager schafft freilich nicht jeder: „Die meisten Talente scheitern zwischen 18 und 21", weiß Mannschaftsbetreuer Hermann Klauck. „Wenn sie als

Abteilungen

Jugendspieler sehr gut sind, glauben sie, das reicht schon aus. Doch nicht die Besten schaffen den Durchbruch, sondern die Ehrgeizigsten."

Die Liste derjenigen, die es in die 1. Mannschaft des FC St. Pauli schafften, weist große Namen auf. St. Pauli-Gewächse wie Ivan Klasnic oder Zlatan Bajramovic sind längst Nationalspieler ihrer Heimatländer und verdienen bei Elite-Vereinen ihr Geld. Aber auch jüngere Beispiele wie Jan-Philipp Kalla oder Davidson Drobo-Ampem zeigen, dass der FC St. Pauli auf seinen Nachwuchs auch in Zukunft bauen kann.

Herrenmannschaften In den unteren Ligen tummeln sich weitere Herrenmannschaften und pflügen die berüchtigten Grandplätze hinter der Nordtribüne nach allen Regeln der Kunst um. Die 5. Herren setzte sich vor kurzem ein filmisches Denkmal: Die DVD „Fußball pur" wurde sogar vom renommierten Magazin „11 Freunde" empfohlen. Die Fußball-Herrenabteilung hat derzeit rund 1000 aktive und 500 passive Mitglieder. In der Jugendabteilung kicken noch einmal ungefähr 300 „Young Rebels".

Frauenfußball Bis 1970 war Frauenfußball in den Vereinen, die dem DFB angehörten, offiziell verboten. Doch hatten sich 1968 in Hamburg erste „Jux-Teams" gegründet. Am 1. Januar 1968 zum Beispiel schlug „Eintracht Kopftuch" ihre Gegnerinnen „United Strumpfhose" mit 3:2. Beim FC St. Pauli entschlossen sich 1970 sechs Spielerinnen aus dem 2. Handballteam, auf Fußball umzusatteln. Nicht ganz einfach, denn der Verein war von dieser Idee wenig begeistert: Wenn sie es schafften, „elf Damen, einen Trainer und einen Betreuer zusammenzubekommen, na gut, dann ja", erinnert sich Monika Aßmuteit, eine der Pionierinnen. Aßmuteit war gleichzeitig Gitarristin der Band „The Kids" – „Norddeutschlands bekanntester Damen-Beatband", wie es damals hieß. So gingen Rock'n'Roll und Fußball beim FC St. Pauli nicht zum letzten Mal eine segensreiche Verbindung ein: Neben Aßmuteit stürzte sich auch „Kids"-Schlagzeugerin Regina Gronenberg in das Abenteuer Frauenfußball, das damals weder Reglement noch Passwesen oder Verbandszulassungen kannte.

Am 13. September 1970 bestritten die St. Pauli-Frauen ihr erstes Spiel auf dem Sportplatz an der Feldstraße und unterlagen der Hamburger Turnerschaft von 1816 mit 0:3. Ab März 1971 nahmen sie am Punktspielbetrieb teil und mauserten sich zu einem der besten Frauenteams der Hansestadt. Die Lokalpresse schenkte dem neuen Sport so viel Aufmerksamkeit, dass die Heimspiele der St. Pauli-Frauen zeitweilig ein größeres Publikum anzogen als die Spiele der 2. Herrenmannschaft. Doch als die Frauen 1972 Schwierigkeiten hatten, elf Spielerinnen zusammenzubekommen, meldete der FC St. Pauli das Team kurzerhand vom Spielbetrieb ab und löste die Abteilung im Dezember des Jahres auf. Ein Zeichen dafür, dass er nicht eben bedingungslos hinter dem Frauenfußball stand.

18 Jahre später gab es einen neuen Versuch, den Frauenfußball auf St. Pauli zu etablieren. Die bewegungsfreudigen Deerns fanden dieses Mal Unterstützung bei Vizepräsident Christian Hinzpeter und widersetzten sich erfolgreich allen Widerständen, Vorurteilen und Schikanen. Die Frauen erkämpften sich Trainings- >

Schon in den 70er Jahren schnürten die Frauen am Millerntor ihre Fußballstiefel

Schwerpunkt Jugendarbeit: Immer mehr Mädchen zieht es zum Ball

Blindenfußball – beim FC St. Pauli in der 1. Bundesliga!

Der Kopfschutz verhindert schmerzhafte Zusammenstöße: Als Blindenfußballer braucht man auch eine gehörige Portion Mut

Um klarzustellen, dass Frauenfußball eben nicht bedeutet, dass Frauen einen Männersport ausüben, wird die gängige „Fußballsprache" vermieden. So spielen beim FC St. Pauli die Frauen und Mädchen nicht etwa in Mannschaften, sondern in Teams, mit einer Torfrau im Kasten und einer Libera auf dem Feld.

Die Frauenfußball-WM in Deutschland 2011 könnte der Abteilung nicht nur weiteren Aufschwung geben, sondern ihr auch innerhalb des Vereins größere Aufmerksamkeit verschaffen. Und wer weiß, was in den nächsten 100 Jahren passiert? Vielleicht gelingt es den Frauen ja, vor den Männern eine Deutsche Meisterschaft zu feiern.

Blindenfußball Seit 2004 bietet der FC St. Pauli blinden und sehbehinderten Fans einen ganz besonderen Service an: Auf speziellen „Hörplätzen" haben sie die Möglichkeit, mittels Kopfhörer einen Live-Kommentar zum Spiel zu genießen. Die herrlich emotionalen und gnadenlos parteiischen Reportagen Wolf Schmidts werden als frei empfänglicher „Livestream" wöchentlich über den Internet-Äther geschickt (www.fcstpauli.tv) und genießen mittlerweile auch unter sehenden Anhängern der Braun-Weißen Kultstatus. Irgendwann gaben sich die Fans auf den „Hörplätzen" nicht mehr damit zufrieden, Fußball nur „passiv" zu genießen. Anfang 2006 gründeten sie die Blindenfußball-Abteilung des FC St. Pauli, den ersten Blindenfußballclub Deutschlands. Die Abteilung hat heute rund 20 Aktive, die unter dem Motto „blinde Leidenschaft" gegen den Ball treten.

Wie aber spielt man Fußball, wenn man nicht sehen kann? Das etwa 40 mal 20 Meter große Spielfeld ist mit Banden begrenzt. Gespielt wird auf Handballtore. Ein Team besteht aus vier sehbehinderten Feldspielern und einem sehenden Torwart. Diesem kommt eine ganz besondere Verantwortung zu: Durch Zurufe steuert er seine Mitspieler. Dem Torwart stehen außerhalb des Spielfeldes zwei „Guides" zur Seite, die das Gleiche tun. Das wichtigste Hilfsmittel ist das Spielgerät: Der Ball ist im Inneren mit Rasseln versehen, die den Spielern seine Position andeuten – „Hell's Bells" inside! Gespielt wird mit Kopfschutz, um Zusammenstöße weniger schmerzhaft zu gestalten. 2008 startete die Blindenfußball-Bundesliga (DBFL) unter der Schirmherrschaft von Uwe Seeler. In der ersten Saison spielten acht Teams an drei Wochenenden in Berlin, Stuttgart und Dort-

> zeiten und Umkleidekabinen und sind inzwischen als Abteilung mit rund 150 Mitgliedern im Verein etabliert. Drei Mädchen- und zwei Frauenteams nehmen derzeit am Spielbetrieb teil; der Jugendarbeit wird viel Zeit gewidmet. Unter den Prinzipien „Selbstverantwortlichkeit, Solidarität und Integration" fühlt sich die Abteilung grundsätzlich dem Breitensport verpflichtet. Aber auch das Leistungsprinzip möchte sie nicht aus den Augen verlieren, um dem Nachwuchs eine längerfristige sportliche Perspektive zu geben. Die St. Paulianerinnen verstehen sich bis heute nicht nur als Fußballerinnen, sondern zeigen als politisch Interessierte auch Flagge gegen Sexismus, Rassismus und Homophobie. Bis vor einiger Zeit unterstützten sie ein Frauenteam in Nicaragua; derzeit engagieren sie sich für ein Partnerteam in Kenia.

mund im Turniermodus „Jeder gegen jeden" die erste Deutsche Blindenfußballmeisterschaft aus. Der FC St. Pauli schlug sich dabei zwar wacker, der Titel des ersten Deutschen Blindenfußballmeisters ging jedoch an die Deutschen SSG Blista Marburg.

Torball Mit dem Blindenfußball verwandt ist Torball, ebenfalls ein Spiel für blinde und sehbehinderte Menschen. Die im April 2005 gegründete Torball-Abteilung war auch die „Keimzelle" der Blindenfußballer.

Auch beim Torball kommt ein „hörbarer" Ball zum Einsatz. Dennoch unterscheiden sich beide Sportarten deutlich voneinander: Das Torball-Feld ist kleiner (16 mal 7 Meter), und gespielt wird mit den Händen. Eine Mannschaft besteht aus nur drei Spielern, und ein Spiel dauert lediglich zweimal fünf Minuten.

Auf jeder Schmalseite des Spielfeldes steht ein Tor, das die ganze Breite der Schmalseite einnimmt (also sieben Meter breit ist). Für einen regelgerechten Wurf muss der Ball unter drei über das Spielfeld gespannten Leinen hindurchgeworfen werden.

Das klingt nicht nur exotisch: Diese Sportart wird nur von 200 Mannschaften in ganz Europa gespielt. Vielleicht wegen des komplexen Regelwerks.

Altliga Wer beim FC St. Pauli das Wort „Altliga" hört, gerät zwangsläufig ins Schwärmen: von längst vergangenen Siegen, unvergessenen Spielen und großen Helden. In der Altliga (auch „Traditionself" genannt) kommen sie zusammen und lassen die alten Zeiten wiederaufleben: Jürgen Gronau, Klaus Thomforde, Buttje Rosenfeld, Dirk Zander, André Golke, Dietmar Demuth, Jens Duve, Klaus Ottens, André Trulsen, Carsten Pröpper – nur ein kleiner Ausschnitt aus einer langen Liste vertrauter Namen, die jedes braun-weiße Herz schneller pochen lassen. Gründungsvater der Altliga war der mittlerweile verstorbene Werner Pokropp, der in den 60er Jahren am Millerntor wirbelte. Mehrmals im Jahr nehmen die berühmten Herren an Turnieren teil und machen dabei kräftig Werbung für den FC St. Pauli.

Alter Stamm Noch etwas älter als die Altliga, aber keinesfalls eingerostet – das ist der Alte Stamm. Schon sein Gründungsdatum (in der Sturmflutnacht vom 16. auf den 17. Februar 1962) beweist: Diesen Stamm wirft so leicht nichts um. Hier findet nur Aufnahme, wessen Haar weiß und wessen Mitgliedschaft im FC St. Pauli mindestens so alt ist wie der Michel. Spieler-Legenden wie Harald Stender (s. S. 129) oder Harry Wunstorf (s. S. 141) sind ebenso regelmäßig anzutreffen wie Rekordmitglieder, z. B. Günter Peine und Karl Kunert. Beide traten im Alter von zehn Jahren in den Verein ein – das war 1930. Ein Jahr später folgte ihnen der gleichaltrige Herbert Müller, ebenfalls Mitglied im Alten Stamm (s. S. 93). Die drei Knaben zahlten seinerzeit einen Jahresbeitrag von vier Reichsmark. Peine, Kunert und Müller durchliefen gemeinsam alle Jugendmannschaften und spielten ab Ende der 30er Jahre zusammen in der 1. Mannschaft des FC St. Pauli. Alle drei erfreuen sich bei Redaktionsschluss dieses Buches guter Gesundheit und nehmen rege am Vereinsleben teil.

War der Alte Stamm anfangs noch ein Vereinsgremium mit Entscheidungsbefugnissen, so dient er heute als Treffpunkt und Ort des Austauschs – und ist eine unverzichtbare Quelle für Autoren von Jubiläumsbüchern. Jeden ersten Montag im Monat pflegen die Mitglieder Tradition, diskutieren Aktuelles oder laden sich Gäste ein.

Die Altliga (links: M. Marin) treibt wehmütigen Fans Freudentränen in die Augen

Mehr „Old School" geht nicht: der Alte Stamm des FC St. Pauli

Abteilungen

> **Rugby** Die erfolgreichste Abteilung des FC St. Pauli sind nicht seine Profifußballer: Die am besten bestückte Pokalvitrine besitzt die Rugby-Abteilung. Sie ist nach der Fußballsparte die älteste noch bestehende Abteilung des Vereins und kann unter anderem mehrere Deutsche Meistertitel vorweisen.

Die Rugby-Abteilung wurde 1933 von zwei jüdischen Brüdern (Otto und Paul Lang, s. S. 91) gegründet, die ihren früheren Verein SV St. Georg nach der „Machtergreifung" hatten verlassen müssen. Sie überredeten die komplette 6. Fußball-Herrenmannschaft des FC St. Pauli, zum Rugby-Spiel zu „konvertieren". Kurze Zeit später verließen Otto und Paul Lang den FC St. Pauli wieder – ob freiwillig oder unfreiwillig, ist nicht bekannt. Doch auch ohne ihre Gründungsväter setzten die Rugbyer bald zu sportlichen Höhenflügen an. Gingen die ersten Spiele noch deutlich verloren, so feierten die St. Paulianer bereits 1937 den Gewinn der „Gaumeisterschaft". Zum ersten Abteilungsleiter und wichtigsten Förderer der Rugby-Spieler avancierte Erich Mücke, der die Abteilung fast 40 Jahre lang leitete.

1964 standen die Rugby-Herren des FC St. Pauli im Endspiel um die Deutsche Meisterschaft, 1971 waren sie Gründungsmitglied der Bundesliga. 1991 und 2002 gewannen sie den Ligapokal, 1993 und 1994 erreichten sie das Finale.

In den Schatten gestellt werden diese famosen Leistungen nur noch von den Damen der Rugby-Abteilung. Die traten 1989 im FC St. Pauli an, um die vermeintlich letzte „Männerbastion" im Verein zu erobern. Mit durchschlagendem Erfolg: Die Rugby-Frauen wurden zwischen 1995 und 2008 unfassbare acht Mal Deutscher Meister – davon die letzten vier Jahre in Folge.

Neben dem Spiel mit der „Pille" kultivieren die Rugbyer vor allem auch – ganz St. Pauli-like – das Feiern. Ihre Jubiläumsschriften sind prall gefüllt mit Anekdoten über Ausfahrten und Trinkgelage (was oft gleichbedeutend war). Als Beispiel sei ein Reim zitiert, der anlässlich einer Meisterfeier 1935 das Licht der Welt erblickte: „Sauf, dass dir die Nase glüht, rot wie ein Karfunkel, hast dann eine Leuchte mehr in des Daseins Dunkel."

Auch die Damen standen hier nicht zurück. Die Vereinszeitung berichtet, dass sie bereits zu Zeiten ihrer Gründung 1989 „in Zusammenhalt und Feierwütigkeit unbewusst den Gründervätern von 1933" nacheiferten. Solange die Meistertitel weiterhin in Serie eintrudeln, wird niemand etwas dagegen haben.

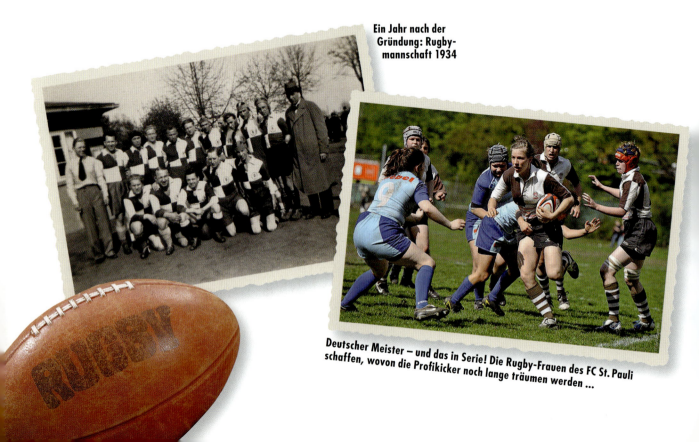

Ein Jahr nach der Gründung: Rugbymannschaft 1934

Deutscher Meister – und das in Serie! Die Rugby-Frauen des FC St. Pauli schaffen, wovon die Profikicker noch lange träumen werden ...

Harte Helme, harte Jungs: American Football auf St. Pauli

Bei den „St. Pauli Buccaneers" spielen Jugendliche aus über einem Dutzend Nationen – und werden vorbildlich betreut

Die schnellste Rückschlagsportart der Welt – da kommt man schon mal ins Schwitzen

American Football Ähnlich rustikal wie bei den Rugbyern geht es im American Football zu. Und das, obwohl die Aktiven beim FC St. Pauli in einem eher zarten Alter sind: Die „St. Pauli Buccaneers" haben sich ausschließlich der Jugendarbeit verschrieben.

Das Wort „Jugendarbeit" umfasst dabei mehr, als man zunächst vermutet. Neben der sportlichen Ausbildung ist es Betreuern und Trainern ein besonderes Anliegen, junge Menschen von der „schiefen Bahn" abzubringen. „Früher waren wir Schläger – heute sind wir Sieger", sagen zum Beispiel Philip, Malamin und Rashed. Als Mitglieder von Jugendbanden schien ihr Weg vorbestimmt: kaputte Kindheit, Kriminalität, Knast. Philip erzählt, dass der Trainer ihn vor eine Wahl stellte: Football oder Kriminalität. Er entschied sich für den Sport: „Wenn ich im Knast bin, kann ich niemandem helfen." Heute kämpfen die „harten Jungs" nur noch auf dem Football-Feld. Jugendliche aus über einem Dutzend Nationen sind beim FC St. Pauli vereint. Die „Freibeuter" verfügen über professionelle Trainer (federführend: Campino Milligan) und sorgen seit ihrer Gründung im Jahre 2002 mit knapp 100 Mitgliedern auch für sportliche Erfolge. Über ein Dutzend „St. Pauli Buccaneers" spielen in der Hamburger Jugendauswahl, zwei stehen sogar im Kader der Jugendnationalmannschaft. Und einer von ihnen wurde 2008 zu Europas bestem Spieler auf seiner Position gewählt. „Wir arbeiten ehrenamtlich. Darum sind wir auf private Spenden und Gönner angewiesen", erklärt Campino Milligan. „Wir haben Jungs im Kader, die sich nicht einmal die 2,60 Euro für ein Busticket leisten können. Am dringendsten brauchen wir ein festes Spiel- und Trainingsgelände. Es wird Zeit, dass die Freibeuter von St. Pauli endlich einen Heimathafen finden."

Tischtennis Mit deutlich weniger Körperkontakt gehen die Tischtennisspieler des FC St. Pauli zu Werke. Aber immerhin können sie sich rühmen, die schnellste Rückschlagsportart der Welt zu betreiben. Ihr Bestehen hat die Abteilung indirekt den Rugbyern zu verdanken. Denn als der FC St. Pauli Anfang der 30er Jahre ein neues Vereinsheim an der Glacischaussee errichtete, war es die Rugby-Abteilung, die zwei Tischtennisplatten spendierte. Aus dem Freizeitspaß wurde schnell eine eigene Amateursportabteilung, die 1936 am Punktspielbetrieb in der untersten Klasse Hamburgs teilnahm. Nur zwei Jahre später stieg die Mannschaft in die höchste Spielklasse Hamburgs auf und erreichte dort hinter dem HSV den 2. Platz.

Zu den Gründern der Abteilung und zu den Aktiven der 1. Mannschaft gehörte auch Fritz Golombek, eigentlich Fußballer und ein „Bomben-Linksaußen", wie ihm sein ehemaliger Mannschaftskamerad Günter Peine bescheinigt. Das Kriegsende brachte für die Tischtennis-Abteilung einen Neuanfang. Die St. Paulianer kamen zunächst als Gast bei anderen Vereinen unter, bis es ihnen schließlich gelang, zwei Tischtennisplatten aufzutreiben. Damit richteten sie einen eigenen Spielbetrieb in einer Schulturnhalle in der Seilerstraße auf St. Pauli ein. Seit 1952 trainieren die braun-weißen Zelluloidball-Künstler dort, wo sie hingehören: mitten auf dem Kiez, in der Pestalozzi-Schule auf der Kleinen Freiheit, und neuerdings auch im Karo-Viertel in der Grundschule Laeiszstraße.

Dabei stand die Abteilung mangels Nachwuchs schon einmal kurz vor dem Aus. Anfang der 60er Jahre verließ die komplette Frauenmannschaft nach Querelen den Verein, und auch bei den Männern wollte sich nicht mehr der sportliche Erfolg der frühen Jahre einstellen. Zur Jahrtausendwende gab es nur noch >

Blaue Flecken inklusive – Handball wird beim FC St. Pauli schon seit über 75 Jahren gespielt

Bernhard Strauss (l.) betreute einst die Handball-Damen – und war wesentlich daran beteiligt, dass der FC St. Pauli nach dem Krieg ein neues Stadion bekam

> eine aktive Herrenmannschaft, die ein beschauliches Dasein in der Kreisliga führte. Die Wende kam 2004, als die Abteilung durch aktive Werbung insbesondere in der Fanszene des FC St. Pauli viele neue Spieler gewann. Heute spielt der FC St. Pauli mit drei Herrenmannschaften in der Kreis- und Bezirksliga. Im Rahmen einer Kooperation mit der Ganztagsschule Ludwigstraße im Karo-Viertel wird versucht, eine Jugendabteilung aufzubauen, und erstmals seit fast 50 Jahren tritt auch wieder eine Frauenmannschaft für den FC St. Pauli an.

Handball „Der FC St. Pauli und der HSV fusionieren!" Was Fußballdeutschland in seinen Grundfesten erschüttern würde, das war 1996 im Hamburger Handball Realität. Sogar die „BILD" berichtete über dieses kuriose Ereignis: Der FC St. Pauli verfügte damals zwar über Spielberechtigungen für die 2. und die 4. Liga, aber nur noch über ein Team. Der HSV hingegen hatte gar keine Handballabteilung, dafür aber eine neue Mannschaft, die in der 2. Liga starten wollte. Und so fragten die „Rothosen", ob sie nicht den bei St. Pauli frei gewordenen Ligaplatz übernehmen könnten. Am Ende zahlte der HSV 1000 Mark für den Viertligaplatz und trat für eine Saison unter dem Namen SG HSV/St. Pauli an. Mittlerweile spielt das HSV-Team in der Oberliga. Der FC St. Pauli hingegen freute sich, einen Ligaplatz, nicht aber seine Seele verkauft zu haben.

Bereits 1934 wurde beim FC St. Pauli Handball gespielt – als reine Frauenangelegenheit. Warum die Abteilung zwischenzeitlich ihre Aktivitäten einstellte, ist nicht bekannt. 1943, mitten im „totalen Krieg", klopfte eine Schar junger Schülerinnen erneut beim Verein an. „Keine von uns konnte Handball spielen", erinnert sich Gründungsmitglied Lotti Drabner: „Aber das machte ja nichts, wir wollten es schließlich lernen." Die Eigeninitiative der Mädels war unter anderem darauf zurückzuführen, dass es an ihrer Schule am Holstenwall keinen Turnlehrer mehr gab – den hatte die Wehrmacht eingezogen. Das Handballtraining sollte als Ersatz für den Schulsport dienen.

Erich Mücke, Vorsitzender der Rugby-Abteilung, spendierte großzügig Spielkleidung und -gerät. Er war es auch, der beim ersten Spiel als Trainer am Spielfeldrand stand, das Lehrwerk „Regeln für das Handballspiel" in seiner Hand. Dieses erste Handballspiel der neugegründeten Abteilung am 12. Dezember 1943 gegen Hammonia an der Sternschanze gewannen die St. Paulianerinnen mit 5:0.

Abteilungen

Eine Herren-Handballmannschaft gründete sich drei Jahre später. Sie bestand im Kern aus aussortierten Spielern des Polizei SV Hamburg, des damals besten Handballteams in Deutschland. Kurz darauf wechselte die Mannschaft jedoch geschlossen zu einem benachbarten Verein und ließ die Frauen abermals allein zurück.

In der Nachkriegszeit war ein Mitglied der Handball-Abteilung maßgeblich daran beteiligt, dass der FC St. Pauli schnell ein neues Stadion bekam: Bernhard Strauss hatte während der Zeit des Nationalsozialismus als „Halbjude" Zwangsarbeit verrichten müssen. Zufällig an einen Job bei der Baubehörde gelangt, half er mit, den Neubau des Stadions voranzutreiben. Nebenbei betätigte sich Strauss als Abteilungsleiter der Frauen-Handballerinnen. Kurze Zeit später schied er leider im Unguten aus dem Verein – seine Verdienste waren vom FC St. Pauli nicht hinreichend gewürdigt worden.

Im Oktober 1959 begann dann die Ära Horst Peterson. Der Mann, der in Hamburg heute vor allem für die Ausrichtung des Hallen-Fußballturniers in der Alsterdorfer Sporthalle bekannt ist, übernahm das Traineramt bei der Frauenmannschaft und führte sie zu Meisterehren.

Leider waren seine Nachfolger nicht alle so erfolgreich. Die Abteilung litt in den Folgejahren immer wieder unter abwandernden Übungsleitern, die nicht selten einen Großteil der aktiven Spieler oder Spielerinnen gleich mitnahmen.

In jüngster Zeit ist die Abteilung wieder rasant gewachsen. Hauptgrund: Den Handballern gelang es, in der neugebauten Sporthalle an der Budapester Straße Trainingszeiten zu ergattern. Zum ersten Mal in seiner Geschichte hat der FC St. Pauli damit eine echte Handball-Heimstätte, nur einen Steinwurf vom Millerntor-Stadion entfernt.

Heute besteht die Sparte aus einem guten Dutzend Jugend-, Frauen- und Herrenmannschaften und hat rund 200 Mitglieder. Sowohl die 1. Herren- wie auch die 1. Frauenmannschaft spielen in Hamburgs zweithöchster Klasse.

Schach Wer hätte gedacht, dass das „königliche Spiel" dazu beitragen könnte, Schwerverbrecher zu resozialisieren? Beim FC St. Pauli kein Ding der Unmöglichkeit. Bereits 1929 wurde im Vereinslokal des FC St. Pauli Schach gespielt. Amandus Vierth (Erfinder der braun-weißen Vereinsfarben, s. S. 40) beteiligte sich ebenso begeistert daran wie Star-Linksaußen Berni Schreiner. Doch erst im Winter 1947 wurde die Schachabteilung des FC St. Pauli offiziell gegründet. Die erste Vereinsmeisterschaft im Winter 1948/49 gewann Günther Woitas. Während sich in den unteren Etagen des Vereinslokals „Café Siegler" die Fußballer im „Seuchenkeller" umzogen, setzten sich eine Etage höher die braun-weißen Denksportler gegenseitig matt.

Mitte der 80er Jahre starteten die St. Paulianer sogar einen Angriff auf die Bundesliga. Sie heuerten >

Die Schachabteilung des FC St. Pauli hat Deutsche (Amateur-)Meister in ihren Reihen

Der ganz normale Wahnsinn: die künftigen Tour-de-France-Teilnehmer im ergonomischen Outfit

> Profis wie den englischen Spitzenspieler Nick Ivell an. Ähnlich wie einst bei der „Wunderelf" (s. S. 106) hatte der FC St. Pauli vor allem zwei Dinge zu bieten: Idealismus und Naturalien. „Ich fahre die Spieler persönlich zu den Turnieren", so Hans Papke, damals Organisator des angepeilten Aufstiegs: „Wenn nötig, verhelfe ich ihnen zu einem Job oder versuche, ihnen eine Wohnung zu vermitteln." Doch das Projekt „Profischach" scheiterte kurze Zeit später am mangelnden Geld, und die braun-weißen Schachcracks wandten sich wieder dem Amateurdasein zu.

Wäre da noch die Sache mit den Schwerverbrechern: Als Beitrag zur Resozialisierung von verurteilten Straftätern spielten Ende der 60er und Anfang der 70er Jahre Mannschaften aus der Schachabteilung des FC St. Pauli gegen Insassen der Strafvollzugsanstalt Fuhlsbüttel, die damals noch „Zuchthaus" hieß und besser unter dem Namen „Santa Fu" bekannt ist. Während des ersten Wettkampfs verkündete der Leiter der dortigen Schachgruppe, ein Vollzugsbeamter: „Heute habt ihr gegen mehr als 162 Jahre Haft gespielt." Die gegnerische Mannschaft bestand aus zwölf Spielern.

Mehrere Insassen tauschten nach ihrer Entlassung den Sträflingsdress gegen die braun-weißen Farben und wurden Mitglieder der Schachabteilung. Einer von ihnen, nur unter dem Namen „Lord von Barmbek" bekannt, wanderte nach einem Überfall auf ein Juweliergeschäft erneut ins Gefängnis.

So saß er seinen Clubkameraden beim nächsten Besuch in „Santa Fu" als gegnerischer Spieler gegenüber. Der Plan, mit einem St. Paulianer die Jacke zu tauschen, um noch einmal für einige Zeit „nach draußen" zu können, scheiterte jedoch.

Ein halbes Jahr nach dem Gastspiel setzte der „Lord" seinem Leben im Gefängnis selbst ein Ende. Seine ehemaligen Mannschaftskameraden hingegen bauten die Schachabteilung weiter aus, wurden 1985, 2000 und 2004 Hamburger Pokalsieger und 1986 Hamburger Blitz-Mannschaftsmeister. 2008 wurde mit Bernd Wronn ein St. Paulianer Deutscher Amateurschachmeister in der höchsten Spielstärkegruppe.

Radsport Ein Haufen Verrückter – das dachten wohl viele, als 2004 eine Horde verwegener Radkuriere den „Fahrrad-Club St. Pauli" als Radsport-Abteilung des FC St. Pauli gründete und als Ziel ausgab, möglichst bald bei der Tour de France mitzufahren.

Doch das war nicht so abwegig, wie es sich zunächst anhörte. Immerhin hatten St. Paulis Radsportler mit Frédérick Duteau einen waschechten Ex-Profi in den eigenen Reihen, der sich später jedoch in Richtung Frankreich verabschiedete.

Das brachte „Les messagers noirs" („die schwarzen Boten"), wie sich die Fahrer selber nannten, aber nicht davon ab, weiter ambitionierte Ziele zu verfolgen. Lars Stiedenroth wurde 2007 Hamburger Straßenmeister und feierte so den bisher größten Erfolg der Abteilung.

Der markante Clubdress ist im In- und Ausland längst zum Blickfang geworden. Unter dem Totenkopf im Zahnkranz versammeln sich derzeit etwa 90 aktive Radler. 2009 bildete die Abteilung erstmals einen eigenen Trainer aus, der sich vor allem um Jugendliche und Anfänger kümmern soll – denn noch fehlt es an aktivem Nachwuchs in diesen Bereichen. Gleichwohl haben die Radfahrer im Gesamtverein Gewicht: Abteilungsmitglieder finden sich sowohl im Präsidium als

Abteilungen

auch im Amateurvorstand und der Geschäftsführung. Auch wenn im Jubiläumsjahr 2010 eine Teilnahme an der Tour de France eher unwahrscheinlich bleibt – ein Straßenrennen „Rund um die Ritze" ist ja auch nicht zu verachten. Dabei bleiben die Kiezradler Amateure reinsten Wassers. Mit ganz unterschiedlichen Ambitionen: Während die einen mit Picknickkorb am Lenker ihrem Hobby nachgehen, nehmen Radtourenfahrer oder Elite-A-Renner bundesweit an Wettrennen teil.

Triathlon Und wem das nicht reicht, der testet seine Ausdauer- und Leidensfähigkeit gleich auf dreifache Weise: Wer schwimmt schon freiwillig 1,5 Kilometer, schwingt sich danach für 40 Kilometer auf ein Fahrrad und legt dann noch einmal 10 Kilometer im Laufschritt zurück? Kein normaler Mensch. Aber was ist schon normal beim Triathlon!

Und wir sprechen hier nur von der olympischen Distanz. Beim „Ironman" geht das Rennen sogar über 3,86 Kilometer im Wasser, 180 Kilometer auf dem Rad und 42,195 Kilometer (volle Marathon-Distanz) an Land. Seit dem 15. Januar 2009 wird diese Schinderei auch beim FC St. Pauli betrieben – in der an diesem Tag gegründeten Triathlon-Abteilung. Mehr als 70 Mitglieder rackern sich unter dem Motto „You'll never swim, bike and run alone" gehörig ab und bereiten sich gemeinsam auf die Wettkämpfe vor. Vom Anfänger bis zum erfahrenen „Ironman" finden sich hier Athletinnen und Athleten aus ganz Deutschland zusammen, darunter sogar fünf aus Bayern. Sie pflegen ein hehres Gut, das sich Außenstehenden nicht immer sofort erschließt: den Spaß am Triathlonsport.

Boxen Der Boxsport hat auf St. Pauli eine große Tradition. Nicht nur wegen der Rummelboxer vom „Hamburger Dom".

Zahllose Legenden ranken sich um den Boxring im Keller der verruchten Kiezkneipe „Ritze". Hier bereiteten sich Champions wie Dariusz Michalczewski oder Henry Maske auf ihre Kämpfe vor.

Umso erstaunlicher, dass sich erst 2007 eine Boxabteilung im FC St. Pauli gründete. Unter dem Namen „Barracuda" verteilen etwa 50 Mitglieder seitdem Haken und Nasenstüber. 1. Vorsitzender ist André Wiechens, ehemaliger Vizepräsident des Hamburger Amateurboxverbandes.

Mit einer Sammelaktion im Millerntor-Stadion warb die Boxabteilung Gelder für den Eigenbau eines Boxrings ein und präsentierte sich im März 2008 mit einer „Faustnacht" der interessierten Öffentlichkeit. Da konnte auch RTL nicht widerstehen und berichtete unter dem reißerischen Titel „Coole Kerle, harte Hiebe – die Boxer von St. Pauli".

Schwimmen, Rad fahren, laufen: Wer das freiwillig macht, hat es nicht anders verdient ...

Auf die Omme: Hobby-Kickboxer und St. Pauli-Stürmer Morike Sako (M.) besucht die Boxabteilung „Barracuda"

Abteilungen

> Der schnelle Aufbau eines Leistungssportbereichs ist bei den Barracudas nicht geplant. Die braun-weißen Faustkämpfer konzentrieren sich lieber auf das Freizeitboxen sowie auf gewaltpräventive Projekte für Kinder und Jugendliche.

Bowling Für alle Ungläubigen: „Bowling ist Sport!" Das wird die Bowling-Abteilung des FC St. Pauli nicht müde zu betonen. Schließlich werden beim Bowling verschiedenste Fähigkeiten kombiniert: Ausdauer, Koordination, Beweglichkeit und Motorik.

Ein weiteres schlagendes Argument, besonders in Hamburg: Bowling ist wetterunabhängig! Und: In dieser Sportart kann auch gut werden, wer erst spät damit anfängt.

Aus einer Kaffeelaune heraus gründete eine Handvoll Bowling-Begeisterter 1969 den Bowling-Club „Elbe 69 e.V.", der 1990 dem FC St. Pauli beitrat und seitdem „alle Zehne" im Visier hat. In den ersten beiden Jahren spielte man sogar in der 2. Bundesliga. Die größten Erfolge der Abteilung: 2. Platz bei den Deutschen Mannschaftsmeisterschaften (Herren), Deutsche Teammeisterschaft (Frauen) und Deutsche Jugendmeisterschaft (2007). Seit 1988 wird die Abteilung von Klaus Rummelhagen geleitet, ehemals Vizepräsident des FC St. Pauli.

Kegeln Wo zehn „Pins" fallen, da sind auch „alle Neune" nicht fern. Was wäre ein deutscher Verein ohne eine Kegel-Abteilung?

Schon 1920 taten sich einige Kegelfreunde im Hamburg-St. Pauli-Turnverein (dem Vorläufer des FC St. Pauli) zusammen. Auch hier vertreten: Amandus Vierth, Erfinder der braun-weißen Vereinsfarben (s. S. 40). In der späteren Kegelabteilung des FC St. Pauli zeigten unter anderem die „Wunderelf"-Mäzene Richard Sump und Karl Miller senior (s. S. 114) ihr Können.

Als sich die heutige Kegel-Abteilung beim FC St. Pauli 1988 neu gründete, profitierte sie davon, das Erbe eines anderen, Konkurs gegangenen Kegelvereins anzutreten: Auf Anhieb konnten die St. Paulianer mit 120 Mitgliedern und acht Herren-, Frauen und Jugendmannschaften die Kegelbahnen der Republik verunsichern. Die größten Erfolge der Abteilung waren 1988 der 3. Platz in der 1. Bundesliga, die Teilnahme an den Deutschen Meisterschaften 1988-90 sowie 1994 die Qualifikation der B-Jugend als Landesmeister für die Deutsche Meisterschaft.

Zuletzt verzeichnete die Abteilung einige personelle Einbußen, vielleicht weil Kegeln vielen nicht als Trendsportart gilt, und schiebt derzeit in der Landesklasse eine ruhige Kugel.

Die Jugend rockt das Bowling

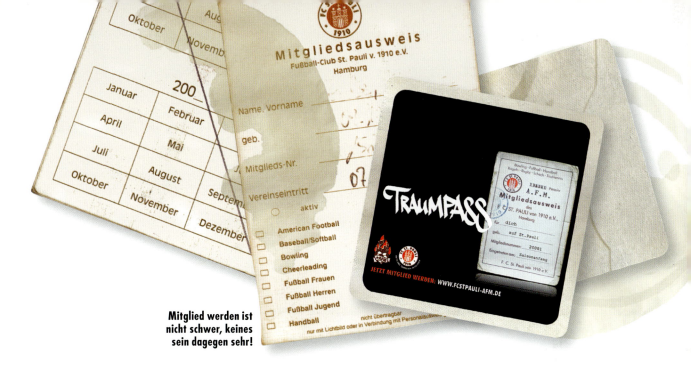

Mitglied werden ist nicht schwer, keines sein dagegen sehr!

Schiedsrichter Auch die Schiedsrichter-Abteilung des FC St. Pauli hat ihre Wurzeln im Hamburg-St. Pauli-Turnverein. Der stellte schon 1906 die ersten Referees für diverse Spiele ab. Als eigene Abteilung gründeten sich die Schiedsrichter wohl schon vor 1939.

Bereits in den Kindertagen des Fußballs war die Bekleidung dieses Amtes keine leichte Aufgabe, denn die braun-weißen Fußballer benahmen sich schon damals nicht immer astrein. Von einem Spiel im Mai 1913 berichtet die Vereinszeitung, ein St. Paulianer hätte den Platz „wegen unpassender Bemerkung dem Schiedsrichter gegenüber" verlassen müssen. Noch schlimmer kam es im Januar 1931 bei einem Spiel gegen Eimsbüttel: „Beide Mannschaften mussten den Unparteiischen vor dem losgelassenen Mob schützen", schrieb der „Kicker": „Man setzte ihn in ein Auto und er entfleuchte so schnell wie möglich." Eine andere Zeitung resümierte: „Angesichts der vielen Entgleisungen einiger Zuschauer ist es dankenswert, dass sich überhaupt noch Männer zur Übernahme dieses Ehrenamtes finden."

An dieser Tatsache hat sich bis heute wenig geändert. Umso erfreulicher, dass die Schiedsrichter-Abteilung des FC St. Pauli aus über 40 Unerschrockenen männlichen und weiblichen Geschlechts besteht. Legende der Abteilung ist Bruno Zurbrüggen, der von HFV-Präsident Dr. Horst Barrelt anlässlich des 75-jährigen Jubiläums des FC St. Pauli als „Spitzen-Schiedsrichter" gewürdigt wurde. Im Schnitt pfeifen die braun-weißen Referees heute zusammen 650 Spiele pro Jahr.

Fördernde Mitglieder Die mit Abstand mitgliederstärkste Abteilung im FC St. Pauli ist die „Abteilung Fördernde Mitglieder", kurz AFM. 1998 trat sie an, um allen nicht sporttreibenden Vereinsinteressierten nicht nur eine Heimat zu geben, sondern auch die Möglichkeit, mit ihren Beiträgen sinnvolle Projekte zu unterstützen. Dabei liegt der AFM vor allem die Jugendarbeit am Herzen.

Durch die Beiträge der mittlerweile rund 4000 Mitglieder finanzierte die AFM das Jugendtalenthaus und das Nachwuchsleistungszentrum. Zudem schob die AFM Projekte wie die Ausbildungsbörse „You'll never work alone" oder das Jugendmagazin „Young Rebels" an. Nicht zu vergessen auch das beliebte „AFM-Radio", das ursprünglich aus einer Spielbeschreibung für Sehgeschädigte am Millerntor entstand und mittlerweile kostenlos Live-Reportagen aller Spiele der Profifußballer des FC St. Pauli per Internet-Stream überträgt.

Gemeinsam mit dem Präsidium und der sportlichen Leitung entwickelt die AFM Konzepte, die dem FC St. Pauli helfen sollen, im Wettbewerb mit finanzstarken Spitzenclubs auf Dauer konkurrenzfähig zu bleiben.

Ziel ist es, Nachwuchstalente an den FC St. Pauli zu binden, die dort sportlich und menschlich ausgebildet werden und so eine wirkliche Identifikation mit dem Verein entwickeln. Die AFM möchte mit der langfristigen und nachhaltigen Entwicklung von Strukturen eine Basis für sportlichen Erfolg legen – für eine pokalreiche Zukunft des FC St. Pauli. ∎

Die Mannschaften des Jahrzehnts

„Ihr wart gut!": Spieler (und Trainer) des FC St. Pauli, die Geschichte schrieben

Dass wir uns mit der Aufstellung der „Mannschaften des Jahrzehnts" aus 100 Jahren auf heikles Terrain begeben, ist uns bewusst. „Was ist mit ‚Kampfschwein' Marcel Rath?", hören wir erboste Fans rufen. „Und wo ist Klaus Ottens?"

Kann eine solche Auswahl allen Spielern und Kriterien gerecht werden? Nach endlosen Diskussionen, schlaflosen Nächten und nassgeweinten Kopfkissen stand fest: Sie kann es nicht. Auch dann nicht, wenn die unbestechlichsten Fußballstatistiker der Welt (Dank an Bernd Carstensen) betonharte Fakten als Grundlage der Aufstellungen liefern: Dauer der Zugehörigkeit zur 1. Mannschaft. Anzahl der absolvierten Ligaspiele. Und die darin erzielten Tore. Soweit bekannt, geben wir diese Zahlen unter den Spielernamen an.

So kommt es, dass Zlatan Bajramovic nur auf der Auswechselbank Platz nehmen darf. Leid tut es uns auch um Klaus Ottens und dessen Kurzporträt („Der ‚weiße Hai' bestach weniger durch technische Raffinesse als durch den richtigen Biss"). Aber Fußball ist eben ungerecht. Wer wüsste das besser als Fans des FC St. Pauli?

Bei den Trainern war die Länge ihrer Amtszeit entscheidend. Sportliche Erfolge (so vorhanden) kamen im Zweifelsfall erschwerend hinzu.

Die Mannschaftsaufstellungen entsprechen so gut wie möglich den vorherrschenden taktischen Systemen der jeweiligen Zeit: Bis in die 50er Jahre hinein spielten beispielsweise fast alle Vereine mit zwei Verteidigern und fünf Stürmern. Die Mittelfeldspieler hießen noch „Läufer", und das beschrieb ihre Aufgabe recht genau.

Dass es eine Ersatzbank erst ab den 60ern gibt, liegt an der Entwicklung des Regelwerks. Zuvor waren Spielerwechsel nicht erlaubt.

Trotz ihrer Ecken und Kanten: Wir hoffen, dass unsere Auswahl Spaß macht und hilft, den einen oder anderen braunweißen Helden wiederzuentdecken. Und wenn sie Diskussionen auslöst – umso besser! Wir freuen uns über Gegenvorschläge an: buch2010@fcstpauli.com

1910er Die Pioniere: als Kiezkicker „Fußlümmel" hießen

Aufstellung des Jubiläumsspiels für **Heinrich Schwalbe** und **Christian Schmelzkopf** (s. S. 48) am 15. März 1914 gegen den HSV Favorit Hammonia.

Walter Brombacher

Heinrich Schwalbe — Carl Naudith

Pfeiffer — Rudolf Prinzlau — Arnold Riepenau

Christian Schmelzkopf — Schmeding — Lilienthal

August Hirsch — Hans Domini

Torwart · Verteidiger · Mittelfeldspieler · Stürmer

Mannschaften des Jahrzehnts

1920er — Die erste Elf, die als „FC St. Pauli" antrat (1924)

Richard Sump

Fritz Bergemann — Güttschow

Wulf — Zastrow — O. Röbe

Georg Nack — Lorentz

Krebs — Otto Schmidt — Berni Schreiner

> **Auffällig: Linksaußen Berni Schreiner.** Er trug auf dem Platz stets ein <u>Taschentuch</u> bei sich, weil er stark transpirierte.

> **Richard Sump,** später Vizepräsident, versorgte als <u>Geflügel- und Eierhändler</u> die Fußballer des FC St. Pauli nach dem Zweiten Weltkrieg (s. S. 107).

1930er — Das Ende der Fahrstuhlfahrten

Theo Quest

Walter Busch — Karl Miller

Karl Worthmann — Oskar Stamer — Hans Wrede

Hans Döller — Ise Klages

Arnold Tegge — Amandus Strade — Albert Dobert

> ch einigen Aufs d Abs stieg iese Mannschaft 1936 in die 1. Liga (<u>Gauliga Nordmark</u>) auf und etablierte sich dort.

> **Stamer** und **Klages** waren „die erklärten Lieblinge des St. Paulianer Fußball-Volkes". Leider arbeiteten sie aber „gerade wegen ihrer technischen Begabungen manches liebe Mal zu unpraktisch" (Hanseatische Sportzeitung).

Mannschaften des Jahrzehnts

1940er Ganz nah an der Meisterschaft: die „Wunderelf"

Trainer:
Hans Sauerwein
(1945–48)

Willi Thiele
(1946–49, ab 1947: 17/0*)

Karl Miller
(1932–40, 1945–50, ab 1947: 56/1*)

Heinz Hempel
(1945–53, ab 1947: 119/2*)

Harald Stender
(1945–60, ab 1947: 336/22*)

Walter Dzur
(1945–53, ab 1947: 126/4*)

Hans Appel
(1945–51, ab 1947: 108/1*)

Heinrich Schaffer
(1945–49, ab 1947: 45/24*)

Fritz Machate
(1945–49, ab 1947: 44/15*)

Rolf Börner
(1945–50, ab 1947: 59/23*)

Heinz Lehmann
(1945–50, ab 1947: 33/22*)

Hermann Michael
(1945–49, ab 1947: 39/20*)

Diese Mannschaft zog am 18. Juli 1948 durch ein 7:0 gegen Union Oberschöneweide ins Halbfinale der Deutschen Meisterschaft ein.

Keine braun-weiße Mannschaft kam der Meistertitel je näher. Leider unterlag sie im Halbfinale dem 1. FC Nürnberg unglücklich mit 2:3.

*Zahlen für Ligaspiele und -tore ab Einführung der neuen Oberliga zur Saison 1947/48

Willi Thiele: Auf der Linie eine Bank, aber auch ein „Bruder Leichtfuß". Kassierte gemeinsam mit Concordia-Verteidiger Arnold Stuhr am 5.10.1947 den ersten Platzverweis der neuen Oberliga Nord.

Karl Miller: Rekordnationalspieler (12 Einsätze) des FC St. Pauli. Holte durch Beziehungen und Vaters Schlachterei nach dem Zweiten Weltkrieg eine Spitzenmannschaft ans Millerntor (s. S. 114).

Heinz Hempel: Der 1,66 Meter kleine Linksverteidiger aus Dresden blieb dem FC St. Pauli später als Trainer erhalten. Keiner seiner Kollegen blieb länger in diesem Amt als er.

Harald Stender: Gebürtiger Altonaer und Identifikationsfigur. Spielte nie für einen anderen Verein und war bis 1994 in der Alt-Herren-Elf aktiv. Der zeitweilige Ehrenratsvorsitzende ist seit über 75 Jahren Mitglied des FC St. Pauli (s. S. 129).

Walter Dzur: Angeblich der einzige Mittelläufer, der auch im Rückwärtslaufen vorwärtsschießen konnte, und einer der besten Kopfballspieler im Team. Lief die 100 Meter in 11,2 Sekunden. Betrieb nach seiner aktiven Zeit erst einen Tabakladen, dann eine Kneipe in der Davidstraße. Galt als Lebemann.

Hans „Henner" Appel: Nationalspieler aus Berlin. Beherrschte bereits den Fallrückzieher, mit dem auch Uwe Seeler später die Massen begeisterte, und brachte seine Gegner mit Blutgrätschen zur Verzweiflung. „Die Kunst dabei war", so Appel, „dass man schon wieder auf den Beinen stand, wenn die anderen meinten, man läge noch am Boden." Nahm 1953 fast 40-jährig seinen Abschied vom Fußball.

Heinrich Schaffer: Man sagte dem Torjäger nach, er könne sogar Drehtüren zuschlagen, falls nötig. Hatte aber auch sensible Seiten: „Als wir ins Hotel zurückkamen, musste sich Schaffer vor Entsetzen übergeben", erzählt Helmut Schön von einer Fahrt durch das zertrümmerte Hamburg.

Fritz Machate: Eher introvertierter Typ mit großartigen Ideen für die Spielgestaltung. Spielte Fußball wie ein Künstler, verwirklichte sich aber im Rahmen der taktischen Ordnung, ohne dass er dafür einen Trainer brauchte.

Rolf Börner: Technisch versierter Außenstürmer. Wechselte 1950 als Verteidiger zum HSV.

Heinz „Tute" Lehmann: Der „Berliner Jung'" sprintete die 100 Meter ebenso schnell wie Dzur und glänzte mit spektakulären Toren.

Hermann Michael: Der Linksaußen aus Hamburg avancierte 1948/49 mit 13 Toren zum vereinsinternen Torschützenkönig.

1950er Die Arbeiter: schwieriger Neubeginn nach der „Wunderelf"

Harry Wunstorf
(1951-61, 258 /0)

Herbert Kühl
(1952-62, 201/4)

Otmar Sommerfeld
(1951-59, 227/13)

Josef Famulla
(1946-59, ab 1947: 219/7*)

Alfred Brüggen
(1952-63, 252/29)

Kurt Röwe
(1954-58, 85/5)

Emil Schildt
(1956-61, 132/39)

Hans Wehrmann
(1948-56, ab 1948: 94/26)

Fred Boller
(1949-53, 116/71)

Hans Sump
(1942-55, ab 1947: 106/39*)

Alfred Beck
(1949-55, 155/45)

> Trainer:
> **Heinz Hempel**
> (1952-63, 1967-68)

> Noch immer waren alle Spieler Halbprofis, die neben ihrem Hauptberuf Fußball spielten.

* Zahlen für Ligaspiele und -tore ab Einführung der neuen Oberliga zur Saison 1947/48

Harry Wunstorf: Der schneidige Berliner Draufgänger verbreitete einen Hauch von Marlon Brando am Millerntor und liebte die Selbstinszenierung – zum Beispiel, indem er während des Spiels Autogramme gab oder eine Cola trank (s. S. 141).

Herbert Kühl: Vielseitiger und zuverlässiger Defensivspieler, der technische Schwächen durch Schnelligkeit und hohen Einsatz ausglich. Kickte mit Uwe und Dieter Seeler in einem Straßenteam, ehe er zum FC St. Pauli kam, für den er zehn Jahre lang spielte.

Otmar Sommerfeld: Rekordspieler der Oberliga Nord. Zwei Drittel seiner 362 Pflichtspiele bestritt der ballsichere Mittelläufer für den FC St. Pauli (s. S. 139).

Josef „Jupp" Famulla: Der gebürtige Schlesier füllte beim FC vom Verteidiger bis zum Mittelstürmer 13 Jahre lang fast alle Positionen aus und hielt am 3. Oktober 1948 beim 2:0 gegen Concordia als Ersatz für Torwart Thiele sogar den braun-weißen Kasten sauber.

Alfred „Aller" Brüggen: Spielte elf Jahre lang in Verteidigung und Mittelfeld der Braun-Weißen. Nur ein Armbruch verhinderte 1954 seine Nominierung für die Nationalmannschaft.

Kurt Röwe: Durchlief beim Eimsbütteler TV alle Jugendmannschaften, bevor er 1954 zum FC St. Pauli stieß.

Emil „Don Emilio" Schildt: Der Offensivmann galt lange als große Fußballhoffnung Hamburgs, zeigte aber erst beim FC St. Pauli sein ganzes Können. Kam vom HSV und erkämpfte sich die Sympathien des Millerntor-Publikums u. a. mit Toren gegen seinen früheren Arbeitgeber.

Hans Wehrmann: Kam 1948 von Viktoria Wilhelmsburg, wechselte 1949 zum Harburger TB und kehrte 1952 ans Millerntor zurück.

Alfred „Fred" Boller: Je Boller, desto doller: 71 Tore in 116 Ligaspielen sprechen eine deutliche Sprache. Seine Elfmeter platzierte der Stürmerstar meistens so, dass sie genau einen Ballumfang hinter der Torlinie liegen blieben.

Hans Sump: Debütierte 1942 als 17-Jähriger in der 1. Mannschaft. Nachdem er 1949 aus der Kriegsgefangenschaft zurückgekehrt war, brillierte der Blondschopf als Stürmer. Musste seine aktive Karriere aufgrund einer Tuberkulose-Erkrankung 1955 beenden.

Alfred „Coppi" Beck: Einer von nur vier deutschen Nationalspielern des FC St. Pauli. Erzielte in seinem einzigen Länderspiel am 1. Dezember 1954 im Wembley-Stadion gegen England (1:3) das einzige deutsche Tor. Der Linksaußen traf in 155 Ligaspielen 45-mal. Scheiterte 1955 mit dem Versuch, eine Spielergewerkschaft zu gründen.

Mannschaften des Jahrzehnts

1960er Den Durchbruch dicht vor Augen

Hans-Joachim Thoms
(1960-69, 161/0)

Peter Gehrke
(1961-69, 219/19)

Ingo Porges
(1956-68, 313/33)

Rolf Gieseler
(1961-67, 182/5)

Werner Pokropp
(1960-71, 300/17)

Claus Eppel
(1959-65, 123/9)

Günter Hoffmann
(1966-71, 151/25)

Rolf Bergeest
(1956-1966, 213/67)

Uwe Stothfang
(1957-64, 149/27)

Horst Haecks
(1957-66, 253/157)

Peter Osterhoff
(1958-68, 306/170)

Trainer:
Kurt „Jockel" Krause
(1965-67, 1974-76)

Ersatzspieler:
Guy Kokou Acolatse
(1963-66, 43/6, [s. S. 173]),
Heinz Deininger
(1960-66, 51/0)

Hans-Joachim Thoms: Ab 1963 war Thoms die Nummer eins im Kasten der Braun-Weißen. Den hielt er vor allem mit Paraden auf der Linie sauber. Seine Strafraumbeherrschung blieb ausbaufähig.

Peter Gehrke: Wechselte in der A-Jugend ans Millerntor und avancierte zum torgefährlichen rechten Läufer. Schulte später auf Rechtsverteidiger um und lieferte sich auf dieser Position legendäre Duelle mit Uwe Seeler.

Ingo Porges: Feierte am 9. September 1956 einen Einstand nach Maß: Der damals 18-Jährige schoss beide Tore beim 2:1-Heimsieg gegen Werder Bremen. Gehörte Anfang der 60er Jahre zum erweiterten A-Kader der deutschen Nationalmannschaft, bestritt jedoch nur ein Länderspiel (11. Mai 1960 gegen Irland, 0:1). Der langjährige Mannschaftskapitän erhielt in seiner gesamten Karriere nur zwei Gelbe Karten (s. S. 182).

Rolf Gieseler: Der linke Verteidiger bestritt 182 Ligaspiele für den FC St. Pauli und war dessen erster Einwechselspieler nach Einführung der entsprechenden Regel: Am 6. Spieltag der Saison 1967/68 brachte ihn Trainer Krause in der 30. Minute für Uwe Eikmeier.

Werner Pokropp: Der Mittelfeldstratege präsentierte sich als technisch versiert, beinhart und gewitzt. Stopfte frechen Gegenspielern schon mal Schlamm ins Ohr. Später als Liga-Obmann, Trainer, Manager und Aufsichtsratsmitglied tätig. Mitgründer der Altliga des FC St. Pauli, dort bis zu seinem Tod im Jahr 2007 aktiv.

Claus Eppel: Der Allrounder kam 1959 ans Millerntor und spielte sechs Jahre lang eine einflussreiche Rolle im Mittelfeld.

Günter Hoffmann: Kam von Altona 93 und avancierte sofort zum Stammspieler. Obwohl gelernter Verteidiger, wurde er immer wieder auch im Sturm eingesetzt.

Rolf Bergeest: Der brillante, aber verletzungsanfällige Techniker gilt als Erfinder des „Übersteigers". Wahrscheinlich einer der meistgefoulten Spieler der Vereinsgeschichte. Spezialität: tödliche Torvorlagen.

Uwe Stothfang: Erzielte in seiner ersten Saison am Millerntor zehn Tore, ehe er wegen der Verpflichtung Osterhoffs eine defensivere Rolle einnahm. Stellte sich als „Arbeiter" stets in den Dienst der Mannschaft und lieferte wichtige Torvorlagen.

Horst „Hottel" Haecks: Der elegante Stürmer galt als „launische Diva" zwischen Genie und Wahnsinn. Bildete mit Osterhoff ein „Duo Infernale" mit sensationeller Torausbeute (s. S. 176).

Peter „Oschi" Osterhoff: Erfolgreichster Torjäger aller Zeiten des FC St. Pauli: 182 Treffer in 320 Pflichtspielen. Der bullige Sturmtank schoss links wie rechts aus allen erdenklichen Positionen und war der Schrecken gegnerischer Abwehrreihen (s. S. 176).

1970er Einmal Bundesliga und zurück

Trainer: Diethelm Ferner (1976-78)

Reinhard Rietzke (1974-83, 180/0)

Jens-Peter Box (1974-85, 238/12) Dietmar Demuth (1974-79, 1984-88, 258/26) Horst Wohlers (1968-75, 189/39) Walter Frosch (1976-82, 170/22)

Alfred Hußner (1969-73, 129/63) Rolf Höfert (1971-79, 238/50) Wolfgang Wellnitz (1967-74, 199/10) Reinhard Löffler (1968-73, 130/13)

Franz Gerber (1972-74, 1976-78, 1986-88, 160/109) Horst Neumann (1971-79, 218/49)

Ersatzspieler: Jürgen Rynio (1976-79, 106/0), Manfred Waack (1969-73, 1974-76, 126/6), Niels Tune-Hansen (1976-79, 109/13), Rolf-Peter „Buttje" Rosenfeld (1976-79, 101/4), Gert Wieczorkowski (1970-74, 104/15), Ulrich Schulz (1971-75, 103/38)

Reinhard Rietzke: Verlor seinen Stammplatz vor dem Bundesliga-Aufstieg 1977 an Jürgen Rynio und spielte nur viermal erstklassig. Blieb dem Verein aber auch nach dem Zwangsabstieg 1979 treu und war Volker Ippigs Vorgänger als Stammkeeper.

Jens-Peter Box: Nahm als Verteidiger elf Jahre lang an der Berg- und Talfahrt des FC St. Pauli teil. Heute fleißiger Marathonläufer und Kassenwart der „Altliga".

Dietmar „Didi" Demuth: Der ehemalige Schnauzbart-Fan begann seine Karriere als Stürmer, spielte dann Vorstopper und später Libero. Absolvierte in der Bundesligasaison 1977/78 alle 34 Partien. Kehrte zweimal ans Millerntor zurück: 1984 als Spieler, 1999 als Co- und dann als Cheftrainer. Führte den FC St. Pauli 2001 in die 1. Bundesliga.

Horst „Fussel" Wohlers: Spielte sechs Jahre beim FC St. Pauli, bevor er mit der Gladbacher „Fohlenelf" zweimal Deutscher Meister und einmal UEFA-Cup-Sieger wurde. Beerbte 1991 Helmut Schulte als Trainer, konnte den Bundesliga-Abstieg jedoch trotz eines 1:0-Sieges beim FC Bayern nicht verhindern.

Walter Frosch: Sammelte Gelbe Karten im Akkord. Der eisenharte Verteidiger wurde in sechs aktiven Jahren für den FC St. Pauli zur Legende (s. S. 209). Später Wirt im Vereinsheim des SC Victoria und Stammgast am Millerntor.

Alfred Hußner: 63 Tore in 129 Partien – für einen Mittelfeldspieler eine gigantische Torquote. Der gebürtige Husumer kickte später in Osnabrück, Belgien und der Schweiz.

Rolf Höfert: Der Lizenzentzug 1979 vertrieb den Mittelfeldregisseur und Mannschaftskapitän aus Hamburg. Eine Operation verhinderte seinen Wechsel zum FC Bayern. Stattdessen landete Höfert beim FC Bern und lebt noch heute in der Schweiz.

Wolfgang Wellnitz: Meist als „Sechser" eingesetzt, hielt der gelernte Stürmer Höfert, Hußner und Wohlers den Rücken frei.

Reinhard Löffler: Der zuverlässige Mittelfeldmann wechselte 1968 vom HSV ans Millerntor und wurde dort zweimal Meister der Regionalliga Nord.

„Schlangen-Franz" Gerber: Dreimal heuerte der Torjäger und Reptilienfreund als Spieler, einmal als Trainer am Millerntor an. Wechselte erstmals 1972 vom FC Bayern, wo er an Gerd Müller nicht vorbeikam. Mit 16 Treffern bester Schütze des FC St. Pauli in der Erstliga-Saison 1976/77. Ab 2002 zunächst Manager, dann Cheftrainer am Millerntor. Dritter der ewigen Torjägerliste des FC St. Pauli.

Horst Neumann: Der ehemalige Hafenarbeiter kam aus der eigenen Jugend. Spielte bis zum Lizenzentzug in der 1. Mannschaft, absolvierte 25 Erstligaspiele und erzielte darin drei Treffer.

1980er Die Geburtshelfer des „Mythos"

Trainer: Michael Lorkowski (1982–86)

Volker Ippig (1980-83, 1984-92, 131/0)

Reenald Koch (1978-84, 1986-87, 173/8)
Uwe Mackensen (1979-85, 191/25)
Stefan Studer (1982-85, 1986-88, 170/10)

Dirk Zander (1986-91, 1993-95, 170/51)

Jürgen Gronau (1981-97, 429/34)
Hans-Jürgen Bargfrede (1981-90, 232/54)
Michael Dahms (1982-91, 257/44)

Joachim Philipkowski (1980-85, 1992-94, 175/42)
Rüdiger Wenzel (1974-75, 1984-90, 198/86)
André Golke (1983-91, 262/62)

Ersatzspieler:
Jens Beermann (1982-88, 140/19),
Thomas Hinz (1982-86, 123/23),
Jens Duve (1986-90, 104/5),
Bernhard „Wir sind das" Olck (1987-93, 150/3)

Volker Ippig: Zeitweiliger Hafenstraßen-Bewohner, zwischendurch Entwicklungshelfer in Nicaragua (s. S. 270) und zentrale Identifikationsfigur des neuen Publikums, das ab Mitte der 80er ans Millerntor kam. Von den Fans mit „Volker hör die Signale"-T-Shirts gefeiert.

Reenald Koch: Hatte gerade seinen ersten Profivertrag unterschrieben, als der DFB dem FC St. Pauli die Lizenz verweigerte. Blieb trotz Drittklassigkeit und stieg in die 2. Liga auf. 2000 bis 2002 der kürzestamtierende Präsident seit 1924.

Uwe „Macke" Mackensen: Kam über den HSV und Kaiserslautern auf den Kiez und organisierte sechs Jahre lang lautstark die Abwehr des FC St. Pauli.

Stefan Studer: Verließ den Verein 1988 mit dem Bundesliga-Aufstieg. Spielte danach noch zehn Jahre durchgängig in der 1. Liga. Seit 1. Januar 2009 Chefscout des FC St. Pauli.

Dirk Zander: Mittelfeldmann mit unbändigem Siegeswillen und den dicksten Oberschenkeln seit Gerd Müller. Hinterließ gegnerische Torhüter immer wieder „Zanderstruck" (frei nach AC/DC). Schoss 1988 in Ulm den Bundesliga-Aufstieg herbei und erzielte im April 1991 gegen Karlsruhe das bis dato schnellste Bundesligator (nach zwölf Sekunden).

Jürgen Gronau: „Ich spiele beim FC St. Pauli, weil ich nichts anderes kennengelernt habe." Dieser Satz sagt eigentlich alles, was man über Jürgen Gronau wissen muss. Kickte nie für einen anderen Verein. Sympathischer und bescheidener Denker und Lenker.

Hans-Jürgen „Hansi" Bargfrede: Der kleine, schnauzbärtige Spielgestalter trug zum sportlichen Aufstieg St. Paulis entscheidend bei.

Michael Dahms: Setzte sich aufgrund seines Kampfgeists in jeder Spielklasse durch. Mit 65 Erstliga-Einsätzen in den Top Ten der Vereinsstatistik.

Joachim „Piepel" Philipkowski: Auch wenn der Stürmer seine größten Erfolge beim 1. FC Nürnberg feierte, kam er immer wieder ans Millerntor: als Spieler zweimal, als Nachwuchskoordinator ebenfalls zweimal und für kurze Zeit (2002) sogar als Cheftrainer.

Rüdiger „Sonny" Wenzel: Kämpfer und Ballkünstler zugleich. Schenkte dem Verein ein „Tor des Monats" gegen den HSV (März 1989). Feierte drei Monate zuvor nach langer Verletzung ein Gänsehaut-Comeback gegen Mannheim: Als Joker erzielte er kurz nach seiner Einwechslung den 2:1-Siegtreffer — sein erstes Bundesligator für St. Pauli.

André Golke: Kongenialer Sturmpartner seines „Ziehvaters" Wenzel. Bundesliga-Torschützenkönig des FC (25 Treffer).

Mannschaften des Jahrzehnts

1990er
Erstklassig zweitklassig. Und zweitklassig erstklassig.

Klaus Thomforde
(1984-99, 359/0)

André Trulsen
(1986-91, 1994-2002,
2005-05, 384/28)

Jan Kocian
(1988-93, 129/8)

Dirk Dammann
(1990-97, 260/7)

Dieter Schlindwein
(1989-96, 144/4)

Holger Stanislawski
(1993-2004, 261/18)

Stefan Hanke
(1994-2000, 180/4)

Carsten Pröpper
(1993-98, 154/16)

Bernd Hollerbach
(1991-95, 143/6)

Martin Driller
(1991-97, 152/39)

Jens Scharping
(1993-98, 2005-07, 122/34)

Trainer: Helmut Schulte (1987-91, s. S. 381)

Ersatzspieler: **Volker Ippig** (1980-83, 1984-92, 131/0), **Peter Knäbel** (1988-93, 131/7), **Klaus „Otti" Ottens** (1988-93, 98/14), **Leonardo „Leo" Manzi** (1989-96, 112/16), **Marcus Marin** (1993-94, 1997-2000, 102/40), **Jurij Sawitschew** (1994-2000, 88/26)

Klaus Thomforde: In genau 100 Erstliga-Spielen ging dem „Tier im Tor" des FC St. Pauli „einer ab". Lieferte sich mit Volker Ippig ein hartes Duell um den Stammplatz. Von den Fans wegen seiner bevorzugten Abwehrmethode auch „Fausto" genannt (s. S. 307).

André „Truller" Trulsen: Verteidigte 13 Jahre lang die rechte Seite und stellte dabei Rekorde auf: 403 Ligaspiele für den FC (Platz 2 hinter Jürgen Gronau), 177 Bundesligapartien (Platz 1 der vereinsinternen Rangliste). Nach dem Ende seiner aktiven Karriere Co-Trainer und Trainer beim FC St. Pauli (s. S. 372).

Jan Kocian: Brachte als tschechoslowakischer Nationalspieler 1988 internationales Flair ans Millerntor. Der Libero dirigierte souverän die Abwehr und feierte seine Treffer mit spektakulären Salti.

Dirk Dammann: Beerbte Jan Kocian als Libero und schaffte es, leicht staksig und dennoch elegant zu wirken. Erzielte in 81 Erstligapartien zwei Treffer.

Dieter Schlindwein: Der robuste Vorstopper verdiente sich den Spitznamen „Eisen-Dieter" redlich. Porsche-Fan und einer der Lieblingscharaktere des Comiczeichners Guido Schröter (s. S. 281).

Holger „Stani" Stanislawski: Schon als Spieler eine Kultfigur, wurde der sprachgewandte Marlboro-Raucher endgültig zur Legende, als er den FC St. Pauli 2007 ohne Trainerausbildung in die 2. Bundesliga führte (s. S. 372).

Stefan Hanke: Beackerte mit viel Fleiß den Rasen und brachte es auf 180 Ligaspiele im braun-weißen Dress. Ging anschließend nach England und spielte danach bei den Amateuren des HSV.

Carsten Pröpper: Sohn des Wuppertaler Torjägers Günter Pröpper und Impulsgeber im braun-weißen Mittelfeld.

Bernd Hollerbach: Gelernter Metzger, der selten zimperlich mit seinen Gegenspielern umging. Erlebte seinen Karrierehöhepunkt allerdings beim HSV, wo er von 1996 bis 2004 seine Brötchen verdiente.

Martin Driller und der FC St. Pauli, das war Liebe auf den zweiten Blick. Erst wurden die Fans und der Ex-Dortmunder nicht miteinander warm, dann flossen Tränen, als er den Verein verließ. Dazwischen lagen über 150 Ligaspiele, 39 Tore, kecke Sprüche und eine medienwirksame Liaison mit Boxweltmeisterin Regina Halmich.

Jens „Gerdl" Scharping: Spielte bereits mit 21 Jahren für den FC St. Pauli in der Bundesliga, verkümmerte später als „ewiges Talent" in zweitklassigen Vereinen. Kehrte 2005 zu Regionalligazeiten zurück und beendete zwei Jahre später seine aktive Laufbahn.

Mannschaften des Jahrzehnts

2000er Zweimal runter, zweimal hoch

Trainer: Holger Stanislawski (seit 2006)

Achim Hollerieth (2003–2006, 90/0)

Florian Lechner (seit 2004, 93/2*)
Fabio Morena (seit 2003, 177/3*)
Marcel Eger (seit 2004, 93/6*)
Ralph Gunesch (2003–2006, seit 2007, 129/3*)

Fabian Boll (seit 2003, 160/18*)
Timo Schultz (seit 2005, 111/10*)

Michél Mazingu-Dinzey (1995–96, 2004–07, 113/21)
Thomas Meggle (1997–1999, 2000–2002, seit 2005, 174/44*)
Christian Rahn (1994–2002, 79/5)

Ivan Klasnic (1994–2001, 95/26)

Ersatzspieler: Patrik Borger (seit 2006, 58/0*), Zlatan Bajramovic (1998–2002, 68/6), Carsten Rothenbach (seit 2006, 89/5*), Markus Lotter (1998–2003, 89/9), Nico Patschinski (2000–03, 75/21), Henning Bürger (1999–2002, 64/1)

* Berücksichtigt wurden Ligaspiele und -tore bis zum Ende der Saison 2008/09

Achim Hollerieth: Bestach als Elfmeterkiller und im Mann-gegen-Mann-Duell. Doch weil „Ho-Ho-Hollerieth" bei der sportlichen Leitung aneckte, musterte sie ihn 2006 aus.

Florian Lechner: Erst Aufstiegsheld, dann anderthalb Jahre verletzt – doch der Schwabe mit den mächtigen Einwürfen kämpfte sich zurück. 2009 durfte „Lele" endlich in der 2. Liga ran.

Fabio Morena: 2003 ans Millerntor gewechselt, wurde der 1,79 Meter große Deutsch-Italiener zur Stütze der Mannschaft. Als umsichtiger Abwehrchef und „Capitano" jahrelang unersetzlich.

Marcel Eger: Als 21-jähriges Talent 2004 aus Feucht nach Hamburg gewechselt, entwickelte sich „Egi" zum unüberwindbaren Hindernis in der Innenverteidigung und zum Kopfballungeheuer in den gegnerischen Strafräumen.

Ralph Gunesch: Nur ein Jahr tanzte Autonarr „Felgen-Ralle" mit Mainz 05 in der 1. Liga, dann kehrte er im Sommer 2007 zum gerade in die 2. Liga aufgestiegenen FC St. Pauli zurück.

Fabian Boll: Seit Jahren bewältigt „Bolao" die Doppelbelastung als Kripo-Kommissar und Fußballprofi souverän. Das 1,93 Meter große Hamburger Eigengewächs ist ein rigoroser Abräumer mit Vollstreckerqualitäten (s. S. 360).

Timo Schultz: Als unermüdlicher Antreiber sammelt „Schulle" Gelbe Karten wie andere Briefmarken.

Michél Mazingu-Dinzey: Der mehrfache Nationalspieler der Demokratischen Republik Kongo stand zweimal in den Diensten des FC St. Pauli: Als linker Verteidiger hatte er in der Saison 1995/96 keinen Torerfolg. In der Saison 2005/06 traf der Fußball-Tramp dafür gleich in neun Liga- und Pokalspielen nacheinander und erzielte dabei elf Treffer.

Thomas Meggle: Gleich dreimal heuerte „Meggi" am Millerntor an: In der Bundesliga-Saison 2001/02 war er der torgefährlichste Mittelfeldspieler nach Michael Ballack. Herausgeber der Zeitschrift „Fußball Hamburg" (s. S. 327).

Christian Rahn: Linksfuß, Leistungsträger, Nationalspieler. Unvergesslich durch wunderbare Flanken und heiß diskutierte Ecken („Hoch! Hoch!").

Ivan Klasnic: 2007 setzte der kroatische Nationalspieler als erster Fußballprofi weltweit seine Karriere nach einer Nierentransplantation fort. Klasnics Profi-Laufbahn begann am Millerntor. Im Nachwuchsbereich und später als Zweitliga-Stürmer erzielte er zwischen 1994 und 2001 zahlreiche Tore.

Anzeige

Anzeigen

Anzeigen

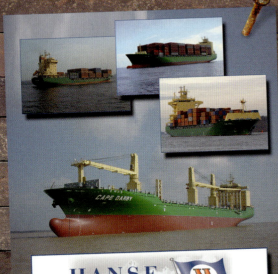

Bildnachweis

In der Klammer finden Sie die Seitenzahl und die Platzierung des Bildes auf der jeweiligen Seite (o = oben, ol = oben links, or = oben rechts, om = oben Mitte, m = Mitte, u = unten, ul = unten links, ur = unten rechts, um = unten Mitte, hg = Hintergrund)

20357 Filme (388 or), Aerolloyd (123 ur), J. Asta/K. Hans (156 or), Atletico Platense (41), T. Baering (275 r, 288, 297 ol, 299 or, 303 or, 313 or, 316 ur, 319 o, 388 l), B. Belz (212 o, 217 u), Bergmann-Verlag (206 ol), BILD (168 ol, 175 or, 207 ol, 273 or, 311), S. Blatt/PIXELIO (55 hg), Boehringer Ingelheim KG (157 ur), M. Böttner (325 m, 336 om/or, 368, 369, 371 m, 394 ol), J.-P. Box (211 om, 237), Breuel (186, 215 l), H. Breuer (74), J. Brömstrup (352 ol), Brown Bears (41), Bundesarchiv Berlin (87 u, 90 ol, 95 ur), C. Commerfeldt (95 o), Conti Press (86, 148, 150, 160 o, 163 or), Corinthians São Paulo (45), A. Cusian (117), O. Deharde (337), Denkou-Images (392 ul), dpa (142 or, 334), P. Dwars (398), Elfhe Plan (82), Fanclub Veteranen (267), Fanladen St. Pauli (266 om), FC St. Pauli (4, 5, 41 o, 46 ol, 83 or, 90 om, 91 ur, 125, 165 ur, 196 o, 254 o, 278 or, 296 ol, 312 ol, 318 u, 342, 343, 389 ul, 390, 397 ul, 399), FK Ørn-Horten (41), H. Franke (65 u), A. Frohmüller (Vorsatzpapier l, 354 ol, 384 ol), Garbarnia Kraków (41), Germin (36 o, 67, 154, 155 o, 165 o), Getty/Bongarts (218, 220, 222, 228 o, 233 or, 238 ol, 239 ol, 256 ol, 261 u, 262 o, 270 o, 298 l, 302 ol, 303 ol, 304 o, 306 o, 307 or, 309 ol, 313 ol, 317 ur, 318 o, 320 o, 322 o, 323 o, 326 ol, 330, 332, 338 o, 339 o, 340 o, 341 o, 344 ol, 345 o, 346, 347, 348 l/r, 351, 353 or, 355 or, 358 o, 359 o, 377 ol), Giebnick (271 l), R. Gleim (226 r), S. Grönveld (392 r), Hamburger Abendblatt (270 u), Hamburger Morgenpost (215 ur, 304 or, 334 ul), Hamburg-St. Pauli-Turnverein (15, 16, 125), W. Hanke (113 m), N. Harz (391 ul), HSV-Archiv (51 or, 52 o, 54 o, 57 ol, 72 or), Imago (204 u, 206 o, 209 l, 213 or, 214 o, 233 ur, 244, 261 o, 265 or, 269 o, 273 ol, 274, 277, 278 ol, 282 or, 286, 300 o, 308 ol, 310 o, 312 ol, 316 ul, 317 ul, 321 o, 324 r, 325 o, 326 or, 327, 328, 344 or, 349, 350 or, 353 ol, 359 u, 361 o, 363 o, 364, 366, 372 o, 373 o, 374, 375 u, 376 o, 378 o, 380 or, 381 or, 382 or, 383 o), Jahreszeiten Verlag/Kumicak + Namslau (396 ol), J.J. Darboven GmbH & Co. KG (42 u), Jung von Matt (381 ol), H.-D. Kaiser (141 o, 143 o, 162 or, 163 ol, 166 or, 167 ol, 168, 169, 170 o, 171 o, 173, 174 o, 175 o, 176 ol, 178 o, 179 or, 180 ol, 181 o, 188, 199 ol, 200 o, 201 o, 204 o), Keller & Podratz/Upsolut GmbH (259), kicker (45 u, 140 ol, 197 o, 209 ur), H. Klauck (229 o), H. Koch (58, 80 or, 118 or), V. Kohlbecher/LAIF (271 r), Komet Blankenese (41), M. Kopmann (396 or), D. Kruse (393 ol), Loaded Magazine (385 or), B. Lorenzen (393 er), O. Metelmann (142 om, 165 m), L. Meyer (140 or), mg design (382 ol), R. Milewski (128 o, 202), H. Möckel (158), Moenkebild (239 or, 240 ol, 256 o, 257 o, 267 u, 297 o, 302 or, 383 o), Mohr Margarinewerke (129 ur, 183 l), Museum für Hamburgische Geschichte (26), C. Nagel (5 ul, 13, 139 ur, 194, 217 o, 360 r, 371 ol, 391 ur), Nordpol (312 ol), B. Ochs/Upsolut GmbH (259), M. Pahl (83 o, 91 l, 93 m, 111 l, 113 r, 114 ol, 123 m, 129 ul, 230 o, 258 or, 264 o, 267 o, 298 ur, 314, 315 o, 317 om, 354 ol, 362, 395), Panfoto (8, 9 u, 22, 23 o, 24, 27 l, 64, 65 o, 66 r, 68, 69 l, 102, 103 o, 105, 122 ul, 123 o, 134, 155 u, 156 om, 164 l, 195, 225, 227, 249, 250 l, 291, 294, 295 o, 335 u), E. Pawelczyk (298 m), P. Perets/Fotolia (118 hg), H. Perl (265 ol, 266, 276), G. Peters (234 ol, 236), D. Petzold/Digital Stock (395), Polster & Rutsch (12 o), Pressebild Schirner (118 ol), Pressefoto Schmidt-Lucas (144 o), Privat (33, 35 o, 44 ol, 46 or, 71 or, 73 o, 75 u, 84 o, 87 o, 88 o, 90 om, 92, 93, 94, 95 o/l, 108, 109, 113 um, 114 or, 115 l, 119 o, 122 o, 127 or, 129 o, 136 o, 144 u, 145 u, 147 or, 156 l, 164 u, 167 or, 203, 208 l, 214 or, 229 or, 231 u, 234 or, 267 or, 290, 385 ol, 392 l, 394 r), S. Puschmann (343 u), S. Puschmann/A.M.T. (342 o), S. Puschmann/deepblue sports (342 u, 343 o), A. Reimann (352 or), O. Rosenthal/PIXELIO (395), P. Schlüter (393 om), Schmidt Theater (4 o), Schmidt-Luchs (110 o), A. Schneider/Digital Stock (215 um), B. Scholz (100, 118 ü), G. Schröter (280, 281, 307 u), C. Schütze (141 u, 146 o), Staatliche Landesbildstelle Hamburg (82 or), Staatsarchiv Hamburg (6, 9 o, 11 l, 11 r, 14 l, 14 r, 66 l, 88 u, 89), St. Pauli Nachrichten (180 u), S. Sudheimer (Vorsatzpapier r, 315, 316 o, 317 ol/or, 355 ol, 356, 357 o, 358 o, 363 u, 377 or, 380 l, 387), SV Billstedt-Horn (41), Transitfilm (60, 81 o), Übersteiger (301), Ullstein Bild (alle Bilder Zeitleiste außer 254 r, 42, 45, 81, 172, 180, 204, 230, 255 ur, 318, 359, 378, 384, 386; außerdem 10, 27 r, 69 r, 85, 104, 132, 133, 157, 159, 226 o, 250 r, 251 r, 252, 253, 292, 295 m, 295 o, 336 l, 370), Upsolut GmbH (261 ol), VIVA ST. PAULI (347 l), V. Wedel/panthermedia.net (230 u), G. Wedemann (164 u), Welt-Artisten-Archiv Edwin Schirmer (23 u), Werek (216 o), S. Windelen (275 l, 279 o), W. Winkelmann (56 or, 122 ur, 127 ol, 182 r), Witters (164 o, 180 or, 183 r, 184, 199 or, 209 r, 212 l, 213 ol, 232 o, 235, 241 o, 242, 246, 255 o, 258 l, 260 o, 263 o, 268 o, 283 or, 284, 296, 299 ol, 305 o/m, 307 o, 308 o, 309 ol, 324 l, 348 or, 350 ol, 357 u, 360 l, 363 l, 375 o, 379 o, 384 o, 386 o, 397 r), Wolff (152), J. Zimmermann (12 u), G. Zint/Panfoto (135, 190, 192, 224, 248, 293, 294)

Sollten wider Erwarten und trotz intensiver Recherche nicht alle Rechteinhaber erfasst sein, so bitten wir Anspruchsberechtigte, mit dem Verlag Kontakt aufzunehmen.

Ohne die Unterstützung unserer vielen Helfer und Interviewpartner hätten wir dieses Buch niemals schreiben können. Ihnen wollen wir an dieser Stelle herzlich danken.

Mitwirkende

Ein dreifaches „Gut Sport!" geht an unsere unermüdlichen Rechercheure Janine Schemmer und Jörn Kreuzer, ohne deren engagierte und kompetente Unterstützung dieses Buch nie das geworden wäre, was es ist (und die Arbeit daran nur halb so viel Spaß gemacht hätte).

Zu besonders tiefem und aufrichtigem Dank sind wir Dieter Rittmeyer verpflichtet. Als „wandelndes Lexikon" und gute Seele des Vereins hat er uns nicht nur zahlreiche Bilder und Dokumente zur Verfügung gestellt, sondern uns immer wieder mit seinem unerschöpflichen Wissen sowie vielen Anregungen und Kontakten unter die Arme gegriffen. Dieter, dieses Buch ist auch deins! Ebenfalls wichtige Beiträge geleistet haben Bernd Carstensen als „Statistik-Gott", Matthias Geyer mit wertvollen Zusatzrecherchen sowie Marco Carini als Gastautor (Mythos, Homburg 1995, Mannschaften des Jahrzehnts).

Als „Macher" im Hintergrund brachten Günter Berg, Stephan Born und Thomas Wegmann dieses Projekt von Anfang an auf einen guten Weg. Dass es sich nicht nur (hoffentlich) gut liest, sondern (ganz sicher) so liebevoll und aufwendig gestaltet ist wie kaum ein anderes Fußballbuch vor ihm, verdanken wir Wolf Dammann, Teresa Nunes, Susana Oliveira, Sabine Schulz, Samantha Ungerer, Silke Möller und dem ganzen Team von „Redaktion 4".

Für die aufmerksame und umsichtige Betreuung unseres Manuskriptes bedanken wir uns herzlich bei Jan Zimmermann – nicht ohne den obligatorischen Hinweis, dass verbliebene Fehler ausschließlich auf unsere Kappe gehen. Regina Louis half mit Argusaugen und Fachwissen, den Fehlerteufel aus diesem Buch zu vertreiben, und Sven Brux lieferte als kompetenter Korrekturleser wichtige inhaltliche Hinweise.

Mit großem Einsatz und genauem Auge holte das Team von „Die Litho", besonders Roswitha Bräder und Niko Schawert, aus dem oft heiklen historischen Bildmaterial das Maximale heraus, und auch Kathleen Bernsdorf spielte als Schnittstelle zwischen Litho, Layout und Autoren sowie im Bildeinkauf eine wichtige Rolle in der Buchproduktion.

An der Kamera unterstützten uns Miriam Böttner, Selim Sudheimer, Antje Frohmüller und Norbert Harz.

Unterstützer

Vielen Dank sagen wir den vielen aktuellen und ehemaligen Spielern, Trainern und Präsidenten des FC St. Pauli, die uns ausführliche Interviews gaben und ihre privaten Archive für uns öffneten (in alphabetischer Reihenfolge):

Benjamin Adrion, Hans-Jürgen Bargfrede, Rolf Bergeest, Andreas Bergmann, Wojciech Bobrowski, Fabian Boll, Jens-Peter Box, Marvin Braun, Alfred Brüggen, Michael Dahms, Dirk Dammann, Heinz Deininger, Dietmar Demuth, Jens Duve, Marcel Eger, Diethelm Ferner, Gino Ferrin, Walter Frosch, Peter Gehrke, Franz Gerber, André Golke, Jürgen Gronau, Kurt Hehl, Rolf Höfert, Bernd Hollerbach, Alfred Hußner, Volker Ippig, Ian Paul Joy, Günther Klages, Ivan Klasnic, Reenald Koch, Wolfgang Kreikenbohm, Herbert Kühl, Karl Kunert, Florian Lechner, Corny Littmann, Markus Lotter, Michael Lorkowski, Felix Luz, Uwe Mackensen, Marcus Marin, Michél Mazingu-Dinzey, Thomas Meggle, Fabio Morena, Herbert Müller, Harald Münster, Horst Neumann, Peter Nogly, Bernhard Olck, Peter Osterhoff, Klaus Ottens, Robert Palikuca, Otto Paulick, Günter Peine, Joachim Philipkowski, Werner Pokropp, Ingo Porges, Edu Preuss, Carsten Pröpper, Buttje Rosenfeld, Carsten Rothenbach, Jürgen Rynio, Ernst Schacht, Daniel Scheinhardt, Matthias Scherz, Dieter Schiller, Dieter Schlindwein, Rudi Schönbeck, Helmut Schulte, Timo Schultz, Ulrich Schulz, Ralf Sievers, Otmar Sommerfeld, Holger Stanislawski, Harald Stender, Uwe Stothfang, Michael Strokosch, Stefan Studer, Hans Sump, Klaus Thomforde, André Trulsen, Erwin Türk, Wolfgang Wellnitz, Rüdiger Wenzel, Horst Wohlers, Harry Wunstorf und Dirk Zander.

Außerdem danken wir folgenden Personen, die uns als geduldige Interview- und Ansprechpartner zu Verein und Viertel und mit Know-how, Rat und vielfältigen Hilfen unterstützt haben, sowie einer Reihe von Institutionen (in alphabetischer Reihenfolge):

Abteilungen und Alter Stamm des FC St. Pauli, Dirk Andresen, Hans Apel, Claus Appel, Gregor Backes,

Danksagungen

Bad Religion (especially Brian Baker, Jay Bentley and Greg Hetson), Frank Bajohr, Dirk Bartos, Mark Baumgart, Ronald Becker, Kurt Blume, Otto Blunck, Oliver Bock, Bodo Bodeit, Fredi Böhm, Christian Bönig, Claus Bröcker, John Brömstrup, Renate Bruhn, Sven Brux, Oliver Buch, Doris Buchweitz, Holger Bünning, Joachim Dipner, Jan Dolny, Günter Dörscher, Lotti Drabner, Albrecht Eisen, Hayo Faerber, Fanclub Old Dubliner, Fanclub Veteranen, Fanladen St. Pauli, Frank Fechner, Gisela Fedder, Sonja Fliegel, Axel Formeseyn, Henny Franke, Michi Fritz, Ronny Galczynski, Thomas Gmeinder, Lieselotte Golombek, Dieter Golombek, Josip Grbavac, Andi Greuelsberg, Hartmut Griesbach, Sven Gronau, Stefan Grönveld, Gabi Grubel, Alexander Gunkel, Helga Haecks, Hafenmuseum Hamburg, Norbert Harz, Peter Haselau, Henning Heide, Manfred Heinzinger, Carsten Hellberg, Herbert Hentschel, Ruth Holldorf, Heidrun Hollerbach, Jörn von Horbatschewsky, Tim Jürgens, Oliver Jürs, Andi Kahrs, Alwin Kaminski, Daniel Kion, Ayla Kiran, Hermann Klauck, Mirjam Kleine, Lisa Köster, Ewa Kosnik-Pahl, Rolf Kowalik, Helmut Kraus, Bernd Kroschewski, Werner Kühn, KZ-Gedenkstätte Neuengamme, Bernd Ladiges, Walter Lang, Uwe Lemm, Franziska Liesenfeld, Dörte Lindemann, Ralph Lindenau (St. Pauli Bürgerverein), Michael Löffler, Hendrik Lüttmer, Susanne Lyß, Doc Mabuse, Dirk Mansen (HSV-Museum), René Martens, Dirk Matzke, Doris Methner, Michael Meeske, Günter Merckel, Jens Michau, Rolf Milewski, Patrick Minx, Hermann Neuters, Markus Ohm, Henning Pahl, Wolfgang und Reinhild Pahl, Martin Paulekun (St. Pauli-Kirche), Helmut Paulsen, Herbert Perl, Gerhard Peters, Moritz Piehler, Christian Pokropp, Akiko Probst, Projektgruppe 2010, Almuth von der Recke, Walter Rehmer (HSV-Archiv), Erwin Ross, Owe Rossen, Thorsten Ruhlig, Rocko Schamoni, Stefan Schatz, Peter Schlüter, Andi Schmidt, Diana Schmies, Margot Scholz, Oliver Schönberg, Markus Schreiber (Bezirksamt Hamburg-Mitte), Walter Schröder, Guido Schröter, Michael Schubert, Michael Schütz, Björn Schwarze, Werner Schweemew, Oliver Sciuk, Wolfgang Sommer, Brigitte Soost-Leschke, St. Pauli-Archiv e.V. (besonders Gunhild Ohl-Hinz), Sankt Pauli Museum e.V. (besonders Christian Homfeldt und Günter Zint), Staatsarchiv Hamburg, Statistisches Landesamt der Freien und Hansestadt Hamburg, Martin Stoll-Hafkus, Jutta Strauss, Trudel Strauss, Stefan Szczupak, Horst Thomas, Erna Thomsen, Ben Tohmfor, Dieter Ubben, Torsten Vierkant, Harry Vieten, Viva con Agua de Sankt Pauli e.V., Georg Volkert, Gerd Wedemann, Peter Weinmar, Götz Weisener, Christian Wiebe, André Wiechens, Walter Windte, Karl Wöbke, Edda Wojdacki, Rainer Wulff und Olaf Wuttke.

In Gedenken an Werner Pokropp und Otmar Sommerfeld, zwei ehemalige Spieler und echte St. Paulianer, die während des Entstehungszeitraums dieses Buches leider verstarben. You'll never walk alone!

Persönliche Danksagungen

Christoph Nagel: Ich danke meiner Mutter Sighild Nagel-Betzler, die immer wusste, wie St. Pauli gespielt hat, meinen Vätern Eckhard und Heinz und meiner ganzen Familie – besonders meinem Bruder Nils, auf den ich stolzer bin als auf alles, was ich je erreichen könnte. Allen Unterstützerinnen und Unterstützern, besonders in den Monaten September bis Dezember 2008, danke ich von Herzen. Meinem Arbeitgeber Dr. Lothar Schmidt (Dr. Schmidt & Partner) danke ich dafür, dass er mir die Mitwirkung an diesem Projekt ermöglicht hat.

Michael Pahl: Ich danke meiner Frau Ewa, die mir fast zwei Jahre lang den Rücken frei gehalten hat, die mich bedingungslos unterstützte und die ich über alles liebe; meinem Arbeitgeber AFS Interkulturelle Begegnungen e.V. fürs Möglichmachen dieses Projektes, meinem Bruder Henning für viele Jahre gemeinsamen Leidens mit dem FC, meinen Eltern und last but not least meinem Großonkel Georg Nordmann (Gott hab ihn selig), der vor mehr als 20 Jahren die Karten für mein erstes Heimspiel des FC St. Pauli besorgte.

1. Auflage 2009
Copyright ©2009 by Hoffmann und Campe Verlag, Hamburg
www.hoca.de

Gestaltung und Satz: Teresa Nunes, Susana Oliveira/Redaktion 4, Hamburg
Reproduktion: Die Litho
Druck und Bindung: Mohn media, Gütersloh

Printed in Germany

ISBN 978-3-455-50098-1

HOFFMANN
UND CAMPE

Ein Unternehmen der
GANSKE VERLAGSGRUPPE

Die meisten Pflichtspiele
(Liga, Pokal, Relegation, Meisterschafts- und Aufstiegsrunden)

476	Jürgen Gronau
409	André Trulsen
389	Klaus Thomforde
356	Harald Stender
328	Ingo Porges
320	Peter Osterhoff
315	Werner Pokropp
293	André Golke
289	Michael Dahms
282	Dietmar Demuth
275	Dirk Dammann, Holger Stanislawski
273	Rolf Höfert
269	Harry Wunstorf
265	Horst Haecks
264	Hans-Jürgen Bargfrede

Die meisten Tore
(Liga, Pokal, Relegation, Meisterschafts- und Aufstiegsrunden)

182	Peter Osterhoff
161	Horst Haecks
121	Franz Gerber
91	Rüdiger Wenzel
79	André Golke
78	Alfred Boller
73	Alfred Hussner
69	Rolf Bergeest
59	Horst Neumann
58	Alfred Beck
57	Rolf Höfert, Hans-Jürgen Bargfrede
53	Dirk Zander
51	Ulrich Kallius
48	Michael Dahms
45	Thomas Meggle

Alle Präsidenten
Die Männer auf der Kommandobrücke

1924 – 1931
Henry Rehder

1931 – 1945
Wilhelm Koch

1945 – 1947
Hans Friedrichsen

1947 – 1969
Wilhelm Koch

1970 – 1979
Ernst Schacht

1979 – 1982
Wolfgang Kreikenbohm

1982 – 1990
Otto Paulick

1990 – 2000
Heinz Weisener

2000 – 12/2002
Reenald Koch

seit 12/2002
Corny Littmann